AF168231

Eike Borchers

Tingeln durch das Land Danach

Erzählungen vom
Aufwachsen in einer
verstörten Zeit

BAND 1

novum  pro

Dieses Buch ist auch als
e-book
erhältlich.

www.novumverlag.com

Bibliografische Information
der Deutschen Nationalbibliothek:

Die Deutsche Nationalbibliothek
verzeichnet diese Publikation in
der Deutschen Nationalbibliografie.
Detaillierte bibliografische Daten
sind im Internet über
http://www.d-nb.de abrufbar.

© 2021 novum Verlag

ISBN 978-3-99107-742-8
Lektorat: Mag. Eva Zahnt
Umschlagfotos: Olgers1,
Anna Artamonova, Marsia16,
Rostislav Glinsky | Dreamstime.com
Umschlaggestaltung, Layout & Satz:
novum Verlag

Gedruckt in der Europäischen Union
auf umweltfreundlichem, chlor- und
säurefrei gebleichtem Papier.

www.novumverlag.com

PROLOG

8. Mai 1945: Nazi-Deutschland – das war das *Land Davor* – kapitulierte bedingungslos. Gut zwölf Jahre hatten gereicht, um den Super-GAU der westlichen Zivilisation herbeizuführen. Jetzt war er gestoppt und unter Kontrolle gebracht. Aus dem *Land Davor* wurde an jenem Tag mit einem Schlag das *Land Danach*. In diesem Land wuchs ich auf.

Am 8. Mai 1945 war zwar Nazi-Deutschland zusammengebrochen, aber die Menschen, die Nazi-Deutschland geschaffen, getragen und erlitten hatten, waren noch da. Sie lebten neben mir, waren um mich herum, sie erzogen mich, sie verpassten mir meine Bildung und gestalteten insgesamt mein Leben. Das waren die „Erwachsenen", mit denen ich als Kind zu tun hatte, die „Alten" im Land meiner Kindheit.

Einführung

(1) Anmerkungen zum Text

„Tingeln", ein Wort aus meiner Kindersprache, hieß für mich Umherstreifen in Landschaft und Natur oder auch Stromern durch Gassen und Straßen, über Plätze und Märkte. „Tingeln" empfand ich immer als leichte und beschwingte und doch auch sehr wache und aufmerksame Form der Weltwahrnehmung. Einstmals war es das Fahrend Volk, das durch die Lande tingelte.

Die *„verstörte Zeit"*: Millionen deutscher Männer waren im Krieg umgekommen, Millionen kamen körperlich und psychisch verkrüppelt zurück. Hunderttausende waren in den Bombennächten getötet oder beschädigt worden. Es gab kaum eine Familie im *Land Danach* ohne Verlust, Leid und Trauer. Dass all das um mich war, war mir früh bewusst.

Beim Aufschreiben meiner Erinnerungen stellte ich mir Deutschland in der Gewalt der Nazis als einen monströsen Monolithen vor: alle Menschen in Nazi-Deutschland waren in ihn eingeschmolzen, waren Gefangene ihrer Zeit – als Täter wie als Opfer. Alle waren umschlossen von der harten, kalten Masse aus Terror, Mord und Krieg.

Der Hammer der Alliierten zertrümmerte die Monstrosität und legte *alle* Figuren aus dem *Land Davor* frei. In den Nazi-Scherben und -Splittern der Vierziger, Fünfziger und Sechziger Jahre waren sie alle noch da – die Mörder und Zerstörer, die Opportunisten und „Märzgefallenen", die vielen, die litten, die Apathischen ... aber auch die, die sich innerlich widersetzt oder gar aktiv Widerstand geleistet hatten. Dass sie unerkannt neben mir lebten, auch das war mir früh bewusst.

***

Als ich die Muße fand zu schreiben, saß ich erst einmal vor dem leeren Blatt, das des ersten Satzes harrte. Ich wollte möglichst spontan und ungeplant in meine Erinnerungen eintauchen und „wartete" auf die erste Eingebung, denn genau damit wollte ich beginnen.

Die erste Erinnerung, die mir kam, war meine Fahrt als fünfzehnjähriger Schüler zum Arbeitsamt Dortmund. Damit war zugleich der gesamte erste Erzählstrang vorgegeben: meine lange „Malocherzeit" in den Bierfabriken und auf dem Bau in der ramponierten Kohlenpottstadt. („Auf dem Bau und in Fabriken")

Auf die „Malocherzeit" folgte der Erzählstrang mit den Erinnerungen an meine Schülerzeit im zertrümmerten Dortmund. („Zwischen Ruinen")

Die Kernzeit meiner Kindheit ist ohne Zweifel die „Barackenzeit". Hier stoße ich durch zu meinen Anfängen. Das war einerseits eine dunkle und schwere Zeit – und andererseits eine besonnte, lichte Epoche meiner Kindheit, die bis heute in mir nachglüht. („In der Baracke")

In meiner Studienzeit im ramponierten West-Berlin folge ich den Spuren meiner Mutter und entschlüssele die leidvolle Geschichte meiner mütterlichen Familie („Spuren und Erbschaften").

Durch alle Erzählstränge zieht sich ein Thema, das mich in der Zeit meines Aufwachsens immer begleitete: das Lebensrätsel meines Vaters, seine Geschichte, die er vor seinen Kindern geheim hielt. Ich entschlüsselte das Rätsel erst spät, in meinen Zwanzigern. Danach lag seine Geschichte eingekapselt in einer unterirdischen Kammer meines Bewusstseins, ich mochte sie über sehr lange Zeit nicht nach „oben" holen.

Allerdings: ohne Kenntnis dieser zentralen Geschichte wären viele meiner Erzählungen unvollständig und unverständlich geblieben. Ganz am Ende meines langen Erinnerungsprotokolls traue ich mich dann doch noch, die Geschichte, die uns Kindern nie erzählt werden durfte, aus der Tabuzone meines Gedächtnisses zu befreien und dem Sauerstoff meines vollen Wachbewusstseins auszusetzen. Das aktivierte allerdings noch einmal das Entsetzen, den Schmerz und die Trauer, die ich empfand, als sie mir zum ersten Mal erzählt wurde. („Spuren und Erbschaften").

Berlin, Sommer 2020

(2) Über Erinnerungen

Irgendwann, wenn sich das Wagenrad des Lebens schon ziemlich weit abgerollt hat und wieder seinem Ausgangspunkt zustrebt, von der anderen Seite gewissermaßen, beginnt für viele die Lust an der Erinnerung.

Die Geschichten unserer Kindheit mit ihren goldenen Sonnen und unverstandenen Schatten fangen an, sich selbst zu erzählen und drängen sich in unsere Träume und Tagträume. Was da alles in dem großen Topf der Erinnerungen gelandet ist, was wir immer mal wieder erzählt oder uns heimlich selbst zugewispert haben – manchmal gerne, manchmal auch mit einem untergründigen Schrecken – gewinnt an Bedeutung und Gewicht.

Unser Leben lang sind wir getrimmt worden, kausal zu denken, und so geschieht es uns im Alter, auch unser eigenes Leben als eine plausible, logische Kette von Ereignissen zu sehen. In unseren Erinnerungen und den daraus folgenden Deutungen der Gegenwart sind wir nur zu gerne – wie es scheint – Anhänger der alten indischen Karmalehre und sehen das Leben als Gewebe aus Ursache und Wirkung, Aktion und Reaktion, Tat und Vergeltung.

Den Geschichten der frühen Jahre messen wir dabei – so haben wir es gelernt – ganz besondere Bedeutung für das Spätere, für die Gegenwart bei, den Rang von Prägungen und Tätowierungen, von Schicksal, das unsere Muster webte und wirkte und uns schließlich so bewirkt hat, wie wir nun einmal geworden sind. Das Brot der frühen Jahre, die Nahrung, die man uns damals gab, gut oder schlecht, ärmlich oder reichlich, baute uns auf – so oder so –, ließ uns wachsen und werden, gab uns Gestalt und Geist. So haben wir es gelernt.

***

„Aufwachsen" ist eine Zeit des schnellen Wandels und der großen Umbrüche. Das Leben bebt und schwankt immer wieder. Die Erwachsenenwelt schiebt sich über die Kindheit, die Zivilisation über die Wildnis, die Pflicht über den Traum. In solchen Wendezeiten entsteht Druck. Heikle, unsichere Lebenspassagen folgen aufeinander mit einer Fülle von Initiationen und Irritationen. Triumphe und Niederlagen, Freude und Scham folgen in stetem Wechsel.

Diese Umbruchphasen sind es, die ich jetzt klarer sehen möchte. Denn das waren Zeiten, in denen ich anfing, selber Entscheidungen für mein Leben zu treffen, grobe, unklare Ziele abzustecken und Wege zu gehen, die zu diesen Zielen führen sollten. Heute kann ich sagen: es waren Zeiten wichtiger „Alleingänge", denn da war in den entscheidenden Momenten niemand, bei dem ich Rat einholte oder Hilfe suchte, mit dem ich über das, was ich tat und vorhatte, redete. Oft wollte ich das auch gar nicht. Zwar waren immer Menschen um mich herum, mit denen ich lebte und lachte, die ich liebte. Doch viele Entscheidungen traf ich allein, und auch die Wege, die ich dann einschlug, ging ich allein. Die Zeit meines Aufwachsens war wirr und kaputt und voller Widersprüche und ich wusste immer, dass ich mich letztlich *allein* durch all die Widrigkeiten auf meinen Wegen hindurchwursteln musste.

***

Wenn geotektonische Platten gegeneinander drücken, entsteht meist ein tiefer Bruchgraben. Auch psychotektonische Verschiebungen hinterlassen Spuren:

Irgendwo da unten, ganz tief unten, na sagen wir vielleicht vierhundertachtunddreißig Meter unter dem Meeresspiegel meines alltäglichen Bewusstseinszustandes, gibt es so einen Graben. Er führt in mein „Totes Meer", das Meer, das keinen Abfluss hat.

Ich habe viele Schiffchen ausgesetzt auf die Wellen meines Jordans. Sie trugen all das, womit ich mich nicht beschäftigen konnte oder wollte damals – und was ich daher über eine lange Zeit liegen ließ, unberührt und „unbegrübelt". Sie trugen Rätsel, die ich nicht gelöst hatte, sie trugen Bilder und Gefühle, die ich erst einmal loswerden wollte. Die Schiffchen sind abgedriftet, haben Fahrt aufgenommen und sind schließlich dort gelandet, wo sie nicht mehr weiter konnten – in meinem „Toten Meer". Da dümpeln sie nun: mit Bildern, die ich „eigentlich" nicht aufbewahren wollte, mit Geschichten, die ich „eigentlich" hinter mir lassen wollte und auf die Reise ins Vergessen schickte. Damals, in der Ursituation, ließ ich die Schiffchen fahren und fühlte mich freier.

Sie waren aber nicht weg.

Sie kamen zurück und mit ihnen die Bilder von Menschen und ihren Geschichten. Manchmal kamen sie in meinen Träumen und oft in Tagträumereien. Sie kamen in Filmen, die in bestimmten Situationen des Lebens plötzlich nebenher liefen. Da gab es „Déjà-vus", die sich wie ein feiner Firnis über Erlebnisse der Gegenwart legten. Schließlich entstand der Wunsch, hinunter zu steigen und die ganze Flottille genauer zu betrachten.

***

Allerdings: die Beschäftigung mit den eigenen Erinnerungen, den abgedrängten, ins „Tote Meer" verschobenen, das Niederschreiben des „eigenen Lebens" oder eines Teils davon, steht unter einem großen, unauslöschlichen Vorbehalt.

Die Situation, die einstmals war, existiert nicht mehr: sie ist nicht identisch mit der Situation, die erinnert wird. Ich kann sie nur unvollkommen rekonstruieren. Denn was ich heute tue, ist, eine Geschichte erzählen: *fiction – faction*. Das heißt aber: ich schaffe etwas Neues, etwas anderes.

Ich kann die Lebewesen, denen ich in vergangenen Bewusstseinsaugenblicken begegnete, nicht wieder lebendig machen. So wie sie damals waren, haben sie gelebt, so leben sie nicht mehr und so werden sie nie wieder leben.

Das Ich, das damals handelte, existiert nicht mehr: es ist nicht identisch mit dem Ich, das sich jetzt erinnert. Es ist nicht rekonstruierbar. Manch einer glaubt ja, er sei immer „derselbe" geblieben, sich selbst immer gleich, sich selbst immer treu, immer das gleiche Ich. Das ist eine Illusion. Wenn ich heute von meinem fünfzehnjährigen „Ich" erzähle, so ist das ein ferner Bursche, eine historische Gestalt. Nie kann ich ihn „ganz" sehen, so wie er damals war. Ich erzähle von einem anderen.

Die Leiden und Schmerzen, die Freuden, Triumphe und Glücksgefühle, die in den Erinnerungen hochgespült werden, waren einmal wirklich, waren echt, sind es aber nicht mehr. Sie sind heute Phantomgefühle: Phantomschmerzen und Phantomfreuden. Sie hatten ihre Zeit und ihre Berechtigung und es besteht kein Grund, dass ich sie noch einmal so fühle wie einst. Das ist unmöglich und das ist auch gut so.

Alle Erinnerung reduziert das Gewesene. Die Lichter und Schatten, das Vogelgezwitscher und Hundegebell jenes Sommertages in meiner Kindheit, an dessen Morgen das furchtbare Ereignis geschah, sind „dahin". Was bleibt, sind Worte. Das Ereignis selbst ist „dahin". Was geblieben ist, sind Gefühle, die nicht zu löschen sind.

Was ich erinnere, kleide ich neu ein – und zwar immer und immer wieder neu und noch einmal neu. Meine heutigen Gedanken ummanteln die Erinnerungen – aber auch meine heutigen Gedanken haben keinen Bestand, sind flüchtig und wandelbar. Was ich erinnere – das ist mir klar –, unterfüttere ich mit dem, was ich später dazu hörte, las und lernte – aber ich höre, lese und lerne weiter. Neues kommt hinzu.

Ich vergleiche mit den Erlebnissen anderer, ich relativiere, verschlucke dies und gebe jenem einen edlen Glanz. Was ist „Schreiben"? Urteilen, bügeln und glätten, schleifen, schmirgeln und polieren ...

***

So viele Fallstricke.

Was war denn nun wirklich? Was ist die Wahrheit? Die „historische" Wahrheit? Ich weiß es nicht. Doch was soll's? Die Erinnerungsschatten sind da, die Erinnerungen kommen hoch. Sie sind ein Bedürfnis, oft eine Sucht der gnadenlos alternden Alten. Sie sind Lust und Last zugleich. Sie werden zu Erzählungen, sie füllen Bücher, sie sind nie vollständig, sie sind nicht wahr und nicht falsch. Erzählungen von einem gelebten Leben: „Autobiografie", ein literarisches Genre.

***

So sollten wir sie sehen und so können wir sie lieben, unsere Erinnerungen:

Als Romane und Traumgeschichten unseres „Selbst", das immer in Bewegung ist, als Traumgeschichten der vielen, vielen Egos, die einander gebaren und wieder starben, bis hin zu dem Ich, das jetzt und hier an dieser Tastatur sitzt, an diesem Schreibgerät, und das nachher schon nicht mehr sein wird – und schon längst nicht mehr dann, wenn du das liest ...

Alle Egos schwinden dahin – und was von ihnen bleibt, sind Döntjes von einer einstmals agierenden Gestalt ... und noch einer und noch einer. Vertraute Geschöpfe und doch Phantasiegestalten aus bunter Knete, die ich aus dem Heute heraus knödle und forme.

Machte es nicht immer einen Heidenspaß mit bunter Knete zu spielen, damals, als wir Kinder waren – und wenn wir mal welche hatten in jenen knappen Zeiten? Formen und modellieren: eine hübsche oder hässliche Gestalt, eine komische Figur – groß oder klein, dick oder dünn, Mann oder Frau ... Hatten sie nicht „Charakter", unsere bunten Kneteknubbel?

Da liegen viele Knollen bunter Knete in meinem Topf. Ich kenne sie alle, sie sind mir vertraut und fremd. Vage Gestalten, verschwommene Physiognomien und doch alte Bekannte. Auf eines werde ich achten, wenn ich jetzt zugreife, sie modelliere und ziseliere mit der Wärme meines Intellekts und dem Bewusstsein des Heute: dass ich sie nicht verbiege und verforme und ihren ursprünglichen Ausdruck vernichte. Das nehme ich mir vor.

Ich grapsche hinein in den Topf. Ich nehme sie in die Hand, die alten Klumpen. Ich lüpfe sie Schicht um Schicht und stelle fest, dass es immer mehr werden, dass immer noch weitere auftauchen. Also muss ich wählen. Wie ich auswähle und was ich weglasse, ist selbst wieder eine Geschichte, die erzählt werden könnte ...

So viele Wirren, so viele Fallstricke, so viele Vorbehalte. Sei's drum. Schluss mit der Vorrede, Schluss mit den Skrupeln. Vorhang auf! Her mit euren Döntjes, ihr vielen Iche.

Berlin, Sommer 2013

TEIL I

IN DER BARACKE

1

Die Umsetzung

Kindheit hat zwei Dimensionen.

Dass man das Kind seiner Eltern ist und dass man Vater und Mutter und alles, was daran hängt, sein Lebtag mit sich trägt, ist die eine Seite des Kindseins. Jedes Kind trappelt allerdings auf zwei Beinen in die Welt hinaus, es ist auch Kind für sich. Das ist die andere Seite. Die zweite Dimension der Kindheit hat ihren eigenen Raum und ihre eigene Zeit, eine Phase des Lebens, die unweigerlich an ein Ende kommt.

Die vier „Barackenjahre", die Zeitspanne zwischen meinem siebten und elften Lebensjahr, habe ich immer als die intensivste und wachste Zeit meiner Kindheit empfunden. Ich war bereits in einem Alter, in dem ich anfing, die Welt um mich herum auf eine neue Art wahrzunehmen – und zu deuten. Ich ging bereits in die Schule, neuartige Lernprozesse hatten begonnen und damit auch das Nachdenken über die Zustände und Ereignisse in der Welt um mich herum – das Grübeln über das, was geschah und was ich sah. Ich war aus dem Kleinkindalter heraus, ich war „reifer" geworden. Das sind allerdings zivilisatorische Prozesse, die jedes normale Kind durchläuft.

Ich sah das Drama meiner Eltern, das Drama meiner Großeltern, ich erlebte ihre Katastrophen. Ich war hineingeboren in ihre Geschichte und die färbte meine Kindheit. Das war die Schattenseite jener Jahre.

Andererseits gab es die eigene Qualität meines ganz persönlichen Kinderlebens an jenem Ort und in jener Zeit: meine kindliche Eigenzeit. In ihr brannte ein Feuer, das mein Leben lang nicht erlösche: Neugier und Abenteuer, das Gefühl von Autonomie jenseits der Erwachsenenwelt, das Erleben von Wildnis und Freiheit: das war die Sonnenseite.

Das Nest

All ihre Kinder brachte meine Mutter in einem warmen und freundlichen Milieu zur Welt: in der Kinder- und Säuglingsstation des Stadtkrankenhauses in Hameln, in der sie bis zu ihrer Hochzeit als „Stationsschwester", also als Leiterin und Organisatorin des Pflegedienstes, gearbeitet hatte. „Schwester Nelly", wie sie dort genannt wurde, gebar uns vier also in vertrauter, angenehmer Atmosphäre, unter Freundinnen und Freunden, denn sie war bei ihren Kolleginnen und Kollegen, den Schwestern, Pflegern und Ärzten des Krankenhauses, geschätzt und beliebt.

Drei ihrer Kinder waren „Kriegskinder", 1941, 1943, 1944, ihr Jüngster wurde 1947 geboren. Vier Schwangerschaften in gut sechs Jahren – dazu ihr Adoptivsohn, Jahrgang 1939, den mein Vater aus seiner ersten Ehe, die nur sehr kurz gehalten hatte, in die Familie einbrachte. An all der vielen Haus- und Kinderarbeit, die auf meine Mutter zukam und mit jedem Kind anschwoll, beteiligte sich mein Vater nur sehr wenig. Dass der Vater sich als Vater „einbrachte", das lag einerseits nicht im Geist der Zeit – Kinderkram war Frauenkram – und andererseits auch nicht in seinem Naturell. Wahrscheinlich erwartete meine Mutter das auch gar nicht von ihm. Sie war Arbeit gewöhnt und es gehörte zu ihren Maximen, dass man „sich nicht gehen lassen dürfe" und dass man das, was einem aufgegeben war, zu bewältigen habe ohne zu schwanken. Und zur Not auch allein.

Sie war auf ihre Aufgabe als Mutter einer wachsenden Kinderschar allerdings auch bestens vorbereitet, sie war ja mehrere Jahre Säuglings- und Kinderschwester gewesen. Sie war auch ihrer Rolle als Hausfrau gewachsen: bevor sie ihre Ausbildung als Krankenschwester begann, absolvierte sie eine Hauswirtschaftslehre beim Gräfin-Rittberg-Verein in Berlin, wovon sie uns manchmal erzählte. Heilerin und Köchin, das war sie immer für mich, nachdem ich angefangen hatte, die Welt um mich herum zu erkunden und wahrzunehmen. Wenn ich als Kind krank wurde und mit Mumps, Scharlach oder Masern im Bett lag, wenn ich meine Kopfschmerzanfälle bekam oder wenn ich mich beim Spielen verletzt hatte, vertraute ich voll ihren Künsten und ihrer Pflege – und was sie uns kochte, aß ich mit Lust und Appetit.

Genau an jenem Ort, an dem sie ihre Kinder ins Leben brachte, in „ihrer" Station im Stadtkrankenhaus, hatte sie sich in den hilflosen Mann verliebt, den sie aus seiner Paralyse zurück ins Leben geholt hat. Gelähmt, bewegungs- und sprachlos war er aus einem Wehrmachtslazarett ausgelagert und in ihre Station abgeschoben worden, nur noch ein Pflegefall, aussichtslos, nicht weiter therapierbar. Unter ihrer Obhut, ihrer resoluten und fordernden Pflege, fand er zurück aus seiner Dunkelheit. Sie verliebten sich ineinander und heirateten.

Als ihr erstes Kind geboren wurde – im Oktober 1941 – hatten die beiden vermutlich schon längst ihr Nest fertig eingerichtet. Meine Mutter hatte sich zu ihrer Hochzeit ihren Erbteil auszahlen lassen. Da gab es noch ein größeres Restvermögen aus dem Verkauf des Gutshofes ihrer Vorfahren, das an sie und ihre Geschwister ausgezahlt wurde, sobald sie heirateten. Meine Eltern fanden eine behagliche und komfortable Wohnung in der friedlichen Zentralstraße in der Hamelner Innenstadt und meine Mutter hinterlegte aus ihrem Erbe die happige Kaution, die damals vom Vermieter gefordert werden konnte. Wohnraum war knapp im Krieg und wurde knapper, als auch in Hameln die Bomben fielen. Die Hausbesitzer profitierten von der Situation und verlangten viel Geld als zinslose Darlehen, die erst beim Auszug aus der Wohnung zurückgezahlt werden mussten.

Ich stelle mir vor, wie die beiden – mit dem Geld aus meiner Mutters Erbe gut gepolstert – loszogen, um sich für ihr gemeinsames Leben einzurichten. Sie bezahlte alles: die Kücheneinrichtung mit dem großen elfenbeinfarbenen Küchenschrank, einem Klassiker der Zeit, der mich durch meine ganze Kindheit begleitet hat; Küchentisch und Küchenstühle; die Schlafzimmereinrichtung aus heller Eiche in einem angenehm schnörkellosen Stil; die Einrichtung des Kinderzimmers: Kinderbetten, Schrank, Kommode. Das Wohnzimmer wurde aus Erbstücken meines Vaters eingerichtet: schwarz gebeizte, von Hamelner

Tischlermeistern hergestellte Eichenmöbel, ergänzt durch ein Ensemble aus zwei Sesseln und einem niedrigen „Rauchtisch", das meine Mutter beisteuerte. Sie kaufte Vorhänge und Gardinen, Matratzen, Bettzeug, Überdecken, Geschirr und Besteck, Töpfe und Pfannen – alles, was ihr Nest, in das sie ihr neues Leben hinein träumte und das sie mit ihren Kindern füllte, behaglich und gemütlich machen sollte.

Meine Mutter gönnte sich gar einen kleinen Luxus, eine Reminiszenz – so vermute ich – an ihre frühe Kindheit auf dem Gutshof, an die prächtigen Feste, bei denen ihr geliebter Vater jene eindrucksvollen Tischreden hielt, an die sie sich ihr Leben lang erinnerte. Meine Mutter stattete einen kleinen Raum, der der Küche direkt gegenüber lag, als besonderes „Esszimmer" aus. Ich erinnere mich an eine lange schwarze Anrichte, hochglänzender Schleiflack, in dem ich mich als Kind spiegeln konnte. Die Anrichte hatte abgerundete Ecken und wirkte sehr elegant. In ihr war das „feine" Geschirr untergebracht: Erbstücke vom Gutshof ihrer frühen Kindheit. Da gab es einen großen Esstisch und sechs Stühle im gleichen Stil: schwarzer Glanzlack, einfach und schön im Design. Meine Mutter liebte das Klare: alles, was sie angeschafft hatte, war einfach, glatt und schnörkellos.

Ich liebte diese Wohnung meiner ersten Jahre. Ich fühlte mich sicher und geborgen, wenn unsere Mutter abends, wenn es dunkel wurde, in unserem Kinderzimmer saß, inmitten der vielen Kinderbetten, und uns unser Schlaflied vorsang. Sobald ich es vermochte, sang ich es mit ihr mit, jenes weltberühmte Lullaby, und als wir größer wurden und alleine einschlafen mussten, sang ich es mir und meinen Geschwistern selber laut vor. „Guten Abend, gute Nacht ..." Diese herrliche Melodie war mit Sicherheit die erste Musik, die mein Gehirn in seinen Musikspeicher aufnahm, der heute überquillt mit Musik aus der ganzen Welt ...

Der Zauber der ersten Jahre, der Zauber des ersten Ortes, die Magie des Erwachens in die Welt: das war das von ihr geschaffene kleine Nest mitten in Hameln, ihr Traum vom gemeinsamen Glück.

Kleine, eigentlich banale Dinge sind es oft, die uns Urgeschichten erzählen. Da hing ein Vorhang vor dem großen Glasfenster zwischen Küche und Wintergarten, rohweiß, bedruckt mit tiefblauen Blättern, Farnen, Blüten und Schmetterlingen. Oft saß ich lange davor und träumte mich in ihn hinein. Ich sah schließlich nicht mehr nur die Ornamente, sondern auch die Zwischenräume zwischen den Ornamenten, auf die vermutlich kein Erwachsener achtete. Auch die weißen Zwischenräume erzählten mir ihre Geschichten: da gab es Drachen und Schlangen, Lemuren und Chimären, seltsame Wesen, die nur für mich über den Vorhang huschten und ihre phantastischen Spiele spielten ...

Mein vierter Geburtstag

In dieser warmen, behaglichen Welt erlebte ich das eindrucksvollste Fest meiner frühen Jahre. Es wurde an meinem vierten Geburtstag gefeiert, im Januar 1947.

Den ganzen Nachmittag klingelte es an der Wohnungstür und da ich Geburtstag hatte, durfte ich hinrennen und die Tür aufmachen. Fast immer stand dort ein unbekannter Mann, etwa im Alter meines Vaters, der mich hochhob, hin und her schwenkte, mir zum Geburtstag gratulierte und mich herzte. Danach holte er irgendein kleines Geschenk aus den Taschen seines Wintermantels, das ich anfangs noch hocherfreut, später dann fast routinemäßig in Empfang nahm. Am Ende des langen Korridors stand mein Gabentisch. Ich rannte mit meiner Beute den Korridor entlang und lagerte alles ab, was ich bekommen hatte. Glücklich und stolz sah ich, wie der Gabenberg immer mehr anschwoll.

Die Erwachsenen waren fröhlich. Sie erzählten sich ihre Döntjes, sie lachten, schwelgten in Erinnerungen und manchmal gab es auch ernsthafte und traurige Momente, in denen lange geschwiegen wurde.

An jenem Tag erstrahlte auch unser schwarzes Esszimmer, das nur selten genutzt wurde, in festlichem Glanz. Auf der auf Hochglanz polierten Anrichte standen zur Feier des Tages die beiden silberbeschichteten dreiarmigen Porzellanleuchter, die mich durch mein ganzes Leben begleitet haben. Auch sie stammten von dem Gutshof, in den meine Mutter einst hineingeboren worden war. Die Kerzen brannten. Der große schwarze Esstisch war zur Kaffeetafel geworden. Hier hatte meine Mutter ihre Erbstücke aufgestellt: die große silberbeschichtete Porzellankaffeekanne, dazu die passenden silbernen Milchkännchen und Zuckerdosen, das alte Kaffeegeschirr, eine glänzend-weiße Damasttischdecke, dazu die passenden Damastservietten aus der noblen Zeit ihrer Kindheit.

Es gab den berühmten Hamelner „Zuckerkuchen", einen Blechkuchen aus Hefeteig, beschichtet mit einer krossen Schicht aus Zucker und Butter. Ich liebte ihn, weil er so intensiv nach Hefe roch und weil die krosse Zuckerschicht so herrlich knirschte, wenn man hinein biss. Meine Oma hatte ihn hergestellt und zum Ausbacken ins Backhaus von Bäcker Habermann getragen, der die Zuckerkuchenbleche in seinen Ofen schob und den Backvorgang überwachte. So machten das damals die meisten Hamelner Hausfrauen: sie belegten ihre Kuchenbleche zuhause, Backofenwärme und Erfahrung im Ausbacken lieferte der Bäcker in seiner Backstube ...

Jahre später erst habe ich herausgefunden, was da an meinem vierten Geburtstag im Januar 1947, knapp zwanzig Monate nach dem Kriegsende, eigentlich gefeiert worden war:

Mein vierter Geburtstag war ein Fest des Friedens und des Aufatmens nach den Schrecknissen des Nazi-Terrors und des Krieges, ein Fest des Wiedersehens, der Freude und Erleichterung, davongekommen zu sein. Aber auch ein Tag der Trauer um die Freunde meines Vaters, die „gefallen" waren, wie man sagte – getötet im „Blitzkrieg" gegen Frankreich ...

Meinen vierten Geburtstag hatte mein Vater zum Anlass genommen, seine alten „Sportsfreunde" (so nannte er sie meist) einzuladen. Anfang 1940, kurz vor seinem dreißigsten Geburtstag, wurde sein „Jahrgang" eingezogen. Er und viele seiner Schul- und Sportkameraden wurden in die Hamelner Kaserne an der Süntelstraße beordert, wo sie für das Schlachten und Abgeschlachtetwerden auf den Schlachtfeldern des Frankreich-Feldzugs abgerichtet wurden. Vier seiner Freunde sind nicht wieder zurückgekommen, erzählte er mir später einmal, andere kamen verletzt und verkrüppelt zurück. Mein Vater war davongekommen.

Denn er selbst musste nie an die Front, er musste nie einen Schuss abgeben, er geriet nie in die Gefahr im Kampf getötet zu werden. Und er mochte nie erzählen, warum und wie er davongekommen war. Ich erinnere mich allerdings, dass er, als er einmal von seinen gefallenen Freunden erzählte, die Formulierung gebrauchte, er selbst habe nie „an die Front" gemusst, er habe „Glück im Unglück" gehabt. Darüber hinaus war nichts aus ihm herauszubekommen. Um ihn war ein Geheimnis, an dem wir Kinder nicht rühren durften. Was das für ein „Unglück" war, das in jener Wehrmachtskaserne geschah, in der er nur ein paar Wochen zugebracht hatte, hat er nie erzählt.

***

Das also war mein erstes Nest: eine gemütliche und für die damalige Zeit recht komfortable Mietwohnung in einem braven, bürgerlichen Viertel in der Innenstadt von Hameln.

Hier wuchs ich heran und sechseinhalb Jahre fühlte ich mich wohl und geborgen in der warmen Welt, die unsere Mutter so schön und so praktisch für uns geschaffen hatte. Hier lernte ich laufen, sprechen und singen, von hier aus wurde ich flügge. Von hier aus purzelte ich in die Welt hinaus und die Eroberung und Erforschung der Straßen und Plätze um unser Nest wurden zum großen Abenteuer meiner frühen Kindheit. Kaum dass ich auf eigenen Beinen stehen und laufen gelernt hatte, wurde ich zum „Draußen-Kind", zum typischen Straßenkind der Vierziger Jahre.

Denn schon sehr früh durften wir „runter" auf die Straße und wurden zu selbstständigen kleinen Stromern. Bereits im

Alter von drei Jahren spielten wir frei und ohne Aufsicht in den Straßen unseres Viertels – wie auch die Nachbarskinder um uns herum, ja, wie die meisten Kinder in den Vierziger Jahren. Natürlich gab es durchaus einigen Straßenverkehr – Autos und Pferdewagen, Motorräder (oft mit Beiwagen), Fahrräder natürlich –, aber der Verkehr galt nicht als gefährlich: wir sollten halt aufpassen – und die Größeren hatten die Kleinen zu beaufsichtigen. So streunten wir schon im zarten Alter souverän durch die Straßen der Stadt, meist in kleinen Horden, kleinen „Kinderbanden". Manchmal allerdings machte ich mich auch allein auf die Pirsch durch die alte Stadt. Ich begann schon früh zu „tingeln".

Wenn ich mir heute auf einer Karte anschaue, welch abenteuerliche Eroberungszüge wir im Alter von drei, vier, fünf Jahren durch die Straßen der Stadt veranstaltet haben, stelle ich fest: eine längst vergangene Epoche. Eine solche Kindheit gibt es nicht mehr: der Autoverkehr hat sie abgeschafft.

Natürlich waren immer auch Erwachsene um uns herum in den Straßen und auf den Plätzen, die uns auch irgendwie wahrnahmen – aber es gab keine „Aufsichtspersonen", die uns sagten, was wir zu tun und was wir zu lassen hatten oder die sich in unsere Händel einmischten. Meist spielten wir ja durchaus harmonisch und lustvoll stundenlang miteinander, aber natürlich gab es auch Konflikte, Streitereien, Zank und Krieg zwischen den Kinderbanden meines Viertels. Wir waren keine „kleinen Engel", wir übten auch Macht aus, wir stänkerten uns an, wir kämpften miteinander und schlugen zu. Dann allerdings war da niemand, der eingriff und uns auseinander zerrte.

So durchlebte ich die Traumzeit meiner „ersten Welt". Der Schutz und die Geborgenheit im Nest meiner Mutter gehörten so selbstverständlich zu meinem Leben wie die Freiheit und das Abenteuer in den Straßen und Gassen der alten Stadt, in denen ich flügge wurde.

In der neuen Welt

Ich habe kaum eine Erinnerung an den Tag, an dem wir unser Nest gegen die Baracke austauschten. Die Umsetzung in unser neues Habitat erfolgte abrupt und kam für uns Kinder völlig überraschend.

Man hatte uns zur Oma gebracht, die ganz in der Nähe unserer Zentralstraße wohnte und die uns immer dann betreute, wenn es nötig war. Sie nahm ihre fünf Enkelkinder alle auf einmal für einen ganzen Tag in ihre Obhut, während die anderen Erwachsenen, unsere Eltern und der „Alte", unser Großvater, verschwunden waren.

Am Abend dieses sonnigen Herbsttages geschah es. Sie nahm die Kleine bei der Hand, sie schob den Kinderwagen mit dem Jüngsten, der noch keine zwei Jahre alt war, und führte uns die Wittekindstraße entlang, unter der Eisenbahnunterführung hindurch, über die Schafbrücke, die die Hamel überquert, immer weiter in Richtung der Werkstatt unseres Großvaters, den wir „Oppa" nannten. Wir gingen schließlich die lange Kuhbrückenstraße entlang und hinter der Weide mit den weißen Ponys schwenkten wir nach rechts, kurz danach nach links auf den großen Hof vor der Werkstatt unseres Oppas. Plötzlich waren sie alle wieder da: unsere Eltern, der Großvater, aber auch Theo, der Geselle, Hubert, der Lehrling, und auch noch einige andere Männer, die ich nicht kannte. Unsere Oma führte uns durch einen kleinen weißen Vorbau, der in die Räume im nördlichen Endstück der Baracke führte, wo bisher das Büro der Firma meines Oppas und die Pausenräume für die Mitarbeiter untergebracht waren.

„Hier werdet ihr von nun an wohnen", sagte meine Oma. Es klang nicht sehr fröhlich, nein, im Gegenteil, es klang ziemlich bedrückt.

Ich schaute mich um und war baff. Alles, was ich sah, war mir völlig vertraut und doch völlig fremd. Es war mir, als sähe ich die Welt meiner Kindheit durch einen Zerrspiegel, und als ich den ersten Rundlauf durch die fünf Räume unserer neuen Wohnung machte, hatte ich das Gefühl, als bewegte ich mich in einer völlig verrutschten Wirklichkeit.

***

Wenn man den kleinen weißen Vorbau durchquerte, landete man zuerst in dem Raum, der unsere Küche sein würde. Die Küche wurde in den folgenden Jahren unser Empfangszimmer, hier spielte sich fast unser ganzes Leben ab.

Hinten links stand der klassische Kohleherd, wie er noch in den meisten Küchen der Vierziger Jahre zu finden war. Er hatte einen Backofen und drei Kochplatten, deren Hitze man dadurch regulierte, dass man die Anzahl der Ringe veränderte. Man musste den kleinen Deckel in der Mitte und die heißen inneren Ringe mit einem Schürhaken herausfischen, wenn man die Hitze erhöhen wollte. Einen solchen Herd hatten wir auch in der alten Wohnung gehabt. Der wurde allerdings nur im Winter zum Kochen benutzt, wenn man gleichzeitig die Küche heizen wollte. Ansonsten kochte meine Mutter auf dem Gasherd. Hier, in dieser seltsamen „Küche", gab es keinen Gasherd. Vier Jahre lang kochte meine Mutter nur auf diesem Herd mit Holz und Kohle, sommers wie winters. Ihr oft geäußerter Wunsch nach einer Elektrokochplatte ging nie in Erfüllung. Die beiden „Puttker", der Oppa und sein Sohn, mein Vater, stellten sich jahrelang taub und schafften es nicht, ihr so ein Ding zu beschaffen. Einen Gasherd mit Propangasflasche aufzustellen, wie ich das später bei Nachbarn sah, die ebenfalls in einer Baracke wohnten, lag wohl auch außerhalb ihres Horizontes.

Es gab keine Anrichte, keine Spüle mit einem Wasserhahn darüber, wie es bisher für uns selbstverständlich war, sondern rechts in der Ecke stand eine rote altmodisch geformte eiserne Pumpe mit einem geschwungenen Schwengel. Daneben sah ich einen gemauerten rechteckigen Bottich, der mit breiten passenden Holzbrettern abgedeckt war. Wie ich alsbald lernte, war dieser Bottich unser „Badezimmer". Unsere Mutter stellte einmal in der Woche eine Zinkwanne hinein, erhitzte Wasser in großen Töpfen auf dem Herd, mischte es mit dem kalten Wasser aus der Pumpe und schrubbte ihre Kinder sauber. Und wenn sie allein war, war dieser Ort, der mit einem kleinen Spiegel an der Wand ausgestattet war, ihr „Bad", in dem sie sich wusch, frisierte und schön machte. Duschen und wohlig in der Wanne liegen wie bisher – das gab es nicht mehr. Der gemauerte Bottich verwandelte sich zu bestimmten Zeiten dann auch in unsere „Waschküche": hier wurde die „kleine" und die „große" Wäsche gewaschen. In der Mitte des Raumes stand ein neuer Küchentisch. Den alten, an dem ich oft gesessen und gegessen und in den magischen Vorhang geträumt hatte, gab es nicht mehr. Bei unserem neuen Küchentisch konnte man seitlich ein Gestell herausfahren, in dem zwei Waschschüsseln hingen. Eine Spüle gab es ja nun nicht mehr. Bei jedem Abwasch musste erst ein Kessel mit Wasser auf dem Herd erhitzt werden, das wir dann in die eine der Schüsseln kippten, kaltes Wasser zum Mischen holten wir aus der Pumpe. Die zweite Waschschüssel wurde mit klarem, kaltem Wasser gefüllt – zum Nachspülen des Geschirrs und der Bestecke. So wuschen wir vier Jahre lang ab.

Unser großer elfenbeinfarbener Küchenschrank stand hinten rechts an der Wand, der einzige Gegenstand, der unverändert aus der alten in die neue Welt ausgewandert war – das Einzige in dieser verzerrten Küche, was mir noch vertraut war.

Neben dem Küchenschrank gab es eine Tür, die in einen kleinen schmalen Raum führte. Als ich neugierig eindrang, stellte ich fest, dass hier das edle Schleiflack-Esszimmer untergebracht war, auf das meine Mutter in unserer alten Wohnung so stolz war. In dem Barackenambiente kam es mir allerdings deplatziert vor, denn ich wusste schon vom ersten Tag an: an diesen Ort würde unsere Mutter keine ihrer alten Freundinnen mehr einladen, hier würde es überhaupt keine Feste mit Freunden mehr geben. Das sahen wohl auch die beiden „Puttker", Vater und Oppa, so, denn schon wenige Monate später, als mal wieder Ebbe in der Firmenkasse herrschte, verhökerten sie das Esszimmer. Von dem Erlös landete nur wenig in der Haushaltskasse meiner Mutter.

Jedes der Zimmer meines Rundlaufs hatte zwei Türen, denn jeder Raum war mit zwei Nachbarräumen verbunden. Es gab keinen Korridor. Das nächste Zimmer in meinem Rundlauf war das Wohnzimmer. Es wirkte ziemlich voll geprumpst. Es enthielt die alten schönen Eichenmöbel, den schwarz gebeizten Schreibtisch mit dem schwarz gebeiztem Arbeitsstuhl und den schwarz gebeizten Bücherschrank, einen runden, schwarz gebeizten Esstisch mit vier Stühlen und die beiden „Clubsessel" mit ihrem „Rauchtisch". Das Wohnzimmer war der einzige Raum – abgesehen von der Küche –, der einen eigenen Zugang zum Kamin hatte und den man daher auch beheizen konnte. Vor dem Schornstein stand in der Tat ein schlanker, hoher Kohleofen. Das Wohnzimmer wurde allerdings nur sehr selten beheizt und bewohnt. Nur zu Weihnachten und zu Silvester/Neujahr wurde es zum Festzimmer. Es war sehr behaglich, denn es hatte eine Besonderheit. Während alle sonstigen Räume schräge Zimmerdecken hatten, Barackendecken, hatte man hier eine neue Decke eingezogen, so dass die Schräge des Barackendaches nicht sichtbar war. Die Decke bestand aus Holzfachen, getäfelt mit glänzenden Pressspanplatten. Sie sah sehr schön aus, so empfand ich, als ich meinen ersten Rundlauf veranstaltete.

Das nächste Zimmer war das Elternschlafzimmer mit den vertrauten Möbeln, die allerdings anders arrangiert waren. Da hatte sich wenig geändert. Ich rannte durch zur zweiten Tür und landete schließlich im Kinderzimmer. Es war so groß, dass alle fünf Betten gut hineinpassten, dazu noch unser Kleiderschrank, aber kein Stuhl und kein Tisch: dazu war der Raum dann doch zu klein. Ich rannte durch die zweite Tür unseres Kinderzimmers und landete wieder in der Küche. Das war's. Das war der Rundlauf durch die „zweite" Welt meiner Kindheit.

Die Waschkaue

Eine Besonderheit unseres Kinderzimmers möchte ich nicht unerwähnt lassen. An der westlichen Außenwand, die auf die Zwischenwand zur Küche hinlief, befand sich ein gemauerter „Schweinetrog" – so nannten wir Kinder das seltsame Gebilde, das wir da vorfanden. Tatsächlich – so ließ ich mir irgendwann erklären – handelte es sich um eine „Waschkaue", die ursprünglich einmal an unserer Wasserstelle, der Pumpe, begann und durch einen einzigen langen Raum an der Wand entlang lief, den es nun nicht mehr gab, weil dieser Raum durch eine Zwischenwand in zwei Teile geteilt worden war, um Küche und Kinderzimmer abzuteilen. In der neu entstandenen „Küche" hatte man die Waschkaue weggekloppt. Ursprünglich war die Waschkaue also um die acht oder neun Meter lang. Wenn man sie mit dem Wasser aus der Pumpe füllte, konnten sich – so stellte ich mir vor – ungefähr zehn bis fünfzehn Menschen gleichzeitig in der Brühe waschen.

In unserem Kinderzimmer war die übrig gebliebene „Waschkaue" mit Holzdeckeln versehen, die man aufklappen konnte. So wurde sie zu einem Möbelstück für uns: hier brachten wir unsere vielen Schuhe unter und außerdem das Schuhputzzeug: Bürsten, Lappen und Schuhcreme.

Dieser eigenartige Fremdkörper – die „Waschkaue" – irritierte mich als Kind immer dann, wenn ich ihn bewusst wahrnahm, z. B. wenn ich Schuhe herausangelte oder hineinwarf. Die Kaue war mir rätselhaft und ich bin lange Zeit nicht darauf gekommen, warum sie da war und was es damit auf sich hatte.

Erst Jahre später, als ich mir klarmachte, welchem Zweck „unsere" Baracke einstmals gedient hatte, löste sich auch das Rätsel der „Waschkaue".

***

Das also war unser neues Zuhause.

Die Zivilisation, so wie ich sie bisher kannte, hatte sich mit einem Tag verändert: sie war verrutscht, sie wurde „verrückt". Mein Leben veränderte sich gründlich, denn die zweite Phase der Kindheit, die Zeit der Bewusstwerdung und des Nachdenkens über das, was rundum geschieht, durchlebte ich außerhalb der bürgerlichen Normalität.

Die Jahre zwischen sechs und zehn sind ja einerseits die Zeit, in der man mit der Zuckertüte im Arm in die Zivilisation eingeführt wird und lesen, schreiben, rechnen und nachdenken lernt. Andererseits war das die Zeit, in der ich meine vertraute Kinderwelt verließ. Was ich stattdessen bekam, war eine „geschrumpfte" Zivilisation, eine andere Welt, eine neue Zeit: neue Spiele, neue Freunde, neue Arbeiten und Mühen, neue Abenteuer und Katastrophen. Eine Fülle von Bildern und Geschichten lagerte sich in meinem Kopf ab und schwoll im Laufe der Zeit immer mehr an.

Denn so ist das mit unseren Erinnerungen: mit dem Älterwerden, mit dem Zuwachs an Erkenntnissen, mit dem wachsenden Durchblick fangen wir an zu verstehen. Unsere Geschichten werden voll und präzise, sie erzählen sich zu Ende. Die frühen Bilder und Erlebnisse jener Jahre meiner Kindheit verloren mit der Zeit ihre unerklärlichen Schatten, ihre zuweilen bedrückende Rätselhaftigkeit, und wurden deutbar.

2

Neue Spiele, neue Freunde

Vier Jahre Barackenzeit: ein langer Tag und eine lange Nacht, zusammen gebacken aus fast eintausendfünfhundert Tagen und Nächten. Vier Jahre, die später, in meiner Erinnerung, zu einer Einheit zusammenschmolzen, angefüllt mit den Urgeschichten meiner bewussten Kindheit, die mir für immer blieben.

Herd und Holz

Schon in den ersten Tagen und Wochen sahen wir beiden „Großen", meine um fünfzehn Monate ältere Schwester und ich, dass sich das Leben unserer Mutter böse verschlimmert hatte, denn ihre Arbeitslast und Mühsal hatten sich vervielfacht gegenüber dem, was in unserer gutbürgerlichen, komfortablen Wohnung in der Innenstadt zu tun war.

Ihre fünf Kinder hatte sie jetzt unter Barackenbedingungen zu versorgen und großzuziehen – und der Jüngste war nicht einmal zwei Jahre alt. Der brauchte ja noch täglich seine Fläschchen und seine Breichen, wir anderen mussten täglich bekocht werden, es musste warmes Wasser bereitstehen zum Waschen und zum Abwaschen, der große Zinktopf musste erhitzt werden, in dem unsere Wäsche und die vielen Windeln des Kleinen gekocht wurden – all diese viele Wäsche über all die vielen Jahre, die dann hinterher auch noch in dem primitiv gemauerten Trog neben und unter der Pumpe gespült werden musste ...

Die einzige Kochstelle, über die sie vier Jahre lang verfügte, war der Küchenherd. Der musste also täglich beheizt werden, das hieß: es musste täglich Anmachholz da sein, Holzscheite mussten gehackt, Kohlen herangeschafft werden, Papier und Streichhölzer mussten bereit liegen – und zwar immer, vier Jahre lang, sommers wie winters, Tag für Tag. Der kalte Ofen musste morgens ausgeleert, die Asche weggeschafft werden. Aus Papier und Anmachholz musste man ein Feuernest basteln, Scheite in die Flammen werfen, vorsichtig Stein- oder Eierkohlen in die Glut schütten und ständig auf der Hut sein, dass das Feuer nicht ausging, denn dann ging alles wieder von vorne los.

In der „normalen" alten Wohnung hatte unsere Mutter auf einem Gasherd gekocht, das Wasser holte sie mit einer kleinen Handbewegung aus dem Wasserhahn – hier musste sie erst einmal kräftig pumpen, um den ersten Wasserschwall aus der Erde zu holen.

Ich spürte schon in den ersten Tagen und Wochen die raueren Bedingungen unseres neuen Lebens und nahm mir vor, meiner Mutter beizustehen, so gut ich es vermochte, und ihr in ihrer Not zu helfen. Ich war nicht allein: meine ältere Schwester verspürte von Anfang an den gleichen Wunsch. Wir beiden „Großen" schlüpften in unsere Rollen als Mitorganisatoren unseres neuen Lebens und hielten diese Rollen vier Jahre lang durch. Wir waren die Einzigen, die halfen.

Meine jüngere Schwester war gerade mal fünf Jahre alt, als wir „umgesetzt" wurden. Sie steckte noch in einer früheren – „kindlicheren" – Phase des Lebens und nahm einfach hin, vermutlich ohne groß darüber nachzudenken, was das Schicksal ihr da bereitet hatte: eine merkwürdige Veränderung der Lebensumstände, von Papa und Mama nun einmal so angerichtet. Jedenfalls: sie hatte keinerlei Verpflichtung zur Mitarbeit – und das war in Ordnung so, denn dazu war sie einfach noch zu klein.

Der Älteste, unser Halbbruder, war meiner Mutter keine Hilfe. Er war schon zehn Jahre alt, als wir an den Rand zogen und er zog alsbald wieder zurück in die Innenstadt. Seine – leibliche – Mutter war wieder in Hameln aufgetaucht, vermutlich alarmiert durch die Nachricht, dass ihr Ex-Ehemann seine Frau und seine vielen Kinder in einer Barackenbehausung untergebracht hatte und zwar in einem „Nachtjackenviertel", denn so nannten die Hamelner Gerechten Gegenden wie die unsere. Diese Frau, unseres Bruders Mutter, eröffnete eine Kneipe in der Alten Marktstraße, wo sie auch wohnte, und dort hielt sich mein Bruder von nun an am liebsten auf. Dort lernten sich Mutter und Sohn überhaupt erst kennen, denke ich heute, denn ihr Kind war ihr nach der Scheidung weggenommen worden. Nun hatten sie sich also wieder.

Auf jeden Fall: bei uns dort draußen ließ er sich immer seltener blicken und er beteiligte sich nicht an der gemeinsamen Arbeit. Er kam mir vor wie ein Gast, der sich immer mal wieder von unserer Mutter bedienen ließ, denn er mochte die Frau, die ihn großgezogen hatte.

Die Einzigen, die sie in ihrer Mühsal unterstützten, waren also wir: die beiden Anführer der Viererbande, die sie in die Welt gesetzt hatte, die „Großen" in der Geschwisterreihe.

***

Axt und Beil waren die ersten Werkzeuge, mit denen ich in meinem Leben hantierte und die ich schon nach sehr kurzer Praxis perfekt handhabe, denn auf das Holzhacken verfiel ich bereits in den ersten Tagen nach unserer Umsetzung, also im Alter von sechseinhalb Jahren.

In der Nische zwischen dem kleinen weiß gekalkten Küchenvorbau und dem großen Garagentor lag ein großer Haufen Holz, als wir einzogen: runde, vom Stamm gesägte etwa fünfzehn Zentimeter dicke Baumscheiben, die unser Vater mit seinem Auto herangeschafft und dorthin abgeladen hatte. Er hatte sich vorgenommen, das Holz alsbald zu hacken, aber dazu kam es erst einmal nicht – er hatte immer etwas anderes zu tun, er verschwand Tag für Tag mit seinem Auto irgendwo in Niedersachsen und kam meistens erst sehr spät zurück – oder auch gar nicht. Ein paar Tage nach unserem Einzug in die Barackenwohnung beobachtete ich, wie unsere Mutter eine der Baumscheiben auf den Hackklotz legte und mit einem kurzstieligen

Beil an ihm herumhackte. Sie brauchte dringend Holz für den Herd und versuchte, vom Rand der Baumscheibe Anmachholz abzuspelzen. Das sah sehr hilflos aus – und sie hatte auch kaum Erfolg damit. Das Bild rührte mich sehr und ich empfand zum ersten Mal den Drang, ihr zu helfen. Nachdem sie mit einer winzigen Menge Brennholz wieder in ihrer Küche verschwunden war, wurde ich aktiv.

Als Erstes ging ich durch das große Garagentor in die Werkstatt des Alten und fand schnell, was ich suchte. An der Wand, gleich hinter dem Tor, lehnte eine langstielige Axt, ein ziemlich schweres Ding, als ich sie mir zum ersten Mal griff. Man muss bedenken, dass ich noch keine sieben Jahre alt war, körperlich also noch ein ziemlich schmächtiges Hämelken. Ich legte eine der vielen Baumscheiben auf den Boden, stellte mich breitbeinig davor, schwang die Axt über meinen Kopf und ließ sie mit voller Wucht auf den Holzklotz niedersausen. Voller Erfolg auf den ersten Hieb! In der Mitte durchgeschlagen! Ich war glücklich. Ich legte mir eine der Hälften zurecht und als ich wieder zuschlagen wollte, öffnete sich das Küchenfenster. Ich sah das entsetzte Gesicht meiner Mutter.

„Du hörst sofort auf damit. Das ist viel zu gefährlich. Du kannst dich böse verletzen."

„Nein", sagte ich, „ich höre nicht auf!" Ich guckte sie trotzig an. „Und das ist auch überhaupt nicht gefährlich. Ich mache doch die Beine breit – siehst du doch – wie soll ich mich denn so verletzen? – Geht gar nicht!"

„Ich möchte, dass du aufhörst! Die Arbeit ist viel zu schwer für dich."

„Nein."

Ich machte weiter und zerhackte eine gute Menge Baumscheiben zu Scheiten. Danach fing ich an, Anmachholz herzustellen – auch das war neu für mich. Ich stellte einen Scheit oben auf den Hackklotz, nahm jetzt das kurzstielige Beil zur Hand und teilte ihn mit einem einzigen Hieb. Danach wurde meine neue Arbeit komplizierter und auch gefährlicher. Die kleinen Holzscheite, die übrig blieben, waren noch zu grob und zu dick zum Anfeuern und daher als Anmachholz ungeeignet. Sie fielen allerdings meist um, wenn ich sie auf dem Hackklotz aufstellte, um sie zu zerspalten. Ich musste sie also mit der linken Hand festhalten, wenn ich mit dem Beil zuschlug. Kurz bevor das Beil in das Holz einschlug, zuckte meine linke Hand zurück – aus der Gefahrenzone. Ich gebe zu: hierbei hätte ich mir durchaus in die Finger hacken können, ich war ja Anfänger in dieser Technik, aber das ist nie passiert. Am Ende schaffte ich die Scheite und das Anmachholz in den winzigen Lagerschuppen in unserem Küchenvorbau und stapelte alles an der Wand auf. Ich war überrascht und ein wenig enttäuscht darüber, wie mickrig das aussah und war mir bewusst, dass ich von nun an immer wieder zuschlagen würde – mit der Axt fürs Grobe und dem Beil fürs Feine ...

Holzhacken wurde eines meiner neuen Spiele, und ich muss sagen, dass ich es mit Lust und Spaß spielte. Immer wieder lagen dort die Baumscheiben, die mein Vater mit seinem Auto herangekarrt hatte. Nur selten hackte er selbst das Holz, meist am Wochenende, wenn er nicht unterwegs war und wir dann mal einen fröhlichen Vater um uns herum hatten. Wir brauchten aber nicht nur dann und wann einmal gehacktes Holz, wir brauchten jeden Tag unser Holz – kontinuierlich. Eine gute Tat irgendwann einmal an einem sonnigen Wochenende reichte da nicht aus. Ich hatte also reichlich Gelegenheit, in all den Jahren das Holzhackerspiel zu spielen. Einerseits machte es Spaß, körperlich aktiv zu sein und immer perfekter und routinierter zu werden. Andererseits wusste ich, dass ich etwas Nützliches tat: ich half meiner Mutter.

***

Auf die Dauer erkannte ich, dass man das Werkzeug, mit dem man ständig umgeht, in Schuss halten muss. Wenn sich der Stiel in seiner Fassung lockerte, nahm ich das Beil (oder die Axt) und spannte es fachmännisch in eine der schweren Schraubzwingen ein, die an der Werkbank in der Werkstatt des Alten befestigt waren. Ich suchte mir aus seinem Abfallschrott eiserne Keile, die ich in das Stielende, das in seiner eisernen Fassung steckte, mit einem geeigneten Hammer einschlug und damit den eingefassten Stiel auseinanderquetschte. Danach saß alles wieder bombenfest.

Waren die Schneiden von Axt und Beil stumpf geworden, ging ich in die Werkstatt und startete die Maschinen. Wenn die Schleifscheibe auf ihrem Bock in höchster Geschwindigkeit rotierte, ging ich ans Werk und schliff so lange, bis alles wieder messerscharf war – was ich mit dem Daumenballen überprüfte. Ich liebte das Kreischen, wenn ich ansetzte und loslegte. Ich stand dann in einem Funkenregen – und um meine Augen zu schützen, tat ich etwas, was ich dem Alten abgeguckt hatte. Auf seinem kleinen Schreibtisch, der in einer Ecke vor einem der Fenster stand, lag immer eine Nickelbrille mit runden Gläsern, die er aufsetzte, wenn er schliff. Diese Brille hat mich ziemlich amüsiert, als ich sie mir das erste Mal aus Jux auf die Nase setzte, denn ich sah fast nichts mehr. In die Gläser hatten sich mit der Zeit die winzigen glühenden Metallfunken eingeschossen und eine Oberfläche aus Eisenpickeln hergestellt. Wenn ich die Nickelbrille des Meisters dann allerdings selber beim Schleifen aufsetzte, konnte ich genau sehen, was ich tat: der grelle Funkenregen, der mich übersprühte, gab mir das Licht.

In der Werkstatt

Überhaupt: einer der interessantesten Spielorte in unserer neuen Welt war diese Werkstatt gleich nebenan, von unserer Wohnung nur durch eine massive Mauer getrennt. Eigentlich war sie ein verbotener Ort für uns, wir durften dort nicht spielen: der Alte hatte ein absolutes Tabu gesetzt. Dieses Tabu brachen wir allerdings ohne Umschweife und mit einem subversiven Lachen, wenn er nicht da war. Am Sonnabendnachmittag, wenn er heimgegangen war oder am Sonntag, wenn er gar nicht erst auftauchte, brachen wir dann und wann in sein Heiligtum ein, wenn uns die Lust überkam – vorausgesetzt, auch unser Vater war nicht da, der es uns natürlich ebenfalls verboten hätte. Wir drangen zuerst in die große Garage ein, die sich direkt an unsere Küche anschloss. Das war leicht, denn der Schlüssel für das Garagentor hing immer in unserer Küche an einem besonderen Haken. In der hinteren Wand der Garage – das war zugleich die Mittelwand, die sich durch die ganze Länge der Baracke zog – befand sich eine Türöffnung, die in die Werkstatt führte.

Das seltsame „Langhaus", in dem wir wohnten – unsere Baracke – war ungefähr sechzig Meter lang, etwa acht bis zehn Meter breit und ca. dreieinhalb Meter hoch. Ein überlanges Rechteck mit Seitenmauern aus rötlichen Ziegelsteinen und einer stabilen durchgehenden Mittelwand, die höher war als die Außenwände. Diese Mittelwand war wichtig für die primitive Dachkonstruktion: von der Mittelwand zu den Seitenmauern hatte man massive Bretter verlegt. So entstand ein einfaches Holzdach, das mit Teerpappe beklebt war. Uns Kindern war es verboten, auf dem Dach herum zu toben, denn wir hätten Löcher in die Pappe treten können, was zur Folge gehabt hätte, dass es bei Regen durchtröpfelte. Wir ließen uns durch das Verbot allerdings nicht davon abhalten, auch das Barackendach als Spielort zu erobern, achteten aber sorgfältig darauf, dass wir nicht über unserer Wohnung herum trampelten.

In das nördliche Ende des langen Rechtecks war unsere Wohnung hineingebaut worden, die vielleicht zehn Meter der Gesamtlänge in Anspruch nahm, dann folgte die Werkstatt des Alten, die gut zwanzig Meter lang war, daran schloss sich eine weitere Werkstatt an von ca. zwanzig Metern Länge und am südlichen Ende war noch einmal eine kleine Wohnung eingebaut worden.

Der Alte, unser „Oppa" – das wusste ich schon früh – war Werkzeugmacher, der in den Neunziger Jahren des 19. Jahrhunderts in einer der damals hochmodernen Drehbankfabriken sein Handwerk gelernt hatte. Später in seinem Leben legte er die Meisterprüfung als Klempner und Schmied ab, machte sich selbstständig und bildete selbst Lehrlinge aus. Seine Werkstatt war für seinen Job gut ausgestattet und gerade deswegen ein ausgefallener Spielort für Kinder wie uns, die außerhalb der bürgerlichen Zivilisation lebten und es für ihr selbstverständliches Privileg hielten, Tabus zu brechen und Gesetze zu übertreten. Wenn man in das Heiligtum des Alten eindrang, fand man zur Linken, an der Trennwand zu unserer Wohnung, den Sicherungskasten, ein hängendes schwarzes Bakelit-Telefon und eine primitive Schalttafel, die nur zwei gummiummantelte Knöpfe enthielt: einen schwarzen und einen roten. Drückte man auf den schwarzen Knopf, so startete man einen großen Elektromotor, der in der Ecke stand – und der setzte nun seinerseits eine ganze Maschinenbatterie in Bewegung. Was dann ablief, hat mich als Kind ungemein fasziniert. Ich war nicht einmal sieben Jahre alt, als ich anfing in der Werkstatt des Alten zu „arbeiten" und zu verstehen, was sich dort abspielte. Alles war neu für mich.

Wenn der Elektromotor auf vollen Touren lief, rotierte in rasender Geschwindigkeit ein breites Rad, das auf einer Achse steckte, die aus dem Motorgehäuse herausragte, und das setzte nun über einen festen ledernen Treibriemen eine etwa fünfzehn Meter lange Stahlwelle in Bewegung, die unterhalb der Barackendecke an der stabilen Mittelwand montiert war. Auf diese Welle waren in Abständen insgesamt vier breite, stabile Räder mit einer Eisenummantelung montiert. Über diese Räder hatte der Alte wiederum lederne Treibriemen gelegt, die mit den Schwungrädern an seinen Werkzeugmaschinen verbunden waren. So konnte er über sein Treibriemensystem mit einem einzigen Elektromotor vier Maschinen gleichzeitig in Bewegung setzen.

Gleich am Anfang seines Maschinenparks stand ein Schleifbock, in den der Alte runde Schleifsteine unterschiedlicher Größe und Körnigkeit einspannte. Es folgte ein Sägebock, in den unterschiedlich große Kreissägen eingespannt werden konnten – sogar Sägen, mit denen man Eisenbleche durchsägen konnte. Die nächste Station war die Bohrmaschine. Wenn ein Bohrer eingespannt war und der dann wie wahnsinnig rotierte, konnte man ihn mit einem Hebel absenken und zielgenau das durchbohren, was man auf dem Arbeitsfeld über der Aussparung bereitgelegt hatte. Die vierte Maschine, am Ende der Reihe, war eine „Stanze". Wenn sie eingerichtet war, also über ihren Treibriemen mit der Antriebsmaschine, dem Elektromotor, verbunden war, konnte man mit ihr etwas „ausstanzen". Wenn ein „Eisenstempel" eingespannt war – und solche Eisenstempel schmiedete der Alte selber – setzte man die dicke Stanze in Bewegung, indem man auf einen Fußschalter trat. Dann senkte sich langsam ein kompakter Maschinenarm nach unten ab, an dem der Stempel aufmontiert war, und dieser Stempel stanzte nun ein besonders geformtes Loch in die Unterlage, die man bereitlegen musste. Ich benutzte meist Pappe, dünne Holzbrettchen oder ein dünnes Stück Blech. Auf diese Weise konnte man alles Mögliche durchlöchern – eben „ausstanzen".

Mit all diesen Maschinen zu „spielen" erzeugte in mir stets eine kribbelige Spannung, zumal ich wusste, dass ich etwas Verbotenes tat. Wenn wir an den Maschinen werkelten, stand daher immer einer von uns Schmiere. Der hatte die Kuhbrückenstraße zu überwachen, denn hier hätte der Alte auftauchen können, wenn ihn irgendein Anliegen am Wochenende in seine Werkstatt getrieben hätte. Wir hätten reichlich Zeit gehabt, den roten Knopf zu drücken und unsere Spuren zu beseitigen. Hätte er uns je erwischt, hätte er uns verkloppt – das war sicher.

Gegenüber der Maschinenreihe, an der Fensterfront der Werkstatt, befand sich ein langer Arbeitstisch aus massiver Eiche, eine Werkbank, die durch langen Gebrauch schwarz-grau und ölig geworden war. Dort stand auch ein kerniger Amboss, ein massiver Eisenklotz, und um ihn herum lag auf der Werksplatte etwa ein Dutzend verschieden geformter schwerer und auch leichterer Hämmer, mit denen der Alte seine Werkstücke auf dem Amboss – meist waren das große Kreissägen – manchmal mit Wucht, manchmal auch sehr fein und vorsichtig bearbeitete.

An der Stirnseite der Werkstatt befand sich die Esse. Wenn ich wusste, dass er schmiedete, guckte ich ihm gerne zu, denn Schmieden war für mich das Interessanteste von allem, was er in seiner Werkstatt trieb.

In den ersten Wochen nach unserer Umsetzung besuchte ich ihn fast täglich in seiner Werkstatt und schaute ihm bei seiner Arbeit zu. Ich musste mich ganz hinten an die Wand stellen und einen gehörigen Abstand zu ihm einhalten – besonders dann, wenn er schmiedete. Er arbeitete stumm, er erklärte mir nichts – und wenn ich ihn allein lassen und abhauen sollte, machte er eine unwirsche Armbewegung, um mich raus zu scheuchen. „Geh jetzt raus! Spielen!", sagte er dann kurz angebunden.

Ich wusste immer, wenn ich mit ihm zusammen war, dass er mich nicht mochte. Ich war nicht der Typus Junge, den er für einen „richtigen Kerl" hielt. Ich selber mochte ihn allerdings auch nicht. Ich habe nie vergessen und ihm niemals verziehen, dass er mich brutal verprügelt hat, als ich gerade mal vier Jahre alt war. Das war zu der Zeit, als wir seine Werkstatt eroberten und unsere Spiele mit seinen Maschinen spielten, gerade erst zwei Jahre her. Im Übrigen: ich mochte auch die Art von Jungs nicht, die er für „richtige Kerle" hielt.

***

Als ich in jenen Zeiten – als Sechs-, Sieben-, Achtjähriger – den alten Mann in seinem Reich beäugte und belauerte, war er bereits in seinen Siebzigern. Ein kleiner, kompakter, gedrungener Mann, der immer noch stark und vital wirkte, eine Power-Persönlichkeit. Meist trug er eine Schürze aus einem robusten Persenningstoff mit Lederbesatz vor dem Bauch – vor allem dann, wenn er schmiedete und mit rotglühenden Werkstücken hantierte.

In solchen Momenten musste ich mich ganz weit hinten in der Werkstatt – möglichst weit entfernt von ihm – aufhalten und durfte mich nicht „mucksen". Zuerst arbeitete er am Amboss. Er kloppte mit verschiedenen Hämmern auf irgendeinem eisernen Werkstück herum, hielt es vor seine Augen, prüfte es, maß mit einer Schublehre nach und warf es schließlich in die Glut der Esse, die durch eine Gasflamme in ihrer Hitze gesteigert wurde. Danach kam der Akt, der mich besonders beeindruckte. Mit einer Spezialzange griff er sich das rotglühende Teil, legte es vor sich auf den Amboss, wobei er es mit der Zange festhielt, und bearbeitete es mit diversen Hämmern. Schließlich beäugte er alles sehr genau – und warf das Teil, wenn er mit dem Ergebnis zufrieden war, in einen mit Wasser gefüllten Zinkeimer. Es zischte und brodelte und weiße Dampfwolken waberten durch die Werkstatt. Wenn er es wieder herausholte und mit seinem Werk zufrieden war, bearbeitete er es weiter: am Schleifbock, an der Bohrmaschine, mit feinen Handfeilen an seiner Werkbank …

In den ersten drei Jahren unserer vier Barackenjahre arbeiteten noch Theo, der Geselle, und Hubert, der Lehrling, mit ihm zusammen. Im letzten Jahr war er allein: Theo hatte eine andere Stelle angenommen und Hubert verschwand, nachdem er seine Gesellenprüfung abgelegt hatte. In jenem letzten Jahr gab mir der Alte einen kleinen Job, eine einfache Arbeit an der Stanze. Zum ersten Mal in meinem Leben verdiente ich Geld durch eigene Arbeit.

Das war insgesamt eine ziemlich kuriose Aktion.

In der Werkstatt gleich nebenan wurschtelte ebenfalls ein älterer Mann herum, Otto Gierke. Der hatte ständig Produktideen und tüftelte an neuen Produkten herum, die er vermarkten wollte, was ihm wohl meistens nicht so recht gelang. Einmal kam er auf die Idee, Gummifußmatten aus Abfall herzustellen – nämlich aus ausrangierten Auto- und Fahrradreifen. Mein „Oppa" schmiedete dafür einen Stempel, mit dem man eine besondere Schablone aus dem Reifengummi ausstanzen konnte. Sie sah aus wie die obere Reihe der olympischen Ringe. In den Mittelpunkt der beiden äußeren Ringe stanzte der Stempel feine Löcher und Otto Straten konnte nun mit einem feinen biegsamen Draht aus zahlreichen solcher Gummischablonen Fußmatten zusammenflechten.

Neben der Stanze lag ein Berg aus Gummistreifen, die der Alte aus Auto- und Fahrradreifen herausgeschnitten hatte. Offenbar hatte er sich verpflichtet, dem Otto Gierke die Gummischablonen für die Matten zu liefern, hatte aber selbst keine große Lust, sich an die Maschine zu stellen und die Dinger auszustanzen, denn das war eine ziemlich stupide Arbeit. Immer mal wieder überredete er mich dazu.

Die Stanzerei war einfach, aber langweilig. Ich legte den Gummistreifen unter den Stempel, trat mit dem rechten Fuß auf den Fußschalter, der Stempel senkte sich gemächlich herab und schnitt die Schablone aus. Ich verschob den Gummistreifen ein wenig: dasselbe Spiel noch einmal und so weiter und so fort – eine öde, sich lang hinziehende Tätigkeit.

Der Alte gab mir pro ausgestanzte Schablone 1 Pfennig. Meist stanzte ich fünfzig Stück hintereinander aus: dann konnte ich mir und meinen Geschwistern zwei Flaschen Sinalco-Cola spendieren. Wenn ich meiner Mutter ihr kleines Nachtgeschenk machen wollte, musste ich neunzig Stück ausstanzen. Ich zeigte dann dem Alten den Haufen, den ich hergestellt hatte, und sagte: „Hundert."

Er zählte nicht nach, wühlte in seinem Portemonnaie und warf mir ein silbernes Markstück zu: „Da! Hau es auf den Kopp! Kino?"

Um ihn zu ärgern, sagte ich meist: „Nein! Ein Geschenk für meine Mutter!" Er guckte mich verdrießlich an. Ich war eben kein richtiger Junge. Ich war ein Muttersöhnchen.

***

Er muss sehr einsam gewesen sein in seinem letzten Jahrzehnt in seinem dämmrigen Maschinengehäuse. Seine Frau war tot und wir, die lebhafte Familie gleich nebenan, hatten die Baracke für immer verlassen. Die Werkstatt wurde ihm zur Heimstatt. Noch in seinen Achtzigern taperte er jeden Morgen in sein kleines Reich, hatte immer noch Aufträge, die ihm ein wenig Geld einbrachten, und abends taperte er zurück in seine Kneipe. Die Leute aus dem Gewerbegebiet, die ihn kannten und mit ihm zu tun hatten, nannten ihn den „alten Fritz". Einstmals, in seiner geschäftlich und politisch aktivsten Zeit – seiner Blütezeit in den Zwanziger Jahren – wurde er in Hameln „der rote Fritz" genannt, denn er war immer ein überzeugter, politisch aktiver Sozi gewesen.

Ich kehrte in den ersten Jahren nach unserem Auszug aus der Baracke und unserem Weggang aus Hameln noch zweimal zu ihm zurück. Ich war sein Gast. Ich wohnte dann in seiner Wohnung in der Kaiserstraße, die er sich mit seiner Tochter und deren Familie teilte. Ab und zu saß ich mit ihm in seinem dunkel gebeizten kleinen Arbeitszimmer und unterhielt mich mit ihm. Er erzählte nicht viel über sein Leben. Männer wie er taten das nicht. Auf seinem Schreibtisch lag stets ein aufgeschlagener, meist ledergebundener schwerer Foliant, zum Lesen schräg gestellt auf einem Ständer. Damals stellte ich fest, dass er Marx, Engels und Nietzsche las, konnte aber mit diesen Namen noch nichts anfangen. Er war der klassische „lesende Arbeiter". Während seines ganzen Arbeitslebens nutzte er die stillen Stunden des Sonntagvormittags zum Studieren, während seine Frau in der Küche hantierte und ihm sein Essen kochte.

Ich besuchte ihn natürlich auch draußen in seiner Werkstatt.

In der Erinnerung bleibt mir das Bild eines alten, oftmals missmutigen Mannes, der auf seinen Tod zugeht. Ein gedrungener, harter Hephaistos, eingeschlossen in seinen nach Schmieröl und Eisenstaub riechenden Schmiede- und Maschinenhimmel. Später, als ich ein vollständigeres Bild von ihm hatte, sollte ich lernen, dass seine Vorstellung von Frauen und sein Verhältnis zu ihnen ähnlich verkorkst war wie die Haltung des „göttlichen Schmiedes" Frauen gegenüber.

Holzhacken und Schule schwänzen

Einige Male kam es vor, dass ich sogar die Schule schwänzte, um Holz zu hacken und das morgendliche Feuer zu entfachen. Das tat ich immer dann, wenn ich frühmorgens sah, dass meine Mutter sehr erschöpft wirkte oder gar krank war und ich ihr in den Tag helfen wollte. An einem dieser Schwänz- und Holzhackertage hatte ich ein Erlebnis, das mich sehr aufwühlte und noch wochenlang beschäftigte.

Mein Schulalltag begann meist damit, dass meine Mutter intensiv an mir herumwienerte. Die Straßen um uns herum waren allesamt unbefestigt und bei Regen reine Lehm- und Matschstraßen mit großen gelben Wasserpfützen. Meine Kleidung war oft voller hellbrauner Lehmflecken und die entfernte sie gründlich mit Lappen und Bürste vor unserer Wasserstelle, der eisernen Pumpe. Sie wollte nicht, dass man schon an der äußeren Erscheinung ihrer Kinder sah, dass wir in einem „Nachtjackenviertel" jenseits der Zivilisation wohnten und in einer Baracke „hausten".

„Na schön", sagte ich an jenem Morgen, „jetzt komme ich wieder eine Viertelstunde zu spät. Der Hesse hat wieder was zu meckern. Mist."

„Ich kann dich nicht so schmutzig gehen lassen. Das will ich nicht."

Ich hatte keinen Bock mehr auf Schule und ging missmutig nach draußen, auf den Hof. Neben dem Hackklotz lag ein riesiger Haufen Holz, die üblichen Baumscheiben. Ich ging zurück. Meine Mutter saß klein und grau am Küchentisch in dem dämmrigen kalten Raum. Der Ofen war kalt und voller Asche. Sie hatte noch nicht einmal ihren Kaffee gehabt, denn den konnte sie erst brühen, wenn da ein Feuer flackerte. Der Tauchsieder war kaputt gegangen.

„Ich schwänze. Ich mache Feuer an und hacke Holz. Ich koche dir einen Kaffee."

Sie blieb stumm. Sie war in ihren Gedanken weit weg, das sah ich an ihrem Gesicht. Ich zog mich um und reinigte als Erstes den Herd. Den vollen Aschenkasten trug ich nach draußen und schüttete die Asche wie immer in die Landschaft – in den „Dschungel", der gleich hinter unserem Hofzaun begann. Mülltonnen gab es hier draußen nicht. Es war noch ein kleiner Vorrat an Holz da und als das Feuer schließlich brannte, füllte ich den Wasserkessel unter der Pumpe und stellte ihn auf das offene Feuerloch. Ich brühte ihr einen Becher Kaffee und brachte ihn ihr. Sie trank den ersten Schluck und sah mich mit großen gedankenverhangenen Augen an. Sie blieb stumm.

„Ich geh' jetzt nach draußen und hacke Holz." Sie nickte abwesend.

***

44

Es war ein kühler, nebliger Junitag. Über der großen Wiese, auf der die beiden weißen Ponys grasten, waberten weiße Dampfwolken. Es wehte ein leichter, ziemlich kühler Wind. Ein ungemütlicher Morgen. Ich legte los und hackte mich warm.

Weit und breit war kein Mensch zu sehen, wir lebten wahrlich sehr einsam, in einer richtigen Einöde. Irgendwann kamen der Alte und seine beiden Helfer, Theo und Hubert. Sie wechselten ein paar Worte mit mir und verschwanden in der Werkstatt. Gegen zehn tauchte der Briefträger auf seinem Fahrrad aus dem Nebel auf. Kurz nach zwölf wusste ich: jetzt ist die Schule „aus" – bald würden meine Schwestern auftauchen. Ich war aber noch lange nicht fertig. Ich hackte weiter. Ich war tief in Gedanken.

Ich war neun Jahre alt, Frühsommer 1952. Das war die Zeit, als ich anfing, über unsere seltsame Lebensweise hier draußen nachzudenken, über unseren Bruch mit dem früheren Leben, über unsere Armut und die Primitivität unseres Daseins. Das war auch die Zeit, da ich anfing wahrzunehmen, dass in der Beziehung meiner Eltern etwas nicht stimmte und dass die Ursache für unsere Misere und das Unglück meiner geliebten Mutter das seltsam gedankenlose und leichtfertige Verhalten unseres Vaters war. Es war die Zeit, als ich anfing, ihn kritisch zu sehen und ihn in bestimmten Szenen und Situationen sogar zu verachten.

Insgesamt eine Zeit der Wandlungen und neuer Einsichten. Ich dachte über unser Leben nach. Wie würde es weitergehen mit uns allen? Würden wir hier je noch einmal herausfinden? Das waren schwere Gedanken, die mich in eine trübe, grüblerische Stimmung versetzten.

Ich sah mich um. Die Landschaft war still und menschenleer. Über Vogeleys Wiese lichtete sich gerade der Nebel und die beiden weißen Ponys wurden wieder sichtbar. Ich schaute hinüber zu Andersens Baracke, die vielleicht fünfhundert Meter entfernt lag, jenseits des „Dschungels", der direkt hinter unserem Hofzaun begann, jenseits des Streifens wilder Squatter-Gärten, der auf den Dschungel folgte und jenseits des Kartoffelfeldes, das fast bis an Andersens Baracke heranreichte.

Ich schaute hinüber und sah jetzt durch den feinen Schleier, der noch über dem Kartoffelfeld hing, undeutlich und klein eine Gestalt aus Andersens Wohnung heraustreten. Sie marschierte zügigen Schrittes an den roten flachen Backsteingebäuden vorbei und bog in den Weg ein, der neben der Ponyweide direkt auf uns zu führte. Ich sah, wie die Gestalt die Pfützen umkurvte oder geschickt übersprang und erkannte sie schließlich. Es war Helmut, der Älteste der vier Andersen-Kinder. Für mich zählte er schon zu den „Großen", den Erwachsenen, denn er hatte bereits die Schule beendet, er war Lehrling und steckte in einer Tischlerlehre. Er mochte sechzehn oder siebzehn Jahre alt sein. Als er unseren Hof erreichte, kam er direkt auf mich zu und ich sah an seinem Gesicht, dass er wütend und aggressiv war.

„Wenn du den noch einmal schlägst", brüllte er mich an, „wenn du den auch nur noch einmal anrührst, schlage ich dich zu Brei, du Giftzwerg!"

Ich war fassungslos.

„Was ist los? Was soll ich getan haben?"

„Stell dich nicht doof. Du hast den Dieter gepiesackt und geschlagen."

Ich hatte deutlich das Gefühl, dass er nicht ganz bei Trost war.

„Wann soll ich das gemacht haben?"

„Na, heute natürlich. Auf dem Schulweg."

Ich lachte ihn laut und höhnisch aus.

„Heute?" Ich tippte an die Stirn und zeigte ihm einen Vogel. „Weißt du was? Ich war heute gar nicht in der Schule. Ich habe geschwänzt. Ich habe den ganzen Morgen Holz gehackt. Ich habe mich nicht ein einziges Mal von hier wegbewegt. Und den Dieter habe ich schon seit Tagen nicht mehr gesehen. Außerdem: ich habe den noch nie geschlagen."

Ich war verärgert: „Er hat mal wieder gelogen. Er lügt immer. Er ist ein Stänker!"

Ich zeigte mit der rechten Hand, in der ich das Beil hielt, auf den großen Haufen Holzscheite neben dem Hackklotz und dachte darüber nach, wie ich mich verteidigen würde, falls er mich angriff. Ich zeigte mit dem Beil auf ihn.

„Falls du mir nicht glaubst, geh rein und frag meine Mutter."
Er schaute mich irritiert an, kochte aber immer noch vor Wut.
Er ging rein und blieb eine ziemlich lange Zeit verschwunden.
Offensichtlich führten sie ein ernsthaftes Gespräch da drinnen.
Ich fing an zu grübeln. Da gab es ein Rätsel, das mich seit
geraumer Zeit beschäftigte.

Zuerst dachte ich darüber nach, was an diesem Morgen auf
dem Heimweg von der Schule wohl passiert sein mochte. Dieter hatte – so nahm ich an – wie üblich „gestänkert". Es war seine Art, anderen Kindern ihr Spiel und die Lebensfreude zu ver-
miesen, und meine beiden Schwestern hatten sich vermutlich
gegen seine Angriffe zur Wehr gesetzt. Wahrscheinlich hatte er
ohne seine „Schutzgarde" angegriffen, ohne seine beiden „großen" Schwestern Elke und Christa, denn die verteidigten und
beschützten ihn, egal, was er anstellte und wie boshaft er angriff. Als meine Schwestern ihn losgeworden waren, war er wohl
nach Hause gerannt, hatte seine Lügengeschichten erzählt und
behauptet, ich hätte ihn gepiesackt und geschlagen ...

Ich geriet in eine nachdenkliche, ziemlich missmutige Stimmung. Ich dachte über diesen Jungen nach, den Jüngsten der Andersen-Kinder, ungefähr drei Jahre jünger als ich selbst. Nachdem wir gleich am ersten Tag mit den Andersen-Geschwistern
Freundschaft geschlossen hatten und täglich miteinander spielten, fiel mir das seltsame Verhalten des Jüngsten in der Ander-
sen-Reihe auf. Ich konnte mir nie einen Reim darauf machen,
warum er stets so dumm und so boshaft war, unsere Spiele zu
stören statt mitzuspielen. Mir kamen Erinnerungen an unangenehme Szenen in den Sinn, in denen er voller Bosheit andere
Kinder angriff. Einmal griff er mich an. Eine rätselhafte, fast
ein wenig schaurige Geschichte:

Ich stehe gelangweilt vor der Tür der Andersen-Wohnung.
Ich warte auf die Andersen-Bande, damit endlich irgendetwas
geschieht: ein Spiel, ein Streich, ein kleines Abenteuer ...

Plötzlich öffnet sich die Tür und der Kleine schießt auf mich
zu. Er streckt mir seine rechte Hand entgegen, auf der drei Ap-
felsinenstückchen liegen und hält sie mir unter die Nase: „Hier!

Ich habe Apfelsinenstücke. Du nicht. Ätsch bätsch ..." So ähnlich klang das wohl. Er wollte mich neidisch machen.

Er hört nicht auf mit seinem Unfug. Ich drehe mich um und gehe weg, aber er verfolgt mich mit seinem gehässigen Geschrei. Er hört nicht auf. Er ist zäh, er macht immer weiter. Ich entferne mich, aber er verfolgt mich mit seinem Gekreische. „Hau ab", schreie ich ihn schließlich an: „Hau ab" – aber er lässt nicht nach. Jetzt macht er erst recht weiter. Er nervt wie immer. Er kann nicht anders. Er muss stänkern.

Schließlich bleibe ich stehen. Ich schaue auf die schwabbeligen, unappetitlich suppenden Apfelsinenschnetzel in seiner schmutzigen Hand. Er hält sie mir unter die Nase und zeigt mir seine kleine, boshafte Hassfratze. Ich muss lachen: „Na warte!"

Mein rechter Arm schießt nach vorne, der Raubvogelschnabel aus Daumen und Fingern schnappt sich die Stücke, schiebt sie mir in den Mund und ich würge sie hinunter. Eklig.

Ich sage: „Weg!"

Ich grinse ihn an: „Sie sind weg!"

Die Reaktion, die folgte, überraschte mich nicht nur, sie schockierte mich. Sein Hassgesicht verwandelte sich schlagartig in pures Entsetzen, ja, mehr: in helle Panik. Ich höre einen grellen Schrei – wie von einem Tier, das tödlich verletzt ist. Als er sich umdreht und davonrennt, geht der Schrei in ein lautes Wimmern und Jaulen über, das nicht mehr aufhört. Er verschwindet in der Wohnung und ich denke nur eines: Jetzt haue ich wohl besser ab!

Nach diesem Ereignis wusste ich, dass mit ihm etwas nicht stimmte, dass in ihm irgendetwas kaputt war. Die völlig unangemessene Reaktion war mir unbegreiflich. Da gab es ein Rätsel.

***

Ich hackte nur noch lustlos auf ein paar Holzscheiten herum, als Helmut schließlich sein langes Gespräch mit meiner Mutter beendet hatte und wieder zu mir auf den Hof heraus trat. Er wandte sich zu mir und sagte kurz:

„Tut mir leid." Er sah traurig aus.

Ich tauchte aus meinen Gedanken auf, schaute ihm ins Gesicht und sagte ganz nachdenklich – ohne jede Häme oder Spott – das, was gewissermaßen das Resümee meiner Grübeleien war: „Mit dem stimmt was nicht!"

Eigentlich ein ziemlich naheliegender, banaler Kommentar, den er gar nicht hätte beachten müssen. Seine Reaktion auf meine Worte überraschte mich allerdings. Ich sah plötzlich einen schmerzlichen Zug in seinem Gesicht, ja, mehr, einen tiefen Schmerz, der nicht allein das Ergebnis des vorangegangenen läppischen Vorfalls sein konnte. Jetzt tat er mir sogar leid. Und mehr noch: sein trauriges Gesicht bestärkte mich in der Annahme, dass ich in meinen Grübeleien einem Geheimnis auf der Spur war.

Ich verfiel wieder in diese merkwürdige, nachdenkliche Stimmung, die mich schon den ganzen Morgen gepackt hielt. Ich grübelte und grübelte und grub immer tiefer. Ich dachte über unsere Situation hier draußen nach – so intensiv, wie ich es vorher noch nie getan hatte.

***

Meine Mutter hatte mehr verloren als die ganz normale Bequemlichkeit einer komfortablen Wohnung in einem gutbürgerlichen Milieu. Was ich als Kind noch nicht voll begreifen und in seinen Auswirkungen einschätzen konnte, was ich aber fühlte, wenn ich sie beobachtete: sie hatte ihr gesamtes soziales Umfeld verloren, ihre Nachbarinnen, ihre Freundinnen und Freunde, die Kolleginnen und Kollegen aus dem Stadtkrankenhaus. Sie vereinsamte. Sie schämte sich. Sie schämte sich, irgendjemanden aus ihrem Freundeskreis einzuladen in ihre armselige Behausung und sie schämte sich auch, irgendjemanden in der Stadt zu besuchen, da sie ja annehmen musste, dass sich ihre neue desolate Lebenssituation unter ihren Freundinnen und Nachbarinnen herumgesprochen hatte. Sie schämte sich und wurde krank.

Was mir noch weniger bewusst wurde, war, dass auch wir Kinder unser soziales Umfeld verloren hatten: all die vielen Kinder, mit denen wir in den Straßen der Stadt gespielt hatten – Verstecken, Schlagballtreiben, Hopse, Murmelspiel ... Wenn wir das damals in Hameln sehr beliebte Ecker-Gucker-Karo-Spiel spielten und ich der Jäger war, standen mir hundert Meter entfernt, an der Kreuzung, bis zu zehn Kinder gegenüber, die davonflitzten und sich versteckten, wenn ich los rannte. All diese Kinder verschwanden aus meiner Welt, als wir aus ihrer Welt verschwanden.

Nach meiner Einschulung (ein halbes Jahr vor der Umsetzung in die Baracke) knüpfte ich natürlich neue Bande unter den Jungs meiner Klasse. Auch diese neuen Freundschaften entwickelten sich nicht mehr weiter und verdorrten, als wir die Innenstadt verließen.

So waren wir glücklich, dass wir sofort die Andersen-Kinder aufstöberten, als wir auf die Pirsch gingen und die Umgebung erkundeten. Das war Zuneigung auf den ersten Blick. Sie wohnten zwar ein paar hundert Meter von uns entfernt, aber immerhin in Sichtweite und wir konnten uns durch Winken und Rufen bemerkbar machen. Die Entfernung war kein Hindernis, uns täglich zu sehen und gemeinsam unsere täglichen Spiele und Abenteuer zu organisieren.

In all den vier Jahren blieben sie unsere einzigen Freunde. Wir verschmolzen zu einer echten Kinderbande. Drei Mädchen und ein Junge – das war ich selbst – bildeten den Kern. Immer, wenn wir etwas unternahmen, mussten wir allerdings die „Kleinen" mitschleppen und auf sie aufpassen, den kleinen Dieter, die kleine Gerhild und unser Brüderchen Wolf. Wir „Großen" hatten eben auf die „Kleinen" aufzupassen, was manchmal sehr lästig war. Wir zottelten mit ihnen durch die Landschaft und führten sie beiläufig in so wichtige Kulturtechniken ein wie Laufen-, Sprechen- und Singenlernen.

***

Und wer wohnte noch hier draußen um uns herum? Das waren nicht eben viele. Ich ziehe einen weiten Kreis um meinen Hackklotz und nenne sie alle – im Uhrzeigersinn:

Am südlichen Ende der Andersen-Baracke, direkt am Damm der Fluthamel, weit entfernt also, lebten die Gottwitze, ein kinderloses älteres Ehepaar. Sie schimpften und meckerten viel, wenn wir am Damm in der Nähe ihres kleinen Gärtchens spielten. Sie waren die unmittelbaren Nachbarn der Andersens.

Jenseits der Ponyweide, an der unbefestigten Wallbaumstraße, ziemlich weit entfernt von meinem Hackklotz, lebte der Schrotthändler Homann mit seiner Frau in einer kleinen Holzhütte, die mitten auf seinem Schrottplatz stand. Die beiden hatten keine Kinder.

Auf dem hinteren Werksgelände von Kaminski, der Waggonfabrik an der Kuhbrückenstraße, stand ein kleines weißes Häuschen, in dem ein altes Ehepaar wohnte, etwa im Alter unserer Großeltern. Eines Tages bemerkte ich auf ihrem Grundstück einen Jungen – etwa zwei Jahre jünger als ich selbst. Ich sprach ihn an und lud ihn zum Spielen ein. Er antwortete in einem lustigen, seltsam gefärbten Deutsch, von dem man mir später sagte, dass es „Schwäbisch" sei. Er lebte jetzt bei seinen Großeltern, weil irgendetwas im Schwabenland schief gelaufen war. Wir nahmen ihn auf in unsere Bande.

In der kurzen Holzbaracke, die in etwa dreißig Metern Entfernung parallel zu „unserer" Baracke an der Kuhbrückenstraße stand, wohnte vorne die Frau Kinkel mit ihren Ziegen, den Hühnern und ihren gefährlichen zwei Gänsen. Ihr Holzhaus war umwuchert von Bäumen und Büschen, und irgendwo in ihren hinteren Dunkelräumen beherbergte die Frau Kinkel zwei junge Männer und einen alten Mann, die man aber nur selten sah. Am Ende unserer Baracke, zum Damm der Fluthamel hin, wohnten ein junger Mann und eine junge Frau, die wir nur zu Gesicht bekamen, wenn sie in ihrem DKW-Cabrio an uns vorbei flitzten. Sie hatten zwei Kinder, zwei sehr schüchterne Jungen, die nur selten zum Spielen zu uns auf den Hof kamen.

Das waren die Leute, die hier draußen wohnten. Weit verstreut um uns herum. All unsere Nachbarn. Mehr gab es nicht.

Bastard

Die Episode mit Helmut hatte meine Grübeleien verstärkt. Doch da war noch etwas. Ich spürte eine Spannung, die immer dann in meinem Nacken kribbelt, wenn ich weiß, dass ich einem Geheimnis auf der Spur bin.

Ich hörte auf zu arbeiten und starrte in den Nebel, der sich langsam auflöste. Und plötzlich kam sie wieder hoch in mein Bewusstsein, jene rätselhafte Geschichte, die ich wenige Wochen zuvor belauscht hatte. Ich hatte sie sorgsam für mich behalten und niemandem weiter erzählt, denn ich wusste instinktiv, dass ich etwas gehört hatte, das – wie es die Erwachsenen ausdrückten – nicht für „Kinderohren" bestimmt war, weil es Dinge aus ihrer Welt enthielt, von denen wir „Kleinen" besser nichts wissen sollten. Die „verbotene" Geschichte handelte von diesem Dieter, der sich Lügengeschichten ausdachte, um seinen großen Bruder auf mich zu hetzen.

Die Andersens waren Flüchtlinge, die sich in Hameln festgehakt hatten und in der Baracke zur Ruhe gekommen waren. Ursprünglich hatten sie im Sudetenland gelebt und waren nach dem Ende des Krieges vertrieben worden.

Helmut, das älteste der vier Kinder, gehörte nicht mehr zu unserer Bande. Er hatte blonde Haare, ein gutmütiges Gesicht, er war lang und schlaksig wie sein Vater und mischte sich nur dann in unsere Spiele ein, wenn er meinte, dass seinen jüngeren Geschwistern ein Ungemach widerfuhr.

Elke war eine fröhliche Blonde mit lachenden blauen Mondaugen, sie war zwei Jahre älter als ich. Christa war gleich alt, sie war die Stille. Ihre Haare waren etwas dunkler als die ihrer Schwester. Sie war sehr hübsch, sie hatte feine, zarte Gesichtszüge und ich war vom ersten bis zum letzten Tag meiner Barackenzeit in sie verliebt.

Dieter, der Jüngste, fiel aus dem Rahmen. Er fiel auf, weil er anders aussah als seine Geschwister. Er hatte auffällig dunkle, fast schwarze Haare und dunkle, fast schwarze Augen. Er passte äußerlich gar nicht zu den anderen, so dachte ich immer, wenn ich mit ihnen zusammen war.

Die Geschichte, die ich belauscht hatte, hatte sich deswegen in meinem Kopf festgehakt, weil ich etwas Entscheidendes nicht verstanden hatte. Mit acht Jahren weiß man noch nicht viel von dem, was in der Welt der Erwachsenen alles so passieren kann. Ich wollte das jetzt klären und ging in die Küche. Ich setzte mich an den Küchentisch und beobachtete meine Mutter, die auf dem Herd unser Mittagessen kochte. Sie wandte mir ihren Rücken zu. Ich schwieg eine ganze Weile – und schließlich gab ich mir einen Ruck:

„Mutti", fragte ich, „was ist ein Bastard?"

Sie fuhr herum und schaute mich überrascht an.

„Wie kommst du denn auf so etwas? Was geht dir denn da im Kopf herum? Worauf willst du hinaus?"

„Ich habe gelauscht", sagte ich. „Ich habe ein Gespräch zwischen Oppa und Herrn Gottwitz belauscht."

Ich druckste herum. Lauschen war ja verpönt, das hatte man uns schon früh eingebläut – und meine Mutter war in den Dingen des Anstands ziemlich rigide.

„Sie haben über die Andersens geredet. Vor allem über Dieter. Ich habe das nicht richtig verstanden, aber es war was Schlimmes."

Meine Mutter war alarmiert. Sie setzte sich zu mir an den Küchentisch und fragte: „Was hast du gehört?"

Ich fing an zu erzählen.

***

Heute, da ich von oben auf den Teppich meiner Erinnerungen schaue, entdecke ich zuweilen Eigenschaften in den vielen Egos der Vergangenheit, die offenbar zu Konstanten meiner Persönlichkeit wurden. So war ich immer mal wieder und mit Lust ein Lauscher. Diese Eigenschaft entwickelte ich schon früh, auf unserem Barackenhof.

Es gab nicht viele Erwachsene um uns herum, an deren Gesprächen wir zwanglos teilhaben konnten. Wir waren meistens unter uns, in der Kinderbande, entfernt von den Alten. Der Hof war der Ort, an dem immer mal wieder erwachsene Menschen zusammenkamen, Kunden unseres Großvaters zumeist, die ihm irgendeinen Gegenstand zur Reparatur brachten und dann auch wieder abholten. Oftmals stand er dann mit ihnen auf dem Hof herum, wo sie miteinander plauderten, klatschten und tratschten. Ich spielte oder pröttelte dann wie beiläufig in ihrer Nähe und stellte meine Lauschantennen auf ihr Gespräch ein. Sie durften mich nicht wahrnehmen, denn, wenn das geschah, veränderte sich ihr Gespräch zuweilen – Kind hört mit! – oder sie verzogen sich an einen anderen Ort auf unserem großen Hof, um mich loszuwerden.

***

An jenem Tag, als der Herr Gottwitz und unser „Oppa" vor dem großen Werkstatttor in der Sonne standen und ihren nachbarschaftlichen Klönschnack abhielten, lief ich zufällig mit einem Eimer an ihnen vorbei, um Kohlen zu holen. Beiläufig hörte ich im Vorübergehen, dass sie sich über unsere Freunde, die Andersens, ausließen. Genau genommen: Herr Gottwitz beklagte sich lautstark über seine Nachbarn, vor allem natürlich über die Andersen-Kinder. Er schimpfte, er meckerte.

Ich war sofort hellwach und aufmerksam. Ich ging langsam an ihnen vorbei und betrat das kleine Quergebäude, das immer noch „Schweinestall" genannt wurde, obgleich es längst unser Kohle- und Kartoffelschuppen geworden war. Dort lagerten wir die Steinkohle und die Eierbriketts, die wir für unseren Dauerbrenner, den Küchenherd, brauchten. Ich verschwand mit meinem Eimer im Schuppen, nahm aber gleich hinter der Tür die klassische Lauscherposition ein. Ich lehnte mich mit meinen Schultern an die Wand neben der Türöffnung, legte meinen Kopf schräg, so dass ich besser hören konnte, und bekam alles mit, was gesprochen wurde: der Lauscher an der Wand, nicht präsent, nicht sichtbar. Keine Unschärferelation.

Was den Herrn Gottwitz so schrecklich ärgerte, war, dass da hinten am Damm, direkt neben seiner Wohnung und neben dem Garten, den er sich angelegt hatte, immer diese Kinderbande herumtobte und lärmte (zu der natürlich auch ich und meine Geschwister gehörten). Wenn er sich bei den Eltern beschwerte, bekäme er grundsätzlich eine Abfuhr: dieses Flüchtlingspack stelle sich grundsätzlich hinter die Kinder und dächte gar nicht daran einzugreifen und den Terror zu stoppen.

„Die hätten allesamt mal eine saftige Tracht Prügel nötig. Dringend!"

Mein „Oppa" stimmte ihm zu und bestärkte ihn darin, es einmal damit zu versuchen.

„Das geht nicht. Wenn ich mir die packen und sie versohlen würde, hätte ich sofort den Alten und seinen Großen am Hals. Die schlagen zurück!"

Sie schweiften ab und zogen über die Flüchtlinge her, die Hameln „wie ein Heuschreckenschwarm" überfallen hätten. Sie nannten sie verächtlich „Flächtlinge" wie viele alteingesessene Hamelenser, die damit auf den Dialekt der ungeliebten Eindringlinge anspielten.

Plötzlich war die Rede von Dieter.

„Der Kleine ist ein geisteskranker Giftzwerg. Der spielt uns die hinterhältigsten Streiche, wenn ich mal mit ihm geschimpft habe. Der vermiest mir das Leben!"

Es entstand eine lange Pause und ich hatte schon die Befürchtung, dass sie gemerkt hatten, dass ich sie belauschte. Aber es ging weiter.

„Einmal habe ich dem eine geklebt. Darauf haben sie mich bedroht und körperlich angegriffen. Unglaublich!"

Sie schwiegen wieder für eine kleine Weile. Dann hörte ich von unserem „Oppa" jene Sätze, die sich mir einbrannten und an denen ich seither knabberte:

„Der Dieter ist ein Bastard."

„Was meinst du?"

„Nun ja. Der alte Andersen ist gar nicht sein Vater. Sie ist auf der Flucht vergewaltigt worden. Sie ziehen einen Bastard groß."

Mein „Oppa" stockte und sagte dann:
„Wie ihr eigenes Kind. Kann man sich kaum vorstellen!"
Und dann wiederholte er noch einmal gedankenvoll:
„Sie sind Vertriebene. Sudetendeutsche. Vergewaltigung auf
der Flucht." Pause. „Ein Tscheche."

***

Sehr viel später habe ich mich gefragt, woher er eigentlich sein
Wissen über die Andersen-Familie hatte und ob nicht womöglich alles nur Flüchtlings-Klatsch und -Tratsch war. Das Flücht-
lingsproblem war in jener Zeit, Anfang der Fünfziger, *das* Thema in vielen Kommunen der BRD und die „Flächtlinge" und
„Neigschmeckten" wurden vielfach mit Missgunst und Verachtung aufgenommen. Es wurde viel über sie gelästert und
hergezogen.

Für mich war es das zweite Mal während meiner Barackenzeit, dass die „große" Geschichte in meine „kleine" Geschichte hineinsegelte und mir Rätsel aufgab. Was hatte es mit dieser „Flucht" auf sich, was war eine „Vergewaltigung", was war
ein „Tscheche"?

Meine Mutter „eierte" um den entscheidenden Punkt herum. Sie war natürlich so prüde wie ihre ganze Generation und
eine sexuelle Aufklärung der Kinder fand im *Land Danach* nicht
statt. Am Ende unseres Gesprächs am Küchentisch war ich dann
aber doch – nach vielen bohrenden Fragen – „aufgeklärt": ich
wusste, was passiert war.

Mein Verhältnis zu den Andersen-Kindern änderte sich durch
dieses Wissen überhaupt nicht. Ich weiß aber, dass mir Dieter
von nun an irgendwie leid tat und dass ich Helmut und die beiden Schwestern verstand, wenn sie ihn beschützten. Erst viel
später sah ich das wirklich Großartige im Verhalten dieser Familie: die Frau, die die Frucht des Gewaltaktes austragen musste, und ihr Baby als das „Brüderchen" in die Geschwisterreihe
integrierte. Und ich sah den Mann, der in Liebe zu seiner Frau
hielt – und zu dem Kind. Das war durchaus nicht üblich im *Land*

Danach, in dem die vielen vergewaltigten Frauen oftmals sozial im Stich gelassen wurden und ihr Trauma verbergen mussten, um einer Stigmatisierung zu entgehen.

***

Nach dem „Aufklärungsgespräch" mit meiner Mutter an unserem Küchentisch – neben dem heißen Küchenherd, auf dem unser Mittagessen schmurgelte – lichteten sich die Nebel in meinem Kopf. Ich ging wieder nach draußen und hackte die letzten Scheite zu Anmachholz. Auch hier draußen waren die Nebelschwaden verschwunden. Weißes, fahles Sonnenlicht lag über der Landschaft. Weit hinten auf der Kuhbrückenstraße sah ich nun endlich meine beiden Schwestern aus der Schule heimkommen, die den Dieter gepiesackt hatten und damit so viel in mir ausgelöst hatten. Gleich würden wir alle am Tisch sitzen und essen. Der Tag nahm Konturen an.

Die Initiation

Die Entschlüsselung der Dieter-Geschichte fiel in eine Phase meines Lebens, in der ich anfing, mich mit der Zeit auseinanderzusetzen, in der ich lebte. Tatsächlich war es das zweite Mal, dass ich darauf gestoßen wurde, dass etwas Schlimmes in dem Land passiert sein musste, in dem ich aufwuchs. Die Worte „Krieg", „Flüchtlinge", „Nazis" hörte ich vermutlich oft als Kind der Vierziger und Fünfziger Jahre, aber sie bedeuteten mir erst einmal nichts und ich hatte keinerlei Interesse nachzufragen, um mehr darüber zu erfahren. Ich war halt ein Kind und lebte mein unschuldiges Kinderleben. Doch dann kam der Erkenntnisschock, der mir die Unschuld raubte.

***

Meine Mutter hatte dafür Sorge getragen, dass die Strippen zur „normalen" Zivilisation und sogar zur „großen, weiten Welt" nicht durchrissen in unserer Einöde an der Peripherie der Stadt. Jeden Wochentag lieferte der Briefträger die Tageszeitung ab, einmal in der Woche fuhr der nette alte Mann mit seinem verbeulten Opel vor, der uns die Illustriertenmappe vom „Lesezirkel Daheim" brachte – und natürlich gab es das Radio.

Anfang der Fünfziger wurde auch bei uns der „Volksempfänger" – die hässliche „Goebbelsschnauze" – für immer entsorgt und durch einen „normalen" Kasten ersetzt, dessen magisch-grünes Auge mich faszinierte und auf dessen Display man durch Drehen eines Knopfes seinen Sender einstellen konnte. Der Sender der Region, der „NWDR", kam gut rüber – die meisten anderen lieferten nur Rauschen, Quietschen und Quaken. Meine Mutter hörte täglich ihre Nachrichten und Kommentare, wir versammelten uns wöchentlich einmal vor dem Kasten, wenn die spannenden Serien liefen: „Paul Temple und der Fall Curzon" oder „Kalle Blomquist, der Meisterdetektiv" ...

Für mich war die tägliche Zeitung noch ziemlich uninteressant, da ich in jenen Jahren gerade erst lesen lernte: zu viel Text, zu wenig Bilder. Die Illustriertenmappe war da ergiebiger: „Stern" und „Quick" zeigten uns Bilder von den großen Ereignissen der Zeit, meist zeitversetzt um drei Wochen, denn je älter die Illustriertenmappe war, umso billiger wurde sie. Die „Bunte" versorgte uns mit den Glanzfotos von Königinnen und Prinzessinnen und anderen feinen Leuten. Der „Spiegel" war für mich uninteressant: unverständliche lange Texte und langweilige Bilder, meist Köppe von ollen Männern. Den „Spiegel" nahm ich mir nur vor, wenn wirklich alles andere abgegrast war. Ich blätterte dann lustlos und gelangweilt darin herum und steckte ihn schließlich frustriert zurück in die Mappe.

Eines Tages allerdings wurde ich ausgerechnet beim Studium dieses für mich so langweiligen Blattes geschockt, ja, mehr noch: regelrecht aus der Bahn meines friedlichen, kindlichen Lebens geworfen. Ich sah etwas, das von nun an mein Leben für immer verändern sollte.

Da waren vier kleine Bilder oben auf einer Doppelseite. Auf der linken Seite ein inzwischen weltbekanntes Bild: der Viehwaggon, in dem verzweifelte Menschen abtransportiert werden. Auf der rechten Seite war ein Bild, das mich erschütterte. Es zeigte das Innere einer Baracke, die aussah wie die unsere. Dort aber war keine Wohnung oder eine Werkstatt eingebaut wie in „unserer" Baracke. Nein, in jener Baracke standen dicht an dicht dreistöckige Holzbetten und auf diesen Holzbetten lagen Skelette, lebende Menschen, die bis auf die Knochen abgemagert waren, mit großen aufgerissenen Augen in den tiefen Augenhöhlen über den hohlen Wangen. Lebende Skelette mit Totenschädeln. Ich hatte noch nie etwas derart Schauriges gesehen.

Ich schnappte mir das Heft und verschwand damit in unserem „Dschungel" hinter dem Hofzaun. Auf einem der Bunkergebirge studierte ich die Bilder, die Bildunterschriften und schließlich machte ich mich an die Arbeit. Ich las den Artikel, von dem ich annahm, dass er mir verraten würde, was ich da eigentlich vor mir hatte, vom ersten bis zum letzten Buchstaben durch. Ich las langsam und buchstabierte Wort für Wort. Ich hatte gerade erst lesen gelernt und kämpfte mich mühselig durch den langen Text auf der Suche nach Erleuchtung. Da ich mich an den Inhalt später nicht erinnern konnte, nehme ich an, dass ich nichts verstand, als ich mich durch den Text kämpfte. Ein „Spiegel"-Artikel in der „Spiegel"-Sprache mit ihren unverständlichen Wörtern und Begriffen, dem vorausgesetzten Hintergrundwissen, das der erwachsene Leser mitbringt – damit konnte ein Achtjähriger zu Beginn seines dritten Schuljahres nichts anfangen.

Aber ich wusste tief in mir, dass schreckliche Ereignisse stattgefunden hatten. Vor allem entnahm ich dem, was ich da vor mir hatte, dass diese Ereignisse noch gar nicht so lange zurücklagen. Und irgendwie begriff ich vage, dass es sich um Verbrechen handelte, die von den Deutschen begangen worden waren. Von „uns" also. Das war der Schock.

Ich hatte als Kind ganz naiv die Vorstellung, dass alles, was „vor meiner Zeit" lag, vor meiner Geburt, gleich weit entfernt

war in der Vergangenheit – ob es sich nun um die „alten Römer"
handelte, von denen man schon mal das Eine oder Andere gehört hatte, oder um die „Nazis", von denen in den Gesprächen
der Erwachsenen immer wieder die Rede war.

An jenem Nachmittag lief ich mit dem Heft zu meiner Mutter, zeigte ihr die Bilder und fragte sie, was es damit auf sich
habe. Aus ihren Erklärungen und Erzählungen entnahm ich,
dass es sich um furchtbare Verbrechen der „Nazis" gehandelt
habe, von denen sie selbst erst nach Kriegsende erfahren hatte. Ich erkannte aus dem, was sie erzählte, dass diese „Nazis"
Deutsche waren. Ich wusste jetzt auch, dass meine Mutter selbst
in der „Nazi-Zeit" gelebt hatte, wie alle Erwachsenen um mich
herum. Ja, ich stellte fest, als ich nachrechnete, dass ich selbst
noch in die „Nazi-Zeit" hineingeboren worden war.

In den folgenden Tagen bohrte ich weiter. Ich wollte mehr
wissen über die „Nazi-Zeit" und die „Nazis", mehr wissen über
das, was sie angerichtet hatten. Ich fragte die Erwachsenen,
aber all ihre Antworten konnten meine Neugier nicht stillen.
Die „große" Geschichte war zum ersten Mal in mein Leben hin-
eingekrochen und ich erkannte, dass ich in einem ganz besonderen Land lebte: um mich herum lebten Menschen, die schreckliche Verbrechen begangen hatten – und ich wusste natürlich
nicht: wer von denen gehörte zu den Verbrechern und wer nicht?

Die Entdeckung der Horrorbilder markierte den Beginn einer Ummodelung meines Bewusstseins. Später nannte ich das,
was mir da widerfahren war, eine „Initiation", denn von da an
begann „das große Fragen", das nie wieder aufhörte. Die kleinen Fotos auf jenen Seiten, die ich mit acht Jahren so mühsam
studiert hatte, waren die ersten Bilder einer Bildergalerie, die
mein Leben lang wuchs und schließlich ausuferte: eine Sammlung ungeheuerlicher Fotos, ungeheuerlicher Geschichten, die
die schwarzen Bilder der Vergangenheit heraufbeschworen, eine
Sammlung von Horrorbildern und Horrorfilmen.

Das war wahrlich eine besondere Initiation: es gab sie nur in
Deutschland und sie betraf nur meine Generation. Das waren
die Kinder, die im Krieg und in den Jahren davor und danach

geboren worden waren. Viele von uns erwischte der Erkenntnisschock: der Vater war ein Täternazi, die Eltern hatten von der Arisierung jüdischen Eigentums profitiert ... Die Mörder und Folterer, die Mitmacher und Mitläufer, die Täter und Denunzianten lebten direkt nebenan, als biedere Bürger, als brave Familienpappis. Aber natürlich lebten auch die Opfer neben uns. All sie, die Täter wie die Opfer: das waren die „Alten", mit denen wir zu tun hatten. Sie gestalteten die Gesellschaft, in die wir hineinwuchsen. Sie modellierten unser Leben.

Eine spezifisch deutsche Initiation also, einzig auf der Welt. Sie machte meine Generation wach und kritisch. Sie formte unser Bewusstsein, unsere Wahrnehmung der Welt. Sie war notwendig für die politischen und gesellschaftlichen Prozesse, die ab den Sechziger Jahren abrollten, als die Kriegskinder-Generation erwachsen wurde und als „68er-Generation" in die Geschichte einging. Sie war notwendig für die kulturellen Umwälzungen in Deutschland, die folgen sollten.

3

Der Alte und sein Sohn

Wie kam es überhaupt zu unserer „Umsetzung"? Warum landeten wir in der Peripherie? Wer war dafür verantwortlich?

„Das ganze Elend fing an, als euer Vater seine sichere Stelle aufgab und in den Betrieb seines Vaters eintrat. Das war eine schlimme Entscheidung. Das war die Katastrophe für uns alle. Damit begann das Elend. Damit begann die ganze Misere ..." Oft hörte ich solche Sätze aus dem Mund meiner Mutter. Noch im hohen Alter war sie erregt und verbittert, wenn sie sich erinnerte. Und in der Tat: während für mich die „Umsetzung" zum Abenteuer wurde, hat sie diesen Vorgang immer als Gewaltakt empfunden. Und so sah ich das später auch: man hatte ihr Gewalt angetan, vier Jahre lang.

Die Täter waren mein Großvater und mein Vater – der Alte und sein Sohn. Gegen die beiden kämpfte sie unerbittlich an in jenen vier Jahren. Sie ließ sich nicht unterkriegen, das war ihre Art. Der Antrieb für diese Kämpfe war ihre Liebe zu uns, ihren Kindern, und auch – das war mir damals verborgen – ihre unerschütterliche Liebe zu dem Mann, den sie ins Leben zurückgeholt hatte, um mit ihm ihr Leben zu teilen: meinem Vater.

Die Heldengeschichten vom Alten

Während ich mir über meine mütterlichen Großeltern immer ein ziemlich klares Bild zeichnen konnte, da unsere Mutter häufig aus ihrer Kindheit auf dem Gutshof erzählte, fällt es mir schwer, etwas ähnlich Präzises über meine väterlichen Großeltern hinzuschreiben. Das ist eigenartig. Meine mütterlichen Großeltern kenne ich nur aus Erzählungen, denn sie starben lange vor meiner Geburt. Neben meinen väterlichen Großeltern habe ich Jahre meiner Kindheit zugebracht, ich war häufig mit ihnen zusammen, ich hatte sie leibhaft und lebendig vor meinen Augen. Doch das Gesamtbild von ihnen ist lange unscharf geblieben, da sie nichts aus ihrem Leben erzählten. Ihre Lebensgeschichte kann ich mir heute nur aus Schnipseln, einigen Geschichten aus der „Familiensaga", ein paar alten Fotos und aus meinen eigenen Beobachtungen und Nachforschungen zusammenkleben.

***

In unserer „Schatzkiste", einem Karton mit Familienbildern, den wir als Kinder gern durchforschten, fanden wir nicht nur Bilder aus dem Leben unserer Mutter, die uns sehr interessierten, sondern auch ein paar alte Fotos meiner väterlichen Verwandten.

Aufschlussreich ist ein Dokument mit einem Bild des Alten, unseres „Oppas", aus dem Jahre 1921, denn es enthält sein Geburtsdatum, 8. Mai 1878. Ich kann mir ungefähr vorstellen, in welche Zeiten er „hineinlebte". Ich werde also – wie ich es in meinen Erinnerungen immer mal wieder getan habe – hier und da die „große Geschichte" zu Hilfe nehmen, um die „kleine Geschichte" meiner väterlichen Großeltern besser zu verstehen.

Das Dokument, das vor mir liegt, ist sein Führerschein. 1921, mit dreiundvierzig Jahren, macht er seinen Führerschein. Er springt mit Schwung in die „modernen Zeiten" mit ihrem Schlüsselprodukt, dem Automobil. Gerade erst ist die Fließbandfertigung des Massenautomobils in Europa angelaufen und schon wenige Jahre später ist er Autohändler in Hameln. Ich kann mir vorstellen, dass er seine Klempner- und Schlosserwerkstatt ummodelt und erweitert und sich selbst zum Automechaniker ausbildet, einem gefragten Spezialisten in einer Zeit, da immer mehr Autos auf den Straßen zu sehen sind.

Überhaupt, so deute ich Geschichten aus der spärlichen Familiensaga, sind die Zwanziger Jahre wohl die „Gipfeljahre" in seinem Leben gewesen. Er war als Geschäftsmann erfolgreich, er engagierte sich politisch und ließ sich als Sozialdemokrat ins Stadtparlament der Kleinstadt wählen, in die „Bürgerversammlung". Er wurde zum „Bürgervorsteher", also zum Vorsitzenden dieses Parlaments gewählt, hielt politische Reden und erinnerte sich noch als alter Mann voller Stolz, dass er mit Gustav Stresemann, der als Reichskanzler irgendwann einmal Hameln beehrte, ein hitziges Streitgespräch geführt habe.

Das Jahr 1925, als mit dem Dawes-Plan die Zwanziger Jahre „golden" wurden und ein Wirtschaftsaufschwung „auf Pump" begann, wird zu einem Schlüsseljahr in den Erzählungen meines Vaters. Der Alte bekommt von einem vermögenden Grafen aus der Umgebung den Auftrag, ein Auto aus Frankreich zu importieren, einen Citroen – vermutlich den legendären Citroen B12, der gerade erst auf dem Markt erschienen ist. Er nimmt seinen Sohn mit auf die Reise in das Land des „Erbfeindes" und mein Vater fährt zum ersten Mal Auto, denn auf den einsamen französischen Landstraßen darf er seinen Vater ablösen und die Wunderkarre selber fahren. Da war er fünfzehn und die Autofahrt durch Frankreich, die ihm sein Vater spendierte, wurde zu einem Großereignis seiner Kindheit.

Alles deutet darauf hin, dass der Alte Erfolg hatte in den Zwanzigern. Auch für ihn gab es zuerst den „goldenen" Aufschwung nach den Krisenjahren der „Großen Inflation" – und auch er, so denke ich, wird danach in den Strudel der Weltwirtschaftskrise geraten sein und sich als selbstständiger Geschäftsmann in der „Großen Depression" nur mühselig durchgewurschtelt haben.

Er bezeichnete sich selbst gerne als „Selfmademan", der immer wieder neue Ideen entwickelte und sie zu realisieren versuchte. Gleich nachdem er seine Meisterprüfung abgelegt hatte, wird er sich selbstständig gemacht haben. Immer wieder betonte er, dass er niemals als abhängiger Arbeiter in einer Fabrik hätte schuften mögen. Er konnte keine Befehle entgegennehmen.

Das früheste Bild von ihm, das die „Schatzkiste" mir liefert, ist ein Bild aus seiner Lehrzeit. Ich denke: es ist aus Anlass seiner

Gesellenprüfung aufgenommen worden. Die müsste er, wenn ich richtig rechne, etwa 1895 abgelegt haben – da war er siebzehn.

Zwei schlanke, junge Burschen sehe ich vor mir, in eine schicke „Arbeiteruniform" gekleidet: schwarze Hosen, Ledergürtel mit massivem Koppelschloss, kragenloses, hochgeschlossenes Hemd, die Ärmel aufgekrempelt. Malerische Proletarier der Frühindustrialisierung. Sein Kumpel, etwas größer und schlaksiger als er, schaut mit naiven, freundlichen Augen schräg an der Kamera vorbei. Er hat ein schlankes Gesicht und schwarze, sorgfältig gekämmte Haare.

Friedrich Karl, der mein Großvater werden sollte, steht rechts neben ihm. Er hat helle Haare, eine auffällige blonde Welle über seinem runden, glatten, noch sehr jugendlichen Gesicht. Sein Blick ist anders als der seines Kumpels: er schaut voller Entschlossenheit in ferne Welten, so hat es den Anschein. Die Ausstrahlung seines Gesichts und auch seine Körperhaltung scheinen zu sagen: ich bin ein Bullerjochen, ich kenne meine Kraft, ich setze mich durch, wenn es hart auf hart kommt. Haltet Distanz: mit mir ist im Zweifel nicht gut Kirschen essen …

In ihren Händen halten sie Gegenstände: möglicherweise ihre Gesellenstücke, an denen sie monatelang gefräst, gesägt, geschliffen und geschmirgelt haben. Sein Kumpel hält einen großen Ring mit zahlreichen Schlüsseln in einer Hand, die andere liegt auf einem Tisch mit gedrechseltem Unterbau. Der Blonde neben ihm hält mit beiden Händen ein längliches, etwa achtzig Zentimeter langes Werkstück, das ich nicht deuten kann. Er hält es voller Stolz und entschlossen wie eine Waffe. Jederzeit könnte seine Linke das „Ding" loslassen, er könnte es in seine rechte Hand nehmen und wie mit einem Schwert zuschlagen – so sieht das für mich aus.

Dieses „Ding" habe ich später noch kennengelernt, in seinem Arbeitszimmer in seiner Wohnung in der Kaiserstraße. Er hatte all seine Bücher und Folianten in zwei schwarz gebeizten Vitrinenschränken untergebracht, hinter Glastüren. Vor der langen Reihe mit dem Großen Brockhaus lag sein „Ding" aufbewahrt, als Andenken. Dort entdeckte ich es. Als Kind rätselte ich, was es damit auf sich habe und erst viel später erfuhr ich aus Erzählungen meines Vaters, um was es sich handelte und dass er das „Ding" in einer brenzligen Situation tatsächlich noch einmal in die Hand genommen hatte – und zwar als Waffe.

Nach seiner Gesellenprüfung und einer kurzen Arbeitsphase als schon gut verdienender Geselle hielt ihn nichts mehr an Land. Er erfüllte sich den Traum vieler junger Burschen seiner Generation und fuhr zur See – in den neuen Zeiten der Dampfschifffahrt, als die großen mit Kohle betriebenen Dampfer die Ozeane durchquerten. Mit neunzehn heuerte er auf einem deutschen Pott an und 1898 bereits war er in New York. Dort heuerte er auf einem amerikanischen Dampfschiff an.

**

„Zur See fahren" – dieser Topos war mir nur allzu geläufig in meiner Kindheit. Nicht nur mein „Oppa" war „zur See gefahren" und hatte damit die Feuertaufe des „männlichen" Mannes erfahren. Auch mein älterer Bruder „fuhr zur See", denn er war ein Bewunderer des Alten und kopierte seine Art, wo er nur konnte. „Zur See fahren", so erkannte ich schon früh, war der Traum eines bestimmten Jungs- und Männertypus, zu dem ich mich nicht zählte. Das „große Abenteuer" klingt an, die „große Freiheit", die „weite Welt" und das „Kreuz des Südens", „Kap Horn" und „gefährlich leben", der „Kampf mit der rauen See", die dich unter Umständen „in ihre Arme nimmt" und nach unten zieht … In zahlreichen Schnulzen weltweit wird dieser sentimentale männliche Topos besungen. In Deutschland nährten die Barden Hans Albers und Freddy Quinn den großen Traum all dieser pubertierenden Jungs, die sich tatsächlich nach Hamburg oder Bremen aufmachten und anheuerten, um auf einem Schiff zu malochen und den „Duft der großen, weiten Welt" zu schnuppern, von der sie dann allerdings nur herzlich wenig zu Gesicht bekamen …

Für mich, der ich schon als Schüler die Knochenmaloche in den Fabriken und auf den Baustellen kennengelernt hatte, hatte die Seefahrtsromantik nichts Attraktives. Die Knochenmaloche „zur See" stellte ich mir noch viel schlimmer vor als die „an Land":

Schmierige und ölige Schwerstarbeit im Bauch dieser schwimmenden Eisenpanzer. Ausgeliefertsein an eine Horde „harter", „männlicher" Männer – und zwar vierundzwanzig Stunden am Tag. Keinerlei Rechte und keinerlei Entkommen im Konfliktfall – denn du bist auf „hoher See". Dein Privatleben: eine Koje in einer Kajüte, die du dir mit anderen teilen musst – oder du schläfst gar in einer Hängematte mit vielen anderen in einem großen Raum unter Deck. Und alles Private enthält deine gut verschlossene „Seemannskiste" …

Erschöpftes Schlafen in den Stunden zwischen den Arbeitseinsätzen, die du tief unten im heißen Bauch dieser Dampfer abzuleisten hast. Träumen von deinem fernen Mädchen, Onanieren und Männerzoten, schwule Vergewaltigungen – und all das unter der ständigen Drohung einer Havarie auf hoher See …

„Zur See fahren?" Nein, danke!

***

Nachdem er auf dem US-amerikanischen Dampfschiff angeheuert hatte, ahnte er nicht, dass er voll in den Strudel der Weltgeschichte hineinschipperte – ganz naiv, denn so ungefähr kann ich mir das, was ihm damals geschah, aus seinen Seemannsdöntjes zusammensetzen:

Er war „Heizer" auf dem amerikanischen Pott. Er verrichtete also die körperlich schwerste, dreckigste und gefährlichste Arbeit, die auf einem Dampfschiff seiner Epoche abzuleisten war. Zwei Stunden Schwerstarbeit bei Temperaturen, die den Körper aufkochen lassen, zwei Stunden „Erholung", und dann wieder zurück in die Hölle …

Von „oben" sah er vermutlich nicht viel bei den wenigen Landgängen in irgendeinem der Häfen auf seinen Törns. Und wenn er überhaupt etwas sah, dann waren es die Kneipen- und Bordellmeilen, die auf ihn und seinesgleichen angewiesen waren. Als er schließlich den amerikanischen Dampfer verließ und in den USA abheuerte, wurde ihm eine große Ehre zuteil: ihm wurde die US-amerikanische Staatsbürgerschaft angeboten. Er hätte sofort – oder wann immer es ihn gelüstete – amerikanischer Staatsbürger werden können, ohne bürokratischem Aufwand.

„Ich hatte nämlich am *spanisch-amerikanischen Krieg* teilgenommen und die Amerikaner haben den Krieg gewonnen." Dann lachte er: „Ich gehörte zu den Helden."

Als ich das als Kind hörte, konnte ich mit dem Begriff „spanisch-amerikanischer Krieg" nichts anfangen. Später stellte ich mir vor, dass er auf einem der vielen Logistik-Dampfer malochte, die die Kriegsschiffe vor der kubanischen (oder gar der phillipinschen?) Küste mit Munition und Fourage versorgten. Möglicherweise aber schuftete er gar auf einem der Kriegsschiffe – das ging aus seinen Erzählungen nicht hervor. Wie auch immer: ohne dass er es auch nur ahnte, trug er sein Scherflein dazu bei, das spanische Kolonialreich für immer zu zertrümmern und die imperiale Größe der USA zu begründen, der Weltmacht des 20. Jahrhunderts. Das war im Jahr 1900. Er durfte US-Amerikaner werden ohne bürokratischen Firlefanz – ein großes Geschenk zur Jahrhundertwende.

Die Liebe hielt ihn davon ab, das Angebot der USA anzunehmen. Wann er die Seefahrt aufgab, das weiß ich nicht genau – in den ersten Jahren des neuen Jahrhunderts, so steht zu vermuten. Auf jeden Fall: „sein Mädchen" in der Heimat hatte Angst vor dem großen Sprung ins Unbekannte, sie wollte nicht mit ihm auswandern. Und er blieb bei ihr – zuhause.

Stattdessen nahm die ganz normale, brav-bürgerliche Geschichte ihren üblichen Lauf: im Jahre 1907 heiratete er „sein Mädchen", meine sanfte Oma, wurde 1908 Vater einer Tochter, meiner Tante, und 1910 Vater eines Sohnes, meines Vaters. Als der Erste Weltkrieg begann, war er bereits 36 Jahre alt. Es gibt keine Kriegserzählungen von ihm, so dass ich annehme, dass er nicht mehr an die Front musste und somit um die belgischen Knochenmühlen herumkam.

Irgendwann im ersten oder zweiten Jahrzehnt des neuen Jahrhunderts wird er seine Meisterprüfung abgelegt haben, irgendwann nach Ende des Ersten Weltkriegs zog er nach Hameln und erfüllte sich seinen Traum: er machte sich selbstständig – als Schlosser, Klempner, Autohändler und Automechaniker.

***

Mein Gefühl ihm gegenüber blieb zeit meines Lebens ambivalent. Ich hatte ihn im Kleinkindalter als sadistischen Prügler erfahren – und das blieb unauslöschlich in meiner Erinnerung. Ich sah ihn von diesem Ereignis an immer mit Verachtung, einer sehr tief sitzenden Verachtung, die sich während unseres engen Zusammenlebens in der Baracke – so ganz dicht neben seiner Werkstatt – eher noch verstärkte.

Allerdings gibt es in der Familiensaga drei Erzählungen, die mich immer für ihn eingenommen und das negative Bild, das ich von ihm hatte, aufgehellt haben, denn sie zeigen mir eine kraftvolle, mutige Persönlichkeit, die er zweifellos auch war. Oft wird bei Familienanekdoten ja dieses oder jenes geschönt und übergoldet, doch diese drei Erzählungen meines Vaters über seinen Vater empfand ich immer als authentisch und glaubwürdig. Genau so wird sich das abgespielt haben, dachte ich stets, denn was ich hörte, passte voll zur Art des Alten, zu seinem Charakter, zu seiner Wut.

***

Die erste Anekdote geht weit zurück in die Kindheit meines Vaters. Der ist gerade mal fünf Jahre alt. Sein Vater und er beobachten einen Droschkenkutscher, der mit seiner vollgeladenen Karre – von einer Mähre gezogen – eine Steigung zu bewältigen versucht. Als der entkräftete Gaul stehen bleibt und sich weigert, auch nur noch einen Schritt zu laufen, wird der Mann wütend und schlägt auf das Pferd ein. Schließlich greift er sich eine schwere Mistforke und sticht dem armen Tier damit in die Hinterbacken.

Als mein Großvater das sieht, bekommt er einen seiner klassischen Wutanfälle. Er rennt auf den Tierquäler zu und entreißt ihm die Forke.

„Was sich dann abspielte, beeindruckt mich noch heute. Er schwingt die schwere Mistgabel mit nur einem Arm über seinen Kopf. Er steht direkt vor dem Kutscher und schlägt zu. Ich dachte: jetzt schlägt er den tot. Doch er hatte seinen Schlag genau berechnet: das schwere Ding knallt nur wenige Zentimeter neben dem Mann auf das Kopfsteinpflaster. Der Schaft aus massiver Eiche zersplitterte wie ein dünner Ast", so erzählte mein Vater. „Der Mann war völlig erledigt. Der zitterte vor Angst. Mein Vater befahl ihm dann, den Gaul vorne am Zügel zu führen. Er fasste selbst hinten an der Karre an und schob sie mit aller Kraft den Berg hinauf."

***

Da war der Alte siebenunddreißig Jahre alt, in voller Manneskraft, wie die Geschichte nahelegt. Den zweiten mutigen Akt, der mich noch stärker beeindruckte und für ihn einnahm, datiere ich auf das Frühjahr 1933, in die Zeit um die Reichstagswahl (5. März 1933), als der Nazi-Terror bereits auf Hochtouren lief. Da war er fünfundfünfzig Jahre alt.

Zu jener Zeit war seine Werkstatt in einem größeren Holzschuppen an der Ohsener Straße untergebracht. Ich habe sie als kleiner Junge noch kennengelernt, denn auf dem Grundstück vor dem großen stabilen Schuppen, der all seine Maschinen und Werkzeuge enthielt, hatte meine sanfte Oma einen kleinen Garten angelegt und wenn ich die Großeltern dort besuchte, durfte ich in ihrem Gärtchen „arbeiten". Sie zeigte mir, was ich zu tun hatte, und ich war eifrig bemüht, ihr alles recht zu machen und ihr zu gefallen. Ich mochte gerne mit ihr zusammen sein. Ich mochte meine stille, freundliche Großmutter sehr.

Die Werkstatt lag vielleicht tausend Meter Fußweg von der Wohnung meiner Großeltern entfernt und um die Mittagszeit ging der Meister nach Hause, denn täglich kochte ihm seine Frau sein Mittagessen. Eines Tages – Frühjahr 1933 – sitzen die beiden in ihrer Küche und essen. Er spürt, dass seine Frau bedrückt und unglücklich ist. Etwas stimmt mit ihr nicht, es irritiert ihn, er wird wütend. Schließlich knallt er sein Besteck auf den Tisch: „Was ist los?"

Sie fängt an zu weinen und erzählt ihm, was vorgefallen ist. Sie war am Morgen zu ihrem Kurzwarenhändler in die Osterstraße gelaufen. Sie nähte immer sehr viel an ihrer „Singer" und brauchte Material: Knöpfe, Bänder, Stoffe, was auch immer …

„Vor dem Geschäft stand ein Mann in einer Uniform. Der hinderte mich daran, das Geschäft zu betreten. Der pöbelte mich an und schubste mich zurück, als ich reingehen wollte."

Sie weinte.

„Es war furchtbar. An der Tür klebte ein Zettel auf dem Glasfenster: ‚Man kauft nicht bei Juden!'" Sie schwieg lange. „Ich hab' doch mein Leben lang dort gekauft."

Was nach diesem Bericht in meinem „Oppa" vorging, kann ich mir lebhaft vorstellen. Ich sehe, wie er zu einem Klumpen aus Wut, Hass und Verachtung versteinert. Er wird eiskalt. Er isst schweigend das Essen, das sie für ihn gekocht hat, und als sie ihr Mahl beendet haben, sagt er zu ihr:

„So! Die Mittagpause ist vorbei. Jetzt müsste der Laden wieder auf haben!"

Er geht in sein Arbeitszimmer, öffnet den Vitrinenschrank und holt das „Ding" heraus, das er vor seinem „Großen Brockhaus" ausgestellt hat, sein Gesellenstück.

„Komm", sagt er zu seiner Frau, „wir gehen jetzt in die Osterstraße. Einkaufen!"

Mein Vater malte in seiner Erzählung vor allem jene Szene am Mittagstisch aus, so dass ich annehme, dass er vielleicht dabei gesessen und sein Mittagsmahl mit seinen Eltern eingenommen hat. Die Szene, die sich danach in der Osterstraße abspielte, schilderte er mir nur in kurzen Strichen – offenbar nach den Erzählungen seiner Eltern.

Heute ist die Osterstraße der farbige, bunte Prachtboulevard in der autofreien Altstadt von Hameln, eine Einkaufs- und Caféhaus-Meile für Touristen aus aller Welt, mit architektonischen Perlen der Weser-Renaissance und Rattenfänger-Romantik.

In meiner Kindheit sah diese Straße wohl noch genau so aus, wie sie von den beiden Alten bei ihrem Gang zu dem jüdischen Kurzwarenhändler wahrgenommen wurde: Grau und Schwarz herrschten vor, kleine Geschäfte mit Glastüren und kleinen Schaufenstern in schwarzen oder dunkel gebeizten Holzrahmen. An der Ecke zur Bäckerstraße: das duftende Kaiser's Kaffeegeschäft, in dem auf einer großen Siedepfanne die Kaffeebohnen frisch geröstet wurden. In meiner frühen Kindheit roch alles nach Kaffee um das Hochzeitshaus herum. Die Straße: Kopfsteinpflaster, schmale Bürgersteige, Autoverkehr. Ein paar der viereckigen Autos der Zeit fahren hin und her oder parken am Straßenrand ...

Vor dem kleinen Geschäft des Kurzwarenhändlers steht der SA-Mann in vollem Wichs. Er ist unbewaffnet.

Mein Großvater baut sich mit seinem eisernen, schweren „Ding" vor ihm auf. Vermutlich hält er es mit beiden Händen, wie einst als Junge auf dem alten Bild aus der Bilderkiste. Er weist seine Frau an, ins Geschäft zu gehen und ihre Einkäufe zu tätigen. Dabei nimmt er sein Gesellenstück in die rechte Hand und schwingt es leicht neben seinem Körper auf und ab. Er fixiert den SA-Mann und sagt ihm schweigend, was zu sagen ist. Der SA-Schläger versteht: da steht einer vor ihm, der zu allem entschlossen ist und der ihn auf der Stelle erschlagen wird, falls er aggressiv wird und eine falsche Bewegung macht ...

Wenn sie alleine sind und sich alleine stellen müssen – Mann gegen Mann – sind faschistische Männer grundsätzlich feige. Der SA-Mann dreht sich also langsam um und verschwindet. Mein Großvater geht auf die Ladentür zu, reißt den Zettel von der Glasscheibe, zerknüllt ihn und tritt ihn mit seinen Schuhen platt.

Er kam damit durch. Es geschah ihm nichts. Er kam überhaupt durch.

Er hat nicht nur diese Aktion überlebt, er überlebte als „Roter" den Terror der gesamten zwölf Jahre. Erst an seinem siebenundsechzigsten Geburtstag, dem 8. Mai 1945, konnte er aufatmen.

Wie er das geschafft hat, wie er heil durch die Zeit kam, darüber habe ich oft nachgedacht – vor allem in einer späteren Phase meines Lebens, als ich die Nazi-Geschichte studierte und mich intensiv über den mörderischen braunen Terror in den ersten Monaten nach der Machtergreifung informierte. Allerdings bezieht sich mein historisches Wissen auf den Terror, der in der Metropole Berlin inszeniert wurde:

Tag für Tag triumphale Aufmärsche der SA, nächtliche Fackelzüge und Volksfeste der faschistischen Sieger. Und gleichzeitig: erste Deportationen politischer Gegner, Folterungen und Misshandlungen, Morde an Kommunisten, Sozialdemokraten, an den vielen, die sich widersetzten. Beginn des systematischen Terrors gegen die Juden. Zerschlagung aller politischen Großorganisationen, die noch Widerstand hätten leisten können (SPD, KPD, Gewerkschaften), Unterordnung aller staatlichen Organe unter das Terrorregime (Polizei, Justiz, Schulen und Hochschulen, Ärzteschaft – sie alle kippten um), die Kirchen unterwarfen sich ... und all das in nur wenigen Wochen. Brutal, radikal, ungemein erfolgreich. Alle duckten sich, jeder Widerstand wurde platt gemacht. Totale Gleichschaltung, totaler Terror ...

Was übrig blieb, war der hilflose, individuelle Widerstand der kleinen Leute – von Menschen wie meinem „Oppa", der an seiner Wut fast erstickte und der daher loszog und sich mit seiner Aktion voll wissend sein „Blanko-Todesurteil" ausstellte, hätte sein Akt nicht in der Osterstraße in Hameln, sondern in der Müllerstraße im Wedding stattgefunden.

Offenbar liefen in der ländlichen Kleinstadt Hameln die Uhren langsamer und auch irgendwie anders. Der Terror zeigte sich zwar auch hier, aber nicht so geballt und lebensbedrohend wie in der Metropole Berlin. Außerdem – so dachte ich mir – kennt man sich untereinander. In einer verschlafenen, gemächlichen Kleinstadt ist man miteinander groß geworden und in die gleichen Schulen gegangen. Die Täter können nicht anonym agieren, wie die SA-Horden im Arbeiterkiez Wedding, die von außen eindringen. Sie sind mit ihrem Städtchen verwurzelt. Man erkennt sie auch noch in der SA-Uniform, man kennt ihre Familien, man kennt ihre Geschichten. Es sind die Söhne der Nachbarn und Kollegen, der sozialen und politischen Eliten einer Kleinstadt, die langsamer umkippten als die vielen März- und Angsthasen in Berlin.

Unter Umständen halfen meinem „Oppa" auch informelle Netzwerke unter den Nachbarn, unter seinen Kumpanen aus der Handwerkerzunft, seinen Saufbrüdern, seinen Kollegen und Mitstreitern aus dem alten Kreis der Abgeordneten der „Bürgerversammlung", in der er einstmals politisch aktiv war.

Zweifellos musste auch er sich ducken und abtauchen in den zwölf Jahren des Terrors – wie alle Regimegegner, die sich aus der Schusslinie der Faschisten in Sicherheit brachten, um ihr Leben und das Leben ihrer Lieben zu schützen. Er sah politisch klar, das wusste ich immer. Er erahnte mit Sicherheit die Verbrechen, die um ihn herum geschahen. Er litt, er musste seine Wut runterschlucken und bedauerte es vermutlich zutiefst, dass er einst – als ihm die Chance geboten wurde – nicht ausgewandert war.

Einer meiner „Lauschangriffe" auf unserem Barackenhof, vor dem großen Tor zu seiner Werkstatt, gab mir ein wenig Aufschluss über sein Durchkommen in den schlimmen Jahren. Ich ergatterte zwar nur ein winziges Informationszipfelchen, aber es sagte mir einiges über sein Leben in den gefährlichen Jahren, die gerade hinter ihm lagen. Ich hatte ja auf meine kindliche Art gerade damit begonnen, mich mit der braunen Vergangenheit zu beschäftigen, nachdem ich erschrocken die Auschwitz-Bilder im „Spiegel" studiert und begrübelt hatte. Dieser Schock hatte mich veranlasst, die Vergangenheit zu „erforschen". Ich fragte viel und hörte hin. Ich wollte „rauskriegen", was wenige Jahre zuvor gelaufen war.

Vier Freunde besuchen an jenem Tag den Alten, offenbar altvertraute Kumpel und Genossen aus seiner politischen Zeit. Lautes Hallo, Lachen, Palaver, Blödeleien, Bierflaschen, Döntjes ohne Ende. Ich „spiele" in der Nähe und lausche. Niemand beachtet mich, die Männer sind zu sehr mit sich selbst beschäftigt. Irgendwann hecheln sie alle möglichen Leute durch, Hamelner

Bürger, die „umgefallen" sind und Nazis wurden, und die sich nach Kriegsende aalglatt wieder rückverwandelt hatten. Ich verstand nicht viel von dem, was da palavert wurde, aber so ganz ungefähr konnte ich ihre Erzählungen doch deuten.

Plötzlich höre ich meinen Großvater sagen: auf den und den Mann lasse er nichts kommen. Der sei zwar auch umgekippt und Nazi geworden, aber nie ein „Schwein" gewesen. Der habe ihn immer gewarnt, wenn die SA etwas gegen ihn im Schilde führte. Er konnte dann gerade noch untertauchen, immer noch rechtzeitig abhauen zu „seinem Bauern" aufs Land. Der versteckte ihn dann für eine Weile.

„Nazi war nicht gleich Nazi", hörte ich ihn sagen, „man darf es sich nicht zu einfach machen."

Und nach einer Pause: „Er hat mir auch immer Entwarnung gegeben. Ich vertraute ihm. Ich fühlte mich dann sicher und bin zurückgekehrt. Mir ist ja auch nie was passiert."

Dann lachte er: „Als er dann zu mir kam, nach Kriegsende, habe ich ihm ein gutes Zeugnis ausgestellt. Für seinen Persilschein!"

Wieder so ein seltsames Wort der Erwachsenen, das ich damals nicht verstand.

***

Die dritte und letzte „Heldengeschichte" des Alten kann ich historisch sehr genau datieren. Sie spielt am 7. April 1945, wenige Wochen vor seinem siebenundsechzigsten Geburtstag, dem 8. Mai 1945, der als Tag der Kapitulation Nazi-Deutschlands in die Geschichte einging. Er wird seinen siebenundsechzigsten Geburtstag in Siegerstimmung gefeiert haben – da bin ich mir sicher.

Ich selbst war an jenem 7. April 1945 genau zwei Jahre und einundachtzig Tage alt. Mein ganzes kleines Leben hatte also bis dahin mitten im Zweiten Weltkrieg stattgefunden, aber Erinnerungen an den Krieg habe ich nicht. Die frühkindliche Amnesie hat ja durchaus etwas Gnädiges: ich habe nicht schon im zartesten Lebensalter erschütternde Erlebnisse und Ereignisse gespeichert, die meine doch noch sehr weiche Seele hätten belasten können.

In späteren Zeiten, als der Vorgang des Erinnerns mich zu faszinieren begann, habe ich mich gefragt, wann denn eigentlich meine ersten *authentischen* Erinnerungen einsetzten, meine ersten *völlig eigenen* Wahrnehmungen, nicht aufgeladen und durchmischt mit später Gehörtem, mit späteren Döntjes und Interpretationen der Erwachsenen um mich herum.

Ich habe meine ersten klaren Eigenerinnerungen in der Tat identifizieren und zeitlich einordnen können. Ich sehe ganz deutlich drei Erinnerungsbilder, die zwar eingebunden sind in dramatische Ereignisse, von denen die Erwachsenen später oft erzählten, von denen ich allerdings als Kleinkind nichts mitbekommen hatte. Die drei kurzen Szenen sind eindeutig mein Eigen, nicht eingefärbt durch erst später Gehörtes und spätere Interpretationen. Drei kurze Lichtblitze in einem dunklen Drama.

Die Zeit? Es war der Tag der Kapitulation der Stadt Hameln.

***

Am 7. April 1945 war in Hameln der Krieg zu Ende.

Wenige Tage zuvor waren amerikanische Truppen mit schwerem Gerät am Westufer der Weser aufmarschiert, in der Nähe des Ohrbergs, direkt gegenüber der Tündernschen Warte. Als ein Stoßtrupp am 5. April von dort aus auf der Westseite der Weser gen Hameln vordrang, sprengten deutsche Soldaten, die die Stadt verteidigten, den westlichen Teil der alten Weserbrücke.

„Das war der allerletzte Nazi-Schwachsinn in Hameln. Das waren die allerletzten Nazi-Idioten, die sich noch in der Stadt herumtrieben. Die hatten immer noch nichts begriffen. Die Amis ließen sich dadurch genau zwei Tage aufhalten. Dann machten sie Schluss! Endlich!"

Mein Vater lachte jedes Mal voller Häme über die „letzten bescheuerten Nazis", wenn ich – Jahre später – neben ihm in seinem eckigen Opel P4 über die hölzerne Behelfsbrücke fuhr und er mir dabei Bröckchen aus der Geschichte des Hamelner Kriegsendes erzählte:

„Bei Tündern bauten die Amis eine Pontonbrücke und setzten mit ihren Panzern und ihren Geschützen über. Unglaublich schnell! Dann marschierten sie in die Stadt ein."

Zwei Bürger Hamelns, ein Kommunist und ein Arzt aus dem Stadtkrankenhaus (ein Kollege meiner Mutter, ein Gynäkologe), waren mit einem kleinen Boot und einer weißen Fahne über die Weser gefahren – zum „Feind" – und hatten die Kapitulation der Stadt vereinbart. Die letzten Wehrmachtssoldaten, die sich noch in der Stadt herumtrieben, ergaben sich friedlich und wurden gefangen gesetzt.

Zwei Tage nach der Sprengung der Weserbrücke durch „die letzten bescheuerten Nazis" ging in Hameln das Dritte Reich unter.

Zu den Kapitulationsbedingungen gehörte, dass die Amis in Hameln Quartier machen wollten und dass dafür Teile der Bevölkerung ihre Wohnungen zu räumen hatten. Ich denke heute: die GIs, die sich durch halb Europa gekämpft hatten, um die Bestie totzuschlagen, sollten sich endlich einmal gründlich ausschlafen, bevor es weiterging.

Die Häuser in der Zentralstraße waren von dieser Anordnung der Sieger betroffen (hier wohnten wir) und auch die Häuser in der Kaiserstraße mussten frei gemacht werden (hier wohnten meine Großeltern). Als die amerikanischen Truppen von Süden her in die Stadt eindrangen, verließen hunderte (tausende?) Hamelner Bürger die Stadt. In ihre Wohnungen zogen die Jungs aus Oregon und Alabama, aus Maine und Kalifornien ein.

Wieder einmal zogen Hamelner Kinder gen Osten zur Stadt hinaus – und diesmal war ich dabei! Sicher: es war nur eine sehr kurze „Flucht", unsere Flucht nach Klein-Hilligsfeld (damals ein Dorf, das heute ein Stadtteil von Hameln ist), aber selbst diese eher „bescheidene" Flucht hatte ihre Schrecknisse, wie ich später aus den Erzählungen der Alten erfuhr.

Und mir bescherte diese Flucht etwas ganz Besonderes: die *ersten authentischen Erinnerungen* meines Lebens. Zum ersten Mal lieferte mir die Umwelt Bilder, die „nur mir gehörten" und die sich so tief in meinen weichen Kindskopf einstanzten, dass ich sie nie wieder vergaß.

Ich sitze in einem Bollerwagen. Es ist früher Morgen. Ein kühler Wind bläst mir ins Gesicht. Ich bin warm eingemummelt. Ich bin nicht allein im Bollerwagen: mir gegenüber sitzt meine Schwester Helga. Wir sind mit Kissen zugedeckt. Auf den Kissen ist die große weiße gehäkelte Decke ausgebreitet, die mir so vertraut ist. Wir sitzen beengt, denn es liegen noch viele andere Sachen in dem Bollerwagen. Neben mir sehe ich den Kinderwagen. Es ist der weiß lackierte Korbwagen.

Vor mir sehe ich meinen großen Bruder Klaus. Der sitzt auf dem Gepäckträger eines Fahrrads, das von meinem Opa gehalten wird. Ich sehe meine Oma. Sie steht weiter hinten rechts neben einem anderen Bollerwagen, der voll ist mit Sachen.

Mein Vater ergreift die Deichsel des Bollerwagens, in dem ich und meine Schwester sitzen. Wir rollen los. Meine Mutter schiebt neben uns den Korbwagen, in dem das Baby liegt. Mein Opa schiebt das Fahrrad mit den zwei Taschen vorne am Lenker und mit meinem Bruder Klaus auf dem Gepäckträger. Meine Oma zieht ihren Bollerwagen.

Die ganze Straße ist voll mit Männern, Frauen und Kindern, mit Bollerwagen, Karren und Fahrrädern. Alles setzt sich in Bewegung. Alle ziehen los. Schluss.

Der Flüchtlingstreck zieht die Kaiserstraße hoch, am zerbombten Bahnhof vorbei in Richtung Rohrsen. Meine Mutter erzählte später einmal, dass der Menschenzug von britischen Tiefliegern beschossen worden sei und dass es Verletzte gegeben habe.

***

Ach ja, die Helden der Royal Airforce:

Als der Krieg eigentlich schon vorbei war und Nazi-Deutschland am Boden lag, legten sie noch einmal voll los: mit ihren *incendiary-attacks* auf alte Fachwerkstädte, wo sie die Zivilbevölkerung zu Tausenden einschmolzen, und mit ihren *attacks* auf die Flüchtlingsströme, die durch Deutschland irrten. „Nazi-Brut", werden sich die tollkühnen Engländer in ihren fliegenden Kisten wohl gesagt haben: „Nazi-Brut". Also weg damit!" Auch ich, zwei Jahre und einundachtzig Tage alt, gehörte zur „Nazi-Brut" da unten auf der Landstraße. Auch für mich galt in ihren Gehirnen: „Weg damit!"

***

Aber von all den Ereignissen, die auf der Flucht geschahen, habe ich nichts mitbekommen. Kleinkinder haben einen gut funktionierenden, gnädigen Schutzmechanismus. Wenn die Realität plötzlich so ganz anders eingefärbt ist, so neu, verwirrend und Angst machend, tauchen sie ab in ihren Schlaf und ihre Träume. Das monotone Rollen des Bollerwagens wird sein Übriges dazu beigesteuert haben, dass ich mich aus dem Chaos der Realität zurückzog und einschlief.

Hinter Rohrsen, so vermute ich, teilte sich der Flüchtlingsstrom auf und die über Nacht wohnungslos gewordenen Menschen verteilten sich auf die umliegenden Dörfer. Meine Familie landete in Klein-Hilligsfeld und kroch bei einem Bauern unter. Unser „Oppa" kannte diesen Bauern. Er kannte viele Bauern in der näheren Umgebung von Hameln, denn er war ein fähiger Schmied, Schlosser und Klempner und auf einem Bauernhof ist ständig etwas zu reparieren. Vermutlich war der Bauer in Klein-Hilligsfeld ein Kunde des Alten. Vermutlich sträubte der sich, uns aufzunehmen, denn ich erinnere mich an ein großes Geschrei in der Küche des alten, niedersächsischen Bauernhauses. Die lag gleich neben dem großen Tor, einem Tor, das so breit und so hoch war, dass Heuwagen hindurch fahren konnten. Ja, hier in der Bauernküche in Klein-Hilligsfeld hatte ich zum zweiten Mal in meinem Leben eine *authentische Erinnerung:*
Ich hocke auf einem Sofa, das an einer Wand steht. Über dem Sofa hängt ein Bild. Ich bin nicht allein. Meine Schwester hockt neben mir auf dem Sofa. Das Sofa ist dunkelgrün. Weiter hinten im Raum, um den Küchentisch herum, stehen die Erwachsenen und schreien sich an. Ich höre meinen „Oppa" brüllen. Ich habe Angst. Zwei große häss-

liche und gefährlich aussehende Tiere mit Hörnern kommen auf uns zu. Sie kommen mit ihren feuchten Schnauzen ganz dicht an uns heran und lecken unsere Gesichter. Wir schreien, aber keiner hört uns. Sie zupfen mit ihren Zähnen an unserer Kleidung. Sie saugen den Stoff ein und lutschen daran. Wir schreien, aber keiner hört uns. Wir schieben die Tiere mit der Hand weg, aber sie nehmen auch unsere Finger zwischen ihre weichen Lippen und lutschen daran herum. Wir schreien immer wieder, aber keiner hört uns. Wir haben große Angst vor den Tieren, aber keiner kommt uns zu Hilfe.

Schluss.

Irgendwann wird dann doch irgendjemand gekommen sein und die Ziegen weggescheucht haben. Wenn wir später im Familienkreis über unsere Flucht palaverten, konnte sich keiner der Erwachsenen an diese Szene erinnern, die für mich ein so schreckliches Erlebnis war. Für die Alten war es halt nur eine banale, harmlose Nebensächlichkeit im Strudel der Ereignisse. Meine Schwester allerdings, die zusammen mit mir diesen Horror überstanden hatte, konnte sich, als wir sehr viel später einmal darüber sprachen, an jedes Detail erinnern und meine Wahrnehmung bestätigen. Sie war damals drei Jahre und hundertachtundvierzig Tage alt und hatte sicher schon bedeutend mehr authentische Erinnerungen als ich in ihrem Speicher.

***

Die dritte *authentische Erinnerung* habe ich an ein Erlebnis, das sich ebenfalls am Tag unserer Flucht nach Klein-Hilligsfeld abspielte – und zwar später, am Nachmittag. Ich wurde zum Hauptakteur in einer Szene, die sich mir einbrannte, weil ich sie an spätere, sehr eindrucksvolle Erzählungen der Alten ankoppeln konnte. Genau genommen steckte ich mitten in der Urszene ihrer Erzählung all der dramatischen Folgen dessen, was ich da – mit den Augen eines Kleinkindes – gesehen hatte.

Ich allein sah den allerersten Akt in einem Drama, das fast einen tödlichen Ausgang genommen hätte. Nur ich, das Kleinkind. Niemand sonst.

Würde ich das, was mir damals widerfuhr, isoliert – nur so für sich – erzählen, wirkt die erinnerte Szene lächerlich harmlos, ungemein friedlich und ungemein menschlich in jenen unmenschlichen Zeiten. Eine ganz banale Alltagsepisode. Aber als ich mir später – aus den verschiedenen Erzählungen der Erwachsenen – das Folgedrama zusammenreimen konnte, das sich aus der von mir erlebten Urszene heraus entwickelte, bekam das Ganze in meinen Erinnerungen etwas beklemmend Hitchcockhaftes.

Man kennt das ja: zuweilen wird in Filmen im Vorspann, noch bevor der Titel, die Akteure, der Starring usw. eingeblendet werden, eine scheinbar harmlose Szene gezeigt, in der ein heimlicher Fingerzeig versteckt ist auf das Unheimliche und Makabre, das der restliche Film dann zeigt:

Ich sitze auf meinem Töpfchen und kacke. Ich sitze draußen vor dem hohen Tor des Bauernhauses. Die Torflügel unten sind weit geöffnet. Ich höre die lauten Stimmen der Erwachsenen, die sich immer noch anschreien. Rechts neben dem großen Tor, an der rechten Ecke des Hauses, sehe ich unsere Vehikel: die beiden Bollerwagen, den Kinderwagen, das Fahrrad, an dem die beiden Taschen hängen. Plötzlich kommt ein dünner Mann um die Ecke des Bauernhauses. Er ist grau gekleidet und geht ein wenig nach vorne gebeugt. Er schleicht sich an. Ich bin erschrocken, ich habe Angst. Ich möchte schreien, aber es kommt kein Ton aus mir heraus. Der graue Mann winkt mir mit beiden Armen zu und kichert. Er sagt Worte, die ich nicht verstehe. Er untersucht die beiden Bollerwagen und wühlt in den Sachen herum, die darin untergebracht sind. Aus dem Bollerwagen, in dem ich und meine Schwester herangerollt waren, fischt er zwei große Pakete. Er winkt mir wieder mit beiden Armen zu. In jeder Hand hält er ein Paket. Er winkt mir mit den Paketen zu, er kichert und ruft noch irgendetwas. Er verschwindet mit den Paketen hinter der Hausecke.

Schluss.

Irgendwann wird mich meine Mutter erlöst, mir den Hintern abgewischt und mich wieder auf das grüne Sofa gesetzt haben – und ich vergaß wohl erst einmal mein aufregendes Töpfchenerlebnis. Ich musste mich wieder der Ziegen erwehren.

Irgendwann wurde man sich nach all dem Gebrüll mit dem Bauern handelseinig. Wir kamen alle in einem nicht mehr genutzten Schweinestall unter.

„Wir hatten Glück", erzählte meine Mutter später, „denn der Stall hatte feste Mauern aus Stein. Es wurde nämlich noch gekämpft um uns herum und manchmal schlugen die Kugeln in die Mauern ein. Ich lag dann stundenlang auf allen Vieren und hatte das Baby unter meinem Bauch. Wir hatten Todesangst."

Als sie schließlich nach dem langen Streit mit dem Bauern loszogen, um in ihrem neuen Habitat, dem Schweinestall, unterzukriechen, der irgendwo im hinteren Teil des Bauernhofes gelegen war, als dann endlich Ruhe einkehrte und als der Hunger sich meldete, kam heraus, was geschehen war: der Proviant war weg. Die Stullenpakete, die meine Mutter in ihrer schlaflosen Nacht vor unserem Auszug geschmiert hatte, waren verschwunden. Geklaut. Meine Mutter informierte ihre Leute, die besprachen sich mit dem Bauern. Vermutlich wollten sie wissen, wer der Täter gewesen sein könnte – möglicherweise in der Hoffnung, ihm die Beute wieder abnehmen zu können. Der Bauer hatte auch sogleich einen Verdacht:

„Das war der Russe, das Dreckschwein. Der Fremdarbeiter."

Und nach kurzem Nachdenken:

„Der hat sich unter Garantie in der Scheune verkrochen. Unter dem Heu. Der futtert dort die Butterbrote. Den schnappen wir uns."

Er rennt los und mein „Oppa" und mein Vater rennen hinter ihm her. Die Scheune ist voller Heuberge. Der Bauer ergreift eine Heugabel und sticht mit Wucht und Mordlust in die Heuhaufen, um das „Dreckschwein" aufzuspießen. Mein „Oppa" entreißt ihm die Gabel und bringt ihn zur Ruhe. Er betrachtet prüfend die Heuberge, denkt nach, greift hinein und zieht mit einem Griff den russischen Fremdarbeiter aus seinem Versteck. Sie ziehen ihn auf den Hof, um ihn zur Rede zu stellen.

Was dann geschah, muss vor allem für meine Mutter, die den Diebstahl aufgedeckt und Alarm geschlagen hatte, gruselig gewesen sein, denn fast kam es zu einem Mord.

Auf dem Hof trieben sich an jenem Nachmittag bewaffnete deutsche Soldaten herum. In der Landschaft um Groß- und Klein-Hilligsfeld wurde noch gekämpft. Nazi-Werwölfe – Hitlers allerletztes Aufgebot – hatten sich in der Gegend verschanzt und ballerten in aussichtslosen Gefechten auf die vorrückenden Amerikaner. Einige dieser Typen lungerten jetzt auf dem Hof herum – vermutlich, um sich was zu fressen abzuholen, ihre Wasserflaschen zu füllen, sich den Dreck vom Körper abzuwaschen und sich mal halbwegs komfortabel auszuscheißen.

Da kämpft der dumme, entkernte Faschist, der nicht aufgeben kann, seinen allerletzten Kampf. Er ist ein Held, weil er lieber in den Tod geht als zusehen zu müssen, wie sein Drittes Reich eingestampft wird und alles untergeht, woran er geglaubt hat. Der Typus Mann, der möglichst noch viele „mitnehmen" will, wenn er denn selber vor die Hunde geht: Todessehnsucht und Mordlust – das faschistische Zwillingspaar.

***

Als die bewaffnete Soldateska, die an diesem Nachmittag auf dem Hof herumlungerte, von dem Vorfall erfuhr und sich den Russen vornahm, wusste sie sofort, was zu tun war:

„Kurzer Prozess. Umlegen, die Ratte!"

Unser „Wirt", der Bauer, war dafür.

Sie zerrten den armen Kerl zurück in die Scheune, wo ihn mein „Oppa" gerade erst aus dem Heu gebuddelt hatte. Hier sollte es geschehen. Mein Großvater und mein Vater stürmten hinterher.

Was dort im Einzelnen geschah, kann ich aus den unterschiedlichen Erzählfragmenten, die ich später aufgeschnappt habe, nicht genau rekonstruieren. Die Endszene des Dramas, die sich erst Wochen später abspielte, verrät mir allerdings, dass es dem Alten gelang, die Mordlust des Nazi-Gesindels zu stoppen und die „Todesstrafe" für den Mundraub in eine „Prügelstrafe" abzumildern. Wie ich ihn einschätze, wird er alles eingesetzt haben, was er aufzubieten hatte, um den Russen zu retten. Er wird nicht „bitte, bitte" gesagt haben, das war nicht sein Naturell, sondern getobt, geschrien und gedroht haben: „Morgen sind die Amis da. Wenn die erfahren, was auf deinem Hof hier geschehen ist, dann knallen die dich ab! Die knallen euch alle ab. Oder ihr werdet alle gehängt. Das garantiere ich euch!" So, oder so ähnlich wird er gebrüllt haben.

Mein „großer" Bruder Klaus, der an jenem Tag knapp sechs Jahre alt war und vieles von den Geschehnissen schon sehr bewusst mitbekommen hatte, erinnerte sich später:

„Sie haben ihn verprügelt. Ich habe die Schreie von draußen gehört. Ich durfte nicht mit rein in die Scheune."

***

Wie lange wir Flüchtlinge in dem Schweinestall überlebten, daran habe ich natürlich nicht die geringste Erinnerung. Irgendwann zogen die amerikanischen Truppen weiter – den Russen entgegen, die vom Osten her das Nazi-Reich aufrollten. Die Wohnungen wurden wieder freigemacht, ein ganz neues Leben begann, ein Leben ohne Krieg und Nazi-Terror. Meine Mutter hat sich später immer mal wieder mit Rührung daran erinnert, dass sie auf dem Küchentisch eine große Dose mit Butterfett und eine große Dose mit Milchpulver vorfand. Die Jungs aus Kentucky hatten wohl die vielen Kinderbetten in ihrem Quartier wahrgenommen.

An die Zeit, die folgte, die unmittelbare Nachkriegszeit an das ganze Jahr 1945, habe ich nur ein paar dunkle, spukhafte Erinnerungen:

Es ist dunkel in der Küche und flackerndes Feuerlicht sehe ich an allen Wänden: Stromausfall in der ganzen Stadt. Ich sitze am Küchentisch, meine Geschwister und meine Eltern sind um mich herum. Im Herd brennt ein Feuer, die Herdklappe vorne ist geöffnet und die flackernden Flammen erhellen mit ihren Zuckungen den Raum, huschen über die Wände und spiegeln sich im Glasfenster zur Küchenveranda. Das rote Herdfeuer ist die einzige Lichtquelle in der ganzen Wohnung.

Für mich waren die Abende mit Stromausfall zauberhaft, verwunschen und urgemütlich.

Nur tausend Schritte entfernt – in der Kaiserstraße, in der Wohnung meiner Großeltern – verbrachte man die Abende und Nächte mit Stromausfall genau wie wir: vor dem flackernden Herdfeuer in der Küche.

Eines Abends, als sich die Stadt wieder einmal verfinstert hatte, sitzen alle fünf, Opa und Oma, Onkel und Tante und Vetter Ralf im Flackerlicht des Herdes um den Küchentisch herum und löffeln ihre wässrige Suppe. Selbst im ländlichen Hameln waren Nahrungsmittel knapp in den ersten Wochen und Monaten nach dem Kriegsende und was die Erwachsenen vor allem beklagten, war der Mangel an Fett: an Schmalz, Öl, Butter oder Margarine ...

Aus dem, was sie noch an Nahrungsvorräten hatte, hatte meine Oma das Abendessen zubereitet: eine Suppe aus Mehl und Wasser, eine „Mehlsuppe" – außer Mehl war nichts drin. Der Alte muss unter diesen „Mehlsuppen" so gelitten haben, dass er den Begriff „Mehlsuppe" in seinen Sprachschatz aufnahm. Eine „Mehlsuppe" war für ihn fürderhin das Synonym für einen lauwarmen Schwächling, der sich nichts zutraut.

Während sie alle brav dasitzen und ihre ungeliebte Mehlsuppe löffeln, geschieht etwas Ungewöhnliches. Es klopft an der Wohnungstür, laut und energisch. Sie werden sich alle ziemlich erschrocken haben, denn wer schleicht schon in der Finsternis durch die Stadt und in der Finsternis des Hauses drei Treppen hinauf? Meine stille, sanfte Oma steht schließlich auf und geht durch den dunklen Korridor, der nur durch ein wenig Flackerlicht aus der Küche erhellt wird, auf die Tür zu. Als sie anfragt, wer denn da draußen sei, kommt als Antwort nur wieder ein energisches Klopfen. Sie fasst sich ein Herz und öffnet schließlich die Tür. Da steht eine dunkle Gestalt mit einer Taschenlampe. Der Strahl fällt auf sie, danach wendet der dunkle Besucher die Lampe und strahlt sich selbst an. Die arme Alte ist völlig geschockt. Sie rennt fluchtartig zurück in die Küche:

„Da draußen steht ein Neger!"

Als alle aufspringen, steht der „Neger" schon mitten in der Küche. Ein GI in voller Uniform. Er leuchtet alle an, er leuchtet alles aus, der Lichtstrahl geht durch die Küche. Schließlich macht er eine Armbewegung nach hinten in den dunklen Korridor und sagt etwas. Eine zweite Gestalt huscht in die dämmrige Küche, mager, leicht nach vorne gebeugt, in grauer Kleidung. Es ist der russische Fremdarbeiter vom Bauernhof in Klein-Hilligsfeld. Der fragt in seinem unbeholfenen Deutsch-Russisch nach dem „alten Mann mit Brille".

„Alter Mann. Mit Brille. Runde Brille. Rund. Rund." Mit Daumen und Zeigefinger formt er runde „Brillengläser" und hält sie sich vor die Augen. Unser „Oppa" versteht. Er setzt sich seine runde Nickelbrille auf die Nase. Der „Neger" leuchtet ihn an, seinen Körper, sein Gesicht: rauf und runter. Der Russe beäugt ihn genau. Schließlich geht er auf ihn zu und gibt ihm die Hand. Sie umarmen sich. Sie sagen sich etwas in Russisch und in Deutsch, sie verstehen nichts und verstehen alles.

Schließlich geht der Russe zurück ins Treppenhaus. Als er zurückkommt, hält er in seinen Armen eine runde, glänzende, messingfarbene Dose, so groß wie ein kleiner Eimer. Er stellt sie mitten auf den Küchentisch, zwischen die Teller mit der fettlosen, wässrigen Mehlsuppe. Der GI und der Russe verabschieden sich. Die Schockstarre meiner Verwandten löst sich: nichts Schlimmes ist passiert, sie sind noch einmal davongekommen. Erleichtert begleiten sie die beiden Eindringlinge zurück ins dunkle Treppenhaus. Benommen stehen sie noch lange in der Küche herum.

Der Alte holt irgendwann ein Werkzeug, löst den Deckel von der Dose und öffnet sie. Sie ist bis zum Rand angefüllt mit Butterfett. Aus amerikanischen Heeresbeständen, versteht sich …

Es ist diese dritte „Heldengeschichte" des Alten, die mich immer am stärksten angerührt und beeindruckt hat. Immerhin war ich ja selbst in die Geschichte eingewoben, hatte als einziger Zuschauer – aus der Töpfchenperspektive – den Schlüsselakt des Dramas gesehen, aus dem sich alles Weitere entwickelte – bis hin zum unerwarteten „Happy End" mit einem „echten Neger" in der dunklen Küche.

Wenn diese alte Geschichte in mir hochkam, sah ich vor meinem inneren Auge immer auch diesen Russen, den ausgehungerten Fremdarbeiter, den die Amis schließlich befreiten und wieder hochpäppelten – so, wie sie die vielen anderen Fremdarbeiterinnen und Fremdarbeiter in Hameln und um Hameln herum befreiten und ihnen ihre Menschenwürde zurückgaben.

Dieser Russe, der sich mir einmal kurz gezeigt hatte, musste ja, so überlegte ich, systematisch Nachforschungen angestellt haben, um seinen Lebensretter ausfindig zu machen. Er wird mit amerikanischen Soldaten auf dem Hof in Klein-Hilligsfeld vorgefahren sein, sie haben den verängstigten Bauern unter Druck gesetzt und der nannte ihnen schließlich die Adresse des Alten.

Dieser Russe wird noch ein junger Mann gewesen sein, als die SS ihn in Russland aus seiner Familie, seiner Heimat, aus seinem normalen Leben ausrupfte und ihn zusammen mit Millionen anderer Arbeitssklaven ins „Reich" verfrachtete – in den üblichen Viehwaggons vermutlich. Er wurde Sklave in der Landwirtschaft um Hameln herum und von dem Bauern, der uns Quartier gab, auch wie ein Sklave behandelt – wie es die Geschichte andeutet.

Ich bin mir sicher: als er dann blutend und mit Schmerzen im Heu lag, wird sich der Alte um ihn gekümmert haben. Irgendwann war ja wohl die braune Mörderkanaille vom Hof verschwunden. Da wird der Alte in die Scheune gegangen sein und den Russen beruhigt und – so gut er es vermochte – auch verarztet haben.

Die anderen Geschichten vom Alten

Außenwelt und Binnenwelt einer Person – ein Thema, das mich oft beschäftigte: Handeln in der „Außenwelt" und Handeln in der „Binnenwelt" – bei einem bestimmten Männertypus liegen beide Welten weit auseinander.

Da gibt es den klugen und verständnisvollen Lehrer, bei Schülern und Kollegen beliebt und bewundert, der zuhause, im Privatleben, zum Tyrannen wird und Frau und Kinder mit seinen Launen malträtiert.

Da gibt es den bewunderten Helden, der sich mutig und kühn für die Schwachen einsetzt – und der zuhause, im Privatleben, nämlich da, wo ihn die Welt nicht sieht – zum Schinder wird, auf die Schwachen einprügelt und ihre Seelen mit Angst füllt.

Mein „Oppa" war eine „bipolare Persönlichkeit" – bewunderter Retter in der Außenwelt seiner Heldendöntjes, gewalttätiger Wüterich in der Binnenwelt seines normalen Alltags.

***

Die alte Schatzkiste der Bilder liefert mir ein Foto meines Vaters, das vermutlich 1913 oder 1914 aufgenommen wurde. Ein kleiner drei-, höchstens vierjähriger Knabe – adrett und akkurat gekleidet, sorgfältig gekämmt – sitzt auf einem Stuhl und schaut in die Kamera. Er lächelt sanft und lieb. Das Foto lässt erkennen, dass er ein stilles, artiges und zurückhaltendes Kind gewesen sein muss.

Dieses Bild hat mich jedes Mal, wenn ich es in den Händen hielt, auf eine seltsame Art angezogen und zugleich nachdenklich gestimmt. Dieses allzu sanfte, allzu liebe, freundliche Gesicht, das da ruhig und verhalten in die Kamera schaut, hatte etwas unkindlich Rätselhaftes, das ich nicht deuten konnte, etwas irritierend Unwirkliches.

Einmal betrachtete ich das Bildnis zusammen mit meiner Mutter. Sie empfand wie ich.

„Dein Vater soll ein sehr sanftes, liebes, überaus braves Kind gewesen sein, erzählte die Oma immer. Er war nie widerborstig oder aufmüpfig!"

Meine Mutter lachte mich an:

„Anders als du!"

Sie nahm das Bild in die Hand. Ihr Gesicht wurde sehr nachdenklich.

„Die Oma hat erzählt: wenn man ihn auf einen Stuhl setzte und ihn anwies, sich ruhig zu verhalten, dann saß er mucksmäuschenstill da und rührte sich nicht. Manchmal stundenlang, wenn er die Erwachsenen nicht stören durfte."

„Hältst du das für normal?"

„NEIN!"

Sie sagte es so entschieden, dass ich genau wusste, was sie meinte.

„Ich auch nicht", sagte ich daher und fügte hinzu: „Der Alte hat sich also schon an ihm vergriffen, als er noch ein Kleinkind war!"

Ich erinnerte mich an die sadistische Tracht Prügel, die er mir verabreicht hatte, als ich vier Jahre alt war. Meine Mutter schwieg und ich fühlte: in ihrem Schweigen stimmte sie mir zu. Ich bemerkte einen Schimmer von Abscheu und Traurigkeit in ihrem Gesicht und so schob ich nach:

„Wahrscheinlich hat er schon das Baby misshandelt."

Sie schwieg auch dazu, zuckte mit den Schultern und ihr Gesicht bekam nun selbst einen gequälten Ausdruck. Sie gab mir das Bild zurück und widmete sich wieder ihrer Arbeit.

***

Die Bilderkiste liefert mir weitere Fotos von meinem Vater und immer sehe ich die sanfte Freundlichkeit in seinem Gesicht, die mich schon an dem Kinderporträt so anrührte. Ein Bild aus seiner Jugend zeigt ihn als Sportler. Drei Jungen hocken und liegen lässig im Gras. Hinter ihnen sehe ich zwei Pfähle in die Luft ragen und zwischen denen liegt die Hochsprungstange. Ziemlich hoch, denke ich bewundernd. Die Jungs haben gerade trainiert und neben ihnen liegen ihre Stangen. Mein Vater ist ein gutaussehender junger Bursche: schlank, durchtrainiert und wie immer sanft lächelnd. Er ist – so schätze ich – sechzehn Jahre alt. Das Bild wäre dann im Jahr 1926 aufgenommen worden.

Wenn er selber überhaupt etwas aus seiner Jugendzeit in den Zwanziger Jahren erzählte, kannte er nur ein Thema: Sport. Er erzählte nie etwas von „zuhause", seiner Familie: Vater, Mutter, Schwester – sein Thema war „Sport". Er war Mitglied im Hamelner Ruderverein und erzählte noch im Alter begeistert von zwei bewunderten Trainern, die ihn und seine Kameraden zu Wettkampfsiegern machten. Einen dieser Trainer nannte er stets seinen „Sportsmäzen", denn er hatte ein besonderes Verhältnis zu diesem Mann, er schwärmte für ihn.

Er war natürlich auch im Schwimmverein und erinnerte sich später gern an das „Bodenwerder-Schwimmen", ca. zwanzig Kilometer weserabwärts, von Bodenwerder bis Hameln. Er turnte und betrieb Leichtathletik und wenige Jahre später schwebte er gar im Segelflugzeug über das Lipperland.

Sport, Wandern, Körperertüchtigung, Freikörperkultur – raus aus dem Mief der Städte, der Büros, der Fließbandfabriken, raus aus der bedrückenden Enge der Familie – rein in die Natur, an die frische Luft –, all das wurde zur Massenbewegung in den Zwanziger Jahren. Die Menschen litten unter der Vermassung und Gleichschaltung in den aufkommenden „modernen Zeiten" der Büro- und Fabrikarbeit, sie litten unter der muffigen Enge ihrer Wohnungen und suchten nach einer neuen Identität draußen, außerhalb der Zivilisation der Massengesellschaft, in der sie sich bedeutungslos vorkamen. Sport, „in die Sommerfrische" und „zurück zur Natur": die Fluchtbewegung der Zwanziger Jahre.

Mein Vater, so denke ich, floh vor allem wegen der Enge seines Elternhauses, der Enge der Kleinfamilie jener Zeit mit einem despotischen, prügelnden Vater, der ihm Angst einflößte, und einer unglücklichen und gedemütigten Mutter, die er über alles liebte.

Im Jahr 1926, mit sechzehn Jahren, haute er ab von seinen Eltern, er floh aus seinem Elternhaus, er „büxte aus", wie er das später neckisch umschrieb. Er hat uns Kindern nie etwas erzählt über seine Flucht, seine Motive, seine Nöte. Einmal fragte ich ihn direkt danach, denn ein Junge aus meiner Schulklasse war wochenlang verschwunden, unauffindbar, von zuhause „ausgebüxt". Das beschäftigte mich und all meine Schulfreunde sehr.

„Warum haut man von zuhause ab?", fragte ich meinen Vater in einem ruhigen, abendlichen Gespräch in unserem kleinen Garten. „Du bist doch auch mal abgehauen. Warum? Was hat dich dazu gebracht wegzulaufen? Das macht man doch nicht einfach so aus Jux."

Mein Vater schwieg lange. Dann schaute er mich voll an, sehr ernst. Ich spürte die Blockade. Schließlich sagte er: „Ach, lass mal, Junge. Es ist doch schon so lange her. Lassen wir es ruhen."

Das war seine Art: er redete nie über das, was ihn in seinem Leben verwundet hatte. Alles Üble, das ihm widerfahren war, hielt er peinlich versteckt vor uns Kindern. Andererseits konnte er ausschweifende, sentimentale Geschichten erzählen, wenn es um die schönen und glücklichen Momente in seinem Leben ging. Wenn er dann so schwärmerisch erzählte, kam es mir vor, als wollte er die dunklen Geschichten, die ihm widerfahren waren, übertünchen und die Verletzungen in seiner Seele zudecken. Ich ahnte früh, dass er mehrfach Schlimmes erlebt hatte und schlimme Geschichten in ihm wühlten. Ich vermutete schon früh, dass sein seltsames Verhalten seiner Frau und seinen Kindern gegenüber irgendetwas mit diesen Geschichten zu tun hatte. Immer wieder einmal wollte ich das Eine oder Andere aus seinem Leben genauer wissen. Ich begann dann nachzuforschen und es gab immer nur die eine Person, von der ich annahm, dass sie um seine Schattengeschichten wusste.

„Was war denn der Grund dafür, dass er damals abhaute?", fragte ich irgendwann einmal meine Mutter, „Dir wird er es doch wohl erzählt haben. Was war denn da los? Warum erzählt er eigentlich nie etwas davon?"

Sie reagierte wie immer, wenn ich sie so direkt nach seinen Geheimnissen ausfragte:

„Er will darüber nicht reden und er hat mich gebeten, euch nichts zu erzählen, das weißt du doch!"

Ich gab mich diesmal damit nicht zufrieden und wartete. Plötzlich veränderte sich ihr Gesicht, ihre Augen schauten irgendwo hin und nirgendwo hin, in eine vage Ferne, durch mich hindurch. Sie sah die inneren Bilder. Sie gab sich schließlich einen Ruck und dann kam es stockend aus ihr heraus:

„Er konnte es zuhause nicht mehr aushalten. Es muss furchtbar gewesen sein, was sich da damals abspielte. Er setzte sich in den Zug nach Kiel. Dort wohnte sein Sportsmäzen wie er den nannte, sein Rudertrainer, den er sehr verehrte. Der war Sportlehrer an einem Gymnasium in Kiel. Der nahm ihn auch sehr freundlich auf, der war sehr hilfsbereit, sprach mit ihm und beruhigte ihn. Und der setzte sich schließlich telefonisch mit seinem Vater in Verbindung. Er nahm ihm das Versprechen ab, den Jungen auf keinen Fall zu bestrafen. Der Opa gab ihm sein heiliges Ehrenwort, dem Jungen nichts zu tun."

Meine Mutter schaute mich voll an. Ihr Gesicht wurde sehr ernst.

„Er hat sein Ehrenwort gebrochen. Er sperrte ihn in den Holzschuppen ein, in seine Werkstatt in der Ohsener Straße. Dort verprügelte er ihn. Das war an einem Sonntagmorgen. Alle paar Stunden ging er in den Schuppen und prügelte auf ihn ein, mit seinen Fäusten. Den ganzen Tag über, bis in den späten Abend. Er wollte ihn brechen."

Wenn meine Mutter erschüttert war, wurden ihre großen runden Augen hart. Sie presste ihre Lippen aneinander und zog sie nach innen.

„Du kennst doch die kaputten Ohren deines Vaters. Schau sie dir doch mal genau an!"

Ja. Mein Vater hatte „zerfledderte" Ohren. Die Knorpelmasse war an vielen Stellen eingerissen und schief und krumm wieder zusammengewachsen. Das war mir immer seltsam vorgekommen – dieses Rätsel war also jetzt gelöst. Der Alte hatte mit Fäusten auf den Schädel seines Kindes eingeschlagen, auf die Ohren –, links, rechts, links, rechts – immer wieder. Einen ganzen heiligen Sonntag lang zertrümmerte er das sanfte Gesicht seines Sohnes.

Ich ging nach draußen in unseren Garten und machte mir das Gehörte klar. Jetzt wusste ich, ohne dass sie es mir erzählt hatte, warum mein Vater „ausgebüxt" war. Er konnte es nicht

mehr ertragen mit anzusehen, wie sein Vater in seinen Gewalt-
exzessen auf seine Mutter einschlug – und auf ihn selbst, wenn
er dazwischen ging.

1926, als er seinen Sohn zu „brechen" versuchte, war der Alte
achtundvierzig Jahre alt. Aus jener Zeit, der zweiten Hälfte der
Zwanziger Jahre, gibt es etliche Anekdoten über seine exzessi-
ven Trinkgelage mit seinen Kumpanen. Er steckte – so schließe
ich daraus – insgesamt in einer Krise. Vielleicht liefen die Geschäfte nicht gut in jenen wackeligen Zeiten, vielleicht sah er
damals schon klar, dass wirtschaftlich und politisch langsam
alles den Bach hinunterging in Deutschland. Als politisch wa-
cher Zeitgenosse sah er die wachsende Zahl der braunen Horden, die überall aktiv wurden, als das Verbot der NSDAP aufgehoben worden war. In jener krisenhaften Zeit wird er es – so
schätze ich ihn ein – bedauert haben, dass er einstmals, um 1900
herum, nicht in die USA ausgewandert war. Die Person, die ihn
daran gehindert hatte, war ständig neben ihm, seine Frau, die
Mutter seiner Kinder – ewige Erinnerung an sein „Versagen". In
seinem armen Gehirn – so denke ich – war sie die „Schuldige".

In den Familienkrächen kam es in ihm hoch: sein Hass und
seine Wut auf die Welt, die er sich doch selbst geschaffen hatte und in der er sich wie ein Gefangener vorkam. Er kannte nur
den einen Modus, um sich in seiner Wut Erleichterung zu verschaffen: zuschlagen. Zuschlagen in der abgeschirmten Binnenwelt seiner Familie. Die Schwachen, die ihm am nächsten standen, waren seine Opfer.

Diese „anderen" Geschichten des Alten, seine Gewaltexzesse
in seinem Privatleben, zeigten mir das Vollbild seiner Persönlichkeit. Sie waren die Ergänzung zu seinen „Heldendöntjes" in
der Außenwelt. Eine dieser „anderen" Geschichten, das sollte ich
dann selber miterleben, endete fatal. Sein letzter unbeherrsch-
ter Gewaltakt gegen seinen Sohn endete in der schlimmsten
Katastrophe seines Lebens.

Die letzte Geschäftsidee

In den Jahren unmittelbar nach dem Krieg, als er schon auf die Siebzig zuging, entwickelte der Alte noch einmal eine Geschäftsidee. Er realisierte sie auch konsequent und am Anfang sogar mit einigem Erfolg. Er fing also an, sein Leben noch einmal ganz neu zu organisieren.

Eigentlich war er längst im Rentenalter, aber ein „Ruhestand" kam für ihn nicht in Frage. Er konnte sich keine Ruhe gönnen, denn er war seit Jahrzehnten „Selfmademan" und selbstständig gewesen und er wird – wie ich ihn einschätze – nichts oder nicht viel für die Altersversorgung auf die hohe Kante gelegt haben. Er musste also weitermachen, Geld verdienen durch eigene Arbeit als selbstständiger Handwerker, um sich und vor allem seine lebensängstliche Frau davor zu bewahren, der „Fürsorge" anheim zu fallen. Die „Fürsorge" war ein Horrorbegriff für meine sanfte Oma. „Stempeln gehen" zu müssen empfand sie als das Schlimmste, was ihr im Alter widerfahren konnte. Sie hatte große Angst vor der Altersarmut – und nicht zu Unrecht: die Existenzgrundlage der beiden Alten war äußerst wackelig und ihr gutbürgerliches Überleben hing davon ab, wie lange der Alte in seiner Werkstatt noch durchhielt – und vor allem auch davon, ob es einen kontinuierlichen Strom von Aufträgen gab, die ein Überleben in der Selbstständigkeit ermöglichten.

***

„Ehe ich mich so zum Bettler mache, nehme ich mir lieber den Strick."

Ich war fünf Jahre alt, als ich diesen Satz aus dem Mund meiner Großmutter hörte und ich empfand ihn als so merkwürdig und auch so unverständlich in der Ursituation, dass ich ihn nie vergaß. Wir standen beide vor dem Lebensmittelgeschäft des Kaufmanns Thomas in der Zentralstraße, gleich neben dem Haus mit jener Wohnung im zweiten Stock, die mein erstes Heim auf diesem Planeten war. Die alte Frau holte mich des Öfteren zu sich, meist am frühen Vormittag, vermutlich um meine Mutter ein wenig zu entlasten, die vier Kinder zu versorgen und bei Laune zu halten hatte.

Beim Kaufmann Thomas hatte sie noch einiges für das Mittagessen eingekauft und nun standen wir vor dem Geschäft und sie unterhielt sich mit einer Nachbarin über die vielen Menschen auf dem gegenüberliegenden Bürgersteig vor dem großen Gebäude der AOK. Dort hatte sich eine lange Menschenschlange gebildet, die sich bis in die Bennigsenstraße hinein um das AOK-Gebäude herumringelte. Die Schlange verschwand auf dem Hof des großen Gebäudes und landete vermutlich vor irgendeinem Schalter. Ich wusste schon als kleines aufgeklärtes Straßenkind, dass diese Menschen „stempeln gingen", d.h. sie bekamen Geld von der „Fürsorge", weil sie arbeitslos waren und auch keine Arbeit finden konnten. Die hatten alle ein kleines Büchlein bei sich und in dieses Büchlein wurde Woche für Woche ein Stempel hineingedrückt als Beweis dafür, dass sie ihre Wochenration „Fürsorge" erhalten hatten. Ich wusste auch schon, dass die meisten dieser Menschen „Flüchtlinge" waren, ohne dass mir auch nur annähernd klar war, was es mit diesen „Flüchtlingen" eigentlich auf sich hatte.

Ich war verwundert, als meine Oma im Gespräch mit der Nachbarin diesen verqueren Satz von sich gab. Hielt sie all diese Menschen da für „Bettler"? Verachtete sie diese Menschen gar? Zog sie – wie etliche der Erwachsenen um mich herum – über diese Menschen her, weil sie „Flüchtlinge" waren? Die brauchten doch das Geld zum Überleben, das wusste ich. Ich spürte: diese Bemerkung passte so gar nicht zu ihrer sonst so sanften und verständnisvollen Art.

Erst nach ihrem Tod – nur wenige Jahre später – begriff ich, was sie gemeint hatte.

***

Die „letzte Geschäftsidee" des Alten war gar nicht so schlecht ausgedacht. In der weiten Landschaft um Hameln herum, im Weserbergland und in der flacher werdenden Landschaft nach Norden hin, gab es zahlreiche Holzbetriebe, Forstbetriebe, Mühlenbetriebe, Bauernhöfe – und sie alle verfügten über Werkzeugmaschinen – vor allem Sägeböcke, und sie alle brauchten intakte Sägen, Kreissägen vor allem. Nach dem Krieg war vieles verschlissen, die Sägeblätter flatterten, wenn man sie rotieren ließ, die Zähne waren stumpf geworden. Diese reparaturbedürftigen Sägen wollte der Alte einsammeln und reparieren. Das war der „Markt", den er sich vorstellte. Man musste also mit einem Auto in der Gegend herumfahren, die Höfe und Betriebe abklappern und die Reparaturaufträge einsammeln. Nach der Reparatur wurden sie den Kunden zurückgebracht – und gleichzeitig konnten neue Aufträge eingesammelt werden. Das war die Idee: aktiv werden, rangehen an die Kunden in der Umgebung, nicht nur passiv auf Aufträge warten, sondern einen Markt erschließen.

Es traf sich gut, dass die Stadt Hameln in ihrem Industrie- und Gewerbegebiet neue Gewerberäume für einen sehr geringen Pachtzins anzubieten hatte. Das waren die Baracken an der Kuhbrückenstraße und an der Werftstraße, die nicht mehr gebraucht wurden.

Der Alte schaute sich um. Er wollte aus dem engen Holzschuppen, in dem seine Werkstatt untergebracht war, endlich heraus und fand auch eine stabile, aus Ziegelsteinen gebaute Baracke, die ihm zusagte. Er pachtete sie zur Hälfte, ca. dreihundert Quadratmeter, und war sicherlich lange damit beschäftigt, all seine Maschinen und Werkzeuge, seine Werkbänke, seine Esse usw. in dem neuen Gehäuse unterzubringen. Abbau, Transport, Wiederaufbau – der alte Mann meisterte das alles in den Jahren 1946 und 1947. Es blieb noch genug Platz für einen Bürobereich und Aufenthalts- und Pausenräume für ihn selbst und seine Leute. Das war jener Bereich seines Pachtareals, der später in unsere Wohnung umgewandelt wurde.

Das Geschäft lief gut an. Er beschäftigte einen Fahrer, der die Aufträge hereinholte, er konnte einen Gesellen, einen Lehrling und sogar eine junge Sekretärin für den Schriftkram bezahlen. Ich denke, dass sein Projekt im Jahre 1948 Gestalt annahm und dass sein Unternehmen in den ersten Jahren auch wirklich Fahrt aufnahm.

Es gehörte zu seinem Plan, auf jeden Fall seinen Sohn, meinen Vater also, mit ins Boot zu holen – und er hatte offenbar leichtes Spiel damit. Ich kann nur vermuten, was meinen Vater bewogen hat, seine sichere Stelle als Sparkassenangestellter aufzugeben und das Risiko einzugehen, in das Projekt des Alten als Transportfahrer und Auftragseinsammler einzusteigen.

Einerseits wirkte in ihm die Sorge um seine Mutter, die nicht in Altersarmut enden sollte. Der Alte wird diesen Punkt ganz besonders herausgestellt haben, als er ihn für sein Projekt köderte, denn er wusste um das innige Verhältnis seines Sohnes zu seiner Mutter. „Ich lasse meine Mutter nicht im Stich" – diesen Satz kannte ich aus den hitzigen Gesprächen zwischen meinen Eltern.

Dann war da mit Sicherheit der Wunsch, aus der Routine und Langeweile der Büroarbeit auszusteigen und in den Autofahrten durch Niedersachsen Freiheiten wiederzugewinnen und Abenteuer zu erleben, die er als junger Mann hatte und nach denen er sich zurücksehnte. Was mir als Kind schon deutlich wurde: er kam mit seiner Rolle als Ehemann und Familienvater einer wachsenden Kinderschar nicht klar. Er wollte, so denke ich, seine Familie „neutralisieren" und in eine Zeit zurücktauchen, die passé war. Zu Beginn des Jahres 1949 schmiss er seinen sicheren Job und stieg in den Betrieb seines Vaters ein. Der Alte und sein Sohn schafften einen robusten Opel an und er fuhr los. Er suchte seine Abenteuer draußen, außerhalb seiner Familie – on the road – und fand sie dort auch.

Später, als ich mehr über ihn wusste, deutete ich seine „Familienflucht" als einen hilf- und nutzlosen Versuch, noch einmal hineinzutauchen in die Traumzeit seiner Jahre als junger, charmanter, gutaussehender und viriler Mann – eine Traumzeit, die durch das körperliche und psychische Trauma in der Linsingen-Kaserne zu Hameln schlagartig beendet wurde. Ich deutete seine egoistische Flucht vor der Verantwortung uns gegenüber als Regression in eine frühere Stufe seiner Persönlichkeitsentwicklung, in die Zeit vor dem brutalen Schock, von dem er sich lange nicht – vermutlich nie – erholte; als Rückfall in eine Epoche seines Lebens, in der er noch „ungebrochen" war.

Die Kostensenkungsmaßnahme

Nachdem das Geschäftsmodell meines Großvaters anfänglich ganz gut funktionierte, stellte sich wohl schon im Laufe des Jahres 1949 heraus, dass es auf tönernen Füßen stand. Da war mein Vater allerdings schon etliche Monate auf Tour.

Betriebswirtschaftlich betrachtet ist die Sache eigentlich klar: nachdem man den ersten Kreis der Holzbetriebe um Hameln herum abgeklappert und mit perfekt reparierten Sägen und Werkzeugen versorgt hatte, musste man neue Kundenkreise erobern, neue Kreise um Hameln herumziehen. Die Touren wurden länger: mehr Arbeit, mehr Zeit, mehr Benzin, mehr Pannen ... die Kosten stiegen, die Auftragseingänge wurden unsicher und spärlicher, die Erträge sanken. Man trennte sich von dem Mann, der neben meinem Vater noch Aufträge hereinholte, man trennte sich von der Sekretärin: mein Vater übernahm den Schriftkram.

Doch der größte Kostenblock des Betriebes blieb: das war mein Vater selbst –genau genommen seine große Familie, die in einer recht komfortablen, nicht eben billigen Wohnung untergebracht war. Anfang Dezember 1947 war seine Kinderzahl gar auf fünf angewachsen: meine Mutter gebar ihren zweiten Sohn, ihr viertes Kind.

Eines war mir immer klar: der Alte mochte meine Mutter, seine Schwiegertochter, nicht. Ganz und gar nicht. Die vielen

Kämpfe zwischen den beiden, deren Zeuge ich wurde, zeigten mir das deutlich. Meine Mutter war nicht der Typus Frau, der einem Mann wie ihm behagte. Sie unterwarf sich nicht, sie war nicht die Frau, die Despoten wie ihm um den Bart strich. Sie war klar in ihrem Urteil über ihn und ich denke sogar: sie verachtete ihn, so wie auch ich ihn schon als Kind verachtete. Seine verbalen Attacken parierte sie mit wirkungsvollen Gegenangriffen, denn sie kannte seine schwachen Seiten und offenen Flanken und ließ sich von ihm nichts bieten.

Und etwas anderes war mir ebenfalls schon früh klar: vor allem ihre wachsende „Brut" (so bezeichnete er uns, seine Enkelkinder, in seinen verbalen Exzessen) war ihm ein Dorn im Auge: zu viele „Fresser", die nur Kosten verursachten. So verfiel er auf die Idee, diesen Kostenblock radikal zu vermindern und sie mit ihrer gesamten „Brut" aus ihrem warmen Habitat herauszurupfen und in die Baracke zu verpflanzen. Dass mein Vater mitmachte und diese Aktion mittrug, ist eines der Rätsel um seine Person, das ich nie vollständig gelöst habe.

In jenem unglücklichen Jahr 1949, in dem unsere „Umsetzung" erfolgte, wird es – da bin ich mir heute sicher – sehr viele Kräche und hitzige Diskussionen, sehr viel Lärm und Krieg zwischen meinen Eltern gegeben haben. Sie trennten sich nicht, das war keine Option für die beiden, doch ihre Beziehung ging damals – und dann über viele Jahre – in die Brüche. Eine lange Leidenszeit begann. Der immer wieder aufflackernde Krieg zwischen meinen Eltern begleitete mich durch meine ganze Kindheit.

Unsere Umsetzung an den Rand der Stadt, unsere Marginalisierung, erfolgte also aus einem „betriebswirtschaftlichen" Kalkül heraus: Kostensenkung. Kostensenkung war aber nicht alles. Der Alte und sein Sohn kassierten auch noch einen „Sonderertrag" aus dieser Aktion: die happige Kaution, die meine Mutter aus ihrem Erbe bei der Anmietung der Wohnung hinterlegt hatte, wurde frei. Das Geld floss in den Betrieb. Der Alte und sein Sohn steckten es in ihre Taschen.

Meine sanfte Oma

Jeden Tag stand sie am Krankenbett ihres Sohnes, der still und bewegungslos unter der weißen Bettdecke lag. Jeden Tag sah sie die schmale, weiß verhüllte Wölbung seines steif gewordenen Körpers, der nicht mehr funktionierte. Sie sah sein vertrautes, sanftes, stilles Gesicht, in dem nur noch die Augen lebendig waren und mit ihr und der Welt Kontakt hielten. Da lag das Kind, das sie geboren, großgezogen und in die Welt geführt hatte: stumm und verkrüppelt.

Sie sah Ärzte kommen und gehen, die ihn abhörten, untersuchten und kleine therapeutische Experimente mit ihm machten. Sie sah seine apathische Hilflosigkeit und spürte in sich eine große Angst – die Angst davor, dass er womöglich nicht mehr zurückfinden würde in die Normalität, dass sein Körper und seine Seele womöglich für immer zerstört sein könnten.

Sie sah die junge Krankenschwester, die sich über das übliche Maß hinaus um ihren Sohn bemühte, die anfing mit ihm Bewegungen zu trainieren, um ihn aus seiner Totenstarre zu erlösen, die ihm Flüssigkeit einflößte, ihn fütterte, ihn wusch, reinigte und windelte wie ein Baby. Die ließ nicht nach in ihrem Bemühen, ihn ins Leben zurückzuholen. Die Alte erkannte die Energie, die unbeirrbare Entschlossenheit, mit der sich die junge Frau an ihr Werk machte. Sie spürte, dass da mehr im Spiel war als nur die praktische Professionalität einer Pflegerin, sie spürte die Liebe dieser Frau zu dem hilflosen Mann und nahm Kontakt mit ihr auf.

Sie erzählte aus seinem Leben – erzählte, dass er gerade erst geheiratet habe, dass er Vater eines kleinen Jungen sei, nicht einmal ein Jahr alt, der nun aber bei ihr und ihrem Mann aufwachse. Ihr Sohn lebe nämlich „in Scheidung" mit seiner Frau, da diese ihn kurz nach der Hochzeit „böswillig verlassen" habe, wie man damals sagte.

Die Geschichte nahm ihren Lauf. Nachdem sie ihn körperlich einigermaßen wieder hergestellt hatte, nachdem er seine

„Kur" (Reha) in Bad Eilsen hinter sich hatte, nachdem seine Scheidung „durch" war, heirateten Patient und Krankenschwester. Sie gab ihren Beruf auf und gebar in schneller Folge ihre vier Kinder. Ihr Leben veränderte sich total. Von nun an war sie nur noch Mutter. Sie ging in ihrer neuen Rolle voll auf, von Anfang an, ihr Leben lang. Und sie blieb seine Krankenschwester ihr Leben lang, denn seine seelischen Verletzungen heilten viel langsamer als seine körperlichen.

Die alte Frau schätzte und bewunderte die junge Frau, die so rigoros und sicher ihr Kind ins Leben zurückgeholt hatte, und als die Enkelkinder kamen, machte sie sich an die Arbeit. Sie entlastete und unterstützte die junge Mutter, wo sie nur konnte. Sie nähte, flickte und stopfte, sie strickte und häkelte. Als mein Leben sich entwickelt hatte und ich anfing, sie wahrzunehmen und langsam kennen zu lernen, meine sanfte Großmutter, sah ich sie oft bei ihrer Arbeit. Sie saß an der Nähmaschine und nähte Windeln, Höschen, Kleidchen und Jäckchen für die wachsende Kinderschar, sie strickte Socken und Handschuhe aus der Wolle, die sie aus aufgeribbelten alten Pullovern gewonnen hatte. Woche für Woche kam sie zu uns und lieferte ihre Arbeit ab. Sie war gern bei ihrer Schwiegertochter und ihren Enkelkindern. Ich erinnere mich, wie sie immer mal wieder an mir Maß nahm und dass sie dann später eine neue Hose oder einen neuen Pullover für mich mitbrachte.

Sie entlastete meine Mutter aber auch noch auf eine besondere Art, sie nahm ihr eines ihrer Kinder für ein paar Stunden ab: mich. Ich muss wohl, so habe ich es aus den Erzählungen meiner Mutter später herausgehört, ein motorisch aktiver, unruhiger Junge gewesen sein und wenn ich weg war – sicher aufgehoben bei der Oma – konnte sie sich entspannter der Kleinen und ihrem Neugeborenen widmen, konnte ihre Hausarbeit erledigen, ohne ständig ihren Unruhegeist beschäftigen zu müssen.

***

An die stillen, friedlichen Tage bei der alten Frau erinnere ich mich gerne, denn sie ging auf eine kluge Art mit mir um. Sie gab mir nicht irgendwelches Spielzeug, um mich irgendwie zu beschäftigen und zu bespaßen – nein, sie gab mir stets etwas Sinnvolles zu tun, sie ließ mich arbeiten. Ich konnte mich für sie nützlich machen. Das machte mir nicht nur Spaß, das schenkte mir eine Ruhe und einen inneren Frieden, den ich sehr genoss – und am Ende, wenn sie sich für das, was ich für sie geleistet hatte, bedankte, war ich stolz.

Einmal schüttete sie einen großen Korb Erbsenschoten auf das Wachstuch des Küchentisches – ich durfte sie auspuhlen. Ich stand auf einem Küchenstuhl und streifte die frischen Erbsen aus ihren Schoten in einen Topf.

„Du darfst auch welche essen! Aber nicht zu viele, sonst bekommst du Bauchweh!"

Sie stand still und friedlich an ihrem Herd, wie immer schwarz gekleidet, und kochte das tägliche Mittagessen für ihren Mann. Gegen Mittag füllte sie den Henkelmann mit ihren Leckereien und wir brachten dem Alten das Essen in seine Werkstatt.

Ein anderes Mal ließ sie mich ihr Tafelsilber putzen. Sie legte eine Decke auf den Fußboden ihrer Küche, ich setzte mich im Schneidersitz bereit und sie stellte mir die Kästen mit dem Silberbesteck vor die Nase. Sie gab mir das Silberputztuch und einen Lappen zum Nachpolieren. Stundenlang wienerte ich an den Löffeln, Gabeln und Messern herum, bis alles wieder blitzblank war. Sie stand ruhig neben mir und kochte. Wir unterhielten uns nicht, während wir arbeiteten.

„Heute hast du mir sehr geholfen, du hast mir viel Arbeit abgenommen."

Sie belohnte mich nicht mit Geld. Ich denke, sie spürte, dass ich glücklich war, weil ich ihr ein wenig Arbeit abnehmen konnte.

***

Irgendwann einmal half ich ihr bei der „großen Wäsche" – das war für mich neu und daher ungemein interessant und lehrreich. Wir gingen auf den Wäscheboden unterm Dach. Dort stand ein riesiger Bottich auf vier stählernen Beinen. Unter dem Bottich musste man einen Ofen mit Holz und Kohle befeuern, der die Lauge in dem Bottich, in der Laken, Bettbezüge, Handtücher und Taschentücher eingeweicht waren, zum Kochen brachte. Ein großer Holzklöppel rotierte in der Lauge und schwenkte die Wäschestücke hin und her. Das zeigte sie mir, indem sie mich hochhob.

Am Nachmittag gingen wir wieder rauf auf den Dachboden. Jetzt kam die schwerste Arbeit auf sie zu. Sie holte die vielen Wäschestücke – Stück für Stück – aus der lauwarmen Lauge und wrang sie aus. Dann warf sie sie in eine Zinkwanne, die mit klarem Wasser gefüllt war. Im nächsten Arbeitsgang wurde die ganze, kalt eingeweichte Wäsche noch ein zweites Mal ausgewrungen und in eine zweite Zinkwanne mit klarem Wasser geworfen. Das war Schwerarbeit und ich sah, wie die kleine schmale Frau mit den großen Tüchern kämpfte. Bei diesem Arbeitsgang konnte ich ihr ein wenig helfen. Ich wrang alle Taschentücher und auch die kleinen Handtücher aus – immerhin. Am Ende gab es einen Riesenhaufen nasser Wäsche. Die musste jetzt auf die Leine gehängt werden.

Der Dachboden war ein großer langer Raum. In langer Reihe standen dicke Holzbalken, von denen die Dachsparren ausgingen, die das Dach trugen. Zwischen diesen Dachsparren waren die Wäscheleinen gespannt.

Ich reichte ihr die kleineren Wäschestücke zum Aufhängen (die größeren waren noch zu schwer für mich) und aus einem kleinen Eimerchen reichte ich ihr alle Wäscheklammern, die sie benötigte. Als wir schließlich fertig waren – am späten Nachmittag – wirkte meine sanfte, zierliche Oma sehr müde. Auch ich war „geschafft".

***

Zeit ihres Lebens war sie die Frau im Hintergrund. Der Alte war der bekannte Handwerksmeister, seine Werkstattarbeit brachte das Geld ein, er hatte mit den Kunden, mit der Außenwelt, zu tun, er erledigte den nötigen Schriftkram. Er war es, der die Reden hielt, als er noch politisch aktiv war, er hatte seinen Stammtisch, er bramarbasierte mit seinen Kumpanen in den angesagten Wirtshäusern der Stadt ...

Ihre Arbeit – so denke ich – hat ein Mann wie er vermutlich nie richtig wahrgenommen, geschweige denn gewürdigt. Frauenarbeit eben. Doch genau genommen trug sie einen beträchtlichen Teil zum Haushaltseinkommen bei. Immer hatte sie einen Garten, den sie bearbeitete. Sie zog Erbsen, Bohnen, Möhren, Tomaten, Kartoffeln und sie erntete reichlich. Bei ihr gab es Johannisbeeren, Himbeeren, Stachelbeeren, Äpfel, Birnen ... Sie kochte viel ein.

Neben ihrer Küche hatte sie ihr Heiligtum, einen kleinen Raum, den ich nicht betreten, in den ich nur ehrfürchtig hineinschauen durfte. Das war ihre Speisekammer, ein reiner, besonderer Ort. Das kleine Fenster zum Hof war mit einem dichten Fliegengitter versehen und die Bretter des Regals waren vollgestellt mit Kompott in Gläsern. Es gab Einmachgläser mit Bohnen, Erbsen, Möhren, es gab Marmeladen und Gelees. Viele Stunden konzentrierter, intensiver Arbeit waren da eingemacht. Vom Einsäen, Aufziehen und Ernten ihrer Früchte bis hin zum fertig gekochten Essen: das war ihr Beitrag zum Familieneinkommen, Schattenarbeit, die weder von dem Alten noch von seinem Sohn recht wahrgenommen wurde, so vermute ich.

Auf einem der Bretter standen oft Schalen mit Dickmilch, denn bei ihr kam nichts um: sauer gewordene Milch verwandelte sie in Dickmilch. Ordentlich mit Zucker und Zimt bestreut aß ich sie mit großem Genuss.

***

Das schöne Miteinander der beiden Frauen war nach unserer Umsetzung in die Baracke zu Ende und meine sanfte, liebe Oma verschwand immer mehr aus meinem Leben. Der Prozess war so schleichend, dass ich ihn zunächst gar nicht recht bemerkte. Wir sahen sie zwar täglich, wenn sie ihrem Mann, dem Alten, sein Mittagessen brachte, aber sie hielt sich nicht lange bei uns auf. Sie besuchte meine Mutter – aber immer nur kurz. Im Sommer unterhielten sich die beiden Frauen auf dem Hof, im Winter kam sie zu uns in unsere Küche. Oft zog sie dann nicht einmal ihren Mantel aus, sie war immer auf dem Sprung. Was war mit ihr los? Warum war sie plötzlich so spröde und abweisend? Ich merkte, dass sie sich verändert hatte. Ich selber besuchte sie nur noch selten und meine Mutter hatte in ihrer neuen primitiven Welt viel zu viel zu schuften, als dass sie noch Zeit gefunden hätte, sich um ihre Schwiegermutter zu kümmern.

Erst viel später konnte ich mir vorstellen, was in der Alten vorging. Die junge Frau, die sie liebte und bewunderte, die Frau, die ihren Sohn gerettet hatte, war von ihrem Mann und von ihrem eigenen Sohn ins Elend gesetzt worden. Und sie selbst war der Grund dafür – das wird sie mit Sicherheit so empfunden haben. Das Lebensglück der Jungen hatten der Alte und sein Sohn geopfert, damit sie, die Alte, nicht in die Armut absackte und der Fürsorge anheim fiel. Sie litt, wenn sie die Primitivität unseres Lebens wahrnahm, wenn sie sah, wie meine Mutter schuftete, um uns Kinder heil durchzubringen: das waren doch ihre Enkelkinder. Sie verlor immer mehr den Kontakt zu uns. Sie fühlte sich schuldig und sie konnte unser Elend nicht aushalten, wenn sie sich bei uns aufhielt. Sie hatte nur den einen Wunsch: davonrennen.

„Der Oma geht es nicht gut. Sie sieht sehr elend aus. Ich fürchte, sie ist krank", sagte mir meine Mutter, als ich einmal das seltsame Verhalten meiner geliebten Oma mit ihr besprach.

***

Unser drittes Barackenjahr, 1952, war ein Krisenjahr.

Die Ereignisse dieses Unglücksjahres bereiteten unseren Abgang vor, der ein Jahr später erfolgte: unseren Auszug aus der Baracke, unsere Auswanderung in eine fremde Welt. Sie lösten alles: die fatale Symbiose zwischen dem Alten und seinem Sohn, sie lösten den ganzen Betrieb auf, sie erlösten meine Mutter aus ihrem Gefängnis.

Es zeigte sich immer deutlicher, dass die Geschäftsidee des Alten nicht mehr tragfähig war. Die Touren meines Vaters durch Niedersachsen wurden länger, die Aufträge spärlicher, das Geld knapper, Schulden wurden gemacht. Immer mal wieder wurde ich Zeuge hitziger Streitgespräche zwischen dem Alten und seinem Sohn. Offensichtlich hatte selbst mein Vater, der vor den Problemen des Alltags gerne davon lief, erkannt, wie prekär unsere Lage geworden war und dass sich der Betrieb langsam aber sicher in die Pleite bewegte.

Er entwickelte neue Markt- und Produktideen, doch der Alte sträubte sich gegen alle Neuerungen. Wie auch anders: er war inzwischen vierundsiebzig Jahre alt geworden, das Feuer des Draufgängers, das Feuer der Innovationen war erloschen. Um die Ideen seines Sohnes umzusetzen, hätte er noch einmal seinen ganzen Betrieb umkrempeln und auf Serienproduktion umstellen müssen. Er hätte neue Leute einstellen müssen. Das konnte er sich nicht mehr leisten, dazu war er zu alt und zu unbeweglich geworden – und außerdem fehlte das Kapital. Der Alte und sein Sohn waren mit ihrem Latein am Ende. Sie bekamen sich immer wieder in die Wolle. Immer wieder wurde ich Zeuge ihrer Streitereien.

Es war an einem sonnigen Freitag im Sommer 1952, kurz vor den großen Ferien. Ich kam mittags aus der Schule und warf meinen Ranzen erschöpft auf einen der Küchenstühle. Erst dann nahm ich das Gesicht meiner Mutter wahr und erschrak. Sie war sehr blass, ihre großen runden Augen starrten mich an und durch mich hindurch, als nehme sie mich gar nicht wahr. Sie legte ihren Zeigefinger auf den Mund – schweig! –, nahm mich bei der Hand und führte mich ins Schlafzimmer. Auf einem der Ehebetten lag mein Vater auf dem Rücken, ruhig, unbeweglich. Er starrte an die Decke, er sah uns nicht, er registrierte gar nicht, dass wir im Raum waren, er rührte sich nicht. Seine Gesichtsfarbe war gelblich-fahl, seine Arme lagen schlaff neben seinem Körper. Er war nur bis zum Bauchnabel zugedeckt und auf seiner nackten Brust lag eine warme Kompresse aus Handtüchern. Er atmete flach.

Wir gingen zurück in die Küche. Ich war erschrocken und vor Angst völlig verstört:

„Was ist passiert?"

Meine Mutter setzte sich an den Küchentisch und stützte ihren Kopf mit ihren Fäusten. Sie reagierte nicht auf meine Frage, sie war völlig erschöpft. Sie war weit weg.

„Lass es dir von Helga erzählen!"

***

Am Vormittag, während ich in der Schule war, hatte es einen schweren Krach zwischen meinem Vater und seinem Vater gegeben. Der Kampf und das Geschrei fanden in der Werkstatt des Alten statt, neben dem Amboss, neben seiner Werkbank, auf der er die schweren Hämmer abzulegen pflegte, mit denen er seine Kreissägen „behandelte". Als die Wutbombe in ihm explodierte, griff er voller Hass einen seiner Hämmer und schlug ihn mit Wucht gegen die Brust seines Sohnes. Der torkelte nach Luft ringend in seine Wohnung nebenan, meiner Mutter in die Arme, die ihn auffing, ins Bett schleppte und – so gut sie es vermochte – versorgte. Sie rief unseren Hausarzt an, den sie noch aus ihren Jahren im Stadtkrankenhaus kannte und der immer kam, wenn er gebraucht wurde. Lungenschock, stellte der fest – aber auch, dass sich mein Vater gut erholte und dass sich sein Zustand sichtbar und zügig verbesserte. Da er ja in der Pflege meiner Mutter war, verzichtete er auf eine Einweisung ins Krankenhaus.

Das wurde ein Wochenende voller Angst. Ich hörte in der Nacht, dass sich meine Mutter immer wieder um ihn bemühte, ihn neu bettete und ihm warme Kompressen machte. Am Sonnabend konnte mein Vater wieder sprechen, lag aber immer noch auf dem Rücken und bewegte sich kaum. Wir Kinder hielten uns oft in der Nähe seines Zimmers auf, um ihn zu beobachten – und so belauschte ich meine Eltern bei einem kurzen Gespräch:

„Jetzt muss hier endlich Schluss sein", hörte ich sie sagen, „ich kann nicht mehr."

„Ja", sagte er matt, „jetzt ist hier endgültig Schluss!"

Sein Zustand verbesserte sich stetig. Am Sonntagvormittag bereits bettete sie ihn hoch, er saß in seinem Bett, trank seinen Kaffee und aß mit Genuss ein kleines Frühstück. Er unterhielt sich mit uns, ja, er war sogar schon wieder zu Scherzen und Flachsereien aufgelegt. Wir waren glücklich, dass er wieder zu sich kam. Am Sonntagnachmittag war der Druck von uns gewichen. Wir spielten bereits wieder draußen auf dem Hof und in unserem „Dschungel", als es passierte. Plötzlich stand der Alte vor uns – und neben ihm seine Frau, unsere stille Großmutter. Er habe etwas mit unserem Vater zu besprechen, bedeutete er uns, wir sollten draußen bleiben und das Gespräch nicht stören.

Unser Spiel war abrupt beendet. In mir kam wieder die Angst hoch, die ich gerade erst in den Griff bekommen hatte, ich war erregt, ich sah Unheil auf uns zukommen. Ich rannte davon, in die weite Landschaft, um wieder zur Ruhe zu kommen. Als ich zurückkehrte, waren die beiden Alten verschwunden. Ich hörte eine hitzige Diskussion im Schlafzimmer. Meine Eltern hatten wieder Krach miteinander und es war mir schnell klar, was der Anlass ihres Streites war:

Mein Vater hatte sich noch einmal breitschlagen lassen. Er würde weitermachen im Betrieb seines Vaters. Der Alte hatte ihm seine kranke, leidende Mutter vorgeführt. Das hatte gewirkt:

„Ich lasse meine Mutter nicht im Stich", hörte ich ihn sagen.

Er wiederholte diesen Satz immer wieder und, als meine Mutter schließlich verstört aus dem Schlafzimmer rannte, schrie er ihn unaufhörlich hinter ihr her:

„Ich lasse meine Mutter nicht im Stich!"

„Ich lasse meine Mutter nicht im Stich!"

Er klammerte sich an diese Worte. Zum Schluss klang seine Stimme fast wie ein Heulen, wie das Jaulen eines Tieres, das in der Falle sitzt.

Es kamen die langen Sommerferien – eigentlich die schönste Zeit da draußen in „unserem Reich" am Ufer der Weser. Diesmal waren sie allerdings eingetrübt durch die Ereignisse, die hinter uns lagen. Die alte Frau besuchte uns nun gar nicht mehr. Sie scheute jede Begegnung mit meiner Mutter, sie rannte an uns, ihren Enkelkindern, vorbei. Irgendwann erschien sie gar nicht mehr auf dem Hof, vor unserer Wohnung, wenn sie dem Alten seinen Henkelmann brachte. Seine Werkstatt hatte eine schmale Tür nach hinten hinaus, gen Osten. Wenn sie die benutzte, musste sie nicht an unserer Wohnung vorbeihuschen, wo sie womöglich meiner Mutter in die Arme gelaufen wäre.

Ich ahnte schon als Kind – ich war damals neun Jahre alt – was in ihr vorging: sie schämte sich. Wieder hatte sie am Krankenbett ihres Sohnes gestanden. Wieder war ihrem Sohn Gewalt angetan worden. Wieder pflegte ihn die junge Frau, die ihn schon einmal hochgebracht hatte, nachdem ihm Gewalt angetan worden war. Das alte Bild wiederholte sich – und war doch ganz anders. Denn diese junge Frau – ihre Schwiegertochter – opferte seit Jahren ihr eigenes Leben, ihr eigenes Glück, damit es ihr, der Alten, gut ginge. Das bedrückte sie. Ihr eigener Mann hatte sie vorgeschoben und als Köder benutzt, damit er weiterwurschteln konnte wie bisher. Er hatte seinen weichen, nachgiebigen Sohn, der sich nicht von seiner Mutter zu lösen vermochte, noch einmal herumgekriegt. Unsere Oma saß in einer bösen Falle. Sie wusste weder ein noch aus.

An einem herrlichen sonnigen Ferientag war ich damit beschäftigt, in den dichten Reihen der Himbeerbüsche, die sie einst gepflanzt hatte, die ersten Früchte zu ernten. Das war ein herrlicher Ort. Ich lag faul auf dem Rücken, ganz nah an den überschwänglich duftenden Nelken, die sie zwischen die Himbeerreihen gesetzt hatte, sog den würzigen Nelkengeruch in meine Nase, und futterte alle Beeren in mich hinein, die in meiner Reichweite zu grapschen waren.

Plötzlich bemerke ich, dass meine Großmutter aus der kleinen Tür an der Rückseite der Baracke heraus tritt um sich auf den Heimweg zu machen. Ich springe auf und renne hinter ihr her.

„Halt, Oma, bleib doch stehen. Komm doch noch ein bisschen zu uns auf den Hof. Bleib doch auf einen Kaffee. Die Mutti freut sich immer sehr, wenn du da bist …"

„Lass mich. Lass mich zufrieden …"

Sie beschleunigt ihre Schritte und fängt gar an zu rennen. Ich renne hinter ihr her und umtanze sie: „Bleib. Bleib doch ... Bitte, bitte!"

„Verschwinde! Lass mich zufrieden! Lass mich zufrieden ...!" Sie schreit es schließlich heraus, sie fängt an zu weinen und rennt in Panik vor mir davon. Ich bin unglaublich betroffen und habe ein schlechtes Gewissen. Ich renne zu meiner Mutter und berichte ihr alles. Auch sie ist sehr betroffen.

„Was ist mit ihr los?"

Meine Mutter starrt in die Ferne, an mir vorbei. Ihr Gesicht ist düster.

„Die Oma ist krank. Sie ist krank an ihrer Seele. Deine Oma ist schwermütig."

Schwermütig!

„Schwermut" war in meiner Kindheit das gebräuchliche Wort der Alten für „Depression". Ich bin mir sicher: es gab viele „Schwermütige" im *Land Danach*. Denn das war das Land der Witwen und Halbwaisen, der Angehörigen, die um die gefallenen Soldaten trauerten, das Land der Kriegskrüppel und psychisch Traumatisierten, das Land der vielen Menschen, die damit fertig werden mussten, dass ihre Verwandten, ihre Freunde, ihre Nachbarn und Kollegen in den Vernichtungslagern ermordet worden waren.

Eines wurde mir erst später voll bewusst: jene Szene auf der Kuhbrückenstraße, in der ich meine verwirrte Oma zu überreden suchte, doch noch ein wenig bei uns zu bleiben und mit meiner Mutter Kaffee zu trinken, ist das letzte Bild, das ich von ihr habe, meine allerletzte Erinnerung an die alte Frau, die ich liebte. Ihre Worte „Lass mich zufrieden" waren die letzten Worte, die ich von ihr hörte. Sie suchte Frieden.

Die Lösung

„Alle Erinnerung reduziert das Gewesene. Die Lichter und Schatten, das Vogelgezwitscher und Hundegebell jenes Sommertags in meiner Kindheit, an dessen Morgen das furchtbare Ereignis geschah, sind ‚dahin'. Was bleibt, sind Worte. Das Ereignis selbst ist ‚dahin' – vorbei, vergangen. Was mir geblieben ist, sind Gefühle, die nicht zu löschen sind."

Als ich diese Sätze hinschrieb, ins Vorwort, lange bevor ich in den großen Topf der Erinnerungen hineingrapschte, hatte ich einen besonderen Sommertag vor meinem inneren Auge, jenen Tag im Strudel der Ereignisse des Jahres 1952, der unser aller Leben verändern sollte.

Es war ein frischer, leicht windiger, klarer Morgen. Die Sonne stand so, dass die Westwand der Baracke noch Schatten warf, sie stand im Südosten. Es muss also etwa zwischen zehn und elf Uhr gewesen sein, als sich das Unglück anbahnte. Wir vier Kinder spielten draußen auf unserem Hof. Ich selbst hockte vorne am Hoftor in der Sonne und bastelte an einem alten Fahrrad aus der Werkstatt des Alten, das wir zum Spielen benutzen durften. Meine drei Geschwister waren neben mir auf der kleinen Wiese mit den Wäschepfählen und der Hundehütte. Sie spielten mit unserem Hund, unser aller Liebling. Vor mir hatte ich die Ponyweide im Blick und einen großen Teil der noch nicht asphaltierten Kuhbrückenstraße, die die Weide nach Osten hin begrenzte. Sie war leer: kein Auto, kein Motorrad, kein Fahrrad, nichts ...

Plötzlich schießt hinter dem weißen Gebäude der Vogeley-Fabrik ein Radfahrer hervor. Er strampelt wie ein Irrer, wie ein von Furien Gehetzter. Er sitzt nicht einmal auf dem Sattel und fliegt hopsend die holprige Straße entlang auf uns zu. Ich erkenne ihn: es ist mein Vetter Ralf. Zuerst lache ich kurz auf, denn ich kannte seine Verrücktheiten, genauer: ich kannte ihn als Verrückten. Doch dann fuhr sofort der Schreck in mich hinein: er bringt eine schlimme Botschaft, er bringt Unheil. Ich spürte das Unheil, bevor es da war.

***

Von diesem Vetter ging nie etwas Gutes aus.

Er war sechs Jahre älter als ich, also fünfzehn, als er auf seinem Fahrrad auf uns zugeschossen kam. Er lebte mit seinen Eltern in der Wohnung unserer Großeltern. Tochter, Schwiegersohn und Enkelkind waren irgendwann während des Krieges eingezogen und nie wieder ausgezogen. Er war fünf oder sechs, als er mit meiner Großmutter zusammenkam und piesackte, ärgerte und quälte die alte Frau, wo er nur konnte, unaufhörlich. Er gehörte zu den „doofen Jungs", wie ich sie damals nannte, diesen „anderen" Jungs, die ich verachtete. Kalt und roh, sadistisch und grausam, unfähig zu lieben – so waren diese Jungs. Sie waren Quäler. Von dieser Sorte gab es etliche um mich herum, doch unser Vetter war die Spitze: er war der Widerlichste von allen. Üble Bilder und Geschichten purzelten durch meinen Kopf, als er näher kam:

Einmal zielte er vor meinen Augen mit seinem Luftgewehr auf einen Specht, der gerade den Stamm einer Kastanie bearbeitete. Er „holte ihn herunter", wie er sich stets auszudrücken pflegte, wenn er Vögel tötete. Federn flogen durch die Luft, als der verletzte Vogel zur Erde kreiselte. Vetter Ralf fing das hilflos flatternde Tier ein und erschlug es mit Lust. Er lachte, als ich ihn angriff und beschimpfte, er zielte auf mich mit seiner Knarre und schrie „Memme" und „Mädchen" hinter mir her, als ich davonrannte.

Bei einer Rangelei in der Wohnung unserer Großeltern fixierte er mich am Boden – er war viel älter als ich und mir körperlich weit überlegen. Er kitzelte mich und hörte nicht auf, mich durch Kitzeln zu quälen. Ich lachte und schrie, schrie und lachte hysterisch. Schließlich brüllte ich um Hilfe. Unsere Oma rettete mich und schimpfte ihn aus. Danach machte er unbeirrt weiter. Er rang mich noch einmal nieder, hielt mich fest, sein fetter Hintern schwebte über mir und dann furzte er mir mit einem Lachen mitten ins Gesicht. Ich habe meine sanfte Oma nie so in Rage erlebt wie nach jener Sauerei: sie schrie ihn an, sie ohrfeigte ihn, jagte ihn in sein Zimmer und gab mir 50 Pfennig Schmerzensgeld.

Eine Geschichte um diesen Vetter blieb mir für immer unfassbar. In den knappen Jahren nach dem Krieg hielt meine Großmutter in ihrem Gärtchen Hühner und erntete die Eier für ihre Küche – das war ein Teil ihrer Schattenarbeit als Hausfrau. Nach einem heftigen Streit mit der alten Frau rächte sich mein Vetter mit einem „Streich", der alles über ihn sagt: er tötete ihre Hühner und hängte sie an Strippen im Hühnerstall auf.

Schwache zu terrorisieren war sein Lebenselixier. Respekt hatte er nur vor den beiden Männern, die ihn regelmäßig derbe mit einem Stock so lange verprügelten, bis er erbärmlich schrie: seinem eigenen Vater und dem Alten, unserem gemeinsamen Großvater. Als Kind wusste ich es genau: er war seelisch missraten, er war geisteskrank, er war von Natur aus böse.

***

Er kurvte schließlich mit Karacho in unseren Hof ein, bis vor das große Tor zur Werkstatt des Alten, das weit offen stand. Aus voller Fahrt sprang er mit Schwung von seinem Rad, das er achtlos auf den Boden knallen ließ, und rannte in die dunkle Werkstatt. Wir Kinder liefen näher heran, um mitzubekommen, was los war.

Es war ein normaler Arbeitstag für den Alten. Den ganzen Morgen schon hatten wir das rhythmische Geräusch der Maschinen gehört und den vertrauten Lärm, wenn er mit Wucht loshämmerte oder am Schleifbock arbeitete. Plötzlich hörte das Geräusch der Maschinen auf. In der eintretenden Stille hörten wir erregte Worte und dann ein Schreien, das nicht wieder aufhörte, ein Schreien, so gruselig, dass wir Kinder vor Entsetzen gelähmt waren.

„NEIN!" Der Alte schrie „NEIN NEIN NEIN". Immer wieder „NEIN NEIN NEIN" … Die Schreie waren unwirklich, unmenschlich – wie das Stöhnen und Brüllen aus einer anderen Welt: aus der Hölle. Das Allerschrecklichste war passiert und ich wusste, was auf uns zukommen würde. Wir Kleinen standen vor dem Tor und erwarteten die Katastrophe, gelähmt vor Angst. Der Alte erschien im Werkstatttor, wir wichen zurück, er war außer sich. Er streckte die Arme nach oben aus, in den Himmel, er hatte die Hände zu Fäusten geballt, sein runder Kopf mit den grauen Stoppeln war nach oben gerichtet, als flehte er die Götter an, alles noch einmal zurückzudrehen. Minutenlang hörten wir seine schauderhaften Schreie: „NEIN NEIN NEIN NEIN NEIN NEIN NEIN NEIN ..."

Er war damals Mitte siebzig, ein alter Mann, kleinwüchsig, kompakt, kräftig und stark. Er stand vor dem großen Tor, in seinem gestreiften Arbeitshemd ohne Kragen, die Ärmel hochgekrempelt, die Arme hochgereckt. Er trug seine Arbeitsschürze aus dem derbem Persenningstoff, die er immer trug, wenn er schmiedete.

Die riss er sich nun vom Leib und warf sie hinter sich in die Werkstatt. Dann rannte er los, über den Hof und die Kuhbrückenstraße entlang – als seien alle Schmerzen des Alters aus seinem Körper verschwunden.

***

Hinter der weißen Fabrik verschwindet er. Wir Kinder sind fassungslos, die Kleinen fangen an zu weinen, wir warten auf die Erklärung. Totenstille liegt über dem Hof. Eine unglaubliche Stille und eine unglaubliche Spannung.

Nach einer Weile schleicht unser Vetter langsam aus der Werkstatt. Wir erwarten ihn neben seinem Fahrrad, das immer noch mitten auf dem Hof am Boden liegt. Wir wollen endlich wissen, was geschehen ist. Unser Vetter hebt ganz langsam sein Rad auf, prüft, ob alles in Ordnung ist und schaut uns lange an, ohne etwas zu sagen.

„Die Oma ist tot", sagt er schließlich und macht eine Pause.

Er kann uns nicht normal anschauen, denn er hat einen Augenfehler, er schielt auffällig. Sein linkes Auge ist nach außen gedreht und glotzt starr in die Welt. Nur sein rechtes Auge bewegt sich normal und kann die Umwelt fokussieren. Man ist nie sicher, wohin er eigentlich guckt. Sein Blick hat etwas Glitzerndes, Sprunghaftes, Verschlagenes. Ich mochte ihm nie in die Augen sehen. Dann setzt er nach:

„Sie hat sich aufgehängt."

Er registriert unsere aufgeregten Worte und Schreie und das Weinen der Kleinen, er macht wieder eine lange Pause.

„Auf dem Wäscheboden."

Sehe ich ein Grinsen in seinem Gesicht? Sehe ich Häme in seinen schielenden Augen?

„An einem Dachsparren."

Er schiebt sein Rad an und springt auf. Im Wegfahren dreht er sich noch einmal um. Ich sehe sein Schielen, das Glitzern seiner Augen. Dann ist er weg.

Ich habe die Sequenz dieser Sätze und sein Gesicht dabei nie mehr aus meinem Gehirn löschen können. Dieser Junge konnte es uns nur so sagen, das war seine Natur. Nachdem wir die Schockstarre überwunden hatten, informierten wir schließlich unsere Mutter.

Die sitzt ahnungslos am Küchentisch und bereitet unser Mittagessen vor. Wir wiederholen, was Ralf uns gesagt hat, genau in der Abfolge der Sätze, die er gewählt hatte. Sie schaut auf und sagt nichts. Ich sehe den Schock und die unendliche Qual in ihrem Gesicht und höre förmlich das „NEIN NEIN NEIN" in ihrem Kopf. Sie sitzt da und wirkt völlig benommen. Schließlich springt sie auf, reißt sich die Schürze vom Leib und rennt davon, die Kuhbrückenstraße entlang in die Stadt.

Wir Kinder sind allein. Wir reden nicht. Wir schauen uns nicht an. Die Welt war plötzlich ohne Farbe, tot. Ich bin steif. Ich weiß nicht, was ich tun soll. Ich weiß nicht, wohin mit mir. Ich bin ratlos.

Dann drehe ich mich um und gehe langsam los. Ich lasse meine Geschwister stehen und haue ab. Schließlich renne ich los. Ich renne und renne mit aller Kraft. Weg, nur weg. Ich renne durch unseren „Dschungel", durch die Gärten, den Damm entlang hinaus in die Landschaft. Ich renne die ganze Zeit, ich fliehe. Ich erreiche mein Ziel, meinen Ort, den Ort, an dem ich für Stunden aus der Welt verschwinde. Ich habe genaue Erinnerungen daran, was an jenem Nachmittag dort in mir vorging und wie ich schließlich zur Ruhe kam.

Als ich schließlich zurückkehre – ganz langsam, ganz nachdenklich, erschöpft – ist alles ganz friedlich und still auf dem Hof. Alle Erwachsenen sind verschwunden. Eine späte Nachmittagssonne geht hinter dem Klüt unter und färbt die Landschaft und die Baracke in ein warmes, friedliches Rot. Ich treffe nur meine Vertraute, meine „große" Schwester auf dem Hof an. Die Kleinen spielen vor der Andersen-Baracke, denn Frau Andersen hat sie unter ihre Fittiche genommen.

Ich frage, was in der Zwischenzeit geschehen ist und sie erzählt, dass unser Vater bereits am frühen Nachmittag von seiner Tour zurückgekommen sei. Er sei wohl irgendwie telefonisch benachrichtigt worden und der „Oppa" habe seinen Sohn auf dem Hof empfangen.

„Es war furchtbar. Er hat ihn angeschrieen. Er war völlig außer sich."

Ich schaue sie fragend an, ich will es genau wissen. Sie schaut weg, als sie es mir schließlich sagt:

„Er brüllte: ‚Du hast deine Mutter umgebracht. Du bist schuldig an ihrem Tod. Du hast versagt. Du bist ein Versager. Du hast deine Mutter auf dem Gewissen!' – Das brüllte er immer wieder."

Nein, er war nicht geläutert durch ihren Tod. Er blieb in seinem Gefängnis aus blinder Wut und Raserei. Er blieb der „Alte".

Meine sanfte Oma hatte alles gelöst, was gelöst werden musste. Sie löste die fatale Symbiose zwischen ihrem Mann und ihrem Sohn, die um ihretwillen entstanden war. Sie erlöste die junge Frau und ihre Enkelkinder aus dem Gefängnis, in das sie um ihretwillen gesteckt worden waren. Sie erlöste sich selbst aus ihrem Leid und machte den Weg für uns frei.

Ort der Gewalt

Sicher hatten ihr Leiden an unserer „Barackenzeit", ihre Flucht vor dem Anblick ihrer Lieben in der Elendsbehausung und schließlich ihre Flucht in den Tod vor allem auch mit diesem Barackenlager selbst zu tun, in dem wir wohnten. Sie wusste etwas über dieses Lager, was ich als Kind nicht einmal ahnte. Erst später, als ich über mehr historisches Wissen verfügte, kam mir dieser – eigentlich sehr naheliegende – Gedanke.

Die Geschichte der beiden großen Industriebetriebe, die wir als Kinder täglich vor Augen hatten, hat es in sich:

Die riesige „Domag" an der Kuhbrückenstraße, an der ich auf meinem Schulweg zweimal täglich vorbei musste, war im *Land Davor* der größte Rüstungsbetrieb in Hameln gewesen. Er beschäftigte in der Zeit zwischen 1939 und 1945 über zweitausend Arbeiterinnen und Arbeiter, darunter tausend Fremdarbeiter aus dem Osten, rechtlose Arbeitssklaven, die man mit Gewalt und in den üblichen Viehwaggons ins „Reich" verfrachtet hatte. Die meisten der Domag-Sklaven waren Frauen, Ukrainerinnen, die die SS in Charkow eingefangen und nach Hameln deportiert hatte.

Auch „Kaminski-Waggonbau" gleich nebenan war ein großer Rüstungsbetrieb mit etwa tausend Arbeitern, darunter fünfhundert Kriegsgefangene und Fremdarbeiter (Franzosen und Polen).

Meine Großmutter lebte seit Anfang der Zwanziger Jahre in Hameln. Ihr Mann, mein Großvater, hatte seinen Werkstattbetrieb in exakt jenem Industrie- und Gewerbegebiet aufgebaut, in dem auch die Domag und Kaminski beheimatet waren. Sie hielt sich vermutlich oft dort draußen auf, wenn sie ihrem Mann sein Mittagessen brachte oder wenn sie in ihrem kleinen Garten neben seiner Werkstatt arbeitete.

Sie wird genau registriert haben, was sich seit Beginn des Krieges dort abspielte. Sie sah die Entstehung der mit Stacheldraht eingezäunten und bewachten Barackenlager am „Damm" und in der Werftstraße. Sie wird die Menschen gesehen haben –

um die tausend –, die in diesen Elendsbaracken zusammengepfercht worden waren. Sie sah die zerlumpten, abgemagerten
Gestalten, Frauen wie Männer, die mittags aus den Rüstungsfa-
briken in diese Baracken gescheucht wurden, wo sie ihre wässrige Suppe – die einzige Mahlzeit während ihrer Zwölfstunden-
schicht – zu löffeln hatten. Sie wird mit den ausgemergelten und
erschöpften Frauen mitgelitten haben – manche von ihnen gar
schwanger –, die auf den Straßen an ihr vorbei liefen. Sie wird
ohnmächtig da gestanden haben, denn sie konnte – und man
durfte – nichts tun um zu helfen.

***

*Über 18 Millionen deutsche Männer wurden während des Zweiten
Weltkriegs zu Soldaten gemacht und in die Nazi-Kriegsmaschine
eingebaut. An den diversen Fronten verrichteten sie ihr destrukti-
ves und mörderisches Handwerk. Diese Männer fehlten im „Reich"
als Arbeitskräfte. Die Lücke wurde geschlossen durch – wie ich lese –
26 Millionen Zwangsarbeiter, darunter über 16 Millionen Fremdarbeiter. Sie wurden überall eingesetzt: in der Industrie, im Gewerbe,
im Handwerk, in der Landwirtschaft, in privaten Haushalten und in
kirchlichen Einrichtungen. Ohne ihre Arbeit wäre die Nazi-Kriegs-
wirtschaft schon bald nach Kriegsbeginn zusammengebrochen. Die
millionenfach eingesetzten Sklaven verlängerten den Krieg – und damit ihr eigenes Leiden.*

***

Über tausend der Hamelner Fremdarbeitersklaven waren in die
Lagerbaracken der Rüstungsbetriebe Domag und Kaminski gestopft worden – und eine dieser Baracken wurde nicht einmal
fünf Jahre nach dem Kriegsende zu „unserer" Baracke. Ihre
Liebsten – so wird meine sanfte Oma das gesehen haben – waren die ersten Bewohner nach den ausgemergelten Nazi-Sklaven.
    Nur wenige Jahre nach der Befreiung der Hamelner Fremdar-
beiter und Fremdarbeiterinnen durch die amerikanischen Trup-

pen musste sie also erdulden, wie ihr Ehemann und ihr Sohn ihre Enkelkinder und ihre Schwiegertochter in eine dieser Horrorbaracken stopften – „um ihretwillen". Sie musste erdulden, dass ihr Sohn, Vater ihrer Enkelkinder, dabei mitmachte – „aus Liebe zu ihr". Daran verzweifelte sie schließlich.

Beim Reflektieren meiner Erinnerungen an die alte Frau wurde mir klar, dass sie stark unter der Gesamtsituation gelitten haben muss, in der wir steckten – und dazu gehörte vor allem auch der mit seiner gruseligen Geschichte kontaminierte Ort: Arbeitsfolter, Hunger und Mangelernährung. Kälte und Krankheiten, Heimweh. Keine ärztliche Versorgung, keine Hygiene. Eine einzige Wasserpumpe für hunderte von Menschen, die auf engstem Raum übereinander gestapelt waren, Gebärende und Sterbende in der drangvollen Enge aus Menschenleibern ...

Das Leiden und Sterben der alten Frau sagen mir, dass sie um den Geist des Ortes wusste und um die Geister, die dort immer noch hausten. Sie wusste, dass dieser Ort ein Unglücksort war.

Etwas anderes bleibt mir deswegen ein Rätsel: der vollständige Mangel an Sensibilität, mit dem sich ihr Ehemann und ihr Sohn – mein Großvater und mein Vater – über die unmittelbar vorausgegangenen Scheußlichkeiten und Verbrechen hinwegsetzen konnten, mit denen der Ort durchtränkt war. Sie sahen die Geister nicht. Sie hatten nicht begriffen, dass ein Unglücksort wie dieser zwangsläufig Unglück gebiert. Sie mussten es bitter erfahren.

4

Vater, Mutter, ich

Meinen Vater lernte ich erst richtig kennen, als er ein Auto hatte. Das war in dem Jahr, als er in den Betrieb des Alten einstieg und mit seinem schwarzen Opel P4 durch Niedersachsen tourte auf der Suche nach Aufträgen. Im Sommer 1948 war ich bereits fünfeinhalb Jahre alt und ich frage mich heute: wo war er eigentlich vorher? Ich kann mich nicht erinnern, dass er je mit uns Kindern einmal ausgiebig gespielt oder irgendetwas „Abenteuerliches" unternommen hätte. Er war nur selten dabei, wenn unsere Mutter ihre Kinderschar zu Bett brachte und ihnen ihr „Guten Abend, gute Nacht ..." sang. Er gehörte zu jener Generation Väter, Kleinstadtmänner, die das abendliche Kindergetöse der Frau überließen. Er entspannte sich mit seinen Kumpeln beim Baden in der Weser und in den angesagten Kneipen der alten Stadt. Er war nicht „präsent", er feierte seinen Abend im „zweiten Wohnzimmer", fern von Muttern und allem, was daran hing.

Als er dann ein Auto hatte, war er plötzlich „da". Da tauchte er für mich auf. Ich erinnere mich an verspielte, sonnige Nachmittage unten auf der Straße. Ich rannte ihm aufgeregt entgegen, wenn er im Auto auf mich zurollte. Ich krabbelte zu ihm auf den Beifahrersitz und er drehte noch eine Runde mit mir durch die kleine Stadt. Ein fröhlicher, lustiger Kumpel, der mir alles erklärte, was ich über das Auto wissen wollte. Er hatte Spaß mit mir, seinem Söhnchen, das auf einmal rechts neben ihm saß und ihn bewunderte, und ich hatte Spaß mit ihm.

Er ließ sich auf Drängen unserer Mutter darauf ein, immer mal wieder eines seiner „großen" Kinder mit auf die Tour durch Niedersachsen mitzunehmen. Diese Touren waren Festtage.

Vor der Kaserne …

Irgendwann im Spätsommer 1948 war ich zum ersten Mal „dran". Bevor er Gas gab, erklärte er mir, dass er noch kurz etwas in der Stadt zu erledigen habe, danach würde es losgehen und er würde mir ein paar schöne Dinge zeigen. Er fuhr in eine Gegend der Stadt, die ich nicht kannte, durch Straßen, die ich noch nie gesehen hatte. Plötzlich sah ich eine Unmenge Soldaten, die in ihren khaki-braunen Uniformen mit Käppi oder Schirmmützen auf ihren Köpfen auf der Straße herumliefen. „Tommies", erklärte er mir, „Engländer. Englische Soldaten." Die kannte ich schon. Er zeigte nach rechts auf die vielen seltsam-einheitlichen Gebäude, die auf einem riesigen Gelände herumstanden. „Kasernen", sagte er. „Da wohnen die Soldaten." Aha. Kasernen kannte ich noch nicht.

Wir trudeln langsam die Straße entlang, die ich heute als „Süntelstraße" identifiziere, als er plötzlich einen Schwenker nach rechts macht. Er fährt an den Straßenrand, hält an und schaltet den Motor aus. Wir stehen direkt vor der großen Einfahrt zu dem riesigen Kasernengelände, vor dem großen Tor. Ein lebhaftes Hin und Her: grüne Militärfahrzeuge fahren ein und aus, Jeeps und Laster und komische Fahrzeuge, die ich nicht deuten konnte. Soldaten laufen rein, laufen raus, grüßen einander oder grüßen den Wachmann, wobei sie mit der rechten Hand an ihr Käppi oder ihre Schirmmütze tippen.

All das war neu für mich. Manch einer dieser Soldaten entdeckte meinen Kindskopf hinter der Windschutzscheibe, winkte mir zu, salutierte. Einer machte sogar eine kleine Schau für mich: er nahm vor mir Haltung an, schlug die Hacken zusammen und salutierte formvollendet. Ich fand das alles sehr lustig und aufregend: das war also die erste Attraktion unseres Ausflugs, die er mir zeigen wollte, so dachte ich. Doch irgendwie kam mir das Ganze auch seltsam vor. Ich wusste schon damals, dass er eigentlich eine Abneigung gegen Soldaten und alles „Soldatische" hatte, ich kannte seine Spötteleien.

Während sich das lustige Soldatenleben und -treiben vor meinen Augen abspielte, saß mein Vater still und stumm hinter seinem Lenkrad und rührte sich nicht. Ich hatte schließlich genug gesehen. Ich fing an mich zu langweilen und fand, dass es jetzt eigentlich weitergehen könnte. Ich schaute zu ihm auf und sah sein Gesicht verändert, fremd. Er war tief in Gedanken, das sah ich. Er war weit weg. Er hatte – wie meine Mutter diesen Zustand nannte – die „lange Sehe". Es kam mir nämlich so vor, als sehe er das bunte Treiben der Soldaten vor uns überhaupt nicht. Es kam mir auch so vor, als habe er gar vergessen, dass ich neben ihm saß. Es kam mir so vor, als wisse er gar nicht mehr, was wir eigentlich vorhatten. Er starrte ins Leere. Minutenlang standen wir still vor dem großen Kasernentor. Er blieb völlig unbeweglich, stumm und starrte nach vorne. Ich verstand das alles nicht, traute mich aber auch nicht zu sprechen, um ihn nicht zu stören. Ich wartete und saß schließlich selber ganz still auf meinem Beifahrersitz. Schließlich kam er wieder zu sich, zurück in unseren Opel, zurück in die Gegenwart. Er schaute kurz zu mir herunter, schwenkte dann seinen rechten Arm in Richtung der Kasernengebäude und sagte:

„Da wollten sie mich fertigmachen!"

Es folgte eine lange Pause. Dann streichelte er meine Haare. Er schaute mich voll an und hatte wieder das warme, jungenhafte Lachen in seinem Gesicht, das ich liebte. Er strich noch einmal über meine Haare und sagte:

„Es ist ihnen nicht gelungen, mein Junge."

Danach zündete er sich eine Zigarette an, seine „Texas", die er geschickt aus der grünen Packung schnipste, und sog ein paar tiefe Züge in sich hinein. Er legte den Gang ein und startete. Wir verließen den Ort der Soldaten und Kasernen, der mir jetzt – nach dieser Szene – unheimlich vorkam.

Unser Abenteuer begann.

***

Nachdem er mehrere seiner Kunden – das waren Bauernhöfe und Holzbetriebe – abgefahren und das Geschäftliche erledigt hatte, zeigte er mir all das, was er sich für unseren Ausflug ausgedacht hatte. Im Grohnder Fährhaus kehrten wir erst einmal ein, er trank sein Bierchen und spendierte mir einen Apfelsaft vermischt mit „Pyrmonter Säuerling". Wenn ich mit ihm unterwegs war, liebte ich es sehr, wenn wir „einkehrten". Er spendierte mir oft eine Bockwurst mit Senf, er war ein guter Erzähler und kannte zahlreiche Döntjes aus der Region und von den Leuten, mit denen er zu tun hatte. Nach unserer Pause im Fährhaus setzten wir mit der Fähre über die Weser – ich war das erste Mal auf einer Fähre, was für ein Abenteuer! – und er zeigte mir schließlich Schloss Hämelschenburg. Er erklärte mir ausführlich die Funktionsweise der alten Wassermühle, wir streiften durch das Schlossgelände und schließlich machten wir Picknick am Schlossteich. Ich saß auf einer alten Mauer, aß mein Butterbrot, biss in die Tomate, die immer dazu gehörte, und beobachtete die weißen Enten, die auf dem grünen Wasser kreisten, mit ihren Köpfen untertauchten und irgendetwas futterten oder am Tang der Mauer nagten. Mein Vater stand wenige Meter hinter mir. Als ich mich zu ihm umdrehte, war ich überrascht. Ich fühlte einen Stich von Glück in mir: nie hatte ich sein Gesicht so fröhlich, so sanft und so entspannt gesehen. Er strahlte. In seinem Lächeln spiegelte sich die Schönheit der Landschaft um uns herum. Er schaute auf mich. Ich wusste: er sah mich jetzt, seinen Jungen, er sah mich dort, auf der Mauer, inmitten der weißen Enten, mit dem alten Schloss im Hintergrund. Er war glücklich, ich war glücklich.

Als er merkte, dass ich ihn beobachtete, biss er mit einem Grinsen ein Stück von seinem Brot ab und warf den Bissen in hohem Bogen über meinen Kopf in den Teich. Der Effekt war umwerfend: von allen Seiten schossen die weißen Enten auf den Punkt zu, wo das Stück Brot ins Wasser geploppt war. Die schnellste schnappte sich den Bissen. Wir warfen abwechselnd unsere Brocken und jagten die Enten kreuz und quer über den Teich. Was für ein Jux!

Ja, es war ein gelungenes Fest, das er für mich arrangiert hatte. Eine kleine, wunderbare Reise in das alte, verträumte Land, das er kannte und liebte und mir jetzt mit großer Freude zeigte. Als wir schließlich heimkehrten war ich müde und satt, voll von all den Erlebnissen und rundum zufrieden.

***

Erlebnisse und Situationen, so habe ich im Prozess des systematischen Erinnerns festgestellt, blieben immer dann in mir haften und wurden zu stabilen und sehr präzisen Erzählungen, wenn sie ein Rätsel enthielten, etwas Unklares, Ungelöstes: ein Geheimnis. Der schöne Sommertag, die Autofahrt, all die kleinen Abenteuer wären nicht so klar und deutlich hängen geblieben, hätte es nicht jene Szene vor dem Kasernentor gegeben. Die war das eigentlich Denkwürdige und Rätselhafte an jenem Tag. Die beiden Sätze, die er gesagt hatte, gruben sich in mein Gehirn ein und ich wurde sie nie wieder los. Später, als ich seinem Geheimnis auf der Spur war, erkannte ich, dass es Schlüsselsätze waren, Schlüssel zu einer dunklen Geschichte, die in ihm steckte und die er nie erzählen mochte. Mehr als diese beiden Sätze hat er mir gegenüber nicht preisgegeben.

Aber immerhin: ich wusste seit jener Szene, dass an jenem Ort, in der Soldatenwelt, auf dem hässlichen Kasernengelände hinter dem großen Kasernentor, etwas Schlimmes mit ihm passiert war.

Vor der verschlossenen Tür

In den Wochen nach unserem ersten Ausflug war ich darauf erpicht, ihn abzufangen, wenn er abends von seinen Touren heimkam. Der Sonnabend wurde ein ganz besonderer Tag, ein Tag voller Abenteuer. An jedem Sonnabendnachmittag fuhr er nämlich erst einmal zur Werkstatt des Alten und lud die Werkzeuge aus, die er eingesammelt hatte und die repariert werden sollten. Er machte das Auto leer von all dem Zeug, damit es am Sonntag für kleine Familienausflüge bereit war. Schon bald begründete ich eine Tradition.

Sonnabends gegen drei Uhr nachmittags konnte ich es zuhause nicht mehr aushalten. Ich rannte dann zur Werkstatt, die für mich noch sehr weit draußen im Gewerbegebiet lag, irgendwo am Rand der Stadt. Mit fünfeinhalb Jahren war ich bereits ein versiertes Straßenkind wie die meisten „Kleinen", die schon „unten auf der Straße" spielten: ich fand den richtigen Weg – Zentralstraße, Wittekindstraße, Kuhbrückenstraße – und fand ihn, wenn er bereits eingetroffen war – oder ich wartete auf ihn, bis er schließlich eintrudelte. Ich versteckte mich dann, um ihn zu überraschen, und überfiel ihn aus dem Hinterhalt, wenn er ausstieg. Er lachte auf seine jungenhafte Art und freute sich jedes Mal, dass ich da war. Er war immer gut gelaunt und fröhlich und wurde mein „großer Kumpel" da draußen. Ich mochte seine leichte und unbekümmerte Art, mit dem Leben umzugehen, ich liebte es, ihn für ein paar Stunden ganz für mich allein zu haben, mit ihm zu kabbeln und zu flachsen und ihm zuzugucken, wenn er an seinem Auto bastelte und mir zu erklären versuchte, wie so ein Ding eigentlich funktioniert.

Ausgerechnet an einem dieser goldenen Sonnabendnachmittage hatte ich ein Erlebnis, das mir damals sehr rätselhaft, ja, unheimlich vorkam. Ich lernte einen „anderen" Vater kennen. Die Situation, in die ich da plötzlich geriet, beschäftigte mich noch wochenlang und veränderte mein Verhältnis zu ihm grundlegend.

Ich war wie immer losgerannt, getrieben von meiner kindlichen Sehnsucht nach meinem Papa. Als ich die lange Kuhbrückenstraße entlang lief und hinter den weißen Gebäuden von Vogeleys Puddingpulverfabrik freien Blick hatte, sah ich, dass sein Auto, der schwarze, eckige Opel, auf dem Hof stand. Er war also schon angekommen und ich flitzte voller Vorfreude los. Als ich auf den Hof einkurvte, war da allerdings niemand. Alles war totenstill. Das große Garagentor war verschlossen, das Werkstatttor war verschlossen und auch die Tür zum Bürotrakt, die immer aufstand, wenn ich mit ihm zusammen war, war zugeschlossen. Ich klopfte und rüttelte an der Klinke: es tat sich nichts. Alle Fenster waren geschlossen und ich sah zu meiner Verwunderung, dass auch alle Vorhänge zugezogen waren. Ich ging um das Gebäude herum zur Rückseite der Baracke. Überall das gleiche Bild: alle Fenster waren geschlossen, alle Vorhänge zugezogen. Alles war verriegelt und verrammelt.

Ich war beunruhigt und hörte schließlich auf ihn zu suchen. Was war hier los? Was war mit ihm passiert? Ich zog mich langsam in den „Dschungel" zurück, der jenseits des Hofzaunes begann. Ich kletterte auf das Dach eines der schiefen Bunkergebirge und legte mich auf die warme grüne Moosschicht, mit der es bedeckt war. Die Sonne stand noch hoch im Westen und wärmte mich. Ich räkelte und streckte mich, ich verschränkte die Hände hinter meinem Hinterkopf und träumte in den Himmel. In meinem Körper war eine angenehme Spannung, ein sanftes, wohliges Kribbeln, das immer intensiver wurde – vor allem unten zwischen meinen Beinen, in meinem Schoß. Ich hatte deutlich das Gefühl, dass meine „Eier" anschwollen und die ganze Gegend drumherum. Ich spürte eine Erregung, die ich noch nicht kannte und noch nie gespürt hatte und fing an mich zu streicheln. Die Erregung und die Spannung wuchsen an und schließlich konnte ich nicht anders: ich streifte meine Hose ab und streichelte mich nackt. Irgendwo tief in mir wusste ich, recht früh eigentlich, dass ich etwas „Verbotenes" tat, aber ich hatte keinerlei Scham, ich tat es mit großer Lust. Der Gedanke, etwas „Verbotenes" zu tun, erregte mich – so denke ich heute – zusätzlich. Ich entdeckte ein unbekanntes Land und es wurde ein Abenteuer: ich spürte, wie mein Pimmel größer und fester wurde, alles war angeschwollen da unten, ja, mein ganzer Körper war erregt. Was war denn da los? Was war los mit mir?

Irgendwann war der Rausch vorbei. Ich zog mich wieder an, verließ mein Moosbett, kletterte runter vom Bunkergebirge und ging zurück auf den Hof. Der Opel stand noch an seinem Platz –

aber sonst hatte sich alles verändert. Das Garagentor war geöffnet und die Tür zum Bürotrakt stand ebenfalls auf. Ich vermutete meinen Vater im Büro und ging hinein. Mitten in dem großen Raum zur Linken stand eine junge Frau. Sie hatte eine helle Haut, dunkle Haare und große, dunkle Augen. Sie war schön und wurde auch gleich sehr lustig – kaum dass sie mich gesehen hatte. Sie fing an mich zu necken, mit mir zu scherzen und zu kabbeln. Schließlich packte sie mich und nahm mich auf den Arm, sie tanzte mit mir im Zimmer herum, setzte sich schließlich auf einen Bürostuhl, schlug die Beine übereinander und spielte mit mir „Hoppe-Hoppe-Reiter". Als sie schließlich damit aufhörte, saß ich still auf ihrem Schoß und schaute ihr ins Gesicht. Es war umrahmt von dunklen Haaren, ihre großen braunen Augen schauten mich an. Sie sah ein wenig aus wie meine Mutter. Plötzlich spitzte sie ihre Lippen und schwebte mit ihrem Gesicht auf mich zu. Diese Geste kannte ich: ich spitzte ebenfalls meine Lippen und kam ihr entgegen.

Mein Vater war die ganze Zeit im Raum und hatte uns zugesehen. Bevor unsere Münder sich trafen und zu einem Kuss vereinigten, lachte die junge Frau laut auf. Dann juxte sie in Richtung meines Vaters:

„Dein Sohn fängt ja früh an. Ganz der Vater."

Mein Vater blieb eine Weile still, er wirkte auf mich irgendwie „bedripst". Dann sagte er:

„Ach. Das kennt er von seiner Mutter."

Dieser Satz sagte mir alles. Ich sprang sofort runter von ihrem Schoß und schaute ihn an. Er war mir plötzlich fremd. Ein Heuchler. Ich lief an ihm vorbei auf den Hof. Er hat sie verraten, dachte ich, als ich die beiden verließ. Er hat meine Mutter verraten. Er hat mich verraten.

***

Wenn ich später über diese Szene nachdachte, war mir immer klar, was mich damals „aufgeweckt" hatte: seine „krumme" Formulierung. Ich empfand, dass er in seine Worte die größtmögliche Distanz zu seiner Frau hineingepackt hatte und auch zu mir. Vor seiner Geliebten machte er mich zu einem x-beliebigen Kind einer x-beliebigen Mutter. Darin sah ich damals den Verrat. Ich war fünfeinhalb Jahre alt und spürte deutlich sein falsches Spiel, obgleich ich natürlich absolut nicht wusste, was sich eigentlich abgespielt hatte zwischen den beiden – in der kurzen Zeitspanne, in der sich auch bei mir, auf meinem Moosbett, Überraschendes abgespielt hatte.

Dieses Erlebnis mit meinem Vater blieb „hängen" und zappelte in meinem Gedächtnis, weil es nicht nur *ein* Rätsel enthielt, sondern gleich *drei*. Das erste hatte ich schon nach wenigen Jahren gelöst, im Alter von acht Jahren etwa.

Im *Land Danach* kannte man Sexualaufklärung noch nicht und Sexualkundeunterricht an Schulen lag noch in einer fernen Zukunft. Aber ein Kind, dass wie ich für ein paar Jahre in „Freiheit" aufwuchs, braucht dergleichen auch gar nicht: das Wissen über Sex wächst ganz natürlich im Prozess des Aufwachsens. Als wir nämlich „draußen" wohnten nach unserer „Umsetzung" und ich anfing, durch die Landschaft zu streunen, hatte ich Gelegenheit, Liebespaare aus nächster Nähe zu betrachten. Ich war nicht nur gerne ein „Lauscher an der Wand", ich war auch gerne ein „unsichtbarer Beobachter". Ich wusste also genau, *was* sie so alles trieben, wusste aber noch nicht, *warum* sie das taten und was das Ganze eigentlich sollte …

Das zweite Rätsel war wieder mein Vater selbst. Er hatte meine Mutter verraten – warum tat er das? Warum entfernte er sich von uns: seinen Kindern und seiner Frau? Was war mit ihm los? Welchen Weg ging er? Dieses Rätsel hat mich mein Leben lang begleitet und ich habe später einige bedeutsame Splitter aus seiner Lebensgeschichte gefunden, die etwas von der Lösung enthielten.

Das schönste Rätsel dieses sonnigen Nachmittags werde ich wohl ebenfalls nicht mehr lösen können: meine erotischen Wonnegefühle auf dem Moos der schrägen Bunkerplatte. Es lagen an die dreißig Meter Luftlinie zwischen meinem Moosbett und der Couch, auf der es mein Vater und die junge Sekretärin trieben.

Was schwirrte da zwischen Couch und Moosbett hin und her? Was sandten die beiden aus? Welche Elementarteilchen drangen in mich ein und verrieten mir auf ihre geheimnisvolle Art so eindrucksvoll und nachdrücklich, was sich da hinten abspielte? Dieses Rätsel – so denke ich – wird man wohl irgendwann einmal gelöst haben. Aber immerhin, die Szene lieferte mir eine grundlegende Erkenntnis: sehr viel später nämlich, als in einer Diskussion, an der ich teilnahm, die Möglichkeit oder Unmöglichkeit frühkindlicher Erotik und Sexualität diskutiert wurde, wusste ich die Antwort.

Der Verrat

Wann immer ich zurückblickte und mir klar zu machen versuchte, wie ich meine Mutter als Kind sah in der Baracke, wie sie vor mir agierte, dann entsteht vor mir das Bild einer starken, kraftvollen Frau, die all das meisterte, was ihr aufgegeben war, das Bild einer Frau, die mit der „Misere", wie sie ihr neues Leben nannte, fertig wurde ohne zu schwanken. Ich habe sie zeit meines Lebens dafür bewundert, und seltsam: spät erst, nach ihrem Tod, verspürte ich in mir ein tiefes „Danke".

Aber ich sah nur wenig von ihr als Kind. Ich war ihr kleiner Junge, „Muttis Junge", wie sie mich zärtlich nannte, vor dem sie vieles verbarg. Ich sah ihr wahres Leiden nicht, ich habe nicht einmal mitbekommen, dass sie schwer krank wurde gleich in den ersten Monaten nach unserer „Umsetzung". Ich nahm nichts von dem wahr, was sie unter ihrer Kleidung vor mir, dem Knaben, und vor den beiden kleinen Geschwistern verbarg, denn das – da bin ich mir sicher – hätte in mir schaurige Ängste entfacht.

Der Gewaltakt an ihr und ihren Kindern, der Verrat meines Vaters und die Demütigung, die er ihr antat, schlugen ihr auf die Haut. An ihrem ganzen Körper bildeten sich blutende und eitrige Schwären, schmerzende Abszesse – eine nicht enden wollende Furunkulose. Nur an den eitrigen Fingern bekam ich sie zu Gesicht. Man hatte ihre Seele geprügelt, ihre Haut war geplatzt und ihr Körper blutete.

Sie ging nicht zum Arzt, sie behandelte sich selbst. Ihr Hausarzt und Ex-Kollege, dem sie vertraute und der ihr vertraute, war mit ihrer telefonischen Diagnose einverstanden und schrieb die Rezepte aus, die meine „große" Schwester oder auch ich von ihm abholten und in der Apotheke einlösten. Die Abszesse hinten auf ihrem Rücken konnte sie allerdings nicht selbst verarzten und sie überredete, genauer: sie zwang, meine Schwester dazu.

Die war zu der Zeit acht Jahre alt. Noch im hohen Alter war sie voller Entsetzen, wenn sie an die Bilder der eitrigen und blutigen Abszesse auf dem Körper ihrer Mutter zurückdachte:

„Ich musste die Furunkel ausquetschen, Eiter und Blut abwischen, alles sauber tupfen, die Wunde mit Jod reinigen, die Salbe auftragen, das Pflaster anlegen. Manchmal musste ich würgen oder mich übergeben. Überall diese furchtbaren Abszesse."

Sie fügte dann immer sehr nachdenklich hinzu: „Sie hätte mir das niemals antun dürfen. Das darf man einem Kind nicht antun. Sie hätte zum Arzt gehen müssen."

Darauf folgte ihr „Geständnis": „Damals fing ich an, täglich zu beten. Das war die einzige Zeit in meinem Leben, in der ich gebetet habe."

Pause. Sie schweigt lange.

„Lieber Gott, mach, dass unsere Mutter zu Weihnachten noch am Leben ist!"

Unsere Mutter starb nicht, sie ging nicht von uns. Sie ließ sich „nicht gehen", das war ihre Haltung zum Leben. Von nun an kämpfte sie. Für uns, ihre Kinder.

Drei ihrer vielen Kämpfe haben sich in mich eingegraben.

Der Sägemehlofen:
ihr Kampf um die Wärme

Gleich im ersten Winter (1949/50) nahm sie sich die beiden Puttker vor, die uns „umgesetzt" hatten: den Alten und seinen Sohn. Der Winter war hart und brachte uns strengen Frost und der zeigte uns deutlich, in was für eine Behausung sie uns gesteckt hatten:

„Bei einer Baracke (aus frz. baraque (‚Feldhütte', leichtes, meist eingeschossiges Behelfshaus)) ... handelt es sich um eine behelfsmäßige Unterkunft, als einstöckiger, nicht unterkellerter leichter Bau ... Baracken werden aus einfachen Materialien wie Holz, Wellblech oder Pappe, mit teilweise gemauerten Wänden, gebaut. Sie sind meist eingeschossig und wenig isoliert. Oft fehlen Sanitäranlagen." (wikipedia)

Nun gut, sie kannten sicherlich nicht die „Definition" der Baracke, aber sie hatten sie jahrelang vor Augen gehabt, sie kannten alle Mängel, den ganzen erbärmlichen „Behelf" einer Baracke. Wie weit reichte ihr Gehirn, wie weit reichte ihr Gefühl, dass sie all das nicht bedachten, als sie meine Mutter und uns Kinder dort aussetzten, das Kleinste nicht einmal zwei Jahre alt?

Unser Kinderzimmer wurde zur Gefrierkammer.

Bodenfrost: der Fußboden war nur ein dünner Estrich über dem nackten Boden, bedeckt mit Dielenbrettern: keine Isolation. Das Dach: Holzbretter, mit Dachpappe beklebt, geteert. Die Wände (nach Norden, Osten und Westen): rote Ziegel, nicht verputzt, nicht isoliert. Die Temperatur in unseren Schlafräumen: wenige Grade über Null.

***

Ein kräftiger Nord-Ost-Wind jault um unsere Behausung. Wir hocken alle in der Küche eng um den heißen Herd herum, meine Mutter und ihre Vier. Der Älteste, ihr Stiefsohn, hat sich davon gemacht, zu seiner Mutter, und liegt irgendwo in der Stadt bei seiner Mama in seinem warmen Bett.

Alle Bettdecken hat sie in die Küche geschleppt und über den Küchentisch und sämtliche Stühle ausgebreitet. Eine gemütliche warme Höhle mit Kissenbergen und heißem Kakao. Meine Mutter ist lange Zeit damit beschäftigt, leere Bierflaschen (mit dem klassischen Bügelverschluss) mit heißem Wasser zu füllen. Irgendwann kommt der Augenblick, vor dem uns alle graut und den wir lange vor uns her geschoben haben: wir müssen unsere Betten besteigen. Nacheinander packt sie uns ein. Sie bedeckt uns mit der vorgewärmten Decke, legt die Wärmflasche an unsere Füße und legt Schichten aus Decken, Mänteln, Jacken und allem Wärmenden, das sie auftreiben kann, über uns. Danach macht sie ihr eigenes Bett und neben sich das Bett des Kleinsten, der gerade einmal zwei Jahre alt ist. Sie schläft nach Nordosten hinaus, in der kältesten Ecke der Wohnung, allein, denn mein Vater kommt immer erst spät – wenn er überhaupt kommt. In jener ersten Frostnacht kam er nicht.

Sie hat wie eine Furie gewütet und gekämpft, denn schon nach der zweiten Frostnacht nahmen der Alte und mein Vater einen Umbau in unserem Kinderzimmer vor: sie bauten uns einen Sägemehlofen hinein. In einer Ecke des Zimmers legten sie ein großes Blech auf dem Fußboden aus. Auf diese Platte setzten sie einen schweren Ständer aus Eisen und auf diesen Ständer den Sägemehlofen, einen hohen Topf aus Gusseisen. In die obere weiträumige Kammer des Ofens wurden Sägespäne und Sägemehl fest hineingepresst, von der unteren Kammer aus wurde gefeuert. Das Ofenrohr verlegten sie durchs Fenster: der Alte nahm aus dem Fach links oben das Fensterglas heraus und ersetzte es durch eine Metallscheibe, in die er ein Loch geschnitten hatte, so dass man das Ofenrohr hindurchführen konnte. Draußen machte das Rohr einen Knick nach oben. Es war mit einem kleinen spitzen Regendach bedeckt.

Der Ofen bullerte los und entwickelte alsbald eine ungeheure Heizkraft. Auf seinem Höhepunkt wurde er glühendrot. Meine Mutter verlangte einen Schutzschirm. Der Alte formte und schmiedete einen hohen Schirm, der in etwa dreißig Zentimetern Abstand den rotglühenden Topf ummantelte. Selbst dieser „Schutzschirm" wurde noch knallheiß, man durfte ihm nicht zu nahe kommen. Auf jeden Fall: der urige Ofen schenkte uns eine wohlige Wärme, beide Schlafräume waren nun nicht nur erträglich, sondern urgemütlich. Das Brennmaterial kostete nichts, denn es war Abfall: mein Vater schleppte es von den Holzbetrieben zu uns heran, die er ständig besuchte.

Dieser „magische" Sägemehlofen in unserem Kinderzimmer ist später zu einem festen Topos im Erinnerungsaustausch zwischen uns Geschwistern geworden. Wir spöttelten dann gerne: er ist nicht explodiert, er fraß uns nicht den ganzen Sauerstoff weg, er war ein treuer Geselle und half uns über den Winter. Auch die Giebelfront unserer Behausung hatte er verschönert. Das Ofenrohr aus dem Fenster heraus machte sich gut: es gab der Giebelseite unserer Baracke das Aussehen eines Hexenhäuschens.

Aufnahmeprüfung:
ihr Kampf um die Bildung

Alle ihre Kinder sollten eine möglichst gute Schulbildung haben – das war eine Selbstverständlichkeit für meine Mutter. Sie selbst stammte ja aus einem bildungsbürgerlichen Milieu, in dem man den Kindern eine möglichst gute Ausbildung angedeihen lässt. Und sie war fest davon überzeugt, dass eine gute Bildung die Lebenschancen ihrer Kinder verbessern würde. 1950, als ihr Ältester (ihr Adoptivsohn) seine vier Jahre „Volksschule" hinter sich hatte und man sich für eine weiterführende Schule entscheiden musste, hatte sie einen fürchterlichen Kampf mit dem Alten auszufechten. Der wollte, dass unser Halbbruder Klaus, sein auserkorener Liebling, sich den ganzen Stress mit der Aufnahmeprüfung sparen könnte.

„Der Junge wird Handwerker wie ich, der braucht den ganzen Bildungskram nicht!" Er tobte los.

Zum ersten Mal erlebte ich, mit welchem Hass und mit welcher Aggressivität der Alte meine Mutter angriff – und auch: mit welcher Kraft und Wut und mit welcher Verachtung meine Mutter zurückschlug. Sie setzte sich schließlich durch. Mein Bruder bestand die Aufnahmeprüfung zur Realschule (damals: „Mittelschule"). Doch in jenem Jahr (1950) zog er bei uns aus und lebte vorwiegend bei seiner leiblichen Mutter in der Alten Marktstraße. Diese Frau und der Alte bearbeiteten den Jungen mit ihren altbackenen Vorstellungen und schafften es, dass die Realschule für meinen Bruder nur eine kurze Episode blieb: nach einem Jahr plumpste er zurück in die Volksschule.

Er hat das später – als erwachsener Mann – meiner Mutter gegenüber sehr bedauert. „Ich hätte auch gerne mein Abitur gemacht, ich hätte auch gerne studiert. Ich hätte auf dich hören sollen, nicht auf den Oppa, nicht auf meine Mutter ..."

Die Reaktion meiner Mutter rührte mich. Sie ergriff seine Hand, die neben der ihren auf dem Tisch lag: „Es ist doch vergangen. Vorbei. Das Leben geht weiter." Sie streichelte seine Hand: „Du hast was aus dir gemacht. Du hast dein Geschäft aufgebaut. So etwas wollte ich doch."

Ihr Kampf ums Geld: der „ewige Krampf"

Zum Verrat meines Vaters rechne ich auch, dass er seine Frau tagtäglich dem Hass und der Gewalt des Alten aussetzte. Er selbst setzte sich morgens in sein Auto und verschwand aus dem Dunstkreis seines unberechenbaren und gewalttätigen Vaters, meine Mutter blieb zurück und musste direkt neben einem Berserker leben, der zu Tobsuchtsanfällen neigte – Tür an Tür. Das war nicht ungefährlich. Sie war nicht nur den verbalen Exzessen des Alten ausgesetzt, es bestand immer auch die Gefahr, dass er sie körperlich angriff, wenn er seine unbeherrschten Wutanfälle bekam. Immer wieder kam es zum Streit zwischen den beiden – und immer ging es ums Geld.

An einen dieser Kämpfe erinnere ich mich genau, denn ich war Zeuge ihres Scharmützels – und mehr noch: ich war damals, in der Ursituation entschlossen, hemmungslos einzugreifen, falls er über die Grenze ging und sie misshandelte. Noch heute bin ich dafür dankbar, dass es nicht dazu kam.

Abends, wenn seine Leute – Theo, der Geselle, und Hubert, sein Lehrling – schon Feierabend hatten und verschwunden waren, wurschtelte der Alte meist noch eine Zeitlang in seiner Werkstatt herum. Wenn er dann endlich fertig war, beschloss er seinen langen Arbeitstag mit einem festen Ritual. Er kam mit einem Zinkeimer in unsere Küche und zapfte sich an der Pumpe sein Waschwasser. Bei schönem Wetter nahm er seine Waschungen draußen, auf dem Hof, vor.

Ich sehe ihn: ein kompakter alter Kerl in einem weißen Baumwollunterhemd mit langen Ärmeln. Er sitzt auf einem Stuhl, krempelt die Ärmel hoch, taucht seine Unterarme in den Eimer, der vor ihm auf dem Boden steht, und rubbelt sich mit dem klaren Wasser sein Gesicht ab, seinen ganzen stoppeligen Schädel und den Hals. Er wäscht auch seine Ohren aus und seine Nasenlöcher, er gurgelt, spült seinen Mund aus und speit das Wasser auf den Boden. Am Ende wäscht er seine Hände und Unterarme gründlich mit Kernseife. Danach schüttet er sein Abwasser in hohem Bogen über den Zaun in unseren „Dschungel".

Ich habe ihn oft bei diesem Ritual beobachtet, es faszinierte mich. Wenn er schließlich fertig war, verschwand er in seiner Werkstatt und kam geschniegelt und gebügelt – stadtfein gemacht – wieder heraus. Manchmal ging er dann noch kurz in unsere Küche, um irgendeine Nachricht zu hinterlassen, die meine Mutter seinem Sohn auszurichten hatte. Bei diesen Kurzbesuchen kam es fast immer zum Streit, denn meine Mutter musste bei den beiden Kerlen immer um Geld kämpfen, den Stoff für unser aller Überleben, von dem immer zu wenig und oft tagelang gar nichts vorhanden war.

Einmal kam es zu einem so monströsen Kampf zwischen den beiden, dass ich noch tagelang erschüttert war. Das war im Frühjahr unseres Katastrophenjahrs 1952, dem Jahr, in dem meine sanfte Oma starb. Meine Mutter verlangte von dem Alten Geld, um Nahrungsmittel für uns einkaufen zu können. Er weigerte sich, ihr etwas zu geben, und sie fing an ihn zu beschimpfen: der Betrieb sei am Ende, er und sein Sohn seien Versager, mein Vater sei wieder einmal seit zwei Tagen „verschollen", er sei mit einer Panne irgendwo in Niedersachsen liegen geblieben, sie könne nirgendwo mehr „anschreiben", überall seien wir hoch verschuldet ... usw. usw. ... die alte Leier ...

Sie schrie ihn an und beleidigte ihn, so gut sie konnte. Einen solchen Ton war er nicht gewohnt, schon gar nicht von einer Frau. Seine Wutbombe explodierte.

Ich war die ganze Zeit im Raum und war entsetzt über das Schauspiel, das sie mir boten. Der Kampf fand um den Küchentisch herum statt. Er jagte sie um den Tisch, er wollte sie packen und verprügeln. Sie wich ihm geschickt aus und steigerte sich noch in ihrem Geschrei. Sie beleidigte ihn nach Strich und Faden. Er war schließlich so außer sich, dass er nur noch brüllte, pausenlos – wie ein Irrer.

Ich konnte nicht eingreifen, nichts tun. Sie nahmen mich überhaupt nicht wahr. Ich stand in einer Ecke des Raumes neben unserem elfenbeinfarbenen Küchenschrank. Ich wusste, dass in einem unserer Besteckkästen das lange spitze Tranchiermesser lag, von mir persönlich am Schleifbock des Alten geschliffen und scharf gemacht. Ich war zu allem bereit. Ich war bereit, ihm das Messer in den Rücken oder in den Bauch zu rammen, falls er meine Mutter angriff.

Manche Schrecknisse meiner Kindheit habe ich mit Erfolg in die Dunkelräume meines Gedächtnisses verfrachten können – so auch dieses. Dort ließ ich es schlummern und lange Zeit nicht wieder hochkommen, denn es enthielt ein Bild von mir, das ich mir nur ungern ansehen mochte. Verdrängung funktioniert allerdings nicht für immer: Erlebtes lässt sich nicht willentlich aus dem Gedächtnis löschen. Und so kann ich es mir nicht weglügen: ich war ganz ernsthaft bereit, meinen Großvater zu töten. Da war ich neun Jahre alt.

Es kam nicht zum Exzess. Plötzlich wandte er sich abrupt um und rannte hinaus auf den Hof. Durchs Fenster sah ich, dass er erregt auf und ab lief. Er kam noch einmal zurück. Er blieb in der Tür stehen und sagte:

„Wenn du Geld brauchst, dann wende dich an deinen Mann. Er hat das Geld in der Tasche, das du brauchst. Er ist ein Hallodri, ein Luftikus. Er haut es für sich auf den Kopp. Er versäuft es mit seinen Kumpanen ... und ..."

Meine Mutter stand ihm erschöpft gegenüber, geschützt durch den Küchentisch. Sie war sehr blass und sie tat mir sehr leid. Er trat an den Tisch heran und beendete seine Ansage voller Hass, Häme und Niedertracht:

„... und er bringt es mit seinen Weibern durch. Er kommt ja nicht von seinen Weibern los. Du bist doch naiv und vernagelt. Was glaubst du denn, wo er die letzte Nacht geschlafen hat?"

Er grinste. Ich sah das Böse in seinem Gesicht und in seiner Gestalt und hasste ihn so, wie ich noch nie einen Menschen gehasst hatte. Nachdem er seinen Schmutz losgeworden war, schlug er mit der rechten Hand auf den Tisch, dass es laut knallte. Danach drehte er sich um und verschwand endgültig.

Ich sehe meine Mutter dort am Tisch stehen, eine schlanke, aufrechte Gestalt. Sie wird ganz still, sie zieht ihre Lippen nach innen, wie sie das immer tut, wenn sie tief getroffen ist oder wenn in ihr die traurigen Bilder ihrer Kindheit hoch kommen. Meine Mutter tat mir sehr leid in jenem Moment und ich hatte keine Möglichkeit sie zu trösten. Ich war selber aufgewühlt und verletzt. Als wir beide wieder zu uns kamen, entdeckten wir, dass auf dem Küchentisch ein Zwanzigmarkschein lag, genau an der Stelle, wo er hingeschlagen hatte.

Wie sie darauf reagierte, erfüllt mich noch heute mit Bewunderung.

Sie war plötzlich ganz ruhig, so, als wäre der ganze Dreck von ihr abgefallen. Sie schaute mich still und nachdenklich an und sagte ganz sanft: „Ach, mein Junge." Dann ging sie ins Nebenzimmer, kam mit ihrem grünen Pelikanfüller und einem Stück Papier zurück, setzte sich an den Tisch und schrieb eine Einkaufsliste. Sie gab mir die Liste, den Zwanzigmarkschein und die große Einkaufstasche. Ich radelte los.

Nachdem ich meine Einkäufe abgeliefert hatte, spürte ich plötzlich, wie schlapp und erschöpft ich war. Mir war kodderig, das Leben widerte mich an, ich hatte genug von der Welt der Erwachsenen und rannte davon, hinaus in meine sanfte, grüne Landschaft zu dem Ort, den ich liebte und der mich stets ins Lot zurückbrachte, wenn sich wieder einmal Schlimmes ereignet hatte.

Auf der Müllkippe

In den vier Jahren unserer Barackenzeit wurde mein Vater zum Kippbild in meiner Seele. Ich sah immer deutlicher seine dunklen, rätselhaften Seiten. Er wurde mir fremd und es gab Situationen, in denen ich ihn gar verfluchte und verachtete. Aber immer wieder sprang der fröhliche Kumpel aus ihm heraus, sein Lachen und seine jungenhafte Leichtigkeit steckten mich an – und dann liebte ich ihn wieder.

Meist war er allerdings gar nicht da. Frühmorgens fuhr er mit seinem Auto davon und kam erst spät in der Nacht zurück, wenn wir Kinder schon schliefen. Oft blieb er die ganze Nacht verschwunden: dann hatte er seine „Panne" gehabt unterwegs, musste in einem Gasthof übernachten, um auf die Reparatur zu warten oder er war auf einer dieser mehrtägigen „Bauernhochzeiten" versackt, von denen er gerne erzählte, ländliche Sauf- und Fressgelage mit hunderten von Gästen. Er erzählte unserer Mutter so allerlei am Telefon – aber ich wusste seit meinen Erlebnissen im Moosbett auf dem Bunkergebirge und seit der gehässigen Entgleisung des Alten, dass noch mehr im Spiel war. Ich wusste auch, dass sie das wusste.

Er nahm nicht teil an unserem Leben und wurde zum Wochenendgast. Ein Sonntagsvater. Am Wochenende en famille war er fröhlich und gut gestimmt, er wurde zum schelmischen Kumpan, er konnte meine Mutter zärtlich in den Arm nehmen und für alle seine Schandtaten um Verzeihung bitten. Er brachte sie mit Scherzen und Witzen zum Lachen. Sie hatten dann ein paar goldene Stunden miteinander und abends, wenn wir Kinder „Gute Nacht" sagten, lagen sie nebeneinander in ihren Ehebetten – und ich schlief glücklich ein …

***

Oft allerdings lag sie allein in ihrem Schlafzimmer.

Es war immer das gleiche Bild, wenn ich zu ihr ging, um ihr meinen Gute-Nacht-Kuss zu geben: in der linken Hand hielt sie ihr Buch, in der rechten klemmte und glimmte ihre Zigarette. Immer verschlang sie Romane vor dem Einschlafen, jede Nacht driftete sie ab in andere Welten. Ich habe sie dort nie ohne Buch gesehen. Ihr Gesicht war entspannt und glücklich, wenn wir kamen, um ihr „Gute Nacht" zu sagen.

Wir beiden Großen, meine Schwester und ich, brachten ihr dann meist unser kleines Geschenk. Dieses Geschenk war für uns mit einer besonderen „Arbeit" verbunden, denn wir mussten erst einmal 90 Pfennig zusammenkratzen, um es kaufen zu können. Herrschte nämlich Ebbe in der Haushaltskasse und konnte sich unsere Mutter nicht einmal den kleinen Entspannungsdrink zum Lesen und Einschlafen leisten, machten wir uns ans Geldverdienen.

Jenseits von Andersens Baracke, zum Hafen hin, gab es eine wilde Mülldeponie. Nicht nur Privatleute, auch Handwerks- und Industriebetriebe kippten dort ihren Abfall einfach in die Landschaft. Meine Schwester und ich begründeten ein Ritual: wir suchten diese vor sich hin stinkende Müllkippe nach Eisenschrott ab. Wir stapften kreuz und quer durch den Unrat und sammelten alles, was aus Metall war, in einem Jutesack. Wir waren die Einzigen, die sich dort in dieser Weise betätigten, ich habe nie andere Schrottsammler gesehen. Ich hatte sogar Werkzeug dabei, einen Hammer und eine Kneifzange, damit konnten wir Metall von anderen Materialien loskloppen oder abzwacken. Auf diese Weise „erntete" ich einmal sämtliche Sprungfedern eines weggeworfenen Wohnzimmersessels. Diese Müllkippe roch unangenehm, denn es wurden dort auch chemische Abfälle verbuddelt. An heißen Sommertagen entzündeten sich irgendwelche unappetitlichen Materialien: bläuliche kleine Flammen blakten aus dem Dreck, ihre bläulichen Rauchfahnen rochen chemisch-giftig. Wir hielten uns fern von diesen Höllenfeuern.

Wenn wir die Müllkippe abgesucht und „abgegrast" hatten und die Ausbeute zu gering war, durchsuchten wir die Werkstatt des Alten nach Eisenschrott und klauten auch schon mal das eine oder andere Teil aus einem Fundus von Metallresten, der für uns eigentlich tabu war, da er ihn noch bei seinen Reparaturarbeiten verwerten konnte. Manchmal sah ich voller Spott den Alten etwas suchen, was längst bei Homann gelandet war.

Homannn war unser Schrotthändler. Sein Schrottplatz lag ganz in der Nähe – jenseits von Vogeleys Ponyweide. Dort mussten wir unsere Ausbeute auf das niedrig gelegene Brett einer großen Waage kippen. Eine runde Zeigeruhr oben auf einem Eisenrohr zeigte das Gewicht an. Wenn Herr Homann damit beschäftigt war, das Ziffernblatt abzulesen, verwickelte ich ihn mit irgendeiner banalen Frage in ein Gespräch, um ihn abzulenken. Meine Schwester hockte nämlich neben dem Waagenbrett im Schneidersitz und holte heimlich einen recht schweren Stein hervor, den sie unter ihrem Rock verborgen hatte. Den legte sie verstohlen auf die Waage, versteckte ihn in unserer Beute und das brachte uns 20 oder 30 Pfennig extra. Ich stand nämlich neben Herrn Homann vor der Zeigeruhr, passte auf wie ein Luchs und registrierte unseren Extragewinn.

Es war schon eigenartig: Herr Homann merkte den Trick nie, er schaute zufällig immer in irgendeine Richtung, aber nie zu meiner Schwester hin. Frau Homann merkte den Trick immer und fing jedes Mal an fürchterlich zu keifen.

Wenn wir die 90 Pfennig auf der Müllkippe nicht zusammen bekommen hatten, stellte ich mich manchmal noch für eine Weile an die Stanze und fertigte Gummischablonen für Otto Stratens Fußabtreter – oder ich erbettelte ein kleines Taschengeld beim Alten. Der hielt mich immer sehr knapp, weil er mich nicht mochte.

Hatten wir endlich unsere Groschen beisammen, liefen wir zu dem kleinen Kiosk-Häuschen der Frau Schuppe und kauften eine Flasche Bier (60 Pfg.) und ein kleines Pappschächtelchen mit vier Zigaretten darin (30 Pfg.). Das war unser Präsent. Das brachten wir vor dem Einschlafen unserer Mutter an ihr Lager, wo sie – gemütlich hochgebettet – ihre Romane las. Um ihre Dankbarkeit zu zeigen, trank sie symbolisch einen ersten kleinen Schluck aus der Flasche und sagte dann den Satz, der mich glücklich machte: „Ach, meine wunderbaren Kinder."

***

Die Müllkippen-Homannn-Sequenz gehört zum festen Bestand der Sagen meiner Kindheit. Wenn wir uns amüsiert unsere Döntjes vom Schrottsammeln erzählten, hatten meine Schwester und ich exakt das gleiche Bild vor Augen:

Im Winter war die Müllkippe eine Wüstenei aus Morast und Abfall. In den Sommermonaten war sie eine grau-braune, staubige Steppe aus Lehm, Unrat und stinkenden kleinen Vulkanen. In der Mitte der Deponie durchschnitt ein unbefestigter Trampelpfad die Mondlandschaft aus Abfall und Lehmstaub. Er führte in die herrliche grüne Weserlandschaft, zu den sanften Weserauen und zur Badeanstalt am Weserufer. In der Badesaison liefen dort viele Menschen entlang. Niemand nahm Anstoß an dem Dreck.

Die Alten im *Land Danach*, die an Zerstörungen gewöhnt waren und jahrelang selber Schutt, Trümmer und Ruinen hergestellt hatten, machten mit Naturzerstörung weiter – das gehörte zum Geist der Zeit im *Land Danach*. Ich erinnere mich, dass ich – Jahre später – beim Joggen im Bergischen Land mitten im Wald eine verwunschene kleine Schlucht entdeckte, die zur Hälfte mit Müll gefüllt war, abgeranzten alten Sofas, Sesseln, Kühlschränken, Waschmaschinen, Autoreifen ... Das war normal im *Land Danach*.

Erst die „Öko-Bewegung", eine der vielen „Pflanzen", die dem Urtopf der „Studentenbewegung" entsprossen waren und in den Siebziger Jahren erblühten, brachte den geistigen Wandel und schließlich die Wende: 50 000 wilde Mülldeponien wurden auf dem Gebiet der alten „BRD" identifiziert und – so gut es ging – saniert. Manche der notdürftig verbuddelten Chemikaliendepots blieben allerdings unentdeckt, als der Boden zu Bauland deklariert wurde. Sie wurden mit Wohnsiedlungen, Häuschen und Gärten überbaut und vergifteten die Kinder und Enkelkinder der Tätergeneration.

Der fehlende Splint

Ich erinnere mich an eine Szene, in der ich meinen Vater heiß und innig hasste.

Als ich loszog mit dem großen „Bollerwagen", stand im Westen, hinter dem Klüt, bereits eine schwarze Gewitterwand und ich wusste, dass ich mich beeilen musste, um nicht in die Regenschauer zu geraten, die auf uns zu kamen. Ich zerrte den Wagen an der langen Deichsel über die nicht asphaltierte Kuhbrückenstraße, bog nach rechts ab in die Wittekindstraße, die schon eine glatte Asphaltdecke hatte, und kurvte, nachdem ich die Schafbrücke hinter mir gelassen hatte, schließlich in den Hof des Kohlenhändlers ein. Der füllte meinen großen Jutesack mit einem Zentner Steinkohle, legte mir den Sack in den Wagen, ich ergriff die Deichsel und startete die Rückfahrt. Der Bollerwagen war ein stabiler, großer Leiterwagen aus Holz mit vier hölzernen Speichenrädern, die mit einem Eisenreifen ummantelt waren. Er ließ sich nur schwer manövrieren und jetzt gar – mit fünfzig Kilo Kohle beladen – hatte ich ziemliche Mühe, die Karre überhaupt zu bewegen und die kleine Steigung zur Schafbrücke hinauf zu bewältigen. Ich war erst acht Jahre alt und nicht gerade ein Kraftprotz.

Hinter der Schafbrücke ging es abwärts, die Karre rollte glatt, aber nun kamen starke Windböen auf und die ersten Regengüsse prasselten auf mich und mein Gefährt hernieder. Der Himmel verdunkelte sich und ich war in Sekunden klatschnass. Ich sah keine Möglichkeit, mich unterzustellen und vor allem die für uns so kostbare Steinkohle, unser Brennmaterial für die nächsten Tage, vor der Nässe zu schützen. Auf dem unbefestigten Teil der Kuhbrückenstraße versanken die Räder im Matsch, ich zerrte mit aller Kraft an der Deichsel, kam aber nur mühsam voran. Überall Pfützen und Schlamm. Ich rutschte aus, fiel hin, und wurde selbst zu einer triefenden Figur aus Schlamm.

Plötzlich merkte ich, dass das rechte Vorderrad des Bollerwagens eierte. Ich kniete mich in den Schlamm, schob es wieder auf die Achse und stellte fest, dass der metallene Splint, der das Rad an der Achse fixiert, verloren gegangen war. Ich tastete mit meinen Fingern um das Rad herum im Schlamm, in der Hoffnung, den Splint wieder zu finden. Das war aussichtslos.

Es war fast dunkel geworden, es goss aus Kübeln, Blitze zuckten im Himmel. Das Unwetter krachte und tobte um mich herum. Ich zog die schwere Karre ein paar Meter weiter. Das rechte Vorderrad eierte bedrohlich, löste sich schließlich von der Achse und platschte in die schlammigen Fluten. Die restlichen drei Räder konnten die Karre mit dem schweren Sack nicht stabilisieren, sie kippte mit der vorderen rechten Ecke in den Schlamm. Da stand ich nun mit einem havarierten Bollerwagen und seinem zentnerschweren Kohlensack. Ich war mit meinem Latein am Ende. Ich suchte in den Büschen am Rand der Ponyweide nach kleinen Ästen oder Stöckchen, die ich provisorisch als Splint benutzen wollte. Völlig nutzlos: alles war aufgeweicht und modderig, ich fand nichts Geeignetes.

Was sollte ich jetzt tun?

Die ganze Chose einfach liegenlassen und nach Hause laufen war unter meiner Würde. Ich stellte mich vor den Wagen, mit meiner Linken hob ich das schwere Ding an, mit meiner Rechten packte ich die Deichsel und zog die Kutsche Zentimeter um Zentimeter weiter. Dabei musste ich rückwärts laufen. Das war eine nicht enden wollende Schinderei. Nach wenigen Schritten musste ich jeweils eine Pause einlegen, um mich zu erholen. Es waren nicht mehr als dreihundert Meter bis zu unserem Kohleschuppen, doch das war eine für mich endlose Distanz: dreihundert Meter schwere Knochenarbeit durch Pfützen und Morast. Immer wieder hob ich den Wagen mit dem linken Arm an, zerrte ihn mit dem rechten Arm an der Deichsel dreißig, vierzig Zentimeter vorwärts. Pause. Schnell war ich erschöpft, meine Schultern taten mir weh. Doch ich machte weiter: wieder ein paar Zentimeter. Pause. Noch ein paar Zentimeter ... Ich musste all meine Kraft einsetzen und sah doch lange Zeit nicht auch nur den geringsten Fortschritt.

Irgendwann – nach einer Ewigkeit in der nassen schwarzen Hölle – stand ich dann doch vor der Tür des Kohleschuppens, zerrte den klatschnassen, noch schwerer gewordenen Sack vom Wagen und in den Schuppen hinein. Ich löste den Knoten und kippte den Inhalt auf den Estrich. Das waren nun keine Steinkohlen mehr, das war nur noch ein Haufen Matsch, ein vor Nässe triefender, schwarzer Steinkohlenbrei, unbrauchbar zum Verfeuern.

Am Ende stand ich in der Schuppentür und starrte in die Dämmerung. Das Gewitter ließ nach, die Regenschauer gingen in einen Dauerregen über, irgendwo blinkte der Mond. Ich war erschöpft und wütend, meine Arme zitterten, meine Schultern schmerzten. Da stand ich lange und dachte – wie so häufig in jenen Jahren – über meinen Vater nach.

Ich hasste ihn jetzt. Ich fing an, ihn zu verfluchen. Ich fing an, meinen Vater innerlich mit einer solchen Wut zu beschimpfen, wie ich das nie zuvor und nie mehr später getan habe, und als ich schließlich durch den Regen auf unsere Wohnung zulief, schrie ich es laut:

„Du Arschloch. Du bist kein Vater. Du bist eine Null!" Ich heulte vor Wut.

***

All das geschah an einem Sonnabendnachmittag. Meine Mutter war an mich herangetreten:

„Unsere Kohlen sind alle, ich kann nichts kochen. Der Vati wollte früh am Nachmittag zurück sein und Kohlen mitbringen. Er kommt nicht. Er ist wohl irgendwo hängen geblieben ..."

Wie immer. Ich wusste Bescheid.

„Ich habe gerade mit dem Kohlenhändler telefoniert. Er ist noch eine halbe Stunde auf dem Platz ..."

Ich wusste Bescheid.

Ich schnappte mir den großen Bollerwagen und zog los. Das Drama begann.

***

Erst in der Nacht kurvte der schwarze Opel auf unseren Hof ein: mein Vater hatte die Kohlen „vergessen".

Das Gewitter war abgezogen und am Sonntag war es bereits wieder brütend heiß. Ich holte ein großes Blech aus der Werkstatt des Alten, legte es in die Sonne und bedeckte es mit ein paar Schaufeln feuchtem Steinkohlenbrei. Gegen Abend war er getrocknet und meine Mutter kochte uns unser Sonntagsessen.

In der Mühle

Warum sich bestimmte Kindheitserlebnisse vor langer Zeit in meinem Kopf eingenistet haben und im Langzeitgedächtnis gelandet sind, wurde mir erst im bewussten Prozess des Erinnerns deutbar: die Ursituation hatte immer etwas Uneindeutiges, Verqueres oder Rätselhaftes an sich, das ich als Kind nicht deuten konnte, weil mir einfach noch das nötige Wissen fehlte. Meist blieben aus der Ursituation isolierte Erlebnissplitter haften, denen etwas Sonderbares zu eigen war, und erst die späte Erinnerung mit ihrem volleren Wissen formte die Splitter zu einer erkennbaren Gestalt. Dadurch entstand eine „volle" Erzählung, eine „runde" Geschichte, die in den Splittern der Ursituation zwar angelegt, aber für das Kind von einst nicht sichtbar war.

***

Herbst 1951. Ich bin acht Jahre alt, schon weit in meinem neunten Lebensjahr.

Wir haben eine sehr lange Tour durch Niedersachsen hinter uns, mein Vater und ich. Die Pritsche hinten in unserem Opel P4 ist gut gefüllt mit Aufträgen, großen und kleinen Kreissägen und Werkzeugen, die der Alte reparieren wird. Auf den Höfen und in den Sägewerken hatte mein Vater gefeilscht und um Aufträge gerungen. Ich sah zum ersten Mal, wie hart er arbeitete, um das nötige Geld für den Betrieb und für die Menschen, die daran hingen, herbeizuschaffen. Es war mir sogar ein wenig unangenehm gewesen: er bettelte förmlich um Aufträge.

Nun trudelten wir langsam Richtung Heimat. Das alte Auto hatte Mühe, die zentnerschwere Last zu bewegen. Besonders bei langen Steigungen ging es nur sehr langsam voran.

„Zum Abschluss zeige ich dir noch etwas Schönes", sagte mein Vater. „Wir müssen allerdings einen kleinen Umweg machen."

Wir bogen von der Landstraße ab und fuhren auf einer schmalen, mit Blaubasalt gepflasterten Straße durch ein Waldstück, dann durch ein Dorf, und als wir das Dorf wieder verließen, sah ich sofort, was er mir zeigen wollte: eine alte Windmühle auf einem kleinen Hügel. Das große, mit weißen Segeln bespannte Windrad drehte sich im Wind.

„Die ist noch voll in Betrieb", erklärte mein Vater, „das Windrad ist oben an der Kappe befestigt. Die kann sich drehen und das Windrad stellt sich in den Wind. Die Bauern aus der Umgebung liefern ihr Getreide ab und der Müller macht alles zu Mehl."

Ich hatte angenommen, wir würden langsam an dem Windmühlenhügel vorbeifahren und die Sehenswürdigkeit nur aus der Entfernung genießen, aber er bog von der Landstraße nach rechts ab, auf den kurzen, nicht asphaltierten Weg, der zu der Mühle führte. Wir fuhren durch das Hoftor in das Mühlengrundstück, das mit einem Holzzaun begrenzt war. Er parkte den Opel in etwa fünf oder sechs Metern Entfernung vor einem Haus, das in der Nähe der alten Mühle stand. Das war wohl das Wohnhaus des Müllers, vermutete ich.

„Warte einen Moment im Auto", sagte mein Vater, „ich suche den Müller. Bin gleich wieder da."

Er verschwand durch eine breite Tür im „Untergeschoss" der Mühle. Die Mühle war unten aus Stein gemauert und auf diesen Grundmauern erhob sich das hohe Mühlengehäuse aus schwärzlichem Holz. Obenauf lag die Kappe mit dem Windrad.

Als ich nun allein im Auto saß und nach vorne durch die Windschutzscheibe schaute, hatte ich das Wohnhaus des Müllers im Blick. Es war ziemlich groß, zweigeschossig, mit einem roten Ziegeldach. Es war weiß verputzt und sah ordentlich und gepflegt aus. Genau in der Mitte des langgestreckten Gebäudes war die Eingangstür. Die Flügel zu beiden Seiten hatten je sechs Fenster: drei oben, drei unten. Zwölf Fenster insgesamt.

Was mir besonders ins Auge stach: die ganze Hausfront „blühte". Unter jedem der zwölf Fenster waren große, massive Blumenkästen angebracht und die waren voller Blumen. In allen Kästen blühte es so üppig, in so großer Fülle und Farbenpracht, dass ich beeindruckt war. Die Hauswand kam mir vor wie ein „hängender Garten". Dergleichen hatte ich noch nie gesehen.

Während ich die Blumenwand bewunderte, erschien im rechten oberen Fenster, dessen Flügel weit geöffnet waren, der Kopf einer Frau, eingerahmt von dichten dunklen Haaren. Die Frau war ein paar Jahre jünger als meine Mutter, so schätzte ich. Für mich sah es so aus, als wüchse ihr Kopf förmlich aus den blühenden Geranien heraus, denn von ihrem Körper war nichts zu sehen. Ihr Gesicht wirkte auf mich lieb und freundlich und auch ein wenig nachdenklich. Sie schaute unverwandt auf unser Auto, auf mich, und ich schaute unverwandt auf sie. Ich stellte mir vor, dass auch sie von mir nur den Kopf sah, der aus der Windschutzscheibe hervorlugte. Ein Frauenkopf ohne Körper und ein Kinderkopf im Guckkasten. Wir schauten uns unverwandt an und es kam mir am Ende so vor, als habe sich eine Verbindung zwischen uns hergestellt, als habe sich ein Draht gespannt zwischen ihr und mir. Unser langer Augenkontakt enthielt etwas rätselhaft Intimes.

Die stumme Begegnung mit der Frau des Müllers ist der erste isolierte Splitter jener Windmühlengeschichte, den ich in meiner Erinnerung aufbewahrt habe. Lange Zeit konnte ich ihn nicht mit den folgenden Erlebnissplittern in Verbindung bringen, da mir der Durchblick fehlte.

***

Nach geraumer Zeit öffnete sich die Mühlentür wieder und mein Vater trat heraus auf den Hof. Hinter ihm erschien ein großer, voluminöser Mann, dessen Erscheinung ich ziemlich lustig fand, denn er sah gar nicht aus wie ein „normaler" Erwachsener, so empfand ich, sondern wie ein zu groß geratenes Kind. Ein Riesenkind. Er hatte einen mächtigen Eierkopf mit einer hohen Stirnglatze, sein Kinn war glattrasiert, seine helle Haut schimmerte rosig. Er trug eine große weiße Latzschürze, die unten um seine Beine flatterte. Seine Hose war ebenfalls weiß. Er trug ein helles, kurzärmeliges Hemd und ich sah, dass seine Ober- und Unterarme prall und muskulös waren. Am meisten erstaunten mich seine Hände: Pratzen, groß wie Schaufeln. So große Hände hatte ich noch nie gesehen.

Mein Vater stellte mich vor und sagte dem Müller, dass er extra einen Umweg gemacht habe, um mir die Mühle zu zeigen. Der Riese ergriff mit seinen beiden Riesenhänden meine rechte Hand – ja, seine Schaufeln verschlangen auch noch meinen halben Unterarm.

„Ich zeige deinem Söhnchen die Mühle", sagte er zu meinem Vater. Und zu mir: „Los geht's!"

Er zog mich durch die offene Mühlentür und machte die Tür hinter sich zu. Meinen Vater ließ er draußen stehen. Mir war ein wenig mulmig zumute mit dem riesenhaften Mann plötzlich allein zu sein. Es war dämmrig in dem hohen, für mich unheimlichen Mühlengebäude, fast dunkel nach dem Sonnenlicht draußen. Ich schaute nach oben und erahnte über mir ein Maschinenmonstrum, sah Balkengestänge, die rotierten, Räder die sich drehten, eine gespenstische Maschinenwelt aus Holz, wie ich sie noch nie gesehen hatte.

Wir standen vor den riesigen Mahlsteinen unten, der eine lag fest auf der Erde, der andere drehte sich auf ihm.

„Der Wind setzt ihn in Bewegung. Der Wind mahlt das Korn."

Er erklärte mir kurz und trocken, was er hier unten als Müller zu tun hatte. Ich sah die vielen Getreidesäcke, die an der Wand aufgestapelt waren und verstand, warum er so muskulöse Arme hatte.

„Los! Wir klettern rauf!"

Er fackelte nicht lange und griff mir unter die Arme. Ich spürte, wie seine riesigen Greifer meinen Oberkörper umspannten und stand – schwups – auf einer höhergelegenen Plattform. Er kletterte auf einer Leiter hinter mir her. Wir standen dicht nebeneinander und er erklärte mir kurz, was ich von da aus sah. Von unserer Plattform führte wieder eine steile Leiter auf eine noch höhere Plattform. Ich fing an hochzuklettern und sofort spürte ich seine Greifer um mich herum, er hob mich hoch, setzte mich oben ab und kletterte hinter mir her. Vor der allerhöchsten Plattform hatte ich urplötzlich Schiss, ich spürte eine große Angst in mir, als ich in die dunkle Tiefe schaute, und traute mich nicht mehr auf die letzte Leiter. Er kniete sich hin, winkelte seinen rechten Arm eng an seinen Körper und bog seine riesige Hand nach hinten. Die sah jetzt aus wie ein breiter, bequemer Fahrradsattel.

„Setz' dich drauf", sagte er, „ich hebe dich nach oben."

Als ich auf seiner Hand saß, „fuhr" er mich mit Leichtigkeit nach oben – ich fühlte mich wie in einem Fahrstuhl oder Sessellift. Oben, auf der letzten Plattform, stand ich plötzlich vor einer Fensterluke. Als ich hindurchschaute, sah ich die großen Windmühlenflügel von hinten, die großen weißen Segel schwebten von oben nach unten an mir vorbei.

„Damit kannst du angeben vor deinen Klassenkameraden. Das hat bestimmt noch keiner gesehen! Windmühlenflügel von hinten!" Er lachte.

Ich spürte, wie sehr er das Abenteuer mit mir genoss. Als er mich die Mühle wieder herunter bugsierte, merkte ich auch, wie gerne er mich berührte. Er hielt mich immer ein klein wenig länger mit seinen Riesenhänden fest, als nötig war, um mich abzusichern. Das war mir unangenehm und ich hatte das Gefühl, dass er mich „betatschte". Überhaupt waren mir die Nähe zu seinem voluminösen Körper und der Geruch seiner Ausdünstung unangenehm. Am unangenehmsten ist mir der „Sessellift" in der Erinnerung geblieben, als er meinen Hintern in seine Pratze nahm und mich hochhievte.

***

Schließlich stand ich wieder draußen im hellen Sonnenlicht.

Mein Vater war erleichtert, als er mich wieder hatte: unsere Mühlenkletterei hatte wohl ziemlich lange gedauert – und war ja auch nicht ganz ungefährlich gewesen. Und dann – draußen auf dem Hof, vor dem Tor der alten Mühle – kam es zu jener

Szene, derentwegen sich mir die gesamte Windmühlenepisode unauslöschlich eingebrannt hat. Denn was der Müller da draußen im hellen Sonnenlicht plötzlich von sich gab, völlig abrupt und unbeherrscht, überraschte nicht nur mich, sondern vor allem auch meinen Vater.

Der Müller sagte laut und energisch: „Gib mir deinen Sohn!"

„Gib mir deinen Sohn", wiederholte er, „ich werde ihn adoptieren. Ich mache ihn zu meinem Erben. Er erbt die Mühle, er erbt das Haus. Er wird Müller. Ich bilde ihn aus."

Mein Vater lachte – er hielt das wohl für einen ziemlich blöden Scherz – und juxte:

„Klar, du kannst ihn haben. Gib mir 1000 Mark."

„Ich mache keine Scherze", fauchte der Müller, „ich will deinen Sohn. Gib mir deinen Sohn!" Der Ton wurde laut und aggressiv: „Ich meine das ganz ernst!"

Meinem Vater schwante, dass hier etwas nicht stimmte. Er scherzte nicht mehr herum und wurde ganz ernst. Der Müller fuhr fort:

„Du weißt, wir können keine Kinder bekommen. Du hast fünf und du kannst sie kaum ernähren. Gib mir eines ab. Uns machst du glücklich und du hast weniger Mäuler zu stopfen!"

Mein Vater war irritiert. Er wandte sich mir zu:

„Lass uns mal für einen Moment allein. Mach einen Rundgang um die Mühle. Ich muss hier mal was klarstellen."

Ich lief nach rechts in einem großen Bogen um die Mühle herum und als ich außer Sichtweite der beiden Männer war, schlich ich – eng an die Mühlenwand gedrückt – zurück zum Ort des Geschehens und blieb schließlich – mit den Schultern an die Mauer gepresst – in Lauscherposition stehen. Sie konnten mich nicht sehen, aber ich konnte sie hören. Sie bölkten sich gegenseitig an – genau genommen: der Müller beschimpfte und beleidigte meinen Vater.

So ungefähr habe ich seine Worte in meinen Erinnerungen aufbewahrt:

„Du hast eine Frau, du hast fünf Kinder und du hast auch noch deine Eltern zu ernähren ... Du fährst durch die Gegend und bettelst um Aufträge … Das ist jämmerlich … Wie lange willst du das noch machen? … Du hast selbst gesagt, dass es immer schwerer wird, Aufträge reinzuholen … Du bist doch längst am Ende … Du kannst doch nicht mit so einer erbärmlichen Arbeit so viele Mäuler stopfen … Das ist doch lächerlich …" Und so weiter.

„Gib mir deinen Sohn … Ich entlaste dich … Ich mag ihn …" Ich kann heute nicht mehr vollständig rekonstruieren, was er noch alles aus sich heraus schimpfte. Offenkundig war er ein vertrauter Kumpel meines Vaters, denn er kannte unsere Familienverhältnisse ziemlich genau. Mein Vater, so schloss ich, hatte wohl bei früheren Gelegenheiten mit ihm über seine Sorgen geredet.

„Reparaturbetriebe wie eure Klitsche sind sowieso am Ende … Die Leute kaufen sich jetzt neue Sachen … Die schmeißen den alten Mist weg …"

Nachdem der Müller seine Tirade beendet hatte, schwieg mein Vater für eine Weile. Dann fing er langsam und bedächtig an zu reden. Er versuchte, den Müller zu beruhigen:

„Dein Ansinnen ist vollkommen hirnrissig. Das ist doch kindisch. Niemand verschenkt seine Kinder. Erzähl diesen Schwachsinn mal meiner Frau …"

Jetzt schwieg der Müller.

„Ja", fuhr mein Vater fort, „ihr solltet wirklich darüber nachdenken, ein Kind zu adoptieren. Das müsst ihr mal ernsthaft in Angriff nehmen, du und deine Frau. Es gibt genug elternlose Kinder in den Heimen. Gebt einem Waisenkind ein Zuhause – oder auch mehreren. Euch geht es doch gut. Ihr müsst nur mal eure Trägheit überwinden und aktiv werden. Ihr müsst endlich einmal euren Arsch hochkriegen …"

Der Müller sagte weiterhin nichts. Es folgte ein sehr langes Schweigen. Dann hörte ich schwere Schritte. Ich hörte, wie die Mühlentür mit Wucht zugeschlagen wurde.

Mein Vater rief nach mir.

Ich verließ meine Lauscherposition, kletterte in unser Auto und wir fuhren los. Ich sah noch einmal zu der Blumenwand hin. Das rechte obere Fenster stand immer noch weit offen und der Kopf der Müllersfrau erschien noch einmal kurz über den blühenden Geranien.

Dann waren wir weg.

***

Auf der gesamten Heimfahrt schwieg mein Vater.

Manchmal wandte er sich kurz zu mir hin, schaute nachdenklich auf mich herunter, nahm aber keinen Kontakt zu mir auf. Ich denke, dass er damals ahnte oder gar wusste, dass ich gelauscht hatte. Er war sich meiner nie so ganz sicher und hat mich nie so recht „eintüten" können. Er blieb jedenfalls tief in seinen Gedanken und schwieg.

An einer langen Steigung versagte der alte Opel. Wir tuckerten unendlich langsam – im ersten Gang – den Berg hoch, denn die alte Karre hatte Mühe, die zentnerschwere Last, die sich hinter uns auf der Holzpritsche angesammelt hatte, zu transportieren. Auf halbem Weg blieb sie einfach stehen. Mein Vater ließ sie ganz langsam den Berg wieder zurückrollen. Unten legte er den ersten Gang ein und versuchte es ein zweites Mal. Es klappte wieder nicht.

Es wurde langsam dunkel und ich fragte mich, ob wir überhaupt noch einmal zuhause landen oder hier, in der Einöde, für immer stecken bleiben würden. Mein Vater ließ die Karre ein zweites Mal rückwärts herunterrollen, unten wendete er den Wagen und fuhr im Rückwärtsgang die Steigung hinauf. Diesmal klappte es. Oben wendete er den Wagen wieder und wir rollten von nun an ohne weitere Probleme bis nach Hause. Es war stockdunkel, als wir endlich zuhause ankamen.

Das war die allerletzte Landpartie mit meinem Vater. Auf dieser Fahrt wurde mir zum ersten Mal voll bewusst, wie schwer er arbeitete, um das nötige Geld für uns alle zusammen zu kriegen. Er musste nicht nur um die Aufträge kämpfen, er kämpfte auch mit seinem alten Auto. Er musste fähig sein, es auf einsamen Landstraßen zu reparieren, wenn die Kerzen verölt waren oder die Karre einen Platten hatte, wenn der Kühler kochte oder die Batterie ihren Geist aufgab ...

Später dann, als ich mir die gesamte „Mühlengeschichte" aus meinen Erinnerungssplittern zusammengesetzt hatte, dachte ich in „Mühlenmetaphern", wenn ich an die missliche Lage dachte, in der mein Vater damals steckte:

Er hing in zwei „Mühlen" fest, aus denen er lange nicht herausfand: in der Tretmühle seiner Bettelfahrten durch Niedersachsen mit seiner alten Nuckelpinne und in der Zwickmühle, in die er hineingeraten war, um seine geliebte Mutter vor der Altersarmut zu bewahren – auf Kosten seiner Frau und seiner Kinder.

Scherben und Reparaturen

Sicher kam er oft erschöpft von seinen Fahrten zurück und verschnaufte erst einmal in der Kneipe mit seinen Freunden aus alter Zeit. Er feierte seinen Abend im klassischen „Männerhaus" jener Epoche. Irgendwann im Sommer 1951 passierte das, was nach so einem „Feierabend" ja irgendwann einmal passieren „musste".

Denn nach jenem Kneipenfeierabend, bei dem er mit seinen Kumpeln vermutlich einiges gebechert hatte, setzte er sich ans Steuer, zog seinen Opel P4 aus der Parklücke in die Straße und ein Radfahrer, der von hinten angeschossen kam und den er nicht gesehen hatte, knallte gegen die Motorhaube. Der war zwar „nur" leicht verletzt und später – vor Gericht – war es strittig, ob er Licht angehabt hatte und ob er tatsächlich über die Motorhaube geschleudert worden war, wie er behauptete und was mein Vater bestritt. Doch all seine Einlassungen vor Gericht nützten meinem Vater wenig. Da er eine verräterische Bierfahne vor sich her getragen hatte an jenem Abend, hatte ihn die Polizei „pusten" und auf „Linie gehen" lassen. Es wurde eine Blutuntersuchung angeordnet und das Ergebnis war eindeutig: zu viele Promille.

In einem Deal mit dem Gericht erwirkte sein Rechtsanwalt, dass ihm nicht der Führerschein entzogen wurde, denn der war ja die Existenzgrundlage für seine vielköpfige Familie und seine alten Eltern. Eine Geldstrafe kam auch nicht in Frage, da er nichts hatte und da wir sowieso schon am Rande des Existenzminimums lebten, und so blieb dem Richter nichts anderes übrig, als ihn zu einer Haftstrafe zu verurteilen, die er wenige Tage später schon anzutreten hatte: zehn Tage Knast!

Vor uns Kindern wurde das Ganze herunter gespielt, aber als er dann verschwand, wusste ich doch: mein Vater sitzt jetzt „im Zuchthaus", womöglich in jenem scheußlichen Gemäuer am Ufer der Weser. Ich erzählte niemandem davon, dass mein Vater nun für ein paar Tage ein „Zuchthäusler" war: das war mir zu peinlich.

Nach anderthalb Wochen, an einem Sonnabend, mittags um zwölf, wurde er entlassen. Meine Mutter und wir Kinder erwarteten ihn voller Spannung und ich war voller Neugier, denn ich wollte ihn über das „Zuchthaus" ausfragen. Gegen eins müsste er wieder bei uns aufkreuzen, so rechneten wir. Meine Mutter hatte zur Feier des Tages unseren Küchentisch zur Festtafel gemacht, sie stand am Herd und kochte eines unserer Lieblingsessen: Bohnengulasch mit Kartoffelklößen, der Vanillepudding zum Nachtisch stand schon auf dem Tisch.

Wir warteten und warteten: er kam nicht. Es wurde zwei Uhr: er kam nicht. Er hatte uns versetzt, er hatte uns wieder einmal „vergessen". Die Stimmung wurde schlecht. Ich rannte schließlich los, rüber zu den Andersen-Kindern, um zu spielen und mich abzulenken. Kaum war ich auf dem Weg zu ihnen, sah ich ihn auch schon. Er saß auf einem Stuhl in der Sonne vor Andersens Wohnung, er hatte eine Bierflasche in der Hand und schäkerte mit Frau Andersen. Zwischendurch scherzte er mit den Andersen-Kindern.

In mir schoss eine heiße Wut hoch: das hätte er doch mit uns tun sollen! Er hätte seine eigene Frau glücklich machen sollen, die seine Heimkehr mit einem kleinen Festakt begehen wollte und ihn sehnsüchtig erwartete. Er hätte mit seinen eigenen Kindern scherzen und flachsen sollen, statt mit den Kindern der Nachbarin.

Ich blieb stehen. Ich spürte einen schmerzhaften Stich in meinem Magen. Was für eine schäbige Gemeinheit! Was für eine jämmerliche Gedankenlosigkeit! Ich hatte in meinem Lauf eingehalten und betrachtete ihn aus der Ferne. Was ich fühlte, als ich ihn damals da sitzen sah, ist noch heute frisch in meinem Gedächtnis: ich verachtete ihn, wie ich ihn vorher noch nie verachtet hatte. In diesem Moment wusste ich, dass er völlig oberflächlich in seinen Gefühlen uns gegenüber war, dass er meine Mutter nicht liebte und dass er kaum ein Gefühl zu seinen eigenen Kindern hatte.

In diesem Moment sah ich, wie hohl und dumm er war. Richtig dumm. Er hatte ja immer eine leichte Art dem Leben gegenüber, was mir eigentlich gefiel. Aber jetzt war er über die Grenze gegangen und trampelte völlig gedankenlos auf unseren Gefühlen herum. Ich stand da, sah ihn da sitzen und an seiner Bierflasche nuckeln und verachtete ihn.

„Er sitzt bei Andersens und trinkt Bier!"

Es war, als hätte ich meiner Mutter eine Kröte in den Hals gesteckt. Sie erschrak, sie war so geschockt, wie ich sie selten erlebt hatte: wieder so ein mieser Verrat von seiner Seite, wieder so eine Demütigung, wieder so eine totale Missachtung ihrer Person und ihrer Leistung.

Der Krach, der losging, als wir ihn schließlich nach Hause geschleppt hatten, stellte alles in den Schatten, was unsere beiden Eltern ihren Kindern bis dahin vorgeführt hatten. Der Tag, der so schön angefangen hatte, war zu Bruch gegangen. So war das oft bei uns.

Meine Mutter ließ ihrer Wut und ihrem Hass freien Lauf, sie steigerte sich in eine Raserei, die nicht mehr zu stoppen war. Mein Vater blieb in ihren Ehekriegen meist der ruhige Part. Er hatte ein schlechtes Gewissen, versuchte sie zu beruhigen und wenn ihm das nicht gelang, hatte er ein probates Mittel gefunden, ihrem Jammer und Geschrei ein Ende zu bereiten: er ließ es klirren. Er schlug irgendetwas kaputt, möglichst etwas, das nicht sehr wertvoll war. Er machte das mit Bedacht. Das laute Klirren, wenn etwas zu Bruch ging, und die Scherben brachten sie in der Regel zurück auf den Teppich, zurück in die Normalität.

Diesmal hatte er plötzlich den Küchenbesen in der Hand. Ich stand mitten im Scharmützel, auf ihrem Schlachtfeld, und fragte mich, was jetzt wohl zu Bruch gehen würde. Er schaute sich um und zerschlug mit einem leicht und emotionslos geführten Schlag die Glasscheibe unseres großen Küchenschrankes, hinter dem unser Alltagsgeschirr aufbewahrt war. Es klirrte, die Scherben und Splitter prasselten zu Boden – und unsere Mutter war still.

In der einsetzenden Stille schaute ich ihn an und zeigte ihm meine volle Verachtung. Ich sagte nichts, ich „bedachte" ihn still: du kümmerst dich einen Dreck um uns ... wir sind dir nichts wert ... es ist dir völlig egal, wie wir leben ... du hast uns in diese Scheißbaracke gesetzt und jetzt zerkloppst du auch noch unsere Möbel, unsere armselige Höhle ... hau ab! ... Hau endlich ab!

Ich ging zur Tür, die nach draußen führte, öffnete sie und blieb auf der Schwelle stehen. Ich drehte mich zu ihm um und sah ihm voll ins Gesicht. Auch er schaute mir voll ins Gesicht. Ich sah Traurigkeit in seinem Gesicht, ich sah seine Bereitschaft, alles „wieder gut zu machen", was er da angerichtet hatte. In dieses Gesicht, das gerade wieder weich und versöhnlich werden wollte, sprach ich klar, laut und deutlich:

„Hau ab!"

Ich sah, wie er zusammenzuckte und sich richtig erschrak. Er sah mich entsetzt an und ich sah plötzlich einen Schmerz in seinem Gesicht, den ich noch nie gesehen hatte. Ich drehte mich um und haute selber ab, bevor in mir das Mitleid hochkam. Ich haute ab zu „meinem Ort", den ich immer dann brauchte, wenn die häuslichen Katastrophen nicht mehr auszuhalten waren.

***

Auf jeden Fall: das „Fest" war gelaufen, sie hatten sich selbst wieder einmal einen Tag ihres Lebens zerstört. Wie dieser scheußliche Tag zu Ende ging, daran habe ich keine Erinnerung. Am nächsten Morgen stand ich früh auf, denn ich liebte den wunderbar stillen Sonntagmorgen draußen in der Natur, allein und ohne Störung durch andere. Als ich durch unsere Küche lief und unseren elfenbeinfarbenen Küchenschrank ins Visier nahm, den mein Vater am Vortag zerdeppert hatte, war ich völlig irritiert, fast erschrocken. Alles war wieder heil, die Glasscheibe war wieder drin, alles sah so aus, als wäre gar nichts passiert. Ich sah keine Scherben mehr. Nirgendwo.

Habe ich geträumt?, fragte ich mich. War das alles nur ein böser Traum gewesen? Ich öffnete die Glastür des Küchenschrankes und untersuchte sie von hinten. Der schmale Streifen Kitt, der die Glasscheibe festhielt, war neu. Ich streifte mit einer Fingerkuppe an dem Streifen entlang und stellte fest: der Kitt roch frisch. Während ich noch dabei war, die Glastür zu untersuchen, durchquerte mein Vater die Küche in Richtung Toilette. Als er mich da stehen sah und wahrnahm, wie ich die Glastür untersuchte, grinste er breit. Alles war repariert. Alles war wieder in Ordnung. Alles war heil. Wie er das hingekriegt hatte – zumal in der Nacht von Sonnabend auf Sonntag – blieb mir immer ein Rätsel. Er hat sich nie dazu geäußert.

Ich war glücklich, denn auch in mir hatte er damit einiges von dem repariert, was er am Vortag kaputt geschlagen hatte. Er hatte die Scherben beseitigt und alles wieder heil gemacht. Er hatte sich große Mühe gegeben in den Nachtstunden, während wir alle fest schliefen und nichts von seiner Aktion merkten. Ich sah ihn wieder ohne Verachtung.

**

Er nahm das Leben zu leicht – und sie nahm das Leben zu schwer, so empfand ich damals, und seine Leichtigkeit und ihre Schwere vertrugen sich nicht. Emotional stand ich bei all ihren Krächen und Kriegen immer auf der Seite meiner Mutter, denn sie war die Verratene und Gedemütigte, so sah ich das, und er war es, der sie immer wieder verriet und demütigte. Es schien mir schon damals so, als lebte er eingeschlossen in seiner ganz eigenen Welt, außerhalb von uns, außerhalb der Menschen, die ihn liebten. Ich spürte schon früh, dass irgendetwas mit ihm „nicht stimmte", hatte aber nur eine vage Vermutung, um was es sich handeln könnte.

So war mein Gefühl zu meinem Vater ambivalent, ein Hin und Her, ein Rauf und Runter. Einerseits sah ich ihn als einen gedankenlosen und völlig egozentrischen Versager, andererseits hatte er sehr liebenswürdige und charmante Seiten. Wenn es friedlich zuging bei uns, kam es vor, dass es ihn überwältigte und er urplötzlich meine Mutter oder eines seiner Kinder in den Arm nahm. Dann herzte er sie oder uns ausgiebig und wenn er mich „am Wickel" hatte, spürte ich, wie sehr er sich nach Liebe, Wärme und Zärtlichkeit sehnte, nach Anerkennung. Aber die schönen Momente mit ihm waren rar.

Nur ein einziges Mal kam es vor in jenen vier Jahren, dass er seine Kinderbande ins Auto packte und zum Rummelplatz jenseits der Weserbrücke chauffierte. Dort geschah dann ein Wunder: er hatte plötzlich Geld in der Tasche und finanzierte großzügig Schiffschaukel, Kettenkarussell, Achterbahn und Zuckerwatte, während er mit seinen Kumpeln vor einer Bude palaverte und seine Bierchen trank. In solchen Momenten war er für mich der jungenhafte, fröhliche Kumpel, den ich immer mochte.

Pfingsten

Wie wenig er allerdings oftmals von dem Familientrubel wahrnahm, wie sehr er „wegdriften" und die Welt um sich herum vergessen konnte, zeigt eine Anekdote, an die wir uns später stets nur mit einem großen Lachen erinnern konnten.

Pfingstsonnabend

Der Küchentisch ist an die Wand geschoben und dient jetzt meiner Mutter als Anrichte. Sie bereitet das Festmahl für den Pfingstsonntag vor. Die Arbeitsplatte ist mit Mehl eingestäubt. Sie hat sechs Schnitzel bereitgelegt, die sie würzen, panieren und anbraten will für unser Mittagessen am nächsten Tag. Die Pfannen stehen schon auf dem Herd bereit. Neben der Anrichte sitzt unser Vater und liest intensiv und lustvoll seine Zeitung: die dicke Wochenendausgabe der „Hannoverschen Presse". Es ist ein friedlicher, sonniger, schläfriger Nachmittag: wir Kinder spielen draußen auf dem Hof, unser Hund liegt träge vor seiner Hütte. Wochenendstimmung, Feiertagsstimmung, eine sonnige Idylle.

Meine Mutter verschwindet für eine Weile aus der Küche, um aus dem Gärtchen unserer Oma Zwiebeln und Küchenkräuter zu besorgen. Als sie zurückkommt, sind alle Schnitzel verschwunden. Alles ist weg. Der Tisch ist leer. Da ist nichts mehr. Gar nichts.

Unser Vater sitzt weiterhin neben dem jetzt leeren Tisch und liest seine Zeitung.

„Oh, Gott! Wo sind die Schnitzel geblieben? Was ist passiert?"

Meine Mutter ist entsetzt. Ihr Mann taucht aus seiner Zeitung auf und schaut sie irritiert an: „Was ist los?"

Wir Kinder stürmen herein und lachen, lachen, lachen: er hat direkt daneben gesessen und nicht gemerkt, wie die Schnitzel verschwanden, eines nach dem anderen.

Der Täter war klar. Es war unser Liebling: Rex, der Schäferhundrüde. Sechsmal ist er von draußen hereingekommen, ist am Tisch hochgegangen und hat sich einen Fleischlappen nach dem anderen heruntergezogen – unsichtbar, umhüllt von einer Tarnkappe: unser Vater hat nicht einmal von der Zeitung aufgeblickt.

Das Ganze war ein unbändiger Lacher. Wir Kinder veräppelten unseren schlafmützigen Vater und stürmten zu unserem Hund. Der lag dick, faul und glücklich vor seiner Hütte. Wir gönnten ihm seinen Pfingstschmaus von Herzen, streichelten seinen angeschwollenen Bauch und kraulten seinen Kopf. Ich lobte ihn wegen seiner Gerissenheit und Cleverness.

Mein Vater war gut im Flicken und Reparieren. Auch nach dieser Episode bewährte er sich als Reparateur:

„Kein Pfingstessen morgen!", verkündete er, „wir machen einen Pfingstausflug. Schließlich ist ja auch herrliches Wetter! Richtiges Pfingstwetter!"

Der Tag war so schön und das Ereignis so lustig, dass es diesmal nicht zu einem Krach zwischen Mama und Papa kam.

Er ging auf den Hof, wusch sein Auto und baute die Rückbank ein. Er putzte es auch innen und machte es pfingstfein.

***

Pfingstsonntag: gegen Mittag ging es los. Zuerst steuerte er die „Heisenküche" an, eines der beliebtesten Ausflugslokale am Rande der Stadt, ein Forsthaus im Walde. Es war proppenvoll, die Menschen kämpften mit den Wespen, die sich über Kuchen und Torten hermachten, und kämpften mit den Kellnern, die gestresst in der Hitze hin und her liefen.

„Wir hauen ab", entschied unser Vater. Er rollte das Verdeck seines Opel P4 nach hinten, wir Kinder durften uns auf die Rückbank stellen und mit unseren Köpfen oben herausschauen. Wir winkten den anderen Autos zu und scherzten und ulkten mit den Insassen, die unsere Kinderfuhre sehr lustig fanden. Er steuerte uns zurück durch die Stadt, wir überquerten die Weserbrücke und landeten schließlich im „Forsthaus Finkenborn", ein Waldgasthaus am Klüt, das ich sehr mochte.

Hier wurde es schön und unser Pfingstessen war genau das, was ich auf Ausflügen am liebsten in mich hineinschlang: Bockwurst mit Senf und Kartoffelsalat, dazu ein Steinkrug mit kaltem, frisch gezapftem Malzbier. Wir spielten und tobten stundenlang durch den Wald, entdeckten mehrere Ringelnattern und immer, wenn ich zu meinen Eltern zurück rannte, konnte ich sehen, dass sie beide glücklich waren: er hatte den Arm um sie gelegt und ihr Kopf lag auf seiner Schulter. Ich lief oft zu ihnen, um mir das anzusehen. Zärtlichkeiten zwischen den beiden sahen wir nur selten. Ich war glücklich. Das waren fröhliche Pfingsten.

***

Es war eine leidvolle Zeit für meine Eltern, die Jahre zwischen dem Herbst 1949 und dem Herbst 1953, unsere „Barackenzeit". Ihre Ehe wurde auf eine harte Probe gestellt. Das rücksichtslose, eigensüchtige Verhalten meines Vaters machte meine Mutter erst krank und dann zur Kämpferin. Die Ehe meiner Eltern zerbrach nicht, meine Mutter hielt unbeirrbar zu ihrem Mann. Meine „große" Schwester wurde in dieser Zeit zur engsten Vertrauten unserer Mutter. Viele Jahre später erfuhr ich von ihr, dass Mutter und Tochter schon sehr früh ernsthafte Gespräche über unsere Situation geführt haben.

„Trenn dich doch von ihm … Dann leben wir eben von der Fürsorge. Na und? … Wahrscheinlich haben wir sogar mehr Geld als jetzt … Wahrscheinlich wohnen wir auch besser als hier in diesem Loch …"

Ich bin mir ganz sicher: die „Fürsorge" war nie eine Option für meine Mutter, diesen sozialen Absturz, diese „Scham" hätte sie vor ihrer wohlsituierten, „akademischen" Verwandtschaft nicht ertragen. In ihrer Antwort ging sie überhaupt nicht auf diesen Punkt ein. Sie antwortete:

„Ich werde ihn niemals im Stich lassen. Ich werde euren Vater niemals allein lassen, das ist völlig klar … Ja, er ist schwach, ich weiß das doch … Das wusste ich von Anfang an … Dein Vater braucht mich … Er braucht uns …"

Sie wusste mehr über ihn als wir Kinder, sie kannte das Geheimnis, das auf seinen Wunsch hin zu einem Familientabu wurde.

Als ich später diesem Geheimnis nachspürte, führte mich die Spur direkt zurück in jene Kaserne in der Süntelstraße, vor deren großem Tor er einst seinen Opel P4 zum Stehen gebracht hatte. Damals, als wir beide auf das Kasernengelände starrten, hatte er sich ein einziges Mal offenbart – vermutlich in der Annahme, dass sein fünfjähriger Sohn mit seinen Worten eh nicht viel anfangen konnte und dass er sie bald wieder vergessen würde: „Hier wollten sie mich fertigmachen ... Es ist ihnen nicht gelungen, mein Junge."

Ich vergaß seine Worte nie. Sie lebten als Rätsel in mir weiter und ich war mir damals sicher, dass ich das Rätsel irgendwann einmal lösen würde.

5

Wandertag in Kinderland

Verkorkster Beginn

Mein „Kinderland" einfach nur zu beschreiben, unsere Spielorte einfach nur aufzuzählen, wäre vermutlich langweilig: den
Reiz und die Vielfalt einer Landschaft muss man sich erlaufen,
man muss „tingeln".

Um die Topographie und die Weite meines natürlichen „Aben-
teuerspielplatzes" darzustellen, schildere ich einen ereignisreichen Tag aus meiner Schulzeit. An jenem Tag wurde ich zum
Fremdenführer. Ich führte meinen Klassenlehrer und meine
Klassenkameraden durch „mein Reich" am Rande der Stadt.
„Zentrum" und „Peripherie" lernten einander kennen – und
prallten schließlich feindlich aufeinander.

***

Es war ein sonniger Morgen im Mai – oder war es schon Juni? –
1952, noch sehr kalt, kurz nach sieben Uhr. In der Nacht hatte es aufgehört zu regnen und die Sonnenstrahlen funkelten in
den nassen, hellgrünen Blättern der Büsche und Bäume um uns
herum und auf der nassen Wiese vor unserem Haus. Dort stand
die spitzgiebelige Hundehütte, in die ich bei Regen gerne hinein
kroch, um unseren Hund zu beschnuppern und zu liebkosen.

Ich war neun, schon in der vierten Klasse, und machte mich
fertig für die Schule. Ich hatte mich wie üblich unter der Pumpe mit dem kalten Wasser gewaschen, das man mit kräftigen
Schlägen in großem Schwall aus der Tiefe holte, hatte mir die
Zähne geputzt und mich gekämmt – all das wie immer in der

Ecke am Fenster unserer Küche, an unserer Wasserstelle. Unsere Wasserstelle war eine rot angestrichene Pumpe mit einem geschweiften Schwengel. Ich zog mir Hose, Hemd und Pullover an und als ich fertig war, schlug meine Mutter die Hände über dem Kopf zusammen:

„So kannst du nicht in die Schule gehen. Das ist ja alles völlig verdreckt."

Sie hatte Recht. Wir hatten am Vortag wie immer auf dem Hof, am Damm und an der Weser gespielt. Die meisten Straßen hier am Ende der Stadt waren noch nicht gepflastert oder asphaltiert. Der Regen der letzten Tage hatte den gelb-braunen Lehmboden aufgeweicht. Überall waren Pfützen mit hellbraunem lehmigem Wasser, überall nur klebriger, hellbrauner Matsch und natürlich sahen wir am Ende eines Spieltages in der Lehmwelt aus wie Figuren aus Lehm.

Lehm klebte überall, an meinen Schuhen, an der Hose, am Pullover, an der Jacke ... an allem. Der fette Lehm des Weserberglandes ist sehr farbintensiv. Selbst wenn er an den Kleidern wieder getrocknet ist, kann man ihn nicht einfach wegbürsten. Immer bleiben gelb-braune Flecken im Stoff zurück. Man musste alles einweichen und waschen – und das war sehr mühselig in unserer Welt, in der wir das Wasser selber aus der Erde förderten – und natürlich Jahre vor dem Siegeszug der Waschmaschine ...

„Wir haben heute Wandertag. Ist doch egal, wie ich aussehe. Wird ja doch alles wieder dreckig", sagte ich.

„Nein", sagte sie. „So lass ich dich nicht gehen. Das kommt gar nicht in Frage."

Ich kannte sie. Es war unmöglich, in diesem Punkt mit ihr zu diskutieren. Sie ging auf die Suche nach sauberen Kleidungsstücken. Das war schwierig, denn ich besaß nicht viel. Sie kam mit einer kurzen Hose und einem karierten Flanellhemd zurück.

„Ich kann doch nicht mit einer kurzen Hose rumlaufen. Ist doch viel zu kalt. Keiner aus meiner Klasse läuft mit einer kurzen Hose rum. Und was soll ich *oben rum* anziehen? Den Wintermantel etwa? Kurze Hose und langer Mantel: das sieht ja furchtbar aus."

Ich besaß nur eine passende Jacke – und die war ebenfalls „verlehmt".

„Doch. Du ziehst den Mantel an. Tut mir leid. Was soll ich machen, wenn immer alles schmutzig ist? Du hast nun mal nicht viel."

Diese ewigen Kleiderprobleme. Wir hatten wenig Geld und ich hatte wenig anzuziehen. Die Devise meiner Mutter lautete: wenn schon bescheiden, dann wenigstens sauber. „Arm, aber sauber" – darin war sie kompromisslos. Ob wir aussahen wie die Deppen – saubere Deppen immerhin – und ob wir dann von unseren Schulkameraden gehänselt wurden: das war ihr egal.

„Und die Schuhe? Soll ich etwa zu der kurzen Hose meine Galoschen anziehen? Das sieht unmöglich aus!"

Ich hatte kein pfützengerechtes Schuhwerk außer meinen Galoschen, meinen hoch geschnürten Winterstiefeln.

„Mit Kniestrümpfen sieht das doch ganz gut aus."

Sie gab mir ein Paar Kniestrümpfe, weiß, von unserer sanften Oma für uns Kinder gestrickt, manchmal auch gehäkelt. Die Strümpfe sahen furchtbar altmodisch aus und ich trug sie nur sehr ungern.

O je.

Ich spürte, wie ich aus der Stimmung rutschte. Eigentlich sollte dieser Wandertag ein großer Tag für mich werden und ausgerechnet heute machte sie wieder eine komische Figur aus mir. Als ich fertig angezogen war, kam ich mir lächerlich vor: nackte Beine bei „eiskalten" Temperaturen, hohe Wintergaloschen, darüber herunter gekrempelte Kniestrümpfe und um meine nackten Knie schlabberte mein langer brauner Wintermantel. Insgesamt: peinlich!

„Es ist Frühling. Die Sonne scheint. Du wirst sehen: gegen Mittag ist es bestimmt schon sehr warm. Dann ziehst du den Mantel aus, rollst ihn zusammen und bist froh, dass du eine kurze Hose an hast."

Sie gab mir mein Proviantäschchen und ich rannte los.

Cicerone

Ich führte meine Klassenkameraden wie einen Trupp Soldaten aus dem Schulhof auf die Grütterstraße. Sie mussten in Zweierformation marschieren, Herr Hesse wollte es so. Nach etwa hundert Metern überquerten wir die Kaiserstraße, wandten uns nach rechts und bogen gleich danach nach links in einen kleinen ungepflasterten Fußweg ein, der „An der Walkemühle" hieß. Nachdem wir die roten Backsteingebäude der alten Badeanstalt hinter uns gelassen hatten, löste ich den Zug eigenmächtig auf.

„Hier beginnt jetzt mein Revier. Hier beginnt der Ausflug. Ihr könnt jetzt normal gehen", verkündete ich ein wenig großspurig.

Herr Hesse lachte.

„In Ordnung. Ich übergebe dir die Führung. Du zeigst uns jetzt *dein Reich*. Du bist der Tschitscherone."

Ich wusste nicht, was ein „Tschitscherone" war, keiner von uns wusste das. Ich fragte vorsichtshalber nicht nach, denn es klang irgendwie spöttisch, aber es war sicherlich auch eine Art Ehrentitel.

Herr Hesse war unser Lehrer. Er war noch jung, Mitte zwanzig etwa, und wir waren seine allererste Klasse. Wir bekamen ihn irgendwann im ersten Schuljahr als Klassenlehrer zugeteilt und hatten ihn bis jetzt, also bis ins vierte Schuljahr hinein, behalten. Das war ein Glück. Als er uns übernahm, die erste Schulklasse seines Lebens überhaupt, kam er frisch vom Lehrerseminar. Er hatte pechschwarze, meist strubbelige Haare, schwarz-braune Augen und rasierte sich höchstens alle drei Tage, so dass der untere Teil seines Gesichtes immer einen schwärzlichen Schimmer hatte.

Das Schuljahr begann damals nach den Osterferien und schon wenige Tage nach dem Beginn pflegte Herr Hesse einen Wandertag anzukündigen. Das wurde zur Tradition. Bisher hatte er stets die Ziele ausgesucht und die Routen festgelegt. Diesmal verkündete er, wir sollten selber bestimmen, was wir machen wollten. Wir sollten uns gefälligst selber darüber Gedanken machen, was wir unternehmen und wo wir hinwandern wollten. Wir dachten nach. Niemand hatte allerdings eine zündende Idee und was schließlich an Vorschlägen kam, wurde als zu langweilig verworfen. Ich meldete mich schließlich:

„Ich wohne im Industriegebiet. Da gibt es interessante Sachen. Große Fabriken zum Beispiel. Große Holzplätze. Da gibt es den Hafen mit den Lastkähnen. Da gibt's die große Wesermühle. Man könnte mal Richtung Tündern immer an der Weser lang gehen, da gibt's viel zu sehen, das ist überhaupt nicht langweilig ..."

Der Vorschlag wurde angenommen. Herr Hesse war zufrieden: „Gut! Du führst uns. Ich habe dann mal nichts zu tun. Gut! Einverstanden!"

***

Der Pfad, der „An der Walkemühle" hieß, führte bald an der Hamel entlang, einem munter dahin fließenden Bach oder Flüsschen, das sich durch die ganze alte Stadt schlängelt und hier und dort – an allen möglichen Orten im Stadtgebiet – immer wieder sichtbar wird. Die Sonne war jetzt höher gestiegen und wärmte schon recht ordentlich. Zur Rechten gluckste und plätscherte die Hamel in ihrem Bett und in den Gärten zur Linken tobten und zwitscherten die Spatzen und Meisen, und die Amseln pickten im Gras. Es würde ein schöner warmer Tag werden, das spürte ich schon jetzt. Meine Mutter hatte Recht gehabt.

Ich verkündete die erste Attraktion meiner Führung.

Das Ufer der Hamel – unten am Ende der abschüssigen Grasböschung – war vor dem schmalen Schilfgürtel mit einem Weidengeflecht neu befestigt worden und ich hatte auf meinem Schulweg in den letzten Tagen – genau in der Ritze zwischen diesem Geflecht und der Uferböschung – etwas sehr Interessantes entdeckt:

„Wenn ihr genau hinguckt, könnt ihr unten zwischen dem Weidengeflecht und der Böschung Kaulquappen sehen. Da gibt's massenhaft Kaulquappen!"

Sie rannten den kleinen Hang hinunter ans Ufer und suchten in der Ritze zwischen Weidengeflecht und Böschung nach
den kleinen Viechern. Sie hatten bald einige entdeckt und versuchten sie zu fangen.

„Ihr dürft sie nicht anfassen!", schrie ich laut, „sie gehen kaputt. Wehe, wenn ihr sie anfasst. Ich schubse euch ins Wasser!"

Ich stand oben neben Herrn Hesse. Ich hatte die Hände in
den Taschen meiner kurzen Hose vergraben, der Mantel hing
wie ein Frack nach hinten hinunter. Breitbeinig stand ich da
und passte auf wie ein Schießhund. Es gab immer diese „doofen
Jungs". Das war schon damals mein fester Begriff für die Jungs
in meinem Umfeld, denen etwas fehlte: Mitgefühl, vor allem
Mitgefühl mit Tieren. Die „doofen Jungs" waren voller Rohheit
und Grausamkeit. Sie waren Tierquäler. Sie schnitten Eidechsen
die Schwänze ab. Sie ballerten mit ihren Luftgewehren auf Vögel und alles, was auf der Erde herumkroch und -huschte – und
womöglich rissen sie meinen Kaulquappen die winzigen Gliedmaßen aus, einfach so, zum Spaß.

***

Schon früh in meinem Leben hatte ich mit Jungs zu tun, die ich
abstoßend fand. Sie waren anders als ich. Sie waren abartig. Ich
frage mich noch heute, ob diese Rohheit und die Lust am Töten
und Zerstückeln von Lebewesen ein Phänomen der Zeit war, der
unmittelbaren Nach-Nazi-Zeit – oder ob es sich eher um eine
anthropologische Konstante handelt, es also immer schon und
zu allen Zeiten einen bestimmten Prozentsatz „doofer Jungs"
gegeben hat, Jungs ohne Empathie, ohne Einfühlung in andere Lebewesen, ohne Mitleid, ohne Liebe. Jungs, aus denen dann
entsprechend „doofe Männer" werden: Faschisten.

In jener Zeit bekamen die „doofen Jungs" meist zu Weihnachten ihren sehnlichsten Wunsch erfüllt: der Weihnachtsmann
brachte ihnen ein „Luftgewehr" oder einen „Tesching" und von
da an ballerten sie auf alles, was sich in der Natur bewegte: Vögel, Mäuse, Ratten, Marder und Maulwürfe, sie schossen auch

auf Hunde, Katzen, Pferde und Kühe, um ihnen Schmerzen zu bereiten. Mein Vetter Ralf war so einer. Gerne „holte er Vögel herunter" (so drückte er sich aus) und ballerte sie ab oder erschlug sie, wenn sie verletzt und in Todesangst vor ihm auf der Erde herumflatterten. Etliche Jungs um mich herum waren so wie er, vor allem, wenn sie in Banden auftraten.

***

Ich stand also als „Tschitscherone" neben Herrn Hesse, die Fäuste in die Hosentaschen gepresst und passte auf, dass „meinen Kaulquappen" nichts geschah. Wenn sie sie doch in die Hand nahmen, schrie ich sie an, so laut ich konnte. Herr Hesse unterstützte mich dabei mit all seiner Autorität als Lehrer.

Nachdem wir mit den winzigen Viechern durch waren, setzte ich meine Führung fort. Es amüsierte mich zu sehen, dass all die Jungs, die im Gras gekniet hatten, um die Kaulquappen zu beobachten und zu fangen, nasse Hosenbeine hatten.

Wir überquerten jetzt die Ohsener Straße und bogen in die Kuhbrückenstraße ein. Das war „meine" Straße, denn weit hinten, kurz vor der „Kuhbrücke" über die Fluthamel, war ich zuhause. Die Fluthamel ist ein kleines Flüsschen, das von der Weser abzweigt und bei Hochwasser die Wassermassen der Weser um die Stadt herum leiten soll. Wir drangen also in „mein Land" ein und hier – in „meinem Reich", wie Herr Hesse sich ausgedrückt hatte – wusste ich Bescheid. Als Erstes zeigte ich meiner Gefolgschaft die beiden großen Fabriken, an denen ich auf meinem Schulweg immer vorbei laufen musste.

„Die Domag", erzählte ich und zeigte auf die großen Industriegebäude aus roten Ziegelsteinen, „stellt Maschinen her. Hier arbeiten unglaublich viele Menschen. Die sehe ich immer früh morgens auf dem Schulweg, wenn sie alle durch das große Tor hasten."

„Und Kaminski da drüben auf der anderen Seite: die stellen Waggons her, für die Eisenbahn."

So hatten es die Großen mir gesagt und mehr wusste ich damals auch nicht über diese beiden Industriebetriebe und ihre Geschichte. Und selbst wenn ich mehr gewusst hätte, hätte es in jener Zeit nicht viel gebracht, dieses Wissen vor Neunjährigen auszubreiten. Erst sehr viel später entschlüsselte ich die Geschichte meiner Kindheitslandschaft und deckte den Zusammenhang zwischen Domag, Kaminski und den drei Baracken auf, in deren mittleren wir wohnten.

Zu „meiner Baracke" führte ich meine Klassenkameraden und Herrn Hesse allerdings nicht.

***

Vielmehr bogen wir gleich hinter der Domag nach rechts ab und verließen die Kuhbrückenstraße. Hier führte ein schmaler, langer, nicht asphaltierter Weg mit vielen Pfützen geradewegs zum Hafen. Zur Rechten verhinderte eine hohe Mauer, dass wir einen Blick auf das Fabrikgelände der Domag werfen konnten, zur Linken allerdings lag die zweite Attraktion meiner Führung: ein großes Sägewerk, das Holzbretter und Balken herstellte.

Vom Zaun her konnte man sehen, wie ein riesiger Baumstamm der Länge nach durch ein Sägengatter geschoben und in Bretter zerlegt wurde.

„Es gibt Kreissägen und Gattersägen", dozierte ich. Ich kannte mich aus, denn mein Großvater hatte viel mit Sägen zu tun. Er reparierte Sägen in seiner Werkstatt, das war sein Hauptgeschäft.

„Das da sind Gattersägen. Die werden in das Gatter eingespannt. Das geht dann ganz schnell rauf und runter – und wenn ein Baumstamm durch das Gatter geschoben wird, zerlegen die Gattersägen den in die Bretter, die da hinten herauskommen."

Sie schauten fasziniert zu, wie die Maschine den mächtigen Baumstamm in Bretter zerlegte, die von den Männern weggetragen und abgestapelt wurden.

„Die müssen jetzt noch austrocknen", erzählte ich weiter. „Sie werden übereinander gestapelt, immer zwei nebeneinander. Und damit sie von beiden Seiten trocknen, legen die Män-

171

ner schmale Holzlatten quer zwischen die Bretter. Die kriegen dann von beiden Seiten Luft."

Die Stapel waren gut zwei Meter hoch. Da standen mindestens zwanzig solcher sorgfältig aufgebauter Bretterstapel auf dem Platz. Zwischen den Stapeln war jeweils ein Abstand von fünfzig bis sechzig Zentimetern. So entstand ein Geflecht schmaler Wegschluchten zwischen den Bretteraufbauten.

Ich zeigte auf die Stapellandschaft:

„Da kann man sehr gut Verstecken spielen", erzählte ich. „Einer ist der Jäger. Der Jäger muss einen der anderen abschlagen, dann ist er frei und der andere ist der Jäger. Aber in den Schluchten ist das so: wenn man entdeckt wird, kann man auch nach oben abhauen. Das geht ganz einfach. Die beiden Stapel links und rechts sind wie zwei Leitern. Mit dem linken Bein klettert man am linken Stapel hoch, mit dem rechten Bein am rechten Stapel. Zack – ist man oben. Oben muss der Jäger dann weiter jagen. Man muss ganz schön aufpassen da oben, weil da ja die Schluchten sind, über die man springen muss ..."

Herr Hesse schaute mich nachdenklich an:

„Dürft ihr das denn? Erlauben denn die Arbeiter, dass ihr da spielt?"

„Natürlich spielen wir hier nur am Sonnabendnachmittag oder am Sonntag", ergänzte ich meine Erzählung, „wenn keine Arbeiter mehr auf dem Platz sind."

Herr Hesse sah immer noch recht nachdenklich aus.

***

Meine Führung ging weiter und wir kamen zum Hafenbecken. Auf unserer Seite war der Hafen von einem Deich begrenzt, auf der gegenüberliegenden Seite, vor dem riesigen Gebäude der „Wesermühle", die keine altmodische Mühle war, sondern eine große moderne Mühlenfabrik in einem hohen, langgestreckten Gebäude, sah man eine lange Kaimauer, an dem Lastkähne anlegen konnten. Auf unserer Seite des Hafens waren viele kleinere und auch größere Schiffe angebunden und weiter hinten – am

Ende des Hafenbeckens – schwammen ungefähr ein Dutzend „Pontons", wie die Alten diese Dinger nannten. Das waren große viereckige Klötze aus Stahlblech. Sie waren innen hohl und schwammen daher auf dem Wasser des Hafenbeckens. Sie waren aneinander gebunden.

Ich erzählte:
„Wenn hier nicht viel los ist, sonntags zum Beispiel, spielen wir auf den Schiffen und auf den Pontons. Man muss natürlich aufpassen, wenn man von dem einen Schiff auf ein anderes springt, damit man nicht ins Wasser fällt. Auch auf den Pontons muss man genau hingucken, damit man nicht zwischen die Ritzen rutscht." Ich lachte: „Dann kann man nämlich gleichzeitig ersaufen *und* zerquetscht werden."

Das war natürlich eine Provokation und ich sah, dass Herr Hesse mich wieder sehr nachdenklich anguckte. Er sagte aber auch jetzt nichts.

Ich hatte Glück mit meiner Führung: auf der gegenüberliegenden Seite – am Kai der Wesermühle – wurde gerade eine Attraktion vorbereitet. Ein Lastkahn hatte angelegt und ich wusste genau, was jetzt passieren würde.

„Der wird jetzt ausgeladen. Passt auf, wie das geht!"

Sie setzten sich alle ins Gras am Abhang des Deiches, zum Hafenbecken hin. Das Gras war inzwischen trocken, die Sonne stand schon hoch und es wurde richtig warm. Ich hatte den Mantel ins Gras gelegt und war jetzt – dem Wetter entsprechend – „korrekt" gekleidet: kurze Hose, Flanellhemd, kernige Botten, richtige „Wanderstiefel". Ich sah jetzt aus wie ein Scout.

Der Kahn hatte angelegt, die gewölbten Abdeckungen oben über dem Stauraum wurden zur Seite gefahren und man sah einen riesigen Haufen Gold, körniges Gold, das in der Sonne leuchtete.

„Das ist Weizen", erklärte ich. „Der wird jetzt geschlürft."

Sie schauten mich fragend an, selbst Herr Hesse war neugierig auf das, was da kommen würde.

Aus dem Fabrikgebäude der Wesermühle ragten zwei große Rüssel hervor, Röhren auf beweglichen Gestellen, die an der

Wand montiert waren. Diese Rüssel tauchten nun in den Weizenberg unten im Schiffsbauch und begannen zu saugen.

Meine Leute kauerten an der Böschung und starrten fasziniert auf den Lastkahn, die Rüssel und den Weizenberg, der immer kleiner wurde. Die meisten hatten das noch nie gesehen und ich war stolz darauf, als „Tschitscherone" genau den richtigen Augenblick erwischt zu haben. Ich ließ sie eine Zeitlang zuschauen. Ich stand oben auf dem Damm und betrachtete meine Truppe. Neben mir stand wieder Herr Hesse.

Ich fragte ihn nach der Uhrzeit und entschied, dass sie noch fünf Minuten gucken durften, denn ich wollte ihnen unbedingt noch eine weitere Attraktion bieten, die ich mir selber öfter mal gönnte und die für mich immer etwas angenehm Gruseliges an sich hatte.

***

Über das Hafenbecken führte eine hölzerne Fußgängerbrücke. Man musste eine lange Holztreppe hochsteigen, dann war man über dem Hafenbecken und hatte den besten Blick über alles. Auf der anderen Seite trappelte man eine ähnliche Holztreppe wieder nach unten. Ich zeigte auf die Bretter zu beiden Seiten der Treppe, auf der die Leute ihre Fahrräder rauf und runter schoben.

„Man kann auf den Brettern auch runter schlittern", sagte ich, „das macht Spaß. Man muss in die Hocke gehen und auf den Schuhsohlen runterrutschen."

Das wurde sofort von einigen Jungs ausprobiert. Ich lachte und sagte zu Herrn Hesse und den Umstehenden:

„Als ich noch ziemlich klein war, bin ich beim Rutschen nach hinten geplumpst. Ich bin auf dem Hintern runtergerutscht. Ich habe mir einen furchtbaren Splitter reingezogen. In die rechte Backe. Das tat unglaublich weh."

Herr Hesse grinste amüsiert und verbot alles weitere Schlittern.

Ich führte meine Truppe um ein paar Straßenecken und wir standen jetzt unterhalb der Eisenbahnbrücke, die hoch über uns die Weser überquerte. Sie war bedeutend höher und viel länger als die Hafenbrücke. Sie war aus Stahl und Eisen gebaut, ein riesiges Geflecht nur aus Stahl und Eisen. Diese Brücke hatte eine Besonderheit: sie war zugleich eine Fußgängerbrücke über die Weser. Fußgänger konnten auf einem schmalen Gang neben den Schienen der Eisenbahn die Weser überqueren.

Auch bei dieser Brücke führten mehrere Treppen nach oben, dann war man schließlich auf dem schmalen Pfad aus Holzplanken direkt neben den Eisenbahnschienen. Ein hohes Drahtgitter verhinderte, dass man auf die Schienen laufen konnte. Zur Weser hin hatte der schmale Fußgängerweg ein ganz normales Eisengeländer. Die Weser war hier sehr breit und der Weg sehr lang.

Wenn ich mir diese Brücke, diese unheimliche Konstruktion, heute vorstelle, dann sehe ich, wie stark unser Spiel da draußen oft mit untergründigen Ängsten verbunden war, Ängsten, die die Kindheit wohl immer mit sich bringt. Denn dieser schmale, schnurgerade Pfad über die breite Weser zog mich an wie ein Magnet. Immer mal wieder musste ich auf ihm hin und her laufen. Und jedes Mal hatte ich Angst, wenn ich da oben ganz allein den Fluss überquerte. In mir war eine Erregung, die ich suchte – einfach, um mich zu fürchten und mir schaurige Bilder zu machen, so denke ich heute.

Im Sommer, wenn es heiß wurde, schrumpften die Planken, über die man laufen musste. Durch die breiten Ritzen sah ich tief, ganz tief unten die Weser glitzern und ich stellte mir vor, wie es sein würde, wenn ich von hier oben in dieses grau-braune, schnell fließende Wasser hineinplumpsen würde. Ich wusste zwar, dass alles ganz ungefährlich war da oben – und doch war alles unheimlich.

Wenn von ganz weit hinten, von der anderen Seite der Brücke, ein Mann auf mich zukam und wir uns somit ganz einsam, mutterseelenallein, weit entfernt von anderen Menschen, in der Mitte der Brücke begegnen würden, hatte ich die Vorstellung, dass der womöglich ein Mörder war, mich packen und über das Geländer in die grau-braunen Fluten des Flusses werfen könnte. Ich schob mich immer ganz eng am Gitter zu den Eisenbahnschienen an ihm vorbei, um mich gegebenenfalls festkrallen zu können. Meine Angst war allerdings immer unbegründet: ich bin nie meinem Mörder begegnet.

Es gab aber noch etwas Schauriges – und das wollte ich den Jungs jetzt vorführen. Genau genommen war es nur beim ersten Mal schaurig. Wenn man es ein zweites Mal erlebte, war es ein grandioses Abenteuer.

Alle mussten sich in der Mitte der Eisenbahnbrücke versammeln und dort warten. Ich fragte Herrn Hesse wieder nach der Uhrzeit. Es war genau fünf nach zwölf. Ich merkte, dass er ein wenig unter Spannung stand und mich missmutig anschaute. Heute denke ich, dass ihm vermutlich nicht ganz wohl war, die ihm anvertraute Kinderschar auf schmalem Grat hoch droben über der Weser herumtoben zu sehen. Ich schrie meine Klassenkameraden an:

„Ihr müsst jetzt ruhig sein! Ganz ruhig!"

Wir standen alle ganz still und dann hörten und spürten wir es. Die Schienen neben uns fingen an, ganz leise zu summen und zu vibrieren. Das Vibrieren wurde stärker, das Summen wurde lauter, immer lauter und aufdringlicher und ging schließlich in ein Dröhnen über. Plötzlich fing die riesige Brücke an zu zittern. Alles zitterte.

Dann zeigte sich das Monster. Es kam vom Bahnhof her und schoss zwischen den Häusern auf der Hafenseite hervor auf die Brücke: eine fauchende, pfeifende, stampfende Dampflok, die viele Waggons hinter sich her schleppte. Als sie die Brücke erreicht hatte, pfiff sie schrill, machte einen Höllenlärm und hüllte uns in ihren weißen Dampf ein. Ich sah, dass viele der Jungs entsetzt waren und sich am Geländer festklammerten. Ich lachte und fing an, ganz laut zu schreien. Die meisten taten es mir nach, selbst Herr Hesse schrie mit. Das war ein wunderbarer Effekt: man brüllte so laut man konnte und hörte doch sein eigenes Gebrüll nicht mehr: der stampfende, fauchende Drache neben uns brüllte einfach alles nieder. Ich glaube, das war einer der Höhepunkte an diesem Wandertag.

Der lange Güterzug verschwand schließlich im Klüttunnel und noch lange sah man aus dem dunklen Loch im Berg den weißen Dampf hervorquellen.

***

Ich führte meine Truppe zurück – zurück über das Hafenbecken und schließlich auf den Weg, der am Ufer der Weser nach Süden führt, in Richtung „Tündernsche Warte". Die Tündernsche Warte war ein Gartenlokal am Fluss, von dem aus man einen schönen, weiten Blick über die Weserlandschaft hatte. Ich hatte es mir – mit einem gewissen Hintergedanken – als Ziel meiner Führung ausgedacht. Von da aus wollte ich die Jungs auf einem anderen Weg zurück in die Stadt führen, an Orten vorbei, an denen wir gern spielten: ich und meine Bande und die andere Kinderbande aus der Werftstraße, aus den Flüchtlingsbaracken.

Zur Rechten floss die Weser an uns vorbei. Die meisten Jungs spielten auf unserer langen Wanderung immer wieder am Ufer. Sie titschten flache Kieselsteine über die Wasseroberfläche und zählten die Hüpfer, die sie machten, bevor sie versanken.

Zur Linken waren Felder, Wiesen und Weiden und auch eine große Pferdekoppel, auf der den ganzen Sommer über fleckigweiße Schimmel und schlanke Braune grasten. Wir kamen an einem Feld vorbei, voll mit grünen jungen Pflanzen, in dessen Mitte ein großer stabiler Holzschuppen stand. Ein paar Meter entfernt davon ragte eine lange Stange in den Himmel, von deren Spitze ein dicker, geflochtener Eisendraht in die Erde führte. Das war ein Blitzableiter. Ich erzählte:

„Das hier ist ein Steckrübenfeld. Hier werden Steckrüben angebaut. Mehrmals im Jahr kommen Zuchthäusler, die auf dem Feld arbeiten."

„Zuchthäusler? Das sind doch Gefangene. Die dürfen doch gar nicht raus."

„Doch. Dürfen sie. Sie haben Wachposten dabei. Die haben Gewehre und wenn einer abhaut, schießen sie auf den", behauptete ich.

Sie guckten mich groß an. Sie glaubten mir nicht. Um meine Behauptung zu untermauern, erzählte ich ihnen eine Geschichte: „Auf meinem Weg von der Weser nach Hause geriet ich einmal in ein unglaubliches Gewitter, hier, mitten in den Feldern, völlig ungeschützt. Es schüttete wie aus Kübeln und der ganze Himmel um mich herum war zerrissen von Blitzen, die ganz nahe in der Landschaft in den Boden knallten. Es blitzte und krachte unaufhörlich. Ich bekam Angst, denn vor solchen Gewittern hatte man uns Kinder immer gewarnt, und rannte wie ein Verrückter auf den Holzschuppen mit dem Blitzableiter zu, um mich unterzustellen und in Sicherheit zu bringen. Da stellte ich fest, dass die Schuppentür geöffnet war, ich rannte hinein und befand mich unter zwei Dutzend Männern in Gefängniskleidung, die mich anstarrten, als käme ich aus einer anderen Welt. Vorne an der Tür standen drei Männer in Uniform, die aussahen wie Polizisten. Alle drei hatten Gewehre. Sie guckten mich missbilligend an. Als das Gewitter gerade eben abgezogen war, befahlen sie mir, mich davon zu machen, obgleich es noch immer in Strömen regnete."

Das erzählte ich meinen Jungs und jetzt glaubten sie mir.

Kurz vor der Badeanstalt mit den großen Liegewiesen zeigte ich auf einen langgestreckten Schuppen am Ufer der Weser, der bis ins Wasser hinein ragte.

„Das ist ein Paddelbootverleih", erzählte ich. „Da wohnt eine alte Frau, bei der man für 50 Pfennig ein Boot leihen kann. Die fragt dich nur, ob du schwimmen kannst – und wenn du *ja* sagst, gibt sie dir das Boot." Die umstehenden Jungs waren beeindruckt und ich glaube, so manch einer von ihnen merkte sich den Tipp.

„Einmal paddelten ich und meine kleine Schwester am Ufer entlang. Sie hatte uns das Boot gegeben, obgleich wir nur 30 Pfennig hatten. Auf einmal kamen die Tommies mit ihren Schnellbooten und machten riesige Wellen. Unser Boot wäre fast umgekippt. Wir hatten ziemliche Angst und brachten das Boot schnell wieder zurück."

Ich merkte, dass Herr Hesse mich wieder nachdenklich anblickte:

„Kannst du denn überhaupt schwimmen?"
Ich druckste herum. Nein, ich konnte nicht schwimmen –
und meine kleine Schwester auch nicht.

***

Der Weg an der Weser entlang zur Tündernschen Warte war
nicht besonders aufregend. Manche Jungs aus der Stadt kannten allerdings nicht einmal das Freibad in der Weser. Das war
sehr primitiv. Man hatte aus drei dicken Balken ein Rechteck
im Wasser der Weser ausgeschnitten und dieses Rechteck mit
einem langen Längsbalken noch einmal in der Mitte geteilt. Das
schmale Rechteck zum Ufer hin war das „Nichtschwimmerbecken", das Rechteck zur offenen Weser hin das „Schwimmerbe-
cken". So einfach war das. An der einen Seite führte ein langer
Holzsteg über das Wasser, von dem aus die Großen ihre Köpper
in die Weser machten.
    „Wenn es heiß ist, bin ich fast jeden Tag hier draußen. Vor
allem in den Sommerferien."
    Wir kamen schließlich an den Ort, an dem die Fluthamel aus
der Weser abzweigt – oder in die Weser fließt, je nach Wasser-
stand der Weser. Eine kleine Holzbrücke führte über das Flüsschen. Diese Brücke war am anderen Ende mit einem „Gattertor"
verriegelt. Ich zeigte meinen Jungs, wie das Tor funktionierte:
man öffnete es nämlich nach oben. Die Bretter des Tors klapp-
ten dann zusammen und schoben sich ineinander. Man öffnete das Tor zur einen Seite hin, das Tor ragte dann zusammenge-
klappt in den Himmel, so dass man hindurchgehen konnte. Ich
erzählte, was ich über dieses komische Tor wusste.
    „Hier beginnt eine große Kuhweide. Kühe sind sehr kluge
Tiere. Mein Vater hat erzählt, dass sie jedes normale Tor auf-
kriegen und abhauen. Sie sind nämlich sehr neugierig und hau-
en gerne ab. Nur das *Gattertor* haben sie bisher noch nicht auf-
gekriegt. Das ist kuhsicher." Ich lachte.
    Wir mussten jetzt eine große Wiese durchwandern, auf der
etwa zwanzig Kühe grasten. Wenn ich sie alleine durchquerte,

ging ich manchmal besonders langsam und blieb oft stehen, um die Kühe zu beobachten. Dann wurden die Tiere neugierig und kamen ganz langsam und majestätisch auf mich zu getrottet. Das Tolle war: sie bildeten ein richtiges Spalier und ließen mich freundlich durch. Ich liebte ihre großen Köpfe mit den sanften Gesichtern, ich liebte die fremden Blicke aus großen klugen Augen. Aber ich blieb auch immer auf der Hut. Für mich waren sie Giganten, Kolosse – und man weiß ja nie, was Kolossen alles so einfallen kann. Schließlich war ich noch klein, viel kleiner als sie. Ich war sechs, als ich sie kennenlernte.

Rechts zur Weser hin stand ein größerer Pulk Kühe, links von dem schmalen Trampelpfad, der durch die Wiese führte, grasten und kauten noch einmal ein Dutzend Kühe, die unaufhörlich pladderten und ihre Fladen auf der Wiese verteilten. Ich wollte sie alle auf jeden Fall anlocken, aber ich wusste nicht, ob mir die Schau gelingen würde. Ich befahl:

„Ihr müsst jetzt ganz langsam gehen. Hintereinander. Im Gänsemarsch. Aber ganz, ganz langsam und ganz still. Dann passiert was!"

Wir durchquerten ganz langsam und im Gänsemarsch und ganz still die große Wiese und tatsächlich: die Kühe wurden neugierig und trotteten gemächlich und bedächtig, wie es ihre Art war, von beiden Seiten auf die lange Kinderschlange zu, die sich durch ihr Revier bewegte. Sie bildeten tatsächlich ein Spalier für uns. Ich war begeistert. Ihre Schau war so eindrucksvoll und sie rückten uns so dicht auf den Leib, dass selbst die „doofen Jungs" aus meiner Klasse nicht auf die Idee kamen, irgendwelche dummen Scherze mit ihnen zu machen. Die Kühe jedenfalls genossen es sichtlich uns zu beäugen. Wir waren für sie die Attraktion des Tages.

Auf dem Treidelpfad zur Tündernschen Warte passierte nichts Aufregendes mehr. Die Böschung zur Weser hin war stellenweise mit dichtem Gebüsch zugewuchert.

„Hier kann man sich gut verstecken. Unten am Wasser gibt es schöne kleine Plätze, die man von hier aus nicht sieht. Hierher kommen ganz oft Liebespaare. Die verstecken sich dann in den Büschen." Ich lachte wissend – und stellte fest, dass Herr Hesse mich grinsend anguckte.

Diese Büsche waren für mich etwas Besonderes, denn sie enthielten „meinen Ort". So nannte ich damals ein kleines Versteck direkt am Ufer der Weser, in das ich mich zurückzog, wenn ich allein sein wollte. Dort saß ich manchmal stundenlang im Schneidersitz, für niemanden auffindbar. Hier dachte ich nach, hier träumte und grübelte ich, vor allem dann, wenn ich aufgewühlt oder traurig war. Ich erzählte den Jungs und Herrn Hesse natürlich nichts von meinem geheimen Ort. Das war eben „mein Ort".

Als wir uns dem Gasthof näherten, rief ich Herrn Hesse zu – so laut, dass alle es mitbekamen: „Hier gibt's Malzbier vom Fass!" Er lachte laut auf: „Du bist ja raffiniert!"

Als wir an den Gartentischen Platz genommen hatten, verschwand er in der Gaststube, und alle wussten, was er dort tat. Nach einer Weile kam der Wirt mit einem großen Tablett heraus und servierte uns die grauen Steinkrüge mit dem schaumigen, kalten Getränk. Herr Hesse bekam ein blondes Bier in einer gläsernen Tulpe. Es war ein festes Ritual auf jedem Wandertag, dass Herr Hesse einen ausgab. Ich saß als „Tschitscherone" neben ihm und als alle „Prost" riefen, stieß ich mit ihm an.

Die alten Landgasthöfe um Hameln herum waren vor allem Familienlokale – und lange vor dem Siegeszug der Cola Ende der Fünfziger war frisch gezapftes Malzbier *das* Kindergetränk.

Hier, in der Tündernschen Warte, hielt ich einen richtigen kleinen Cicerone-Vortrag. Ich erzählte den Jungs alles, was ich über die Tündernsche Warte wusste. Mein Vater hatte es uns Kindern erzählt, wenn wir dort einkehrten.

„Wisst ihr eigentlich, warum die *Tündernsche Warte Warte* heißt?"

Keiner wusste es.

Ich erzählte:

„Hier in der ganzen Gegend" – ich zeigte die Weser aufwärts nach Süden – „wird unglaublich viel Getreide angebaut. Früher, im Mittelalter, wenn das Getreide gedroschen war, hat man das

Korn auf Lastkähne geladen, die die Weser abwärts fuhren bis nach Hameln. Hameln war nämlich eine Mühlenstadt." Das kann man heute noch daran erkennen, dass die Stadt ein Mühlrad in ihrem Wappen hat. „Wenn zu viele Kähne die Weser herunter kamen, konnten nicht alle auf einmal entladen werden. Viele mussten warten, und zwar hier, genau an dieser Stelle" – ich zeigte auf das Weserufer vor unseren Augen. „Natürlich mussten die Schiffer auch essen und trinken und schlafen. Deswegen war hier an der Wartestelle ein großer Gasthof. Hier war immer was los, hat mein Vater erzählt. Wenn ein Schiff *dran* war, wurde es von den Schiffern mit Stricken nach Hameln gezogen. Vom Ufer aus, auf diesem Pfad hier" – ich zeigte auf den Pfad, auf dem wir hergekommen waren. „Das nennt man *Treideln*" – und deswegen heißt dieser Pfad auch heute noch „Treidelpfad".

Ich bemerkte, dass Herr Hesse beeindruckt war von meiner Erzählung. Vielleicht wusste er ja selber nicht, warum die Warte „Warte" hieß. Schließlich war er kein Hamelenser, sondern ein Einwanderer, den der Schuldienst nach Hameln verschlagen hatte.

Auf dem Damm

Auf dem Rückweg führte ich meine Schar zurück durch die Kuhweide und durch das Spalier der nachdenklich wiederkäuenden Kühe. Ich öffnete das Gattertor zu der kleinen Holzbrücke und wir überquerten die Fluthamel. Ich führte meine Schar jetzt auf den Deich zur Fluthamel hin, den „Damm", wie wir ihn nannten, der die Stadt vor Überschwemmungen schützen soll, wenn die Weser im Frühjahr Hochwasser führt. Von hier oben hatte man einen guten Überblick: nach Süden in die weite Weserlandschaft, eingerahmt von den blauen Bergen am Horizont; nach Norden in das Hamelner Gewerbe- und Industriegebiet, in dem ich wohnte.

Ich zeigte auf die Gärten, die zu unserer Rechten am Ufer der Fluthamel lagen. Hier gab es sehr viele Obstbäume: Apfel-, Birnen-, Kirsch- und Pflaumenbäume. Ich erzählte den Jungs, woran man die verschiedenen Bäume erkennen kann, auch dann, wenn keine Früchte daran hängen. Ich verkniff es mir darüber zu plaudern, dass alle Kinderbanden aus der Umgebung zur Erntezeit hier ziemlich regelmäßig miternteten.

Nach Süden hin sah man riesige Getreidefelder. Ich dozierte, an welchen Merkmalen man Weizen, Roggen, Gerste und Hafer erkennen konnte und wunderte mich darüber, dass niemand wusste, was mir so selbstverständlich war.

„Im Herbst, wenn die Felder abgeerntet sind, liegt da hinten eine riesige Strohmiete, so hoch wie ein Haus." Ich zeigte Richtung Tündern. „Wir toben dann immer in den Strohbergen. Man kann von ganz oben herunterrutschen und landet ganz weich im Stroh. Eine riesige Rutsche."

„Das ist eigentlich verboten", ergänzte ich. „Manchmal kommt der Flurhüter auf seinem Fahrrad vorbei und verjagt uns. Er schreit uns an und will uns immer verkloppen, aber wir rennen quer über die Felder und er hat noch keinen von uns erwischt."

Wenn man von hier oben, vom „Damm" herunter, ins Industriegebiet schaute, nach Norden hin, fielen zuerst die drei Baracken auf, deren hintere Giebelseiten ganz dicht am Damm standen und die sich dann nach Norden in das Gewerbegebiet hinein erstreckten. Zu unserer Rechten, fast schon an der Kuhbrückenstraße, lag Frau Kinkels Holzbaracke. Frau Kinkel war eine ältere Frau, die sich um ihr Holzgehäuse einen Garten angelegt hatte, mit vielen Johannisbeersträuchern und Stachelbeerbüschen, einer Himbeerhecke, einem Kirschbaum und mehreren Apfelbäumen. Sie hatte Hühner und Gänse und sogar zwei Ziegen. Frau Kinkels Holzbaracke war die kürzeste der drei Baracken hier am Weserdeich. Im hinteren Teil, neben Frau Kinkels Wohnabteil, wohnte eine Familie mit zwei Kindern. Die beiden Jungs spielten zuweilen mit uns, sie gehörten zu unserer Kinderbande. Manchmal sahen wir auch den Vater, wenn er seine Jungs heim rief. Die Mutter sahen wir nie. „Ihre Mutter ist krank", erzählte uns einmal unsere Mutter. „Sie ist schwermütig." Ich wusste nicht, was das bedeutete und fragte nach. „Sie ist sehr traurig und kommt aus ihrer Traurigkeit nicht heraus", erläuterte sie. „Ihr müsst lieb zu den Jungs sein."

Direkt vor uns lag die zweite Baracke, „unsere" Baracke. Hier hielt ich mich mit meinen Erzählungen zurück. Ich erzählte nichts von dem Dschungel neben unserem Hof, den wir mit einer Machete bearbeiteten, nichts von den Erdhöhlen, die wir uns gruben, die wir gut tarnten, in denen wir unsere Schätze versteckten und in denen wir zusammen hockten und uns Geschichten erzählten. Ich erzählte nichts von den großen Feuern aus getrocknetem Kartoffelkraut, die wir entfachten, wenn das Kartoffelfeld zwischen „unserer" und Andersens Baracke abgeerntet war. All das war mein Land, all das hielt ich geheim, denn ich wollte die Jungs nicht in meine Welt locken.

Zur Linken lag die dritte Baracke, „Andersens Baracke". Sie war die längste von allen und bestand eigentlich aus drei hintereinander gestaffelten kürzeren Baracken. Alle drei Barackenhäuser waren oben – unter dem Giebel – mit einem dicken braunen Rohr verbunden und ich fragte mich oft, was dieses Rohr wohl zu bedeuten hatte. Im hinteren Segment dieser seltsamen Dreierbaracke wohnten die Andersens. Sie wohnten sehr schön und komfortabel dort, wie ich als Kind empfand. Sie hatten fließend Wasser aus dem Wasserhahn und Toilettenspülung, denn Herr Andersen war ein guter Techniker und Handwerker und holte das Wasser mit einer elektrischen Wasserpumpe aus der Erde, nicht mit einer primitiven Handpumpe wie wir. Ich weiß, dass ich mich als Kind ärgerte, wenn ich das sah. Warum konnte mein Opa, der Klempner, Schlosser und Werkzeugmacher, nicht auch uns eine Wasserpumpe einbauen, die unser Leben sehr erleichtert hätte? War es ihm egal, wie wir lebten? Und vor allem: warum kam mein Vater nicht auf diese Idee?

Auf jeden Fall: die Andersen-Mädchen waren meine liebsten Spielgefährtinnen, sie waren ein fester Bestandteil unserer „Bande". In die dunkle Christa war ich fortwährend verliebt – unglücklich und unerfüllt, denn sie erwiderte meine Liebe nicht.

Mit der blonden Elke hatte ich die ersten erotischen Erlebnisse meines Lebens überhaupt. All das erzählte ich meinen Jungs und Herrn Hesse natürlich nicht.

Mitten auf dem Damm, etwa in Höhe „unserer" Baracke, geschah etwas Seltsames mit unserem Lehrer. Er blieb plötzlich stehen und schaute lange in die Industrielandschaft, während seine Schar hinter seinem Rücken langsam weiter lief und schließlich am Ende des Dammes, an der „Kuhbrücke", wartete. Herr Hesse bewegte sich nicht, stand nur da und schaute – starr und still. Sein dunkles Gesicht wurde nachdenklich, fast düster. Irgendetwas schien in ihm vorzugehen, über irgendetwas grübelte er nach. Er schaute unentwegt nach Norden, in das Hamelner Industriegebiet hinein: vorne sah man die drei Baracken, weiter hinten die Fabriken: Domag, Kaminski …

Ich war ja als „Tschitscherone" immer neben ihm und hatte Muße, ihn zu betrachten. Lange Zeit beobachtete ich ihn stumm. Ich traute mich nicht, ihn zu stören. Er schien in seinen Gedanken sehr weit weg zu sein und ich hätte gerne gewusst, wo er war und was in ihm vorging.

Eigentlich ist die Szene ja recht banal und ich fragte mich stets, wenn ich mich an jenen Wandertag erinnerte, warum mir ausgerechnet diese kurze, eher nebensächliche Sequenz immer wieder so deutlich vor Augen stand. Damals dachte ich, dass er vielleicht etwas sah, was in dem Industrie- und Gewerbegebiet für meine Augen verborgen lag, aber ihm etwas sagte. Etwas, das ich noch nicht sehen konnte so wie er, weil er womöglich über ein Wissen verfügte, das ich damals noch nicht hatte.

***

Schließlich verließen wir den „Damm", den langen Hochwasserdeich. Auf der Kuhbrücke, die über die Fluthamel führt, versammelten wir uns alle.

„Das Geländer der Kuhbrücke hat mein Opa hergestellt. Der ist Schmied", erzählte ich.

Wir schauten zurück auf das kleine Flüsschen und ich zeigte hinunter auf die flache Böschung zu unserer Linken.

„Hier haben wir einmal ein Floß gebaut und zu Wasser gelassen. Wir haben ganz viele leere Benzinkanister – neun Stück! – aneinander gebunden und oben drauf Bretter befestigt. Das war eine Heidenarbeit. Dann haben wir das Floß in die Hamel geschoben und sind drauf gesprungen."

„Wo hattet ihr denn die vielen Benzinkanister her?", fragte Herr Hesse.

Ich zeigte auf eine kleine Fabrik, die ABG, die nur etwa hundert Meter entfernt an der Kuhbrückenstraße lag. Um die Fabrik herum lag ein großer Platz mit Schrottbergen.

„Die stellen da Baumaschinen her, aber die handeln auch mit Schrott. Einmal kam ein Laster mit einem großen Hänger und lud einen ganzen Berg Benzinkanister ab. Mein Opa hat gesagt: das sind *Wehrmachtskanister*. Man brauchte so viele im Krieg. Er hat sich selbst noch ein paar gute Stücke heraus gesucht."

Danach erzählte ich die Floßgeschichte weiter.

„Wir hatten die Kanister sorgfältig untersucht. Die mussten ja ganz dicht sein, damit die nicht voll laufen und untergehen. Aber dann liefen doch ein paar von ihnen voll und das Floß hing schräg im Wasser. Am Ende rutschten wir alle runter und fielen ins Wasser. Unser Floß war unbrauchbar, es gluckerte weg. Schade."

Ich hatte den Eindruck, dass mich Herr Hesse weiterhin nachdenklich betrachtete. Er sagte aber wieder nichts. Um noch einen drauf zu setzen und ihn ein wenig zu provozieren, erzählte ich die Geschichte von den Stahlhelmen.

„Einmal lag auf dem Schrottplatz ein riesiger Haufen Stahlhelme. Das waren *Wehrmachtshelme* aus dem Krieg, hat mein Opa erzählt. Alle Kinder aus der Gegend versorgten sich mit Stahlhelmen. Wir liefen tagelang mit Stahlhelmen auf dem Kopf herum und spielten *Soldat*. Das war sehr komisch und alle Erwachsenen schimpften hinter uns her."

Danach führte ich meine Gefolgschaft die Kuhbrückenstraße entlang zurück zu Domag und zu Kaminski. Wir kamen an Vogeleys großer Wiese vorbei, auf der die weißen Ponys grasten.

„Meine Schwestern versuchen manchmal, auf den Ponys zu reiten. Aber die mögen das nicht. Die rennen los und schmeißen sie runter."

Am Kiosk der Frau Schuppe, direkt gegenüber dem großen Eingangstor der Domag, kauften sich die meisten zum Abschied noch ein „Eis am Stiel". Das kostete 10 Pfennig. Vanille.

Ich lutschte an meinem Eis und plauderte mit Herrn Hesse. In der Ferne, weiter hinten auf der Kuhbrückenstraße, ganz in der Nähe von Frau Kinkels Baracke, hatte gerade der „Milchwagen" angehalten. Die Frauen aus der Umgebung standen mit ihren Milchkannen davor und kauften Milch, Butter, Quark und Käse. Ich erkannte meine Mutter. Sie hatte ihre schöne, bunt gehäkelte Weste an, wirkte wie immer sehr aufrecht und gerade und sah schön aus, wie ich als Kind immer empfand. Ich winkte ihr zu und sie winkte zurück. Herr Hesse schaute auf mich herunter:

„Deine Mutter?", fragte er.

„Ja", sagte ich und fügte hinzu: „Es wird uns alles gebracht. Jeden Tag kommt der Milchwagen, zweimal in der Woche kommt der Bäckerwagen, einmal kommt der Wagen mit Kartoffeln und Gemüse. Wir müssen eigentlich gar nicht einkaufen gehen." Ich lachte.

„Weißt du", sagte Herr Hesse schließlich, „das war ja eine riesige Wanderung und du hast uns viel erzählt. Du kannst jetzt von hier aus nach Hause laufen. Ich führe die anderen Jungs zurück zur Schule. Das wäre ja dumm, wenn du den Weg zweimal machst."

Meine Führung war zu Ende.

Ich rannte die Kuhbrückenstraße entlang und erwischte meine Mutter noch am Milchwagen. Ich schnappte mir die volle Milchkanne und schwang sie mit meinem rechten Arm in großen Kreisen über meinen Kopf. Unter meinem linken Arm klemmte noch immer der braune Wintermantel, den ich nicht mehr brauchte. Die morgendliche Kälte war längst einer richtigen Mittagshitze gewichen.

Die volle Milchkanne schwingen – das übten alle Kinder, die ich kannte, immer dann, wenn sie Gelegenheit dazu hatten.

Meine Mutter sah das gar nicht gerne, konnte jetzt aber nicht mehr eingreifen, sonst wäre mit Sicherheit ein Malheur passiert. Man musste sich gut konzentrieren, man brauchte ziemlich viel Schwung und man musste aufpassen, dass man frei stand und die Kanne nicht gegen ein Hindernis stoßen konnte. Ich habe bei diesem Spiel nie auch nur einen Tropfen Milch verplempert.

Touristen in meinem Reich

Ich hätte es mir denken können und es überraschte mich eigentlich nicht: in den folgenden Tagen und Wochen bekam ich des Öfteren Besuch aus der Stadt. Plötzlich stand da einer – manchmal waren es auch zwei oder drei – mit dem Fahrrad vor mir. Irgendwo in der Landschaft spürten sie mich auf, allein oder in meiner Bande – am Hafen, an der Weser, auf dem Damm oder auch mitten auf unserem Hof direkt vor unserer Wohnung oder vor der Werkstatt unseres Opas. Wir zogen sie rein in unser Spiel, wir zeigten ihnen interessante Sachen und gegen Abend hauten sie wieder ab. Ich spürte, „mein Reich" war für meine Klassenkameraden interessant geworden, sie suchten die Abenteuer, die in meinem Land versteckt waren und die man finden musste.

Gleich am ersten Sonntag nach meinem Einsatz als Cicerone tauchte Rainer auf. Brav ging er mit seinen Eltern auf dem „Damm" spazieren und winkte uns aus der Ferne zu. Meine Geschwister und ich machten gerade etwas, was uns streng verboten war: wir spielten auf dem Dach unserer Baracke. Wir mussten dabei sehr vorsichtig sein, damit wir keine Löcher in die spröde Teerpappe traten – dann wäre das Dach undicht geworden und es hätte durchgeregnet.

Da stand ich also, oben auf dem Dach, ein Eingeborener, durch dessen Land Touristen zogen. Ich winkte Rainer und seinen Eltern lange und lebhaft zu. Ich wusste: sie gingen jetzt Richtung Gattertor-Holzbrücke über die Fluthamel, Richtung Kuhweide.

Ich wusste, was Rainer vorhatte. Er wollte seinen Eltern das zeigen, was ich ihm als „Tschitscherone" vorgeführt hatte, den „Gattertor-Trick" und vor allem wahrscheinlich den „Kuh-Effekt". Danach würde er seine Eltern zur Tündernschen Warte führen, da war ich mir sicher. Er würde ihnen meine Geschichte von der „Warte" erzählen, während sie am sonnigen Ufer der Weser gemütlich Kaffee tranken.

Vier Jahre lang, während meiner gesamten Grundschulzeit saß Rainer rechts neben mir. Er war sehr artig, sehr still und sehr lieb – immer ein guter Kumpel. Bei Klassenarbeiten waren wir beide Meister im Schummeln, wir halfen uns gegenseitig, wo wir nur konnten. Nur selten besuchte er mich und meine Bande da draußen im „Nachtjackenviertel", wie die guten Bürger von Hameln Wohngegenden wie die unsere bezeichneten. Er war meistens gehemmt, wenn er mit uns spielte. Wenn es gefährlich wurde oder wenn wir etwas machten, was eigentlich verboten war, hielt er sich zurück und machte nicht mit.

Andererseits: einmal im Schuljahr lud er mich zu sich ein. Das war jedes Mal ein etwas dröger, aber recht nahrhafter Nachmittag. Fast immer hatte ich ein zwiespältiges Gefühl, wenn ich ihn besuchte. Denn schon wenn er seine Einladung aussprach, druckste er herum. Er wusste, dass ich lieber in „meinem Reich" spielte und mich immer ein wenig langweilte, wenn ich mit ihm in der Stadt zusammen war. Ich ahnte, dass es seine Mutter war, die auf der Einladung bestand: „Lad' doch mal wieder den Jungen aus der Baracke ein. Das ist doch ein anständiger, gut erzogener Junge …" – so oder ähnlich wird sie wohl zu ihm gesprochen haben. Ich spürte immer, dass sie es war, die dem „Barackenkumpel" ihres Sohnes einmal im Schuljahr etwas „Gutes" tun wollte. Auch meine Mutter bestand darauf, dass ich ihn besuchte. Sie wollte, dass ich Kontakte zur „Stadt" hielt und lieh mir für diesen besonderen Nachmittag sogar ihr Fahrrad, ihr geliebtes Hollandrad. Mit einem Schraubenschlüssel aus der Werkstatt meines Opas verstellte ich den Sattel auf „meine Höhe", so dass ich lustvoll und bequem losdüsen konnte.

Rainer wohnte in einem alten schwarzen Haus in der alten schwarzen Bäckerstraße. Er empfing mich auf dem Bürgersteig vor seiner Haustür, ich schob das Rad in den dunklen Hauseingang und er sicherte es mit einer Kette und einem Vorhängeschloss. Das Stiegenhaus war sehr dunkel: schwarz gebeiztes Holz. Auch die Wohnung wirkte auf mich dunkel, aber sie war sehr gemütlich mit alten Möbeln eingerichtet. Ölbilder und Aquarelle hingen an den Wänden und immer stand auf der Anrichte im Wohnzimmer ein voller Blumenstrauß in einer Vase aus bemaltem Glas.

Rainers Mutter war eine freundliche, liebe und manchmal auch sehr fröhliche Frau. Die Kaffeetafel war schon gedeckt, wenn ich ankam. Für Rainer und mich gab es eine große Kanne Kakao und selbst gebackenen Kuchen, sie trank dazu ihr Tässchen Kaffee, fragte uns über die Schule aus und erzählte urige Geschichten, wenn wir unseren Kuchen mampften. Am Ende unserer Sitzung las sie uns irgendeinen Artikel aus der „Dewezet" vor, den sie ulkig oder irgendwie interessant fand. Dann gingen wir raus: spielen.

„Spielen", das hieß hier: Radfahren durch die Stadt. In den Straßen trafen wir andere Jungs mit ihren Rädern und flitzten als Radlerbande am liebsten durch die uralten engen schwarzen Gassen der uralten schwarzen Stadt. Am Schluss landeten wir auf dem großen Schulhof der Herrmannschule, auf dem man sehr schwungvoll elegante Kurven fahren konnte. Eines unserer Spiele bestand darin, Achten zu fahren und langsam die Acht immer kleiner werden zu lassen, bis man sie am Schluss fast im Stehen zu bewältigen hatte. Wer sich am längsten oben hielt – ohne einen Fuß auf die Erde zu setzen – war der Sieger.

All das langweilte mich ein wenig und wenn ich später – in der Erwachsenenwelt – jemanden traf, der sich brav, bieder und ängstlich immer an alle Konventionen, Normen und Anstandsregeln hielt, so nannte ich ihn insgeheim – nur so für mich – „Achtenfahrer".

Wenn wir heimkamen in die gemütliche dunkle Wohnung in der Bäckerstraße, war der Abendbrottisch schon gedeckt. Meist gab es pikante Schinken- und Wurstschnittchen, saure Gürkchen und Tomaten, dazu Pfefferminztee. Einmal gab es sogar ein kaltes Kotelett mit Kartoffelsalat. Wir mussten es nicht mit Messer und Gabel essen, sondern durften es am Knochen in die Hand nehmen und abknabbern. Ich kaute mit Vergnügen, denn Koteletts oder Schnitzel gab es bei uns nur selten. Beim Abendbrot saß dann auch Rainers Vater mit am Tisch und ich musste ihm – anständig und gut erzogen, wie ich mich natürlich zeigte – auf seine freundlichen Fragen Rede und Antwort stehen.

Jetzt führte Rainer also seine Eltern durch „mein Reich". Ich winkte lange hinter ihnen her. Ich mochte ihn und ich mochte auch seine Mutter, die mich einmal im Jahr mit ihren Leckereien vollstopfte.

***

Wenige Tage später – vielleicht zehn Tage nach dem Schulausflug durch „mein Reich" – tauchte Max bei uns auf. Er war nicht allein, er brachte seine Bande mit.

Max war der Einzige aus meiner Klasse, der regelmäßig – drei- oder viermal im Sommer – zu uns raus kam und mit uns spielte. Er war wild und ungebärdig und wir mussten ihn oft – manchmal mit Gewalt – daran hindern, irgendwelche dummen Streiche zu spielen und Leute zu ärgern. Alle Leute, die da draußen in meinem Land fest wohnten – das waren gar nicht so viele – waren unsere Nachbarn, vertraute Menschen. Wir kannten sie alle, die meisten mochten wir und manchmal brauchten wir ihre Hilfe – und deswegen ärgerten wir sie nicht und spielten ihnen keine blöden Streiche. Das war ein ungeschriebenes Gesetz in unserer Kinderbande. Wir Nachbarn hielten zusammen und machten uns nicht gegenseitig das Leben schwer, das war selbstverständlich.

Max war der Einzige aus meiner Klasse, den ich selber ganz gerne mal besuchte, wenn ich in der Stadt „zu tun" hatte. Er wohnte in der Nähe meiner Großeltern und wenn ich die besucht hatte, besuchte ich anschließend Max und seine Bande. Er hatte vier Jungs aus seiner Nachbarschaft um sich herum geschart und war klar und eindeutig ihr Anführer. Wenn ich auftauchte, begrüßten sie mich meist mit großem Hallo und luden mich ein, mit ihnen durch die Straßen der Stadt zu schweifen und Leute zu ärgern. Meistens war das auch ganz lustig, manchmal allerdings fand ich peinlich, was sie da alles so trieben, und ich schämte mich zuweilen, dass ich mitgemacht hatte.

Jetzt entdeckte ich Max' Bande auf der Kuhbrückenstraße. Sie marschierten auf mich zu und sahen wild aus. Mir schwante nichts Gutes. Sie lachten und grölten, als sie mich entdeckten. Ich stand allein auf unserem Hof, sah sie kommen und wusste: sie waren darauf aus, Leute zu ärgern, also ihre dummen Streiche zu spielen. Als sie näher kamen, sah ich, dass sie sich mit Latten und Knüppeln bewaffnet hatten. Ich sah es mit Sorge.

Als sie Vogeleys Wiese erreicht hatten, die große Koppel, auf der die beiden weißen Ponys grasten, schlugen sie mit ihren Knüppeln den Stacheldrahtzaun nieder, sprangen auf die Wiese und fingen an, die beiden Ponys zu jagen, wobei sie ihre Knüppel und Latten über ihren Köpfen schwangen und herumbrüllten. Ich sah, wie die Tiere in Panik gerieten und schrie: „Hört auf damit! Aufhören, ihr Arschlöcher! Aufhören, aufhören, aufhören ...!" Sie johlten und grölten, lachten mich aus und Max schrie: „Komm ran, wenn du was willst. Wir schlagen dir die Birne ein ... Komm ran, du Feigling ...!"

Ich war machtlos, ich stand hilflos dabei und wusste nicht, was ich tun sollte. Eine unglaubliche Wut kochte in mir hoch. Nach einiger Zeit ließen die Jungs von den Ponys ab, zumal die anfingen, wild nach hinten auszuschlagen. Ich wünschte mir, dass sie Max oder einen seiner Jungs erschlagen würden. Das passierte aber nicht.

Die Jungs standen jetzt vor dem hohen Maschendrahtzaun, der nach hinten, zu Vogeleys Fabrik hin, die Koppel begrenzte. Ich sah, wie sie ihre Köpfe zusammensteckten. Ich sah, dass sie dabei waren, einen neuen Streich auszuhecken.

Zur Linken, neben der Fabrik, hinter diesem ungefähr zwei Meter hohen Maschendrahtzaun, befand sich ein großer Obstgarten mit Obststräuchern und ungefähr fünfzehn Apfelbäumen. Ich sah, wie die Jungs der Max-Bande jetzt den Zaun enterten, an ihm hochkletterten und in den Obstgarten sprangen. Unter ihrem Gewicht riss der Zaun aus seinen Verankerungen und hing niedergetrampelt und beschädigt in der Landschaft. Max' Jungs kletterten jetzt die Bäume hoch und rissen die Äpfel ab, oft mit den ganzen Ästen. Sie schmissen die Äpfel einfach auf den Boden, denn die waren ja noch unreif und ungenießbar. Sie schlugen mit ihren Latten und Knüppeln auf die Sträucher ein. Alles, was sie da machten, war völlig sinnlos: sie wollten zerstören, einfach nur zerstören. Ich schrie und schrie und schrie, konnte sie aber nicht stoppen. Sie machten ungerührt weiter und lachten mich aus.

Inzwischen waren in dem Bürotrakt der Vogeley-Fabrik die Fenster aufgegangen und die Büroleute schimpften und brüllten. Es war abzusehen, dass gleich Männer auf das Grundstück laufen und die Verrückten verjagen würden. Max merkte das und schrie seine Kommandos. Sie hauten ab. Der lädierte Maschendrahtzaun ging bei ihrer Flucht endgültig zu Bruch. Sie rannten in Richtung Hafen. Dort würden sie weitermachen und weiter „Scheiße bauen", wie sie das selber immer nannten. Das war mir klar.

Ich war wütend. Ich war auch voller Ärger über mich selbst. Ich selber hatte sie ja hierher gelockt. Ich hatte nicht an die „doofen Jungs" in meiner Klasse gedacht. Es tat mir jetzt sehr leid, dass ich sie in „mein Reich" geführt hatte. Scheiß-Tschitscherone ...

An jenem Nachmittag war ich noch lange angefüllt mit Hass und Rachegedanken. Die Ponys allerdings hatten sich längst wieder beruhigt und grasten friedlich.

Das Nachspiel

Diesmal hatte es die Max-Bande zu weit getrieben. Es gab ein Nachspiel.

Am Nachmittag des nächsten Tages kämpfte ich mit einem sehr blöden Dreirad. Es war zu groß, zu schwarz und zu schwer, sah aus wie ein kleines Fahrrad mit einer Achse und zwei Rädern hinten. Ich konnte es kaum vorwärts bewegen, denn die kleine Straße, die an Vogeleys Ponywiese entlang führte und unsere und Andersens Baracke miteinander verband, war unbefestigt, weich, trocken und sandig. Ich musste mich mit dem ganzen Gewicht meines Körpers auf jeweils eines der Pedale stellen, um das schwere Monster auch nur einen halben Meter weiter zu bewegen.

Unser Opa hatte dieses Dreirad für uns Kinder gebaut. Er war Werkzeugmachermeister und hatte alles verpatzt: es war als Kinderspielzeug unbrauchbar, viel zu schwergängig. Nur die beiden „Großen", mein Bruder Klaus und mein Vetter Ralf, konnten mit dem Ding umgehen – er hatte es nur für sie gebaut, seine Lieblinge. Ich verachtete ihn deswegen. Seit er mich einmal verprügelt hatte, verachtete ich ihn sowieso und ging ihm aus dem Weg, wo ich nur konnte.

Ich war also schlecht gelaunt. Ich war eben im Begriff, das Dreirad auf unseren Hof zu schieben und für immer zu vergessen, als etwas passierte, was meine Stimmung nicht gerade verbesserte.

Ich sah plötzlich, wie sich die Tür zu Andersens Wohnung öffnete und ein großgewachsener Fremder heraus trat, begleitet von Frau Andersen und verfolgt von ihren drei Kindern, die alle zu unserer Bande gehörten, Elke, Christa und der kleine Dieter. Der Mann gestikulierte mit seinen Armen und sprach laut auf Frau Andersen ein. Dann ging er schnellen Schrittes und – wie mir schien – ziemlich verärgert davon und kam schnurstracks auf mich zu. Er stellte sich neben mich, griff in die Innentasche seines Jacketts und holte einen kleinen Ausweis heraus, den er mir vor die Nase hielt.

„Polizei", sagte er, „ich bin von der Polizei und möchte dir ein paar Fragen stellen. Du bist verpflichtet, mir zu antworten ..." – er stand vor mir und drohte mit dem Zeigefinger – „... und die Wahrheit zu sagen!"

Er wollte wissen, wer den Zaun von Vogeleys Apfelgarten zerstört und die Apfelbäume und Sträucher beschädigt hätte. Wer die Ponys in Panik gebracht hätte. Es seien mehrere Jungs gewesen. Er wusste gut Bescheid. Die Leute aus Vogeleys Fabrik hatten also alles beobachtet und die Polizei benachrichtigt. Ich schaute den Polizeibeamten mürrisch und abweisend an: „Ich habe nichts gesehen. Ich weiß nicht, was da passiert ist."

Man verpetzte sich nicht gegenseitig. Das war ein ungeschriebenes Gesetz unter uns Kindern. Das galt gegenüber allen Erwachsenen – vor allem natürlich der Polizei gegenüber. Daran hielt ich mich ganz selbstverständlich.

„Aha. Hier hat also keiner was gesehen. Lauter Blinde hier draußen. Der Zaun ist also von alleine zusammengebrochen." Der Mann von der Polizei war verärgert und Frau Andersen, die inmitten ihrer Kinderschar in der Nähe stand, kicherte anzüglich.

„Und wer wohnt dort?" Der Beamte zeigte auf „unsere" Baracke.

„Da wohne ich."

„Ist deine Mutter da oder dein Vater?", fragte er.

Als ich ihm erklärte, dass meine Mutter zuhause sei, sagte er: „Nun gut. Dann werde ich jetzt deine Mutter befragen." Er drehte sich von mir ab und marschierte davon.

Das wollte ich auf gar keinen Fall!

Er sollte nicht auch noch meine Mutter mit dem Mist behelligen, den uns Max eingebrockt hatte. Meine Mutter hatte schon genug Sorgen. Ich sah zu unserer Baracke hin und sah Rauch aus unserem Schornstein aufsteigen. Ich wusste: meine Mutter stand jetzt am Küchenherd und kochte für uns. Sie würde aus tiefen Gedanken aufschrecken, wenn plötzlich die Polizei auftauchte. Sie würde sich innerlich sehr aufregen. Sie würde sich wie immer schämen, wenn Fremde in ihre „armselige Behausung" eindrangen – so empfand sie das nun einmal. Sie würde uns hereinrufen und uns vor dem Beamten sehr ernsthaft befragen, das wusste ich genau. Und wir würden schließlich alles ausplaudern – unserer Mutter zuliebe. Alles. Genau so, wie es sich zugetragen hatte.

„Ich möchte nicht, dass Sie meine Mutter aufsuchen", rief ich hinter dem Polizisten her. „Ich habe alles gesehen. Ich weiß, wer das gemacht hat!"

Er drehte sich um und kam zu mir zurück. Aus der Außentasche seines Jacketts holte er ein kleines schwarzes Notizbuch und einen Bleistiftstummel.

„Schieß los", sagte er.

Ich erzählte ihm die ganze Geschichte, von A bis Z. Ich nannte ihm Maxs vollen Namen, seine Adresse: Königstraße, Hausnummer. Ich nannte ihm die Vornamen der vier anderen Jungs – Uwe, Jochen, Dirk, Horst ...

„Max weiß, wo die wohnen. Er ist ihr Anführer. Sie machen alles, was er sagt."

Während ich erzählte, schaute ich ihm nicht ins Gesicht, sondern auf die Weide, wo friedlich die beiden Ponys grasten, die von Max und seiner Horde mit Stöcken gepiesackt worden waren. Ich merkte deutlich, wie sich mein Gefühl veränderte, während ich Auskunft gab. Ich „petzte" nicht mehr, wie ich zuerst empfunden hatte, nein, ich nahm jetzt Rache. Und ich genoss meine Rache. Ich verlor all meine Hemmungen. Die Wut über Maxs feigen Angriff kam noch einmal in mir hoch und am Ende verpfiff ich ihn und seine Kumpel mit großer Lust. Ich schilderte alles, in allen Details.

Als er alles Wissenswerte in sein Notizbuch hinein gekritzelt hatte, verabschiedete sich der Beamte mit einem kurzen Kopfnicken. Er drehte sich um und ging den kleinen Weg entlang, auf „unsere" Baracke zu. Ich verfolgte ihn argwöhnisch mit meinen Blicken, aber er hielt sich an unsere unausgesprochene Abmachung und ging an unserer Baracke vorbei. Er behelligte meine Mutter nicht.

Als er weg war, kam Frau Andersen auf mich zu, die in der Nähe gestanden und den Vorgang mitbekommen hatte.

„Das solltest du eigentlich wissen", sagte sie sehr ernsthaft, „man petzt nicht. Man verpetzt keine anderen Kinder. Schon gar nicht bei der Polizei. Du bringst ihre Eltern in große Schwierigkeiten!"

Sie hatte mich in meinem Innersten getroffen. Ich schaute Frau Andersen schuldbewusst an. Dann wurde ich erst wütend und dann böse.

„Wollen Sie, dass *wir* hier in Verdacht geraten?" Ich machte eine Armbewegung in Richtung ihrer Kinderschar. Ich schaute sie feindselig an und spürte, dass sie unsicher wurde.

„Sie kamen aus der Stadt und haben hier bei uns ihre Scheiße gebaut. Sie haben sich hier aufgeführt wie die Arschlöcher." Jetzt war ich sehr schlecht gelaunt: „Sie sollen das auch selber ausbaden!"

Ich schaute Frau Andersen verbiestert an, packte mein schwergängiges Monsterrad und schob es nach Hause, stellte es in die Werkstatt meines Großvaters und rührte es nie wieder an. Ich kletterte auf einen der drei Bunkerfelsen in unserem Dschungel, legte mich auf das warme Moos, verschränkte die Hände hinter meinem Kopf, blinzelte in die Sonne und dachte nach.

Verraten, Verpetzen, Verpfeifen – Frau Andersen hatte etwas in mir getroffen.

War es falsch, was ich da gerade gemacht hatte? Natürlich wusste ich genau: Max und seine Bande würden ziemliche Schwierigkeiten bekommen, seine Eltern und die Eltern der anderen Jungs würden den Schaden ersetzen müssen. Mir war nicht wohl bei dem Gedanken, dass ich ihnen das eingerührt hatte. Ich kannte Max' Eltern: das waren freundliche Leute, die mich mochten.

Andererseits: er hatte uns angegriffen, er wollte uns in Schwierigkeiten bringen. Das war ihm gelungen: er hatte uns in Schwierigkeiten gebracht, denn die Polizei schnüffelte herum und belästigte uns. Das hatte ich abgewehrt. Und das war richtig so, entschied ich am Ende.

Ich kannte Max aus früheren gemeinsamen Abenteuern nur zu gut: er wäre wiedergekommen und hätte weitergemacht, wenn er nicht gestoppt worden wäre. Auch auf dem Schulhof konnte man ihn studieren: er war ein Junge, der sich gerne aufspielte und gerne Kommandos gab. Er kam immer mal zu uns heraus, in unsere Welt, und spielte mit uns stundenlang. Aber unsere Spielregeln bestimmten wir selber, nicht er. Er musste sich immer bei uns einordnen oder gar unterordnen. Das ärgerte ihn, das konnte er oft gar nicht vertragen. Jetzt griff er uns an.

Ich lag in der warmen Nachmittagssonne auf der Moosterrasse des Bunkerfelsens und wälzte schwere, tiefe und dunkle Gedanken in meinem Kopf hin und her und her und hin. Irgendwann war ich im Reinen mit mir selbst, ja, am Ende war ich zufrieden mit dem, was ich getan hatte.

Allerdings: von nun an würde ich auf der Hut sein müssen, denn Max würde sich rächen, das war mir klar. Von nun an musste ich ununterbrochen wachsam sein, denn zu jedem Zeitpunkt konnte seine Rache über mich kommen. Ein ungutes Gefühl beschlich mich. Vorsicht war geboten.

Nachsitzen

In den nächsten Tagen in der Schule konnte ich feststellen, dass meine Rache Wirkung zeigte. Max mied mich und wenn wir uns zufällig allein gegenüber standen, schaute er mich böse und aggressiv an, sagte aber kein Wort. Das blieb wochenlang so. Er brachte den Vorfall nicht „öffentlich" – also unter uns Schülern – zur Sprache. Dass ihm und seinen Eltern die Polizei wegen seines dummen Streiches auf den Pelz gerückt war, das hätte ihn möglicherweise auch bei unserem Lehrer in Schwierigkeiten gebracht. Herr Hesse hätte mit Sicherheit erkannt, dass Maxs Vandalismus in „meinem Reich" eine Folge des Wandertags war, den ich organisiert und gestaltet hatte. Er wäre sehr sauer gewesen und hätte sich Max vorgeknöpft. Max wusste das, schwieg daher und hasste mich stumm, intensiv und ausdauernd. Ich wusste, dass er jetzt nur noch auf die Gelegenheit lauerte, mir einen Schlag zu verpassen und war auf der Hut. All meine Vorsicht nutzte freilich nichts. Er fand die

Gelegenheit sich zu rächen und ich muss gestehen: die Vorlage für seine Rache lieferte ich ihm selbst – auf dem silbernen Tablett gewissermaßen.

***

Ich hatte Glück mit meinem ersten Lehrer. Herr Hesse war jung und lebhaft, tolerant, freundlich und lebensklug. Und obgleich Prügeln an deutschen Schulen noch gang und gäbe war im *Land Danach*: dieser junge Lehrer wurde nie gewalttätig, er brüllte keine Kommandos, er setzte sich mit sanftem Druck durch. Manchmal allerdings, wenn seine hyperaktiven Jungs es zu doll trieben und ihn zu sehr nervten, griff er zu einem pädagogischen Mittel, das ich doof fand. Denn: um uns nach den wüsten Schulhofspielen der „großen Pause" wieder zur Ruhe zu bringen, mussten wir uns zuweilen in Zweierformation hintereinander aufstellen bis vollständige Ruhe eingekehrt war. Dann hatten wir in dieser Formation in den Klassenraum hinein zu marschieren – wie gehorsame Soldaten. Mir war dieses Ritual, das Herr Hesse vermutlich in seinem Lehrerseminar gelernt hatte, immer sehr unangenehm, ja, geradezu peinlich.

Man muss bedenken, dass er seine Lehrerausbildung unmittelbar nach dem Krieg absolvierte, zwischen 1946 und 1949 etwa, und dass der Nazi-Mief aus dem *Land Davor* vermutlich noch voll in den Köpfen seiner Ausbilder steckte. Hyperaktive Jungs hatte man zu „disziplinieren" – in militärischen Marschkolonnen oder gar mit Prügel. Herr Hesse beschränkte sich auf die Marschkolonnen.

***

An jenem Tag der Rache hatte Herr Hesse bereits eine halbe Marschkolonne zustande gebracht. Ich stand mit anderen Willigen in Zweierformation im langen Gang vor unserer geschlossenen Klassentür und beobachtete durch das weit offene Schulhoftor, wie sich Herr Hesse abhetzte und zuweilen sogar brüllte, um die letzten Unwilligen, die noch wie besessen herumtobten,

durchs Schultor zu jagen und in Pärchen hinter uns Braven aufzustellen. Erst fand ich das sehr komisch. Als das Theater aber
kein Ende fand, fing ich an, mich zu ärgern. Neben mir in der Kolonne stand wie immer mein getreuer Rainer. Ich wandte mich
zu ihm und sagte halblaut:

„Der Hesse ist doch ein Arschloch. Der müsste doch nur die
Klassentür aufmachen, dann säßen wir schon längst auf unseren Plätzen und er hätte schon längst anfangen können."

Das Wort „Arschloch" ist vermutlich das meistgebrauchte
Substantiv der deutschen Umgangssprache und war natürlich
voll in unsere Kindersprache eingedrungen: ein „Arschloch" war
jemand, der sich irgendwie „blöde" verhielt. Da so etwas häufig vorkam, benutzten wir das Wort auch gerne und ausgiebig.
Kaum jemand dachte sich etwas dabei, es gehörte zum „normalen" Umgangston unter uns Jungs.

Rainer kicherte zustimmend und wir juxten herum; auch er
fand das Ganze lächerlich. Wir waren längst bei einem anderen
Thema angelangt und ich hatte meinen etwas losen Satz schon
fast vergessen, als sich plötzlich der Junge, der direkt vor mir
stand, zu mir umdrehte. Es war Max. Ich hatte nicht aufgepasst.
Er lachte triumphierend und sein Gesicht verzog sich zu einem
breiten, boshaften Grinsen:

„So! Ich werde jetzt Herrn Hesse sagen, dass du ihn Arschloch genannt hast!"

Er rannte sofort los, die halbe Treppe hinunter, die zum Schulhoftor führte, auf Herrn Hesse zu, der gerade die letzten seiner unbotmäßigen Bengel um sich geschart hatte. Ich hörte ihn
schreien: „Herr Hesse, Herr Hesse …" Ich hatte keine Chance
mehr, dazwischen zu gehen, um das, was kam, zu verhindern.

Er redet laut und aufgeregt auf unseren Lehrer ein. Er zeigt
auf mich. Die eben noch ungebärdigen Jungs um Herrn Hesse
sind plötzlich mucksmäuschenstill und starren mich an. Auch
die Jungs bei mir hier oben, die gerade noch brav in Zweierko-
lonne aufgestellt waren, werden neugierig, wollen wissen, was
los ist und rennen zum Ort des Ereignisses. Die Marschkolonne ist aufgelöst, die Disziplin ist dahin.

Das war alles sehr peinlich für mich. Ich stand plötzlich allein im Gang vor der Klassentür und wartete mit einem unguten Gefühl darauf, wie Herr Hesse reagieren würde. Ich registrierte, wie er sich überrascht zu mir wandte und mich ungläubig anstarrte. Er streckte den rechten Arm in meine Richtung und zitierte mich mit seinem gekrümmt wackelnden Zeigefinger zu sich. Als ich vor ihm stand, ließ er Max seine Anschuldigung wiederholen und schaute dabei fragend auf mich. Max hatte ihm nicht den ganzen Satz gepetzt, sondern nur meine wertende Einleitung: „Der Hesse ist ein Arschloch." Der Stänker log selbst dann noch, wenn er die Wahrheit sagte, so war er nun mal. Ich wiederholte daher klar und präzise die ganze Sequenz: „Der Hesse ist doch ein Arschloch. Der müsste doch nur die Klassentür aufmachen, dann säßen wir schon längst auf unseren Plätzen und er hätte schon längst anfangen können."

Ich sah zu Herrn Hesse auf, konnte aber seinen Gesichtsausdruck nicht deuten, denn der zeigte keinerlei Gemütsregung. War er verärgert? Nahm er das alles gar nicht sehr ernst? Sah er das Ganze gar als Jux? Ich konnte es nicht erkennen und fügte hinzu: „Das mit dem *Arschloch* – das tut mir leid. Ich wollte damit bloß sagen, dass ich das Ganze ..." – ich drückste herum, denn mir fiel kein geeignetes Adjektiv ein: „dumm" oder „blöde" wäre in dieser Situation sicherlich auch nicht gut gekommen – „... nicht gut fand." Aber auch diese Benotung seines Lehrerverhaltens war nicht gerade geschickt, fand ich.

Danach trat Stille ein, absolute Stille. Plötzlich war alles da, worum Herr Hesse so sehr gekämpft hatte: absolute Aufmerksamkeit, absolute Disziplin. Herr Hesse schwieg selber eine ganze Weile und dachte nach. Alle warteten jetzt gespannt auf sein Urteil. Schließlich verkündete er es:

„Nachsitzen! Und zwar *zwei* Stunden! Heute noch!"

Ich war erleichtert: das war harmlos. Meine Klassenkameraden aber waren beeindruckt: *zwei* Stunden nachsitzen!

***

Nach der vierten Stunde, als alle anderen schon auf und davon waren, wartete ich gehorsam vor dem Lehrerzimmer auf Herrn Hesse, um meine Strafe anzutreten. „Komm mit", sagte er, als er schließlich auftauchte. Ich ging hinter ihm die Treppen hoch bis in den dritten Stock. Dort steuerte er auf eine offene Klassentür zu. Ich vernahm gedämpftes Gemurmel und Gekicher und war peinlich berührt, als ich feststellen musste, dass ich meine Strafe in einem Raum absitzen sollte, der voll war mit „großen Mädchen". Das waren Mädchen, die ihr letztes Schuljahr hinter sich brachten. Ich war richtig eingeschüchtert und bekam einen knallroten Kopf.

Die alte „Volksschule" endete bekanntlich mit dem achten Schuljahr, die „großen Mädchen" waren also vierzehn oder fünfzehn Jahre alt. Ich war neun und wirkte eher schmächtig und noch ziemlich kindlich. Die Mädchen – so stellte ich fest – saßen nicht mehr an den üblichen Schulpulten wie wir „Kleinen", sondern an richtigen, modernen Tischen mit einer glatten polierten Platte. Neben dem Lehrerschreibtisch vorne vor der schwarzen Wandtafel stand so ein neuartiger Tisch, ein Extratisch, an dem ich Platz zu nehmen hatte, wie mir Herr Hesse bedeutete. Ich hatte einen guten Überblick über die ganze Klasse, hatte alle Mädchen im Blick, traute mich aber kaum, ihnen in die Augen zu schauen. Sie betrachteten mich amüsiert und machten ihre Scherze mit mir. Am liebsten wäre ich abgehauen.

Mir gegenüber saß ein großes, dickes Mädchen mit rotblonden welligen Haaren und vielen Sommersprossen in ihrem runden Gesicht. Dieses Mädchen hatte sogar schon einen Busen wie eine „richtige" Frau. Sie lehnte sich auf ihrem Stuhl zurück und streckte ihren großen Busen in die Höhe. Sie verschränkte die Hände hinter ihrem Kopf und platzte heraus, ohne sich vorher zu melden:

„Ja, was hat er denn angestellt, unser Lütter? Der sieht doch ganz lieb aus. Den könnte ich knuddeln!"

Herr Hesse grinste breit: „Er hat mich *Arschloch* genannt."

Ich versank im Boden vor Scham. Die großen Mädchen prusteten los, lachten, gackerten und kicherten, sie drohten mir mit dem Zeigefinger und riefen: „Du, du, du!" „Du bist ja ein Schlingel!" „Na, so was!" „So klein und schon so frech!" ... So ging das eine Weile und ich hätte mich am liebsten verkrochen. Schließlich hob ich meine Hand, ich meldete mich artig und schaute Herrn Hesse ins Gesicht:

„Ich habe was anderes gesagt ..." Ich wollte den ganzen Satz wiederholen, den ich zu Rainer gesagt hatte, aber Herr Hesse schnitt mir mit einer Handbewegung das Wort ab. Er schilderte selbst, was vorgefallen war in der ersten großen Pause und zitierte dann meinen Satz völlig korrekt. Ich merkte, wie die Situation kippte. Die Mädchen guckten mich erstaunt an und schmunzelten anerkennend. Die Rotblonde mit dem fröhlichen breiten Pfannkuchengesicht lehnte sich noch einmal weit in ihrem Stuhl zurück, so dass ihr mächtiger Busen wieder voll zur Geltung kam, grinste Herrn Hesse spöttisch an und sagte:

„Da hat er doch völlig Recht gehabt, unser Lütter. Und jetzt muss er dafür auch noch nachsitzen. Unser armer Lütter!"

Die Reaktion von Herrn Hesse auf ihre Worte erstaunte mich. Ja, ich erinnere mich, dass ich geradezu platt war vor Überraschung.

„Gut. Er hat ja Recht gehabt, unser armer Lütter. Ich gebe es ja zu ..." – dabei schaute er mich ernst und nachdenklich an, um aber gleich danach sein Gesicht zu einer komischen Grimasse zu verziehen, die wohl ausdrücken sollte, dass er „tief betrübt" und in seiner Seele „schwer verletzt" war. Er wackelte mit dem Kopf und fuhr fort „... aber er hätte mich nicht *Arschloch* nennen dürfen. Das tut weh." Die Mädchen glucksten und kicherten und die fröhliche Dicke mit den Sommersprossen wandte sich wieder mir zu und sprach mit gespieltem Ernst:

„Ja, da hat Herr Hesse ganz Recht ... und dafür musst du jetzt bei uns nachsitzen! Richtig so!" Sie „drohte" mir mit dem Zeigefinger und versuchte „streng" auszusehen: „Strafe muss sein!"

Nachdem meine Anwesenheit geklärt war, drehte sich Herr Hesse um und schrieb ein Thema an die große Wandtafel. Die Mädchen hatten einen Aufsatz zu schreiben und legten sofort los. Dann wandte er sich zu mir:

„Und du schreibst uns eine Abenteuergeschichte. Die kannst du dir selber ausdenken."

Er gab mir seinen eigenen Schreibblock, aus dem er vorher noch die Blätter heraus riss, die er bereits vollgekritzelt hatte. „Ich werde deine Geschichte den Mädchen vorlesen!", er machte eine ausladende Armbewegung durch den Klassenraum und lachte, „gib dir also Mühe!"

Das war eine kleine Gemeinheit, denn er setzte mich damit unter Druck. Ich sah all diese klugen Mädchenköpfe vor mir und bekam vor Aufregung einen trockenen Mund.

„Au ja! Schreib uns eine spannende Geschichte", sagte die fröhliche Dicke, „ja, gib dir Mühe!" Dann beugte sie sich über ihre Kladde und legte los.

***

Schon als er das Wort „Abenteuergeschichte" ausgesprochen hatte, wusste ich genau, was ich schreiben wollte. Ich modelte meine „Floßgeschichte" vom Wandertag in eine Abenteuergeschichte um:

Diesmal ging alles gut. Das Floß lag gut auf dem Wasser der Fluthamel, kein Kanister lief voll und wir konnten „in See stechen". Allerdings: wir hatten keine Paddel und überlegten, wie wir das Floß vorwärts treiben und manövrieren sollten. Ich hatte eine Idee:

„Wir staken", rief ich, „wir brauchen lange Stangen!"

Ich rannte in die Kleingärten und suchte nach Bohnenstangen. Neben einer Hütte fand ich welche und klaute vier Stück. Die drei „großen" Mädchen aus unserer Bande, Helga, Elke und Christa, bestiegen das Floß, die kleinen Geschwister, die wir immer mit uns herumschleppen mussten, ließen wir diesmal zurück. Ich verteilte die Bohnenstangen und sprang als Letzter auf.

Jetzt, da ich meine Abenteuerstrafarbeit von damals rekapituliere, fällt mir auf, dass die Kinderbande, mit der ich mich da draußen in der Wildnis herumtrieb, eigentlich eine Mädchenbande war, denn die Kleineren zählten nicht mit, wenn wir Abenteuer organisierten – die waren meist nur lästige Anhängsel. Meine engsten Kumpel in den schönsten und wildesten Phasen meiner Kindheit waren – so stelle ich also fest – Mädchen.

Wir stakten die Fluthamel entlang – das ging flott – und bogen schließlich nach rechts in die Weser ab. Von jetzt an mussten wir höllisch aufpassen. Wir mussten ganz nah am Ufer bleiben, wo unsere Bohnenstangen noch Grund fanden und wo wir das Floß noch lenken und manövrieren konnten. Wir durften auf keinen Fall in die Strömung des Flusses geraten, die zur Mitte hin ganz schön stark war.

Dann kamen die „Tommies" mit ihren Schnellbooten. Sie pflügten mit ihren Rennern kreuz und quer durch den Fluss und machten riesige Wellen. Das Floß schaukelte bedenklich und wir mussten uns festkrallen, um nicht ins Wasser zu rutschen. Natürlich konnten wir alle nicht richtig schwimmen. Plötzlich merkten wir, dass unsere Bohnenstangen keinen Grund mehr fanden und dass wir in die Mitte des Flusses abdrifteten. Das war schlimm, denn das Floß nahm Fahrt auf und fuhr schnurstracks auf das Wehr zu, wo die Fluten der „Oberweser" in einem drei Meter hohen Wasserfall über die Kante der Wehrmauer in die „Unterweser" herunter donnerten. In den hoch schäumenden und wild sprudelnden Wellen dieses furchtbaren Katarakts wären wir allesamt ertrunken …

Ich musste jetzt also eine „Rettung" in meine Abenteuergeschichte einbauen. Ich dachte nach.

Wenn ich aufschaute um nachzudenken, stellte ich fest, dass immer wieder einmal das eine oder andere der „großen Mädchen" ebenfalls konzentriert aufschaute und gedankenverloren an die Decke starrte. Unsere Blicke trafen sich meist irgendwann, ich lächelte sie an und sie nickten mir freundlich und aufmunternd zu. Danach beugten sie sich wieder über ihre Kladden und schrieben weiter.

Ich stand unter Zeitdruck. Es hatte schon längst zur sechsten Stunde geläutet und ich musste fertig werden. Tatsächlich fand ich schnell eine ziemlich elegante Lösung für unsere „Rettung". Sie hatte nur einen Haken: ich musste die Wirklichkeit umdichten, ich musste die Hamelner Topographie umbauen. Ich erinnere mich, dass ich ernsthaft eine Weile darüber nachgrübelte (und kostbare Zeit verlor), ob man das einfach so machen darf. Schließlich entschied ich mich: eine „Geschichte" ist eine „Geschichte" und in einer „Geschichte" kann man frei herumwirtschaften und schreiben, was man will.

Unser Floß trieb schließlich in der Mitte des Flusses. Die Strömung war stark. Wir trieben auf die alte Weserbrücke zu. Der mittlere Brückenpfeiler stand auf einer kleinen flachen Insel, die mit grobem Kies bedeckt war. Unser Floß war auf falschem Kurs: wir würden links an der Pfeilerinsel vorbei treiben. Irgendjemand von uns hatte die zündende Idee: wir legten uns flach nebeneinander auf das Floß – die Köpfe über dem Wasser waren nach links ausgerichtet – und paddelten mit unseren Händen so kräftig wie wir nur konnten. Es klappte. Wir nahmen Kurs auf die Insel und landeten mit großem Karacho auf dem Kies. Das Floß zerbrach in seine Einzelteile aus Brettern, Stricken und Benzinkanistern, wir aber waren gerettet.

Wir kletterten die Eisenleiter hoch, die an dem Brückenpfeiler angebracht war, überstiegen das Brückengeländer und waren in Sicherheit. Von der Brücke herunter sahen wir, wie die Strömung die Bruchstücke des Floßes erfasste und auf das Wehr zutrieb ...

Es klingelte, die sechste Stunde war vorbei. Ich war rechtzeitig fertig geworden. Als ich mein Werk Herrn Hesse übergab, fragte ich mich, ob er wohl meinen Trick durchschauen würde. Ich hatte Wehr und Brücke einfach versetzt und gegeneinander ausgetauscht. Eigentlich liegt das Wehr, wenn man die Oberweser herunter kommt und auf die Stadt zufährt – so wie wir auf unserem Floß – *vor* der Brücke, nicht *dahinter*, wie in meiner Geschichte. Wäre uns das ganze Malheur in Wirklichkeit passiert, wären wir das Wehr heruntergeschossen und in der schäumenden Gischt und in den Strudeln ersoffen ...

***

Ein paar Tage später traf ich Herrn Hesse im Fahrradkeller unserer Schule. Wir waren allein. Der Fahrradkeller lag im Souterrain und man musste die Fahrräder über eine Rampe rauf und runter schieben. Als wir nebeneinander unsere Räder die Rampe hoch schoben, wandte sich Herr Hesse plötzlich zu mir, grinste sehr breit und sagte schmunzelnd:

„Ich habe deine Geschichte den Mädchen vorgelesen."

Ich sagte gar nichts, fragte nicht nach, ich wollte mir keine Blöße geben. Ich grinste ihn nur an und hatte sofort die fröhliche Dicke vor Augen. Als ich die Geschichte schrieb, hatte ich mir sie als Leserin vorgestellt und ich war mir sicher: meine Abenteuergeschichte wird ihr gefallen haben.

„Übrigens", fuhr Herr Hesse fort, „eine Strafarbeit ist keine Klassenarbeit. Ich korrigiere deine Geschichte nicht und ich gebe sie dir auch nicht zurück. Ich behalte sie einfach." Er lachte: „Als Andenken."

Als wir beide nebeneinander unsere Räder über den Schulhof schoben, blieb er plötzlich stehen und guckte nachdenklich auf mich herunter.

„Was ich dich mal fragen wollte. Du bist doch jetzt im vierten Schuljahr. Du und deine Eltern: ihr müsst euch jetzt entscheiden, ob du eine weiterführende Schule besuchen wirst."

Er schaute mich fragend an und druckste ein wenig herum: „Haben deine Eltern eventuell schon einmal darüber nachgedacht, dich zum Beispiel auf die Mittelschule zu schicken?"

Mittelschule? Wie kam er denn darauf? Das wies ich von mir.

„Nein", sagte ich, „ich gehe zum Gymnasium. Ich mache Abitur. Ich werde studieren!"

Ich sagte das so entschieden, dass Herr Hesse überrascht „oho" sagte und eine kleine Verbeugung machte.

***

Niemand hatte je mit mir über meine Zukunft gesprochen, aber dieses Programm steckte schon sehr früh ganz selbstverständlich in meinem Gehirn. Das war nämlich der große Wunsch meiner Mutter, ihre Hoffnung angesichts der alltäglichen Misere. Nie hat sie diesen Wunsch mir gegenüber direkt ausgesprochen. Aber wenn sie – was nur selten vorkam – aus der Welt erzählte, aus der sie herstammte, dann kamen darin Professoren, Gymnasialdirektoren, Gutsherren und allerlei sonstige gebildete Leute vor. Ihr Großvater leitete eine Taubstummenschule, ein ausgeflippter Onkel war nach „Deutsch-Süd-West" ausgewandert und dort reich geworden, es gab Verwandte in Mexiko … Sie zeigte mir andere Welten, wenn sie erzählte, Welten jenseits ihrer Misere, jenseits der Baracke. Ich spürte ihre Wünsche, ihre Sehnsüchte und Hoffnungen in diesen Erzählungen und muss mir wohl schon als kleines Kind vorgenommen haben, ihr ihren großen Wunsch auf jeden Fall zu erfüllen. Tatsächlich tat ich das auch und führte das Programm durch, das sie hoffnungsvoll in mir installiert hatte – wahrscheinlich schon auf dem Wickeltisch …

***

Nachdem er sein Rad bestiegen hatte, drehte sich Herr Hesse noch einmal zu mir um:

„Ich gebe dir morgen ein Formular. Das müssen deine Eltern ausfüllen und unterschreiben. Ich werde dich dann am Schiller-Gymnasium anmelden …", er trat in die Pedale und fuhr los, wandte sich aber im Fahren noch ein letztes Mal zu mir um und wackelte spöttisch drohend mit dem erhobenen Zeigefinger:

„… zur Aufnahmeprüfung!!!"

Zuhause angekommen, setzte ich mich an den großen Tisch in der Mitte unserer Küche und beobachtete meine Mutter, die am Herd hantierte und das Mittagessen für ihre Kinderschar bereitete.

„Ich habe mit Herrn Hesse ausgemacht, dass er mich am Schiller-Gymnasium anmeldet", sagte ich, „zur Aufnahmeprüfung."

Sie drehte sich überrascht zu mir um und strahlte:

„Du hast also schon alles geregelt? Ich muss mich also nicht mehr darum kümmern?"

„Nein", sagte ich, „er gibt mir morgen ein Formular. Das müsst ihr ausfüllen und unterschreiben. Das ist alles."

Ich sah, dass sie glücklich war. Ich beschritt nun den Weg, den sie sich für mich – und all ihre Kinder – so dringlich wünschte.

Sie hatte nichts von dem Schlamassel mitbekommen, den Max angerichtet hatte, nichts vom Überfall seiner Bande, nichts von den Nachforschungen der Polizei, nichts von meiner Zeugenaussage, nichts von Maxs Rache, nichts von meiner Strafarbeit bei den „großen" Mädchen ... Ich hatte sie von all dem freigehalten. Ich wollte ihr keine zusätzlichen Sorgen machen.

Sie kam auf mich zu, streichelte mir kurz über die Haare und sagte zärtlich die Worte zu mir, die sie immer nur dann sagte, wenn wir ganz allein waren und wenn sie mit dem, was ich tat oder angestellt hatte, glücklich und zufrieden war. Sie sagte: „Mein Eigenbrötler."

Sie war sehr glücklich an jenem Tag. Sie spürte wohl: irgendwie ging es voran und wichtige Veränderungen standen ins Haus. Vielleicht sah sie damals das Licht am Ende des Tunnels, das Ende der „Barackenzeit", in der sie so viel gelitten hatte und die sie ihr Leben lang als eine entsetzliche Demütigung erinnerte. Auch ich sah das Ende kommen, denn ich war mir sicher: meine Gymnasialzeit würde ich nicht mehr in der Baracke verbringen. Und so kam es auch.

All die Ereignisse um meinen „Wandertag" herum geschahen im Frühjahr 1952. Der Sommer dieses denkwürdigen Jahres sollte tatsächlich die Entscheidung bringen. Es passierten all die schlimmen Dinge, die unser Leben so grundlegend verändern sollten, dass wir für immer fortzogen.

6

Mein Ort: das Fenster am Fluss

„Meinen Ort" fand ich, als ich anfing zu streunen und die Landschaft um mich herum in mich aufzusaugen. Das begann 1950, in den ersten sonnigen Frühlingstagen und von da an den ganzen Sommer über und dann natürlich – in den folgenden drei Jahren – zu allen vier Jahreszeiten. Ich war sieben Jahre alt, als ich zum Stromer wurde. Der Winter 1949/50 war schneereich und frostig gewesen. Meine Geschwister und ich waren viel mit unserem Schlitten unterwegs, wir rodelten den „Damm" herunter, tobten und kugelten im Schnee und lieferten uns unsere Schneeballschlachten – all das im sicheren Umfeld unserer warmen Höhle.

Die Weite meiner neuen Welt entdeckte ich erst, als die Sonne wieder hoch kam und alles um uns herum ergrünte und erblühte. Ich stand oben auf dem „Damm" und schaute nach Süden und alles, was ich sah, war Landschaft und Natur: keine Häuserfronten, keine Straßen, kein Asphalt, keine Bürgersteige – nichts, was unser Spiel kanalisieren und begrenzen konnte. Ich spürte eine immense Sehnsucht in mir und das Erste, was ich für mich entdeckte und untersuchte, war der Fluss.

Vorher, als wir noch städtisch wohnten, kannte ich die Weser nur kanalisiert und eingemauert. Von der alten Weserbrücke aus beeindruckte mich der „Wasserfall", die Wehrmauer, über die sich die Wasser der „Oberweser" in die „Unterweser" ergossen. Mich faszinierte die Schleuse, in der die Schiffe abgesenkt oder angehoben wurden, um ihre Fahrt fortzusetzen. Oft stand ich lange auf der Brücke, schaute mir das Schauspiel der Schleusung an und wünschte mir, mit so einem Schiff einmal die ganze Weser auf und ab zu fahren.

Hier draußen nun entdeckte ich eine andere Weser, einen sanften, schönen, schmalen Strom inmitten von Wiesen, Weiden und Feldern. Keine Kaimauern mehr, keine Spundwände, nichts, was mir den Fluss entfremdete. Ich überquerte die Fluthamel auf der kleinen hölzernen Fußgängerbrücke, war plötzlich umrundet von neugierigen Kühen, entdeckte den Treidelpfad in Richtung Tündern und trödelte dort am Ufer entlang. Ich zog meine Sandalen aus und watete barfuß im seichten Wasser, suchte flache Kiesel und ließ sie über die Wasseroberfläche titschen. Ich spürte es in mir und genoss es: hier war ich allein, ganz allein, versunken in mein eigenes Spiel und in meine eigenen Träume und Phantasien.

***

Neben dem Treidelpfad, der zur Tündernschen Warte führte, auf der abschüssigen, mit Gras bewachsenen Böschung zum Wasser hin, gab es eine vielleicht fünfzig Meter lange Passage, die mit dichtem Buschwerk den Blick auf den Fluss verstellte. Oft schon war ich an der langen, dichten Blättermauer vorbeigelaufen, ohne irgendein Interesse an ihr zu entwickeln. Doch dann, eines Tages, packte mich die Neugier und ich begann, das grüne Dickicht zu erforschen.

Die Büsche waren bedeutend höher als ich selbst und so dicht ineinander verwachsen, dass man nicht eindringen konnte. Die Blätter waren klein und wirkten fest und hart, die Äste waren hart und knorrig. Gleich am Anfang der langen, hohen Buschwand entdeckte ich einen kleinen Pfad, der in das Innere des Dickichts führte. Ich folgte ihm und siehe da: es öffnete sich eine halbrunde kleine Bucht zur Weser hin, „eingemauert" durch die Buschwände, die sich bis zur Uferlinie hinzogen. Die Bucht war mit Gras bewachsen – nur unten am Wasser fand sich ein schmaler Streifen aus Kies, Sand und Schotter. Ein einsamer, wunderbarer Rückzugsort, ein Ort zum Träumen, so dachte ich zunächst, wurde aber eines Besseren belehrt, als eine Familie mit zwei kleinen Kindern auftauchte, sich im Gras niederließ und ich mich zurückzog. In der folgenden Zeit stellte ich fest, dass diese kleine Weserbucht bei Spaziergängern bekannt und beliebt war.

Die Bucht, die ich da entdeckt hatte, machte in ihrer Länge höchstens ein Drittel der gesamten Buschwand aus, wie ich feststellte, als ich wieder draußen auf dem Treidelpfad stand. Ein paar Schritte weiter in Richtung Tündernsche Warte entdeckte ich einen zweiten Eingang in das Dickicht, der von außen kaum wahrzunehmen war. Jemand hatte hier und da Äste abgebrochen und dadurch eine enge Schneise durch die grüne Wand geschaffen. Ich wand mich hindurch und stand wieder in einem kleinen, abgeschlossenen Areal zur Weser hin. Diese Bucht hatte eine Besonderheit: linker Hand bildete die innere Buschwand einen Halbkreis, denn unten am Wasser, an der Uferlinie, standen ebenfalls diese knorrigen Büsche. Die Sicht zur Weser hin war begrenzt auf die rechte Seite. Linker Hand bildeten die Büsche eine Nische, die mich magisch anzog. Ein herrliches Versteck, so dachte ich, denn hier war man weder von Land noch vom Wasser aus zu entdecken. Wenn ich mich hier niederließ, war ich aus der Welt verschwunden. Genau so etwas suchte ich.

Aber ich hatte mich auch hier getäuscht. Als ich wieder draußen auf dem Treidelpfad stand, tauchte nach einer Weile ein junger Mann auf, der sich geschickt durch den versteckten Pfad zur Bucht hin durchschlängelte. Nach einer Weile tauchte eine hübsche junge Frau auf, die es ihm nachtat. Ein Versteck für Liebespaare, stellte ich fest, also kein geheimer Ort, der nur für mich allein existierte.

Noch weiter nach Süden hin – Richtung Tündernsche Warte – setzte sich die Buschwand fort, ohne dass ich irgendeinen Eingang entdecken konnte. Keine weitere Bucht also, so vermutete ich zunächst, kein weiteres Versteck. Dann wurde ich aber doch neugierig: vielleicht gab es ja doch noch eine dritte Bucht – eine, die keinen Zugang vom Land aus hatte, so mutmaßte ich, eine Bucht, in die man nur vom Wasser aus eindringen konnte. Das musste ich erforschen. Ich zog meine Sandalen aus, watete barfuß durchs Wasser, den schmalen Uferstreifen entlang, und untersuchte das Buschwerk von hinten, von der Wasserseite aus. Ich wurde fündig.

Das Fenster

Es gab in der Tat eine dritte kleine Bucht, die nur vom Wasser aus zugänglich war. Die abschüssige Böschung zur Weser hin war grasbewachsen und – was mich am meisten anzog – in der Mitte der Böschung gab es eine Delle, ein Stück Erde, das nicht abschüssig war, auf dem man aufrecht und waagerecht sitzen konnte, also ganz bequem: ein idealer Sitzplatz mit Blick auf die Weser. Ich ging dorthin, trocknete meine Füße im Gras und setzte mich nieder. Ich saß im Schneidersitz – so, wie ich immer saß, wenn ich mich beim Streunen in der Landschaft auf den Boden setzte um auszuruhen. Kaum saß ich, wusste ich, dass ich „meinen Ort" gefunden hatte.

Vor mir öffnete sich das große Fenster zur Weser hin, eingerahmt vom Buschwerk links und rechts, dahinter weitete sich die Weserlandschaft bis zum Horizont. Mitten drin in meinem Blickfeld lag der Ohrberg und über ihm war nichts als der blaue Himmel mit seinen weißen Wolkentupfern. Es war ein leuchtender, heller Sommernachmittag, die Sonne stand im Südwesten und wärmte meinen Körper. Ich zog mein Hemd aus und war zufrieden.

Hier war ich weg aus der Welt, hier war ich verschwunden. Niemand wusste, wo ich war, niemand würde mich finden. Ich hatte das Gefühl, „angekommen" zu sein. Ich fühlte mich geborgen. Ich nannte mein Versteck von Anfang an „meinen Ort". Ich teilte ihn mit niemandem und erzählte niemandem davon: ein Ort nur für mich. Für mich allein. Mein Geheimnis.

Ich kann heute nicht mehr einschätzen, wie viele Séancen ich im Laufe der Barackenjahre dort zugebracht habe. Hundert? Zweihundert? Fünfhundert? Kurze? Lange? Irgendwann gehörten sie ganz selbstverständlich zu meinem Leben, zu meinem Alltag – wie mein Schulweg durch das Gewerbegebiet etwa oder wie die Badetage an der Weser. Ich war dann „weg", immer wieder mal für eine kürzere oder längere Zeit „weg".

Der weite Himmel über mir, strahlend blau an hellen Frühlings- und Sommertagen, grau und schwer im Herbst und im

Winter, die sanft wogende Silhouette der Weserlandschaft, der seltsam geformte Ohrberg vor meinen Augen – das alles war zweifellos grandios, aber es war eigentlich nicht das, was „meinen Ort" ausmachte. Diesen Himmel und diese Landschaft hatte ich letztlich überall, wenn ich stromerte. Nein, was meinen Ort zu etwas Besonderem machte, war der Fluss selbst, die Weser. Natürlich hatte ich nicht „die" Weser, sondern nur einen winzigen Ausschnitt der Weser vor meinen Augen. Linker und rechter Hand war er begrenzt durch das dichte Buschwerk, das mich halbkreisförmig umschloss. „Mein" Uferstreifen, der Uferstreifen zu meinen Füßen, hatte eine Länge von ungefähr fünf bis sechs Metern – vom gegenüberliegenden Ufer konnte ich eine lange Strecke überblicken. Und in diesem trapezförmigen Blickfeld flossen die Wasser der Weser an mir vorbei – unermüdlich und unaufhörlich – und führten mir ihre Spiele und Kuriositäten vor.

Das Wort „Träumen" hatte für mich nie die Konnotation eines leicht „weggetretenen", schläfrigen Herumspintisierens in irgendwelchen Phantasiegebilden oder Wunschvorstellungen. Wenn ich da draußen „träumte", war ich hellwach. Ich sah viel, ich erlebte viel, aber vor allem ließ ich meine Gedanken fliegen. Ich dachte nach, ich grübelte, ich führte mein Gehirn spazieren – ohne mich an die Grenzen und Konventionen zu halten, die ich zu beachten pflegte, wenn ich mit Erwachsenen oder meinen Spielgefährten kommunizierte. Meine Gedanken flogen weit über diese Grenzen und Konventionen hinaus. Ich dachte und grübelte mich frei.

Wenn sie etwas Unkonventionelles, Komisches an sich hatten – und das war oft der Fall – nannte ich meine Träumereien selber auch „Blödeln". Heute denke ich, dass ich „meinen Ort" mit all meinen „Blödeleien" auch deswegen so argwöhnisch geheim hielt, weil ich nicht wollte, dass man mich womöglich für einen „Spinner" hielt, sofern ich freimütig erzählte, was ich dort trieb. Ich wollte nicht, dass man mich für einen hielt, der nicht so war, wie man das von einem „normalen", also einem „richtigen" Jungen erwartet.

Die ewige Weser floss also gleichmütig und stetig von links nach rechts, von Süden nach Norden in meinem großen Fenster an mir vorbei. Immer das Gleiche: von links nach rechts, immer die gleichen Wasser, immer die gleiche Weser, so dachte ich. Jedenfalls anfangs. Als ich zu „blödeln" begann, änderten sich meine Sicht und mein Verständnis von der Weser grundlegend.

Hinter der linken Buschwand strömte sie hervor – unaufhörlich – und verschwand hinter der rechten Buschwand – unaufhörlich. Wellenpickel flirrten und glitzerten in meinen Augen, wenn die Sonne schien und die Strömung kräftig war. Die Wasser der Weser lieferten viele Farben und es gab Tage, da war alles düster und grau vor mir, bleiern wie der Himmel, träge und glatt. Mal quirliges Hochwasser nach schweren Regenfällen, mal schläfriges, dürftiges Niedrigwasser in der langen Sommerhitze.

Sobald ich mich niedergelassen hatte und meine „Sitzung" begann, gingen mir zuerst die Erlebnisse und Erschütterungen durch den Sinn, die ich „von draußen" mitgebracht hatte. Oft dachte ich lange über das nach, was mir widerfahren war und wenn ich erschüttert war, brauchte ich eine Weile, um wieder klar zu kommen. Das geschah immer dann, wenn ich an „meinem Ort" wirklich angekommen war, wenn ich alles abgelegt hatte, was mich bedrückte, und der Fluss anfing, mir seine eigenen Geschichten zu erzählen – und er hatte was zu erzählen!

So kam es einmal vor, dass sich aus der linken Buschwand heraus ein riesiger Baum in mein Blickfeld schob. Ein schier unglaubliches Blättergebirge floss gemächlich an mir vorbei und verschwand gemächlich hinter der rechten Buschwand. Das Monster kam, zeigte sich und verschwand. Ich war verwirrt: ein riesiger Baum auf dem Wasser! Ich erzählte mir seine Geschichte:

In der Nacht zuvor hatte es schwere Gewittergüsse gegeben, der Fluss führte Hochwasser, die Strömung war stark. Irgendwo im Süden, in Ufernähe, war der Baum entwurzelt worden und in die Weser geplatscht. Wer weiß, wie viele Boote oder gar Dampfer er schon in Gefahr gebracht hatte – ich konnte mir abenteuerliche Geschichten ausmalen. Als er sich an der rechten Buschwand vorbei schob und aus meinen Augen verschwand, fragte ich mich: war das wirklich wahr, was ich da gerade gesehen hatte? Da nichts haften blieb, was die Weser mir brachte, war die Grenze zwischen Traum und Wirklichkeit oftmals verwischt. Was der Fluss anschleppte, kam aus einer unbekannten Zukunft und verschwand in einer unbekannten Vergangenheit.

Aus der linken Buschwand heraus strömte die Weser in meine Gegenwart und lieferte mir losgerissene Paddelboote, die steuerlos dahin trudelten, Bretter, Planken, Kanister, tote Fische – und einmal gar etwas, das mich erschaudern ließ, denn plötzlich tauchte ein großer, schwarz glänzender Ballon in meinem Sichtfenster auf. Das Bild erschreckte mich auf Anhieb. Ich spürte ein Kribbeln in meinem Nacken und auf meiner Haut. Ich sprang sofort auf, um genauer sehen zu können. Da schwamm ein großer Kadaver, die Leiche einer Kuh. Sie zog gleichmütig an mir vorbei und verschwand rechter Hand in der Vergangenheit.

Ich war aufgewühlt. Ich dachte nach: irgendwann bei den heftigen Regenfällen der vergangenen Tage war sie von ihrer Weide abgekommen, war die glitschige Uferböschung heruntergerutscht, war in die Strömung geraten und in den Fluten ertrunken. Der Fluss erzählte mir die Geschichte von ihrem Sterben. Damals standen die Kühe noch oft zusammen mit ihren Kälbern auf der Weide. Hattest du ein Kälbchen, du arme Kuh, ein Kälbchen, das jetzt nach dir schreit? Doch mitten in diesem Gedanken verschwand die Erscheinung: weg, vorbei, vergangen. Wie alles, was die Weser mir brachte.

Die linke Buschwand ernannte ich irgendwann zum „Tor der Zukunft". Dieses Tor lieferte ständig all die Neuigkeiten, die eben noch nicht in meinem Bewusstsein waren. Es war genau die Grenze zwischen Zukunft und Gegenwart – bezogen auf mein Weserfenster natürlich. Hinter dem „Tor der Vergangenheit", rechte Buschwand, verschwand alles, was eben noch Gegenwart war, auf Nimmerwiedersehen. Dieser Gedanke brachte mich schließlich zu der Erkenntnis, dass selbst die Wasser der Weser, die ich doch ständig vor mir hatte, nie die gleichen wa-

ren, sondern immer wieder neue: sie kamen aus der „Zukunft",
links, und verschwanden in der „Vergangenheit", rechts. Es gab
unaufhörlichen Nachschub und die Wasser, die da flossen, waren immer wieder andere Wasser.

Ich erinnere mich, dass mich dieser Gedanke nachhaltig
erheiterte. Wenn ich von nun an „meinen Ort" aufsuchte und
mich niederließ, amüsierte mich als Erstes die Einsicht, dass
ich zwar stets die gleiche Weser vor Augen hatte und dass sie
doch zugleich eine ganz andere war. Sie war es und sie war es
eben nicht. Sie war immer wieder neu – das wusste ich nun –
und blieb doch immer die gute, alte, vertraute Weser – in meinem großen Fenster und in meinem Bewusstsein.

Weg, vorbei, vergangen

„Mein Ort" war mehr als ein Ort zum Träumen und zum Phan-
tasieren. Wenn ich angeknackst und erschüttert war von den
familiären Katastrophen; wenn ich um meine Mutter große
Angst hatte; wenn das Mitleid mit ihr mich überwältigte; wenn
ich mich klein und ohnmächtig fühlte, unfähig zu helfen, dann
war es „mein Ort", der mich beruhigte. Dort kam ich wieder
hoch, zurück in den Alltag.

Am Tag, als meine sanfte, stille Großmutter „sich den Strick
nahm", wie sie einstmals prophezeit hatte, verschwand ich einen ganzen Tag lang am Fluss. Das, was dort in mir ablief, war
lange Zeit weggesackt in die tiefsten Keller meines Bewusstseins. Vielleicht „wollte" ich den „Blackout", wollte die Bilder
wegschieben, die mir damals im Kopf herumwirbelten. Aber es
gibt keine „willentlichen Blackouts", die Bilder blieben, sie haben mich nie verlassen.

Der Dachboden, die Holzpfeiler, die hölzernen Dachsparren, zwischen denen die Wäscheleinen gespannt waren, der
große Bottich, der die Wäsche in der Lauge drehte, die zarte,

schwarz gekleidete Frau, die die großen Bettbezüge und die Laken wringt, der kleine Junge, der ihr hilft, der ihr die Klammern reicht. Der vollgehängte Dachboden, als wir beide fertig waren und nach unten gingen, in ihre Küche, wo sie das Abendbrot vorbereitete …

Da war immer ein bildloser Nebel in den vertrauten Bildern, ein Loch, eine Leere, die mich mit grauenhafter Angst und heillosem Schmerz erfüllte. Irgendwo zwischen den Wäscheleinen, den Balken und Dachsparren hing meine sanfte Oma in ihrem schwarzen Kleid verborgen. Ich sah sie aber nicht.

Der Film wurde zur Qual. Jedes Mal, wenn er an sein Ende gekommen war, fing er wieder von vorne an. Er spulte sich tausendmal ab und ich wurde die Bilder nicht mehr los, ich kam nicht frei, ich saß in einer Falle. Meine Gedanken wirbelten in einer Endlosschleife. An jenem Tag hatte ich das Gefühl, irre zu werden.

Irgendwann tauchte ich dann doch wieder auf, „mein Ort" holte mich zurück in die Gegenwart. Die Flut der Bilder ebbte ab und ich sah die Weser wieder, die gleichmütig aus dem Tor der Zukunft floss und gleichmütig im Tor der Vergangenheit verschwand. Ihr ewiges Fließen dämpfte meine Erregung und gab mir Ruhe.

Es vergingen viele Stunden, bis ich mich aufmachte und meinen Ort verließ. Ich erinnere mich, dass ich mich sehr, sehr langsam auf meinem Heimweg bewegte, so, als wollte ich nie mehr zuhause ankommen. Ich blieb oft stehen und grübelte. *Weg. Vorbei. Vergangen.* Auf dem langen Weg zurück wiederholte ich die drei Worte wie eine Beschwörung.

Der Tod ist das letzte Tor in die Vergangenheit, dahinter gibt es nichts mehr. Das wusste ich nun. Meine sanfte, stille Oma war durch das Tor der Vergangenheit gegangen und aus meinem Leben verschwunden.

Laterna Magica

Kinderbilderbuch und Laterna Magica – auch das war mein Fenster an der Weser. In meiner Kindheit gab es diese wunderbaren Kinderbilderbücher nicht, die heute den Kleinen in klugen Sätzen und schönen Bildern die Welt erklären (oder auch nicht) ... und mit einer primitiven Laterna Magica aus dem 19. Jahrhundert spielte ich gar erst als Erwachsener ...

Die Weser war Bilderbuch und Laterna Magica in einem. Sie lieferte mir bewegte Bilder und immer neue Geschichten, die sich vor der Kulisse des gegenüberliegenden Ufers an mir vorbei schoben.

Die langen Lastkähne, mit Kohle, Sand oder Getreide beladen. Der Skipper, der in seinem Kabuff stand und das Monster die Weser entlang manövrierte. Er lebte auf seinem Schiff, er hatte ein kleines Wohnhäuschen auf seinem Kahn. Ich sah seine Frau am Waschbrett Wäsche rubbeln. Ich sah Windeln und Kinderkleidung auf der Leine ... Was für ein Leben! Immer in Bewegung! Was für ein Abenteuer!

In den Sommermonaten waren es die Ausflugsdampfer der „Oberweser-Dampfschifffahrtsgesellschaft", malerische Pötte, die sich kurz zeigten und wieder verschwanden. Kamen sie von rechts, dann hatten sie gerade erst abgelegt in Hameln und tuckerten jetzt gen Bodenwerder, Karlshafen oder Hannoversch-Münden. Auf dem Deck standen und saßen Menschen in fröhlicher Erwartung auf alles, was ihnen die Weserlandschaft bringen würde. Sie winkten mir zu, wenn sie mich in meiner Nische entdeckten. Ich winkte zurück und manchmal flogen Worte hin und her. Sie flachsten mich an und ich flachste zurück. Kamen sie von links, so hatten sie schon einen langen Wesertörn hinter sich, saßen glücklich und angesäuselt an Deck und prosteten mir mit ihren Bierflaschen zu.

Paddelboote kamen vorbei, kleine Motorboote und manchmal sogar Segelboote. Oft nahmen die Menschen in den Booten überrascht Kontakt mit mir auf, wenn sie mich entdeckt hatten, und ich hatte das Gefühl, dass ich – ein einsamer kleiner Junge an einem einsamen Ort – für sie eine Art Sehenswürdigkeit darstellte. Vielleicht war dieser kleine Junge da am Ufer der Weser in ihren Augen gar einer, um den man sich „Sorgen" machen musste? Vielleicht hatte der Steppke ein Problem? Es gab ein Schlüsselerlebnis, das mir diesen Gedanken nahelegte.

Budder

Es geschah an einem dieser freundlichen und schläfrigen Sommersonntagnachmittage. Die Sonne stand bereits im Westen, mir genau gegenüber, und das goldene Flirren und Glitzern der hüpfenden Wellen in meinem „großen Fenster" stachen mir in die Augen und blendeten mich. Plötzlich schob sich von rechts, von der Stadt her kommend, ein „Vierer mit Steuermann" in mein Sichtfenster – „Ruderverein Weser". Der „Vierer" fuhr ziemlich dicht an meinem Ufer entlang, die fünf Männer hatte ich ganz deutlich vor mir, als das lange Boot mein Blickfeld voll ausfüllte. Ich betrachtete sie neugierig, aber wie üblich mit nur beiläufigem Interesse, denn im nächsten Augenblick würden sie wieder verschwunden sein. Ich hatte nie den Wunsch, mich auf irgendetwas, was da vorbei kam, intensiv einzulassen. Ich registrierte es, dachte ein wenig darüber nach und ließ es verschwinden.

Diesmal aber war alles anders. Ich hörte einen kurzen, eindringlichen Laut. Und dann geschah etwas Wundersames: der „Vierer mit Steuermann" blieb direkt vor mir stehen. Zu meiner großen Verwunderung blieb er einfach „stehen". Trotz der kräftigen Gegenströmung *stand* er in meinem Fenster und ich sah, wie sie das machten. Die vier Männer an den Riemen dosierten ihre Schläge so, dass sie genau die Kraft der Strömung konterkarierten. Sie taten das sehr gekonnt und fixierten ihr Boot in meinem großen Fenster – direkt vor meiner Nase.

Alle fünf Männer wendeten ihre Blicke gleichzeitig zu mir hin und schauten mich an. Ich wusste nicht, was das alles zu bedeuten hatte und was auf mich zukommen würde. Ich lächelte abwartend, ein wenig eingeschüchtert – und war gleichzeitig auf der Hut, denn von manch einem der vorüberziehenden Bootsleute und Skipper war ich zuweilen veralbert oder derbe angefrozzelt worden.

Da saßen sie nun in ihrem Boot und schauten mich stumm an. Ich hatte einen kurzen Augenblick Zeit, sie genauer in Augenschein zu nehmen und „einzutüten", mir ein Bild von ihnen zu machen. Sie gehörten bereits zu den „Alten" in meiner kindlichen Skalierung der Erwachsenenwelt. Sie waren um einiges älter als mein eigener Vater, ich tütete sie um die sechzig ein. Die vier an den Riemen waren alle gleich gekleidet: kurze Turnhose – mir fielen ihre dünnen, weißen Altmännerbeine auf – und „oben herum" trugen sie ärmellose, weiße Trägerunterhemden – Schießerripp, die Herrenunterwäsche der Zeit. Sie hatten allesamt recht ansehnliche Figuren und kahle oder kahl geschorene kugelige Häupter mit glattrasierten runden Gesichtern.

Der Steuermann sah noch älter aus als seine Ruderer. Er saß aufrecht und schlank wie ein Leuchtturm hinter seinen Mannen. Alles war grau an ihm: er trug ein kurzärmliges hellgraues Hemd und eine dunkelgraue, lange Hose. Er hatte graue Haare und einen igelartigen Kurzhaarschnitt, den man damals „Stoppel-Boston" nannte. Der war sehr in Mode gekommen, er war „in", denn er war „amerikanisch" – das Gegenmodell zum „Nazi-Pisspottschnitt" mit Scheitel, der immer noch weit verbreitet war. Aber er hatte noch mehr Grau zu bieten als nur seinen „Stoppel-Boston", denn nach unten hin war sein Gesicht umrahmt von einem dichten, ebenfalls stoppeligen, grauen Bart, der seinen Haarschnitt erst vollständig zur Geltung brachte und sein Gesicht „abrundete". Er kam mir vor wie ein alter Igel mit einem klugen, aufmerksamen Gesicht inmitten von grauen Stacheln. Ich schaute mir die fünf in aller Ruhe an und war gespannt, was auf mich zukommen würde.

Der Erste sprach mich an:

„He'j, Junge! Du siehst traurig aus. Was ist mir dir? Können wir dir helfen?"

Ich war überrascht, wie ertappt, und konnte darauf nichts sagen. Ich betrachtete ihn stumm. Einer nach dem anderen ergriff das Wort, alle sagten was Liebes, alle wollten mir „irgendwie" helfen und ich wusste nicht einmal, was sie eigentlich meinten. Der Dritte in der Reihe kramte schließlich in einer kleinen braunen Ledertasche, die zu seinen Füßen im Boot lag, und warf mir eine Münze zu. Sie fiel vor mir ins Gras, aber ich rührte mich nicht um sie aufzuheben.

„Sarrasani ist in der Stadt", kommentierte er seinen Wurf, „geh' mal aus, geh' in den Zirkus. Nimm' einen Freund mit. Es reicht für zwei!"

Ich fühlte mich überrumpelt. Sie waren in „meinen Ort" eingedrungen und sie drangen auf mich ein – das war mir noch nie passiert – und sollte auch nie wieder passieren. Nachdem die vier Ruderer „durch" waren und wieder verstummten, wendete ich meinen Blick und schaute dem alten Steuermann voll ins Gesicht. Auch er schaute mich lange und nachdenklich an, stumm, prüfend, ohne ein Wort zu sagen. Er hatte ein sanftes, sensibles Gesicht, das mich für ihn einnahm, denn es erinnerte mich an das weiche Gesicht meines Vaters und an das Gesicht meiner sanften, stillen Oma. Schließlich wandte er sich von mir ab, wieder seinen vier Mannen zu, und sagte jenen Satz, der vermutlich dafür verantwortlich ist, dass ich diese Szene mit so vielen Details gespeichert habe. Er sagte:

„Lett hem toufrien, he'j ise budder!"

Er gab ein kurzes Kommando und der „Vierer" verschwand aus meinem Blickfeld.

Ich hatte den Satz verstanden. „Platt" war mir geläufig, denn viele Erwachsene um mich herum schmückten ihre Rede zuweilen mit plattdeutschen Einschüben. Aber den Sinn des Satzes hatte ich nicht verstanden und – als sie fort waren – beendete ich irritiert meine Sitzung. Ich hob die Münze auf – ein fetter Fünfer! – und ging nachdenklich nach Hause.

Was hatte er gemeint? Ich bin wie Butter? Also weich wie Butter? Ein kleiner Schlaffi, kein „richtiger" Junge also? Das war doch blöde. Nein, diese Deutung des Satzes passte nicht zu dem alten Igel und zu der Art, wie er mich betrachtet hatte – und sie passte auch nicht zu mir: ich war nicht aus Butter.

Es war mir klar, dass ich da etwas missverstanden hatte. Er hatte ja „Platt" gesprochen, so grübelte ich in voller Naivität als ich nach Hause lief: vielleicht gab es ja in „Platt" ein Wort, das so ähnlich klingt wie das Wort „budder", aber etwas ganz anderes meint? Ich konnte es damals nicht klären und schob das Ganze auf meinem Heimweg erst einmal weg. Wie üblich redete ich mit niemandem über das Ereignis – ich redete ja nie über „meinen Ort" und meine Erlebisse dort.

Den Fünfer steckte ich heimlich und mit einem gewissen Schalk in das Haushaltsportemonnaie meiner Mutter und am nächsten Tag, als sie mich einkaufen schickte, konnte ich beobachten, wie diese wundersame Geldvermehrung sie ein wenig irritierte – sie kannte ja ihre ewig knappen Bestände genau …

***

Mit dem Aufwachsen wächst das Wissen und irgendwann wusste ich natürlich, was der alte, graue Igel gemeint hatte – und hatte seitdem wieder den vollen sympathischen Blick auf ihn. Aber was ist ein „Buddha"? Nicht einmal der historische Buddha hat das beantwortet. Er lehrte und empfal den Weg dorthin– durch eigenes Bemühen, wie er betonte –, doch das Ziel ist allenfalls eine Chiffre für einen Bewusstseinszustand, der nicht mit Worten zu beschreiben oder gar zu erklären ist.

Und wie ist der Weg dorthin, wie *wird* man ein „Buddha"? Ich war doch allenfalls ein „werdender Buddha", diese Einschränkung hätte der alte Igel machen müssen, wenn er den Satz denn ernst gemeint hätte. Und: welche Eigenschaften hat ein „werdender Buddha"?

Es amüsiert mich heute die Vorstellung, was der sympathische alte Igel wohl gedacht und wie er mich eingeschätzt hätte,

wenn er eine andere Seite von mir gekannt hätte: meine kribbelige Neugier auf die Rätsel der Welt, die mich zuweilen dazu
brachte, die Menschen um mich herum rigoros auszuspähen
und zu belauschen. Ich war gerne Spion.

Straßenaufklärung auf dem Lande

„Mein Ort" bot mir zweimal Gelegenheit, meinen Wissensdurst
zu befriedigen, und zwar auf einem Sektor, der mich und all meine Spielkameraden und Straßenkumpane schon früh beschäftigte. Ich konnte einen Vorgang im Detail erforschen, über den
in meiner Kinderwelt – in größter Unkenntnis und in aller Unschuld – viel geplappert und gewitzelt wurde; jenen Urvorgang
des Lebens, über den – so denke ich – in vielen Straßenkinder-
banden schon früh geplappert und gewitzelt wird: Ficken.

Im *Land Danach* gab es keine Sprache und auch keine Lebensphase, in der die Kinder „aufgeklärt" wurden: null „Sexualaufklärung" in den Familien, null „Sexualkundeunterricht" in den
Schulen. Sex, Erotik, Verhütung, Geschlechtskrankheiten ... all
das waren Tabuthemen. Über „bestimmte Dinge" sprach man
eben nicht, Schweigen und Verklemmtheit allerorten. Es bedurf-
te der Kärrnerarbeit eines Oswalt Kolle, um dem „Wunder der
Liebe" eine Sprache zu geben – gegen massive Widerstände, gegen Zensur und hanebüchene Attacken. Erst Ende der Sechziger Jahre rollte die sogenannte „Sexwelle" durchs *Land Danach*
und die „sexuelle Befreiung" wurde ein wichtiger Teil des kulturellen Umbruchs der späten Sechziger und ihrer Folgejahre.

Bis es so weit war, setzte man voll auf die „Straßenaufklärung", diesen Erwachsenenbegriff kannte ich bereits in meiner
Kindheit. „Straßenaufklärung": das war die einzige Art von Sexualaufklärung, derer ich und vermutlich die große Mehrheit
meiner Peers teilhaftig wurden. Was meine persönliche „Straßenaufklärung" anbetrifft, so bin ich heute überzeugt: sie war

mit Sicherheit lustiger, aufregender und präziser als alles, was mir die verklemmten und verquasten Alten jener Zeit – Eltern oder Lehrer – hätten verklickern können.

Das Wort „Ficken" war schon früh in meinem Wortschatz, es gehörte zu unserer Kindersprache. Als Erstklässler hörte ich es auf dem Schulhof – aber auch schon vorher, in der altersdurchmischten Straßenbande um den Wilhelmplatz herum, in der ich mich als kleines Kind bewegte, hatten wir diesen eigenartigen Vorgang ab und zu am Wickel. Wenn sich einer der „Großen" über das Thema äußerte, spitzte ich die Ohren.

Heute erfüllt es mich mit einem inneren Grinsen, wenn ich daran denke, wie wir Bönzel uns diesem geheimnisvollsten Vorgang der Erwachsenenwelt annäherten:

Zum Beispiel über unsere „Witze":

Mann und Frau, beide nackt. Er: „Was hast denn du da unten?" Sie: „Eine Spardose!" Sie: „Und was hast du da unten?" Er: „Einen zusammengerollten Zehner." Sie: „Dann steck doch deinen Zehner in meine Spardose!"

Das war's. Das war der ganze Witz, unser Kinderwitz. Alles war unbegriffen, unverstanden, aber wir lachten uns kaputt, wenn wir uns *das* vorstellten.

Zum Beispiel über unsere Spiele:

„Zieh mit den beiden Zeigefingern deine Mundwinkel auseinander und sprich den Satz: Die Hühner picken."

Das war für mich *der* Lacher, denn in Frau Kinkels Hühnerhof hatte ich oft beobachtet, wie ein Hahn auf eine Henne losging. Das sah aus wie Krieg, da flogen die Federn.

***

Es kam gar nicht so selten vor, dass ich gestört wurde während meiner sommerlichen Séancen an der Weser. Die „Familienbucht" – etwas entfernt von mir – wurde an warmen Tagen häufig bevölkert und wenn das Kindergeschrei zu stark wurde, stand ich auf und beendete meine Sitzung. Seltener kam es vor, dass die Nachbarbucht, die „Liebespärchenbucht", sich mit

Leben füllte. Dann wurde ich neugierig. Ich lauschte aufmerksam und konzentriert und zweimal kam es vor, dass mich das, was ich von nebenan hörte, so in Spannung versetzte, dass ich meinem Wissensdrang nachgab. Ich frönte meiner kindlichen Lust: ich spionierte. Dabei wendete ich eine Technik an, die ich mir selbst beigebracht hatte: ich wurde zur „Raupe".

Denn schon wenige Tage, nachdem ich „meinen Ort" gefunden hatte, machte ich die Entdeckung, dass ich auch von Land – vom Treidelpfad her, auf dem Trockenen also – in ihn eindringen konnte. Ich musste mich dazu flach auf den Boden legen und mich wie eine Schlange oder Raupe in das Dickicht hineinwinden. Ich hatte herausgefunden, dass die Buschwand nach unten hin ein paar Zentimeter freiließ. Das ergab einen sehr niedrigen, engen Hohlraum unterhalb des Blättergewölbes mit engen, röhrenartigen Pfaden zwischen den Stämmen der einzelnen Büsche.

Ich musste auf eine ungewöhnliche Art kriechen. Ich konnte mich nicht aufrichten, mich nicht auf die Ellbogen aufstützen, nicht die Beine anziehen, schon gar nicht krabbeln, sondern ich musste mich – flach auf dem Boden liegend und ohne auch nur den Kopf zu heben – so vorwärts schieben, dass ich einmal die linke, dann die rechte Schulter anzog und dabei die restliche Körperhälfte wie ein Gepäckstück hinter mir her schleifte. Ich bewegte mich, so kam es mir vor, wie eine Raupe, wie ein Wesen ohne Gliedmaßen – sehr, sehr langsam ...

Nie vorher hatte ich die Erde so intensiv gefühlt und nie zuvor hatte ich die Erde so nahe vor Augen gehabt wie bei dieser Aktion. Würmer huschten vor mir davon, ich sah Raupen mit wundervollen Mustern und viele graue Käfer, die aussahen wie Kakerlaken, sie brachten sich vor mir in Sicherheit. Kleine Spinnen verfingen sich in meinen Haaren und das harte Gestrüpp mit seinen spitzen Ästen ritzte sich in meine Schultern. Wenn ich schließlich durch war und mich wieder aufrichtete, klopfte ich erst einmal eine dicke Schicht gelblicher Erde von meiner Kleidung, bevor ich mich auf meinem Sitz niederließ ...

***

Wenn sich die Nachbarnische, die Liebespärchennische, mit Leben füllte, wurde ich „zum Lauscher an der Blätterwand". Meistens hörte ich nur „langweilige" Gespräche, die mich störten, so dass ich schließlich aufstand und mich davonmachte. Einmal allerdings hörte ich erst fröhliches Lachen und Scherzen, danach ein zeitweiliges Kichern, unterbrochen von kleinen Stöhngeräuschen. Ich krabbelte von meinem Sitz aus auf die rechte Blätterwand zu, legte mich flach auf den Boden und machte die „Raupe". Was ich sah, als ich schließlich nach vorne hin freie Sicht hatte, faszinierte und erregte mich derart, dass ich stumm und regungslos liegen blieb und gebannt auf das Schauspiel starrte, das sich mir bot.

Sie waren dabei sich auszuziehen. Ihr Kleid lag bereits im Gras neben ihrem Lager, sie zog sich ihre Nylonstrümpfe aus und entledigte sich ihres Büstenhalters. Er streifte ihren Schlüpfer von ihren Beinen und legte seinen Kopf in ihren Schoß. Zum ersten Mal in meinem Leben sah ich den Körper einer erwachsenen nackten Frau. Zum ersten Mal sah ich nackte Frauenbrüste und zum ersten Mal jenes dreieckige dunkle Vlies in ihrem Schoß. Der Mann hatte bereits einen nackten Oberkörper und zog sich mit einem Ruck Hose und Unterhose zugleich aus.

Danach fingen sie an zu schmusen, sich zu streicheln und zu liebkosen. Schließlich wälzten und kugelten sie sich übereinander. Ich war so erregt, dass mein Atem schneller wurde und mein Herz bis zum Hals klopfte. Der untere Bereich meines Körpers schwoll an. Das war ein wohliges Gefühl, das ich bereits kannte, denn zweimal schon hatte ich selbst mit einem Mädchen gekuschelt und ihren Körper gestreichelt.

Ich lag platt auf dem Boden und war mucksmäuschenstill. Ich war jetzt voll in ihrem Spiel und wollte unbedingt „alles" sehen. Ich wollte sehen, wie es weiterging. Ich wusste genau: sie würden jetzt *ficken* – und das wollte ich mir nicht entgehen lassen.

Als sie schließlich fertig waren und auseinander purzelten, legte sich meine Erregung nur langsam. Ich hatte alles gesehen, meine Neugier war befriedigt. Ich konnte meine Glieder wieder bewegen, schob mich behutsam rückwärts, zurück in meine Nische, stellte mich ein wenig beduselt auf die Füße und machte mich geräuschlos davon. Das ganze Schauspiel ging mir noch tagelang durch den Kopf, aber – wie stets – erzählte ich niemandem von meinem Erlebnis an „meinem Ort".

***

Bei meiner zweiten Erkundung eines Liebesspiels in der Nachbarnische verlief alles ganz anders.

Ich hörte genau wie beim ersten Male zunächst die Geräusche des Vorspiels: Kichern und wohliges Stöhnen, als sie miteinander kuschelten und sich abknutschten, hatte aber kein Interesse daran, mir das alles noch einmal anzusehen. Dann aber veränderte sich die Geräuschkulisse völlig: ich hörte die Frau plötzlich schrille rhythmische Schreie ausstoßen, Töne, die ich noch nie vernommen hatte, kurze, spitze Schreie, aufregende, unerklärliche Klänge.

Was lief denn da ab? Tat er ihr womöglich Gewalt an?

Die Schreie hörten und hörten nicht auf und ich geriet unter Hochspannung. Meine Neugier setzte sich durch und ich wurde zur „Raupe". Als ich die beiden schließlich voll im Blick hatte, war ich zu Tode erschrocken. Ich dachte entsetzt: Wenn *der* mitkriegt, dass ich ihn *dabei* beobachte – und wenn der mich dann auch noch erwischt, dann schlägt der mich tot!

Ich hatte Angst um mein Leben und wollte nur noch weg. Ich trat den Rückzug an und kroch zurück. Ich gab mir die größte Mühe so leise und so vorsichtig wie möglich aus der Buschwand heraus zu kommen: kein Ästchen durfte knicken, kein Blatt durfte wackeln, denn ich wähnte mich in größter Gefahr. Schließlich erreichte ich mein vertrautes Terrain, fühlte mich aber auch hier noch immer nicht in Sicherheit. Ich schlich vorsichtig durchs Wasser nach draußen auf den Treidelpfad und rannte davon – froh, noch einmal heil davongekommen zu sein ...

Natürlich behielt ich alles, was ich da gesehen hatte, für mich – aber die Szene, deren Zeuge ich geworden war, verfolgte mich noch wochenlang. Schließlich sackte dann doch alles ab in die tieferen Schichten und war erst einmal für lange, lange Zeit verschwunden.

***

Als ich – dreißig Jahre später – eine *a tergo*-Liebesszene auf einem Tempelrelief in Indien entdeckte, schoss mir das Urbild von der Weser in den Kopf: eine meiner „Blitzschlagerinnerungen", wie ich sie oft auf Reisen hatte. Da war ich urplötzlich wieder an „meinem Ort", als Raupe unter den Büschen, und sah das kopulierende Paar vor mir: jene Position im Liebesspiel, die seit der Antike von Künstlern aller Kulturen immer wieder mit Lust dargestellt wurde: die „Hündchenstellung".

Auch der indische Steinmetz hatte in größter Detailtreue all das heraus gemeißelt und gestichelt, was ich einst vor meinen Augen gehabt hatte: *Sie* in der klassischen Haltung, ihre Brüste dicht über dem Boden, ihre Hinterbacken hochgereckt. *Er* kniet hinter ihr, ist bereits eingedrungen: man sieht sogar noch einen Teil seines Schaftes, denn indische Künstler sind oft sehr penibel in der Darstellung erotischer Details.

Ich lachte, als ich das sah, denn ich erinnerte mich mit großem Amüsement, wie sehr mich das Urbild einst erschreckt hatte. Eine wahrhaft kindliche Fehleinschätzung der Situation, denn kurz vor seinem Orgasmus kriegt kein Mann mehr mit, was um ihn herum geschieht: ich war also nie in Gefahr.

„Mein Ort" schenkte mir diese beiden Liebesszenen als ich acht Jahre alt war. Die Empfindungen, die ich dabei hatte, waren sehr unterschiedlich, ja, gegensätzlich. Die zärtliche, weiche Variante hatte mich ungemein erregt und beglückt – die *a tergo*-Variante hatte mich erschreckt, ich empfand sie als gewalttätig, sie hatte mir Angst gemacht.

***

Die Bilder und Geschichten von „meinem Ort" am Fenster zur Weser waren lange Zeit verschollen. Erst im Prozess des systematischen Durchstöberns meiner Kindheitserlebnisse kamen sie wieder hoch ins Bewusstsein. Es scheint mir so, als hätte ich „meinen Ort" für eine sehr lange Zeit sogar noch in meinen Erinnerungen argwöhnisch versteckt und geheim gehalten – immer allerdings mit dem Wissen, dass es ihn wirklich und wahrhaftig einmal gab und dass er ein leuchtender und bedeutender Ort in meinem Leben geblieben ist.

7

An der Laternengrenze

In den Erinnerungsbildern aus jener Zeit gibt es – so scheint
es mir heute – nur zwei Jahreszeiten: die helle und die dunkle.
Vier volle Jahreszyklen durchlebten wir in der Baracke. Viermal erlebte ich die Zeit des abnehmenden Lichts, die uns in die
Kälte und die Dunkelheit des Winters führte, und viermal die
Zeit, da die Natur wieder anfing zu strahlen und uns das Licht
des Sommers zurückbrachte.

Wir waren schon früh „Draußenkinder" gewesen, „Straßenkinder", wie man damals sagte, auch schon vor unserer Umsetzung in die Baracke. „Unten" auf der Straße zu spielen war
für die Kinder und sogar schon für die Kleinkinder meiner Generation selbstverständlich. Hier draußen am Rand der Stadt
veränderte sich unser Spiel: wir waren nicht nur „Draußenkinder", wir wurden überdies „Dunkelkinder", Kinder der Nacht.
Das war für mich und meine Geschwister eine neue und intensive Erfahrung – und ich muss hinzufügen: unsere Nacht war
besonders dunkel, denn wir lebten jenseits der „Laternengren-
ze" der Stadt. Die unbefestigten Straßen und Wege in unserem
Umfeld waren unbeleuchtet, es gab keine Straßenlaternen mehr.

Uns fehlte das alte „Laternenmaß", das unser Spiel in den
Straßen der Innenstadt begrenzt und beendet hatte: „Wenn
die Laternen angehen, ist Schluss. Dann kommt ihr rein!" Das
war der übliche Spruch aller Mütter, die ihre „Großen" nach
der nachmittäglichen Vesper noch einmal zum Spielen runter-
ließen, während die „Kleinen" schon fürs Bettchen fertig gemacht wurden. Die Dunkelheit sei gefährlich für Kinder, sagte
man uns immer wieder.

Wenn ich dann am späten Nachmittag noch einmal „runter"
durfte, genoss ich vor allem den Zauber der langsam einsetzen-

den Dämmerung. Wenn die Stadt ihre Farben verlor, wurde sie spannend. Überall wuchsen Schatten, unheimliche Orte taten sich auf, die Fassaden der alten Häuser wurden düster und grau und die hellen Fenster in ihnen stachelten meine Neugier an, wenn ich durch die alten Gassen der alten Stadt tingelte.

Sobald allerdings die Gaslaternen in den Gassen aufblinkten, machte ich gehorsam Schluss. Ich trat den Heimweg an. Spielen und Stromern in der Dunkelheit lernte ich in der Stadt nicht kennen.

***

Unsere Umsetzung in die Baracke erfolgte zu Beginn der dunklen Jahreszeit, in den „Kartoffelferien" 1949. „Kartoffelferien" war damals der noch oft gebrauchte Name für die Herbstferien im Oktober. Es wurde erzählt, dass die Land- und Bauernkinder an den Hamelner Schulen in den Herbstferien bei der Kartoffelernte mithelfen mussten.

Nachdem wir uns in unserer neuen Behausung halbwegs eingerichtet hatten, wandelte sich das Wetter. Wir lebten voll in den Herbst hinein. Es wurde kälter, es regnete viel, schon früh am Nachmittag dämmerte es, es wurde schnell dunkel und wir Kinder verlängerten unser Spiel ohne Umschweife in die Dunkelheit hinein. Das „Laternenmaß" gab es nicht mehr. Wir lernten auch in der dunklen Phase des Tages ganz selbstverständlich draußen zu sein, zu spielen, zu streunen und uns in der Landschaft zu orientieren. Ich lernte anders zu sehen und anderes zu sehen.

Dunkelheit hat viele Farben. Die märchenhaft hellen, blausilbernen Weserlandschaften, die der Vollmond und der klare Sternenhimmel uns bescherten, sind als ein einziges prachtvolles und gewaltiges Bild in mir gespeichert. Die helle, silberne Vollmondnacht war das eine Extrem, das ich sehr liebte. Doch es gab zahlreiche Zwischenzustände und Abstufungen in der sparsamen Ausleuchtung all der dunklen Orte, an denen wir uns herumtrieben. Immer war da noch ein Rest Licht im Himmel, der uns Orientierung bot.

Das andere Extrem, das ich ebenfalls sehr genoss, war die „rabenschwarze" Nacht, die Nacht ohne Licht aus dem Himmel. Das geschah etwa bei Neumond und besonders dann, wenn zusätzlich ein Brett aus schwarzen Wolken dicht über uns hing. In den rabenschwarzen Nächten begann ich zu pirschen. Ich schlich möglichst lautlos durch die Finsternis, stand oder saß still und bewegungslos in der Landschaft und lauerte. Ich lauschte den Geräuschen der Nacht, die ich oft nicht deuten konnte. Ich hörte und ahnte die Tiere, die um uns herum lebten und gewissermaßen unsere Nachbarn waren: Füchse, Hasen, Kaninchen, Ratten, Mäuse, Maulwürfe und sogar Schlangen. Ringelnattern und Kreuzottern gab es in unserer Gegend, so sagte man uns.

Schattenhaft und unsichtbar, aber nicht unhörbar, raschelten die Tiere durch das Dickicht unseres Dschungels, durch die Beete der Squatter-Gärten oder durch das schwarze Gestrüpp des Kartoffelfeldes, das hinter den Squatter-Gärten begann. „Pirschen" war ein Spiel voller Spannung und höchster Achtsamkeit, voll mit innerem Kribbeln und einer kleinen Portion Furcht. Die „giftige Kreuzotter" gehörte zu unseren Kindersagen, wir wurden vor der Viper gewarnt. Doch die Ängste der Finsternis waren allesamt unbegründet. Es ist mir und meinen Geschwistern nie etwas Gefährliches passiert und ich bin auch nie einer Kreuzotter begegnet. Die ist im Übrigen sehr scheu, lässt sich nicht blicken und greift nie von sich aus an. Ich hätte das „gefährliche" Tier gern einmal gesehen, aber ich lernte „nur" die „harmlose" Ringelnatter kennen.

Schuppe

Der letzte Lichtzipfel der Stadt, der in unseren Dunkelraum hineinragte, endete bei „Schuppe" – genau da, wo die Wittekindstraße in unsere Kuhbrückenstraße einmündete. Hier standen die ersten Gaslaternen, die die Stadt uns zeigte, wenn wir gegen fünf Uhr nachmittags die unbeleuchtete Kuhbrückenstraße entlang gerannt kamen, um bei Schuppe einzukaufen und uns das „Schuppe-Abenteuer" zu gönnen.

Frau Schuppe hatte in ihr winziges Gärtchen – genau an der Ecke Wittekind-Kuhbrückenstraße – ein kleines Hexenhaus hingebaut, in dem sie allerlei verkaufte: Bier, Zigaretten, dicke Himbeerbonbons, Pfefferminzbruch, Lakritzschnecken, Eis am Stiel – aber auch Schulhefte, Federhalter und Tinte. Ein winziges, aber wichtiges Warenhaus für uns, denn später – nachdem sie sich einen Kühlschrank angeschafft hatte – hatte sie auch Margarine, Butter, Wurst, Harzer Roller und Schmalz im Angebot: alles, was wir Siedler da draußen täglich brauchten.

Der Standort ihres Kiosks war gut gewählt. Direkt gegenüber, auf der anderen Seite der Kuhbrückenstraße, war das große Werkstor der Domag und – vielleicht hundert Meter entfernt, noch im dunklen Teil der Kuhbrückenstraße – das große Werkstor von Kaminski-Waggonbau. In beiden Fabriken arbeiteten sehr viele Männer und die große Attraktion für uns war ihr Feierabend. Zwischen fünf und sechs Uhr – längst war es dunkel – öffneten sich die Werkstore und die Arbeiter strömten heraus. Das war ein eindrucksvolles Schauspiel.

Manche der Arbeiter rannten in großer Eile an uns vorbei – Schluss mit Arbeit, jetzt beginnt das Leben! – aber die meisten blieben erst einmal stehen, einzeln oder in Grüppchen, plauderten und rauchten die erste Zigarette „nach Schicht". Frau Schuppe war eine gute Verkäuferin: in ihr Gärtchen hatte sie mehrere Bierkästen gestellt und die Männer kamen herein, holten sich ihre erste Flasche zum Feierabend und versorgten sich mit Zigaretten. Der Platz vor dem großen Tor der Domag und um ihren Kiosk herum wurde zum Festplatz – voll mit Menschen, die rauchten, tranken, quatschten und lachten.

Vielleicht machte gerade das Frau Schuppes Kiosk für mich und meine Bande zu einem magischen Ort unserer Kindheit. Unsere Gegend war ja nicht nur frei von Laternen, sie war meist auch frei von Menschen, menschenleer. Bei „Schuppe" hatten wir eine Stunde lang beides: leuchtende Gaslaternen und einen kleinen Menschenauflauf, Geschnatter und Geplapper, einen Zipfel helle Stadt und eine Stunde brodelndes Leben – dazu Süßigkeiten, Bier und Zigaretten, Brot, Wurst und Käse – alles, was wir bei Frau Schuppe einzuholen hatten, wenn unsere Mutter uns mit ihrem Einkaufszettel versah und losschickte.

Natürlich wurde die immergleiche „Schuppe-Schau" für uns Dunkelkinder irgendwann ein wenig langweilig: immer der gleiche Auflauf, immer die gleichen Ereignisse, immer die gleiche Qualmerei. So blieb es nicht aus, dass wir irgendwann anfingen uns zu überlegen, wie wir die rauchenden, biertrinkenden und quatschenden Domag- und Kaminsiki-Arbeiter ein wenig „auf die Schippe" nehmen könnten. Wir dachten uns einen einfachen, aber wirkungsvollen Streich aus.

Als wir ihn zum ersten Mal inszenierten, waren wir zu viert, die vier „Großen" unserer Bande. „Groß" – das hieß: die drei Mädchen und ich selbst waren schon um die neun bzw. um die zehn Jahre alt. Die „Kleinen" waren daheim geblieben.

Wir hatten unsere Einkäufe bei Frau Schuppe hinter uns und schauten uns das Schauspiel der Feierabendraucherei von der gegenüberliegenden Straßenseite aus an – aus einer gewissen Distanz also. Bei jenem ersten Mal kribbelte es in mir: irgendetwas Aufregendes müsste jetzt mal geschehen. Ich dachte nach. Schließlich kam mir eine Idee.

„Wisst ihr was?", sagte ich zu den drei Mädchen, „wir rauchen jetzt selber eine. Wir paffen denen was vor!"

Sie waren Feuer und Flamme. Ich fischte aus meiner Einkaufstasche eine angebrochene Packung „Golddollar". Frau Schuppe verkaufte Zigaretten auch stückweise in jenen armen Zeiten. Da blieben immer angebrochene Packungen zurück, die sie dann auch noch verkaufte. Es waren noch zehn Zigaretten in der Packung, die ich eigentlich unserer Mutter schenken wollte. Vier davon klaubte ich nun heraus und verteilte sie. Wir steckten unsere Köpfe zusammen, die Zigaretten zwischen den Lippen. Ich gab Feuer.

Nach diesem „ersten Akt" unserer Inszenierung stellten wir uns – ein wenig patzig und breitbeinig – nebeneinander an den

Bürgersteigrand und schauten auf das Bild, das sich uns darbot. Die rauchenden, biertrinkenden und palavernden Arbeiter wurden auf uns aufmerksam und wir warteten gespannt auf ihre Reaktion, auf den großen Sturm, der kommen würde. Er brach auch prompt aus – genau so, wie wir es erwartet hatten. Es hub ein lautes, empörtes Geschrei an, ein mächtiges Gebölke:

„Macht sofort die Zigaretten aus ... Das ist ja unglaublich ... Ihr Hosenscheißer ... Ihr habt was hinter die Löffel verdient ... Man sollte euch den Arsch versohlen ... Straßenkinder ... Pöbel ... Nachtjackenviertel ..."

Ihr Hass und ihre Aggressionen schwappten zu uns herüber. Einer drohte gar:

„Na wartet, ich werde euch ...!" und rannte mit großen Schritten über die Straße auf uns zu, vermutlich, um uns zu ohrfeigen. Wir lachten ihn aus, winkten ihm mit unseren Zigaretten zu, rannten los und waren umgehend in der laternenlosen Dunkelheit der Kuhbrückenstraße verschwunden. Die Nacht verschluckte uns ganz einfach – und das, so empfand ich immer, war gerade das Besondere an der Nacht: man war schnell unsichtbar.

Als der Mann schließlich aufgab und zu seinen rauchenden Kumpeln zurückkehrte, drehten wir um und griffen erneut an. In gebührender Entfernung liefen wir hinter ihm her, lachten ihn aus und machten uns über ihn lustig. Dabei zeigten wir ihm und seinen Kumpeln das Spiel der Glühwürmchen: wir malten mit unseren Glimmstängeln Kreise und Achten in die schwarze Nacht.

„Ihr werdet euch in die Hose scheißen", setzte der Mann noch einmal nach, aber das war lahm. Wir wussten: von dem ging keine Gefahr mehr aus. „Kinder, die rauchen, scheißen sich alle in die Hosen!" Wir krakeelten und johlten, denn alle Kinder kannten diesen Spruch.

„Erwachsene auch!", schrie ich zurück.

***

Mindestens einmal in jeder der vier dunklen Jahreszeiten gönnten wir uns dieses kleine Schauspiel. Vielleicht reizte uns die verquaste Verlogenheit der Erwachsenen, die uns nie sagten, warum sie selbst eigentlich so viel pafften, wenn das doch so ungesund und gefährlich für Kinder war.

Nur knapp sieben Jahre nach jenen Ereignissen trat ich zum ersten Mal selbst, als Arbeiter, durch ein Fabriktor zurück in die Freiheit des Feierabends. Damals erlebte ich das mir so bekannte Feierabendritual jetzt gewissermaßen von der Gegenseite aus – als einer der Malocher, der seine Schicht hinter sich hatte. Ich beobachtete, wie meine Kumpel nach wenigen Schritten erst einmal innehielten, in ihren Taschen kramten und sich „eine" anzündeten. Einst hatten wir die rauchenden Arbeiter veräppelt, jetzt verstand ich sie. Ich versorgte mich umgehend selbst mit Zigaretten und rauchte fortan meine Feierabendlulle – und jedes Mal spürte ich die Wirkung.

Es trat Ruhe ein. Das Getöse hörte auf, die Anspannung ließ nach. Ich genoss den Übergang vom Fließband ins Leben: eine heilige kleine Pause, eine kleine Zeit zwischen den Zeiten. Der Scheiß war vorbei, die Schönheit des Daseins flutete langsam in meinen Körper zurück, in dem eine Fließbandschicht lang Ebbe geherrscht hatte.

Ein Jahr nach meinem Fließband-Debüt in der Fabrik malochte ich auf einer Großbaustelle mit vielen unterschiedlichen Verrichtungen und Arbeiten; ich war siebzehn Jahre alt. Ich wurde von Arbeit zu Arbeit gescheucht und machte schon an meinem ersten Arbeitstag eine äußerst wichtige Entdeckung:

Immer dann, wenn ein Arbeiter eine bestimmte Arbeit abgeschlossen hatte, steckte er sich erst einmal eine Zigarette an, und zwar noch bevor es einem der Vorarbeiter gelang, ihn zu einer neuen Arbeit abzukommandieren. Wenn dann schließlich einer der Befehlsgeber auftauchte und eine neue Arbeit anwies, kam am Ende unweigerlich der Satz: „Aber rauch' erst mal in Ruhe zu Ende! So viel Zeit muss sein!" Das war die Standardformel. Ich verstand sie auf Anhieb: man respektierte die kleine Auszeit, man respektierte die Person. Hier war man nicht ein

kleines Rädchen in einem „Mensch-Maschine-System", eingebaut in ein Fließband, sondern „Mensch". Ich besorgte mir umgehend Zigaretten und Streichhölzer.

***

Als ich Kind war, gehörten „Rauchen" und „Erwachsensein" zusammen. Wenn man erwachsen ist, raucht man automatisch,
so dachte ich, denn ich kannte keinen Erwachsenen in meinem
Umfeld, der nicht rauchte.

Ich habe mich oft gefragt, warum für so viele Menschen die
Qualmerei zum Problem geworden ist, zu einer unerfreulichen
Sucht. Schon meine ersten Rauchererlebnisse erzählten mir das
Wesentliche: denn was bedeutet die Zigarettenpause?

Die Feierabendraucher und die Malocher auf dem Bau wussten es: Innehalten, Bei-Sich-Sein, Abkehr vom Getöse der Welt.
Ein kurzer Moment, in dem man seine Mitte wieder findet. „Sich-
Eine-Anzünden" ist ein symbolischer Akt und bedeutet: „Ich mache eine Pause, lasst mich zufrieden, die Welt kann mich mal ..."
Die „Zigarettenlänge", die man sich gönnt, ist das Minutenmaß
für die Suspendierung aller Ansprüche des Alltags. Und dieses
Bedürfnis – mal kurz „auszusteigen" – ist genau das Suggestive an der Qualmerei. Es entsteht der Wunsch nach mehr, mehr
davon ... Der Tag wird in „Zigarettenlängen" zerlegt.

Allerdings: die Menge bringt die Befriedigung nicht. Was
bleibt, sind Kippen und eine ungestillte Sehnsucht.

8

Die Feuerschaukel

Wir holten den kleinen Jungen aus dem Schwabenland, den ich auf dem Kaminski-Grundstück vor dem Häuschen der beiden mürrischen Alten entdeckt hatte, zu uns herüber, hinein in unsere Spiele. Anfangs musste ich ihn stets von seinen Großeltern abholen, denn er kam nicht von sich aus zu uns gelaufen. Wenn ich auf dem Heimweg nach der Schule am Grundstück der Alten vorbeiging, wartete er bereits hinter dem hohen Maschendrahtzaun. Ich vertröstete ihn auf später: „Ich mache erst meine Schularbeiten, erst dann kann ich richtig spielen. Ich muss frei sein", sagte ich ihm, Er verstand das. Wenn ich ihn dann holte, klingelte ich an der Gartenpforte. Die maulfaule Alte zeigte sich kurz in der Tür ihres Häuschens, wusste, was ich wollte, und sagte immer dieselben Worte: „Wenn's dunkelt, bringst ihn mir zurück!" Mehr als das sagte sie nie.

Es war Hochsommer, als er bei uns auftauchte. Er war gehemmt und redete kaum – vielleicht, so dachte ich anfangs, weil er dieses „komische" Deutsch sprach und zuweilen deswegen gehänselt wurde. Als wir unsere Namen austauschten, stellte sich heraus, dass er meinen Namen „Eike" partout nicht aussprechen konnte, er nannte mich „Alke". Der Diphthong machte ihm Schwierigkeiten. Das amüsierte mich derart, dass ich ihn fortan selbst „Alke" nannte, eine Anrede, die von allen Kindern der Bande übernommen wurde. Neckischerweise nannten sie auch mich selbst von nun an „Alke". So wurden wir ein Paar: „Alke" und „Alke".

Die Traurigkeit in seinem Gesicht fiel mir auf, wenn ich ihn in einem Moment erwischte, da er sich unbeobachtet wähnte. Das war immer dann der Fall, wenn er sich an einen stillen Ort zurückgezogen hatte und „wegträumte". Sein Gesicht wirkte dann – so empfand ich – „verloren" und ich wusste genau: „verloren" in den Bildern seiner Kinderjahre im Schwabenland. Ich fühlte: irgendetwas sehr Trauriges musste dort passiert sein, etwas, das dazu geführt hatte, dass er daheim im Schwabenland ausgerupft und weit weg bei Opa und Oma wieder eingepflanzt worden war.

Wie fremd musste ihm doch alles sein: diese einsam lebenden, mürrischen Alten, denen er vermutlich eine Last war; diese wilden Kinder, die anders sprachen und anders spielten; unsere wilde Gegend, so weit außerhalb der vertrauten Zivilisation, wie er sie vermutlich von zuhause her kannte. So präzise dachte ich das damals mit Sicherheit nicht, aber eines war klar: ich hatte Mitleid mit ihm.

Wir ließen ihn in seine Träume und Erinnerungen abdriften, wir ließen ihn in Ruhe, aber wir ließen ihn auch jederzeit rein in unser Spiel, wenn er das wünschte. So ging das bis in den Herbst hinein: er verlor seine Hemmungen nicht, er blieb in seiner „verlorenen" Traurigkeit. Wir merkten allerdings auch, dass er zuweilen „auftaute", dass er Schrittchen für Schrittchen Vertrauen zu uns fasste.

Der große Umbruch kam im Oktober, als wir anfingen, mit dem Feuer zu spielen. Jedes Jahr im Herbst, nach den „Kartoffelferien", fingen wir an zu kokeln. Dann begann unsere Feuersaison.

***

Denn in den Herbstferien wurde das Kartoffelfeld, das hinter den Squatter-Gärten begann und sich bis zu Andersens Baracke hinzog, abgeerntet. Plötzlich tauchten Frauen und Kinder aus der Stadt auf und machten sich über das Feld her. Sie sammelten die reifen Kartoffeln in ihre Taschen und Jutesäcke und transportierten ihre Beute auf Fahrrädern und Bollerwagen ab in die Stadt. Das Kartoffelkraut blieb auf dem Feld zurück.

Wenn sie fertig waren mit der Ernte, gingen wir Kinder noch einmal über das Feld und ernteten nach. Da blieb keine Kartoffel mehr liegen und wir lieferten unsere Beute unserer Mutter ab, für ihre Küche. Nun, nach der Ernte, mussten wir abwarten, bis das Kartoffelkraut völlig ausgetrocknet war – und dann ging's los. Einen ganzen Tag lang liefen wir lachend und voller Vorfreude über das Feld, sammelten das trockene Kraut auf und rannten mit vollen Armen zu unserer Feuerstelle, wo sich schließlich ein riesiger Berg ansammelte.

Unsere Feuerstelle lag in unserem „Dschungel", unmittelbar hinter dem Zaun, der unseren Hof eingrenzte. Der Alte, unser „Oppa", hatte sie angelegt. Wenn er unbrauchbare Holzreste oder Pappen hatte, warf er sie einfach über den Zaun. Wenn sich genug brennbarer Abfall angesammelt hatte, ging er hin und zündete das Zeug an. Wir schauten ihm zu und schauten gebannt in die Flammen. Seine Feuerchen faszinierten uns sehr. Wir lernten schließlich, unser eigenes Feuer zu machen und mit Feuer zu spielen. Wenn der Alte nicht da war, meist nach seinem Feierabend oder am Wochenende, sammelten wir trockenes Totholz und alles Brennbare, das wir finden konnten, und wenn es dann richtig dunkel geworden war, loderten unsere Feuer.

So richtig begann die Feuersaison mit dem ersten Kartoffelfeuer – Ende Oktober. Trockenes Kartoffelkraut brennt hervorragend und duftet gut, die Flammen sind meist glatt und es gibt nur wenig Funkenflug. Wenn es losging, saßen alle sieben Kinder, unsere ganze Bande, um das Feuer herum und schauten sich den Tanz der Flammen an. Das waren verwunschene Stunden, wir träumten, palaverten und sangen.

Irgendwann fingen wir natürlich an, mit den Flammen zu spielen. Wenn sie üppig wurden und möglichst glatt in der schwarzen Nacht loderten, sprangen wir durchs Feuer – natürlich nicht alle: die „Kleinen" durften noch nicht. Wir zogen unsere Kleider aus und tanzten in Unterhosen durch die „Waberlohe". Die Sandalen behielten wir an, denn oftmals knisterten und knatterten Funken in die Nacht, die auf dem Boden rund um unsere Feuerstelle landeten. Wir hätten uns die Füße verbrennen können. In solchen Dingen waren wir sehr vorsichtig.

Die Flammen selbst taten uns nichts an. Wenn ich sprang, war ich für einen winzigen Moment im vollen Licht des Feuers, das wir mit Zeitungspapier noch zusätzlich fütterten, so dass die Flammen hochschlugen und aufloderten. Sie leckten an meiner Haut bis hinauf zu den Schultern. Das sah gefährlich aus, war aber völlig harmlos: man merkte fast nichts. Da uns die Flammen gar nichts antaten, kamen wir auf die Idee, etwas Ausgefallenes auszuprobieren. Wir erfanden die „Feuerschaukel":

Zwei von den „Großen" stellten sich so neben das Feuer, dass sie einander ins Gesicht sahen. Das waren die „Schaukler". Das Kind aus der Bande, das die „Schaukel" machen wollte, musste sich nackt ausziehen. Es wurde von den beiden Schauklern unter den Armen und an den Füßen ergriffen und in der warmen Luft neben dem Feuer hin und her geschwenkt. Die Kinder, die um das Feuer herum saßen und sich das Schauspiel anschauten, warfen große Fetzen Zeitungspapier ins Feuer, so dass es hell aufflackerte. Die Flammen mussten glatt in die Nacht züngeln, es durfte nichts knistern und knattern.

Schließlich traten die beiden Schaukler einen Schritt zur Seite, so dass der nackte Körper der „Schaukel" nun direkt über den Flammen hin und her gewedelt wurde: zwei, drei, vier Schwenker – das war's. Nachdem wir es einmal erfunden hatten, spielten wir das Spiel häufig – immer mit einem inneren Kribbeln, mit ein bisschen Angst und großer Lust. Ich war ehrgeizig, möglichst viele Schwenker über dem Feuer auszuhalten.

Als der kleine „Alke" aus dem Schwabenland an seinem ersten Kartoffelfeuer teilnahm, nahm ich ihn immer mal wieder heimlich ins Visier. Ich sah: er war hin und her gerissen. Er war sichtlich fasziniert und begeistert von den Flammen, aber er sah die Feuertänze voller Angst. Als wir gar mit der „Schaukel" loslegten, verwandelte sich die Angst – das sah ich deutlich – in Panik. Er saß etwas abseits von den anderen Kindern, im Hintergrund, versteckt im Dunkeln. Niemand außer mir beachtete ihn. Ich ging zu ihm hin und hatte das Gefühl, als ich ihm voll ins Gesicht schaute, dass er nicht ein noch aus wusste, er war wie gelähmt. Einerseits hatte er Lust mitzumachen, also das zu riskieren, was alle anderen sich trauten. Andererseits lähmte ihn die Angst. Er tat mir leid in seiner Zerrissenheit und so ging ich schließlich zu ihm, um ihm einen Schubs zu geben.

„Wenn du richtig zu uns gehören willst, zur Bande", so etwa sprach ich ihn an, „dann machst du jetzt die Schaukel. Dir passiert nichts. Los, zieh' dich aus!"

Die Starre fiel schlagartig von ihm ab. Er schaute mit großen Augen zu mir auf, sprang hoch wie erlöst und zog sich aus. Ich packte ihn unter den Achseln, meine „große" Schwester packte ihn bei den Füßen. Wir schaukelten ihn in der Luft neben dem Feuer, wir schwenkten ihn durch die Flammen – recht kurz nur, dann ließen wir ihn wieder laufen.

Er war völlig verwandelt. Er tanzte, tobte, jauchzte und schrie: „Das war zu kurz, das war viel zu kurz. Ich will noch mal, ich will noch mal!" Er quengelte so lange, bis wir ihn schließlich noch ein zweites Mal schaukelten.

An jenem Abend brachte ich ihn erst sehr spät zu den beiden Alten zurück. Es war stockfinster, als ich ihn ablieferte, Stunden nach der Abenddämmerung, wie die Alte mir aufgetragen hatte. Am Tag unseres großen Kartoffelfeuerfestes blieben wir nämlich so lange draußen, bis alles Kraut verbrannt und das Feuer erloschen war. Da konnte es schon mal Mitternacht werden. Die alte Frau, seine Oma, nahm ihn stumm in Empfang, als ich ihn so spät heimbrachte, sie meckerte aber nicht, was ich eigentlich erwartet hatte. Die beiden mürrischen Alten waren wohl froh, so dachte ich mir, wenn sie ihn möglichst lange vom Halse hatten.

Die folgenden Tage und Wochen zeigten, dass die Ringe der Traurigkeit, die „Alke" umklammert hatten, geborsten waren. Er wurde ein lustiger, fröhlicher Junge und kam rein in unsere Bande. Von nun an gehörte er „richtig" zu uns und erlebte mit uns zusammen die raue, dunkle Zeit des Winters und noch so einige Feuerspiele, die wir nun einmal liebten und die wir auch brauchten, weil sie der dunklen Jahreszeit einen hellen, fröhlichen Glanz gaben.

***

Er lebte ein volles Jahr bei seinen alten Großeltern und als der Sommer kam, fing er an mit mir zu streunen, „Alke und Alke" zogen durch die Landschaft und stromerten mal hierhin, mal dorthin in dem riesigen „Abenteuerspielplatz", den ich ihm vorführte. Er war voller Neugier und seltsamerweise immer wieder scharf darauf, irgendetwas „Verbotenes" zu tun: am liebsten brach er in Kleingärten ein, um zu klauen.

Einmal ärgerte ich mich sehr, weil er in einen Garten unten an der Fluthamel eingebrochen war, einen hohen Birnbaum hinaufkletterte und harte, unreife und daher ungenießbare Birnen zu mir über den Zaun warf. Aus der Ferne schimpfte ein Mann und ich schimpfte nach dem Vorfall mit „Alke", weil sein Klauen keinen Sinn machte. Als wir später durch die Squatter-Gärten heimwärts zogen, hielt ich ihm einen „Vortrag" über „richtiges" Klauen. Viele Früchte in den Beeten und an den Büschen waren schon reif – also auch reif zum Klauen.

„Hier", sagte ich, „das ist ein Karottenbeet."

Ich zeigte auf das hellgrüne Gestrüpp zu unseren Füßen.

„Wenn du Lust auf eine Wurzel hast, dann machst du das so ..."

Ich beugte mich hinunter in das Beet, zog aus der Mitte eine Möhre heraus und gab sie ihm:

„Hier ... ganz frisch ... schmeckt gut."

Er wischte die Möhre sauber und aß sie auf.

„Und dann machst du das so ..."

Ich stopfte das Loch, das die Wurzel hinterlassen hatte, mit Erde zu, glättete den Boden und zog das Kraut von den Nachbarpflanzen über die kahle Stelle.

„So merkt keiner was", sagte ich. „Wenn die nämlich merken, dass wir hier klauen, dann fangen die an zu schimpfen und zu meckern. Wir müssen dann einen großen Bogen um die Gärten machen. Das ist doof."

Ich zeigte ihm danach, wie man vernünftig mit den Johannisbeer- und Stachelbeerbüschen umgeht.

„Die Stachelbeeren sind noch unreif und sehr sauer, aber manchmal hängt da doch schon eine dicke, reife Beere. Die reifen Beeren sind rot oder lila gefärbt. Die schmecken gut."

Ich zeigte ihm ein paar reife Beeren und sagte:

„Die kannst du klauen. Keiner von den Leuten weiß, dass schon reife Beeren am Busch hingen. Die gehören dir."

Er lachte, pflückte die Beeren und teilte sie mit mir.

Die Lehrrede hatte gewirkt. Wenn er von nun an mit mir durch die Gegend tingelte, klaute er nur noch, wenn es Sinn machte und ich einverstanden war – und natürlich: wenn „keiner was merkte".

Als es wieder Herbst wurde – Wochen, bevor die neue Feuersaison begann – tauchte er nicht mehr bei uns auf. Ich sah nur noch die beiden mürrischen Alten in ihrem kleinen Gärtchen vor ihrem kleinen Häuschen vor sich hin wurschteln. „Alke" war nicht mehr da und blieb verschwunden. Nach ein paar Tagen sprach ich die alte Frau an und fragte, was los sei. Die mürrische Alte hob kurz den Kopf und sagte: „Er ist zurück."

Das war alles. Mehr sagte sie nicht.

9

Naturgewalten

Schneesturm

Eine Dezembernacht. Ich stehe allein in der Dunkelheit auf unserem Hof, alle anderen meiner Bande haben sich längst in die Wärme verkrochen. Es bläst ein starker, eisiger Wind, der immer stärker wird. Ich schaue nach Westen und sehe eine riesige Wetterwand auf mich zukommen. Dort – im Westen – hat sich die schwarze Nacht verwandelt, sie hat sich grünlich eingefärbt. Der ganze Nachthimmel über mir wird transparent, fängt an zu leuchten. Er strahlt in einem blaudunklen Türkis. Der Wind wird zum Sturm, zum Orkan, so heftig, dass ich mich ihm mit meinem ganzen Körper entgegenstemmen muss. Ich höre ein Rauschen in der Luft, ein helles Sirren, das nicht aufhört. Irgendetwas Ungeheuerliches ist los in der Natur. Ich will es wissen. Ich kann nicht reingehen in unsere warme Küche. Ich will alles erleben.

Und dann: die ersten waagerechten Striche vor meinen Augen. Der Sturm peitscht die ersten Schneeflocken an mir vorbei. Urplötzlich bin ich mitten drin in einem Schneesturm, wie ich ihn noch nie erlebt hatte – und auch nie wieder erleben sollte. Ein grelles, weißes Stroboskop-Feuer in einer türkisfarbenen Nacht. Um mich herum nichts als waagerecht dahinschießende, flackernde Blitze aus Schneeflocken. Wie ich mich auch drehe und wende und wohin ich auch sehe: Schneeflocken. Schneeflocken, die waagerecht an mir vorbei schießen. Die Baracke ist im Nu zugeschneit und bis zum Dach weiß. Ich sehe, dass die Schneemauer vor der Barackenwand immer dicker und nach unten hin immer voluminöser wird. Unsere Wohnung wird zum Iglu.

Auch das große Garagentor neben unserer Wohnung ist im Nu dick eingeschneit. Mein Vater ist noch mit seinem Opel unterwegs. Ich denke an ihn: wenn der unterwegs in dieses Schneegestöber hinein geraten ist – o je! Dann hat er zu kämpfen! Und ich denke auch: wenn er in der Nacht hier ankommt, kann er sein Auto nicht in die Garage einfahren und vor der Kälte schützen. Mit Mühe und Not öffne ich einen der Flügel des Garagentors gegen die Schneemassen und hole aus der Werkstatt des Alten eine große Schaufel mit einem langen schweren Eichenstiel. Ich fange an, das Tor freizuschaufeln. Der Schnee von oben fällt mir auf den Kopf, ins Gesicht und in den Kragen meines Mantels. Ständig muss ich meine Kleidung abklopfen, bin aber sogleich wieder weiß: der Schneesturm wird immer stärker.

Als ich gegen acht Uhr zum Abendessen hereingerufen werde, sehe ich, dass auch die Außentür zu unserer Wohnung dick verschneit ist. Um reinzukommen, muss ich erst einmal schaufeln. Im Vorbau klopfe ich eine dicke Schicht Schnee von meiner Mütze und meinem Mantel und setze mich an den Abendbrottisch.

An jenem Abend aß ich mechanisch, tief in Gedanken und blieb in meinen Wünschen draußen. Ich war noch lange nicht satt von dem, was dort geschah.

„Draußen wütet ein unglaublich heftiger Schneesturm", sagte ich zu meiner Mutter. „Ungeheure Schneemassen. Einer muss das Garagentor freischaufeln, sonst kommt er nicht mehr rein. Dann springt seine Karre morgen nicht an."

Meine Mutter schaute mich nachdenklich an, sie musste sich entscheiden. Ich wusste, sie war hin und her gerissen.

„Ich mache das", sagte ich, um ihr die Entscheidung zu erleichtern. „Außerdem: es ist herrlich. Ich bin mitten im Schneegestöber. Alles ist schon weiß!"

So stand ich schließlich wieder draußen, schnappte mir die schwere Schippe und hielt das Garagentor frei vom Schnee. Ich genoss die Nacht, den harten, bissigen Sturm und das Schneeflockenstroboskop im türkisfarbenen Kosmos.

Nach Stunden wurde ich wieder hereingerufen:

„Komm jetzt. Es ist Mitternacht durch. Du holst dir den Tod!"
„Nein." Ich lachte. „Ich hole mir das Leben."

Aber ich ging gehorsam rein und als ich in meinem warmen Bett lag und wohlig weg träumte, sagte ich laut zu mir selbst: „Das darfst du nie wieder vergessen! So etwas siehst du nur einmal in deinem ganzen Leben!"

Das war das erste Mal, dass ich ein Erlebnis, das mich bewegte, in einer besonderen Erinnerungsschatulle einschloss – willentlich, ganz bewusst, ganz rational. „Bewahre es dir, heb es dir auf", so lautete der Befehl. In meinem späteren Leben hatte ich dieses Bedürfnis, ein Erlebnis ganz bewusst im Gedächtnis festzuhalten, um mein ganzes Leben lang Zugriff darauf zu haben, nur noch ganz selten – meistens auf Reisen. Was ich in meine Schatulle einschloss, waren nicht die großen, die erschütternden, die euphorischen Szenen, die das Leben bringt und die eh für immer haften bleiben und immer wieder erinnert werden, sondern seltene Schmuckstücke, Kleinode. Medaillons, die man liebevoll in eine kostbare, kleine Schatulle steckt, um sich später immer wieder einmal daran zu erfreuen.

Lange nach Mitternacht, so erfuhr ich am nächsten Tag, war mein Vater von seiner Tour zurückgekommen. Er hatte tatsächlich ungemein zu kämpfen gehabt gegen die Schneemassen und Schneeverwehungen auf den Landstraßen. Er hatte sich hindurchgearbeitet, durchgekämpft – und kam schließlich heil zuhause an. Er konnte das zugeschneite Garagentor gerade noch mit Mühe öffnen und seinen treuen alten Kasten trocken und warm unterstellen.

***

Als ich am nächsten Morgen aufwachte, nahm ich als Erstes eine weiß-graue Dämmerung in unserem Kinderzimmer wahr. Das Licht war seltsam fahl und ich entdeckte schnell die Ursache. Das Fenster zur Westseite hin war dicht. Eine weiße Wand drückte gegen die Fensterscheiben. Sie ließen das Morgenlicht nicht mehr durch.

Meine Geschwister wurden wach: „Wir sind eingeschneit, wir sind eingeschneit." Wir schrieen vor Begeisterung.

In jenen vier Jahren in der Wildnis war der erste Schnee, den der Winter brachte, immer wieder die ganz große Sensation. Wir waren im Nu aus den Betten und liefen los, aufgeregt und voller Spannung. Wie würde es draußen aussehen?

Ich rannte durch die Küche zur Außentür unseres kleinen Vorbaus und versuchte sie zu öffnen. Es klappte nicht. Ich schob und drückte mit meinem ganzen Körper gegen die Schneemassen, die uns eingemauert hatten. Vergeblich. Mein Vater kam mir zu Hilfe und es gelang uns, einen Türspalt von vielleicht dreißig bis vierzig Zentimetern zu schaffen. Eine Wolke von Schnee rieselte auf uns herunter. Dieser kleine Türspalt bot aber immer noch keinen Weg nach draußen, die Schneemauer blieb dicht.

Ich wusste, was zu tun war. Ich trat ein paar Schritte zurück und nahm Anlauf. Barfuß und im Schlafanzug schoss ich durch die Schneemauer und war draußen: Wunderland, Zauberland. Ich landete mitten in der strahlenden Magie des Winters.

Die weite Weserlandschaft war völlig verwandelt: Weiß, nichts als gleißendes Weiß. Es flimmerte und glitzerte so stark in meinen Augen, dass ich mit beiden Händen einen Schattenschirm formte, um die Pracht richtig sehen zu können. Ich war für einen kurzen Augenblick allein auf dem Hof und stand mit nackten Beinen im frischen, jungfräulichen Pulverschnee. Ich versank fast bis zu meinen Knien in der dicken Schicht. Hinter mir – im Osten – stand die Sonne schon hoch in einem hellen, stahlblauen Himmel und leuchtete die verwunschene Landschaft aus.

Es war wieder wärmer geworden. Der eisige Sturm war in der Nacht vorbei gedonnert, es war wieder still, und die Morgensonne hatte die Oberfläche der dicken Schneedecke hauchzart angetaut. So hatten sich winzige Wassertröpfchen gebildet, die im Sonnenlicht funkelten. Ich sah Millionen, Abermillionen golden und silbern glitzernder Edelsteine. Ein flirrender, lichtsprühender Teppich bis zum Horizont.

Ich fing an zu tanzen. Ich tanzte und sprang mit meinen nackten Beinen im Schnee, ich tobte, bewarf mich selbst mit

Schnee, ich ließ mich fallen und kugelte mich in dem weichen, fludderigen Puder. Ich war verzückt und verrückt: es hatte mich voll „erwischt".

In der Nacht hatte sich mir der Orkan in voller Aktion gezeigt: in all seiner Kraft und Gewalt, seiner Schönheit und Pracht – und jetzt sah ich, was er uns hinterlassen hatte: einen gleißenden Zauberteppich, bestickt mit Millionen glitzernder Edelsteine ...

Gewitter

Der „schöne Sommertag" mit seinem klaren Himmel, seinem Licht, seiner Wärme und Erotik, mit seiner friedlichen, trägen Stille ist nicht der ganze Sommer. „Sommer" ist nicht nur lieblich. „Sommer" tritt auch gewalttätig und bedrohlich auf. Er kann dir Angst einjagen, so habe ich es erlebt. Und mehr noch: „Sommer" kann dir unmerklich gefährlich werden, er kann dich krank machen, eh' du dich versiehst. Auch das hat er mir gezeigt.

***

Ich sitze – wie so häufig – im Schneidersitz an „meinem Ort" an der Weser und schaue über den Fluss gen Westen. Die Hitze liegt schwer auf meinem Körper, sie klebt auf meiner Haut und macht mich bewegungslos: die reglose Schwere vor dem großen Krachen. Gewitterschwüle.

„Es kommt ein Gewitter auf", war ich gewarnt worden, als ich in die Landschaft stromerte. „Sei vorsichtig. Komm zurück, bevor es losgeht!"

Weit hinten am Horizont sehe ich die grün-schwarze Wand. Sie wächst, sie kommt auf mich zu. Sie wird durchzuckt von Blitzen, die nicht – wie ich es bisher kannte – ihre bizarren Muster in den Himmel fetzen. Nein, sie schießen wie zuckende Pfeile aus der Höhe und krachen in die Erde. Die ganze Gewitterfront entlang sehe ich ein Feuergatter, ein Furioso aus senkrecht niederschießenden Blitzen.

So etwas hatte ich noch nie gesehen. Ich saß bewegungslos da und starrte fasziniert auf die schwarze Gewitterfront mit ihren zuckenden Feuerpfeilen. Ich saß da wie gefesselt, wie angewachsen, und starrte gen Westen, wo die Natur verrückt spielte. Nur so konnte es passieren, dass ich mich gefährlich vertrödelte. Ich reagierte zu spät und verpasste den richtigen Zeitpunkt, um mich in Deckung zu bringen. Das war fatal.

Denn plötzlich ging alles viel zu schnell. Urplötzlich stand die schwarze Wand direkt vor mir über dem Ohrberg und wenige Sekunden später verdunkelte sich die Atmosphäre um mich herum. Ein ungeheurer Sturm kam auf, ungeheure Regenschauer prasselten auf mich nieder. Das Feuergatter war jetzt ganz nah, es kreiste mich ein. Es gab kaum noch Pausen in dem ohrenbetäubenden Krachen und Donnern, es knallte unaufhörlich. Ich sprang auf und hatte nur noch eines im Sinn: abhauen, fliehen, mich in Sicherheit bringen – eine vollkommen nutzlose und sinnlose Reaktion, denn wohin hätte ich jetzt noch abhauen sollen? Wo gab es noch Sicherheit in diesem Inferno? Nirgends! Es war alles zu spät.

***

Ich renne den Treidelpfad entlang und dann passiert es: einer dieser Senkrechtblitze kracht in einen Baum, der nur ein paar hundert Meter von mir entfernt steht. Für einen Sekundenbruchteil ist die Welt grell. Ich sehe die Silhouette dieses hilflosen Baumes, sehe, wie der Blitz in ihn hineinkracht und ihn zerreißt. Ein ultrakurzer Spot nur, und ich weiß genau: im nächsten Moment kann ich selbst tot sein. Ein Schreck fährt in mich hinein, wie ich ihn bis dahin noch nie empfunden hatte: das war pure Todesangst, das Entsetzen darüber, dass ich im nächsten Moment tot sein könnte, vom Blitz erschlagen.

Dann fahre ich hoch aus meiner Lähmung, aus meiner Angststarre und suche nach Rettung.

Der Acker vor mir war erst kürzlich abgeerntet und dann umgepflügt worden. Die schlammigen Ackerfurchen waren mit Wasser bis oben hin voll gelaufen, der ganze Acker war ein gestreifter See, der unter den Regenmassen immer mehr anschwoll. Ich dachte nach.

Du darfst nichts Metallisches an dir tragen, wenn du in ein Gewitter gerätst, so hatte man mir gesagt. Ich riss mir meine Sandalen von den Füßen und warf sie weg, so weit ich konnte, denn sie hatten metallene Schnallen. Es wurde stockfinster und als ein Blitzkeil nicht weit entfernt in die Tündernsche Warte einkracht, in den Blitzableiter, wie ich deutlich sehe, habe ich die Idee, die mich retten könnte: ich renne hinein in den schlammigen Acker. Meine Beine versinken im Wasser, in Schlick und Schlamm und ich muss kämpfen, um voran zu kommen. Nach etwa zwanzig Metern lasse ich mich nach vorne fallen und platsche voll in die Ackerfurche, die zu einem sprudelnden Bach mutiert ist. Ich liege in dem modderigen, weichen Lehmmatsch, mein ganzer Körper wird vom Wasser überspült, die Regenmassen prasseln auf mich herunter und ich habe Mühe, den Kopf aus der gluckernden und sprudelnden Lehmbrühe heraus zu halten, um atmen zu können.

In dieser Position wurde ich langsam wieder ruhig. Als ich so dalag, versunken im schlammigen Ackersee, fiel die Angst von mir ab. Hier fühlte ich mich sicher. Ich hatte mich mit dem Wasser und dem Schlamm vereinigt, war selbst zu Schlamm und Wasser geworden: kein Blitz würde mich finden und erschlagen.

Aus der Ackerfurchenperspektive heraus erlebte ich das Gewitter in all seiner Kraft und Herrlichkeit. Ich war mitten drin. Da lag ich, ganz allein im Toben der Natur, den Kopf nur ein wenig über dem Wasser und beobachtete, wie sich das Gewitter austobte und langsam nach Osten verzog.

Schließlich war alles vorbei. Es regnete zwar weiterhin in Strömen, aber die Gefahr war gebannt. Ich hatte keine Angst mehr. Ich stand auf, ein Kind aus Schlamm und Lehm, watete zurück auf den Treidelpfad und fand tatsächlich meine Sandalen wieder. Ich machte mich auf den Heimweg. Der heftige Dauerregen wusch mich sauber und spülte den Lehm von meinem

Körper, aus meinen Haaren, Ohren und Nasenlöchern – und als ich zuhause ankam, war ich zwar klatschnass, aber sauber und frisch gewaschen. Ich sah wieder manierlich aus.

„Ich bin voll in das Gewitter hinein geraten", sagte ich zu meiner Mutter, „aber ich habe mich gut geschützt." Ich musste lachen. „Ich lag im Schlamm, in einer Ackerfurche."

Sie fragte nicht weiter nach. Sie war zufrieden und glücklich, dass sie mich heil wieder hatte.

Angsteinflößend und großartig: das Gewitter war beides zugleich.

In der Erinnerung sehe ich, dass ich mitten in einem wahrhaft erhabenen Naturschauspiel gesteckt hatte, wie ich es in dieser Dichte und Intensität nie wieder erleben sollte. Doch das Ereignis einfach so in die Reihe der „glücklichen" Momente oder Erlebnisse meiner Kindheit einzureihen, wäre nicht ganz richtig. In der Ursituation war ich entsetzt und in großer Panik, daran besteht kein Zweifel. Doch nun, von der sicheren Warte der Erinnerung aus betrachtet, bin ich sehr glücklich darüber erlebt zu haben, wie mir die Natur wenigstens einmal ihr anderes Gesicht zeigte: ihre ungeheure Gewalt, ihre Kraft und grausame Schönheit. Ich hatte bis zu diesem Ereignis vorwiegend ihre Lieblichkeit und Sanftheit genossen – nun sah ich sie ganz.

Gefühle kann man nicht als Gefühle erinnern: es hat sie gegeben, aber es gibt sie nicht mehr. In der Erinnerung werden sie zu Worten, die ein Bild beschreiben, zu einer Erzählung, die eine Stimmung wiedergibt. Sie werden abstrakt, denn die Ursituation ist nicht rückholbar.

Und doch: Träumen ist erlaubt!

Ich läge gerne noch einmal im sprudelnden Wasser und Schlamm jener Ackerfurche – abgesackt in den modderigen Lehmmatsch unter mir – von schlammigen Fluten zugedeckt – unter ungeheuerlichen Regengüssen, die auf mich niederprasseln – in einem Feuerkranz aus Blitzen – mitten im Donnerrollen und Donnergrollen aus dem schwarzen Himmel – mitten im krachenden Inferno ... Ja, all das hätte ich gerne noch einmal.

Aber wie stelle ich das an?

Die rabenschwarze Nacht

In der dunklen Jahreszeit waren wir gerne auch „Drinnenkinder". Wir vier saßen dann um den großen Küchentisch herum und bastelten. Wir hatten Hefte mit buntem Transparentpapier, Klebstoff und schwarze Pappen, in die wir allerlei Figuren hineinschnitten, die wir dann mit dem bunten Transparentpapier hinterklebten: Mond und Sterne, ein Auto, einen Baum, eine Blume, einen Tannenbaum, den Weihnachtsmann ... alles Mögliche. Wenn sie fertig waren, klebten wir unsere Transparentbilder an die Fensterscheiben unseres Kinderzimmers.

An einem dieser Bastelabende hatten wir Besuch. Eines der Andersen-Mädchen, Elke, die Ältere – anderthalb Jahre älter als ich – machte mit. Ich mochte sie sehr gern, vor allem mochte ich ihr Gesicht: es war rund und voll und wenn sie lachte – und das tat sie oft – verwandelten sich ihre Augen in schalkhafte, sichelförmige Schlitze. Das sah ungemein spaßig und zugleich „wissend" aus, so empfand ich immer.

Wir beendeten unsere Basteleien an jenem Abend erst ziemlich spät und als ihre Mutter anrief und sie nach Hause beorderte, machte sie sich sofort auf den Heimweg – genau genommen, sie versuchte es, traute sich aber nicht. Sie kam zurück in unsere Küche und sprach meine Mutter an:

„Da draußen ist es stockfinster. Ich habe Angst, alleine nach Hause zu gehen."

Unsere Mutter dachte kurz nach:

„Der Eike wird dich bringen. Der hat keine Angst vor der Dunkelheit. Der kennt sich aus."

„Au ja", war ihre Antwort. Sie lachte erfreut auf. Sie strahlte.

Ihre Augen verwandelten sich in die schelmischen Sicheln, die ihr Gesicht so lustig machten. Ich war sofort hellwach. Ich ahnte, dass etwas Besonderes geschehen könnte, denn wir hatten ein kleines Geheimnis miteinander: ein kurzes erotisches Sommererlebnis, das schon zwei Jahre zurück lag. Ich spürte ein Kribbeln auf meiner Haut und mein Herz klopfte bis zum Hals, als wir loszogen.

Wir traten auf den dunklen Hof. Die Luft war lau, der Herbst hatte noch keine Kälte gebracht und wir beide waren noch leicht und sommerlich bekleidet. Es war in der Tat stockfinster in unserer laternenlosen Wildnis. Das war genau die „rabenschwarze Nacht" mit ihren raschelnden Geheimnissen, die ich so gerne erforschte und in der ich gerne „pirschte".

Kein Mond, keine Sterne am Himmel. Ein dunkles Wolkenbrett hing über uns und tünchte alles so schwarz, dass der unbefestigte Pfad längs der Pferdekoppel gar nicht mehr zu erkennen war. Etwa fünfhundert Meter hatten wir in diesem Dunkelraum zu bewältigen. Zur Rechten sah ich in der Ferne das schwache, rötliche Licht, das aus einem der Fenster von Homannns Hütte fiel. Zur Linken sah ich weit hinten das warme Licht aus Andersens Wohnung. Zwei winzige Leuchtfeuer, schwächer als Kerzenlicht.

Schon gleich, nachdem wir das Hoftor hinter uns gelassen hatten, begann sie das Spiel, das ich mir heimlich und schüchtern ersehnt hatte.

Sie legte ihren linken Arm um meinen Hals und presste ihren Körper fest an meine rechte Seite. Sie legte ihren Kopf auf meine Schulter und kuschelte sich an mich. Ich legte meine rechte Hand um ihre Taille, fuhr unter ihr Kleid und streichelte ihre Haut – alles, was ich an Haut erwischen konnte. Sie tat dasselbe und ihre Hände erregten mich so sehr, dass ich eine Gänsehaut bekam.

Wir waren ganz allein auf der Welt. Wir kamen kaum voran. Wir stolperten, weil wir uns umarmt hielten und unsere Körper aneinander hingen. Immer wieder blieben wir stehen und streichelten uns – vorsichtig suchend und schließlich mit Lust. Wir hatten kaum den halben Weg hinter uns, da waren wir beide in einer Art Trance, versunken in einem Traum.

An der Stelle, an der der Weg zu ihrer Wohnung von unserem Pfad abzweigte, gab es ein kleines Stück Wiese. Sie war jetzt schwarz und unsichtbar, aber ich wusste ja, wo ich sie zu finden hatte. Ich führte Elke ins Gras, kniete vor ihr nieder, lüpfte ihr Kleid und schmiegte meinen Kopf an ihren Bauch und in ihren

Schoß. Sie nahm meinen Kopf in beide Hände und drückte ihn fest an ihren Körper. Alles in mir schwoll an und ich hätte für Ewigkeiten so verharren mögen. Nie zuvor hatte ich ein Gefühl in mir, das mich dermaßen gepackt hätte.

Schließlich trennten wir uns doch und gingen Hand in Hand zu ihrer Wohnung. Als sie die Wohnungstür öffnete, fiel zum ersten Mal Licht auf ihr Gesicht. Ihre Sicheln schimmerten weich und zärtlich, als sie sich verabschiedete. So hatte sie mich noch nie angesehen.

Als ich allein durch die Finsternis zurück lief, wusste ich, dass ich eine ganz andere, eine „neuartige" Liebe in mir gespürt hatte – anders als alles, was ich als Kind kannte. Aber ich wusste nun, dass es sie gab.

Wir wiederholten das Spiel nie wieder, aber jedes Mal, wenn wir zusammenkamen, war da ein kurzer, wissender Blitz in ihren Schelmenaugen. Von nun an wussten wir etwas voneinander, was nicht mehr zu tilgen war.

10

Sommersonnentage

Die helle Jahreszeit begann mit einem neuen Körpergefühl. Zuweilen gab es zwar schon im März oder April warme, sommerliche Tage, an denen ich leicht und luftig bekleidet durch die Landschaft tingelte. Doch der Sommer war dann meist noch nicht „durch", die Wärme war noch nicht stabil, und wenn die Nässe und Kälte des Winters zurückkehrten, musste ich wieder meinen warmen „Schutzanzug" und meine „Wintergaloschen" anziehen, wenn ich draußen spielte.

Erst Anfang Mai begann für mich und meine Bande der Sommer. Das war eine besondere Zeit für uns Kinder, denn in die ersten Maientage fielen die Geburtstage unserer Eltern. Das waren für mich sichere Indikatoren des Neubeginns: die Zeit der Wärme und des Lichts war zurückgekehrt und brachte uns das helle, zarte Grün der Büsche und Bäume, brachte Blüten und Blumen. Eine festliche Zeit. Alle Kinder unserer Bande schalteten um auf „Sommermodus": auf die lebhaften, weiträumigen Sommerspiele, die wir uns ausgedacht hatten, und auf die trägen, faulen Nachmittage, wenn die Hitze uns dämpfte.

Der Mairegen, wenn er denn kam, war nicht mehr bissig und ich empfand ihn bereits als Sommerregen. Er scheuchte mich nicht mehr ins Haus zurück, um mir schützende Kleidung anzuziehen. Der Sommer hatte gesiegt.

Frühlingssträuße

Der „ewige Kalender" hilft mir, die folgende Geschichte genau zu datieren. Sie spielte sich ab am Sonntag, dem 7. Mai 1950. Das war ein sehr warmer, sonniger Sonntag. Wir Geschwister hatten zum ersten Mal damit begonnen, uns eine Erdhöhle zu bauen. Bestens ausgerüstet mit Spaten, Schaufel, Spitzhacke, Hammer und Meißel aus der Werkstatt des Alten buddelten wir ein quadratisches Loch in den Boden, Seitenlänge etwa zwei Meter, versteckt in unserem Dschungel. Wir wollten unsere Höhle später, wenn sie fertig war, mit Brettern zudecken, mit Erde und Pflanzen tarnen und einen geheimen Zugang schaffen. Das sollte unser geheimer Ort werden, unsere „Burg", wie wir ihn nannten.

Am frühen Nachmittag – wir waren noch nicht sehr weit gekommen – verließ uns die Lust. Es hatte sich herausgestellt, dass die Arbeit unerwartet anstrengend war, denn der Boden war voll mit Betonschutt und Betonbrocken, die wir mühselig mit der Spitzhacke herauspolken und herauskloppen mussten. Einst hatte hier ein Luftschutzbunker gestanden, der offenbar nach dem Krieg gesprengt worden war. Drei schiefe Überreste standen noch in unserem „Dschungel" herum – die drei „Bunkergebirge", wie wir sie nannten. Das waren markante Orte in unseren Dschungelspielen.

Als wir das Werkzeug des Alten wieder sorgfältig verstaut hatten und uns das mickrige Ergebnis unserer Schufterei anschauten – die Euphorie des Beginns hatte sich in Enttäuschung verwandelt – sagte meine „große" Schwester, meine „ewige Verbündete", etwas, das mich noch tiefer in meine miese Stimmung hinein zog:

„Morgen ist der 8. Mai. Unsere Mutter hat morgen Geburtstag."

Sie guckte mich ernst und eindringlich an:

„Und wir haben kein einziges Geschenk. Nichts, aber auch gar nichts. Das ist eine Schande. Ich schäme mich richtig."

Wohl wahr. Das hätte nicht passieren dürfen. Meine Stimmung war endgültig im Eimer. Ich dachte nach, ich dachte hin und her und schließlich hatte ich eine Idee:

„Wir schenken ihr einen großen schönen Blumenstrauß. Das kriegen wir heute noch hin. Oder Flieder. Sie liebt den Flieder. Überall blüht jetzt der Flieder!"

Meine Schwester war angetan von der Idee und wir zogen sofort los, ohne uns auch nur zu verständigen. Wir wussten beide, was zu tun war. Wir durchquerten die Squatter-Gärten und erklommen den „Damm", den Weserdeich zur Fluthamel hin. Hinter dem Damm, auf einer kleinen Ebene zum Flüsschen hin, reihte sich ein Kleingarten an den anderen, eine lange Kette, vielleicht zwanzig Gärten, die sich parallel zum Damm am Ufer der Fluthamel hinzog. In den Gärten befanden sich kleine Schuppen oder winzige Gartenhäuschen und um diese Häuschen herum gab es – das wussten wir – üppige Blumenbeete mit Tulpen, Narzissen, Vergissmeinnicht-Büschen auf kleinen Wiesenstreifen und zum Ufer der Fluthamel hin üppige Fliederbüsche, die voll in Blüte standen. Dort wollten wir zulangen und unseren Geburtstagsstrauß zusammenklauen.

Als wir oben auf dem Damm standen und die Gärten vor Augen hatten, war die Enttäuschung riesig. Alle Gärten – ohne Ausnahme – waren von Menschen bevölkert. Kein Wunder: es war der erste herrlich warme Frühlingssonntag, der Mai war gekommen und die Leute zog es an die frische Luft und in die Sonne. Sie machten sich in ihren Gärten zu schaffen, saßen fröhlich am Tisch und tranken Kaffee oder ihre Bierchen.

Es war nichts zu machen: wir konnten uns nicht an die Blumen und Fliederbüsche heranmachen. Das war aussichtslos. Wir beide standen da oben, sahen das lustige Treiben in den Gärten und waren frustriert.

„Wir machen es später am Abend, wenn es dunkel wird und die Leute abhauen", sagte ich.

Ich hatte den Eindruck, dass mir meine Schwester gar nicht zuhörte. Sie schaute tief in Gedanken auf die Menschen in ihren Gärtchen herunter. Sie nahm mich gar nicht mehr wahr.

Dann ging sie ganz langsam den Damm herunter, auf einen der Gärten zu, in dem eine kleine, ältere Frau herumwurschtelte. Sie ging auf diese Frau zu und sprach sie an. Ich war ihr in einem kleinen Abstand gefolgt und hörte, was sie sagte. Sie erzählte die ganze traurige Wahrheit: unsere Mutter habe morgen Geburtstag; wir Kinder hätten vergessen, ihr ein Geschenk zu basteln; ob sie ihr nicht ein, zwei Blumen schenken könnte; wir würden bei all den anderen Gärten nachfragen und wir hätten sicherlich am Ende einen schönen bunten Strauß zusammen, wenn alle nur ein oder zwei Blumen abgäben ...

Ich war sehr beeindruckt von ihrer Rede – aber noch mehr beeindruckte mich die Reaktion der Frau. Sie sagte: „So, so", zog meine Schwester in ein kleines Gespräch, drehte sich dann um, ergriff eine kleine Gartenschere, ging an ihre Blumenbeete und bastelte einen herrlichen Strauß zusammen. Während sie arbeitete, trat eine Gartennachbarin an den Gartenzaun und fragte, was denn los sei mit den Kleinen da draußen. Als sie im Bilde war, wandte sie sich zu uns und fragte meine Schwester, wer denn der kleine Junge sei, der da im Hintergrund wartete. Meine Schwester antwortete:

„Das ist mein Bruder."

Die Frau schaute mich gerührt an und sagte:

„Na, du sollst auch nicht leer ausgehen!"

Sprach's, machte sich an ihre Blumenrabatte ran und fertigte einen zweiten Strauß für mich. Wir waren beglückt und von der Freundlichkeit und Großzügigkeit der beiden Frauen tief angerührt. So leicht war das also! Bedeutend leichter als Klauen! Wir bedankten uns ausgiebig und rannten mit unserer Beute triumphierend nach Hause. Wir füllten einen Zinkeimer mit Wasser, stellten die Sträuße hinein und versteckten unsere Beute in der Werkstatt des Alten.

Wir schauten uns an und fingen beide spontan an zu lachen. Ich denke heute, dass uns gleichzeitig bewusst wurde, dass wir einen enormen Erkenntnissprung gemacht hatten.

„Das war ja leicht", sagte ich, „das machen wir noch mal."

Wir dachten nach und machten einen Plan. Schließlich rannten wir los, wieder auf den Damm, wandten uns diesmal aber nicht nach links, gen Osten, wo uns die beiden netten Frauen ihre Frühlingssträuße kredenzt hatten, sondern nach rechts, gen Westen, Richtung Weser. Wir rannten bis ans Ende der lang gestreckten Kleingartenreihe, weit entfernt von unserem ersten „Tatort". Wir waren sicher, dass uns die beiden freundlichen Frauen nicht beobachten konnten. Wir schauten uns von oben die letzten Gärten an. Überall das gleiche Bild: feiernde, Kaffee und Bier trinkende fröhliche Menschen …

„Diesmal bist du dran", sagte meine Schwester.

Im allerletzten Garten saß ein einsamer, dicker Mann an einem kleinen Tischchen vor seiner winzigen Hütte. Als ich auf das Gartentor zuging, öffnete er gerade mit einem lauten Klick seine Bierflasche und trank einen mächtigen Schluck. Ich rief:

„Hallo!"

Er schaute überrascht zu mir hin, wischte sich mit dem Handrücken den Mund ab und sagte:

„Wat is, min Jong?"

Ich sagte schüchtern meinen Vers auf und wartete auf seine Reaktion.

„Wie alt wird denn deine Mutter?"

Auf diese Frage war ich nicht gefasst, ja, ich hatte mir gar keine Gedanken darüber gemacht, wie alt meine Mutter eigentlich wurde. Ich rechnete laut:

„Sie ist 1911 geboren, also wird sie jetzt … neununddreißig!"

Er lachte:

„Richtig gerechnet! … Hast du noch Geschwister?"

„Ja, vier. Wir sind fünf Kinder."

„Wo wohnst du?"

„In einer der Baracken hinter dem Damm."

Er nahm noch einen Schluck aus seiner Flasche, wischte sich den Mund ab, stützte sich mit beiden Händen auf seinem Tischchen auf und zog sich hoch. Er ergriff eine Gartenschere, die neben der Bierflasche auf der Tischplatte lag und ging los.

„Na, denn wollnwa mal."

Er ging auf die blühenden Fliederbüsche im Hintergrund seines Gartens zu.

„Flieder muss man sowieso brechen oder schneiden. Dann kommt er umso besser wieder", brummelte er vor sich hin.

Er schnitt mir einen riesigen Strauß herunter, mit vollen dunkellila Blütenständen. Den lila Flieder mochte unsere Mutter besonders gern, ich war beglückt. Er kam mit einem breiten Grinsen an das Gartentor und überreichte mir den Strauß.

„Und wer ist die Deern da?"

„Meine Schwester."

„Hm ... so geht das aber nicht!"

Er ging zurück an seinen Tisch und nahm noch einen großen Schluck aus seiner Pulle.

„Na, denn wollnwa mal."

Diesmal ging er an sein Tulpenbeet und stellte einen hübschen Strauß zusammen, war aber offenbar nicht zufrieden, als er ihn begutachtete. In seinem Gärtchen stand ein Bäumchen in voller Blüte.

„Muss sowieso ausgelichtet werden", brummelte er.

Dann schnitt er mehrere blühende Äste ab und drapierte seinen üppigen Tulpenstrauß. Er kam zum Tor und überreichte ihn mit einer kleinen Verbeugung meiner Schwester. Wir bedankten uns artig und liefen davon.

***

Voller Erfolg – zum zweiten Mal! Wir holten unsere Zinkwanne in die Garage und füllten sie halbvoll mit Wasser. Wir stellten unsere vier Sträuße hinein und waren begeistert bei ihrem Anblick.

„Da ist noch Platz", spöttelte meine Schwester, „was meinst du?"

Sie war jetzt auf der Spur – wie ich. Sie hatte Lunte gerochen – wie auch ich. Unsere Strategie war ungemein erfolgreich und wir hatten beide den Drang zu erkunden, ob sie weiterhin funktionierte. Wir dachten nach und machten einen Plan.

Weiter entfernt, längs des Badewegs zur Weser hin, gab es eine weitere kleine Gartenkolonie, an der wir im Sommer oft vorbei gelaufen waren. Wir rannten los. Das war wirklich ein heiterer Tag: die Menschen in den Gärten lachten und juxten, nachdem wir unseren Spruch losgeworden waren. Sie bastelten in einem Gemeinschaftswerk zwei lustige Sträuße für uns zusammen, sangen für unsere Mutter Geburtstagslieder und kamen richtig in Stimmung.

Wir aber füllten unsere Zinkwanne mit der neuen Beute auf: was für ein Bild!

„So. Das reicht ja wohl!", sagte meine Schwester, ich aber war immer noch nicht satt.

„Wir haben sechs Sträuße", blödelte ich, „es ist aber der *achte* Mai morgen! Wir brauchen also *acht* Sträuße!"

Sie war erschöpft und müde, sie wollte nicht mehr. Ich dachte nach und eröffnete ihr meinen Plan.

„Du weißt: hinter der Werftstraße, Richtung Tündern, sind noch weitere Gärten. Du musst mitkommen, sonst kriegen wir nur *einen* Strauß!"

Es war zwar inzwischen Abend geworden, aber auch die Werftstraßengärten waren immer noch voll mit Menschen. Wir lieferten ihnen unser kleines Schauspiel und hatten Erfolg – wie immer. Zwei weitere Sträuße landeten in der Zinkwanne. Wir versteckten die Blumenpracht – so gut es ging – zwischen den Maschinen in der Werkstatt des Alten. Immer wieder zog es mich zu den Blumen hin, ich konnte mich nicht satt sehen an unserem Werk, das auf eine so leichte und schöne Art entstanden war.

Ich dachte an die Menschen, die uns dieses Geschenk gemacht hatten. Es war eben Frühling und es war Sonntag, der erste Maiensonntag. Die Wärme des Sommertages hatte ihre Herzen geöffnet. Sie waren großzügig, sie wollten uns Freude schenken. Auch wir hatten ihnen Freude geschenkt, allein dadurch, dass wir ihnen Gelegenheit gaben, uns Freude zu schenken. Sie hatten auf Sommermodus umgeschaltet.

***

Am nächsten Morgen wachte ich früh auf und weckte meine Schwester. Wir mussten unser Werk sehr leise verrichten, denn unsere Eltern durften nicht aufwachen. Wir schlichen uns in die Werkstatt und holten die ganze Pracht in die Küche. Mit Mühe fanden wir acht geeignete Gefäße, in denen wir unsere Geburtstagssträuße arrangieren konnten.

Mitten auf dem Küchentisch stand nun der ausladende Fliederbusch, flankiert von zwei Tulpensträußen. Der Herd wurde mit zwei Sträußen geschmückt, Narzissen und Vergissmeinnicht. In der Mitte der Küchenschrankanrichte stand der dicke Strauß aus Tulpen und Apfelblütenzweigen, den der dicke Alte meiner Schwester geschenkt hatte. Auch unser gemauerter Waschtrog wurde geschmückt und am Wasserhahn unserer Pumpe hing unsere metallene Milchkanne, voll mit Blumen. Unsere armselige, primitive Barackenküche war unter den Blüten verschwunden. Sie war verzaubert. So schön und so bunt sah sie nie wieder aus.

Wir weckten unsere Eltern und führten ihnen unser Werk vor. Meine Mutter wandelte ungläubig und wie benommen im Nachthemd durch ihr Geburtstagsblumenparadies. Wir erzählten ihr lachend und juxend, wie es dazu gekommen war. Sie war begeistert und gerührt von unserer Geschichte, sie lobte unsere Klugheit und war angerührt von der Freundlichkeit der Frauen und Männer, die ihr dieses Geschenk gemacht hatten. In dem Moment wurde mir klar: über einen geklauten Strauß hätte sie sich lange nicht so gefreut wie über die acht geschenkten.

Am Ende ging sie mehrmals im Kreis um den Küchentisch herum und betrachtete jeden Strauß genau, sog den Duft des Flieders ein, freute sich über die besonders schönen Arrangements und dann hörte ich zum ersten Mal den Satz, den ich an ihr liebte:

„Ach, meine wunderbaren Kinder!"

Der Satz gehört zur Barackenepoche meines Lebens. Sie sagte ihn nur dort und auch nur selten: immer dann, wenn es uns gelungen war, ihr eine Freude zu machen – wie an jenem 8. Mai 1950, ihrem ersten Geburtstag in der Baracke.

Fahrend Volk

Der Spätsommer jenes ersten Jahres in der „Wildnis", 1950, bescherte uns ein Ereignis, das für mich und die anderen Kinder meiner Bande neu und aufregend war. Für meine Mutter allerdings – so denke ich heute – wird es das endgültige Zeichen dafür gewesen sein, dass sie nicht nur „am Rand" gelandet war, sondern auch „ganz unten".

Wir spielten auf Vogeleys Ponyweide, als auf der Kuhbrückenstraße plötzlich ein seltsames, exotisch aussehendes Gefährt auftauchte. Ein riesiger Traktor – so einer, wie ihn die Bauern in der Umgebung benutzten – kam da angetuckert und schleppte einen großen, bunt angemalten Zirkuswagen hinter sich her. Der rumpelte auf seinen hölzernen Speichenrädern schaukelnd durch die Schlaglöcher der primitiven, nicht asphaltierten Straße.

Ich rannte mit meiner Kinderbande an den Straßenrand, um die Schau aus nächster Nähe zu betrachten. Wir waren sehr aufgeregt, denn wir glaubten, es kämen noch mehr bunte Wagen und bei uns draußen würde ein Zirkus aufgebaut werden. Die Fuhre bog schließlich in den kleinen, unbefestigten Weg ab, der zu unserer Baracke führte. Der Mann auf dem Trecker schleppte seinen Zirkuswagen an unserem Hof vorbei, fuhr noch etwa hundertfünfzig Meter weiter, kurvte dann auf eine kleine Wiese am Wegesrand, unmittelbar neben den Squatter-Gärten und dem Kartoffelacker, machte den Motor aus und koppelte den großen, kakelbunten Zirkuswagen ab. Es kamen keine weiteren Zirkuswagen mehr, doch von nun an hatten wir neue Nachbarn: „Zigeuner".

Der Alte und mein Vater sprachen mit dem Mann, der den Traktor gefahren hatte, und der konnte belegen, dass eine städtische Behörde ihm diesen Platz als Standplatz für den Winter zugewiesen hatte. Ich merkte, dass den Erwachsenen nicht wohl war bei dem Gedanken, dass hier nun „Zigeuner" hausten.

Das Wort „Zigeuner" benutzte ich als Kind noch völlig unbefangen: das waren für mich Leute, die durch die weite Welt zogen und nicht an einen festen Ort gebunden waren. Sie „zigeunerten" eben durch die Welt, das war ihr Leben – und mehr wusste ich nicht über sie. „Lustig ist das Zigeunerleben ..." war eines unserer Kinderlieder. Allerdings – und das wurde mir erst nach Ankunft „unserer" Zigeuner klar – benutzten die Erwachsenen um mich herum das Wort „Zigeuner" mit einem Vorbehalt und immer in einem abfälligen Sinn: „Zigeuner" bettelten und klauten, das wusste man. „Zigeuner" waren temperamentvoll und daher heißblütige, unberechenbare „Messerstecher", auch das wusste man. Wir Kinder sollten aufpassen, wenn wir in ihre Nähe kämen: sie könnten Krankheiten übertragen, denn „Zigeuner" waren schmutzig und lebten im Dreck. Das war ungefähr das, was wir Kinder über unsere neuen Nachbarn, die „Zigeuner", von den Alten eher beiläufig und im Nebenher erfuhren.

***

Unsere neuen Nachbarn waren eine Kleinfamilie: Vater, Mutter, ein Mädchen, in meinem Alter etwa (sieben Jahre alt), und ein Baby, das ich oft in einem Tuch an seiner Mutter sah. Vater und Mutter hatten braune, fast bronzefarbene Gesichter und schwarze Haare – und auch das kleine Mädchen hatte eine dunkle Haut und schwarze Haare. Sie sahen anders aus als wir: fremd eben, „Zigeuner" aus der „großen weiten Welt".

Wir kamen schnell in Kontakt miteinander, denn sie hatten – natürlich – kein Wasser. Immer wurde das kleine Mädchen mit einem Eimer losgeschickt, um bei den Eingeborenen Wasser zu erbetteln. Sie suchte im Wechsel uns, den Schrotthändler Homannn und die Familie Andersen auf, die ihr allesamt freundlich und ohne Murren Wasser gaben.

Wenn sie zu uns kam, ließen wir sie ohne Argwohn in unsere Küche, wo ich ihr meist ihren Eimer vollpumpte. Manchmal zogen wir sie auch in unsere Hofspiele mit ein, vor allem dann, wenn wir mit einem Ball spielten. Ballspielen liebte sie sehr: sie konnte sehr geschickt fangen und werfen und es machte ihr sichtlich Spaß mit uns zu toben.

Wenige Tage nachdem wir mit dem „Zigeuner"-Mädchen Kontakt aufgenommen hatten, stellte meine Mutter fest, dass in den Haaren meiner beiden Schwestern Läuse herum krabbelten. Sie ging unverzüglich ans Werk: sie besorgte sich eine bestimmte Tinktur und meine Schwestern mussten Turbane tragen aus feuchten Handtüchern, die mit der Entlausungstinktur getränkt waren. Meine Mutter beschaffte sich auch einen besonderen Läusekamm, mit dem sie mehrmals am Tag die Tierchen aus den Haaren kämmte. Das war eine langwierige, tagelang sich wiederholende Prozedur – eine zusätzliche Arbeitslast, die meiner Mutter durch unsere neuen Nachbarn aufgebürdet worden war.

Sie untersagte uns jeglichen näheren Kontakt mit dem Mädchen. Wenn die kleine „Zigeunerin" von nun an Wasser bei uns holte, musste sie draußen auf dem Hof warten. Ich pladderte ihr drinnen den Eimer voll und überreichte ihn ihr draußen auf dem Hof. Ich unterhielt mich meist noch ein wenig mit ihr. Sie tat mir leid, denn sie durfte nun nicht mehr mit uns spielen, sie lebte von nun an wieder für sich allein um ihren Zigeunerwagen herum. Auf mich sind ihre Läuse im Übrigen nicht übergesprungen: vielleicht mochten die kleinen Viecher meine weißblonden Haare nicht.

***

An einem warmen Septembertag holte sie hintereinander drei Eimer Wasser ab – für die „große Wäsche", wie ich später feststellte. Ich sah, wie ihre Mutter in einer Zinkwanne und mit einem Waschbrett Baby- und Kinderwäsche sauber rubbelte. Sie arbeitete draußen, hinter ihrem Zirkuswagen, ihr Baby lag neben ihr in einer Art Schale. Diese Frau war immer ungewöhnlich gekleidet: sie trug ein knöchellanges, kittelähnliches buntes Kleid und meist ein farbiges Tuch um ihre Schultern. Sie schuftete an ihrem Waschbrett und ich sah, wie sie – Stück für Stück – die gerubbelten Wäschestücke in die Eimer mit dem klaren Wasser warf, die das Mädchen bei uns abgeholt hatte. So spülte sie ihre

Wäsche, wrang sie aus und hängte sie auf eine Leine, die sie zwischen Zirkuswagen und Trecker gespannt hatte.

Als ich sie so beobachtete, stellte ich plötzlich fest, dass meine Mutter unbemerkt neben mich getreten war und ebenfalls stumm zu der „Zigeuner"-Frau hinüber schaute. Plötzlich hörte ich sie sagen:

„Die arme Frau!" Sie sprach es mehr zu sich selbst.

Sie starrte wieder eine ganze Weile hinüber und wiederholte: „Diese arme, arme Frau!"

Sie schaute auf mich herunter:

„Bringst du ihr noch einen Eimer Wasser? Tust du mir den Gefallen?"

Natürlich tat ich ihr den Gefallen und schleppte noch zwei Eimer Wasser zu der Wäscherin hinter ihrem Zirkuswagen. Die sagte kein Wort, als sie die Eimer von mir in Empfang nahm, sondern sah mir nur lange ins Gesicht. Ich sah das Leid und die Erschöpfung in ihren Augen, aber dann – beim Abschied – auch ein kleines Glitzern der Freude.

Eine ähnliche Szene wiederholte sich an einem kalten, ungemütlichen Tag im Spätherbst. Wieder standen meine Mutter und ich auf dem Hof, wieder schauten wir hinüber zu dem Zirkuswagen. Ich stellte mir vor, wie die ganze Familie, Vater, Mutter, Mädchen, Baby, wohl in dem Wagen wohnten, diesem winzigen Gehäuse – auf engstem Raum, in einer kalten Nacht.

Meine Mutter hatte ein sehr nachdenkliches Gesicht. Es schien mir so, als grüble sie über irgendetwas nach, was sie da vor sich sah und was mit dieser „Zigeuner"-Familie zu tun hatte. Schließlich schaute sie mich an – wie beim ersten Mal:

„Bringst du ihnen einen Eimer Kohlen? Und einen Eimer mit Holz und Anmachholz? Tust du mir den Gefallen?"

Ich schaute mir wieder den Zirkuswagen an. Nachdem die kalte Jahreszeit begonnen hatte, steckte in der Rückwand ein Ofenrohr, das einen Knick nach oben machte und mit einem kleinen Dach aus Blech gegen den Regen abgedeckt war. Ich sah, dass der Schornstein nicht rauchte. Ich verstand.

Ich füllte einen Eimer mit Steinkohlen und einen zweiten mit Holzscheiten und Anmachholz. Ich war sogar so pfiffig, dass ich zu der Truhe neben unserem Küchenherd ging und einige der alten Zeitungen herausfischte, die wir dort zum Feueranmachen aufbewahrten. Ich stopfte das Zeitungspapier in den Eimer mit dem Holz und schleppte alles zum Zirkuswagen. Ich stellte die Eimer vor dem Treppchen zur Eingangstür ab, stieg die paar Stufen hinauf und klopfte an der Tür. Nichts geschah. Ich klopfte noch einmal energisch und schließlich öffnete sich die Tür. Da stand die Frau mit ihrem Baby auf dem Arm. Ich zeigte auf die beiden Eimer:

„Von meiner Mutter", sagte ich.

Wieder schaute sie mich lange stumm an. Dann sagte sie etwas nach hinten in den Wagen hinein. Der Mann kam heraus, packte sich die beiden Eimer und verschwand in der dunklen Bude. Ich erinnere mich, dass ich das Flackerlicht einer einsamen Kerze wahrnahm. Ich hörte, wie er die Steinkohlen in ein anderes Gefäß kippte, das Holz kippte er einfach auf den Boden. Danach kam er zurück und gab mir meine beiden Eimer. Er sagte nur ein Wort: „Danke."

Später, nach dem Abendessen, gingen meine Mutter und ich noch einmal nach draußen auf unseren Hof. Es war schon dunkel. Wir schauten zu unseren Nachbarn hinüber. Aus der kleinen Fensterluke des Zirkuswagens fiel sanftes Kerzenlicht – und aus dem Schornstein kringelte sich ein bläulicher Rauch in den Nachthimmel …

Sie überwinterten bei uns. Auch andere Nachbarn halfen ihnen: der liebenswerte Schrotthändler Homannn und natürlich auch die Andersen-Familie. Im Frühjahr spannte unser „Zigeuner"-Nachbar seinen Trecker vor seinen malerischen Zirkuswagen und die ganze Familie tuckerte davon, in die weite Welt hinaus. Meine Bande und ich rannten noch eine Weile hinter ihnen her, wir lachten und winkten. Dann waren sie weg. Sie kamen nie wieder zurück. Fahrend Volk.

***

Oftmals – so habe ich festgestellt – ziehen Erinnerungen an eindrucksvolle Erlebnisse aus meiner frühen Kindheit weitere Erinnerungen hinter sich her, Erinnerungen an Ereignisse oder Szenen einer viel späteren Zeit. So zieht auch das Erinnerungsschiffchen „Fahrend Volk" ein zweites hinter sich her, das ebenfalls mit „Fahrend Volk" befrachtet ist.

Mehr als dreißig Jahre nach meiner ersten Begegnung mit „Zigeunern" hatte ich eine zweite Begegnung mit „Zigeunern" – wieder in Hameln.

Nach sehr langer Abwesenheit besuchte ich zum ersten Mal wieder meine Geburtsstadt. Ich nutzte jede Minute, in der ich mich von meinen sozialen Verpflichtungen freimachen konnte, um zu stromern und zu tingeln. Müßig und lustvoll schaute ich mir die vielen Orte an, die mit Erinnerungen an mein frühes Leben aufgeladen waren.

Einmal landete ich in einer Gegend der Stadt, die ich noch nie gesehen hatte. Ich verließ ein kleines bravbürgerliches Wohnviertel im Südosten der Stadt und stand plötzlich in einer Landschaft, die mich auf Anhieb anrührte. Sie erinnerte mich so intensiv an meine Barackenkindheit, dass uralte, archaische Gefühle und Erinnerungen in mir hochgespült wurden.

Da war ein weitläufiges Wiesengelände und jenseits der großen Wiese sah ich im Hintergrund ein kleines Wohnviertel aus sehr einfachen Häuschen, primitiven Lauben und barackenähnlichen Bretterbuden: zweifellos ein „Arme-Leute-Viertel", ein „Nachtjackenviertel", wie die „Alten" meiner Kindheit so etwas zu nennen pflegten. Zu mir hin war das Viertel begrenzt durch einen Bach, der munter durch die große Wiese plätscherte – wahrscheinlich die „ewige" Hamel, die sich ja überall in Hameln immer wieder mal blicken lässt. Am Bach tummelten sich Hühner und sogar Gänse, und auf den Wiesen vor den Häuschen gab es Ziegen: eine einfache ländliche Idylle, mein „Kinderland": ein Bild, das mich völlig gefangen nahm.

Aber da war noch mehr.

Auf der großen Wiese zwischen dem Bach und meinem Standort auf der angrenzenden Straße lebten „Zigeuner". Zum ersten

Mal seit Jahrzehnten sah ich es wieder, das „Fahrend Volk". Ich stellte als Erstes fest, dass das moderne „Fahrend Volk" sehr viel komfortabler lebte als „meine" Zigeuner Anfang der Fünfziger Jahre. Da standen vier große, ausladende Wohnmobile, die jeweils an ihren „Trecker" angekoppelt waren. Dieser „Trecker" war nun kein plumper bäuerlicher Traktor mehr, sondern die legendäre Zugmaschine Mercedes 180 D, in dem eine ganze Zigeunerfamilie sicherlich gut Platz hatte. Die Wohnmobile und die Autos waren zu einer Art „Wagenburg" zusammengestellt. In der Mitte zwischen ihnen hatte man einen großen Platz gelassen, auf dem sich das Gemeinschaftsleben abspielte.

Mitten auf diesem „Dorfplatz" sah ich mehrere Frauen bei der Arbeit: „große Wäsche". Sie rubbelten auf ihren Waschbrettern, die in großen Plastikwaschschüsseln steckten, wrangen Wäschestücke aus und warfen sie ins Spülwasser, sie lachten und scherzten. Die Erinnerung an den Zigeunerwaschtag meiner Kindheit schlug so heftig in meinem Kopf ein, dass ich stehen blieb und zu den Frauen hinüber starrte. Ich stand da am Wiesenrand und gaffte.

Ein einsamer Mann auf einer einsamen Straße, der „Zigeunerfrauen" minutenlang angafft, macht sich natürlich verdächtig. „Ein Spanner", so haben die Frauen womöglich gedacht, denn ich merkte, dass sie auf mich aufmerksam wurden und offenkundig über mich sprachen. Als ich mich schon zum Gehen wenden wollte, sah ich, dass eine der Frauen sich aus der Gruppe löste und auf mich zu gelaufen kam. Ich blieb stehen, denn ich war – wie üblich – neugierig auf das, was jetzt wohl kommen würde.

„Sind Sie vom Amt?", fragte sie laut. „Was stehen Sie hier herum? Was wollen Sie von uns?"

Ich musste lachen und erklärte es ihr in kurzen Worten: Nostalgische Gefühle – Jahrzehnte lang meine Geburtsstadt nicht mehr gesehen – meine Kindheit im „Nachtjackenviertel" – meine erste Begegnung mit „Zigeunern" ... Ich schilderte ihr den malerischen „Zirkuswagen", der nicht von einem Mercedes, sondern von einem riesigen Trecker gezogen wurde. Ich schilderte ihr den Waschtag und dass ich Wassereimer hingeschleppt hätte ...

Sie hörte mir belustigt, aber mit großer Aufmerksamkeit zu. Sie lachte mehrmals. Ich schloss mit den Worten:

„Einmal habe ich ihnen auch Kohle und Holz gebracht, im Winter ... Tja, hier sehe ich nun zum zweiten Mal in meinem Leben ein *echtes* Zigeunerlager. Ich bin richtig gerührt. Ich glaube, ich werde sentimental!" Ich lachte.

Sie sah mich danach eine Weile schweigend an. Ich fügte hinzu: „Ok! Ich benutze schon seit langem nicht mehr das Wort *Zigeuner* wie einst in meiner Kindheit. Heute sage ich *Sinti* oder *Roma*. Zu welchem Volk gehört ihr denn? Was soll ich sagen?"

Sie lachte laut auf und grinste mich breit an: „Sag' Zigeuner ... wie damals!"

Sie war ohne Umschweife zum „Du" übergegangen. Sie hatte sich für den Waschtag eine Arbeitsschürze umgebunden, die eine feste Tasche am unteren Ende hatte. Jetzt griff sie in diese Tasche und kramte eine Packung Zigaretten hervor. Sie fischte zwei Zigaretten heraus, gab mir eine und steckte sich selber eine in den Mund. Sie holte ein altmodisches Benzinfeuerzeug aus ihrer Schürzentasche und zündete unsere Zigaretten an. Wir standen zusammen oben auf der Straße, schauten auf die Szene vor uns im weiten Wiesengrund, rauchten und schwiegen eine ganze Zeitlang. Ich fühlte mich wohl.

„Wo wohnst du jetzt?", fragte sie schließlich.

„Berlin."

„War's schön in Hameln? Deine alte Stadt? Hast du dich gefreut?"

„Ja", sagte ich.

Sie ging rauchend zu ihren Frauen zurück und erzählte ihnen offensichtlich, was sie von mir erfahren hatte. Während ich meine Zigarette zu Ende rauchte, saugte ich noch einmal alles in mich auf, um es in meiner Erinnerungsschatulle zu bewahren. Zum Abschied winkte ich ihnen zu und sie winkten mir „Good bye".

Sonntag in den Himbeeren

Ich liebte die goldene, windstille, träge Nachmittagshitze, die der Sommer uns an manchen Tagen bescherte. Ich liebte sie besonders dann, wenn es ein Sonntag war, mit einem strahlend blauen, wolkenlosen Himmel und mit einer Wärme, die dicht auf meiner Haut lag und mich umschloss. Das wurden dann goldene, faule, friedliche Nachmittage.

Die sommerlichen Sonntage waren Tage der Ruhe, der Stille und des Friedens. Die Maschinen in der Werkstatt des Alten standen still, kein rhythmisches Gerumpel, keine Hammerschläge des Alten an seinem Amboss. Ja, der Alte selbst war nicht da und konnte uns nicht die Stimmung vermasseln. In den Fabriken rundum wurde nicht gearbeitet, die ganze Gegend war still und menschenleer. Unser Vater war zuhause, die Familie war vollständig, die Stimmung war gut. Friede allerorten.

***

Am Sonntag frönte unsere Mutter ihrer Leidenschaft: sie kochte uns ein besonderes Essen, ein kleines Festessen. Das machte sie zu einer Tradition, von der sie nur selten abwich. Ich hatte Spaß daran, ihr bei den Vorbereitungen zu helfen, die sich oft über den ganzen Vormittag hinzogen. Ich schrappte und zerschnippelte Möhren, schälte Kartoffeln, schnitt Zwiebeln in kleine Stücke, polkte Erbsenschoten aus – aber vor allem schaute ich ihr dabei zu, *wie* man es machte, *wie* man kochte, *wie* man eine deftige Soße herstellte, *wie* man ein pikantes Gemüse hinkriegte und *wie* die einzelnen Verrichtungen und Komponenten schließlich zu einer leckeren Gesamtkomposition zusammenwuchsen, zu unserem Sonntagsessen eben.

Manchmal stritt und kabbelte ich mit ihr, wenn ich meinte, dass sie etwas anders machen sollte. Sie nahm dann meine Kritik amüsiert zur Kenntnis, gab einen kleinen Kommentar dazu ab, ignorierte meine Einwendungen allerdings in der Regel. Sie machte ihren Job unbeirrt so, wie sie es für richtig hielt. Auf diese Weise lernte ich viel von ihr.

Einmal hatte sie einen großen würzigen Hackbraten hergestellt. Ich hatte ihr bei der Herstellung und beim Abschmecken geholfen, er war phantastisch. Schließlich entschied sie: „Wir machen Buletten daraus, das ist knuspriger. Du darfst die Buletten machen." Wir waren sieben Personen und so formte ich sieben große Buletten. Meine Mutter lachte, als sie mein Werk begutachtete: „Nein! So nicht! Mach' viele kleine!" Ich fühlte mich kritisiert und war gekränkt: „Ist doch egal, ob ich drei kleine oder eine große esse. Ist doch das gleiche drin." Sie lachte mich aus: „Nein, ist nicht egal! Ist überhaupt nicht egal! Du hast nicht nachgedacht!" Ich war verärgert und rannte erst einmal nach draußen. Als ich wieder herein kam, lagen auf der Platte, die ich mit sieben großen Buletten gefüllt hatte, einundzwanzig kleine. Ich hatte verloren.

„Sieh' mal", sagte meine Mutter ganz sanft und milde spöttisch zu mir, „wenn du viele kleine hast, ist doch alles viel krosser und knuspriger, das schmeckt doch viel besser."

Ich musste zugeben, dass sie Recht hatte. Das hatte ich nicht bedacht.

„Und außerdem", fuhr sie fort, „so lassen sie sich doch viel besser aufteilen."

Sie erklärte es mir detailliert:

„Der Klaus ist schon groß, der wächst gerade, der braucht viel. Der isst vielleicht gerne vier oder fünf Buletten. Der Wolf ist noch klein. Der isst höchstens eine. Man kann sich freier entscheiden, wenn man viele kleine hat. Je nach Hunger ..."

Sie war nie belehrend, wenn sie mir etwas verklickerte, aber immer überzeugend. Diese kleine Szene ist mir in Erinnerung geblieben, weil ich mir damals vorkam wie ein Depp. Man muss eben alles bedenken beim Kochen.

***

Die hitzeschweren Sonntagnachmittage verbrachte ich gerne im Grünen, an schattigen Orten. Unser Lieblingsort zum Dösen und zum Träumen waren die Himbeerbüsche, die unsere sanfte Oma einst in ihren kleinen Garten auf der Ostseite der Baracke gepflanzt hatte. Es gab drei ungefähr fünf Meter lange Buschreihen und zwischen ihnen zwei ansehnliche, grasbewachsene Pfade. Diese Pfade hatten einen besonderen Reiz: an mehreren Stellen hatte unsere Oma Nelkenbüsche gepflanzt. Wenn die Nelken in voller Blüte standen, roch es paradiesisch. Genau dort legte ich mich nieder, wenn die Hitze mich schlapp gemacht hatte, wohlig ausgestreckt im Gras, mit dem Kopf direkt neben oder unter den Nelken. Ich atmete ihren Duft ein und wenn ich Lust hatte, streckte ich faul meine Arme aus und pflückte mir die reifen Beeren, die in Reichweite zu finden waren.

Das war der Ort für unsere trägen, sonnigen Sonntagnachmittage. Oft verkrochen sich alle – die ganze Kinderbande – im Halbschatten der Himbeerbüsche. Auch die Andersen-Kinder waren meist dabei. Wir palaverten, erzählten uns, was wir in der Schule erlebt hatten, wir gackerten und kicherten – doch meistens dösten wir träge und schweigsam vor uns hin.

Einmal, als wir alle wieder faul im Gras lagen, den Duft der Nelken einsaugten und ab und zu eine Himbeere naschten, machte eines der Andersen-Mädchen, die blonde Elke, einen Vorschlag, der mich zuerst seltsam anmachte und dann erregte:

„Ist doch doof, dass wir bei *der* Hitze noch Klamotten anhaben. Was für ein Quatsch. Weg damit. Ich zieh' mich aus!"

Sprach's, zog sich nackend aus, und legte sich ins Gras. Sie wandte sich zu mir und schaute mich auffordernd an:

„Los, trau dich!"

Ich wollte nicht als Feigling dastehen und zog mich aus. Meine jüngere Schwester, die „Kleine", tat es mir nach und auch „Alke", unser neuer Freund aus dem Schwabenland, zog sich aus und schmiss mit Lust Hemd und Hose ins Gras. Ich war gespannt, wie Christa, das jüngere der Andersen-Mädchen, sich verhalten würde, denn immer, wenn ich in ihrer Nähe war, war ich auf eine schüchterne Art in sie verschossen. Ich hätte sie gerne einmal ganz nackt gesehen. Es kam nicht dazu. Sie war für solch „laszive" Spiele nicht zu haben, sie war meistens ernst und verhalten. Sie stand auf und ging davon, wie ich erwartet hatte. Schließlich waren nur noch zwei Pärchen übrig. Die beiden Kleinen, Alke und Gerhild, verzogen sich in eine versteckte Nische unseres Himbeerwäldchens. Und ich selbst war nun allein mit der splitternackten, fröhlichen und spöttischen Elke, lag nackt neben ihr in der trägen Hitze des Nachmittags, versteckt in den Büschen, die uns beiden Schatten und Sichtschutz boten.

Sie fing an, meine Haut zu streicheln. Langsam und tastend durchforschte sie meinen Körper und registrierte mit einem kleinen Lachen meine Aufregung. Sie legte sich selber ganz nahe an meinen Körper und sagte nur ein einziges Wort: „Komm!" Wir streichelten und liebkosten uns. Noch nie hatte ich streichelnde Hände so intensiv auf meiner Haut gespürt, ich aalte mich, drängte mich an sie und genoss alles, was sie mit mir machte.

Nach einer knappen halben Stunde beendete sie das Spiel so abrupt, wie sie es begonnen hatte. Sie sprang hoch, zog sich an und verschwand. Ich blieb noch lange im Gras liegen und träumte in der Nachmittagsglut.

Das war das erste erotische Erlebnis meines Lebens überhaupt. Ich war verwirrt und noch tagelang dachte ich an unser schüchternes Liebesspiel. Ich war sieben Jahre alt und hatte Sehnsucht nach ihrem Körper, nach ihren Händen. Ich hatte nur einen Wunsch: das alles noch einmal zu erleben. Und so kam es ja auch: zwei Jahre später in unserer „rabenschwarzen Nacht" – als nur wir beide auf der Welt waren.

***

Am Abend stellten wir fest, dass die beiden Jüngeren, „Alke" und meine „kleine" Schwester Gerhild, verschwunden waren. Als sie auf lautes Rufen hin nicht reagierten, schwärmten wir aus, um sie zu suchen. Mir schwante etwas: ich drang in das Himbeergebüsch ein und suchte die Nische auf, in die sie sich verkrochen hatten, als unser Spiel losging. Nachdem ich sie entdeckt hatte, nahmen sie mich lange Zeit gar nicht wahr. Sie lagen noch immer nackt im Gras, in enger Umarmung, sie streichelten sich, sie schmusten und flüsterten sich leise Worte ins Ohr. Mir tat es weh, sie zu stören, aber sie kamen dann doch sehr folgsam mit zum Abendessen, nachdem ich sie aufgescheucht hatte. Sie hatten mehr als vier Stunden zusammen gelegen, sie waren also erst einmal „satt" – so dachte ich.

***

„Doktorspiele" nannte man im *Land Danach* das, was wir in den Himbeeren getrieben hatten. Es gibt wohl kaum einen unpassenderen Begriff für das, was ich bei diesen Spielen erlebte und empfand – und was bei all solchen Spielen von allen Kindern dieser Welt empfunden wird. Wenn das Leben gut anläuft und Mutter und Vater richtig funktionieren, hat jeder Säugling ab ovo körperliche, erotische Empfindungen. Mit einer Unmasse von taktilen Reizen steigen wir in die Welt ein. Mit dem Aufwachsen, mit der Entdeckung der Welt, mit der Entdeckung des Lebens wandelt und entwickelt sich das erotische Empfinden, das von Anfang an in uns ist.

Der Ringkampf

Die fröhliche Elke mit ihren schalkhaften Sichelaugen führte mich zweimal in die Liebe ein. Von nun an ahnte ich, was das Leben für mich bereithielt, wenn ich erst einmal „groß" sein würde. Doch, wenn ich es recht bedenke, war ich eigentlich nie wirklich in sie verliebt, sie blieb immer mein fröhlicher Kumpel, meine schalkhafte Freundin, mit der ich gerne spielte, tobte, Streiche aussheckte …

Ganz anders war das mit ihrer jüngeren Schwester Christa. Schon beim ersten Kennenlernen fuhr es in mich hinein, heiß und tief: Liebe auf den ersten Blick. Eine sehnsuchtsvolle, fast schmerzhafte Liebe, die all die vier Jahre – buchstäblich bis zum letzten Tag – unbeantwortet blieb. Christa zeigte mir nicht nur deutlich, dass sie mich nicht mochte, mehr noch: sie wehrte mich ab, ja, sie kämpfte sogar einmal gegen mich.

Sie war schlank und hochgewachsen. Ihr schmales, hübsches Gesicht, eingerahmt von braunen Haaren, wirkte auf mich immer ernst und still und ein wenig traurig. Ich denke heute, dass in mir von Anfang an ein Beschützerinstinkt aktiviert wurde, der Wunsch, ihr nahe zu sein, ihr zu helfen und sie zu trösten, wenn sie verloren dasaß und in die Landschaft starrte.

Meist war sie allerdings – wie wir alle – munter und aktiv. Sie liebte die Wettkämpfe, die wir uns ausdachten und am liebsten maß sie sich in solchen Wettkämpfen mit mir, dem einzigen Jungen unserer Kinderbande. Sie wollte es mir „zeigen", das spürte ich immer – vor allem beim Wettrennen und bei Rangeleien.

Unser beliebtester Wettkampf war das „Dammrennen". Man stand oben auf dem Damm, musste zuerst den „Steilhang" des Dammes heruntersausen und dann auf dem ebenen Weg neben Andersens Baracke noch etwa fünfzig Meter bis zur Ziellinie rennen. Christa liebte es, gegen mich anzutreten. Nach dem Startkommando war immer ich zuerst unten auf der Ebene, denn ich stürzte mich bedenkenlos in die Tiefe, während sie vorsichtiger an die Sache heranging. Allerdings: auf der Ebene holte sie mich ein und flitzte als Erste über die Ziellinie. Nach ihrem Sieg triumphierte sie dann hemmungslos und machte mich vor den anderen lächerlich. Einmal höhnte sie:

„Ich bin nicht nur schneller als du. Ich bin auch stärker als du. Ich kann dich unterkriegen. Ich kann dich verkloppen. Komm ran."

Sie wollte partout mit mir rangeln, ich aber wollte nicht – nicht mit einem Mädchen, und schon gar nicht mit ihr. Ich wehrte sie ein wenig lahm ab, weil ich ihr nicht wehtun wollte.

„Komm ran, du Feigling. Du traust dich nicht!"

Sie sprang auf mich zu und trommelte mit ihren Fäusten gegen meine Brust und meine Schultern. Als ich nicht reagierte, ging sie ein paar Schritte zurück und nahm Anlauf. Sie schubste mich mit solcher Wucht, dass ich stürzte und auf dem Rücken lag wie ein hilfloser Maikäfer. Im Nu war sie über mir, saß auf mir, drückte meine Schultern an den Boden und trommelte auf mich ein. Ich hätte mich mit einem Trick ganz leicht befreien können, aber ich wollte nicht. Nicht nur deswegen, weil ich ihr hätte wehtun können, sondern aus einem ganz anderen Grund: noch nie hatte ich einen solch engen körperlichen Kontakt mit ihr. Sie hockte auf mir und hielt mich unten, ich spürte ihr Gewicht, ich spürte ihren Hintern auf meinem Bauch und in meinem Schoß. Ihr erhitztes Gesicht schwebte über mir, als sie auf mich eintrommelte. Ich spürte ihren Atem, roch ihren Körper. Ich wehrte mich nicht, ich ergab mich. Bewegungslos genoss ich, wie sie mich verkloppte. Ich war selig.

Allerdings: Christa blieb sich treu, sie bestrafte mich. Als sie merkte, was mit mir los war, sprang sie abrupt auf, schaute mich voller Verachtung an und sagte: „Du bist ja nicht normal!"

***

Einmal, in der dunklen Jahreszeit, durfte ich sie ganz allein auf unserem Schulweg begleiten. Ihre Schwester Elke, mit der zusammen sie morgens zur Schule ging, lag mit Fieber im Bett und ihre Mutter, die Frau Andersen, rief bei uns an, ob wir nicht am nächsten Morgen in der Früh die Christa abholen und auf dem Schulweg begleiten könnten. In unserer laternenlosen Einöde war unser Schulweg vor acht Uhr morgens noch stockfinster und einsam. Christa, so erklärte ihre Mutter, hätte Angst vor dem dunklen Weg, sie könne auf keinen Fall allein gehen.

Da auch meine beiden Schwestern krank im Bett lagen, war ich der Einzige, der Christa begleiten würde. Am Vortag war ich aufgeregt. Ich freute mich auf ein schönes Gespräch auf unserem dunklen Weg und hoffte, dass wir uns endlich ein wenig näher kommen würden.

Am nächsten Morgen machte ich den kleinen Umweg zur Andersen-Baracke und holte sie von ihrer Wohnungstür ab. Sie trug einen Wintermantel und hatte die Kapuze dicht um ihren Kopf gezogen, so dass ich kaum ihr Gesicht sehen konnte. Auf dem ganzen langen Weg schaute sie mich nicht an und redete auch kein Wort mit mir. Wenn ich sie – ziemlich schüchtern – ansprach, antwortete sie nicht. So ging das mehrere Tage lang, jeden Morgen. Stumm liefen wir nebeneinander her und ich merkte, wie ich selbst innerlich missmutig wurde und wie sich meine Liebe zu ihr langsam verflüchtigte. Sie brauchte meine Begleitung in der Dunkelheit, sie war auf mich angewiesen, das war mir klar, und schubste mich dennoch innerlich von sich fort.

Sie schämt sich, so dachte ich damals, dass sie ausgerechnet auf meine Hilfe angewiesen ist.

Erst Jahre später, im Prozess des systematischen Erinnerns, formte sich ein umfassenderes Bild von ihr, ein umfassenderes Verständnis von dem Leid, das ihr womöglich schon früh widerfahren war und das sie verborgen in sich trug.

***

Nachdem wir aus Hameln in die Ruinenstadt Dortmund emigriert waren, vergaß ich sie. Ich vergaß meine erste „große" Liebe, meine Erlebnisse und Abenteuer mit ihr. Ich vergaß die gesamte Barackenzeit, sie war weg, vorbei, vergangen. Das neue Leben mit all seinen Forderungen und Abenteuern nahm mich voll in Anspruch. Erst einige Jahre später, als wir beide schon Teenager waren, begegneten wir uns noch ein einziges Mal.

In den ersten Jahren nach unserem Auszug sah ich meine alte Stadt und die vertrauten Orte noch ein paar Mal wieder – immer nur als Besucher für ein paar Tage. Ich spürte jedes Mal: ich kam nicht mehr rein in meine alte Welt, das Urgefühl meiner Kindheit war dahin.

Bei einem dieser Besuche – ich war bereits vierzehn Jahre alt – schlenderten mein Vater und ich die Herrmannstraße entlang Richtung Deisterstraße. Plötzlich kam uns eine Dreiergruppe entgegen, ein Ehepaar mit einem Mädchen im Teenie-Alter wie ich. Wir erkannten sie im Näherkommen: die Andersens mit ihrer Tochter Christa. Wir blieben stehen und mein Vater wechselte ein paar Sätze mit unseren ehemaligen Nachbarn.

Christa stand vor mir. Sie war jetzt ein Teenie. Für mich war sie schöner und attraktiver denn je. Eine Hitzewelle schoss durch meinen Körper und erwischte mich völlig hilflos und unvorbereitet. Mir wurde brennend heiß und mein Gesicht wurde zu einem knallroten Ballon. In jenem Lebensalter errötete ich oft, was mir jedes Mal sehr peinlich war. Ich war unfähig zu sprechen, mein Mund war ausgetrocknet.

Als wir schließlich weitergingen, nahm mich mein Vater bei der Hand und zog mich um die Ecke in die Deisterstraße, außer Sichtweite der Andersens. Dort blieb er stehen. Ich fürchtete, er würde mich wegen meiner Erregung veräppeln, aber er streichelte mir sanft über die Haare und sagte nur:

„Ach, mein Junge!"

Wir schlenderten weiter die vertraute Straße entlang und nach einer Weile blieb er noch einmal stehen:

„Ich verstehe dich. Ich weiß, was mit dir los ist." Und nach ein paar Schritten fügte er hinzu:

„Weißt du: du wirst in deinem Leben noch so manches schöne Mädchen und so manche schöne Frau kennenlernen. Du wirst dich noch so manches Mal verlieben. Da kannst du ganz sicher sein!"

Als er danach fröhlich lachte, kam ich wieder klar. Mein roter Ballon schwoll ab.

***

Wiederum Jahre später erfuhr ich, dass Christa in die USA ausgewandert war. Sie war ihrem älteren Bruder gefolgt. Sie waren also beide weiter gewandert. Sie waren Kinder von Flüchtlingen aus dem Sudetenland, die nach einer langen Flucht in Hameln gestrandet waren. Christa trug diesen langen, furchtbaren Marsch von klein auf in sich. Er war ein Teil ihrer frühen Kindheit. Und so blieb sie weiter in Bewegung – on the road – auf der Suche nach ihrem Ort und nach ihrem Glück. Sie blieb Migrantin.

Auch wenn ich damals keinen Begriff dafür hatte, nicht einmal eine Ahnung: auch mein Kinderland lag im *Land Danach*, das Land, in dem viel Entsetzliches aus der unmittelbaren Vergangenheit verarbeitet werden musste.

Der Zweite Weltkrieg war längst vorbei, als es schließlich – 1946/47 – zur Vertreibung der sogenannten „Sudetendeutschen" aus ihren Stammländern, Böhmen, Mähren und Schlesien kam. Sie wurden aus ihrem Land, ihrem Habitat heraus gerupft und davon gejagt – knapp 3 Millionen Menschen. Das Ablaufschema einer gewaltsamen Vertreibung großer Volksgruppen ist immer das Gleiche: Vernichtung, Vergewaltigung, Vertreibung. Zunächst kommt es zu „wilden Vertreibungen", zu wahllosen Massakern und Morden an Teilen der Bevölkerung. die so viel Angst und Schrecken erzeugen, dass schließlich auch der große Rest der Bevölkerung in Panik abhaut.

1946/47 war Christa drei/vier Jahre alt. Was steckte noch in ihr an Erinnerungen an diese Flucht, als ich sie kennenlernte?

Das sensible Gehirn eines Kleinkindes registriert die Welt, in der es aufwächst, auf seine Weise sehr genau. Was hatte sie alles erlebt? Hatte sie eine Ahnung davon, was mit ihrer Mutter geschehen war? War sie gar Zeugin gewesen? Ein Vergewaltiger nimmt keine Rücksicht auf Kinderaugen, die zuschauen müssen.

Was wusste ich von der „verschlossenen" Christa, als wir miteinander spielten?

Der Sonnenstich

Die Hitzetage in den langen Sommerferien waren Badetage. Wenn es schon früh sehr heiß wurde, war klar, dass wir unseren Tag an der Weser verbringen würden. Wir pumpten unseren großen, zig Mal geflickten schwarzen Autoschlauch mit der Standpumpe auf, unsere Mutter packte uns unsere Badetasche mit den Handtüchern, einem Glas mit Kartoffelsalat, einer Flasche Tee mit Zitrone und einem Fläschchen mit braunem Niveaöl zum Einreiben unserer Haut – lange vor den Zeiten des Lichtschutzfaktors ...

Wir schnappten uns unsere Badetasche und den riesigen schwarzen Schwimmreifen, der von zwei Kindern getragen werden musste, wir vereinigten uns mit den Andersen-Kindern – und dann ging es los zu der alten Badeanstalt in der Weser. Auf der Badewiese zum Weserufer hin stand ein DLRG-Häuschen, davor ein Hochsitz mit einem Wächter, der das Getobe und Gewühl der planschenden Kinder überwachte. Ich fühlte mich sicher, wenn ich in die braunen Fluten der Weser stieg und auf dem glitschigen Lehmboden ausrutschte: die Lebensretter passten ja auf und wachten über mich und alle anderen ...

Auf der Badewiese standen zwei Kastanien, in deren Schatten wir unsere Handtücher ausbreiteten und unseren Claim absteckten. Es herrschte immer ein großes Gedrängel unter den Blätterdächern der großen Bäume: man kämpfte um jeden Zentimeter Schatten. Kam man zu spät, gab es weit und breit kein schattiges Plätzchen mehr.

An dem Tag, als das Unglück passierte, zogen wir erst recht spät los. Es war einer dieser brütend heißen Tage, an denen ich mich am liebsten an ein schattiges Plätzchen verzog oder mich gar auf mein Bett legte, um die Mittagsglut zu überstehen. Ich mochte die Mittagssonne nicht an den extremen Hitzetagen. Die Sonnenscheibe stand dann weiß flirrend im Zenit, ein harter, blendender Diskus, der die Landschaft entfärbte. Alles wurde weiß eingetüncht, die Natur wurde staubig, fahl und leblos. Die bleich flirrenden Blätter der Pappeln hatten kein Grün mehr, das Rot der Backsteinmauer unserer Baracke verwandelte sich in ein bleiches lebloses Ocker, die Ponyweide verlor ihr Grün und wurde blass, die Ponys selbst wirkten mager und schwächlich. Eine kranke Zeit, so empfand ich die Stunden der weißen Glut, eine krank machende Zeit, wie ich erfahren sollte.

Eigentlich hatte ich nicht die geringste Lust baden zu gehen. Als aber die Kinderbande alles beisammen hatte und schließlich loszog, zog ich mit – ohne Begeisterung, aus „Pflichtgefühl" meiner Bande gegenüber gewissermaßen. Schon der Weg zur

Weser war mir unangenehm, die Hitze lag grell, penetrant und stechend auf mir. Ich merkte, wie mir kodderig wurde. Wir fanden keinen schattigen Ort mehr unter den Kastanien – alles war dicht belegt. Um nicht zu verbrennen, planschte ich möglichst viel im Wasser herum. Das mit Balken abgezirkelte Nichtschwimmerbecken war dermaßen mit schreienden und kreischenden Kindern angefüllt, dass wir uns mit unserem großen Schwimmreifen nach Süden hin an eine „wilde" Badestelle begaben. Hier machte der Fluss eine Biegung und die Strömung hatte zum Ufer hin viel Sand angeschwemmt. Es war eine „Untiefe" entstanden: man konnte weit in die Weser hineinlaufen und das Wasser reichte doch nur bis zu den Hüften. Zwar war hier der Grund angenehm sandig, aber die wilde Badestelle war weit in den Fluss hinein sehr flach – und das bedeutete an jenem Tag, dass wir Kinder in dem flachen Wasser, in dem wir herumtobten, stundenlang der Sonne ausgesetzt waren.

Mir wurde das zum Verhängnis. Am späten Nachmittag spürte ich starke Schmerzen in meinem Nacken und meinem Kopf, mir wurde übel. Ich haute ab und rannte nach Hause – und schon auf dem Heimweg musste ich mich mehrmals übergeben. Meine Mutter war in hohem Maße alarmiert, als sie mich sah.

„Du hast nicht nur einen fürchterlichen Sonnenbrand, du hast auch einen Sonnenstich!" Sie erläuterte es mir: „Die Hitze ist dir in den Kopf gefahren, ins Gehirn. Du musst dich sofort hinlegen. Du brauchst Ruhe und Kühlung!"

Sie nahm mich entschlossen bei der Hand und führte mich in das Elternschlafzimmer. Ich musste mich auf eines der großen Betten legen, während sie das andere Bett präparierte. Sie bespannte die Matratze mit einer Wachstuchunterlage, darüber breitete sie ein Laken aus. Ich musste mich ausziehen und flach hinlegen. Sie brachte eine Waschschüssel mit kaltem Wasser, Waschlappen und ein Frotteehandtuch an mein Lager und machte sich an die Arbeit. Sie tränkte meinen Kopf, meine Haare, mein Gesicht mit dem kalten Wasser und legte mir schließlich eine kalte Kompresse über Stirn und Schläfen. Sie benässte und betupfte meine verbrannte Haut mit einem Waschlappen, den sie immer wieder in der Waschschüssel mit dem kalten Wasser tränkte. Ich lag alsbald in einer Wasserlache, in einem angenehm kühlen, feuchten Milieu. Zur Schlafenszeit bettete sie mich um in mein eigenes Bett. Mein Zustand verschlimmerte sich zur Nacht hin und mehrmals stand sie an meinem Bett, fühlte meinen Puls, legte ihre kühle Hand auf meine Stirn und meine Schläfen, um meine Temperatur festzustellen. „Noch immer Fieber", sagte sie dann. Sie linderte den krampfartigen Kopfschmerz mit kalten Kompressen und sprach mir gut zu. Sie betupfte die verbrannten Hautpartien, half mir, wenn ich mich über die Bettkante beugte, um in den Wassereimer zu erbrechen, den sie vorsorglich neben mein Bett gestellt hatte. Sie kam immer wieder, die ganze Nacht über, und behandelte mich bis in den frühen Morgen hinein. Dann schlief ich erschöpft ein.

Am nächsten Tag machte sie weiter und als die Übelkeit schließlich nachließ, zwang sie mich zu trinken, Schlückchen für Schlückchen, immer wieder. Essen konnte ich nicht, allein der Gedanke an Essen verstärkte meine Übelkeit. Am Nachmittag merkte ich, wie sich der Schmerz veränderte. Meine linke Seite kam klar, wurde schmerzfrei, aber in der rechten Seite hämmerte es weiter: ein starker, pochender Schmerz in der rechten Schläfe, der sich langsam ausbreitete. Ich meldete ihr die Veränderung:

„Links ist der Schmerz weg. Ich habe jetzt meine Migräne, die übliche Migräne, weißt du. Das ist jetzt genau der Migränekopfschmerz." Ich alberte: „Der Sonnenstich hat sich in meine Migräne verwandelt!"

Sie nahm meinen Bericht mit Erleichterung zur Kenntnis. Und auch ich hatte das Gefühl, dass ich mich wieder auf bekanntem Terrain befand und dass die Beschädigung meines Gehirns durch die weiße Mittagsglut geheilt war. Übrig blieb die Migräne, die ich ja von klein auf kannte. Am Nachmittag ließ langsam auch der Migräneschmerz nach. Als ich wieder Hunger bekam, wusste ich, dass ich überm Berg war und dass ich das Schlimmste hinter mir hatte. Auch sie wusste das und stellte mir einen Teller mit ausgesuchten Pikantjes an mein Lager.

Sie hatte meinen Geschmack genau getroffen, sie kannte mich. Ich aß und genas.

Und ich genoss die Genesung. Die drei Fenster nach Norden und Osten waren weit geöffnet, das goldene Licht einer freundlichen Nachmittagssonne fiel in mein Zimmer. Die Vögel zwitscherten in den Obstbäumen von Frau Kinkels Garten, ich hörte das Schreien, Plappern und Singen der Kinder meiner Bande, die draußen vor meinen Fenstern spielten. Ich war nicht mehr allein und der Schmerz verschwand. Ich lag wohlig hingestreckt da, in Gedanken schon draußen bei den anderen und freute mich doch, dass ich faul liegen bleiben konnte, dass ich nicht aktiv werden musste: meine Heilerin hatte mir Bettruhe verordnet. In der zweiten Nacht nach meinem „Sonnenstich" lag ich lange wach und lauschte den Geräuschen aus der Dunkelheit hinter den weit geöffneten Fenstern. Ich kühlte meine Haut nun selbst mit den kalten, feuchten Lappen und legte mir meine kalte Kompresse selber auf die Stirn und über die Augen. Ich schlief sehr lange in den neuen Morgen hinein. Als ich aufwachte, fühlte ich mich frisch und munter und wollte sofort wieder raus zu den anderen, raus ins Leben. Aber ich durfte nicht: sie verordnete mir einen weiteren Tag Bettruhe. Ich diskutierte nicht mit ihr, ich gehorchte. Wenn sie mich verarztete, akzeptierte ich grundsätzlich all ihre Anweisungen.

Den zweiten Tag Bettruhe erinnere ich als ein großes Geschenk, als so intensiv und wunderbar, dass mir die gesamte Episode „Sonnenstich", die so übel begonnen hatte, als wahrhaft glückliche Zeit meiner Kindheit im Gedächtnis geblieben ist. Der Schmerz war vorbei, das Leben war in mich zurückgekehrt mit all seinen Farben, Klängen und Gerüchen. Ich spürte eine stille, grenzenlose Freude den ganzen Tag über, eine ungeheure Vorfreude auf die Welt da draußen, hinter den geöffneten Fenstern – die Euphorie nach dem Schmerz, die Euphorie der Genesung.

Und da war noch mehr: ich hatte die Liebe meiner Mutter so intensiv erfahren wie nie zuvor – ihre praktische, pflegende, heilende Liebe. Die Last, die sie täglich zu bewältigen hatte, war riesig, das wusste ich damals schon genau – doch als ich krank und gefährdet daniederlag, hatte meine Genesung Vorrang vor allem anderen. Da machte sie keine Kompromisse.

Als schließlich das Leben wieder in mir kribbelte, wurde mir zum ersten Mal in meinen Kinderjahren *bewusst* – oben, in meinem Kopf! –, wie sehr ich sie liebte und bewunderte. „Du hast mich wieder hingekriegt", sagte ich am Abend meines zweiten Genesungstags zu ihr, „ich bin wieder da!"

„Morgen lasse ich dich wieder raus", war ihre Antwort.

Die Farbe Rot

Die Erinnerung an meinen Sonnenstich und meinen Zusammenbruch nach dem Badetag an der Weser hob ein wesentliches Moment jenes Sommererlebnisses in mein Bewusstsein, dem ich lange Zeit wenig Bedeutung beigemessen habe: die Entfärbung der Welt in der weißen Mittagsglut, das Fahlwerden der Landschaft und das Ausbleichen der Natur um mich herum. Mit den Farben schwand die Schönheit, die Welt wirkte saft- und kraftlos, bleich und tot. Das Leben verdorrte.

Es gab nur wenige Hitzetage in den vier Sommern meiner Barackenzeit, an denen ich diese kranke und krankmachende Naturerscheinung bewusst wahrnahm – und ich denke heute, dass mein Zusammenbruch an jenem Tag nicht nur der Hitze, sondern auch der Veränderung des Lichts, dem Abtöten der Farben, geschuldet war.

Erst in einer späten, gewissermaßen „wissenschaftlichen" Rückschau auf mein lebenslanges Leiden, die Migräne, wurde mir klar, dass visuelle Veränderungen wie die Entfärbung der Welt, der Verlust der Farben, schon lange zu meinem Leben gehörten. Sie gehörten zum Repertoire der Migräneanfälle, die sich in periodischen Abständen aufbauten. Irgendwann kam dann unweigerlich die Phase, in der sich die Welt „entfärbte". Das Tageslicht wurde bleich, fahl, krank. Ich fand kein geeignetes Adjektiv, das diese Entfärbung der Welt angemessen beschreiben konnte und erfand für mich das Wort „gäkig", das lautmalerisch einigermaßen treffend diese unangenehme Erscheinung beschreibt. Ich führte die Veränderung meiner visuellen Wahrnehmung auf die Veränderungen in meinem Gehirn zurück, die dem Migräneanfall zugrunde liegen.

Das Sonnenstich-Erlebnis machte mich allerdings nachdenklich und kritisch. Ist die „Entfärbung der Welt" wirklich nur ein „Symptom" meiner Migräne oder eher einer ihrer „Trigger" – oder beides zugleich? Schließlich, so sagte ich mir, gibt es ja immer Lichtveränderungen im Kosmos – und auf einige reagiere ich als Migräner offenbar besonders sensibel.

Keines der Kinder meiner Bande reagierte seinerzeit so krass auf die bleiche Mittagsglut wie ich. Die Hitze und die Entfärbung der Welt, die ich von meinen Migräneanfällen her kannte, spielten bei jenem fatalen Badeausflug zusammen und verpassten mir den „Stich" ins Gehirn, der mich umhaute.

Die weiße Mittagsstunde des Pan. Sehr viel später, in Griechenland, sollte ich feststellen, dass die Menschen in der heißen, weißen Mittagsglut die Rollos herunterlassen, ihre Häuser verdunkeln und sich schlafen legen: sie machen die grellweiße Mittagszeit zur Nacht. Sie meiden die harte, morbide Welt des Pan.

Denn du darfst den alten Gott dort draußen nicht stören – andernfalls schubst er dich hinein in die Panik und du wirst krank oder gar irre.

***

Das Licht der Sonne schafft alle Farben der Welt, es schafft die Welten, die wir sehen, die Welt, in der wir leben. Es bestimmt unsere Empfindungen, unser Lebensgefühl, Wohlsein oder Unwohlsein. Es verändert sich im Ablauf des Tages und verändert unsere Seelenzustände. Es kann dich „herunterziehen" und krankmachen. Das ist die eine Seite.

Das Licht der Sonne kann dich aber auch entzücken und verzaubern, wenn du den magischen Moment erwischst. Plötzlich schafft es etwas ganz Neues: das, was du kennst, wird umgewandelt und neu erzählt. Dein Bewusstsein verändert sich mit dem Wandel des „Außen". Das ist die andere Seite.

Im letzten Barackensommer, 1953, hatte ich zweimal ein Schauspiel der Sonne vor meinen Augen, das die Welt ins Rätselhafte verrückte. Der Schleier des Altvertrauten wurde weggezogen und sichtbar wurde eine zweite Wirklichkeit, die bis dahin verborgen war.

Das erste Mal erlebte ich das Spiel des Lichts nur für mich allein. Ich saß träge im Gras und betrachtete den Sonnenuntergang. Es war ein schöner, wolkenloser Sommertag – etwa Mitte/Ende Juli. Der glutrote Sonnenball berührte langsam den Horizont – das war ein dunkler, blau-grüner Waldstreifen im Westen, fern hinter der Weser –, schob sich dann auf diesem Streifen weiter nach rechts und verschwand schließlich in einer so ungewöhnlichen Art und Weise, wie ich das vorher noch nie gesehen hatte.

Ich fragte meine Geschwister und meine Mutter, ob sie das Schauspiel wahrgenommen hätten, aber niemand hatte auf den Sonnenuntergang geachtet. Er gehörte zum Alltag: nichts Besonderes also. Sie frozzelten mich ein wenig an ob meiner Wichtigtuerei und meines neu erwachten Interesses für „romantische Sonnenuntergänge". Ich vergaß die kleine Episode schnell wieder.

Der nächste Tag war wieder sonnig und klar und am Abend stellte ich fest, dass sich das Schauspiel vom Vortag genau wiederholen würde. Diesmal alarmierte ich rechtzeitig meine Mutter und meine Geschwister und wir fünf stellten uns nebeneinander in einer Reihe in unserem Hof auf, um uns die Vorführung nicht entgehen zu lassen, die die Sonne uns jetzt bieten würde.

Sie stand als glutroter großer Ball in ihrem strahlenden, wolkenlosen Himmel, dicht über dem blau-grünen Horizontstreifen, bewegte sich ganz langsam nach rechts und senkte sich dabei ganz allmählich auf die Horizontlinie ab. Als sie sie schließlich berührte, schien es so, als würde sie auf dem Waldstreifen ganz langsam nach rechts weiter gleiten: ein riesiger tiefrot glühender, strahlender Diskus, der da gemächlich seinem Untergang entgegentrudelte.

Allerdings gab es – wie ich vom Vortag her wusste – ein Hindernis auf seinem Weg. Zur Rechten schimmerte der Klüt am Horizont, der Hamelner Stadtberg. Aus unserer Perspektive betrachtet sah er aus wie eine blau-grüne Riesenschildkröte oder wie ein riesiger blau-grüner Bowler-Hat, der da in der Landschaft lag. Der Sonnen-Diskus schob sich ganz langsam hinter den Berg und ganz langsam verschluckte der Berg die rot flirrende Sonnenscheibe. Es kam der Moment, da sie ganz verschwunden war. Der Klüt bekam eine rot-goldene Aura, ein mächtiger Strahlenkranz legte sich um seine Konturen: Sonnenstrahlen ohne Sonne.

Wir fünf standen in einer Reihe auf unserem Hof. Wir hatten die richtige Perspektive, den richtigen Winkel zum Berg, und so bekamen wir das Ende der Schau zu sehen. Die untergehende Abendsonne kroch noch einmal aus ihrem Versteck hervor – erst in Sichelform, dann schwoll sie immer mehr an und schließlich stand der rot-golden glühende Diskus wieder in voller Schönheit und all seiner Majestät rechts neben dem Berg. Die güldene Abendsonne war erst untergegangen und dann wieder aufgegangen. Als sie uns wieder voll anstrahlte, sah ich das Wunder, das sie bewirkt hatte: den Zauber der Farbe Rot.

Ich stand günstig. Ich hatte nicht das Barackengehäuse hinter meinem Rücken, wie meine Geschwister und meine Mutter. Ich wendete meinen Kopf zur Ponyweide hin und nach hinten zu den vereinzelten Fabrikgebäuden an der Kuhbrückenstraße – und dann muss es in meinen Augen und in meinem Gehirn geknistert haben:

Alles war glühend rot, so weit ich blicken konnte; es gab buchstäblich nichts, was nicht rot war. Alle vertrauten Farben des normalen Alltags waren verschwunden. Alle! Es gab nur noch Rot in allen denkbaren Schattierungen. Das Gras der großen Ponyweide: leuchtend rot. Die Stämme der Bäume: sanft rot. Die Blätter der Bäume: flirrend rot. Die „weißen" Gebäude der Vogeley-Fabrik: knallrot. Das einsame weiß getünchte Häuschen der beiden mürrischen Alten: rot. Und selbst der Maschendrahtzaun rund um ihr Häuschen hatte sich in ein rot-gold strahlendes Kupfergitter verwandelt!

Ich sah die beiden schmächtigen Ponys weit hinten auf ihrer Weide nur als Schattenriss, sie standen still nebeneinander und schauten sich an. Ich stellte fest, dass sie unglaublich lange Schatten warfen, grotesk in die Länge gezogen erstreckten sich ihre Schatten über die ganze Wiese: fünfzig, sechzig Meter lange Schattenponys auf langen dünnen Stelzenbeinen mit meterlangen Schattenohren ...

Ich wollte sie unbedingt von der anderen Seite sehen, angestrahlt von dem gleißenden Abendlicht. Ich ging langsam den blutroten Weg entlang, den sonst so grauen, staubigen Pfad zur Andersen-Baracke. Jetzt war er eingebettet in ein rotes Dickicht aus Büschen und Sträuchern. Ich hatte das Gefühl, durch eine exotische Wüstenlandschaft zu gehen, rot verbrannte Erde, roter Urwald in einem fernen roten Kontinent. Ich bewegte mich sehr langsam und sehr vorsichtig, um die Tiere nicht zu stören. Als ich an ihnen vorbei war, drehte ich mich um und sah ihre Körper: kostbare Skulpturen aus rot-goldenem Kupfer.

Die Tiere waren nicht einfach nur umgefärbt, sondern neu modelliert. Zum ersten Mal sah ich, wie kraftvoll und muskulös sie waren, ich sah die kernigen Hinterschenkel, die gewölbten Hinterbacken, die Wölbung des Bauches, den muskulösen Hals und ihre ausdrucksstarken roten Gesichter und Schnauzen. Es war mir, als könnte ich durch die Außenhaut hindurch in ihr Inneres schauen. Ich sah, was in ihnen steckte und was ich noch nie gesehen hatte: ihre Muskelkraft und Stärke, das Leben, das in ihnen pulsierte. Es war mir, als sei ein Schleier weggezogen worden von den zarten, eher schwächlich wirkenden, „zweidimensionalen" fahlweißen Tieren, die ich bei normalem Tageslicht vor Augen hatte. Es war mir, als zeige mir die Farbe Rot ihr wahres Wesen – die ganze Wahrheit ihrer Existenz: ihre lebendige Schönheit.

Ich ging zurück zu meinen Leuten.

Das Pony-Erlebnis brachte mir eine Erkenntnis. Die Farbe Rot tünchte nicht einfach nur die Welt um, wie ich feststellte, sondern zeigte mir andere Wirklichkeiten in allem, was mir bisher doch so vertraut gewesen war. Meine drei Geschwister und meine Mutter standen immer noch still nebeneinander in einer Reihe, die Farbe Rot hatte auch sie umgewandelt. Vier Gestalten, die mir vertraut waren und die mir jetzt ganz neu und bizarr vorkamen. Das Schauspiel der Sonne hatte sie noch immer fest in seinem Bann, sie schauten still und bewegungslos nach Westen. Sie beachteten mich gar nicht, als ich zu ihnen zurückkehrte.

Zur Rechten meiner Mutter stand meine ältere Schwester, zur Linken meine jüngere Schwester und neben ihr der Kleine, unser Brüderchen. Meine Mutter hatte ihren rechten Arm um die Schulter ihres „großen Mädchens" gelegt, mit dem linken berührte sie den Kopf meiner jüngeren Schwester und die wiederum hielt das kleine Wölfchen an ihrer Hand. Sie berührten sich alle und die Farbe Rot schmiedete sie zu einer Einheit zusammen. Ich setzte mich im Schneidersitz auf unsere Wäschewiese und betrachtete die stillen Gestalten.

Als ich nach oben schaute, erschrak ich zunächst, als ich das Gesicht meiner Mutter ins Visier nahm. Der Zauber des Lichts hatte es völlig umgewandelt. Ihre hohe, breite Stirn war plastisch herausmodelliert worden und leuchtete in einem kräftigen, strahlenden Kupferrot. Ihre großen, weit geöffneten Augen in den tiefen Augenhöhlen strahlten im Abendlicht mit einer Leuchtkraft, die ich noch nie in ihnen gesehen hatte. Ihre breiten Wangenknochen waren rot und mächtig herausgewölbt, ihre hohlen Wangen waren zu rot-goldenen Kupferschüsseln geworden, ihre Lippen waren prallrot modelliert, ihr roter Unterkiefer sprang heraus. Rotglühende konvexe und konkave Wölbungen: ein neues Gesicht.

Ähnlich wie bei den Ponys sah ich auch bei ihr durch die rotglänzende Oberfläche hindurch. Die erste Empfindung, die ich hatte, machte mir Angst. Ich sah deutlich den Schädel, das Knochengebilde unter ihrer Haut. Die Farbe Rot machte ihn für mich sichtbar: ein mit rotglänzendem Leder bezogener Schädel. Damals kannte ich schon die altbekannten Bilder vom „Gevatter Tod" – mittelalterliche Holzstiche, in denen der Tod als Sensenmanngerippe mit einem knochigen Totenschädel dargestellt wird. Sich den Tod so vorzustellen, empfand ich immer als bedrückend und verkorkst.

Die Magie dieses durchscheinenden Schädels meiner Mutter erlebte ich in einer Zeit, da ich mir große Sorgen um sie machte. Wenn ich im normalen Alltag ihr bleiches, abgehärmtes Gesicht sah, ihre traurigen Augen, ihre Hungerwangen, dann hatte ich oft Angst um ihr Leben, Angst davor, dass sie eines Tages krank werden und für immer von uns gehen könnte.

Das Wunder des Abendrots zeigte mir dann allerdings ihr Gesicht in einer ganz neuen Art: ich sah das Leben, das in ihm pulsierte. Ich sah nicht mehr ihre Erschöpfung, ihre Abgehärmtheit, ihr Leiden. Die Farbe Rot zeigte mir deutlich die Kraft und die Energie, die in ihr steckten und mit der sie ihr hartes Leben meisterte. Ich sah ihren Lebenshunger, ihren Willen zu bestehen, durchzukommen, ihre Kinder durchzubringen und die Widrigkeiten des Lebens zu überwinden. Ich sah die Kraft ihrer Liebe.

An jenem Abend verzauberte die Farbe Rot nicht nur die Welt um mich herum, sie veränderte mein Bewusstsein: von nun an hatte ich nie wieder Angst, sie zu verlieren.

Unter den vielen Erinnerungsbildern aus meiner Kindheit hat dieses Bild eine besondere Qualität: es ist fest geworden, geronnen, in sich abgeschlossen. Wenn ich es aus meinen Speichern abrufe, steht es in jedem Detail vor mir, nichts kommt hinzu, nichts lässt sich abziehen. Es ist immer gleich. Ich habe das Gefühl, dass es das einzige Bild aus meiner Galerie der Erinnerungsbilder ist, das zu einer Art Ikone geworden ist.

Die Köchin, die auf Essen verzichtete, damit ich satt würde; die Helferin, die mir beistand, wenn mich die Schmerzen im Griff hatten; die Heilerin, die mich immer wieder „hinkriegte", wenn es nötig war. Ihr Tun, ihre Lebenspraxis, war ihre Liebe. Sie hatte einen Beruf gewählt, der sie zur Kämpferin für das Leben und gegen das allgegenwärtige Leiden und Sterben gemacht hatte. In all ihren Kämpfen – das wusste ich schon früh – trug sie das Bildnis ihres sterbenden Vaters in ihrer Seele, das allerletzte Bild von ihm, das sich ihr einbrannte, als sie ein kleines Mädchen war. Ihm konnte sie nicht helfen, sie musste sein Siechtum und seinen Tod hinnehmen und ertragen. Das Leid ihrer frühen Kindheit bestimmte ihren Gang durchs Leben.

***

Die Welt im Abendrot war zugleich eine Welt der Schatten. Die Sonne lag gleißend auf der Horizontlinie und alles, was aufragte, blockierte ihr langwelliges rotes Licht und warf Schatten: in die Länge gezerrte dunkle Figuren. Als Erstes hatte ich die langen Schatten der Ponys wahrgenommen und dann – während ich zu meinen Leuten zurücklief – sah ich Schatten überall.

Die schlanke Pappel weit hinten auf Homannns Schrottplatz warf einen Schatten, der sich in der Unendlichkeit verlor. Die Telefonmasten neben meinem Weg warfen Schatten, deren Ende ich ebenfalls nicht ausmachen konnte. Die Sauerampferbüsche auf der Weide, die Büsche am Weidezaun, die Zaunpfähle, die Grashalme am Wegesrand: langgezogene Schatten überall.

Mein eigener Schatten wanderte über das Kartoffelfeld, über die Squatter-Gärten, über unseren Dschungel und ich konnte nie sein Ende ausmachen.

Als ich nach meinem kleinen Ausflug wieder vor meiner Mutter und meinen Geschwistern im Gras saß, sah ich nicht nur die rotverwandelten Figuren vor mir, sondern auch ihre Schatten. Sie verloren sich allerdings nicht in der Unendlichkeit, sondern waren abgeschnitten, gekappt. Sie liefen nur ein kleines Stückchen auf dem Boden entlang, dann fielen sie auf die Barackenwand und standen senkrecht. Oben an der Kante war Schluss: die Dachkante hatte die Schatten gekappt.

Es war unser letzter Sommer dort draußen. Ich wusste längst: bald würden wir hier abhauen und gar keine Schatten mehr in Hameln werfen. Ich stand auf und stellte mich wieder in die Reihe der vier Sonnenanbeter. Ich nahm wieder meinen Platz ein, zur Rechten meiner Mutter, rechts neben meiner „großen" Schwester. Dann drehte ich mich um und schaute kurz nach hinten.

Auch mein Schatten war gekappt.

11

Die Krähe

In den langen Sommerferien war ich meist schon früh draußen, obgleich nichts und niemand mich zwangen aufzustehen. Zwischen sechs und sieben Uhr war es noch frisch und still, ich genoss die heitere Morgenstunde. Ich stand dann draußen auf dem Hof, der kühle Morgenwind streichelte meine Haut und ich atmete durch: kein Maschinenlärm aus der Werkstatt des Alten, keine Menschenseele weit und breit. Die Arbeiter der umliegenden Fabriken waren noch nicht im Anmarsch. Ich war allein. Die Sonne wärmte schon recht ordentlich und ich genoss den Frieden in der weiten, grünen Natur um mich herum. Ich streichelte den Hund und strich ein wenig durch die Landschaft – und wenn dann schließlich die Werkstattleute auftauchten, der Alt, sein Geselle Theo und sein Lehrling Hubert, zog ich mich wieder zurück und legte mich noch einmal faul aufs Bett.

Eines Morgens war alles anders.

Ich war ein wenig später dran als sonst und als ich schließlich im Schlafanzug nach draußen rannte, waren die drei aus der Werkstatt schon auf dem Hof. Sie wandten mir den Rücken zu und schauten alle interessiert in dieselbe Richtung. Sie beachteten und begrüßten mich gar nicht wie sonst. Das machte mich neugierig. Ich schlich mich von hinten an sie heran – und dann sah ich das Malheur.

Auf dem Boden hockte eine Krähe und ich sah sofort, dass sie verletzt war. Sie hatte das blau-schwarz schimmernde Gefieder wie alle Krähen und Raben in unserer Gegend, sie hatte ihren rechten Flügel normal über ihren Körper gefaltet, doch der linke schleifte kraftlos auf der Erde, sein Gefieder war zerrupft und offensichtlich war der Flügel gebrochen. Das arme Tier hüpfte aufgeregt und ängstlich auf dem Boden herum und versuchte abzuheben, doch es gelang ihm nicht. Die drei aus der Werkstatt und auch ich standen ratlos da. Was sollten wir tun? Was war jetzt zu tun?

Schließlich rannte ich zurück in unsere Wohnung und holte meine Mutter. Sie schaute sich das Tier lange an und sagte dann: „Der Flügel ist gebrochen. Vielleicht lässt sich was machen. Man müsste ihn schienen."

Sie dachte nach. Dann sagte sie:

„Ich muss ein paar Dinge vorbereiten. Fangt sie in fünf Minuten ein und bringt sie zu mir herein."

Sie verschwand.

Es war Theo, der sich schließlich vorsichtig der Krähe näherte und mit seinen großen Pranken ihren Körper umschloss. Er fing sie sehr geschickt und sehr behutsam ein. Als er sie mit beruhigenden Sprüchen in unsere Küche trug, hing der verletzte Flügel schlaff neben seinen Händen herunter.

Meine Mutter hatte unseren Küchentisch in einen OP-Tisch umgewandelt. Sie hatte ihn mit einem Wachstuchlaken bedeckt und auf der einen Hälfte ihre Utensilien aufgebaut, ihre Hausapotheke: Verbandszeug, Mull, Leukoplast, Scheren, Salben und Flaschen mit allerlei Tinkturen.

Theo setzte die Krähe auf den Tisch und hielt sie weiter mit seinen großen Händen fest. Der Vogel war völlig ruhig – so, als habe er sich in sein Schicksal ergeben. Meine Mutter beorderte Hubert, den Lehrling, an ihre rechte Seite: er sollte ihr Assistent sein. Der Alte, unser „Oppa", und auch unser Vater standen am Tisch und schauten zu. Wir Kinder standen im Hintergrund auf der anderen Seite des Tisches, unserer Mutter gegenüber, und leider war uns die genaue Sicht auf das, was kommen sollte, durch den Körper von Theo, der – über den Tisch gebeugt – die Krähe festhielt, teilweise versperrt.

Was ich aber genau im Blick hatte, war das Gesicht meiner Mutter während der Operation. Sie saß aufrecht auf unserem Drehhocker, den man durch Umdrehungen höher und niedriger stellen konnte. Sie hatte ihn so eingestellt, dass sie in der für sie günstigsten Position arbeiten konnte. Ich sah ihr prüfendes, nachdenkliches Gesicht, als sie den Flügel untersuchte. Sie griff zur Schere und entfernte das schwarze Gefieder um die Bruchstelle herum. Sie reinigte den Knochen und die verletzte Stelle. Danach muss sie die auseinander gebrochenen Teile aneinander gefügt haben, was ich allerdings nicht genau beobachten konnte, da mir die Sicht versperrt war. Jedenfalls: das war eine Präzisionsarbeit, wie ich an dem konzentrierten Blick ihrer großen runden Augen erkannte. Sie arbeitete langsam und mit äußerster Konzentration.

„Halt das so", sagte sie schließlich zu Hubert. Der sollte jetzt die Teile aneinander halten, die sie so sorgfältig zusammengefügt hatte. Hubert war sichtlich aufgeregt, aber er war klug und geschickt und machte offenbar alles richtig.

Sie umwickelte äußerst behutsam und sehr langsam die Bruchstelle, ruhig und unaufgeregt. Dann sagte sie wie ein Chirurg, der während der OP seine Anweisungen gibt:

„Ich brauche eine schmale Metallschiene, etwa so lang!"

Sie demonstrierte es mit Daumen und Zeigefinger. Der Alte verschwand in seiner Werkstatt. Kurze Zeit später kehrte er zurück mit einer Auswahl von kleinen Metallstückchen. Sie suchte sich eine „Schiene" aus und reinigte sie mit Alkohol. Beim Anlegen der Schiene assistierte ihr wieder Lehrling Hubert, den sie anwies, was er zu tun hatte und vor allem, wie er es zu tun hatte. Am Ende hatte die Krähe eine professionelle „Flügelschiene". Der untere Teil des Flügels wackelte nicht mehr lose hin und her, sondern war jetzt sicher eingepackt und durch die Schiene stabilisiert.

„Wir brauchen einen großen Käfig. Nach einer Seite offen, durch Maschendraht geschützt."

Sie gab ihre Anweisung wieder in ihrer ruhigen und überzeugenden Chirurgen-Sprache. Der Alte, der ihre Art sonst nicht mochte, akzeptierte bei dieser OP ihre Autorität ohne Vorbehalt und ohne seine übliche Besserwisserei. Er verschwand wieder in seiner Werkstatt.

Dort stand immer eine große Holzkiste, in der er Metallteile sammelte, von denen er annahm, dass er sie noch einmal würde verwerten können. Die Kiste wurde ausgeräumt und ausgewaschen und der Alte applizierte ein Maschendrahtgitter an die offene Seite, das sich mit wenigen Handgriffen wie eine Tür öffnen ließ. Der Holzzaun um unseren großen Hof herum grenzte an einer Stelle an eines unserer „Bunkergebirge". Das war der Rest eines ehemaligen Luftschutzbunkers, der einst neben unserer Baracke in die Landschaft gebaut worden war. Er ragte etwa anderthalb Meter aus der Erde und hatte ein ebenes Betondach. Der Alte und Theo, der Geselle, hievten die Kiste auf das Dach, mit der Öffnung zum Hof, so dass wir die Krähe gut versorgen konnten.

„Der Zaun schützt sie vor den Füchsen", sagte der Alte, „und außerdem: hier ist ja auch noch der Hund. Der wird schon aufpassen."

Unser „Käfig in der Höhe" wurde für mehrere Wochen zum Krankenzimmer.

„Sie muss immer Essen und frisches Wasser haben", sagte meine Mutter in die Runde der Männer und ihrer Kinder, „und der Käfig muss mindestens einmal am Tag gereinigt werden, sonst kann sie krank werden."

Später nahm sie mich noch einmal beiseite:

„Der Käfig muss sauber sein. Wenn es sonst keiner macht, dann machst du das. Du musst nicht einfach nur ihren Kot wegkratzen, du musst ihr *Klo* auch mit Wasser auswaschen." Sie lachte: „Viel Arbeit. Ich verlass mich auf dich!"

Hygiene war ihr wichtig. Sie war gelernte Krankenschwester und hatte schon viele Kranke und Lädierte in ihrem Leben versorgt.

Die Krähe fühlte sich sichtlich wohl in den vier Wochen ihrer Rekonvaleszenz. Die Leute aus der Werkstatt brachten ihr schon frühmorgens besondere Leckereien. Am meisten freute sie sich über Hackfleischbällchen und Buletten. Sie hatte einen guten Appetit und verschlang alles voller Gier. Sie hockte auf einem runden Balken, der quer im Käfig lag und ihr Gehäuse in zwei Kammern teilte. Vorne fraß und trank sie, hinten kackte und pisste sie. Und wenn es kein anderer machte, machte ich dort sauber – wenn nötig mehrmals am Tag.

Dabei kam ich ihr sehr nahe. Ich nahm sie in meine Hände und setzte sie behutsam auf den Boden. Sie hüpfte dann ein wenig hin und her, machte aber keinerlei Anstalten abzuheben. Sie schaute mir zu, wenn ich mich an die Arbeit machte und ihre Exkremente beseitigte. Zum Schluss reinigte ich den gesamten Käfigboden mit Wasser aus dem Eimer, den ich mir bereitgestellt hatte. Danach setzte ich sie wieder an ihren Ort, füllte frisches Wasser in ihre Trinkschale und Futter in ihren Fressnapf. So ging das einige Wochen lang.

Eines Tages – nachdem ich sie wieder auf dem Boden abgesetzt hatte – stellte ich fest, dass sie ihren linken Flügel, den unsere Mutter so sorgfältig geschient hatte, genau wie den rechten wieder um ihren Körper gefaltet hatte. Ich rannte sofort los und holte meine Mutter.

„Das ist ein gutes Zeichen", sagte sie, „ich denke, wir lassen sie noch ein paar Tage im Käfig. Dann mach ich den Verband ab."

Bei der zweiten OP schauten wieder alle zu. Ich sah wieder das konzentrierte Gesicht meiner Mutter und bewunderte wie immer ihre professionelle Art. Unendlich vorsichtig und langsam löste sie den Verband auf, löste den Klebstoff des Leukoplasts mit ihrem Wundermittel Wasserstoffsuperoxid. So nannte sie das Zeug, mit dem sie meine häufig blutig verklebten und verkrusteten Knieverbände auflöste. Schließlich war alles fertig, der Flügelknochen war wieder zusammengewachsen. Alle waren begeistert. Theo trug die Krähe auf den Hof und setzte sie ab. Sie hüpfte zunächst ein wenig herum, dann flog sie ein paar Meter, um danach gleich wieder zu landen. So ging das eine Weile: sie übte. Schließlich hob sie ab, flog eine elegante Kurve und landete auf dem Barackendach. Sie hüpfte voller Freude auf dem Dach herum und machte Geräusche in ihrer „zweiten" Sprache. Krähen können nicht nur „krächzen", sie können auch sanft „gurren", fast wie Tauben. Ich hatte das Gefühl: sie sagte „Danke".

Von nun an war sie um uns herum. Sie besuchte uns in unserer Küche, saß oben auf der Pumpe und schaute unserer Mutter bei ihrer Arbeit zu. Wenn wir ihr einen Leckerbissen auf den Küchentisch legten, hob sie ab und holte sich die Beute. Immer war ich erstaunt über ihre riesigen schwarzen Schwingen. Erst in unserer Küche nahm ich wahr, wie mächtig die waren, und überhaupt: wie schön unser blau-schwarz glänzender neuer Freund war.

Sie spielte gerne und konnte dabei sehr witzig und raffiniert sein. Vormittags setzten sich die drei aus der Werkstatt an unseren Gartentisch und frühstückten. Die Krähe saß auf dem Dach unseres Küchenvorbaus und belauerte sie. Wenn Futter an den Tischrand gelegt wurde, schoss sie in elegantem Schwung herunter und holte sich ihre Leckerei.

Theo und Hubert spielten mit ihr und testeten ihre Intelligenz. Hubert holte ein Fünfmarkstück aus seinem Portemonnaie und platzierte es hochkant auf der Tischplatte. Er lehnte sich zurück und beobachtete die Krähe. Die hüpfte auf dem Vordach hin und her und lauerte auf ihre Chance, während Hubert seinen Fünfer bewachte und bei einem Angriff des Vogels sofort zugegriffen hätte, um ihn in Sicherheit zu bringen. Ich beobachtete die beiden und fragte mich, wie das Spiel ausgehen würde.

Die Krähe gewann.

Hubert war nur für einen kurzen Moment abgelenkt, als der Alte, der ja sein Chef und Meister war, ihn etwas fragte. Als Hubert seinen Kopf dem Alten zuwendete, war die Krähe sofort da, holte sich den Fünfer im Sturzflug und tanzte mit der glänzenden Metallscheibe im Schnabel auf dem Dach herum. Sie machte dabei aufgeregt keckernde Geräusche und es kam mir so vor, als lachte sie Hubert aus. Ich war begeistert. Hubert stand schließlich auf und sprach ihr gut zu:

„Komm, gib ihn mir wieder. Komm, sei lieb. Ist viel Geld ...", und so weiter.

Die Krähe tobte weiter auf dem Dach herum, den Fünfer im Schnabel, kollerte und keckerte. Sie machte sich über Hubert lustig, so empfand ich das, denn ihre seltsamen Geräusche kamen mir vor wie Lachen. Schließlich tat sie etwas, was mich sehr beeindruckte – und was ich sehr fair fand. Sie flog auf unser Küchenvordach und warf den Fünfer – plopp – in die Dachrinne.

Dann zog sie sich wieder ein paar Meter zurück und wartete gespannt, wie Hubert reagieren würde. Der holte sich schließlich eine Leiter und fischte sein Fünfmarkstück aus der Dachrinne. Die Krähe saß ganz in der Nähe und plapperte in ihrer fröhlichen „zweiten" Sprache. Ich wusste: nicht nur er hatte ihre Intelligenz getestet, sondern sie auch die Seine. Auch sie hatte mit ihm herumexperimentiert. Und letztlich: nicht er hatte sie verarscht, sondern sie ihn.

Das Schönste, was ich mit ihr erlebte, passierte, wenn ich mich auf den Weg zur Andersen-Baracke machte, um unsere Freunde zu besuchen. Wenn dann der blau-schwarze mächtige Vogel auf dem Dach saß und mich beobachtete, streckte ich im Gehen einfach nur meinen rechten Arm aus und hörte alsbald das charakteristische Rauschen und Flattern hinter mir. Und schon landete er auf meinem Arm. Er hüpfte nach links auf meine rechte Schulter und dann saß er ganz dicht neben meinem Kopf. Auf dem langen Weg zu meinem Ziel saß die Krähe auf meiner rechten Schulter und begleitete mich still und ohne Faxen. Immer wieder schaute ich neugierig nach rechts und nahm sie ins Visier. Nie hatte ich ihren Kopf so nahe gesehen: die scharfen, wachsamen Augen, den harten langen schwarzen Schnabel … Auch sie drehte dann ihren Kopf und schaute mich an, schaute mir von der Seite voll ins Gesicht. Sie war schön.

Bei diesen Spaziergängen fühlte ich: sie zeigt mir jetzt ihre Freundschaft und ihre Dankbarkeit. Das war das erste und einzige Mal in meinem Leben, dass mich ein Tier aus der Wildnis liebte und dass ich selbst eine tiefe Liebe zu einem Wildtier entwickelt habe.

***

„Blumen des Glücks": so wollte ich ursprünglich die Erinnerungen an die Erlebnisse auf der „Sonnenseite" meiner Barackenkindheit nennen. Aber dann war mir das Wort „Glück" doch zu allgemein, zu nichtssagend. Was ist denn „das Glück", das Glück als Substantiv? Philosophen und Religionsgrößen haben über

„das Glück" nachgedacht und debattiert und sind sich nicht einig geworden.

Das französische Wort für Glück – „le bonheur" –gefiel mir da besser, denn es meint die „bona hora", die „gute Stunde": all die guten Zeiten unseres Lebens, die wir genießen. Die Momente der Freude, wenn uns das Leben gelingt. Das „Glücklichsein", das in uns schwingt, wenn alles gut läuft.

„Les fleurs du bonheur" wäre passend: die „Blumen der guten Stunde".

Ich war sicherlich oft glücklich in den vielen „guten Stunden", die die Sonnenseite meiner Kindheit mir bescherte. Aber in den Ursituationen empfand ich das natürlich gar nicht. Wie auch? Welches Kind denkt denn schon am Ende wunderbarer Stunden oder eines gelungenen Tages „Diesmal war ich aber mal so richtig glücklich"?

Nur ein einziges Mal war das anders.

Als mein wilder, blau-schwarzer Freund neben mir auf der Schulter hockte und ich mit ihm durch mein Reich tingelte, war ich so angefüllt mit Stolz und Freude, Rührung und Liebe, dass ich mir wie ein Ballon vorkam: prall, dick, zum Platzen voll. Ich wusste damals genau, womit ich angefüllt war: das war das Glück. Einfach nur: das Glück. Das pure Glück, das keine Skalierungen und Steigerungen kennt.

Mehr Glück gibt es nicht.

TEIL II

ZWISCHEN RUINEN

1

Abschied und Ankunft

Irgendwo gehst du weg und irgendwo kommst du an: Migration. Wo bist du weg gegangen? Wie war das da? Wie war der Abschied? Und wo bist du angekommen? Wie wurde das da? Haben sich die Erwartungen erfüllt?

Oktobermond

Ich war zehn, als ich Abschied nahm und den Ort verließ, den ich mochte, den ich liebte, meine Stadt.

Es war eine kühle, windige Nacht Anfang Oktober 1953, halb drei Uhr, frühester Morgen. Ich trat mit den anderen hinaus auf die Straße, die lange Kaiserstraße in Hameln, die vom Bahnhof bis fast an die Weser führt, und sah als Erstes den Mond und das Schauspiel der Nacht.

Der Mond stand steil über uns: ein kalter, weißer, majestätischer Oktobervollmond, der die Nacht, die Straße, die Häuser und die Bäume um uns herum in ein blaues transparentes Licht tauchte und die Dächer versilberte. Sein Schein lag auf den Fenstern der Häuser und machte sie blind und undurchdringlich.

Hier unten auf der Erde war alles verriegelt und tot. Alles schlief. Niemand war auf der Straße, kein Auto fuhr, kein Hund, keine Katze strich um die Ecke. Die Zivilisation war zur Ruhe gekommen, nur der Wind wehte und wenn er aufheulte, klapperte die Markise an dem kleinen Lebensmittelladen der guten Frau Steging, bei der man auch noch nach Ladenschluss und oder gar am Sonntag „hintenherum" einkaufen konnte.

Die Menschen lagen in tiefem Schlaf.

Ich trat durch das große Haustor, blieb stehen und schaute nach oben in den Himmel. Der Wind trieb weiße Wolkenfetzen vor sich her, die in schnellem Rhythmus den Mond verhüllten und wieder freigaben und die Mondschatten über das Straßenpflaster, die Häuser, die Bäume und Vorgärten huschen ließen. Der kalte Wind blies mir ins Gesicht und in den Mantelkragen und ich stand da und schaute nach oben und konnte nicht weitergehen.

Alles sah ich auf einmal: die tobende weiße Herde, die von den Stürmen an dem kalten, weißen Mond vorbei getrieben wurde, die Mondschatten, die wie Traumgeister über die schlafende Stadt glitten, ungesehen und unbemerkt von den Schlafenden in ihren warmen Betten, die nicht weggehen mussten wie wir.

Das war das letzte Bild.

Wann immer in einer kühlen Vollmondnacht der Wind weiße Wolken jagt, schaue ich in den Himmel und fühle diese Nacht. Dann fühle ich Abschied. Und was ich nicht wusste, als ich so lange nach oben schaute: unsere Abreise in jenen unbekannten Westen, in dem unsere Eltern für uns alle das Glück suchten, beendete mein Kindsein. Unser nächtlicher Abmarsch war das Ende der Traumzeit und das Bild vom Oktobermond und seiner rasenden Wolkenherde mein letzter Traum aus jener Zeit.

***

Wir waren vollständig: alle sieben.

Die ganze Familie war beisammen, die ersten Schritte waren getan. Wir gingen zusammen los und wanderten genau jetzt aus. Ich verließ meine Heimat für immer.

Nur wenige Stunden zuvor hatten wir unsere Höhle, die Baracke, verlassen und waren in die Wohnung unseres Opas eingefallen, der seit einiger Zeit Witwer war, und der sich seine Wohnung mit seiner Tochter, meiner Tante also, deren Mann und deren Sohn, meinem Vetter also, teilte. Die Alten bereiteten uns Kindern auf dem Teppich im Wohnzimmer ein provisorisches, ziemlich hartes und ungemütliches Nachtlager, während sie selbst, die alle nicht schlafen konnten, in der Küche zusammen saßen, Kaffee und Schnaps tranken und redeten. Wir hörten ihre gedämpften Gespräche, denn natürlich konnten auch wir nicht einschlafen.

Gegen zwei Uhr wurden wir aufgescheucht und bekamen alle einen Becher Milchkaffee mit echtem „Bohnenkaffee", wie man damals sagte, denn wir sollten munter werden für den Abmarsch und für die lange nächtliche Fahrt. Wir zogen unsere Jacken und Mäntel über, griffen uns die Provianttaschen und stiefelten die Treppe hinunter.

Opa, Tante, Onkel, Vetter – sie alle kamen mit und schlossen uns ein letztes Mal in die Arme, im kalten Mondschein dieser verwunschenen Nacht, vor Habermanns Bäckerladen. Danach zogen wir los Richtung Bahnhof, die Kaiserstraße entlang. Am Bahnhofsvorplatz wendeten wir uns nach links, Richtung Güterbahnhof, unter der Eisenbahnbrücke hindurch, und durchschritten schließlich ein großes Hoftor, das weit offen stand.

Im Hintergrund des Hofes sah ich in der Dunkelheit eine kleine Holzbaracke, deren Tür halb geöffnet war. Durch diese Tür und durch die beiden Fenster der Baracke, in der das Büro der Speditionsfirma untergebracht war, fiel gelbes warmes Licht auf den dunklen Asphalt des Hofes. Im Hintergrund des Hofes, links von der Baracke, sahen wir „ihn" wieder.

Da stand er bereit, uns aufzunehmen, „unser" Möbelwagen mit dem angekoppelten Anhänger, den wir – zusammen mit den beiden Männern von der Speditionsfirma – den ganzen Tag über vollgepackt hatten und der alles enthielt, was wir besaßen und was wir in der neuen Welt brauchen würden.

Alles war startklar.

Die beiden Männer, Fahrer und Beifahrer, kamen aus ihrem Büro heraus und verhandelten irgendetwas mit unseren Eltern. Dann forderten sie uns Kinder auf mitzukommen. Der Anhänger hatte vorne, zum Motorwagen hin, große Glasfenster und seitlich eine schmale Tür mit einer Glasscheibe. Diese Tür wurde nun geöffnet, wir kletterten die kleine Leiter hinauf und landeten in einem länglichen schmalen Raum mit einer gepolsterten Sitzbank, die sich über die ganze Breite des Möbelwagens erstreckte. Hier fanden wir alle sieben nebeneinander Platz, aber wir konnten nur recht eng und steif da sitzen. Ich war als Erster drin, weil ich am linken Außenfenster sitzen wollte, um am Morgen, wenn wir in unserer neuen Stadt ankommen würden, den besten Blick zu haben. Als auch meine Eltern schließlich rechts – zur Tür hin – Platz genommen hatten, schlug der Mann von außen die Tür zu.

Kurz danach ruckelte es und die Fuhre zockelte langsam ab, aus dem Hof hinaus, durch die stillen Straßen, vorbei an den letzten Laternen der Stadt, hinein in die mondbeschienene nächtliche Weserlandschaft. Dicht vor uns schwang die Rückwand des Motorwagens hin und her, zwei große Türflügel, hinter denen die meisten unserer Möbel verstaut waren – der Rest unserer Habe fuhr hinter uns mit. Das monotone Hin und Her der Türwand so dicht vor meiner Nase machte mich ziemlich bald schwer und müde. Ich schlief ein und wachte auf, schlief ein und wachte auf. Es war eine seltsame Fahrt zwischen Wachen und flirrenden Träumen und mulmigen Gedanken, die im Halbschlaf kamen.

Was würde morgen sein?

Ich war nicht übermäßig aufgeregt. Ich war erschöpft, denn wir hatten viel zu arbeiten gehabt in den vergangenen Tagen und Wochen – meine Geschwister und ich und vor allem unsere Mutter. Sie hatte wie immer die meiste Arbeit geleistet, denn unser Vater arbeitete bereits in jener Stadt, in die wir jetzt einwanderten, er hatte dort eine Arbeitsstelle und ein festes Einkommen gefunden. Er war erst am Tag des Umzugs zu uns gestoßen, als bereits alle Arbeit getan war.

Nein, ich war nicht sehr aufgeregt ob des Neuen, das jetzt auf mich zukam. Ich war skeptisch. Ich wusste, dass es schwer für uns werden würde und hatte ein ziemlich düsteres Bild von meiner Zukunft. Ich war nicht gespannt auf das, was kommen würde, aber ich wusste, dass unsere Mutter an diesen Neuanfang all ihre Hoffnungen hängte.

Irgendwann fuhr unser Möbelwagen, wie es schien, nur noch stur und gleichmäßig geradeaus, immer in die gleiche Richtung. „Jetzt sind wir auf der Autobahn", sagte unser Vater.

Die Autobahn

Schon als kleines Kind hatte ich aufregende und spannende Ausflüge durch Niedersachsen gemacht. Ich saß dann neben meinem Vater in seinem eckigen Opel P4, wir fuhren über die Landstraßen in die Dörfer und die kleinen Städte und oft hatte ich von ferne oder auch ganz nah die Autobahn gesehen. Und die Vorstellung, dass dort die Autos ungehindert immer geradeaus sausen konnten wie bei einem Autorennen, hatte mich sehr fasziniert. Ich hatte mir gewünscht, irgendwann mit meinem Vater einmal selber dort lang zu rasen. Jetzt fuhren wir also auf der Autobahn, ungehindert, immer geradeaus, immer gen Westen – meine erste Autobahnfahrt ...

Es hatte angefangen zu regnen und es war stockfinster. Ich sah nichts. Keine Autobahn. Nichts. Blind fuhren wir in die Dunkelheit. Blind fuhren wir in die Stadt unserer Zukunft.

Sieg der Mäuse

Die allerletzte Nacht in der Baracke, die uns vier lange Jahre geborgen hatte, war sehr ungemütlich gewesen. Wir schliefen alle nur wenige Stunden, unruhig, mit Unterbrechungen. Wir wurden ständig gestört, denn es geschahen seltsame Dinge.

In den Wochen vor unserer Abreise hatten wir viel geschuftet und den großen Umzug vorbereitet und in den letzten Tagen waren schließlich alle Schränke ausgeleert, unsere Kleidung war in Koffern und Taschen verstaut, der Inhalt des Bücherschrankes und die gebündelten Papiere und Dokumente aus dem großen Schreibtisch stapelten sich auf dem Fußboden unseres Wohnzimmers, alles Geschirr und die Töpfe und Pfannen aus dem Küchenschrank waren auf dem Küchenfußboden aufgebaut. Da war noch ein Berg aus Kleidung, ein Berg aus Bettwäsche. Die Männer von der Spedition brachten Holzkisten mit, in die wir Kinder am letzten Tag alles, was noch herum lag, einluden, bevor sie im großen Möbelwagen verschwanden. Alle Gardinen waren abgehängt und unsere Wohnung, in der ich mich wohl und sicher gefühlt hatte, verwandelte sich wieder zurück in die Baracke, in die sie einstmals hineingebaut worden war.

Unser letztes Nachtlager dort draußen in der Wildnis war ein ungemütliches Provisorium.

Die Kinderbetten waren bereits auseinander genommen und die Gestelle und Matratzen stapelten sich in unserem großen Kinderzimmer. Als es Nacht wurde und wir schlafen gehen mussten, stand nur noch das große Ehebett wie eine Insel in diesem Chaos. Und in der Rumpelkammer, die einstmals unser Wohnzimmer gewesen war, stand mitten in dem Tohuwabohu unsere Couch. Ich bereitete mir mein Lager auf dieser Couch und meine drei Geschwister schlüpften zu meiner Mutter in das große Ehebett. Der Älteste, mein Halbbruder, schlief bei seiner Mutter, die in der Altstadt von Hameln eine Kneipe aufgemacht hatte und dort auch wohnte. Er hatte von den Umzugsstrapazen gar nichts mitbekommen, er hatte sich aller Arbeit entzogen.

***

Hameln ist durch seine Nagetiere weltberühmt geworden.

Die Geschichte von den Ratten der Stadt und dem Rattenfänger ist „Weltliteraturerbe" und wird heute bis ins Letzte vermarktet. Sie zieht Touristen aus aller Welt in die alten Gassen der alten Stadt mit ihren schönen Patrizier- und Fachwerkhäusern.

Ich kann mich nicht erinnern, während all der Jahre, die wir in „unserer" Baracke wohnten, jemals eine Maus oder gar eine Ratte in unseren Räumen gesehen zu haben.

In der letzten Nacht war alles anders:

Die Mäuse tobten und lärmten in den Töpfen und Pfannen, die in der Küche aufgestapelt waren, Geschirr kippte um und klirrte, sie tobten in dem Raum, in dem ich zu schlafen versuchte, huschten zwischen den Büchern und den Papieren herum, die da aufgestapelt waren, und, ja, sie hopsten und tobten sogar in den Gurten und Sprungfedern der Couch, auf der ich lag, als seien sie völlig größenwahnsinnig geworden und als wollten sie uns sagen: wir übernehmen hier und jetzt und genau in dieser Nacht das Regime. Zieht ab!

Angesichts des Krachs der krakeelenden Mäuse direkt unter mir war an Schlaf nicht zu denken. In den Sprungfedern der Couch, in denen sie herumtanzten, ertönte eine Art Gamelanmusik. Ich hörte sie piepsen und kreischen.

Schließlich schnappte ich mir meine Decke und mein Kopfkissen und zog als Letzter auf die große Bettinsel, auf der sich schon meine Geschwister und unsere Mutter schlaflos hin und her wälzten. Das war die allerletzte Nacht in jener Baracke, die uns vier Jahre lang behaust hatte. Vier helle, farbige Jahre in der Wildnis, vier Jahre Abenteuer – so trauerte ich später immer wieder einmal – bis ich schließlich die düstere Seite jener Zeit begriff, die dunkle Seite meiner Kindheit.

Nach dieser unruhigen und halb durchwachten Nacht standen wir früh auf und wuschen uns in der Kühle des Morgens unter der Pumpe in der Küche. Einer von uns schöpfte mit dem Schwengel das Wasser, das frisch und kalt aus der Erde kam, so dass der, der „dran" war, seine Waschungen vornehmen konnte. So hatten wir das meistens gemacht.

Gegen acht kam der Möbelwagen mit dem Hänger vorgefahren. Den ganzen Tag über halfen wir den Männern, alles zu verstauen und als wir schließlich fertig waren, kam das Allerschlimmste: der Abschied.

Mit der Schnauze im Stiefel

Wo bist du weggegangen? Wie weh tat das?
Unser Hund hatte die Präliminarien unserer Abreise irritiert und mit wachsender Unruhe wahrgenommen. Meist lag er vor seiner kleinen Hütte, deren spitzes Dach mit Teerpappe gedeckt war, auf dem Bauch, die Vorderpfoten nach vorne gestreckt, hechelte und winselte zuweilen und beobachtete und belauerte uns in allem, was wir taten.

Oft war ich, seit wir ihn hatten – er kam als kleiner Welpe zu uns – zu ihm in sein kleines Haus gekrochen, am liebsten dann, wenn es regnete. Wir lagen aneinander gekuschelt und schauten beide in den Regen hinaus, der auf das Dach trommelte und auf den Lehmboden vor uns platschte und kleine braune Fontänen hoch spritzen ließ. Es roch würzig nach nassem Fell und nassem Hund und er mochte es, wenn ich meinen Kopf auf seinen Rücken legte und ihn streichelte. Ich liebte ihn. Er war ein kräftiger, kleinwüchsiger Schäferhundrüde, sehr wild, denn er lebte ja mit uns zusammen in der Wildnis. Er war ein Kämpfer, ein Raufbold und Beschützer.

An einem dunklen Winterabend, als wir Kinder ganz allein zuhaus waren in der Einöde – wahrhaftig weit draußen, allein und ohne Nachbarn um uns herum – versuchte ein Mann bei uns einzudringen. Im Fenster der Küchentür, die in einen winzigen Vorbau führte, der noch einmal mit einer stabilen Tür gesichert war, die der Mann offensichtlich geknackt hatte, erschien das bedrohliche und wütende Gesicht dieses Kerls, der uns anschrie, wir sollten die Tür aufschließen und ihm den Schlüssel zur Werkstatt unseres Opas herausgeben, die gleich neben unserer Wohnung lag. Dort wollte er offensichtlich was klauen.

Wir hatten große Angst.

Plötzlich hörten wir ein Jaulen und Bellen und merkten, dass unser Hund nicht draußen herumstreunte, wie wir dachten, sondern im Nebenzimmer lag und nur darauf wartete, in Aktion treten zu dürfen. Wir ließen ihn los, er raste durch die

Küche, sprang mit Schwung und großem Krach an der Tür hoch und der Mann sah nur noch die fletschenden Zähne einer Bestie im Blutrausch. Er war sofort weg. Wir hörten ihn davonrennen, warteten noch eine kleine Weile, dann ließen wir unseren Retter los. Er raste wie besessen in die Dunkelheit hinaus und was dann noch alles passierte zwischen ihm und dem Mann … das weiß ich nicht.

Jetzt mussten wir ihn zurücklassen, ganz allein zurücklassen. Wir verabschiedeten uns von ihm so lange und so ausgiebig, wie wir nur konnten. Wir streichelten ihn, wir kuschelten uns noch einmal an ihn, und meine Mutter legte ihm ein paar alte Stiefel, die sie lange getragen hatte und die sie nicht mehr mitnehmen wollte, an sein Lager. Unser Opa würde sich um ihn kümmern, wurde uns gesagt, aber ich hatte kein gutes Gefühl dabei, denn dieser Opa, das hatte ich als kleiner Junge buchstäblich am eigenen Leibe erfahren, neigte zu irrationalen Zornesausbrüchen, er konnte jähzornig und brutal werden.

Schließlich zogen wir ab: nun wanderten wir endgültig und für immer aus. Wir schlossen unseren schönen, geliebten Freund in der leeren Wohnung ein, in der es nur noch sein Lager, seinen Fressnapf, eine Schüssel mit Wasser und die Schaftstiefel gab. Noch lange hörten wir sein Jaulen und Schreien, als wir die Kuhbrückenstraße entlang Richtung Stadt zogen. Er wusste genau, was los war. Noch heute höre ich zuweilen sein Jammern und alles in mir krampft sich zusammen.

Später wurde uns berichtet, er habe nur noch krank auf seinem Lager gelegen, mit der Schnauze im Schaft eines der Stiefel meiner Mutter, die ihn vier Jahre lang umsorgt hatte. Der Opa, der sich nicht um ihn kümmern mochte, gab ihn weiter an einen Bauern, der einen Hofhund brauchte. Was weiter aus ihm geworden ist, habe ich nie erfahren und ich mochte es mir nie ausdenken. Mein erster Hund.

Immer, wenn ich an ihn denke und sein Bild vor mir habe, weint es in mir.

Bretterzäune

Langsam wurde es hell.

Schwaden eines weißen Oktobernebels waberten am Fenster unseres Möbelwagenabteils vorbei. Wir waren immer noch auf der Autobahn und fuhren blind in ein undurchdringliches weißes Dickicht hinein. Irgendwann änderten sich die Fahrgeräusche, die Fuhre verließ die Autobahn, rumpelte über Landstraßen und hielt öfter mal an Kreuzungen. Bald konnte man einiges erkennen, denn der Nebel lichtete sich allmählich.

„Das müsste jetzt schon Dortmund sein", sagte mein Vater. Wir fuhren von Nordosten in die Stadt ein. Ob ich links oder rechts zum Fenster hinausschaute, ich sah immer das Gleiche: Bretterzäune und darüber meist nichts, kein Haus, nur Himmel, manchmal Ruinen, vereinzelt mal ein Haus mit demolierter Fassade. Bretterzäune, an denen Plakate klebten, die sich teilweise gelöst hatten und in Fetzen im Wind wehten.

Wenig später lernte ich, was es mit diesen Bretterzäunen auf sich hatte. Hinter ihnen verbargen sich Ruinen, die Reste von Wohnhäusern. Der Schutt war weggeräumt worden, die Grundmauern der Kellergeschosse standen noch. Diese Ruinen und Kellergerippe wurden wenig später, als wir uns etabliert hatten, zu unseren Spielplätzen. Zum ersten Mal bekam ich eine Ahnung davon, was jenes Wort, das ich von den Erwachsenen als Kind so oft gehört hatte, alles in sich barg: Krieg.

***

Was wir Einwanderer aus einer unversehrten Welt nicht wussten: Dortmund war im Bombenterror der Westalliierten gegen die Zivilbevölkerung in Schutt und Asche versunken: Zwischen dem 5. Mai 1943 und dem 12. März 1945 flogen die Helden der Royal Air Force insgesamt 105 Luftangriffe auf die Innenstadt.

„Acht Großangriffe zerstörten 70 % des vorhandenen Wohnraums:

» *5. Mai 1943: zirka 100 000 abgeworfene Bomben*
» *24. Mai 1943: Bombenlast 2.248 t*
» *23. Mai 1944: 140 814 abgeworfene Bomben*
» *6. Oktober 1944: zirka 165 000 abgeworfene Bomben*
» *11. November 1944: Bombenlast 1.659 t*
» *29. November 1944: zirka 53 520 abgeworfene Bomben*
» *21. Februar 1945: Bombenlast 2.249 t*
» *12. März 1945: Bombenlast 4.851 t*

Der letzte Angriff auf Dortmund am 12. März 1945 war der schwerste konventionelle Luftangriff, der im gesamten Verlauf des Zweiten Weltkrieges jemals gegen eine Stadt in Europa durchgeführt wurde. Die Stadt war die am stärksten zerstörte Stadt Deutschlands.“[1]

Die gesamte Schwerindustrie an der Peripherie der Stadt hatten die weitsichtigen Briten wohlweislich unversehrt gelassen, wie auch fast alle sonstigen Industrie- und Gewerbegebiete – und dieser Tatbestand machte ausgerechnet diese zerbombte, zerschrotete und massakrierte Stadt am Ostrand des Ruhrgebiets zur Boomtown der Nachkriegsära – und zog Menschen aus allen Himmelsrichtungen an. Wie uns.

Während man allenthalben Geschichten „vom Kriege“ erzählt bekam, von den Männern, die Soldaten gewesen waren und gekämpft hatten, hörte ich damals, im Nachkrieg, nie Geschichten von den Bombennächten und „Luftschutzkellern“. Die Frauen erzählten nichts von dem Grauen, das sie damals zusammen mit ihren Kindern und den Alten, ihren Eltern und Schwiegereltern, in diesen Kellern durchmachten. Zweimal traf ich Menschen in meinem Leben, die als Kinder verschüttet gewesen und aus den Trümmern gerettet worden sind, für immer geschädigt, für immer traumatisiert. Auch sie sprachen nur selten von der Todesangst und dem Grauen jener Nächte. Der Stoff

---

1 wikipedia.org/wiki/: Geschichte_der_Stadt_Dortmund. Nationalsozialismus_und_Zweiter_Weltkrieg

eignet sich nicht zum Bramarbasieren und Schwadronieren, er hat nichts Heldenhaftes. Opfer sind keine Helden. Die tollkühnen Männer in ihren fliegenden Kisten waren ebenfalls keine Helden. Sie waren nicht einmal Kombattanten. Ob London und Birmingham, Dresden und Dortmund, Hiroshima und Nagasaki: sie ermordeten Wehrlose. Sie waren Mörder. Mit Amphetaminen zugedröhnte, enthemmte Massenmörder.

***

Ab und zu wurden die Bretterzäune, hinter denen einstmals die Wohnhäuser standen, in denen die Dortmunder Malocher ihre kleinen Leben gelebt hatten, abgelöst von richtigen Häusern oder Häuserstümpfen, die den Terror überstanden hatten und wie übrig gebliebene Zähne aus einem brutal zerschlagenen Gebiss herausragten. Sie waren schwarz und grau, verdreckt, zerschossen – bewohnte Ruinen. Manchmal waren die Fensterlöcher mit Brettern zugenagelt. Dreck war überall. Alles war grau, schwarz und schmutzig.

Überall herrschte ein ungeheurer Lärm, Baulärm, Verkehrslärm – und die Stadt stank. Sie stank faulig wie vergammelte Eier. Das waren die Schwefelwolken der großen Stahlhütten, erklärte unser Vater, die sich permanent auf die Stadt und ihre Menschen absenkten und ihre Hemdkragen gelb einfärbten, wie wir schon bald erfahren sollten.

Diese Stadt war hässlich. Sie war gezeichnet vom Hass des Krieges und der Welle der Gewalt, die so viele Städte im *Land Davor* und anderswo zertrümmert hatte und die Überlebenden zwang, sich in den demolierten Resten einzurichten.

Unser Möbelwagen schob sich langsam durch den dichten Morgenverkehr. Zum ersten Mal in meinem Leben sah ich Straßenbahnen, Verkehrsampeln und Polizisten, die an dicht befahrenen Kreuzungen den Verkehr regelten. Graue Menschen hasteten die Bürgersteige entlang, vorbei an den Baustellen und den vielen, vielen Holzwänden mit ihren Papierfetzen, die der Wind zerzauste.

***

316

Über Jahre umtoste uns Baulärm von allen Seiten: Straßenbau, Hochbau, Tiefbau. Überall wurde gebaut. Die effizientesten Zerstörer, die die Welt je gesehen hatte, mutierten zu effizienten „Wiederaufbauern". Hier bauten sie nun am „neuen" Dortmund: kubisch, hässlich, gedankenlos, planlos, lieblos – so, wie sie es eben vermochten.

Spätere Generationen haben vieles von diesem Nachkriegsmist wieder abgerissen. Die verkehrsreichsten Durchgangsstraßen der in den Fünfzigern und Sechzigern „autogerecht" gestalteten Stadt wurden verkehrsberuhigt und wieder menschenwürdig – und wenn ich heute durch die Innenstadt von Dortmund tingele, freue ich mich, wie lebenswert und liebenswert diese Stadt doch wieder geworden ist – in sommerlicher Sonne fast mit südlichem Flair ...

***

Auf der Straße, durch die wir in die Stadt einzogen, herrschte dichter Verkehr. Wir erreichten langsam das Zentrum. An der großen Kirche, dem Wahrzeichen der Stadt, wurde gebaut. Auch ihr Turm war im Bombenhagel zu Bruch gegangen und man hatte ein Schwindel erregendes Gerüst aufgebaut, auf dem die Bauarbeiter herumturnten, um alles wieder gut zu machen. Man zog ihn wieder hoch, den Turm, höher – wie man uns später sagte – als er vorher gewesen war. Wenn schon, denn schon: Triumph des Willens.

Unser Zahn

Unweit der Reinoldi-Kirche, in einer wüsten Landschaft aus Ruinen, riesigen Baustellen und einigen hässlichen schnell hochgezogenen Bürohäusern, ragte ein einsamer Zinken, ein Vorkriegshaus, hervor, einer der übrig gebliebenen Zähne im zerschlagenen

Gebiss der Stadt. Die Fassade war ansprechend. Zu beiden Seiten war der Schutt der zerstörten Nachbarhäuser weggeräumt worden, unten war eine Bankfiliale, und im dritten Geschoss, mein Vater zeigte nach oben, nachdem wir alle steif und todmüde aus unserem Möbelwagenabteil geklettert waren, würden wir wohnen.

Das also war es. Unser neues Heim. Wir guckten hinauf und guckten uns um im Krach der Baustelle gleich nebenan. Das also war unsere neue Heimat. Hier sollten wir also leben. Hier, in diesem Dreck, Lärm und Schutt würde irgendwo meine Schule stehen. Durch all diese Trümmer, durch dieses Chaos würde mein Schulweg führen. Das also war der Ort, an den unsere Zukunft gebunden war, der Ort, an den unsere Mutter, die so viel Stärke gezeigt hatte, ihre vielen Kinder heil durch die erste Etappe ihres Lebens zu bringen, all ihre Hoffnungen knüpfte.

Wir trappelten zum ersten Mal die Treppe zu „unserer" Wohnung hinauf und unser Vater schloss mit einem bedeutungsvollen Gesicht die Wohnungstür auf. Die Luft in der Wohnung war unerträglich warm, stickig und staubig. Das lag an der Zentralheizung, wie wir feststellten – etwas, was wir noch nicht kannten und noch nie gesehen hatten. Vier Jahre lang hatten wir um unseren Küchenherd herum gelebt und uns im Winter dort zusammengekuschelt. Unser Herd war meistens die einzige Feuerstelle und einzige Kochstelle das ganze Jahr über – nur um Weihnachten herum wurde auch der Ofen in unserem Wohnzimmer angeheizt. Wir waren Kälte gewöhnt, denn unsere Schlafräume wurden nur selten beheizt.

Die Heizkörper in unserer neuen, komfortablen Wohnung waren heiß und meine Schwestern und ich liefen durch alle Räume, drehten die Rädchen an den Heizkörpern auf null und rissen die Fenster auf, da uns übel wurde.

In der Küche fanden wir einen neuen Gasherd und Einbauschränke vor. Das weiß geflieste Bad hatte zwei Hähne über dem Waschbecken und zwei Hähne über der Badewanne: aus dem einen kam kaltes und aus dem anderen kam warmes Wasser. Das Klo in unserer neuen Wohnung war in einem Extra-Kämmerchen untergebracht: es war mit einer Spülung ausgestattet, die man per Knopfdruck auslösen konnte. Welch ein Luxus. Unser Barackenklo hatte keine Wasserspülung gehabt: vor jeder Sitzung pumpten wir Wasser in einen Eimer, der immer bereit stand, und spülten damit alles in die Sickergrube, was so abfiel. An jenem ersten Morgen unserer Ankunft entdeckten wir völlig unvorbereitet und überrascht all diese wundersamen Dinge. Wir hatten die Wildnis verlassen und waren in der Zivilisation gelandet.

Ich stand an einem der Fenster, dessen großer Glasflügel weit geöffnet war, und schaute auf die Welt, auf die ich nun tagtäglich schauen würde. Unter mir die riesige Baustelle, die ich noch lange sehen und hören würde, mit ihren vielen Baumaschinen und dem riesigen Schwenkkran, den fluchenden Arbeitern und schreienden Polieren, den Unteroffizieren und Offizieren der Baugesellschaft und den Bauherren, die im Mercedes vorfuhren und vor denen die Poliere in Hab-Acht-Stellung gingen, bevor sie sie beflissen und eilfertig auf der Baustelle herumführten.

In meinem Blickfeld, in einer gewissen Entfernung, beherrschte die Ruine der Reinoldi-Kirche den Horizont, halb versteckt hinter ihrer ebenfalls lädierten Nachbarkirche, der Marienkirche. Auf dem filigranen hohen Gerüst um den Turm herum turnten und werkelten Menschen, kleine Figürchen, und setzten Stein auf Stein. Das war von nun an meine Welt, meine „Landschaft", und hier sollte ich noch oft stehen und diese groteske Welt unter mir betrachten.

Ich fühlte mich plötzlich leer. Ich fühlte gar nichts mehr, keine Freude, keine Traurigkeit, kein Interesse an all dem, was sich vor meinen Augen abspielte, nichts. Meine nur um ein Weniges ältere Schwester war neben mich getreten und schaute ebenfalls hinaus und hinunter. Ich spürte, dass es ihr ähnlich erging wie mir.

„Eines Tages", sagte ich zu ihr, „werde ich ein Buch schreiben über die Baracke."

Sie schwieg.

„Ja", wiederholte ich, „wir werden mal ein Buch schreiben über unsere Barackenzeit."

Sie drehte sich zu mir um und grinste ein wenig hilflos. Ich glaube, sie sagte den Spruch, den wir immer sagten, wenn wir in der Wildnis unserer Kindheit morgens die Abenteuer unseres Tages planten und dann zur Tat schritten. Sie sagte: „Au ja, das machen wir!"

Aber diesmal klang es müde und erschöpft und ein wenig spöttisch. Ich wusste, dass sie nicht daran glaubte.

***

Wenn du dir vornimmst, einen Teil deines Lebens aufzuschreiben und nachzuerzählen, ist er ja bereits Geschichte geworden: vorbei für immer. Ich war zehneinhalb und wusste da oben an dem großen Fenster ganz sicher, dass meine Kindheit vorbei und damit alle Schönheit des Lebens dahin war. So dachte ich, während meine Augen über die Ruinenstadt schweiften. Unsere Fahrt im Möbelwagen an diesen Ort hier – das fühlte ich – war ein Schlussstrich gewesen.

Vielleicht war ich ja ruckartig „sehr alt" geworden und verspürte prompt den klassischen Wunsch der Alten, ihre Kindheit zu erzählen, sie aufzuschreiben und festzuhalten, sie zu musealisieren.

Natürlich kam es nicht dazu. Die Erinnerung an die „Barackenzeit" rutschte mir erst einmal weg. Das Leben zog mich so stark in seinen Strudel, dass ich den Wunsch für sehr lange Zeit wieder vergaß.

Nur wenige Tage später erfuhren wir von unseren neu gewonnenen Straßenfreunden, dass ein Bauarbeiter vom Gerüst des Reinoldi-Kirchturms in den Tod gestürzt sei. Ein kleiner Malocher. Ein Nachkriegsopfer des Wiederaufbaus. Zum höheren Ruhme Gottes.

2

Ausschulung und Einschulung

Meine „Einschulung" in unserer neuen Stadt, meine zweite Anmeldung zum Gymnasium, nahm meine Mutter mit mir vor.
Sie überwand ihre Menschenscheu, die sie in der demütigenden Barackenzeit entwickelt hatte, und traute sich wieder unter Menschen. Sie hatte ihren gut geschnittenen Mantel aus russisch-grünem Flausch an und den großen weichen Kragen hochgeklappt, der ihre dunklen Haare und ihr Gesicht umrahmte – ihre hohl gewordenen Wangen und ihre großen Augen, die tief in ihren Höhlen lagen. Ich sah sie plötzlich neu – verwandelt in eine elegante, aufrechte, schlanke Frau, selbstbewusst und stolz. Als wir nach den Formalitäten im Sekretariat schließlich vor dem Lehrerzimmer auf meinen zukünftigen Klassenlehrer warteten, betrachtete ich sie voll stiller Bewunderung.
Dr. F. erschien: ein hochgewachsener, gutaussehender Mann mit langen welligen grau-blonden Haaren, nur wenig älter als meine Mutter. Er war sehr elegant gekleidet, trug einen hellgrauen Anzug mit etwas helleren Längsstreifen, dazu die passende Krawatte und in seiner Brusttasche ein Kavalierstuch, das in der Farbe mit der Farbe seiner Krawatte harmonierte. Keiner der Lehrer, die ich bis dahin kennengelernt hatte, hatte auch nur annähernd eine so männlich-elegante Ausstrahlung gehabt wie er. Offenbar war er reich. Später erfuhr ich, dass er neben seinem Lehrerberuf Mitinhaber einer Fabrik war, in der er sich auch als Unternehmer betätigte.
Was ihn mir ganz besonders sympathisch machte, war die Art, wie er meiner Mutter begegnete. Er bedachte sie mit ausgesuchter Höflichkeit und großem Respekt – und ich sah, wie sie das genoss.

Er erklärte ihr die misslichen Bedingungen, unter denen Lehrer wie Schüler an den Dortmunder Gymnasien gleichermaßen litten. Hier zum Beispiel: zwei komplette Gymnasien unter einem Dach, Schichtunterricht, eine Woche vormittags, die nächste Woche nachmittags, riesige Klassen, die durch den anhaltenden Zustrom der Menschen Woche für Woche immer weiter anschwollen. Ich wäre, erfuhr ich aus ihrem Gespräch, der sechsundfünfzigste Schüler meiner neuen Sexta. Es gäbe aber keine Wahl: an allen Schulen der Stadt sähe es ähnlich aus. Sie könne also ohne weitere Bedenken das Risiko eingehen, mich hier einzuschulen. Falls ich scheitern sollte, so solle sie sich auf jeden Fall klar machen, unter welch fürchterlichen Bedingungen die Kinder in dieser Stadt lernen müssten.

„Ein Kind muss schon sehr willensstark sein, um durchzukommen", sagte er zu ihr. „Ja, ja, nur die Besten überleben." Er lachte.

Dann nahm er mich kurz und oberflächlich in Augenschein und schob meiner Mutter noch eine deftige Schmeichelei nach, ganz im Stil seiner bisherigen Ansprache:

„Ich denke, *Ihr* Sohn wird das schaffen, daran habe ich keinen Zweifel. Vertrauen Sie einem erfahrenen Lehrer."

Als wir nach Hause zurückgingen – wir gingen die Münsterstraße entlang und durch das Brückstraßenviertel – merkte ich deutlich, dass meine Mutter von ihrem Ausflug in den Trubel der Stadt nach ihrer vierjährigen Abstinenz sehr angetan war. Sie hatte die Baracke hinter sich gelassen und ein wenig von ihrer Würde wieder gewonnen. Die respektvolle und höfliche Art dieses charmanten und eleganten Mannes hatte ihr gut getan.

∗∗∗

Meinen allerersten Schritt in die Sphäre der höheren Bildung, meine Einschulung in das Jungengymnasium der kleinen Stadt Hameln, in der ich geboren und aufgewachsen war, begleitete mein Vater. Diese Schule besuchte ich nur ein halbes Jahr. Dann wanderten wir aus.

An jenem ersten Tag, morgens um halb acht, bestiegen wir auf dem Hof vor unserer Baracke seinen Opel P4, er startete und die Karre sprang auch tatsächlich an. Ich war sehr erleichtert. Oftmals, wenn er morgens los wollte, musste er erst noch herumbasteln, bis der Motor lief. An jenem Tag aber musste ich auf jeden Fall pünktlich sein, denn es war der erste Tag der Aufnahmeprüfung, die zehn Tage dauern würde.

Wir wohnten am äußersten Ende der Stadt, an ihrem südlichen Rand, in einem Gewerbegebiet, in dem nur wenige Menschen zwischen den Fabriken, Werkstätten, Schrott- und Kohleplätzen lebten. Kleine Leute zumeist, arme Leute. Gleich hinter „unserer" Baracke war die Stadt zu Ende. Hier verlief der Weserdeich, der „Damm", wie er genannt wurde, und für uns Kinder war er die Grenze zwischen Zivilisation und Wildnis.

Denn hinter dem Damm breitete sich die Landschaft bis zum Horizont aus. Erst Gärten, dann Felder und große Viehweiden und weit hinten am Horizont die sanften blauen Weserberge. Zur Rechten hin sah man das Band der Weser, da war der Treidelpfad zur Tündernschen Warte mit dem dichten Gebüsch zum Wasser hinunter, gegenüber, am anderen Ufer, sah man den Ohrberg, der tatsächlich ein wenig wie das Ohr eines liegenden Riesen aussah. Wir lebten am Rande.

Die lange Autofahrt zu meiner neuen Schule machte mir klar, dass ich einen langen Schulweg haben würde, denn „mein" Gymnasium lag fast am anderen Ende der Stadt, im nördlichen Viertel, jenseits der grau-schwarzen Innenstadt, die erst viel später zur „Altstadt" restauriert wurde und zu einer knallbunten Touristenattraktion geworden ist.

Das Schulgebäude war da hingebaut worden, wo es hingehörte: in ein gutbürgerliches Viertel, in dem die Kinder aufwuchsen, für die es gedacht war. Es hieß „Schiller-Gymnasium" (so hieß vermutlich die *eine* Hälfte aller Gymnasien in Deutschland).

Mein Vater war aufgekratzt und heiter. Einst hatte er selbst diese Schule besucht, angeregt führte er mich über den Schulhof ins Gebäude, er kannte sich aus.

„Meine alte Penne", sagte er, „jetzt wirst du hier Pennäler. Damals gab es noch Schülermützen." Er lachte schallend: „Jeder konnte sehen, dass man jetzt Pennäler war."

Das Wort „Penne" für Gymnasium übernahm ich in meinen Wortschatz. Es war auch noch allgemein im Schwange, das Wort „Pennäler" war ausgestorben.

Die Aufnahmeprüfung fand in einem großen Saal statt, der seltsam roch und an dessen Wänden große Tafeln mit eigenartigen Formeln angebracht waren. Das war der Chemiesaal. Ich nahm zusammen mit meinem Freund Rainer aus der Volksschulklasse an einem der Schülerpulte Platz und war froh, als mein Vater endlich verschwand, denn der stand noch lange hinter der Tür und machte Faxen durch das Glasfenster. Er war nicht nur aufgekratzt, wieder in seiner alten Schule zu stehen, er war aufgeregter als ich. Er hatte Prüfungsangst.

Tatsächlich war die Aufnahmeprüfung eine faire Angelegenheit und überhaupt nicht anstrengend. Ein Tag wurde unterrichtet, Deutsch und Mathematik, am nächsten Tag wurde über das Gelernte eine Prüfungsarbeit geschrieben. So ging das zehn Tage lang. Da waren knapp fünfzig Jungen. Um die zwanzig mussten ausgejätet werden, denn sie machten nur eine einzige neue Sexta auf. Es herrschte eine konzentrierte Ruhe, jeder war erpicht darauf, einen guten Eindruck zu machen.

Ich war nur wenig aufgeregt, denn diese Prüfung war ein notwendiger Schritt auf einem Weg, der mir seit je sicher vorgezeichnet war. Ich hatte dabei halt die notwendigen Hürden zu nehmen, das war nun einmal die Voraussetzung für alles Weitere. Heute kann ich amüsiert übertreiben: ich wusste wahrscheinlich schon als ich laufen lernte, dass ich einmal studieren würde. Ich war mir daher ganz sicher: ich würde die Prüfung bestehen. Im Verlauf der nächsten Tage stellte ich aber fest, dass viele der Jungs unter einer hohen Anspannung litten.

Ich mochte den Deutschlehrer auf Anhieb, es kam ziemlich schnell zu kleinen Diskussionen zwischen mir und ihm, während andere Jungs sich verhaspelten und verschluckten vor Aufregung, wenn sie von ihm aufgerufen und „drangenommen" wurden.

Mein Freund Rainer war sehr aufgeregt.

Er war das einzige Kind sehr liebevoller und zärtlicher Eltern, die in einem uralten Haus in der uralten Bäckerstraße der uralten „Altstadt" wohnten. Er hatte Angst zu versagen und seine Eltern zu enttäuschen. Er griff zu allen Mitteln, um das zu verhindern. Er hatte eine schön gesprenkelte Muschel in der Hosentasche, die ihm Glück bringen sollte und hatte sich eine Kette um den Hals gehängt, an der ein Medaillon mit einem Klappdeckel hing. Er verriet mir nicht, was darin verborgen war. „Dann wirkt es nicht mehr", sagte er.

Und er hatte noch ein weiteres Mittel gefunden, um das Schicksal zu beeinflussen:

„Ich habe mir vorgenommen: ich gehe jeden Tag, gleich wenn wir aus der Schule kommen, in die Kirche und bete", gestand er mir am zweiten Tag.

Ich lachte:

„Du *betest?* Du gehst in die *Kirche???*", ich war baff. Dann fiel mir ein:

„Aber die sind doch alle zugeschlossen."

„Schon. Aber die katholische ist auf."

„Du gehst in die *katholische* Kirche???"

„Ja, warum nicht? Hauptsache, es wirkt."

Ich dachte darüber nach. Schaden konnte es ja nicht – und ich wollte ihm gegenüber nicht im Nachteil sein.

„Ich gehe mit."

„Au ja. Komm."

Wir durchquerten die graue und schwarze alte Stadt, kamen zum Ostertorwall und betraten die katholische Kirche. Es herrschte eine unglaubliche Stille im Kirchenraum, eine konzentrierte, friedliche Ruhe. So etwas hatte ich noch nie erlebt. Ich war, wie alle in meiner Familie, ein echter Heide und ging nie in die Kirche und so war ich überrascht, wie schön diese Kirche war: mit großen Bildern und Figuren an den Wänden und bunten Glasfenstern um den Altar herum. Es war dämmrig und es brannten Kerzen. Ich war sehr beeindruckt.

Vorne am Altar knieten Nonnen und beteten leise. Rainer ging ein paar Schritte in die Kirche hinein, kniete ebenfalls nieder und fing wohl auch an still zu beten. Ich wusste nicht so recht, was ich tun sollte. Schließlich kniete ich – mehr aus Verlegenheit – auch nieder. Aber ich muss gestehen: bei mir war es reine Mimikry. Ja, ich hatte sogar ein wenig das Gefühl, die „Evangelischen" zu verraten, zu denen ich ja eigentlich gehörte, was womöglich meine Chancen in der Prüfung wieder vermindern könnte. Mir war nicht ganz wohl bei dem, was ich tat. Als er ging, ließ Rainer nicht das Weihwasserbecken aus. Er benetzte seine Stirn mit zwei Fingern und ich tat es ihm nach. Konnte ja nichts schaden. Unser Kirchgang wurde von nun an zur Routine.

Einmal beobachtete uns ein Priester: wie wir knieten und beteten, wie wir langsam und leise wieder zum Eingang zurückgingen. Am Weihwasserbecken kam er uns zuvor: er griff mit den Fingern hinein und benetzte unsere Stirn. Dazu murmelte er etwas, was ich nicht verstand. Als wir draußen waren, hatten wir beide ein unglaubliches Glücks- und Triumphgefühl: jetzt konnte nichts mehr passieren.

Und in der Tat: wir bestanden beide die Prüfung.

***

Unsere „Randlage" machte mir – wie mir schon während der Autofahrt zur Aufnahmeprüfung schwante – in mancher Hinsicht zu schaffen.

Ich brauchte gut fünfzig Minuten quer durch die Stadt, wenn ich mich beeilte. War ich knapp dran, musste ich zuweilen rennen. Regnete es, musste ich vorsichtig die großen lehmigen Pfützen auf der unbefestigten Kuhbrückenstraße umlaufen, um in der Schule nicht völlig verdreckt auszusehen. Manchmal wurde ich klatschnass auf der langen Strecke und saß dann fröstelnd im Unterricht. Fast alle meine Klassenkameraden wohnten in der Stadt, in der Nähe, und flitzten in wenigen Minuten zur Schule.

Um auf meinem Schulweg Zeit zu sparen, brauchte ich ein Fahrrad. Ich bastelte an einem Werkstattrad herum, mit dem der Lehrling oder der Geselle meines Opas normalerweise Besorgungen erledigten. Schließlich hatte ich die alte „Gurke" halbwegs fahrtüchtig, ein schwarzes Herrenrad, das so groß war, dass ich nicht auf dem Sattel sitzen konnte, sondern über der Fahrradstange herumhangelte, wenn ich zur Schule raste. Das wirkte ein wenig lächerlich und einige meiner Klassenkameraden zogen mich deswegen auf.

Ich spürte etwas Neues, Unbehagliches, eine Veränderung, die ich zunächst nicht bewusst deuten und „dingfest" machen konnte. Ich merkte, wie sich langsam mein Blick veränderte, mit dem ich die Welt, aus der ich herkam und in der ich lebte, wahrnahm. Ich spürte jetzt deutlich, dass wir „am Rand" lebten – das Wort „marginalisiert" kannte ich natürlich noch nicht.

Die meisten meiner Schulkameraden kannten einander, sie wohnten in der nicht allzu weitläufigen Innenstadt, waren in den gleichen Kindergärten gewesen, hatten auf den gleichen Plätzen und Straßen, an den gleichen Orten miteinander gespielt. Die Stadt war klein, eine ländliche, verschlafene Kleinstadt.

Ich kannte nur meinen Freund Rainer, der wiederum kannte viele der anderen – seine Kumpel aus der Innenstadt. Natürlich knüpfte er hier neue Netze und unsere Freundschaft veränderte sich.

Eine verschlafene, ländliche Kleinstadt hat ihre fest betonierten Sozialstrukturen. Da gibt es die „Notabeln" – Apotheker, Ärzte und Zahnärzte, Schuldirektoren, Lehrer und Studienräte, der Autohändler am Ort, der Direktor des kleinen Kaufhauses in der Osterstraße, der Hotelier, die gediegenen und erfolgreichen Handwerker … und deren Kinder finden sich allesamt im Gymnasium wieder. Ich war in diesem Milieu ein Außenseiter, der „Junge aus der Baracke". Zum ersten Mal empfand ich dies sehr klar und deutlich am eigenen Leib, eine Erfahrung, die auch meine Geschwister schon gemacht hatten.

***

„Das Mädchen aus der Baracke hättest du aber nicht einladen müssen!"

Einen ganzen Sommer lang war der Junge täglich von zuhause ausgebüxt, war bei uns aufgetaucht, hatte mit uns gespielt, getobt und Abenteuer erlebt, die er ohne uns „Wilde" nie gehabt hätte. Wenn wir Hunger hatten, rannten wir mit ihm in unsere Barackenküche und schmierten uns unsere Rübensaftbrote, die er mit Lust in sich hinein stopfte. Wir tranken Muckefuck mit Milch aus der großen Kanne, die immer dort stand.

Er war regelrecht verliebt in meine kleine Schwester, sie waren beide sechs oder sieben, sie tobten und turtelten durch die Landschaft, kletterten auf Bäume, eroberten die riesigen Strohmieten auf den Feldern und schipperten auf unseren wackeligen, selbst gebastelten Booten auf der Hamel herum. Auch er war ein kleiner Wilder und liebte unser Leben.

Schließlich wollte er sich revanchieren: er lud das kleine Mädchen zu seinem Geburtstag ein.

Seine Eltern waren reich und wohnten in einem großen Haus gleich neben ihrem Geschäft mit dem großen Autohof und den schicken neuen Autos hinter den großen Schaufenstern, gar nicht so weit von uns entfernt, in der Ohsener Straße. Sein Vater war damals der einzige Autohändler am Ort.

Und dieser Autohändler sagte nun, als das kleine Mädchen vor ihm auftauchte – von unserer Mutter adrett gekleidet und mit einem kleinen Geschenk in der Hand – an sein Geburtstagskind gewandt jenen schrecklichen Satz, so laut und so deutlich, dass das kleine Mädchen ihn hören musste. Ihn hören sollte.

Er erreichte sein Ziel. Sie schmiss ihr Geschenk hin und rannte davon. Die Liebe war zu Ende. Wir ließen ihn nie wieder rein in unser Spiel. Und sie hat den Satz nie vergessen.

∗∗∗

Der Tag meiner „Ausschulung" begann mit einer Unregelmäßigkeit.

Statt seinen Unterricht zu beginnen, verkündete unser Deutschlehrer, dass er uns für fünfzehn Minuten allein lassen müsse, da er mitten in einer wichtigen Besprechung stecke. Ich erwartete eigentlich, dass er uns irgendeine kleine Arbeitsaufgabe verpassen würde, um uns „ruhig" zu stellen. Das tat er aber nicht. Stattdessen rief er zwei Schüler nach vorne, die als Aufseher über uns wachen sollten. Es waren die beiden Schüler, die er stets mit dem Vornamen anredete, während die anderen alle – wie auf dem Gymnasium üblich – mit den Nachnamen angeredet wurden. Er kannte sie also aus außerschulischen, privaten Gefilden, kannte ihre Eltern. Es waren Jungs seines Vertrauens.

Zwei Aufseher ohne Autorität und mehr als zwanzig Wilde: eine solche Konstellation hat – pädagogisch betrachtet – genau den Effekt, den sie vermeiden will. Ein sehr ungeschicktes Arrangement.

Kaum hatte er die Tür hinter sich zu gemacht, ging der Klamauk los. Die beiden da vorne wurden veräppelt und verarscht, sie waren den meisten anderen Jungs gut bekannt. Die kamen nun in Fahrt, steigerten sich in einen Höllenlärm und starteten eine chaotische Aktion nach der anderen, um die beiden zu provozieren. Schließlich schrieb einer der Aufseher den ersten Namen an die Tafel. Den Nachnamen. Der Betroffene war beglückt, er tanzte triumphierend durch den Klassenraum, als habe er einen großen Sieg errungen. Das spornte seine Konkurrenten an und alsbald stand ein Dutzend Namen an der Tafel. Jeder Name, den die kleinen Kapos da vorne niederschrieben, löste ein ungeheures Triumphgeschrei aus.

Ich stand in der Mitte des Raumes neben meinem Pult und wurde plötzlich so derbe und boshaft gerempelt, dass ich hinfiel und mir den Kopf stieß. Als ich wieder hoch kam, explodierte die Wutbombe in mir. Ich schubste den Angreifer mit voller Wucht. Der torkelte den Gang zwischen den Schülerpulten entlang, knallte hinten gegen die Wand und war erledigt. Als ich mich umdrehte, sah ich, dass einer der Aufseher vorne meinen Namen an die Tafel schrieb.

„Er hat mich angegriffen", schrie ich, „wisch das wieder weg."

Sie grinsten beide hämisch und machten eine abwehrende Bewegung. Das hieß: nein, nein.

Plötzlich – kurz bevor die lehrerlose Viertelstunde vorbei war – änderte sich das Spiel. Diejenigen, die die Ehre gehabt hatten, ihre Namen an der Tafel zu sehen, kämpften nun darum, dass sie wieder weggewischt wurden. Sie bedrohten die Jungs hinter dem Aufseherpult, sie drohten damit, all das zu verraten, was diese jemals angestellt hatten, denn sie kannten sich gut und hatten reichlich Munition. Einige drohten sogar, sie nach Schulschluss zu verkloppen.

Sie hatten Erfolg. Peu à peu wischten die beiden da vorne alle Namen wieder aus, bis auf einen. Meinen.

Ich winkte und schrie wie die anderen:

„He'j, mach das weg!"

Sie lachten hämisch und machten eine abwehrende Handbewegung, die hieß: „Nein, du bleibst." Mindestens einen Übeltäter wollten sie dem Lehrer präsentieren, den aus der Baracke, wie ich deutlich spürte.

Ich war empört, rannte nach vorne, machte mit der Rechten die Geste des Wegwischens und fauchte sie an:

„Los, wisch weg."

Sie lachten:

„Nein. Du nicht. Du bleibst."

Als ich mich wieder umdrehte, sah ich, dass viele meiner Klassenkameraden mich angrinsten. Ihre Gesichter sagten:

„Nein. Du nicht. Du bleibst."

Ich hatte kein Druckmittel gegenüber diesen Scheißern da vorne und setzte mich schließlich still an meinen Platz neben Rainer, der stumm war und sich nicht äußerte. Ich wartete wie die anderen auf den Lehrer. Das war jener sympathische Deutschlehrer, der mich so souverän durch die Aufnahmeprüfung gelotst hatte.

Der wird ja wohl nicht so blöde sein anzunehmen – so dachte ich –, dass ich ganz allein der Verursacher des Geschreis und Geheuls gewesen sein soll, das man vermutlich im gesamten Schulgebäude wahrgenommen hatte. Er würde sehen, dachte ich, dass da viel mehr Namen an der Tafel gestanden hatten, denn die Spuren der Wisch- und Wegaktionen seiner Vertrauensjungs waren noch deutlich zu sehen. Ich hielt große Stücke auf diesen Lehrer, ich mochte ihn und sagte mir deshalb: nein, so blöde wird der nicht sein. Er wird nicht für bare Münze nehmen, dass ein Einziger Verursacher eines Geschreis sein soll, für das man fünfundzwanzig Kehlen braucht. Zumindest würde er nachfragen und nachforschen. Das sagte ich mir.

Doch womit ich nicht gerechnet hatte, trat ein: dieser Lehrer war genau so blöde, wie ich es eben gerade nicht erwartet hatte.

Er schaute nur kurz zur Tafel hin, schaute mich an und sagte: „Strafarbeit. Du schreibst dreimal den *Erlkönig* ab."

Mir steckte ein Kloß im Hals und die Wut schoss in mir hoch. Ich schaute mich zu meinen Mitschülern um. Manche waren verlegen, manche grinsten, manche kicherten. Keiner sagte etwas. Von denen war nichts zu erwarten, sie waren teils zu feige, die Sache richtig zu stellen, teils voller Schadenfreude.

Von mir aus die Sache richtig zu stellen, ging mir gegen den Strich: das Schmuddelkind bewirft die Anständigen mit Dreck, so würde es für diesen Lehrer aussehen. Dieser Deutschlehrer war für mich schlagartig zum Blödmann mutiert. Ich schaute Rainer an. Auch der saß stumm und verlegen neben mir und sagte kein Wort – wie die anderen. Auch er war feige.

***

Nach Schulschluss klüngelte ich so lange herum, bis alle anderen Schüler endlich abgehauen waren und eine angenehme Ruhe auf dem Schulhof eingetreten war. Ich ging über den leeren Platz zu dem großen Fahrradschuppen: da stand nur noch meine Werkstattgurke und sah in der Tat oll und schäbig aus. Ich befestigte meine Tasche auf dem Gepäckträger, schob das Rad über den Schulhof, durch das große Tor auf die Straße. Ich hatte keine Lust schnurstracks nach Hause zu fahren, durch die Innenstadt wie sonst immer, die Bäckerstraße entlang, wo mir womöglich Rainer auflauern würde, um irgendeine Erklärung zu stammeln, die ich jetzt nicht mehr hören wollte.

Ich schob mein Rad stattdessen den Thiewall entlang, bis ich schließlich an der Weser landete. Gegenüber lag die kleine Insel im Fluss, der Werder, auf dem ein kleines Wasserkraftwerk arbeitete. Ich war tief in Gedanken und schob mein Fahrrad langsam durch die vertrauten Straßen. Schließlich landete ich auf der Weserbrücke, neben mir die alte Münsterkirche. Vom Brückengeländer aus schaute ich wie immer lange über den Fluss. Hier war die Weser breit und ausladend. Ich träumte mich wie immer fest, wenn ich den ewigen Wasserfall im Blick hatte, das Wehr, die Grenze zwischen „Oberweser" und „Unterweser", wie ich schon als kleiner Junge gelernt hatte. Ich ging den Anlegerkai entlang, an dem die Ausflugsdampfer der „Oberweserdampfschifffahrtsgesellschaft" lagen und ihre Ausflüge Richtung Bodenwerder starteten. Am anderen Ufer lag der Stadtberg mit seinen schönen Buchenwäldern, der Klüt, der seit je das Panorama der Stadt prägt.

Von ganz oben, vom Klütturm aus, hat man einen herrlich weiten Blick über alles: die Stadt und ihr Hinterland mit den blauen sanften Bergen. Wenn ich mit meinen Geschwistern oben auf dem Turm war und wir über die Zinnen guckten, spielten wir das alte Spiel: „Wer sieht zuerst das ... Hochzeitshaus ... die Feuerwehr ... den Rattenkrug ... den Schrottplatz von Homannns ..." Auf halber Höhe des Berges, der die Form einer riesigen Schildkröte hat, war der „Felsenkeller" zu sehen, ein großes Gartenlokal, weiß, mit großen eindrucksvollen Fenstern. Manchmal hatten unsere Eltern einen Ausflug mit uns Kindern dorthin gemacht und ich saß dann dort oben auf der Terrasse, trank meine Brause, war glücklich und schaute hinunter auf das weite Rund der schönen alten Stadt. Das war meine Stadt.

Ich trödelte weiter, den Anlegerkai entlang. Zu meiner Linken wurde der Kai durch die hohe Mauer des Zuchthauses begrenzt, denn irgendwelche sehr graustichigen und sehr dummen Stadtväter in sehr viel graueren und sehr viel dümmeren Zeiten hatten ausgerechnet an jenem Ort, an dem Stadtväter mit Sinn für Schönheit und Ästhetik die schönste Weserpromenade gestaltet hätten, das Zuchthaus hingestellt, mit einer hohen Mauer rundum, mit Stacheldraht und Wachtürmen an allen vier Ecken. Das war der hässlichste Abschnitt meines Schulwegs, das war überhaupt der hässlichste Teil der Stadt.

Ich war weiterhin tief in Gedanken und ein wenig wehmütig. Ich hatte jetzt das Gefühl, von all diesen Orten für immer Abschied zu nehmen. Ich trödelte langsam zum Hafen, vorbei an der großen Wesermühle und landete schließlich vor der hölzernen Fußgängerbrücke, die über das Hafenbecken führte. Ich wuchtete mein schweres Rad über die vielen hölzernen Treppenstufen auf beiden Seiten der Brücke ... und dann war ich „draußen": die Stadt lag hinter mir.

Hier begann „mein" Reich, „unser" Reich, das „Riesenreich" meiner Kindheit, das ich vier Jahre lang ausgekundschaftet und durchtobt hatte. Jeder Weg, der von hier, vom Hafen aus, nach Hause führte, sei es der Weg durch die Fabriken, der Weg durch die Felder oder der durch die Wiesen an der Weser entlang, war mir vertraut. Hier kannte ich mich aus. Ich schwang mich auf meine alte Gurke und strampelte über der Stange des Herrenrads die Feldwege entlang durch die abgeernteten Felder heim in die Baracke – hinter meinem Hintern der Sattel, für den ich noch zu kurze Beine hatte.

***

Ich erzählte alles, was in der Schule passiert war und alles, was ich auf dem Heimweg darüber gedacht hatte, meiner Mutter. Damals tat ich das noch, wenn ich verletzt war, später ließ ich das, um ihr nicht weh zu tun. Wir saßen uns am Küchentisch gegenüber und sie sah mich lange nachdenklich und ein wenig traurig an. Dann sagte sie genau das, was ich erwartet hatte, weil ich es mir selbst schon gesagt hatte:

„Du bist nur noch wenige Wochen auf dieser Schule. Dann ist für immer Schluss hier. Du kommst auf eine neue Schule in einer Großstadt. Das ist etwas ganz anderes, da gibt es so etwas nicht."

Und dann fügte sie den Satz hinzu, den ich schon so manches Mal aus ihrem Mund gehört hatte:

„Weißt du, die Menschen hier in dieser Stadt sind borniert und kleinpütschrig. Ich habe sie nie gemocht. Ich habe diese kleinkarierten Leute nie gemocht."

Sie stand auf und bereitete mir einen Teller mit einem kleinen schmackhaften Imbiss – darin war sie perfekt. Sie trug ihn nach draußen auf den Hof und servierte ihn mir an dem Korbtisch mit den zwei Korbstühlen, die immer dort standen. Während ich aß, kam sie noch einmal zurück zu mir. Sie brachte mir meinen Füllhalter, meine Schreibkladde und mein Lesebuch. Das war schon an der richtigen Stelle aufgeschlagen: „Erlkönig".

***

Ich aß und schaute mich um.

Es war ein warmer goldener Spätsommertag Anfang September. Der Himmel war strahlend blau und kleine, weiß hingetupfte Wolken standen regungslos über dem Klüt. In der Ferne war die Landschaft meiner Kindheit eingefasst von den sanften Weserbergen, die wie immer in ihrem satten Blaugrün schimmerten.

Schwärme von Krähen flogen kreischend durch die Luft und landeten in Pulks immer wieder auf dem abgeernteten Acker zwischen uns und Andersens Baracke. Auf Vogeleys Koppel grasten friedlich die beiden weißen Ponys, die sich so gerne von uns füttern ließen. Unser Hund hatte sich zwischen meine Beine gelegt und belauerte die Amseln, die auf der kleinen Wiese mit den Wäschepfählen nach Regenwürmern suchten und Körner aufpickten.

Die beiden Tore zur Werkstatt meines Opas standen weit offen und ich hörte das sanfte rhythmische Geräusch der Maschinen und das Klatschen der Treibriemen. Ich hörte das metallische Hämmern, wenn der Alte am Amboss arbeitete. Zuweilen kamen Hubert, der Lehrling, oder Theo, der Geselle, aus der Werkstatt gerannt. Mit ihren großen Zangen hielten sie rot glühende Werkstücke aus der Esse, die sie in einem mit Wasser gefüllten Zinkeimer ablöschten.

Es war ein sonniger, frischer, prickelnder Tag, einer dieser vielen schönen Tage da draußen.

Da war aber nun mal diese dumme Strafarbeit ...

Ich war jetzt nicht mehr wütend, nicht mehr verletzt. Ich schraubte meinen Schulfüller auf, den neuen Montblanc, auf den ich so stolz war, und machte mich daran, sehr verhalten und sehr zögerlich zuerst, diesen wahrhaftig seltsamen Brocken aus dem Hochgebirge des deutschen Bildungs- und Kulturgutes handschriftlich zu kopieren:

„Wer reitet so spät durch Nacht und Wind ..." acht gereimte Vierzeiler. Ich schrieb mich durch.

Ich schätzte dieses Kind auf etwa zehn Jahre – so alt war ich selbst –, oder eher jünger, und merkte schon beim ersten Durchgang, dass mich dieses Spitzenprodukt deutscher Dichtkunst mit seinem schwiemeligen Pathos nicht im Geringsten ergriff. Als ich schon fast am Ende war und es den Vater dieses Kindes bereits „grauste", trat Hubert, der Lehrling, an meinen Tisch und fragte, was ich denn da so eifrig in meine Kladde schmiere.

„Ich habe eine Strafarbeit auf. Ich muss dreimal den *Erlkönig* abschreiben."

„Warst du etwa nicht artig? Du, du, du!"

Er lachte schallend und drohte mit dem Zeigefinger. Dann verriet er mir, wie ich das ganze Verfahren abkürzen könne, denn er habe eine Kurzversion auf Lager. Er stellte sich breitbeinig vor meinem Tisch auf und deklamierte:

„Wer reitet so spät durch Nacht und Wind?
Es ist der Vater mit seinem Kind.
Kind kriegt'n kalten Arsch,
weg warsch.
So'n Unverstand von dem Alten
Den Arsch in den Wind zu halten."

Ich lachte.

„Nichts für die Schule", sagte ich, „der Lehrer ist ziemlich blöde und höchstwahrscheinlich humorlos."

Ich machte mich wieder an die Arbeit, zweiter Durchgang.

Was mir schon beim ersten Durchgang seltsam aufgefallen war, war die absolute Unfähigkeit des Vaters, auf die schwere

Krise des Kindes mit seinen Fieberphantasien vernünftig zu reagieren. Huberts Parodie brachte mich auf den Trichter, das hehre Bildungsgut genauer unter die Lupe zu nehmen, vor allem das Verhalten dieses Vaters.

Warum reitet er wie ein Besessener weiter, wenn sein Kind fiebert und in einer Fieberkrise steckt? Warum steigt er nicht ab, nimmt sein Kind unter seine Pelerine und beruhigt es? Warum begleitet er es nicht liebevoll und tröstend in seinem Sterben? Warum „graust" es ihn eigentlich – und wovor? Er kennt doch die Landschaft, da gibt es keine Gespenster, da gibt es keinen Grund sich zu „grausen". Tausendmal und mehr spielte und tobte ich bei Dunkelheit draußen in der Landschaft und fürchtete mich nie.

Warum ist dieser Vater so jämmerlich schwach und unfähig? Warum hat er nicht einmal gemerkt, dass sein Kind starb? Denn als er den Hof erreicht, stellt er fest, dass es schon tot „war". Irgendwo unterwegs – mitten im Galopp – ist es ihm also abgekratzt und er hat es nicht einmal gemerkt. Ein erbärmlicher Vater. Und ich dachte auch (natürlich mit anderen Worten und Gedanken): muss man eine solch erbärmliche Schwäche auch noch dramatisieren und aufplustern und als großes Kulturding für die Ewigkeit in Stein meißeln?

Nach dem zweiten Durchgang hatte ich also Distanz gewonnen und war – so fühlte ich – irgendwie „schlauer" geworden. Ich stand auf, ging in die Küche zu meiner Mutter und sagte ihr Huberts Version vom „Erlkönig" auf:

„Ist doch wirklich doof, der Vater."

Sie schmunzelte und stimmte mir zu, lehnte sich zurück und sagte lachend: „Und wie wär's damit?"

Sie deklamierte:

„Vater und Kind
Reiten geschwind
Kommt'n Mann
Quatscht'se an
Ob der Kleine mitkomm kann

Vater sagt nee
Andern Tag
Morgenrot
Vater lebt
Kind ist tot."

Ich lachte und war überzeugt: wenn ich nur ein bisschen in der Gegend herumlaufen und allen Leuten von meinem Missgeschick erzählen würde, hätte ich bald meine ganze Kladde voll mit Erlkönigparodien.

Immerhin leitete die Version meiner Mutter mein Augenmerk auf einen anderen Aspekt, der mir sofort – schon beim ersten Durchgang – aufgefallen war: die schmierige, klebrige Locksprache dieses „Erlkönigs". Ich weiß noch genau, wie mir das Gedicht beim dritten Durchgang regelrecht zuwider war. Kein fieberndes Kind, so dachte ich, denkt sich in seinen Fieberphantasien solch unappetitliche und abstoßende Locksprüche aus. Einer solchen Sprache ist es gar nicht mächtig.

Ja, mehr noch: kein fieberndes Kind denkt sich überhaupt eine Figur wie diesen „Erlkönig" aus. Das Ganze sah ich plötzlich deutlich als hohles Erwachsenenkonstrukt, das jetzt – beim dritten Durchgang – ein sehr unangenehmes Gefühl in mir entstehen ließ, eine tiefe Abwehr, die ich allerdings – aus Mangel an Wissen und aus Mangel an Begriffen – nicht begründen konnte.

***

Heute weiß ich, dass ich mit meinem Gefühl auf der richtigen Spur war und dass auch andere wahrgenommen haben, was ich damals fühlte:
„Aussagen wie: ‚Du liebes Kind, komm geh mit mir!' oder: ‚Ich liebe dich, mich reizt deine schöne Gestalt'/Und bist du nicht willig, so brauch' ich Gewalt' erinnern an Äußerungen realer Kinderschänder. Einige Interpreten neigen daher zu der Auffassung, das Gedicht handle von der realen Vergewaltigung eines Jungen. Diese Auffassung teilt auch der Soziologe Rüdiger Lautmann, der den ‚Erlkönig' nicht als pädophilen Mann, sondern als ‚Vergewaltiger' bewertet.

Während der 55. Lindauer Psychotherapiewochen 2005 stellte Luise Reddemann die These auf, das Gedicht handle von einem Albtraum eines Opfers sexualisierter Gewalt, das den Täter in zwei Personen zerlege, nämlich in den Vater als ‚guten Vater' und den Erlkönig als ‚bösen Vater'. Dass der Täter in Gestalt des ‚guten Vaters' dem Opfer einrede, es bilde sich die Tat nur ein, sei typisch für das Verhalten von Tätern aus dem Nahbereich von Kindern."[2]

Beim Nachdenken über meine Assoziationen an jenen Nachmittag vor der Baracke – und ganz allgemein über den Vorgang des Erinnerns – kommt mir das folgende Bild:

Das Gefühl des zehnjährigen „Ich" da hinten in der Vergangenheit, an jenem Korbtisch, an dem es seine Strafarbeit absolviert, ist ein Brühwürfel, in dem alles, aber auch alles – jedes Gewürz, jeder Geruch und alles Salz – konzentriert enthalten ist. Das ist der Klumpen, den ich aus dem Topf der Erinnerung ziehe.

Das heutige „Ich" – hier an dieser Tastatur – wirft diesen kompakten kleinen Klumpen ins Wasser seiner Reflexionen und löst ihn auf in eine Brühe aus Gedanken und Begriffen, die ihm erst im weiteren Verlauf seines Lebens zugewachsen sind – und die nun das Gefühl des Zehnjährigen vermitteln können.

Zwar wurde ich schon sehr früh vor „komischen" Männern gewarnt, die mir irgendetwas schenken oder mich irgendwohin mitnehmen und mit mir irgendetwas machen wollen. Und so war ich erwachsenen Männern gegenüber, die freundlich zu mir waren, immer auf der Hut. Man sagte mir allerdings nicht, warum ich das unbedingt und auf jeden Fall sein müsse – und daher verstand ich als Kind auch nie so recht, was eigentlich gemeint war.

Ich kannte die Begriffe „Kinderschänder", „Päderasten", „Pädophile" noch gar nicht, als ich zehn Jahre alt war.

Aber der „Erlkönig" roch nach all dem.

***

---

2 Wikipedia/Erlkönig/Ballade (siehe dort: weitere Literaturhinweise)

Schließlich hatte ich noch eine weitere Einsicht über Goethe, nachdem ich meine drei Kopien fertiggestellt hatte. Sie wurde mir durch den letzten Reim seiner dramatischen Schnulze zuteil, der da lautet:

„Erreicht den Hof mit Müh' und Not/In seinen Armen: das Kind war tot."

Ich wusste tief in meinem Inneren: Goethe hatte sich den ganzen dramatischen Firlefanz mit seinen albernen Gruseleffekten nur ausgedacht, um diese letzte Zeile mit diesem letzten effektvollen Wort an den Mann bringen zu können. Das sollte die Erschütterung der Seelen bewirken, auf die es den großen deutschen Dichtern und Denkern ja immer ankam. Die Erschütterung kitschverliebter Seelen, die sich von so etwas ergreifen lassen – das war Goethes Begehren. Er lässt mal eben ein Kind sterben, um einen sprachlichen Gag anbringen zu können ...

***

So lernte ich einiges an jenem schönen Sommertag vor der Baracke. Ich spürte einen geheimen Subtext, den ich noch nicht deuten konnte, und ich spürte, wie eitel das ganze Arrangement aufgebaut war.

Schulzeit, Lernzeit ... Ich lernte:

Erstens: Lies einen Text dreimal intensiv. Dann hudelst du ihn nicht mehr gedankenlos herunter, sondern hast etwas entdeckt und entdeckst immer noch mehr. Das war's, was er mir beigebracht hat, dieser „blöde" Lehrer mit seiner stupiden Strafarbeit.

So hielt ich es mein Leben lang mit all den Texten, Filmen und Materialien, die ich bearbeitete und in der Lehre einsetzte. Erst in der Wiederholung begriff ich genauer ...

Zweitens: Abschied ist Freiheit, denn auch der Dreck, der dir Sorgen bereitet hat, bleibt hinter dir. Mein Abschied von dieser Schule schenkte mir ein Gefühl von Leichtigkeit, wie ich es so souverän und genussvoll bis dahin noch nie erlebt hatte.

***

Ich legte meine Kopien am nächsten Morgen dem Lehrer vor und hatte das Gefühl, als ich ihn mir ansah: dieser Lehrer ist bereits Vergangenheit, ich muss ihn nicht mehr ernst nehmen – ich kann es tun, ich kann es auch lassen. Ich drehte mich um zu meinen Klassenkameraden und hatte das Gefühl: diese Jungs da waren bereits Vergangenheit, einerseits waren sie noch da, andererseits schon weg, nur noch Gespenster, gestorben. Ich musste sie nicht mehr ernst nehmen. Ich musste gar kein Gefühl mehr für sie aufbringen, nicht einmal für Rainer.

Alles, was noch gesagt, alles, was noch unterrichtet wurde, alles, was noch geschah in den letzten Wochen in meinem ersten Gymnasium, war im nächsten Moment schon für immer passé, Vergangenheit. Ich musste keinen Gedanken mehr an irgendetwas heften. Da waren keine Sorgen, keine Wünsche, keine Hoffnungen mehr. Da war nur noch Leichtigkeit: ich freute mich aufs Weggehen.

In diesem heiteren Zustand durchlebte ich die letzten Tage in meinem Kleinstadtgymnasium, nahm mein Herbstzeugnis in Empfang und verschwand von diesem hässlich gewordenen Ort für immer ...

... um da hinten im Westen wieder hervor zu kriechen, in Dortmund, an einem „Großstadtgymnasium".

Au weia.

Hauen, Stechen, Ausmerzen

Es war in der Spätschichtwoche, als ich zum ersten Mal meine neue Schule aufsuchte, nur einen Tag nach meiner Einschulung in die Sexta des freundlichen Dr. F., der meine Mutter durch seinen Charme so beeindruckt hatte.

Ich empfand es als sehr angenehm, mich erst mittags auf den Schulweg machen zu müssen. Ich hatte mich vorbereitet und mir den Weg durch die Stadt zu meiner Schule und auch die Lage meines zukünftigen Klassenraums in dem Schulgebäude genau eingeprägt.

Es war ganz einfach: durch das große Tor, eine halbe Treppe hoch, gleich die erste Tür auf dem Gang nach links – Sexta C.

Sie hatten drei neue Klassen eingerichtet: Sexta A, mathematisch-naturwissenschaftlich, Sexta B, altsprachig, und Sexta C: neusprachig. Alle drei Anfängerklassen lagen nebeneinander.

Ich bog nach links um die Ecke und war schlagartig eingeschüchtert, ja, ich war entsetzt. Ich hatte weiß Gott eine wilde Kindheit gehabt und war gewiss kein Weichei ... aber was mir dort entgegenschwappte, überstieg alles, was ich bisher erlebt hatte. Ein ohrenbetäubender Lärm schien das ganze Schulgebäude anzufüllen. Ich hatte das Geschrei schon bei meinem Anmarsch vernommen und war neugierig herauszufinden, was es damit auf sich hatte, und doch wich ich erst einmal zurück, als ich um die Ecke bog und wahrnahm, was sich dort vor mir abspielte.

Die Türen aller drei „Sexten" waren geöffnet und nach dem Geschrei, Gekreische, Gejaule und Geheul zu urteilen, schien in jedem der drei Räume ein heftiger Krieg stattzufinden.

Das war auch so.

Der Raum meiner Sexta C war proppevoll, fünfzig, sechzig – siebzig? – Zehn- und Elfjährige schrieen alle auf einmal, balgten sich, kloppten sich und bedachten sich mit ausgesuchten Gemeinheiten. Direkt vor mir, an der Tür, wogte ein Kampf, wie ich ihn noch nie gesehen hatte: sie schubsten sich so, dass sie hinfielen, sie schlugen richtig brutal aufeinander ein, warfen feindliche Schultaschen durch die Gegend oder öffneten sie und kippten den Inhalt auf den Boden. Im Hintergrund, zur Fensterreihe hin, wurden ähnliche Kriege geführt. Ich wich erschrocken zurück in den Korridor und drückte mich an die gegenüberliegende Wand.

Das war die Hölle. Und in diese Hölle musste ich nun hinein: meine neue Schule, meine neue Klasse, meine Zukunft ... Ich hatte dergleichen noch nicht erlebt.

Endlich kamen die Lehrer. Der erste Raum schloss sich, dort herrschte nun Ruhe, der zweite Raum schloss sich ... Schließlich kam der elegante Dr. F. den Gang entlang, sah mich an der Wand stehen, musste lachen, packte mich bei der Schulter und schob mich in den Klassenraum. Er baute sich hinter seinem Lehrertisch auf und fast schlagartig herrschte Ruhe. Das war sehr beeindruckend: er schien sie gut im Griff zu haben.

Ich bewunderte – wie schon am Tag zuvor – seine äußere Erscheinung. Heute trug er einen dunkelblauen Blazer, mit Tüchlein natürlich, helle Hosen, das Hemd offen, ein seidig glänzendes Halstuch in der Farbe seines Kavalierstuchs. Nachdem seine Schüler stramm gestanden hatten bis absolute Ruhe eingekehrt war, befahl er kurz „Hinsetzen" und suchte mit seinen Augen den Raum ab, auf der Suche nach einem Plätzchen für mich.

***

Die Schülerpulte hatten noch voll das Vorkriegsformat: eine Schreibplatte ging leicht schräg von einem waagerechten Brett ab, in dem noch die Vertiefung für das Tintenfass eingekerbt war und eine längliche Vertiefung zur Ablage des Federhalters und des Bleistiftes. Natürlich benutzte man das gar nicht mehr, wir verfügten inzwischen alle über die gleiche Grundausstattung: einen Schulfüller und ein Mäppchen für Füller, Blei- und Buntstifte, für das Radiergummi und einen Anspitzer.

An jedem dieser Pulte saßen zwei Schüler. Unter der Deckplatte des Pultes befand sich ein waagerechtes schmales Brett, das mit einer Zwischenwand in zwei Fächer geteilt war: hier legten die beiden Schüler ihre Schulranzen ab.

Es war unglaublich, wie viele von diesen Pulten in dem Klassenraum untergebracht worden waren. Zur Fensterfront hin waren je zwei zusammengeschoben worden, in der Mitte je zwei, zur Wand hin ebenfalls zwei, sechs Reihen nach hinten. Es gab zwei sehr enge Gänge und der Zwischenraum zwischen den Pultreihen mit den Stühlen war äußerst knapp bemessen. Für diejenigen, die unglücklich saßen – etwa an der Fensterbank in der sechsten Reihe – war es tagtäglich ein schwerer Kampf mit fiesen Knüffen und Stänkereien und allen möglichen Gemeinheiten, um überhaupt den eigenen Stammplatz in Besitz nehmen zu können.

Herr Dr. F. wurde schließlich fündig.

Er fand ein leeres Plätzchen für mich: ein ganzes Pult in der Mittelreihe war noch unbesetzt, allerdings fehlte ihm die Deckplatte. Ich stellte meinen Ranzen zwischen meine Beine und nutzte die eine Hälfte der Ranzenablage als Schreibplatte und die andere zum Ablegen meiner Hefte, Bücher und Schreibutensilien. Das war noch einigermaßen komfortabel, änderte sich aber ein paar Tage später zum Schlechteren. Ein weiterer Neuzugang – ein Junge aus Bayern – nahm neben mir Platz und wir beide mussten uns sehr einschränken. Bis zum Ende des Schuljahres war ich also erst einmal untergebracht – an meiner etwas unglücklichen Situation in der Pultruine änderte sich die ganze Zeit allerdings nichts.

✳✳✳

Herr Dr. F. eröffnete seinen Unterricht – Deutsch – damit, dass er sorgfältig die Hausaufgaben kontrollierte, ein feststehendes, sich immer wiederholendes Ritual, wie ich in den folgenden anderthalb Jahren feststellte. Dieser hünenhafte Mann zwängte sich durch die engen Gänge und kontrollierte jedes einzelne Schulheft, Pult für Pult, Schüler für Schüler. Er hatte eine dicke Kladde in der Hand, die die ständig wachsende Namensliste sämtlicher Schüler enthielt. Meist fragte er nach unseren Nachnamen, wenn er das Aufgabenheft in Augenschein nahm, die meisten Schüler kannte er kaum. Schien ihm alles in Ordnung zu sein, ging er kommentarlos weiter, stutzte er oder stolperte über irgendetwas, eine unsaubere Darstellung, eine Ungereimtheit oder dergleichen, nahm er das Heft kurz in die Hand und sagte meist „fünf" oder „sechs", wenn er es zurück gab. Diese Noten trug er sorgfältig in seine Kladde ein.

Hatte jemand seine Hausaufgaben nicht gemacht, ließ er keinerlei Entschuldigungen oder Rechtfertigungen zu. Er kannte keine Gnade: „Sechs." Ein Mitschüler entschuldigte sich einmal mit dem Argument, dass er sich die neue Grammatik noch nicht habe kaufen können, da zuhause kein Geld dafür da sei. Dr. F. drehte sich um und rief quer durch den Klassenraum meinen Namen.

Ich musste aufstehen.

„Hast du dir die neue Grammatik schon kaufen können?"

„Nein."

„Hast du deine Hausaufgabe gemacht?"

„Ja."

„Na also, es geht doch", wandte er sich wieder an sein Opfer: „Sechs."

Ich wurde von nun an zu seinem Referenzbubi, eine peinliche Rolle.

Betrug ahndete er unnachgiebig. Wir wussten alle, was es mit diesen Sechsen auf sich hatte: sie sammelten Munition, um am Ende des Schuljahres möglichst viele „abzuschießen". Zuweilen kam es daher vor, dass ein schon kontrolliertes Heft hinter seinem Rücken – während er mit der Kontrolle beschäftigt war – heimlich zu jemandem wanderte, der es dringend benötigte, um die „Sechs" zu vermeiden. Dr. F. merkte das fast immer. Während das Heft mit dem falschen Namen auf den Tisch zurück flog, nachdem er den Betrug aufgedeckt hatte, schlug er mit seinem Handrücken kurz und hart zu, mitten ins Gesicht. Er ging zurück und schlug auch den Absender. Beide bekamen natürlich ihre „Sechs" und einen „Tadel" wegen „Betrugs", der ins Klassenbuch eingetragen wurde. Auch diese „Tadel", die reichlich von den meisten Lehrern verteilt wurden, waren Selektionsmunition.

Offensichtlich hatte man sich im Lehrerkollegium abgesprochen, auf diese Weise der Schülermassen Herr zu werden, denn auch andere Lehrer kontrollierten uns auf diese Weise und sammelten die Fünfen und Sechsen für den finalen Abschuss in ihren Kladden. Zum Ende des Schuljahres wurden um die zwanzig Schüler nicht versetzt. Das nützte nicht viel: der Bestand wurde wieder aufgefüllt durch die Sitzenbleiber von „oben" und durch Neuzugänge, denn die Zuwanderungswelle in die Stadt der Arbeit hielt unvermindert an.

Als der „Klassenbuchführer" der Sexta meine Daten in das Klassenbuch eintrug, Name, Vorname, Adresse und seltsamerweise auch den Beruf des Vaters, stellte ich fest, dass ich die Nummer 72 war. In den folgenden Wochen stieg die Zahl auf 76. Dann war Schluss. Natürlich waren etliche schon wieder abgesprungen angesichts der unglaublichen Verhältnisse in diesem Klassenraum, andere fehlten wegen Krankheit. Nie war recht klar, wer eigentlich noch dazu gehörte. Aber ich schätze: immer waren um die sechzig Kinder im Raum.

Erst drei, vier Jahre später entspannte sich die Situation. Unsere Kohorte war auf etwa fünfunddreißig Schüler eingeschmolzen und erst im zehnten Schuljahr lagen wir um ein Weniges unter dreißig. Dutzende waren verloren gegangen auf dem Weg nach oben. Achtzehn machten Abitur, davon acht aus der Ausgangskohorte, also acht von den Sechsundsiebzig, deren Namen und Daten einstmals in das Klassenbuch der „Sexta C" eingetragen worden waren.

***

An meiner Pultruine inmitten des Klassenraums – so stellte ich fest – war ich einigermaßen geschützt vor Angriffen und feindlichen Attacken. Ich saß ziemlich unbehelligt im Auge des Taifuns. Um mich herum saßen ruhige, friedfertige Jungs, die mich freundlich aufnahmen. An der Peripherie freilich, zur Fensterfront hin links hinter mir und auch vorne rechts an der Klassentür, fanden ständig Kämpfe statt – über Tage und Wochen anhaltende Kriege.

Nie in meiner ganzen Schulzeit habe ich eine derart hemmungslose Gewalt, Gehässigkeit und Niedertracht kennengelernt wie in jenem Herbst 1953, in der „Sexta C" auf meinem neuen Gymnasium. Ich war nicht nur einfach überrascht, ich verstand gar nicht, was hier eigentlich los war. Sie griffen einander grundlos an und schlugen sich. Wenn es ihnen gelang, eine „feindliche" Schultasche zu ergattern, wurde sie von einem der Kombattanten geöffnet, durch die Luft geschwenkt und der Inhalt in hohem Bogen über den ganzen Klassenraum verstreut: Bücher, Hefte, Butterbrote und das Etui mit den Schreibutensilien. Der Betroffene kroch dann auf dem Boden herum und versuchte – so gut es ging – alles wieder zusammenzuklauben, während seine „Feinde" mit seinen Brocken hämisch Fußball spielten. Immer hatte ich die Besorgnis, dass auch unser stiller Mittelbereich in diese brutalen Pausenkriege hineingezogen werden könnte.

In dem Kampfgeschehen zu meiner Rechten, vorne an der Klassentür, beobachtete ich etwas, was mir besonders widerlich vorkam. Immer wieder nahmen sich vier, fünf dieser enthemmten Jungs einen hochgewachsenen, kräftigen Jungen vor, den sie unaufhörlich beschimpften und den sie permanent von allen Seiten angriffen wie eine Horde bissiger Straßenköter.

Dieser Junge hieß Pludzig.

Die ganze Zeit auf dem Gymnasium wurden wir von den Lehrern mit dem Nachnamen angeredet. Wir Schüler selbst hatten diese dumme Sitte übernommen und redeten uns auch untereinander meist mit dem Nachnamen an.

Der „undeutsch" klingende Name Pludzig wurde nun zum Gegenstand ihres Hohns und ihrer Beleidigungen – „Pludzig, du Pollack" – und vor allem: „Pludzig ist schmutzig, Pludzig ist schmutzig ..." Dieser naheliegende banale Reim schien ihnen ungemein zu gefallen und in den ersten Tagen und Wochen in meiner neuen Gymnasialkohorte hörte ich dieses Chorgebrüll in jeder Pause. Immer wieder griffen die Köter an und der große, eher gutmütig wirkende Kerl wehrte sich nicht. Er stand nur hilflos da, hielt seine Schultasche vor der Brust umklammert und wehrte sich nicht.

Ich wünschte mir, dass er seine Zurückhaltung überwinden und irgendwann einmal kernig und mit Wucht zuschlagen würde. Eines Tages vor der ersten Stunde – Deutsch bei Dr. F. – geschah es dann auch. Die Köter hatten ihm die Schultasche entrissen und den Inhalt auf den Boden ausgekippt. Jetzt bekam er endlich den Wutanfall, auf den ich gewartet hatte, und es zeigte sich, dass er ihnen körperlich weit überlegen war. Einen schmiss er nach hinten in die Bänke, der Zweite flog nach links und knallte gegen das Lehrerpult, den Dritten schubste er mit Wucht nach draußen auf den Korridor ...

... und zwar genau in die Beine des Dr. F., der gerade im Anmarsch war und den Jungen, der sich in ihm verheddert hatte, erst einmal kurz und hart ins Gesicht schlug, wie es seine Art war. Der Schüler fing an zu greinen und beschuldigte Pludzig als den Übeltäter: der habe ihn grundlos angegriffen und geschubst. Dr. F. stellte energisch binnen kürzester Zeit absolute Ruhe her. Als alle mucksmäuschenstill in ihren Bänken hockten, erwartete ich, dass er nachfragen, den Fall untersuchen, Zeugen befragen und den Vorfall klären würde. Das tat er aber nicht. Er tat etwas anderes.

Er befahl:

„Pludzig, steh auf!"

Der große Junge mit dem großen Kopf und dem freundlichen Gesicht stand auf.

***

Dr. F. steht direkt vor ihm. Und dann geschieht es.

Er holt mit seiner rechten Hand weit aus – eine riesige fleischige Pratze – und schlägt mit voller Wucht zu, auf die linke Gesichtshälfte, aufs linke Ohr. Pludzig schreit auf, stöhnt dann, taumelt und fällt nach rechts auf den neben ihm sitzenden Schüler. Nachdem er sich aufgerappelt hat und wieder senkrecht steht, holt Dr. F. noch einmal aus, diesmal mit seiner Linken: ein ebenso furchtbarer Schlag auf die rechte Gesichtshälfte und das rechte Ohr. Danach lässt er von ihm ab und beginnt die Deutschstunde mit seinem Kontrollgang. Die übliche Routine.

In den folgenden Stunden konnte ich nicht anders: immer wieder beobachtete ich Pludzig, dessen Gesicht knallrot geworden und angeschwollen war. Er saß still an seinem Platz, hatte seinen Kopf in beide Hände gestützt, die Finger bedeckten seine Ohren. Während der Pausen blieb er sitzen und ging nicht mit uns hinaus auf den Schulhof. Er saß da und weinte still. Das sah ich, als ich an ihm vorbei nach draußen auf den Pausenhof ging. Keiner von uns kümmerte sich um ihn. Nach der dritten oder vierten Stunde packte er seine Sachen zusammen und ging. Er kam nicht wieder zurück.

Einer weniger, Selektion auf die harte Tour. Seine Hoffnungen und die Hoffnungen seiner Eltern hatte der Dr. F. buchstäblich „zerschlagen". Pludzig war schmutzig. Pludzig war Pollack. Pludzig wurde „ausgemerzt".

***

Ich hatte bis dahin noch nie prügelnde Lehrer erlebt.

In den Schulen, die ich kennengelernt hatte, war es in dieser Hinsicht „gesittet" zugegangen. Hier nun, in diesem widerlichen Schulchaos in dieser zertrümmerten Stadt sollte ich nur ein Jahr später ein zweites schlimmes Erlebnis haben.

Wir waren noch immer im gleichen Klassenraum untergebracht und es herrschte noch immer eine beängstigende Fülle und Enge. Der Englischlehrer Dr. G., ein untersetzter, korpulenter, kräftiger Mann in seinen Vierzigern, hatte sich einen Banknachbarn zu meiner Linken, einen Schüler aus der Fensterkohorte, wegen irgendeines Vergehens vorgeknöpft. Er saß vorne an seinem Pult, brüllte den „Delinquenten" an, der sich argumentativ zur Wehr setzte und verpasste ihm schließlich eine saftige Strafarbeit – wegen seiner Uneinsichtigkeit, seiner Widerworte und „Renitenz". Als er den Jungen schließlich aus seinen Fängen entließ, setzte der sich verärgert und mit Schwung wieder hin. In dieser wütenden Bewegung fuhr, wie ich aus dem Augenwinkel wahrnahm, seine rechte Hand nach oben: er tippte leicht mit dem Zeigefinger an seine Stirn, er zeigte ihm den Vogel.

Ich nahm sofort „Butcher" ins Visier, um zu prüfen, ob der diese Geste gesehen hatte. „Butcher", das war der Spitzname, den wir dem Dr. G. ein paar Jahre später gaben, erstarrte hinter seinem Pult. In der Tat, er hatte es gemerkt, kein Zweifel.

Sein fleischiges breites Gesicht mit den Schmissen verhärtete sich, seine Augen wurden klein und hart vor Wut. Mir war sofort klar: Unheil nahte.

Er stand ganz langsam auf, ging betont gemächlich um sein Pult herum, zwängte seinen massigen, fetten Körper durch die enge Spalte zwischen den Schülerpulten, zwängte sich in den von Schülern „bewohnten" Schlitz zwischen den Pultreihen, baute sich vor dem Übeltäter auf und schlug zu, ohne Ankündigung, ohne Hemmungen und mit voller Wucht.

Der Junge sprang auf.

Butcher schlug ihm ins Gesicht, links, rechts, von vorne. Mein Mitschüler hielt schützend seine Arme vors Gesicht – und das Schlimme, das mir diese Szene so lebhaft in der Erinnerung gehalten hat, war, dass sein linker Unterarm in einem Gipsverband steckte. Er hatte sich nur wenige Tage zuvor den linken Unterarm gebrochen. Und mit diesem eingegipsten, geschienten Arm versuchte er instinktiv, sein Gesicht zu schützen.

Butcher war völlig enthemmt.

Er schlug mit der Faust und sogar mit seiner Handkante auf den eingegipsten Arm ein, so, als wolle er den Verband zertrümmern und den Unterarm noch einmal brechen. Ich glaube, die meisten meiner Mitschüler, die gar nicht mitbekommen hatten, was vorgefallen war, waren starr vor Entsetzen – wie ich. Nach einem Stakkato von Schlägen beendete Butcher schließlich seine Strafaktion, schob seine Massen durch die engen Gassen zurück zu seinem Pult und fuhr mit dem Unterricht fort.

Auch dieser Schüler verschwand alsbald aus unserem Klassenverband. Es hieß, er habe von sich aus – auf eigenen Wunsch gewissermaßen – die Schule gewechselt.

Ich erzählte zuhause nichts von dem, was ich in der Schule erlebte, nichts von dem täglichen Terror der Schüler untereinander, nichts von den prügelnden Lehrern. Ich wollte – wie immer – vor allem meine Mutter nicht belasten. So verschwieg ich ihr auch, was Dr. F. mit Pludzig gemacht hatte. Dieser Dr. F. hatte schließlich dazu beigetragen, dass sie – um ein Weniges –

ihr Selbstvertrauen und ihre Würde wieder gefunden hatte. Sie hatte eine angenehme Erinnerung an diesen Mann. Die wollte ich ihr nicht zerstören.

***

Den heimlichen Lehrplan meiner neuen Schule hatte ich nach wenigen Tagen begriffen: ducken, nicht aufmucken, nicht auffallen, brav und artig alles machen, was sie forderten, nicht um Nachsicht betteln, etwa weil man arm war und sich nicht alle Lernmittel kaufen konnte. Anpassung an den Stil des Hauses hieß nichts anderes als totale Unterwerfung – das sicherte das „Überleben der Besten". Davon hatte der Dr. F. meiner Mutter nichts erzählt.

Selektieren, ausjäten, „ausmerzen": unsere Lehrer sammelten ihre Abschussmunition und gingen ohne Empathie vor, hart und gedankenlos.

3

Prügelerotik

Es fällt mir auf, dass die Beschäftigung mit jenen ersten Jahren in Dortmund mir Elemente der Alltagssprache dieser Zeit zurückbringt, die ich vergessen glaubte. Das Wort „ausmerzen" war bei den Älteren noch ganz „normal" im Gebrauch. Ohne dass ich seine volle historische Bedeutung auch nur ahnte, empfand ich die Art und Weise, wie bestimmte Erwachsene das Wort benutzten, als sehr unangenehm.

„Ausmerzen" stammt aus der Tierzucht, ursprünglich aus der Schafzucht, und bedeutet das Aussortieren und Töten von Tieren mit „minderwertigem" Erbgut. Im „März" wurden die „minderwertigen" Lämmer aussortiert und getötet – „ausgemerzt". Die Nazi-Eugeniker übernahmen das Wort bei der Durchführung ihres völkischen Zuchtprogramms. „Ausgemerzt" wurden Behinderte, psychisch Kranke, Demenzkranke, Schwule, Sinti und Roma, Juden. „Ausmerzen", das wusste ich damals noch nicht, war ein Schlüsselbegriff ihrer „Rassenhygiene", war in der Nazi-Ära in den Alltagssprachgebrauch eingedrungen und daher im *Land Danach* noch voll im Schwange.

Im Umfeld meiner „Erziehungsberechtigten" benutzte man das Wort in einem „pädagogischen" Kontext: unerwünschte, „negative" Eigenschaften eines Kindes wie „Ungehorsam", „Widerspruchsgeist", „Aufsässigkeit", „Renitenz", „Frechheit" und dergleichen mussten rigoros „ausgemerzt" werden, so sagte man.

Und das geschah durch Prügel, durch körperliche Gewalt.

Die beiden promovierten Kinderprügler, die ich an meiner neuen Schule erlebt hatte, hatten in einer bestimmten Situation mit Wut, Hass und vor allem mit voller Wucht zugeschlagen. So sehr ich diese Männer wegen ihrer völlig unangemessenen Brutalität verachtete, sah ich doch immerhin noch einen Zusammenhang zwischen dem „Vergehen" des Schülers und der hasserfüllten Entgleisung dieser Lehrer.

***

Es wurde allerdings auch anders geprügelt in jenen Zeiten, in denen ich „heranreifte": sadistisch, pervers, mit Genuss … Und das Schlimme war, dass die Täter, die ihre Schüler oder ihre eigenen Kinder, oftmals sogar Kleinkinder, bis aufs Blut züchtigten und folterten, durchaus nicht sozial geächtet wurden, sondern sich offener oder geheimer Anerkennung sicher sein durften. Sie galten als „streng, aber gerecht", ein weiteres Element der Alltagssprache jener Zeit, das mir immer noch übel im Ohr klingt. „Streng, aber gerecht": das hieß, sie verkündeten ihr Urteil, bevor sie losschlugen und begründeten – wie ein korrekter Richter das eben tut – ihre Strafe: Prügelfolter.

***

War ich vier, war ich fünf?

Wir spielen „Schweinebammel" an einer Fahrradstange vor dem großen Gebäude der Krankenkasse in der ersten „Spielstraße" meines noch frischen Lebens, in der Zentralstraße in Hameln. Drei Kinder aus der Nachbarschaft spielen mit uns. Anneliese, die „Große", sieben oder acht Jahre alt, ihr jüngerer Bruder, etwa so alt wie ich, und noch ein „Kleiner", drei oder vier Jahre alt. Ich frage Anneliese nach den roten Striemen, die ich bei ihr und ihren Geschwistern auf den Schenkeln und den Hinterbacken beim „Schweinebammel" gesehen habe.

Sie schämt sich. Sie sagt nichts.

Wenn wir nachmittags zusammen spielen, fragt sie ständig Passanten nach der Uhrzeit. Einmal bekommt sie die Auskunft, es sei zwei Minuten nach fünf, und nun passiert etwas Unbegreifliches – lächerlich und schaurig zugleich kam es mir vor an jenem friedlichen und verspielten Sommernachmittag meiner frühen Kindheit.

Alle drei Kinder schreien laut auf, ja, sie fangen an laut zu heulen und zu winseln und rennen wie besessen die Zentralstraße entlang, über den Wilhelmplatz, in das Haus, in dem sie wohnen. Wir anderen lachen. Wir erzählen den Vorfall unserer Mutter. Die weiß offenbar Bescheid:

Der Vater der Kinder sei „sehr streng". Bei der geringsten Verfehlung würde er seine Kinder mit dem Stock verprügeln oder gar auspeitschen. Auspeitschen! Das Wort trifft mich, ich bin aufgewühlt und frage immer wieder nach, woher sie das wisse und wie sie das meine.

Sie habe selbst schon die Schreie der Kinder gehört, unten auf dem Wilhelmplatz. Die Schmidts seien eine Flüchtlingsfamilie, die man im Dachboden des Hauses untergebracht habe. Die Leute im Haus erzählten, der Vater würde seine Kinder an einem der Dachsparren anbinden, ihnen die Kleider vom Leib ziehen und sie dann mit Rohrstock oder Peitsche züchtigen. Einmal habe er die Anneliese bewusstlos geschlagen, so erzählte man sich unter den Nachbarn hinter vorgehaltener Hand. Er sei eben sehr streng und lasse kein Vergehen durchgehen.

Das wollte mir nicht mehr aus dem Kopf.

Alle Erwachsenen in dem Haus wussten also, was geschah. Und auch die Leute, die weiter entfernt in den Häusern am Wilhelmplatz wohnten, hörten die Schreie der Kinder. Meine Mutter, meine Eltern, wussten, was an den Dachsparren geschah. Niemand griff ein, alle waren Komplicen.

Kranke Zeit. Krankes Land. Das *Land Danach*.

***

Der erste „Klassenlehrer" meiner Schwester, die ein Jahr vor mir eingeschult worden war, war ein sadistischer Kinderfolterer. Noch heute hat sie die Bilder vor Augen, noch immer ist sie entsetzt und empört.

Immer mal wieder griff er sich einen Jungen, legte ihn über einen Stuhl, Kopf nach unten, und schlug erbarmungslos zu. Er benutzte das wichtigste Instrument der schwarzen Pädagogik seiner Zeit: den „Rohrstock". Und er bot das Schauspiel der gesamten Klasse dar: auch das war ein Element seiner Pädagogik. Er schlug so lange, bis sein Opfer laut und anhaltend schrie und alle anderen starr vor Entsetzen dasaßen. Erst dann ließ er von ihm ab.

Er gönnte sich aber noch mehr: Bei einem „besonders schweren Vergehen" griff er sich das Kind und seinen Rohrstock und verschwand in der Abstellkammer der Schule. Das sei besonders schlimm gewesen, so meine Schwester:

„Wir saßen alle erstarrt da und hörten entsetzlich lange, unglaublich lange, diese Schreie, danach ein Wimmern und Betteln und Flehen, dann nichts mehr, dann war irgendwann endlich Schluss. Er brachte das Opfer nicht zurück in die Klasse. Er sperrte es ein. Er holte es erst nach Schulschluss aus seiner Zelle, wenn alle anderen schon gegangen waren."

Im ganzen Haus hörten sie diese Schreie, nicht nur die Schüler – sondern auch alle Kollegen, der Herr Direktor, der Hausmeister: niemand griff ein. Der Kollege war halt „sehr streng", aber hatte ja doch wohl „seine Gründe".

„Streng, aber gerecht." So war das.

Mädchen behandelte er mit einem dünnen Rohrstock. Sie hatten ihre Hände, Handfläche nach oben, auf die Deckplatte ihres Pultes zu legen. Mit schneidendem Schwung schlug er ihnen auf die Fingerkuppen – oder auf die Finger, wie er gerade traf. Wenn die Mädchen bettelten, er möge die zweite Hand verschonen, drohte er ihnen eine Verdoppelung der Schläge an. Er genoss es, wenn die kleinen Mädchen dann weinten und sich ergaben und schlug ein zweites Mal zu.

Dieser sadistische Folterer blieb noch über Jahre, vermutlich bis zu seiner Pensionierung, an seiner „Volksschule" – offensichtlich setzten sich auch die Eltern nicht zur Wehr. Es gab ein geheimes Einverständnis der Alten untereinander: „Eine anständige Tracht Prügel hat schließlich noch niemandem geschadet". Und immer beklagten die Kriegswitwen im *Land Danach* die fehlende „starke Hand des Vaters".

Ich wuchs in einer Zeit auf, in der in vielen Wohnungen in einer besonderen Ecke der „Rohrstock" seinen Platz hatte. Er gehörte gewissermaßen zur Wohnungseinrichtung, mit ihm wurde gedroht und er wurde auch genutzt. „Gleich tanzt der Stock ...", „den Hintern versohlen", zuschlagen „wie auf kaltes Eisen", „dreißig auf den Nackten, fünfzehn links, fünfzehn rechts": gängige Drohformeln der Zeit, Sprachformeln, die mir später nicht mehr begegneten.

**

Die Alten hatten eine Zeit durchlebt, in der hemmungslos geprügelt und gefoltert wurde. Das Land war voll mit SA-Lokalen gewesen, in denen politische Gegner fertiggemacht wurden und aus denen die Schreie der Opfer zu hören waren. Die Schreie drangen aus den Gefängnissen und Lagern überall in Europa, aus den Polizeistationen, aus den Schulen ... In den Gestapo- und SS-Kellern wurde geprügelt, gefoltert, gemordet.

Bleistiftzeichnungen von Prügelopfern, die ich in einer Ausstellung der Gedenkstätte für den Warschauer Aufstand sah (einem ehemaligen Foltergefängnis der SS), zeigen, wie sich erwachsene Polen über einen Stuhl legen müssen, den Hintern nach oben gereckt, und SS-Leute in ihren schwarzen Uniformen auf sie einschlagen, so, wie es einst ihre Lehrer in den Klassenzimmern und ihre Väter an den stillen, intimen Prügelorten – im Elternschlafzimmer, im Badezimmer, im Keller und auf dem Dachboden – praktiziert hatten. Als ich diese Bilder sadistisch prügelnder Deutscher in schwarzen Uniformen vor mir hatte, schämte ich mich vor dem Personal der Warschauer Gedenkstätte, dass ich ein Deutscher war, ein Gefühl, das ich auf Auslandsreisen noch lange hatte.

**

„Zick-Zack":
„Eines Morgens tauchte auch der Schrecken der Arbeiter auf, ein Sadist (ein SS-Aufseher), dessen Nachnamen wir nicht kannten und den wir Zick-Zack nannten. Eine nahezu erotische Annehmlichkeit

bedeutete es für ihn, Menschen auf eine bestimmte Art und Weise zu misshandeln: Er befahl dem Delinquenten, sich zu bücken, nahm dessen Kopf zwischen die Schenkel, drückte zu und schlug auf das Gesäß des Unglückseligen mit einer Karbatsche ein, bleich vor Wut und durch die zusammengebissenen Zähne zischend: ‚Zick-zack, zick-zack!' Er ließ nie eher von seinem Opfer ab, als bis dieses vor Schmerz ohnmächtig wurde." [3]

Wladislaw Szpilman beschreibt diese Szene in seinem Bericht über sein „wunderbares Überleben" des Warschauer Ghettos. Roman Polanski hat die Szene in seinem Film „Der Pianist" für die Welt festgehalten: die klassische „Stellung" Kinder prügelnder deutscher Väter und Lehrer. Der SS-Mann praktizierte zwischen seinen tumeszierenden Schenkeln das, was ihm nur allzu bekannt und vertraut war und was er nun lustvoll aktiv genoss: schwarzen Sex in perverser Wollust.

***

Viel ist über die „schwarze Pädagogik" geschrieben und gesagt worden. Der „faschistische Mann", der harte, gefühllose Prügler und Folterer, sei selbst das Produkt der wilhelminischen Prügelpädagogik, eben der „schwarzen Pädagogik", und sei über Generationen systematisch gezüchtet worden – von den preußischen Zucht- und Kadettenanstalten bis hin zu den Prügelorgien in den Lagern und Folterkellern der Nazis.

Häufig findet man eine recht simple, psychoanalytische Kausalkette: das in der Kindheit entsetzlich geprügelte Opfer wird seinerseits zum gewalttätig prügelnden Täter. Aber was erklärt das?

Der prügelnde Sohn verweist also auf den prügelnden Vater – und der? Auf den Großvater? Und der? Auf den Urgroßvater? … Ein unendlicher Regress? Was erklärt das?

Mir brachte der psychoanalytische Verweis auf die schlimme Kindheit nie allzu viel Aufklärung. Das reicht nicht an den Kern der „Prü-

---

3 Wladislaw Szpilman, Der Pianist. Mein wunderbares Überleben, München 1998, S. 117 f.

gelpädagogik" heran. Es geht, so empfand ich schon früh und um so entschiedener, je mehr ich darüber nachdachte, überhaupt nicht um Erziehung, um "Pädagogik", wie "schwarz" auch immer.

Kein Kind in meinem Umfeld hatte je ein "Verbrechen" begangen, das solche "Strafen" rechtfertigte. Ich habe das "pädagogisch" begründete Prügeln schon als Kind nie akzeptiert, habe mich nie auf die Rechtfertigung der Täter und ihrer Komplicen, d. h. der Erwachsenen um mich herum, eingelassen. Es ging, so spürte ich schon sehr früh, um etwas anderes, etwas Widernatürliches, etwas, das ich als krank und pervers empfand. Ich tappte lange Zeit im "Dustern" und hatte keine Worte dafür.

Längst habe ich sie:

Es ist die kranke, perverse, "schwarze" Erotik des Folterers, die ins Abartige gedrehte Sexualität dieser Männer in lustvoll sadistischer Aktion. Ein mentaler Defekt, die Geisteskrankheit des neurofaschistischen Mannes.

Das ist der Schlüssel.

Der Folterakt selbst, das Quälen des Opfers bis an die Grenze des Erträglichen und oft weit darüber hinaus: das ist Lust und höchste sexuelle Erregung des Täters: perverser Sex, kranker Sex. Der schwarze Sex des Folterers.

Alles stimmt:

Der Rückzug an einen intimen Ort, in einen besonderen Raum, den man womöglich abschließen kann. Die intime Zweisamkeit von Folterer und Opfer, die fleischliche Nähe und Berührung, Nacktheit, Darbietung der Körperwölbungen, Aufbäumen und Körperzuckungen, das Brechen des Widerstandes, die Schreie – ekstatisch genossen–– das Wimmern und Betteln in demütiger Unterwerfung, Stöhnen und Weinen nach dem "Akt". Schließlich: die Befriedigung und Erleichterung des Folterers nach der Tat, nach seinem schwarzen Orgasmus.

Und damals natürlich, als alle rauchten: die Zigarette danach. Die Vergewaltigerzigarette nach dem Akt.

***

Der Vierjährige tobt durch die Wohnung, vom Kinderzimmer in den Korridor, vom Korridor ins Kinderzimmer. Er ist ein Trecker und macht das Motorengeräusch des Treckers: treckertrecker-treckertrecker ... Er kann das gut und kann das sehr laut, sehr intensiv und ohne Unterbrechung. Der Vierjährige ist für die Erwachsenen kein sehr angenehmes Kind: er ist oft laut, aufsässig, hat einen „starken Willen", wie man so sagte und was man nicht unbedingt als positiv empfand. Er ist eines dieser Kinder, die den Erwachsenen in ihrer Ungebärdigkeit und ihrem Trotz zuweilen ganz schön auf den „Keks" gehen können.

Er spielt heute in der Wohnung, obgleich er eigentlich schon alleine „runtergehen" und draußen spielen darf. Die „großen" Geschwister sind nicht da, die „Kleine", noch nicht drei Jahre alt, hockt in der Küche bei der Mama. Vielleicht spielt er allein, weil er so oft kränkelt. Er hat diese Kopfschmerzanfälle und seine Mama verordnet ihm nach dem Abflauen oft noch einen Tag „Ruhe", was ihn aber eher unruhig und aggressiv macht.

Endlich kommt Abwechslung, kommt Schwung in den Tag. Der Opa kommt zu Besuch. Er ist ein bulliger Typ mit einer Halbglatze und borstigen Haarstoppeln – da, wo noch etwas wächst. Er kann sehr lustig sein, er neckt und foppt den Kleinen, er erzählt ihm komische Geschichten, seltsame Erlebnisse, „Döntjes" ... Der Kleine ist aufgekratzt und ungläubig und findet schließlich die Formel:

„Opa, das denkst du. Opa, das denkst du nur!"

Der Opa findet die Formulierung toll. Er erfindet die urigsten Geschichten, um immer wieder diesen Refrain zu hören:

„Opa, das denkst du, Opa, das denkst du nur!"

Die Mama geht noch schnell was einholen, gleich nebenan, zum Kaufmann Thomas, weil sie ihrem Schwiegervater etwas zum Kaffee kredenzen möchte. Sie nimmt die Kleine mit. Als sie weg sind, hat der Opa plötzlich keine Lust mehr zu spielen. Er will nicht mehr mitspielen.

Der bullige Alte und der kleine Junge sind jetzt allein in der Wohnung.

„So, hör' jetzt auf. Geh' in dein Zimmer. Spielen."

„Opa, das denkst du!"

„Nein, ich will jetzt meine Ruhe haben. Schluss jetzt. Geh'
in dein Zimmer!"

„Opa, das denkst du!"

Der Vierjährige spielt sein Spiel weiter. Es macht Spaß, es ist
lustig mit dem alten Mann. Er hopst und springt um ihn herum
und neckt und ärgert ihn: „Opa, das denkst du! Opa, das denkst
du. Opa, das denkst du nur!"

Und sieht nicht die Gefahr, in die er plötzlich geraten ist,
denn er kennt die Welt noch nicht – und sieht das Böse nicht,
das überall in der Welt lauert und unerwartet zuschlägt.

***

Als er mich packte, hielt ich das noch für einen Teil unseres lustigen Spiels. Ich schrie vor Vergnügen und zappelte, ich kämpfte
mit ihm, ich knuffte ihn, zerrte an seiner Kleidung.

„Dir werd' ich es zeigen, warte nur!"

„Opa, das denkst du!"

„Du bist jetzt ruhig. Du hältst jetzt den Schnabel!"

Er wird laut und brüllt jetzt.

„Opa, das denkst du!"

Er hat mich jetzt auf seinem linken Unterarm hängen: Kopf
nach unten, an seinem Körper, die Beine hängen zur anderen
Seite herunter. Mein Hintern ist seinem Gesicht entgegenge-
reckt. Er geht mit mir in die Küche und sucht etwas und findet
schließlich das geeignete Instrument. Es ist der Handfeger mit
dem schweren hölzernen Griff.

Und dann kommt das Unerwartete, das Unbegreifliche, etwas, das mir noch nie widerfahren war und das ich nie vergessen habe.

Er schlägt mit voller Wucht zu: links, rechts, links, rechts,
zick und zack ... und hört nicht mehr auf damit. Er hört einfach
nicht mehr auf damit.

Zunächst nahm ich an, er würde mich gleich wieder loslassen und biss die Zähne zusammen. Aber er schlug weiter, bis ich

schrie, bis ich vor Schmerz brüllte. Mein Schreien veranlasste ihn aber nicht, jetzt aufzuhören, sondern schien ihn eher zu beflügeln: er schlug weiter mit Lust und voller Wucht und steigerte sein Stakkato. Es wurde immer schlimmer. Als ich schließlich wimmerte und weinte und bettelte, verlangsamte er sein Trommeln, hörte aber immer noch nicht auf. Er verpasste mir von jetzt ab abgezirkelte, besonders gemeine klatschende Schläge auf die nackten Oberschenkel und genoss es offenbar, wenn ich jedes Mal aufjaulte und aufheulte wie eine Sirene. Schließlich ließ er von mir ab und warf mich auf den Fußboden.

Ich krabbelte auf allen Vieren von ihm fort, aus der Küche hinaus, in den Korridor, legte mich dort an die Wand, weinte und schluchzte vor mich hin. Dann sah ich zu ihm auf und sah dies: Er lachte! Er lachte laut und fröhlich!

Er hatte kein zorniges, verärgertes Gesicht, wie ich gedacht hatte. Er lachte laut und zufrieden, er lachte über meine Schmerzen, er machte sich über mich lustig, wie ich da in der Ecke lag und winselte. Wenn ich noch einen Mucks von mir gäbe, würde er weitermachen, drohte er mir lachend. Es hatte ihm also großen Spaß gemacht, mich so zu verprügeln und mich schreien und winseln zu hören. Er wirkte gelöst und entspannt.

***

Er hatte sich einen „runtergeholt". Er hatte die intime Zweisamkeit mit mir sofort genutzt, um sich seinen „schwarzen Orgasmus" zu verschaffen.

Später sollte ich mehr über ihn erfahren. Auch er gehörte zu der Sorte Männer, die gerne lustvoll und sadistisch zuschlugen. Diese Sorte war damals halt nicht selten.

***

Meine Mutter nahm den Vorfall nicht übermäßig ernst. Ihr aufsässiges Kind hatte eine kleine Abreibung bekommen, so dachte sie wohl, ein paar Klapse auf den Hintern, wie ihr der Alte erzählte. Sie war vermutlich froh, dass ich nicht mehr nervte und mich still ins Kinderzimmer zurückgezogen hatte. „Ein paar Klapse auf den Hintern": das hat schließlich noch niemandem geschadet. So wird sie gedacht haben – im Geist der Zeit.

Selbst sie war Komplicin. Sie schaute nicht nach mir, sie sprang dem Alten nicht an die Gurgel. Sie tranken ihren Kaffee und er rauchte seine Zigarette.

Die Zigarette danach.

4

... sondern für das Leben lernen wir

Neun Jahre Fließband

„Man erinnere sich, wie ausgezeichnet sich Amerikas Bildungssystem zur Jahrhundertmitte in die herrschende Struktur der Massenproduktion einfügte, in welche die jungen Produkte dieses Bildungssystems ja eingegliedert werden sollten. Amerikas Schulen waren das Spiegelbild der Volkswirtschaft: Lehrpläne wie bei der Fließbandproduktion, säuberlich in Fächer aufgeteilt, die in vorausberechneten Zeiteinheiten abgehandelt wurden, schuljahrsweise aufeinander aufbauten und durch standardisierte Tests geprüft wurden, um mit Mängeln behaftete Stücke auszusortieren und einer Nachbehandlung zu unterziehen."[4]
Fließband im Schichtunterricht, Fließband in der Schichtarbeit. Fließband überall!

***

Oft habe ich mich gefragt, warum die neun Jahre auf dem Gymnasium so glanzlos vorbeizogen, warum die Lernprozesse meistens so monoton und langweilig waren und warum eigentlich so wenig Beeindruckendes hängen geblieben ist.

Gewiss, es gibt über skurrile und merkwürdige Lehrergestalten manches zu berichten – zeittypische Figuren der Fünfziger Jahre, die sie nun einmal waren. Doch der eigentliche „Out-

---

4 Robert B. Reich, Die neue Weltwirtschaft. Das Ende der nationalen Ökonomie, Berlin 1993, S. 253.

put" dieses langen, langen Lernprozesses ist mager, die Erinnerungen an den Unterricht und seine Inhalte sind dürftig. Was habe ich in all den Jahren eigentlich gemacht, was lief da überhaupt ab und wie lief das ab, Schulstunde um Schulstunde? Was habe ich überhaupt gelernt, so Häppchen für Häppchen für Häppchen?

Warum sind tausende von Unterrichtsstunden so matt und grau in meiner Erinnerung, während doch die wenigen Monate, die ich während meiner Schulzeit in Fabriken und auf Baustellen zubrachte, voller Leuchtkraft sind, mit klaren – schönen und auch hässlichen – Bildern und Erinnerungen?

***

Als ich den Text über US-Amerikas Bildungssystem zum ersten Mal las, musste ich schmunzeln. Hier wird das „westliche" Kulturmodell „Schule" schlechthin beschrieben: der durchbürokratisierte Schultaylorismus. Was da über die USA gesagt wird, trifft haargenau auf West-Deutschlands Bildungssystem der Fünfziger zu und daran hat sich bis heute nicht viel geändert. Auch „Gesamt-Deutschland" brachte keine Erneuerung: man übernahm einfach das west-deutsche Modell.

Eigentlich ist es nicht zum Schmunzeln, sondern erschütternd, wenn man bedenkt, was das für Werkstücke sind, die auf den Fließbändern dieser Produktionsstätte namens „Schule" bearbeitet werden. Es sind junge Menschen am Anfang ihrer großen Fahrt ins Abenteuer „Leben". Menschen in Saft und Kraft, mit Schwung und Energie, voller Hoffnungen, voller Ängste, oft voller Lebensfreude, die aber Tag für Tag durch die Routine der Schule abgewürgt wird.

Einübung in „leere Leistung", Anpassung an öde Routine, Fremdbestimmung, Unterwerfung unter vorgegebene Zwänge … Hier, in der bürokratisch-tayloristischen Schule, wird er hergestellt: der Zivilisationsmensch der „modernen Zeiten".

***

Nehmen wir den klassischen „Fächersalat" – von Schulbürokraten angerichtet:

Montag: erste Stunde: Latein, zweite Stunde: Erdkunde, dritte und vierte Stunde: Deutsch, fünfte Stunde: Englisch, sechste Stunde: Musik. Dienstag, Mittwoch, Donnerstag, Freitag: immer dasselbe, immer derselbe Salat, immer wieder dasselbe Durcheinander. Neun lange Jahre.

Welche Absicht, welche Logik steckt eigentlich dahinter, so fragte ich mich als Schüler der höheren Klassen, Wissen zu zerhäckseln und in geschredderten Bröckchen zu verabreichen? Was versprechen sich die Schulbürokraten von so einem Lernsystem? Wo sehen sie den Nutzen? Warum wird das seit Jahrzehnten von zehntausenden subalterner Lehrer gedankenlos, dumpf und mechanisch durchgezogen?

***

Nehmen wir die Rahmenpläne mit detaillierten Vorschriften für jede Minute Lernzeit:

Sie schreddern jeden Lernstoff, geben für jedes halbe Stündchen Wissensbröckchen und zum Teil haarsträubende Lernziele vor, zerstören jeglichen Zusammenhang.

Löffelchen für Löffelchen futterte ich das, was irgendwelche Altvorderen sich ausgedacht und für mich vorgesehen hatten, in mich hinein. Ich tat das nur aus einem einzigen Grund: weil ich es musste und in Klausuren und Tests wieder auszuspucken hatte.

Zusammenhänge? Vernetztes Denken? Historische Hintergründe? Was für lächerliche Ansprüche an ein Gymnasium!

Denken in größeren Strukturen? Komplexe Problemdarstellung? Darstellung weltpolitischer Zusammenhänge? Lernen in Projekten? Nichts dergleichen!

In der Hauptsache, so stelle ich heute fest, hat das Gymnasium versagt – nämlich in seiner Hauptaufgabe, mir Erkenntnisse über die Welt zu vermitteln, in der ich lebte und in der ich mich zurechtfinden musste.

***

Und doch: Schulzeit war auch Lernzeit. Ich lernte so einiges – außerhalb des Lehrplanes: ich lernte durchzukommen – das war das Wichtigste. Ich lernte viel über die Menschen um mich herum, meine Lehrer und manche meiner Mitschüler. Ich beobachtete sie, dachte über sie nach und dachte mir meinen Teil. Ich hatte ja viel Muße, sie zu studieren und ihr Verhalten zu durchdenken, man sah sich ja neun Jahre lang fast täglich. Ich lernte sie einzuschätzen und einzutüten. Ich lernte sie zu manipulieren – immerhin eine Schlüsselqualifikation fürs ganze Leben. Es waren kleine psychologische Studien, aus denen ich lernte. Sie schärften meinen Verstand und gaben mir etwas Sicherheit – damals, als ich ein schüchternes Werkstück war auf dem großen, gemächlich und langweilig dahin rollenden Fließband Richtung „höhere Bildung".

„Durchwursteln": mein ganz spezielles Schulfach

Zwei große Schulen in einem einzigen Gebäude. Wöchentlich wechselnder Schichtunterricht. Zwei „Klassensätze" Kinder in einen einzigen Klassenraum gestopft: jeweils sechzig bis siebzig Schüler ...

Randale, Hauen und Stechen, Ausmerzen.

Und für diese „Leistung" verlangten sie auch noch ein monatliches Schulgeld. Im behäbigen und behaglichen Hameln hatte es das nicht gegeben. In dieser kaputten Stadt aber, die überquoll von hoffnungsvollen Wirtschaftsmigranten aus allen deutschen Landen, war Bildung nicht gratis.

Ich holte mir den Antrag für die Schulgeldbefreiung im Sekretariat ab, meine Eltern stellten ihre Einkommens- und Vermögensverhältnisse dar, die familiäre Situation: ihre große Kinderschar, und ich war „frei". Zweimal noch wiederholte ich diese Prozedur jeweils zu Beginn des Schuljahres, dann wurde auch in der „Boomtown" die Schulgeldfreiheit verkündet.

***

Ich hatte ein gutes Herbstzeugnis aus Hameln mitgebracht und machte mir um mein schulisches Fortkommen keine Sorgen. Und doch war ich jetzt und hier und auf Anhieb ein „sehr schlechter Schüler". Erste Klassenarbeit in Englisch: fünf. Erste Klassenarbeit in Mathematik: sechs, und alles andere war auch nicht besonders. Das war ein Schock, vor allem für meine Mutter, die so große Hoffnungen in mich und meinen „Aufstieg" setzte und plötzlich ihre Felle davon schwimmen sah.

Der Grund für dieses Desaster war der „Kulturföderalismus". Dieses Wort kannte ich natürlich noch nicht. Wir hatten bei unserer Wanderung – gut zweihundert Kilometer von Ost nach West – das Bundesland gewechselt – und jedes Bundesland definierte die Arbeitsweise an den Werkstücken auf dem großen Fließband Gymnasium anders. In den Fächern Englisch und Mathematik benutzten sie ganz andere Schulbücher – das hieß: ganz andere Lehrinhalte, ganz anderes, für mich fremdes Vokabular, andere Gestaltung des Lernprozesses. So ziemlich alles war fremd.

Wir „Zugereisten" waren verarscht – und man nahm keinerlei Rücksicht auf unsere Situation. Entweder du kämpfst dich durch oder du gehst unter und verschwindest, das war der Stil des Hauses. Auch diese Notsituation nutzten sie aus. Auch bei uns Neulingen sammelten die Lehrer gnadenlos und ohne Empathie ihre Abschussmunition. Das Handicap der Migrantenkinder war kein Thema im Lehrerzimmer.

Meine Mutter sah die Gefahr für „ihr Projekt", meinen Durchmarsch in die „höhere Bildung".

Sie setzte trotz unserer „ewigen, finanziellen Misere" durch, dass ich unverzüglich die wichtigsten neuen Bücher bekam – irgendjemand von uns Geschwistern musste dann erst einmal auf die dringend benötigte Klamotte verzichten ...

Beide Bücher, Mathematik und Englisch, waren bereits etwa bis zur Hälfte „durchgenommen", durchgearbeitet, und im November und in der Advents- und Weihnachtszeit 1953 war ich damit beschäftigt, in beiden Fächern den Stoff eines halben Schuljahres nachzuarbeiten.

Ich stellte das alte „Learning English" aus Niedersachsen, das ziemlich teuer gewesen war, in den Bücherschrank und widmete mich dem neuen – ebenfalls recht teueren – „Britain and America", das in Nordrhein-Westfalen angesagt war. Es enthielt etwa dreißig Lektionen, von denen fünfzehn bereits abgehakt waren. Ich machte mich an die Arbeit und fing noch einmal ganz von vorne an: Lektion eins ...

Die Lektionen waren kurz und präzise, gut aufgebaut und interessant, denn sie enthielten in der Tat Informationen über „Britain and America". Jeden Abend nach dem Abendessen, wenn alles andere getan war, lernte ich genau eine Lektion. Zum ersten Mal merkte ich, mit welchem Ernst und Ehrgeiz meine Mutter meine Bildungskarriere vorantrieb. Ich musste ihr die Texte vorlesen, die Vokabeln lernen, die sie dann abhörte, die grammatischen Übungen durcharbeiten, was sie sorgfältig überprüfte – und einmal, als ich müde war und mich bei einer Grammatikübung verhaspelte, weil ich nichts mehr klar bekam, verpasste sie mir eine Ohrfeige, um mich wieder wach zu kriegen. In weniger als drei Wochen war ich durch und wunderte mich darüber, dass die Klasse ein halbes Jahr gebraucht hatte, um diese „paar Lektionen" durchzubüffeln.

Ich war wieder „fit" – und da alles noch frisch war und gut saß, war ich sogar besser als die „Konkurrenz". Ich katapultierte mich in die Spitzengruppe in Englisch, ergatterte am Ende des Schuljahres meine „Zwei" und hielt diese Note durch bis zum Abitur.

Anders verlief es mit der Mathematik.

Meine Mutter verkündete schlicht, dass ihr dieses Fach immer zuwider gewesen sei und dass sie mir nicht helfen könne. Mein Vater war abends nicht präsent und am Wochenende bettlägerig und so kam ich gar nicht erst auf die Idee, ihn um Hilfe zu bitten.

***

Didaktisch gesehen sind Mathematikschulbücher für alle Jahrgangs-stufen – seit alters her bis in die heutige Zeit – das Traurigste, was Schulbürokratie und Schulbuchindustrie je hervorgebracht haben. In knappster Form – ohne jede freundliche Redundanz – wird ein Algorithmus für ein bestimmtes Rechengebiet vorgegeben, den man verstehen muss, und dann wird in zahlreichen „Rechenaufgaben", Problemchen, die entsprechend dem Algorithmus zu lösen sind, alles zig Mal in zig Varianten durchgekaut. Danach erfolgt eine Erweite-rung des Algorithmus und noch eine und noch eine und die Hausauf-gaben werden komplizierter und immer noch komplizierter. So geht das durch das ganze Buch: Vorgabe der Rechenwege in wenigen Zei-len (auf so etwas wie „Motivation" wird keinerlei Wert gelegt), dann endloses Herumrechnen, öde Transformationen entsprechend den Vorgaben des Algorithmus, reiner Stumpfsinn. Ich empfand schon früh: das ist hohle, leere Logelei, die einen Geist, der auf der Suche nach Sinn und nach Wissen ist, verhungern lässt.

Meistens werden diese graustichigen Schulmathematikschwar-ten von zwei pensionierten Oberstudienräten aus Bad Posemuckel verfasst – und greisengeistig und sklerotisch sind deren Produkte denn auch.

Wenn so viele junge Leute mit dem Schulfach „Mathematik" nicht klar kommen, so liegt das in der Regel nicht an deren intellektueller „Minderbegabung" (letztlich sind alle Schulbuchalgorithmen banal und – richtig vermittelt – leicht zu verstehen), sondern an einer psy-chischen Abwehr, die eher auf einen gut entwickelten, lebendigen Geist schließen lässt. Einen Geist, der sich nicht damit abfinden kann, dass der da vorne an der Tafel nicht den „Sinn" dessen vermitteln kann, was er jahrelang in stupider Monotonie wiederholt, der nicht den „Grund" angeben kann, warum man so etwas lernen und „können" soll und der keinerlei Praxis- und Lebensbezug herzustellen vermag.

Es wundert mich nicht, wenn oftmals Mädchen mit diesem Schul-fach nichts anfangen können – Jungen ließen sich schon immer leich-ter auf leere Leistung ohne jeden Sinn hin trimmen.

Im Zeitalter des Computers, in einer Zeit, in der bereits Fünfjäh-rige die Millionen von Algorithmen in Bewegung setzen können, die diese Maschine birgt, sollte das Schulfach Mathematik – so, wie es

derzeit unterrichtet wird – abgeschafft werden und im Mülleimer
der Schulgeschichte für immer verschwinden.
Das aber wird nicht geschehen.
Denn für die Selektionsaufgabe der Schule, für das Ausjäten und
Ausmerzen oftmals der Lebendigsten unter den Werkstücken auf dem
gymnasialen Fließband ist kein Fach so gut geeignet wie unsere nicht
tot zu kriegende, todkranke Schulmathematik.

***

Nachdem ich mich in Englisch auf Vordermann gebracht hatte, machte ich mich in den Weihnachtsferien und über Neujahr lustlos und ohne Motivation an das Mathebuch. Im Grunde genommen war alles, was da zu lernen war, recht simpel, aber ich entwickelte nicht den Schwung und den Ehrgeiz, den ich gehabt hatte, als ich eine Sprache lernte. Das Fach blieb für mich öde und grau, es interessierte mich nicht, und so ergatterte ich am Ende des Schuljahres die angemessene Note: eine „Vier". Immerhin.

Auch diese Note hielt ich durch bis zum Abitur, neun Jahre lang. Nur in einem einzigen Jahr in dieser langen Zeit machte ich einen großen Hüpfer nach oben. Das lag am Lehrer: einem kleinen, alten, eisenharten Graukopf, der sich ärgerte, dass ich in fast allen Fächern ein guter Schüler war, nur in seinem Fach nicht. Er knackte meine Psychobarriere gnadenlos.

Ansonsten machte mir die Schule mit all ihren Ansprüchen und Leistungsabforderungen nach meinen „Sonderschichten" in der Sexta keine weiteren Schwierigkeiten mehr. Ich wurde auf dem langen, monoton dahinrollenden Förderband gemächlich immer weiter bewegt. Ich stolperte nicht, ich purzelte nicht vom Band, sondern fuhr bis zum Ende durch.

***

Etwas anderes blieb über Jahre allerdings ein wirkliches – man kann fast sagen – existenzielles Problem: meine Ausrüstung mit all den Lernmitteln, die Jahr für Jahr und Monat für Monat aus unserer dürftig ausgestatteten Haushaltskasse zu finanzieren waren. „Lernmittelfreiheit" gab es noch nicht. Sie kam erst nach der Bildungsdiskussion der Sechziger Jahre – für mich zu spät. In den Fünfzigern mussten sämtliche Schulbücher und alle Schulmaterialien – Schultasche, Füller, Zirkel, Kladden und Millimeterpapier, Buntstifte, Tuschkasten, Zeichenblöcke und sonst noch alles – von den Eltern finanziert werden.

Nicht nur ich musste ausgerüstet werden: meine ältere Schwester besuchte eine weiterführende Schule und brauchte ebenfalls ihren „Kram", meine jüngere Schwester bestand zwei Jahre nach mir die Aufnahmeprüfung zum Gymnasium und musste wie ich ausgestattet werden. Mein jüngerer Bruder besuchte die Grundschule, die ebenfalls eine Grundausstattung an Lernmitteln erforderte. Nur der Älteste begann alsbald eine Lehre in unserer neuen Stadt und verursachte keine „Ausrüstungskosten" mehr.

Meine Mutter war ehrgeizig mit ihren Kindern.

„Bildung" war für sie ein hehres Gut und die „finanzielle Misere", die sie immer wieder beklagte und unter der sie ihr Leben lang litt, war für sie kein Hinderungsgrund, ihre ehrgeizigen Ziele durchzusetzen und uns Kinder mit „Bildung" auszustatten.

Am „Fünfzehnten" gab es Geld: das bescheidene Einkommen meines Vaters, von dem sieben Personen leben mussten. Einen Teil gab er für seine Ausschweifungen aus, ein anderer Teil wurde gebraucht, um den „Tante-Emma-Kredit" zurückzuzahlen, der sich in jedem Monat aufbaute. Nach vierzehn Tagen etwa war alles Bare verbraucht: es war kein Geld mehr da, kein Groschen, nichts. Vielleicht gab es noch irgendwo ein paar Pfennige in irgendeinem Portemonnaie. Von nun an bis zum nächsten „Fünfzehnten" lebten wir wieder vom „Anschreiben" bei „Tante Emma". Wir lebten dann „bargeldlos".

***

Ich wurde in Etappen – vom Fünfzehnten zum Fünfzehnten – ausgestattet. Als Erstes besorgte ich mir die Bücher für die „Hauptfächer": Deutsch, Englisch, Mathematik. Die „Nebenfächer" mussten in all den Jahren stets warten: Musik, Erdkunde, Physik, Biologie, Chemie ... sie kamen im Laufe des Jahres dran – wenn überhaupt.

Zuweilen hatte ich ein schlechtes Gewissen, wenn ich meine neuen Bücher in der Hand hielt: jedes Buch war so viel wert wie mehrere Tagessätze Essen für unsere „Großfamilie". Was mir zugeschustert wurde, fehlte woanders: keine neuen Schuhe für mich, keine neuen Blusen für meine Schwestern, kein Pullover für meinen kleinen Bruder ...

Ich lernte alle möglichen Techniken, mit einem Minimum an „Ausrüstung" auszukommen. Ich schaute beim Nachbarn mit rein, lieh mir bei freundlichen Kumpels die benötigten Bücher aus: das war kein Problem, sie waren hilfsbereit. Hier – in der Großstadt – gab es in der Tat kaum sozialen Dünkel, wie meine Mutter es einst prophezeit hatte.

In der Mittelstufe stiegen die Ansprüche: ein Lateinbuch musste her – nebst Grammatik und Wörterbuch, ein Französischbuch nebst Grammatik und Wörterbuch, ein französischer Gedichtband: „Trésor de la Poésie francaise", teure Lehrbücher in Chemie, Biologie, beides Fächer, die überhaupt nur ein Schuljahr lang unterrichtet wurden. Das Durchwursteln in jener Zeit, da ich zwölf, dreizehn, vierzehn war, wurde immer schwieriger. Diese Situation war mit dafür verantwortlich, dass ich mit fünfzehn mein Projekt „Kohle machen" in Angriff nahm und anfing, eigenes Geld durch eigene Maloche zu verdienen.

***

Oben, auf dem Dachboden der Schule, gab es eine Kammer, in der gebrauchte Schulbücher gesammelt wurden, die man sich kostenlos abholen konnte – so wurde mir gesagt – und natürlich ging ich dort hin, um mich einzudecken. Abiturienten und Schüler der Oberstufe gaben hier ihre nicht mehr benötigten

Fachbücher ab. Ich wühlte in den Haufen der Mathe-, Latein-, Englisch- und Französischbücher herum und machte eine Entdeckung, die ich erst später auf den Begriff bringen konnte: die Bücher waren allesamt veraltet.

Ich griff mir das Lateinbuch.

Latein, so dachte ich, verändert sich doch nicht, die Sprache ist seit tausend und mehr Jahren tot. Allerdings: schon das Cover des Lehrbuches war ein klein wenig anders als das, was wir im Unterricht benutzten. Ich verstand schnell, worauf ich zu achten hatte: auf die „Auflage". Die Rumpelkammer auf dem Dachboden hatte nur die „dritte" Auflage (gegenüber der „zweiten" natürlich bereits „erweitert und verbessert") zu bieten, während wir im Unterricht bereits mit der „fünften" Auflage arbeiteten (die ihrerseits gegenüber der „vierten" „überarbeitet und verbessert" war ... usw. usf.). So war das mit allen Büchern, die ich mir aus den diversen Haufen herauspickte.

Natürlich blieb das gute, alte Latein immer gleich. Was sich änderte, waren die Lateinbücher. Erst viel später lernte ich Begriffe wie „Marketing" oder „geplante Obsoleszenz" und dergleichen kennen. „Obsoleszenzplanung", „geplantes Veralten": die Schulbuchverlage wollten verkaufen und jede Jahrgangskohorte Schüler war ein neuer Markt. Welch ein Verlust, wenn man gebrauchte Lehrbücher einfach so an die Jüngeren weitergab: kein Markt, kein Profit.

Als ich das olle Ding mit der aktuellen Ausgabe meines Nachbarn verglich, stellte ich fest, dass die Texte und der grammatische Teil fast noch identisch waren, aber sie hatten hier und da die „Hausnummern" der Aufgaben verändert, neue Aufgaben eingefügt und alte weggelassen. Ich entschloss mich trotzdem, mit dem alten Ding zu arbeiten, um unsere Haushaltskasse zu entlasten, musste es aber – Lateinstunde für Lateinstunde – auf den neuesten Stand bringen: die „Hausnummern" der Aufgaben korrigieren oder auch während der Pausen neue Passagen abpinseln, veraltete Passagen durchstreichen usf. Ich wurde ein Könner in der Technik der „Auflagenkorrektur" und schaffte es zwei Jahre lang, mit dem veralteten Krempel zu arbeiten und das Problem „Lateinbuch" – und ähnliche Probleme – von der Haushaltskasse meiner Mutter fernzuhalten.

Auch die todtraurige Schulmathematik veränderte sich eigentlich nie – wohl aber die todtraurigen Mathebücher.

***

Die beiden greisen, pensionierten Oberstudienräte aus Bad Posemuckel setzten sich Jahr für Jahr bei einigen Schöppchen Wein zusammen und veränderten – im Auftrag ihres Verlags – ihr tristes Produkt in allerlei subtilen Kleinigkeiten. So schufen sie Obsoleszenz und immer wieder einen neuen Markt. An jedem neu verkauften Lehrbuch für die ewig nachwachsenden Schülerkohorten verdienten schließlich auch die beiden alten Männer ihr Scherflein, mit dem sich ihr Weinkeller Jahrgang für Jahrgang leicht wieder auffüllen ließ. So füllten sie ihre Schatulle und setzten Fett an.

Wir aber – meine Geschwister und ich – kamen in die Bredouille durch ihr schändliches Tun. Und ich hatte meine ganz speziellen Schulaufgaben zu bewältigen, die mich über Jahre in Bewegung hielten.

Es war halt alles ein wenig anders bei mir. Eine Extra-Schulaufgabe, die nur ich zu lösen hatte … einer meiner Alleingänge …

***

So saß ich dann erst einmal am Spielfeldrand.

Zwei Sommer lang war eine Fußballmanie ausgebrochen. Hinter dem Schulhofzaun, auf dem ungepflasterten Bürgersteig der Scheffelstraße, ritzten wir unsere Minifußballfelder in die Erde und kämpften um die „Pille", den Schlagball, der leicht in den Minidimensionen des Spielfeldes zu halten war. Während die anderen schon losbolzten, griff ich mir Schröders Schultasche, klaubte all die Bücher heraus, die ich nicht besaß, und schrieb Aufgaben und Texte ab, korrigierte meine veralteten Latein- und Mathebücher und bearbeitete auch schon mal die eine oder andere Hausaufgabe vor Ort. Wenn ich zu lange damit herumklüngelte, kam zuweilen der Schrei:

„Mach voran, Alter. Wir verlieren."

Dann ließ ich ab von meinem Tun und mischte mich ein. Wir nahmen das „Pöhlen", wie man hier sagte, tierisch ernst und ich holzte und bolzte mich heiß wie die anderen …

… und der Geist der großen Borussia schwebte über uns in seinen Traditionsfarben – schwarz wie die Rußwolken und gelb wie die Schwefelwolken, die die Stadt zudeckten.

Lernort Straßenbahn

Mein Schulweg wurde in den Jahren der Unter- und Mittelstufe immer länger, denn wir zogen mehrmals um: immer weiter weg von der Schule. Am Anfang brauchte ich zu Fuß zwanzig Minuten: das war erträglich. Nach zwei Jahren wuchs mein Fußmarsch auf fünfundvierzig Minuten: das war grenzwertig, aber ich machte den Schulweg auch dann noch zu Fuß, oftmals im Dauerlauf. Ich wollte kein Geld für die Straßenbahn ausgeben.

Ab dem neunten Schuljahr war ich allerdings auf die Straßenbahn angewiesen, zu Fuß hätte ich gut anderthalb Stunden gebraucht. Da war ich vierzehn und schulte mich – „der Not gehorchend" – in der hohen Kunst des Schwarzfahrens: die Straßenbahn wurde ein wichtiger sozialer Lernort für mich.

Denn am „Ersten" des Monats, wenn die Schülermonatskarte fällig war, war oft kaum noch Bares da. Meine Mutter gab mir dann ein paar Groschen, die für Hin- und Rückfahrt reichten. Ich steckte mir das Ziel, möglichst viele Schultage mit dem einmal gegebenen „Budget" auszukommen. Es kam zu spannenden Katz- und Mausspielen mit den „Kontros", die ich bald alle kannte und identifizieren konnte, obgleich sie in Zivil auftraten. Die alten Straßenbahnen aus der Vorkriegszeit hatten noch offene Perrons. Ich hielt mich – wie so manch anderer in der gleichen Situation – stets auf diesem Perron in der Nähe des Ausstiegs auf – und sprang ab, wenn ich es für notwendig hielt.

Zu meinem Erstaunen stellte ich fest, dass ich in bestimmten Situationen offenbar die Gabe hatte, mich „unsichtbar" zu machen oder als „schon kontrolliert" darzustellen. Ich lernte allmählich, ganz sicher und offen und wie beiläufig an dem Kontrolleur vorbeizugehen, wenn er gerade bei der Arbeit war und die Leute kontrollierte. Wenn ich gut drauf war und wenn es eng war, rempelte ich ihn sogar leicht an und entschuldigte mich artig – „Darf ich bitte mal durch?" – ... und landete im schon kontrollierten Bereich des Waggons. Entspannt fuhr ich meinem Ziel entgegen.

***

So hangelte ich mich durch die vielen Schulalltage der Unter- und Mittelstufe, trickste und mogelte. Erst als ich zum ersten Mal „richtig" Geld verdiente – im „Zwischendeck" der Ritterbrauerei im Hitzesommer 1959 – verlor ich meine Zurückhaltung und Schuldgefühle gegenüber meiner Familie und leistete mir all das, was ein ganz normaler Schüler der Oberstufe halt so benötigt.

Sogar an der „Bildungsreise" meiner Klasse, die ebenfalls im heißen Jahr 1959 stattfand, nahm ich teil. Ich hatte sie durch eigene Arbeit finanziert. Es war meine erste Reise überhaupt.

„Muddle through" ...

Butcher, unser „ewiger" Englischlehrer, hatte über all die Jahre, die er uns unterrichtete, die Angewohnheit, seine Stunde damit zu beginnen, dass er Vokabeln abhörte. Wir hatten uns ein Büchlein zuzulegen, das sich „Grundwortschatz Englisch" nannte und etwa tausend der angeblich gebräuchlichsten Vokabeln der englischen Sprache enthielt. Zu jeder Stunde hatten wir eine Doppelseite zu lernen, die er fünf bis zehn Minuten lang akribisch abfragte. Hatten wir das Vokabelheft bis zur letzten

Seite „durchgelernt", fingen wir wieder von vorne an.

Das Ritual lief über die Jahre immer gleich ab – buchstäblich bis zum Abitur:

Er nannte zuerst den Namen des Schülers, seines Opfers, und erst dann den deutschen Begriff. Konnte der Auserwählte nicht auf Anhieb und wie aus der Pistole geschossen das englische Wort nennen, so war das schon eine „Vier". Der Delinquent war damit aber noch nicht durch: er erhielt eine „zweite Chance". Patzte er ein zweites Mal, war die Sache erledigt: Fünf. Diese Ziffern sammelte er sorgfältig in seiner Notenkladde und arbeitete sie in die Zeugnisnote ein. Er setzte uns also über Jahre unter Druck.

„Eine Sprache zu lernen, ohne einen Grundwortschatz parat zu haben, ist völlig wertlos", betonte er immer wieder.

Als Schüler empfand ich seinen Paukunterricht als primitiv, stupide und – von seiner Seite aus gesehen – als „Zeitschinderei" und Unterrichtsflucht. Wir lernten in der Zeit des albernen Abfragens nichts Neues. Später relativierte ich mein Urteil ein wenig. Als ich anfing, in der englisch sprechenden Welt herumzureisen und englische Fachbücher und Romane zu lesen, war ich ganz froh darüber, dass Butcher so stur gewesen war.

Kamen wir zum Buchstaben „M", stolperte er stets über das Wort „muddle" = „durcheinander bringen".

„Hier hätte auf jeden Fall der Begriff *muddle through* stehen müssen", mäkelte er dann und fing an, laut vor sich hin zu räsonieren:

Die Engländer seien schließlich das Volk mit dem „common sense" – und die Essenz des „common sense" sei nun einmal „muddle through" = „sich durchwursteln". Das sei – so sollte man ihn verstehen – einer der tiefsten „philosophischen" Begriffe der englischen Sprache und Kultur überhaupt. Und dann fügte er nuschelnd – wie es seine Art war – einen Satz hinzu, den ich immer wieder gerne hörte:

„Und überhaupt ist das Leben grundsätzlich nichts anderes als ein fortwährendes *muddle through*, ein ewiges *Sich-Durchwursteln*. Nichts anderes ist das Leben nun mal."

Eine „tiefe" philosophische Einsicht, so empfand ich – mit einem gehörigen Quantum Spott natürlich. Doch genau so empfand ich meinen Schulalltag und überhaupt mein ganzes Leben: als fortwährendes „Sich-Durchwursteln". Butchers Erkenntnis, die mir zuteil wurde, war eine der einfachen, wichtigen Wahrheiten, die man auf den Spielwiesen des Lebens so beiläufig aufpickt. Eine Weisheit, die ich auf Anhieb verstand und akzeptierte, weil ich sie lebte – eine „echte" Weisheit also.

5

Knabenführer und Kriegserzähler

Natürlich waren sie Produkte ihrer Zeit, Produkte des Zeitgeistes – das sind Lehrer immer, zu allen Zeiten. Sie sind – nach den Eltern – die wichtigsten Bezugspersonen der Heranwachsenden – nicht nur in dem, was sie ihnen vermitteln, sondern auch, wie sie es vermitteln und – noch viel bedeutsamer – wie sie sich selbst vermitteln.

Die Zeit ...

Das war das *Land Danach*, die Nachkriegszeit mit ihren Zerstörungen und Verstörungen. Die Trümmer lagen nicht nur in der Stadt herum, die Trümmer lagen in den Menschen, die um mich herum waren, und ich entdeckte sie natürlich vor allem in den Menschen, die mir im Alltag immer wieder begegneten, meinen Lehrern. Zu ihrem Leben gehörten zwölf Jahre Terror, zwölf Jahre Hurragebrüll, zwölf Jahre Zerstörung und Vernichtung, zwölf Jahre Unbegreifliches. Das war zu spüren, wenn sie sich selbst vermittelten.

Der Zeitgeist ...

Da waren die „harten" Verhaltensweisen, die im Schulalltag und nicht nur dort gang und gäbe waren, der Mangel an Empathie, die Gefühllosigkeit, die Rohheit in den Verkehrsformen, die mir immer wieder aufstießen. Ich sah: die Zeit, die sie hinter sich gelassen hatten, hatte die Erwachsenen tätowiert – und ihre Tätowierungen, die allmählich sichtbar wurden, wenn man sie nur lange genug vor Augen hatte, halfen bei der Entschlüsselung ihrer Vergangenheit.

Ihre Aufgabe bestand darin, in uns die „Reife" fürs Leben zu produzieren. Nach zehn Jahren auf dem Fließband Schule ergatterte man bereits eine mäßige Form der Reife, die „mittlere Reife". Erst nach dreizehn Jahren erlangte man, wenn man die „Reifeprüfung" bestanden hatte, die „volle Reife".

Bevor ich anfange, Verhaltensweisen der „Seltsamen" unter meinen Lehrern zu schildern, ihre Skurrilitäten, Mängel und Traumata, möchte ich zunächst ein Denkmal für den „ganz Normalen" setzen. Das Gegenmodell.

Der ganz normale Lehrer

Er kam zu uns in der Mittelstufe, lehrte uns drei Jahre lang „Deutsch" und verschwand danach wieder aus meinem Leben. Er gehörte zu den „jüngeren Lehrern", Anfang dreißig etwa. Das Alter der Lehrer war in der Nachkriegsschule von Bedeutung, denn es gab Auskunft darüber, in welcher persönlichen Lebenssituation sie die berüchtigten zwölf Jahre überstanden hatten.

Zum Ende des Krieges muss dieser Lehrer also um die siebzehn gewesen sein. Vermutlich ist er noch als Teenager in eine Wehrmachtsuniform gesteckt, mit Waffen behängt und in irgendeinen Schlamassel gejagt worden.

Aber davon weiß ich nichts.

Denn er gehörte nicht zu den Lehrern, die ihren Unterricht dazu nutzten, vom Kriege zu erzählen, er nutzte seinen Unterricht dazu, uns Dreizehn-, Vierzehnjährige auf eine intelligente und überzeugende Art in die Kunst des Schreibens einzuführen und uns zu lehren mit Sprache umzugehen. Ich schrieb schöne kleine Texte in den Klassenarbeiten bei ihm, die ihm gefielen und die er jedes Mal vorlas. Dass sie *ihm* gefielen, darauf war ich stolz.

Er war umfassend gebildet, weit über das Maß hinaus, das der Rahmenplan für sein Fach vorsah und womit viele seiner Kollegen es genug sein lassen. Man konnte ihn alles Mögliche fragen: er antwortete freundlich und umfassend und wich nie aus. Wenn er etwas nicht wusste, bekannte er das offen, machte sich sachkundig und erzählte es uns später.

Ein „ganz normaler Lehrer" ist aber nicht nur gebildet und belesen, sondern vermag auch das, was er zu sagen hat, wirkungsvoll und elegant „rüberzubringen". Ich verstand ihn auf Anhieb, ich vernahm auch die „Zwischentöne", wenn er etwas vortrug: er war ein guter Didaktiker.

Ein „ganz normaler Lehrer" hat darüber hinaus eine ganz selbstverständliche „soziale Kompetenz", ein einfühlendes Verständnis für die Objekte seines pädagogischen Bemühens. Er sieht sie als suchende, manchmal auch leidende Menschen, denen er Hilfe und Unterstützung bietet: er ist das Geländer an der Treppe in die höheren Etagen.

Ich fehlte oft wegen meiner periodisch wiederkehrenden Migräneattacken. Der Grund meiner hohen Fehlzeiten war all meinen Lehrern bekannt. Er war der Einzige unter all diesen Lehrern in all den Jahren auf dem Gymnasium, der sich überhaupt einmal ausführlich und mit Einfühlung nach meinen Schmerzattacken erkundigte.

Er war mit uns in ein Landschulheim gefahren und fragte mich am ersten Tag ein wenig besorgt, ob ich wohl hier einen meiner Schmerzanfälle bekommen würde. Ich lachte und sagte:

„Sie können ganz sicher sein. *Hier* bekomme ich keinen Anfall, *hier* geht's mir gut."

„Das habe ich mir gedacht", sagte er lachend und ich „fühlte", dass er verstanden hatte, was ich meinte.

Er erkundigte sich, wie so ein Anfall bei mir ablaufe und fragte dezent und vorsichtig nach unserer Familiensituation. Ihn interessierte offenkundig die „psychische" Komponente der

Migräne. In diesem Gespräch gewann ich den Eindruck, dass er zu den „Eingeweihten" gehörte und womöglich selbst unter Migräneanfällen litt.

Gebildet, kompetent, voller Empathie: ein *Lehrer*, ein wirklich Lehrender … Ein ganz normaler Lehrer macht einen ganz normalen, guten Unterricht und lässt seine Neurosen zuhause. Und da dieser Dr. S. keine sichtbaren Macken aufwies, kann ich auch keinerlei skurrile Döntjes über ihn erzählen … aber ein kleines, freundliches Denkmal hat er allemal verdient … und ein spätes „Dankeschön".

„Tyske soldat"

Den ersten Kriegserzähler unter den Knabenführern lernte ich gleich am Anfang meiner Schulkarriere kennen, 1953, in der chaotischen, übervollen Sexta, in der selbst ständig Krieg herrschte. Das war ausgerechnet der Mathelehrer, der auf meine „Migrantensituation" keinerlei Rücksicht nahm und mir meine erste und einzige „Sechs" verpasste. Der alle Mühe hatte, seinen sechzig Bönzeln klarzumachen, auf was er in seinem Unterricht eigentlich hinaus wollte. Nach etwa dreißig Minuten der auf vierzig Minuten verkürzten Schulstunde beendete er seinen Kampf gegen das allgemeine Gemurmel und Geplapper und schaltete auf „Krieg" um, „Döntjes vom Kriege".

Er war „tyske soldat" in Norwegen gewesen, hatte an der sogenannten „Weserübung", der „friedlichen" – wie er sich ausdrückte – Invasion Dänemarks und Norwegens teilgenommen, war Besatzungssoldat geworden und bastelte mit am gigantischen „Atlantikwall".

Er versuchte uns in seinen kleinen Erzählungen klarzumachen, wie nobel und ehrenhaft sich die Norweger ihm gegenüber in vielen Situationen verhalten hätten, obgleich er doch ein Eindringling war und eigentlich nichts in Norwegen zu suchen gehabt hätte. Aber er habe sich eben selber auch nichts zuschulden kommen lassen.

Er erzählte verhalten gegen den Krieg, wenn er vom Krieg erzählte. Er wollte uns – so verstand ich ihn – klar machen, dass die Menschlichkeit auch im Krieg nicht unbedingt vor die Hunde gehen muss. Ich spürte seine guten Absichten, fragte mich allerdings damals, als Zehnjähriger, warum er das alles erzählte. Nur wenige aus unserer Horde hörten ihm überhaupt zu, das Geplapper und Gelärme wurden eher lauter, wenn er erzählte. Seine sanfte und leise Rede wirkte wie ein gedankenvoller Monolog ohne Adressaten.

Da steht er vor mir: ein magerer Mann mit angestrengtem Gesicht. Seine großen, blassblauen Augen mit den roten Äderchen quellen ein wenig hervor. Manchmal ist er seltsam angezogen: er trägt hohe, schwarz glänzende Schaftstiefel, in die er seine Hosenbeine hinein gestopft hat. Ich kann ihn mir dann ganz gut vorstellen als „tyske soldat" im besetzten Land. Ein „tyske soldat" (diese Formulierung benutzte er selber sehr gern), der sich noch immer darüber wundert, dass die von ihm und seinesgleichen Unterworfenen ihn trotz allem als Menschen wahrnahmen.

Mehr als freundliche kleine Geschichtchen aus „seinem" Krieg kamen allerdings nicht zu den Wenigen herüber, die ihm überhaupt zuhörten. Und trotz all seiner guten Absichten spürte ich die Verlogenheit in seinen Erzählungen: die Eroberung und Unterwerfung zweier Länder, die sich aus dem Krieg heraushalten wollten, ist immer ein Gewaltakt – und in der Tat kam es auch in Norwegen zu brutalen Aktionen gegen die Zivilbevölkerung.

Warum man zwei Länder überfallen hatte, die sich zu strikter Neutralität verpflichtet hatten, was es mit diesem „Atlantikwall" auf sich hatte, dessen Bunker und Geschützstellungen noch heute die Atlantikküste vom Nordkap bis zur Biskaya verschandeln, davon lernte ich nichts. Dass die Nazis diese Invasion, an der er teilgenommen hatte, in größter Geheimhaltung geplant und vorbereitet hatten, um den Briten zuvor zu kommen und sich vor allem die kriegswichtige Hafenstadt Narvik zu greifen, davon erfuhr ich ebenfalls nichts.

***

Über Narvik wurde in einem unaufhörlichen Strom während des gesamten Krieges schwedisches Eisenerz ins Nazi-Reich transportiert. Der Krieg wäre für die Nazi-Deutschen schon nach einem Jahr zu Ende gewesen aus Mangel an Schwedenstahl und damit an Waffen, Munition und schwerem Kriegsgerät, erklären uns heutige Historiker. Die Briten hatten zu lange gezögert, Churchill und seine Berater haben geschlafen. Vier Jahre Krieg wären der Welt vielleicht erspart geblieben, 40 Millionen Menschen oder mehr wären am Leben geblieben, wäre der „tyske soldat", mein Mathelehrer also, nicht den Briten zuvorgekommen.

Ach, wäre er doch daran gehindert worden, Norwegen zu erobern!

In den Geschichten all meiner Kriegserzähler auf dem Gymnasium und auch andernorts blieben die „großen Zusammenhänge" ausgespart.

„Kolonne M" und ein Befehl …

Eine seltsame Erscheinung in den Fünfzigern und Sechzigern war die sorgsame Einteilung der Menschen in „Katholische" und „Evangelische". Die Konfession, die religiöse Zugehörigkeit, war noch für viele von überragender Bedeutung. Man sprach allen Ernstes von „Mischehen", wenn Katholen und Evangelen sich zum Bund fürs Leben fanden. Es gab rein evangelische und rein katholische Volksschulen, oftmals parallel im gleichen Gebäudekomplex, es gab dann sogar – hübsch getrennt – evangelische und katholische Latrinen für die Kleinen …

Selbstverständlich gab es keinen gemeinsamen Religionsunterricht.

Man sortierte die Parallelklassen nach Evangelischen und Katholischen. „Unsere" Katholischen mussten „auswandern" und sich mit den Katholischen der Parallelklassen vereinigen. Zu uns wanderten die Evangelischen der Parallelklassen ein. Dieses Ritual fand einmal in der Woche statt, in der Regel in der letzten Stunde eines Schultages, und es verdeutlichte mir jedes Mal, dass bestimmte Jungs, mit denen ich eben noch ganz vertraut und ganz selbstverständlich zusammen war, als „Katholische" irgendwie „andersartig" waren.

***

Der Religionsunterricht am Gymnasium wurde meist von Pastoren oder Priestern der umliegenden Kirchengemeinden übernommen. 1958, das war das Jahr, in dem ich meine Sommerferien bei den Kinderschindern in Berghofen verbrachte, erschien zum Schuljahresbeginn ein „Neuer", Herr M., und verkündete, mit uns das „Alte Testament" durchnehmen zu wollen, einige wichtige Schlüsselgeschichten jedenfalls: aus dem „Pentateuch" also – diesen Begriff hörte ich bei ihm zum ersten Mal – aus den „Fünf Büchern Mose" ...

Gleich in der ersten Stunde ging er mit Schwung ans Werk. Er griff sich ein Stück Kreide und malte mit kühner Eleganz die Küstenlinie des östlichen Mittelmeers an die schwarze Wandtafel, die Levanteküste, machte dann einen Bogen nach links und zog die Küstenlinie noch eine ziemliche Strecke nach Westen weiter. Gekonnt und offenbar vielfach erprobt malte er parallel zur unteren Levanteküste einen Strich, der mit einem kleinen Kringel oben begann, führte den Strich ohne abzusetzen weiter nach Süden und malte schließlich am Ende einen zweiten, etwas größeren Kringel. Das waren der Jordan, der See Genezareth und das Tote Meer. Irgendwo links vom Toten Meer platzierte er einen kleinen Kringel, neben den er ein „J" malte: das war Jerusalem.

Allen war klar: es ging um das „Heilige Land", das Land der Bibel, das wir nun kennenlernen sollten. Sein Tafelbild war aber damit noch nicht zu Ende:

Unterhalb des Linksbogens seiner Küstenlinie malte er uns gekonnt die zwei Kaninchenohren des Roten Meeres hin, die die Halbinsel Sinai einschlossen. Ja klar, dachte ich, irgendwo im Alten Testament spielt ja auch der Sinai eine Rolle ...

Danach malte er ein Dreieck oben an die ägyptische Küste, das in einen Strich nach Süden überging. Aha, der Nil und das Nildelta – ja, der Nil spielt nun mal in den Geschichten des Alten Testaments ebenfalls eine gewisse Rolle: die Geschichten um Moses, Joseph und seine Brüder ... Da hatten wir also das Panorama fürs Alte Testament ...

Herr M. malte aber noch weiter. Die Küstenlinie nach Westen hin führte er über Ägypten hinaus, bis hinein nach Libyen. Die Landschaft darunter versah er mit Strichelchen und Pünktchen: „Wüste", kommentierte er.

Dann erzählte er uns treuherzig, gleich in der ersten Stunde, nachdem er sein Tafelbild fertiggestellt hatte, dass ihm die Landschaft dort nicht ganz unbekannt sei. Er kenne zwar nicht das „Heilige Land" selbst, aber „hier etwa, ganz in der Nähe" – er zeigte auf die Wüstenstriche und -pünktchen unterhalb der libyschen und ägyptischen Küste – „hier lagen wir, Afrika-Feldzug, unter Rommel ..."

Er selbst habe eine Kolonne geführt, die „Kolonne M", und sie hätten den „Tommie" durch die Wüste gescheucht. Jawohl, das berühmte Afrikakorps habe die wüstenerfahrenen Engländer vor sich her getrieben. Er schmunzelte und malte dann einen kleinen Kreis an die libysche Küste:

„Tobruk."

Er malte einen weiteren kleinen Kreis an die Küste, weiter östlich von Tobruk, ein klein wenig westlich vom Nildelta:

„El Alamein."

Als er das hinschrieb, schaute er ernst und bedeutungsvoll auf uns:

„Eine Katastrophe."

***

Stunde um Stunde erzählte er uns von nun an in seinen kleinen Wüstengeschichten die wüste Geschichte vom Afrika-Feldzug. Zu Beginn jeder Religionsstunde malte uns „Kolonne M", wie wir ihn alsbald nannten, sein Piktogramm vom Heiligen Land und vom Kriegsschauplatz Nordafrika an die Tafel. Dann unterrichtete er eher lustlos und langweilig eine halbe Schulstunde lang irgendeine biblische Geschichte, die er nach den Regeln seiner Kunst deutete und in seiner Landkarte auch sorgfältig geografisch verortete.

Der Programmwechsel wurde jedes Mal dadurch eingeleitet, dass sich einer meiner Mitschüler in einer schüchtern, höflich und artig wirkenden Manier meldete. Wir anderen wussten, was nun kommen würde, und mit verhaltenem Grinsen genossen wir die Ansagen, die etwa so klangen:

„Herr M.! Sie waren doch dort. Ganz in der Nähe des Heiligen Landes. In diesem heißen Land. Sie müssen uns unbedingt von dem Leben in der Wüste erzählen, vom Leben in den heißen Ländern. Von den Gefahren. Von den Schwierigkeiten. Wir können uns das gar nicht so richtig vorstellen ..."

„Herr M.! Wir wissen so gut wie gar nichts vom Krieg. Schon gar nichts vom Afrika-Feldzug. Sie waren Teilnehmer. Sie sind Zeitzeuge! Das können wir uns doch nicht entgehen lassen, jemanden zu haben, der tatsächlich dabei war. Damals, in der Wüste ..."

Es war plump, sehr plump, und immer erwartete ich, dass „Kolonne M" merken müsste, dass er verarscht wurde, dass er den Schüler, der ihn in dieser Weise anmachte, in die Schranken weisen würde. Das war aber nie der Fall. Er ging vollkommen naiv auf die Bitte um „Aufklärung" ein und nahm ernst, was mein Mitschüler geheuchelt hatte, um seinem Religionsunterricht zu entkommen.

„Kolonne M" ging dann stets angeregt zur Tafel und malte westlich, südlich oder östlich von Tobruk ein Kreuzchen in die Wüste. Das war der jeweilige Standort der „Kolonne M" – und er war ihr Führer!

„Hier lagen wir."

Jedes Kreuzchen war eine kleine Geschichte – und die musste jetzt aus ihm heraus.

***

Vor allem war es ein Kampf gegen eine grausame Natur gewesen: fünfzig Grad Celsius in der Mittagsglut, null Grad oder gar Frost in der Nacht. Viele hielten das nicht aus, waren bald völlig erschöpft und brachen zusammen. Dann war da vor allem der Wassermangel: vier bis fünf Liter brauchte jeder Soldat eigentlich täglich. Meistens war zu wenig da. Das Wasser wurde in besonderen gepanzerten Fahrzeugen herangeschafft. Die Engländer griffen gerne diese Wasserträgerpanzer an ...

„Weit über hunderttausend Soldaten, die durch die Wüste ziehen und mit Wasser versorgt werden müssen!" Wir sollten uns das doch einmal vorstellen.

Ich muss sagen: ich konnte und wollte mir das gar nicht vorstellen damals – und auch heute noch nicht.

Die schlimmen Folgen der Entwässerung des Körpers ...

Er schilderte uns die vielfältigen Symptome – und er als Kolonnenführer musste sich um alles in seiner Truppe kümmern, seine Leute ruhig halten und vor dem Durchknallen, dem „Wüstenkoller", bewahren. Die Einsamkeit der Truppe tief in der Wüste ... Ganz auf sich gestellt ... Allein ... Der allgegenwärtige Feind, der immer und zu jeder Zeit auftauchen und angreifen konnte – mit Flugzeugen, mit Panzern ... Die Gedanken an den Tod, an das Sterben ... Die Sehnsucht nach zuhaus ...

Ja, das alles kam vor in seinen Erzählungen. Aber auch der Triumph über die Engländer bei Tobruk, ihr Kampf, unterstützt von jenen berühmten Geschwadern der Luftwaffe, den er miterlebt und bewundert hatte: den grandiosen Einsatz der „Stukas" ... Der Sieg! ... Die Briten, die es gewagt hatten, Libyen anzugreifen, die Kolonie „unserer italienischen Waffenbrüder", wurden aufgerieben, in die Flucht geschlagen, nach Ägypten zurück getrieben ...

Ich empfand seinen Ton, die Art und Weise, wie er erzählte, schon nach den ersten Erzählrunden als unangenehm und wünschte mir, dass keiner meiner Mitschüler mehr den Finger heben würde, um „Kolonne M" zu triggern. Lieber „Altes Testament" als „El Alamein" ...

Aber einer fand sich immer, der den Finger hob, und „Kolonne M" erzählte weiter von seinem Kampf mit der Wüste und in der Wüste, von der heldenhaften Verlorenheit seiner Männer, vom „Wüstenfuchs" und vom übermächtigen Feind ...

***

Brennend heißer Wüstensand
So schön, schön war die Zeit ...
Fern, so fern vom Heimatland
So schön, schön war die Zeit ...
Kein Gruß, kein Herz
Kein Kuss, kein Scherz
Alles liegt so weit, so weit ...
So schön, schön war die Zeit ...

Keiner hat die Larmoyanz der in die Fünfziger Jahre hinein gealterten Soldatengeneration sentimentaler und rührseliger in seinen Megaschnulzen ausgedrückt als jene aseptische Kunstfigur namens „Freddy". Er traf mit seinen Liedern den Geist der Zeit und seinen Hit „Heimweh" empfand ich instinktiv als Kommentar zu „Kolonne Ms" Erzählungen.

Tatsächlich kam man an *der* Superschnulze der zweiten Hälfte der Fünfziger Jahre nicht vorbei. Über Jahre dröhnte sie aus den Musikboxen der Kneipen, millionenfach lag die Polydor-Vinylscheibe auf den Plattentellern der Stereo-Musiktruhen, die in den Wohnzimmern der Nierentischära die „Goebbelsschnauze" abgelöst hatten. Man hörte den Schlager im Kino, denn „Fox' tönende Wochenschau" brachte jede Woche einen „Freddy" ... „Kolonne M" und der „brennend heiße Wüstensand": *das* Lied zu unserem Religionsunterricht. Erster Platz in den Hitparaden über Monate ...

Wovon träumten sie, wenn sie zum Träumen kamen, die ausgetrockneten und verdurstenden Mannen von „Kolonne M" in ihren glühenden Wüstentagen und frostigen Wüstennächten? Biblisch gesprochen: vom Paradies natürlich, vom Garten Eden, vom deutschen Mittelgebirge also mit seinem sanften Klima, seinen Quellen und glitzernden Bächen und seinem satten Grün. Von der großen Oase – so weit weg im Norden und so weit weg in der Vergangenheit:
Freddy:

Dort, wo die Blumen blüh'n
Dort, wo die Täler grün'
Dort war ich einmal zu Hause

***

Ich habe mich schon als Schüler gewundert, warum es „Kolonne M" nie einfiel, die beiden großen Geschichten seines Religionsunterrichts didaktisch zu verbinden.

Ist da nicht gleich nebenan auf seiner Landkarte, im Sinai, zwischen den Kaninchenohren des Roten Meeres einst jemand herumgeklettert? Und hatte der nicht die großen Gebote seines Gottes mitgebracht aus der Gebirgswüste? Wurden das nicht unabdingbare Gebote für die gesamte Christenheit? Also auch für „Kolonne M", unseren Religionslehrer? Wie hielt es „Kolonne M", lehrender Christ, mit dem Töten im Krieg? Das wäre doch ein Thema gewesen für seinen „Religionsunterricht".

Und da, rechts in seinem Tafelbild: das „Heilige Land". Ist da nicht einst der „Nazarener" herumgezogen? Hatte der nicht dort seine große Lehre verkündet? Jene Gestalt, die die Christen sogar zu ihrem Gott machten? Was hatte der doch verkündet? Das Hohe Lied von der Feindschaft mit dem Nächsten und das Gesetz des Mordens?

„Kolonne M" kam gar nicht auf die Idee, derartige Fragen zu stellen. Er hatte zwei Schubladen, die er abwechselnd auf und zu machte. Die eine enthielt den Afrika-Feldzug und die andere die christliche Lehre. Zwei völlig getrennte Erzählstränge: der eine hatte mit dem anderen nichts zu tun. Er verstand es nicht, sie zusammenzuführen und unter einen – nämlich *seinen* – Hut zu bringen. Er war ein Christ seiner Zeit: Gottes Gebot war eine Sache, Führers Befehl eine andere ...

Auch keiner von uns Schülern stellte ihm diese Fragen. Die Zeit war noch nicht reif und wir waren noch nicht reif. „Kolonne M" und all seine Kollegen: das waren halt unsere Lehrer und wir mussten sie so hinnehmen, wie sie nun einmal waren. Es brauchte noch Jahre und viel mehr Wissen über das unmittelbar Vergangene, bis wir uns dergleichen von unseren „Autoritäten" nicht mehr bieten ließen.

***

Kein Wort zu den Qualen und Strapazen all dieser jungen Männer, die „Kolonne M" zu „führen" hatte. Sie waren doch wohl voll im Saft gewesen, bevor sie in der libyschen Wüste austrockneten. Sie hatten vielleicht gerade erst die Liebe kennengelernt, die Körper ihrer Mädchen in verzückten und durchvögelten Nächten in ihren Armen gehalten: Lust, Wollust und Orgasmus, alles, was das Leben ausmacht in ihrem Alter. Und was blieb hier? Wüste. Sehnsuchtsvolle Erinnerungen. Sexphantasien ...

Möglicherweise hätte unser Religionslehrer uns hierzu – und zwar in seinem „christlichen Erzählstrang" – die Geschichte des biblischen Onan erzählen können, der seinen Samen in den Wüstensand setzte und von seinem Gott getötet wurde. Onanieren und Sterben, Schicksal jeder Kriegerhorde: natürlich war das kein Thema in jenen verklemmten Zeiten, kein Thema für „Kolonne M" ...

Freddy:

Wo ich die Liebste fand,
Da liegt mein Heimatland.
Wie lang bin ich noch allein?

***

390

Das Ende des Feldzugs von „Kolonne M", die Schlacht bei El Alamein und die Kriegsgefangenschaft der Hundertzwanzigtausend, hat er uns nicht mehr schildern mögen. Wir stoppten seinen Erzähldrang durch einen üblen Streich – und zwar für immer. Aber immerhin: *ein* Satz von ihm über die „Katastrophe" von El Alamein ist mir noch in Erinnerung:

„Wir sind nicht durch den Feind geschlagen worden, sondern durch unsere eigene Schwäche: den Mangel an Nachschub."
Wir ... im Felde unbesiegt.
Was er uns nicht dazu erzählte (oder – nach unserem Streich – nicht mehr erzählen mochte): ihre Oberen hatten sie in einen aussichtslosen Kampf gegen die britische Übermacht gejagt. Sie waren willig in den Kampf gezogen – Befehl ist Befehl – und hatten den Kampf nach zwei Tagen abbrechen müssen: aus Mangel an Wasser, dem Lebensstoff, aus Mangel an Kraftstoff, aus Mangel an Mordstoff: die Munition war alle.

Hundertzwanzigtausend junge deutsche Männer und ebenso viele junge Italiener flohen erschöpft und ausgelaugt in die libysche Wüste, wurden gefangen genommen und zogen in einer endlosen Kolonne in ihre nordafrikanischen Wüstenlager, wo sie schufteten, zusammenbrachen, starben oder ihre Gesundheit für immer zerstörten.
Freddy:

Viele Jahre schwere Fron
So schön, schön war die Zeit
Harte Arbeit, karger Lohn
So schön, schön war die Zeit
Tagaus, tagein
Kein Glück, kein Heim
Alles liegt so weit, so weit
So schön, schön war die Zeit

***

391

Der unmittelbare Schrecken, die unmittelbare Todesdrohung lag hinter „Kolonne M" und all diesen Männern, die das gegenseitige Abschlachten und die Wüstenlager überlebt hatten. Dass all ihr Leiden völlig nutzlos gewesen war, völlig sinnlos, dass alles verbrecherisch gewesen war: nur sehr wenige von ihnen waren dabei, dies ganz langsam und ganz allmählich zu erkennen und zu begreifen.

Aber: sollte denn alles so ganz umsonst gewesen sein?

Waren da nicht die ungeheuren Strapazen und Opfer, die sie alle gebracht hatten? Das konnte man doch nicht einfach so abtun, das konnte doch nicht alles vergebens gewesen sein! Gab es denn gar keinen höheren Sinn in dem, was sie da – in der Ferne – getrieben hatten?

Freddy und seine Textdichter gaben die Antwort und stifteten Sinn. Es war die Botschaft, auf die die Millionen Männer warteten, die in ihren Wehrmachts- oder SS-Uniformen die Welt verwüstet hatten:

Nämlich: dass sie sich *bewährt* hatten *als Männer,* selbst in den schlimmsten Zeiten und unter grausigsten Umständen.

Nämlich: dass sie das Schicksal, das ihnen beschieden war und das grausam zuschlug, *willig ertragen* hatten.

Nämlich: dass ein Befehl ein Befehl war, den man nicht hinterfragte: denn der Befehl war Schicksal, der Befehl war das Höchste, der Befehl war Gott: *Befehl ist Befehl.*

Nämlich: dass man *seinen Weg zu gehen hatte,* in aller Verlorenheit, den Weg, den das Schicksal vorgesehen hat, *„den Weg, den keiner will".*

Nämlich: dass man verbranntes und zerstörtes Land hinter sich ließ, Tote, Verletzte, Verkrüppelte ... und dass das halt ihr Schicksal war, *ihre grausame Bestimmung,* der sie nun einmal nicht entgehen konnten.

Ja, und dass man all das ertragen hatte *„wie ein Mann",* das war das eigentlich Heroische. Das war die Botschaft in „Kolonne Ms" Erzählungen. Das war die Botschaft in Freddys Männerschnulzen.

***

Und so ziehen sie denn seit Ewigkeiten und für alle Ewigkeiten über diesen Planeten, die ewigen „Green Berets" in ihren Männerkolonnen. Die ewigen männlichen Kriegsmaschinen. Sie bringen Tod und Verderben. In *Stahlgewittern* werden sie gehärtet. Sie sind immer allein: sie leben Freddys großes „Allein". Für sie gibt es kein Herz voll Liebe. Für sie gibt es nur den Befehl …

„Kolonne M" – von Freddy besungen:
Irgendwo im fremden Land
Ziehen wir durch Stein und Sand
Fern von zu Haus und vogelfrei
Hundert Mann – und ich bin dabei

Hundert Mann und ein Befehl
Und ein Weg, den keiner will
Tagein, tagaus – wer weiß wohin
Verbranntes Land – und was ist der Sinn?

Wahllos schlägt das Schicksal zu
Heute ich und morgen du
Ich hör' von fern die Krähen schrei'n
Im Morgenrot – warum muss das sein?

Tja, Jungs, warum musste das wohl sein? Ihr hättet mal drüber nachdenken sollen!

Freddy sang es laut und pathetisch. Er sang es kraftvoll, männlich, mit sentimentaler Rührseligkeit und voller Stolz. Heimweh und Fernweh. Sehnsucht nach Liebe und das große Allein. Der einsame Kämpfer, der heroisch seinen Mann steht. Welteroberung und die Sehnsucht nach zuhaus … Aus diesen Ingredienzien drehten die Schlager- und Filmindustrie der Fünfziger die Betäubungspillen und Schmerztabletten für die Soldatengeneration im *Land Danach*.

***

Doch die körperlichen und seelischen Traumata waren da und ließen sich nicht einfach wegschnulzen. Tausende, Abertausende der Kriegsheimkehrer aus den nordafrikanischen (und den vielen anderen) Gefangenenlagern kamen mit schweren Herz- und Koronarschäden zurück, mit schlimmen Formen der Arthritis, mit schweren Nierenleiden und, und, und ... Versehrt, lädiert für immer.

Sie kämpften vor den Gerichten für die Anerkennung ihrer Leiden als Kriegsfolgen – in der Hoffnung auf eine winzige Kriegsrente. Die Nazi-Richter des Adenauerstaates versagten ihnen diese Rente. Nur das, was sichtbar war, zählte als „Kriegsfolge": ein amputiertes Bein etwa – oder ein Steckschuss im Gehirn. Nicht aber jene unsichtbaren Kollateralschäden: nächtliche Herzattacken, Herzinfarkte, tiefe Depressionen, Nierenversagen oder gar „Angstzustände". Da konnte ja schließlich jeder kommen ...

So mussten viele von „Kolonne Ms" *hundert Mann*, viele von den mehr als *hunderttausend* Mann, die wie er *„dabei"* waren im brennend heißen Wüstensand, zusehen, wie sie mit ihrer zerstörten Gesundheit lebten und überlebten. In täglicher Sorge und Angst vor dem nächsten Infarkt – Todesängste und Sorgen, die sich auf ihre Liebsten und Nächsten Tag für Tag und Nacht für Nacht übertrugen und deren Leben durchtränkten.

Auch das war ein Aspekt „meiner Zeit", des Nachkriegs der Fünfziger, in dem ich – jenes ferne „Ich" – aufwuchs.

Bibelkunde

Die drei großen Fenster des Klassenraums waren weit geöffnet.

Das Licht und die Wärme der Mittagssonne fluteten in den Raum. Wir hatten die „Frühschicht" schon fast hinter uns. Kleine Pause, dann begann die sechste und letzte Stunde. Fach: „Religion".

Wir warteten auf die evangelischen Jungs aus den Parallelklassen und auf „Kolonne M". Wir standen in Grüppchen an den drei Fenstern in der Sonne, vor uns grüne Büsche und Bäume. Unser Klassenraum lag im Erdgeschoss, zur Haydnstraße hin, wo unser Schulgebäude von kleinen Vorgärtchen eingerahmt war. Wir hatten allesamt keinen Bock auf „Kolonne Ms" Unterricht. Wir waren in der Stimmung, irgendetwas anzustellen, um dem Schultag zum Abschluss etwas Pep zu geben. Einer hatte schließlich die zündende Idee:

„Wir schließen den Raum von innen zu und hauen einfach ab. Durch's Fenster!"

Ein zweiter rannte sofort zum Lehrerpult, auf dem immer der Klassenraumschlüssel lag, ordentlich an einem kleinen Bälkchen befestigt. Er schloss den Raum von innen zu und legte den Schlüssel wieder an seinen Platz. Während wir unsere Taschen ergriffen und unsere Flucht in die Wege leiteten, bemerkte ich beiläufig zu einem Jungen, der zufällig neben mir stand und seine Brocken zusammen suchte:

„Noch schärfer wär's natürlich, wenn wir alle im Raum bleiben würden, völlig ruhig, völlig still, meine ich. Ihn mal so richtig verarschen. Ich glaube, Kolonne M explodiert."

Das war ein Fehler.

Der Junge, dem ich das steckte, war einer von denen, die in einer Jungsgruppe verzweifelt versuchen, zu den „Alpha-Rüden" zu zählen, und sich ständig aufspielen müssen. Zwei andere „Alpha-Rüden" waren mit den Katholischen ausgewandert – und so war es für ihn ein Leichtes, bei uns seine Rolle zu finden. Er fuchtelte mit den Armen, verschaffte sich Gehör und verklickerte uns wispernd, dass ihm eine geniale Idee gekommen sei, ein phantastischer Streich …

Er hatte Erfolg. Die Mehrheit der Jungs war sofort Feuer und Flamme, einige guckten etwas skeptisch, leisteten aber keinen Widerstand. Mir war nicht ganz wohl dabei.

Wir stellten uns alle an die hintere Wand des Klassenraumes und verschränkten die Arme vor unserer Brust – alle arbeiteten jetzt an der Inszenierung des Streiches mit. In dieser Position harrten wir der Ereignisse, die da kommen würden.

***

Zunächst trudelten langsam unsere evangelischen Kameraden aus den Parallelklassen ein – wie zu erwarten war. Sie rüttelten an der Klinke, waren überrascht, lachten:
„Die sind weg … Die sind einfach abgehauen … Die haben's gut …"
Wir hörten ihr Palaver über das Ereignis durch die geschlossene Klassentür und schüttelten uns vor Lachen – stumm natürlich. Dann kam der mit Spannung erwartete Auftritt von „Kolonne M".
Artige Ansage eines der Schüler:
„Herr M.! Die Tür ist zu … Die sind nicht mehr da …"
Ich fragte mich, wie „Kolonne M" jetzt wohl reagieren würde. Ich wünschte mir, dass er die anderen auf diese Nachricht hin einfach nach Hause schicken würde. Das wäre souverän und bequem für ihn gewesen … und hätte ihm einiges erspart. Doch er reagierte nicht so.
Zunächst wurde noch einmal energisch an der Klinke gerüttelt: das war jetzt „Kolonne M" selber, der sich höchstpersönlich überzeugen musste. Dann: kleine Pause. „Kolonne M" denkt nach, überlegt – wir fühlen es förmlich durch die geschlossene Tür hindurch. Wir da hinten an der Wand schauen uns bedeutungsvoll an. Jeder hat jetzt ein Grinsen im Gesicht, wir warten gespannt auf die nächste Nummer.
„Ich gehe jetzt zum Hausmeister und hole den Zweitschlüssel. Ihr wartet hier!"
Abgang „Kolonne M".
Er kommt aber nicht nur mit dem Zweitschlüssel zurück, sondern gleich mit dem ganzen Hausmeister, dem Herrn über die Zweitschlüssel. Der schließt auch die Tür auf und tritt als Erster in den Raum. Er ist fassungslos, als er uns da stehen sieht, und erschrocken dreht er sich zu „Kolonne M" um, der unmit-

telbar hinter ihm hereinkommt. Es wirkt fast so, als wolle er ihn wieder heraus drängen, um ihm das zu ersparen, was er da hinten an der Wand gesehen hatte. Inzwischen drängeln sich auch unsere Kameraden in den Raum und bleiben alle, nachdem sie uns gesichtet haben, im Eingangsbereich wie angewurzelt stehen.

Diese Szene ist mir für immer geblieben.

***

Ich sehe ihre Gesichter vor mir. Vorneweg der Hausmeister, dessen Starre sich langsam löst und in Zorn verwandelt, die Schüler, die sich in der Tür drängeln, erst entsetzt, dann grinsend, dann kichernd, und schließlich „Kolonne M", der hinter dem Hausmeister vorbei geht und sich hinter dem Lehrertisch aufstellt.

Zuerst wirkte er auf mich, als stünde er unter Schock. Sein Gesicht war bleich geworden, seine Schultern fielen nach vorne. Es schien so, als sei er ein wenig in sich zusammen gesackt. Er sprach nicht gleich, er starrte auf uns, die wir da mit dem Rücken zur Wand standen, die Arme vor der Brust verschränkt, in den Gesichtern Häme und die Reste eines Grinsens.

Schließlich fing er sich.

„Sie können jetzt gehen. Ich danke Ihnen für Ihre Hilfe", sagte er leise und äußerlich ganz ruhig zu dem Hausmeister.

Und dann an die Adresse unserer Mitschüler aus den Parallelklassen: „Ihr könnt ebenfalls gehen. Ihr habt frei."

Sie gingen und wir setzten uns auf unsere Plätze. Er setzte sich selbst auch und sah uns lange ernst und schweigend an. Wir hatten ihn vorgeführt, gedemütigt. Wir hatten ihn in seiner Ehre verletzt.

Ich bekam so etwas wie Mitleid mit ihm und dachte: eigentlich hatte er das nicht verdient. Er hatte sich uns gegenüber eigentlich nie mies oder gar boshaft verhalten, er war ein durchschnittlicher Lehrer seiner Zeit: mal freundlich, mal miesepetrig, vorwiegend langweilig. Sein einziges „Vergehen" war, dass er uns mit seinen Kriegs- und Bibelgeschichten langsam auf den Keks gegangen war. Aber langweiligen und doofen Unterricht brachten auch andere Lehrer, ohne dass sie dafür bestraft wurden. Dieser Streich war unangemessen, empfand ich damals. Und ich ärgerte mich ein wenig über meine dumme Bemerkung zu diesem „Alpha-Rüden", die uns alle in diese peinliche Situation gebracht hatte.

„Das wird ein Nachspiel haben", begann er.

Er begann im Klassenbuch zu schreiben.

„Ich protokolliere den Vorgang im Klassenbuch. Das ist ein Tadel für jeden von euch."

Wir waren nicht beeindruckt.

„Ich werde den Vorgang mit der Schulleitung besprechen. Eure Eltern werden schriftlich unterrichtet werden. Unter Umständen kommt noch einiges nach. Ich werde eine Klassenkonferenz beantragen."

Er schwieg wieder lange. Er schien über weitere Sanktionen nachzudenken.

„Jeder von euch bekommt eine Strafarbeit. Hausarbeit mit mündlichem Vortrag, fünf Seiten Minimum. Darstellung und Auslegung von Textstellen aus dem Alten Testament."

Er kramte in seiner Tasche und legte seine schwarze Lutherbibel neben das Klassenbuch. Er ging alphabetisch vor:

„B.! Steh auf."

Das war ich, denn ich stand ganz vorne in der Namensliste. Ich stand also auf und harrte meiner Strafe.

„Schöpfungsgeschichte bis zur Vertreibung aus dem Paradies! Einschließlich!" Er fügte hinzu: „Nächste Woche!"

Er ging die ganze Namensliste durch. Jeder von uns nahm eine Bibelstelle als Strafe in Empfang und durfte sich dann wieder setzen. Als er schließlich fertig war, klingelte es. Schulschluss. Wir mussten schnell raus, denn auf dem Schulhof warteten schon die Jungs des Helmholtzgymnasiums, die in der beginnenden Spätschicht unsere Plätze einnehmen wollten.

Sein Unterricht veränderte sich nach diesem Ereignis vollständig. Er erzählte nie wieder vom Krieg. In der Tat: sein Unterricht nahm Gestalt an und wurde für mich endlich interessant. Wir befassten uns in der zweiten Hälfte des Schuljahres in unseren Vorträgen sehr ernsthaft mit dem Alten Testament, mit den „Fünf Büchern Mose", wie er es uns einstmals angekündigt hatte.

***

Nach jenem ereignisreichen Schultag trödelten wir schweigsam die sonnige Münsterstraße entlang, tingelten ein wenig durch das Brückstraßenviertel und sahen uns „Brigitte" oder „Gina" in den Foyers der Kinos an. Weder ich noch Schröder hatten Lust, nach Hause zu gehen. Wir hatten diesmal auch beide keinen Bock auf weitere Streiche oder neue Abenteuer. Als wir den Westenhellweg erreichten, machte ich einen Vorschlag:

„Komm, wir gehen noch zu Althoff und trinken eine *Bananennussmilch*."

Althoff, das große Kaufhaus am Hansaplatz, hatte seit neuestem eine Attraktion: eine „Milchbar" – die erste „Milchbar" der Stadt überhaupt. Es war die Zeit beginnenden Wohlstands im *Land Danach*, der Beginn der Konsumgesellschaft. Die Haushalte wurden mit neuartigen Geräten ausstaffiert, der „weißen und der braunen Ware", wie man das später nannte, also mit den weißen Küchengeräten, und den braunen Stereo-Musiktruhen und auch schon – eine Revolution! – mit den ersten Fernsehgeräten, riesigen braunen Koffern.

Ein neuer „Stern" unter den „weißen" Küchengeräten war der „Star-Mix" – und um den Hausfrauen zu demonstrieren, was man damit so alles anstellen konnte, führte man es ihnen in der „Milchbar" vor.

Da war eine richtige Theke, weiß – mit pastellfarbenen bunten Kringeln bemalt. Die beiden Frauen hinter der Theke waren ebenfalls weiß gekleidet und hatten ein weißes „Schiffchen" an ihren Haaren befestigt. Hier wurden also Milchshakes hergestellt – das Wort gab es allerdings noch gar nicht. Das Schöne war: man konnte zusehen, wie es gemacht wurde. Und das genau war die Attraktion.

Die Frau hinter der bunten Milchbartheke füllte den Glaskörper des „Star-Mix" mit einer Handvoll geschälter Haselnüsse, drückte auf einen Schalter und die rotierenden Messer der Maschine hackten im Nu alles kurz und klein. Ich muss sagen, dass mich das damals sehr beeindruckte. Danach schälte sie eine Banane, die sie in Stücke schnitt und in den Mixer warf. Wieder ein kreischendes Geräusch und im Nu war da eine Pampe aus Bananenmatsch und Nusspulver. Schließlich – im dritten Arbeitsgang – kippte sie gekühlte Milch in den Behälter, mixte alles durch und goss es in zwei Gläser, steckte noch einen Strohhalm hinein … und stellte die Pracht vor uns auf den Tresen. Fertig.

Es war eine Wonne.

Schröder und ich saßen auf den bunten Milchbarhockern und nuckelten schweigend und in Gedanken versunken an unseren Strohhalmen. Wir waren träge, wir hatten keine Lust zu reden, keine Lust irgendetwas zu unternehmen. Als wir wieder hinaustraten auf den sonnigen, heißen Hansaplatz und ich den Gebäudeklotz der Landesbibliothek vor mir sah, kam mir eine Idee:

„Ich glaube, ich geh' rüber und besorge mir ein paar Bücher für das Scheißreferat", sagte ich zu Schröder. „Ich bin ja schon nächste Woche dran. Ich will's hinter mich bringen."

Schröder verstand das. Wir verabschiedeten uns. Ich sah ihn langsam zur Straßenbahnhaltestelle trotten, als ich die Bibliothek betrat.

***

Ich besaß einen Schülerleseausweis, mit dem ich in der Volksbücherei und auch in der Landesbibliothek Bücher ausleihen konnte. Ich ging zu den beiden Frauen am Empfangsschalter, die ich schon ein wenig kannte. Sie waren immer sehr hilfsbereit.

„Ich muss einen Vortrag halten über die Schöpfungsgeschichte. Ich suche Literatur dazu."

Die Frau, die ich angesprochen hatte, wandte sich an ihre Kollegin:

„Hermeneutik zur Schöpfungsgeschichte! Da kennst du dich besser aus."

„Komm mit", sagte die Angesprochene, führte mich durch einige Gänge in den Bereich „Religion", blieb vor einem Regalabschnitt stehen, überflog die Titel auf den Buchrücken, griff dann und wann zu und legte einen kleinen Stapel auf einen der Lesetische.

„Das ist natürlich viel zu viel für einen Schulaufsatz", sagte sie. Sie blätterte in allen Büchern herum, las jeweils eine kleine Weile und legte schließlich in zwei der Schwarten kleine Zettel, die überall an den Regalen in kleinen Behältern steckten und auf denen man sich Notizen machen konnte.

„Das reicht für deinen Zweck, glaube ich."

Ich war begeistert: sie hatte mir eine Unmenge Sucharbeit abgenommen.

„Die anderen Bücher lasse ich auch noch liegen. Kannst ja auch in denen mal schmökern."

Sie schaute mich fragend an:

„Hast du denn eine Bibel dabei?"

„Nein!"

„Katholisch oder evangelisch?", fragte sie.

„Evangelisch."

Sie legte mir noch eine schwarze Lutherbibel neben meinen Bücherstapel und ging.

Ich hatte eine Kladde und meinen Montblanc-Füller mitgenommen – die Schultasche durfte man natürlich nicht mit in die Lesesäle nehmen – setzte mich an einen der Lesetische und fing an zu arbeiten.

Meine ganze „Lernzeit" – Schule und Studium – hindurch liebte ich die stille Atmosphäre großer Lesesäle in großen Bibliotheken. Diese Liebe begann hier – in der Landesbibliothek in Dortmund. Ich arbeitete ruhig und konzentriert mehrere Stunden lang, dann ging ich nach Hause. Ich wollte nicht, dass meine Mutter sich Sorgen um mich machte, weil ich so lange weg blieb. Die beiden Hermeneutiker, die mir die freundliche

Bibliothekarin empfohlen hatte, lieh ich mir aus. Ich nahm mir vor, meine biblische Strafarbeit am kommenden Wochenende fertig zu stellen.

***

Das erste Kapitel des ersten Buches Mose kam mir noch einigermaßen stringent vor, es war zumindest eine Linie zu erkennen. Ich kannte sie ja auch schon, jedes Kind lernt diese alberne Geschichte: die sieben Tage Gottes. Diesmal fühlte ich noch deutlicher als früher, dass mich dieser Schöpfungsmythos überhaupt nicht ansprach. Er war mir fremd. Das war nicht „meine" Religion. Die Geschichte wirkte auf mich lächerlich naiv, unsäglich primitiv. Da war nichts, das mich ergriff. Ich kannte das Zeug schon aus dem Konfirmationsunterricht und empfand wie damals: niemals würde ich so etwas „glauben" können. Nein, ich wollte nichts damit zu tun haben.

Ich erinnere mich, dass mich die Fortsetzung der Geschichte im zweiten und dritten Kapitel in ihrer Absurdität zunächst völlig verwirrte. Plötzlich war da eine zweite, eine völlig andere Schöpfungsgeschichte, die mit der Erzählung des ersten Kapitels nichts gemein hatte. Einige Elemente aus diesem Wirrwarr kannte ich ebenfalls schon vom Konfirmandenunterricht her und aus den Predigten des guten Pastors L., der schließlich auch meine „Einsegnung" vorgenommen hatte. Aber ich hatte diese zweite Geschichte noch nie als Ganzes – also hintereinander weg – gelesen und erkannte erst jetzt, da ich das tun musste – „Kolonne M" sei Dank! – ihre volle Absurdität und ihre ideologische Tendenz.

Einer der Hermeneutiker, die ich mit nach Hause geschleppt hatte, klärte mich auf: sie hatten einfach zwei verschiedene Schöpfungsmythen ineinander geknüddelt und die zweite Geschichte sei vermutlich während der babylonischen Gefangenschaft der Juden mit einer bestimmten politischen Absicht aufgeschrieben worden. „Die Schöpfung der Welt in doppelter Ausfertigung": das war mir im Konfirmandenunterricht nicht erzählt worden und ich vermerkte diesen seltsamen Schwachsinn sorgfältig in meiner Strafarbeit für „Kolonne M".

Ich muss sagen: diese „zweite" Schöpfungsgeschichte hatte es in sich!

Sie erweckte in mir an jenem sommerlichen Strafarbeitswochenende einen ungeheuren Widerwillen, einen „Ur-Widerwillen" gegen die Bibel überhaupt, der mir für immer geblieben ist.

Hatte der Gott der ersten Geschichte am Ende seiner Sechstagemaloche noch ganz ordentlich und in *einem* Akt „Mann und Weib" geschaffen, beide auf einmal, nach „seinem Bilde", und sie beide sofort als Herrscher über die ganze Erde gestellt, mit dem Auftrag, zu vögeln und sich fröhlich zu vermehren, ging der Gott der zweiten Geschichte in einer Weise vor, bei der mir erst ein Verdacht und dann eine wichtige Einsicht kam.

Er knetet nämlich zunächst nur einen einzigen Menschen aus seinem Lehmmatsch, und zwar den „Mann", den „einsamen Mann", wie die Geschichte uns enthüllt. Den stellt er auch nicht gleich in die Welt, sondern erst mal in seinen speziellen Garten, den er mit allerlei „Fallen" ausgestattet hatte. Ins „Paradies".

Dummheit hat mich schon immer geärgert und aufgeregt, so auch an jenem Strafarbeitssonntag. Wieso kann denn der überhaupt ein *Geschlecht* haben in seinem absoluten „Allein", so dachte ich sofort. Es gibt doch niemanden außer ihn, auf den er sich beziehen kann.

Den weiteren Verlauf kennt jedes Kind der Juden- und der Christenheit: Adam in Vollnarkose, große OP, Rippe raus, Plastination, fertig ist die Eva: die Frau, die Luther allen Ernstes „Männin" nennt ... Die Verführerin.

Geschaffen, um dem Manne alle Übel dieser Welt zu bringen: schweißtreibende Arbeit, Sorgen ums Überleben, Sorgen um die Kinderchen, Alter, Krankheit, Siechtum und Tod. Alles, was unangenehm ist im Leben, bringt uns Männern die Frau. Schluss mit Paradies!

Dumpfer ging's wahrlich nimmer.

Du bist schuld, Eva, du bist schuld, Pandora, du bist schuld, geliebtes Mädchen! Denn du hast ihn reingelegt!

Einer der Hermeneutiker verriet es mir: dieses „Einander Erkennen" in all ihrer Nacktheit unter dem „Baum der Erkenntnis" sei nichts anderes gewesen als der erste Geschlechtsakt ... Aha, du hast ihn also verführt, Eva, du hast ihn reingelegt. Das hatte man uns im Konfirmandenunterricht nicht verraten. Das große herrliche, einsame „Allein" des Mannes war nun ein für alle mal vorbei und überlebte von nun an nur noch in den Träumen und Wahnvorstellungen der „männlichen Männer", der „Green Berets" ...

Du hast ihr Paradies zerstört, geliebtes Mädchen! Du trägst die Schuld!

***

„Sie hat mich reingelegt", oder „sie hat ihn reingelegt", das hörte ich in jener Zeit oft von den Größeren, wenn zwei heiraten „mussten". Der Liebesakt, die sexuelle Liebe als die große Katastrophe des Mannes, die Vertreibung aus dem Paradies des männlichen „Allein". Das „Aus" für die Männerkumpanei. Schluss mit lustig.

***

Als ich am Sonntag meine Endfassung niederschrieb, spürte ich, wie der Ärger in mir hoch kochte. Ich bekam einen stillen Wutanfall. Ich erkannte die Sex-, Frauen-, Lebens- und Liebesfeindlichkeit dieser Erzählung, dieser ganzen Religion. Man hatte mir bisher eingeredet, dass die Bibel, die man ja die „Heilige Schrift" nannte, das „Wort Gottes" enthalte. Jetzt sah ich (damals zum ersten Mal und danach für immer), dass es sich um üble *Männerphantasien* handelte.

Und was für Männer mochten das gewesen sein!

Unsäglich beschränkte, primitive, frauenfeindliche Wüsten*söhne,* die vor ein paar tausend Jahren in „Kolonne Ms" „Heiligem Wüstenland", in Freddys „brennend heißem Wüstensand" als Nomaden dahin vegetierten. Ihre Geschichte von der Entstehung der Welt empfand ich als konfus, abstrus, wirr, sie hatte für mich aber eine eindeutige ideologische Ausrichtung. Die Gehirne dieser armseligen Macker – so wütete ich an jenem heiligen Sonntag der Erkenntnis – hatten wohl unter der barbarischen Hitze und dem Wassermangel in ihren babylonischen Gefangenenlagern schwer gelitten, das zeigte die Verworrenheit ihrer Erzählung in aller Deutlichkeit.

***

Dieser Schöpfungsmythos zeigt – gleich am Anfang der Thora, des „Pentateuch" – die fundamentale Frauenfeindlichkeit, die alle abrahamitischen Religionen kennzeichnet. So drückte ich es damals noch nicht aus: dieses Wissen erwarb ich erst später. Aber dass es sich um die dumme Sprache von Männerhorden handelte, das spürte ich schon damals. Das war an jenem Strafarbeitssonntag meine Diagnose, meine erste, spontane Erklärung für den Stuss, den ich durcharbeiten musste.

***

Ich schrieb für „Kolonne M" allerdings nur einen ziemlich flauen Abklatsch dessen nieder, was ich wirklich dachte. Ich ließ nichts von meiner Verachtung für seine „Heilige Schrift" erkennen. Ich war vorsichtig. Ich wollte nicht anecken, denn ich vermutete, dass er noch voller Hass war. Ich hielt mich daher an meine beiden Hermeneutiker.

Als abschließenden Gedanken – das konnte ich mir nicht verkneifen – brachte ich ihre Deutung, dass die Vertreibung aus dem Paradies die Strafe Gottes für den Geschlechtsakt war, zu dem die Eva den Adam herumgekriegt hatte. Ich wollte das nicht allzu direkt ausdrücken und brachte es als Zitat aus einem meiner Bücher. Die Sätze, die ich zitierte, brachten die Deutung dessen, was da an Tandaradei auf der Wiese unter dem „Baum der Erkenntnis" geschehen war, in einer so verklemmten, verquasten und verklausulierten Sprache, dass ich mich – als ich meine Schlusssätze niederschrieb – amüsiert fragte, ob meine Mitschüler überhaupt verstehen würden, was gemeint war.

***

Als ich meine Strafarbeit vorgelesen hatte – ich stand vorne vor der Klasse, rechts von mir saß „Kolonne M" an seinem Lehrertisch –, schaute ich erwartungsvoll in die Runde. Als Kind hatte ich nur einen recht losen Bezug zur Bibel gehabt. Biblische Geschichten wurden zu kleinen, neckischen Döntjes, die uns die Alten dann und wann erzählten. So scherzte meine Mutter manchmal, dass ich als Knabe eine Rippe weniger habe als meine Schwestern, da Eva ja aus einer Rippe des Mannes hergestellt worden sei. Im Kindergottesdienst, den ich während meines Konfirmandenunterrichts besuchen musste, wurden uns kleine niedliche Geschichten erzählt, zu denen man kleine niedliche Bildchen geschenkt bekam: Adam und Eva etwa, unter dem Baum der Erkenntnis, zu ihren Füßen die babylonische Schlange, Symbol des Bösen ...

Die Betrachtung der biblischen Erzählungen von einer Metaebene herab, Hermeneutik, war etwas, das alle meine Klassenkameraden bisher noch nicht kennengelernt hatten. Ich stellte daher schon während meines Vortrags fest, dass sie durchaus interessiert waren und nicht einfach nur – aus lauter Langeweile – Löcher in die Luft starrten. Als ich mein Schlusszitat vorgelesen hatte, lag auf den meisten Gesichtern ein feines Grinsen, aber niemand äußerte sich dazu. Ich klappte meine Kladde zu und war im Begriff, an meinen Platz zurückzukehren, als sich schließlich doch noch jemand meldete: Schröder.

Ich ahnte, was kommen würde.

„Du willst also damit sagen, dass das, was da unter dem Baum der Erkenntnis geschah, der allererste Fick der Menschheit war ... Und Gott hat sie aus dem Paradies gejagt, weil sie miteinander gevögelt haben. Weil sie genau das gemacht haben, wofür er sie doch bestimmt hatte: seid fruchtbar und mehret euch! – Ogottegott."

Er lachte hämisch, wie es seine Art war, und ich musste ebenfalls lachen. Meine Antwort: „Ja, so könnte man es ausdrücken", ging allerdings in dem Gebrüll unter, das rechts neben mir einsetzte.

„Kolonne M" war aufgesprungen und schrie auf Schröder ein: er habe eine schmutzige, völlig perverse Phantasie und müsse alles, aber auch alles, selbst das Allerheiligste – die Bibel, die „Heilige Schrift" – in den Dreck ziehen. Er sei durch und durch verdorben, von Kopf bis Fuß mit Bosheit angefüllt und stecke mit seinem schlechten Charakter alle anderen an – wie der Streich der letzten Woche ja gezeigt habe …

„Kolonne M" hatte endlich ein greifbares Objekt für seinen Hass auf uns alle. Schröder wurde sein Prügelknabe. Er bestrafte ihn, so gut er konnte: mit einem „Tadel", den er ins Klassenbuch eintrug, und mit einer „Sechs", einer wahrhaft seltenen Note im Fach „Religion".

Während „Kolonne Ms" Anfall beobachtete ich Schröder. Ich sah, als sich das gehässige Geschrei neben mir steigerte, wie Schröders Gesicht versteinerte. Es nahm einen seltsam leeren und traurigen Ausdruck an und blieb dann so stehen. Das hatte ich schon einmal an ihm gesehen. Hinter der Maske des lachenden, subversiven Schelms, die er uns meistens zeigte, verbarg sich ein anderer Schröder, ein sehr trauriger.

Das war nun schon die zweite Dusche, die er in jenem Schuljahr abbekam, dem letzten Schuljahr der Mittelstufe, das man mit der „mittleren Reife" abschloss. Es war klar, dass Schröder Schluss machen wollte und dass er von der Schule abgehen würde. Diese Gewissheit genoss er, indem er manche Lehrer hemmungslos „hops" nahm und lächerlich machte. Er war immer kritisch und aufmüpfig gewesen, doch in diesem Jahr, seinem letzten, ließ er kaum eine Gelegenheit aus, seine hämische Verachtung dem ganzen Betrieb gegenüber offen zu zeigen.

Das war das zweite Mal, dass ein Lehrer ihn mit offen gezeigter Verachtung zur Sau machte. Es sollte auch noch ein drittes Mal passieren. Offenbar hatten sich unsere Lehrer auf Schröder eingeschossen und wollten ihn auf jeden Fall loswerden.

Der Gottesmann

Am Ende des Schuljahres verließ uns „Kolonne M", er hatte kein Interesse mehr, uns weiter zu unterrichten.

Sein Nachfolger war ein kerniger, stimmgewaltiger Gottesmann, Pfarrer eines Sprengels, zu dem auch Dortmunds Rotlichtviertel gehörte. Stets begann er seinen Unterricht mit Gesang: er verteilte Handzettel mit einem Kirchenlied, das wir zu singen hatten. Jeder von uns sang, was ihm gerade so einfiel – Rocco Granatas „Marina", Freddy, Elvis, Bill Haley: „Rock around the clock" – aber das nutzte gar nichts. Seine dröhnende, klangvolle Stimme legte sein Kirchenlied wie eine schwere Decke über unser teuflisches Geheul und drückte unsere Gesänge zu Boden.

Danach predigte er. Er hatte dutzende, vielleicht hunderte seiner Predigten im Kopf und trompetete pro Unterrichtsstunde eine davon in den Klassenraum. Wenn er fertig war, ließ er uns wieder singen. Wir waren so eingedröhnt von seiner Predigt, dass wir beim zweiten Mal gegen die sonore Stimme dieses gottesfürchtigen Mannes kaum noch Widerstand leisteten.

Er erfreute uns zuweilen mit Anekdoten und Döntjes aus seinem Kirchensprengel und war dabei ein Künstler des ersten Satzes:

„Gestern", begann er einmal, „gestern haben wir in der Linienstraße kräftig einen geblasen."

Wir lagen über unseren Tischen und lachten. Die „Linienstraße", das war die bekannte Bordellstraße der Stadt. Sie hatten also im Puff „einen geblasen".

Er spielte selber Posaune und hatte am Sonntagnachmittag mit dem Posaunenchor seiner Gemeinde zur Gaudi der Nutten aufgespielt. Er erzählte uns gerührt, wie freundlich das Blasen seiner Mannen von den Frauen aufgenommen worden war ... und wie fröhlich das alles gewesen sei und dass Gottes Gnade schließlich auf alle hernieder riesele, Gerechte wie Ungerechte ...

Er war ein lieber Kerl und liebte die Menschen, mit denen er es zu tun hatte. Ein Beispiel:

Nach dem schriftlichen Abitur hatten wir noch zwei Monate Zeit bis zur mündlichen Abschlussprüfung und es herrschte allgemein ein großes ungemütliches Rätselraten, in welchen Fächern man „dran" war, also seine mündlichen Prüfungen zu absolvieren hatte. Das wurde offiziell erst kurz vor dem Prüfungstermin verkündet – zu kurz nach unserem Geschmack, um sich angemessen vorbereiten zu können.

Unmittelbar nach der Notenkonferenz, in der die mündlichen Prüfungen festgelegt wurden, verspürte unser Gottesmann ein seelsorgerisches Bedürfnis: er besuchte jede betroffene Familie, um als guter Hirte seinen Trost und seinen Rat zu spenden. Das tat er seit Jahren so, das tat er immer.

Nachdem er sein Tässchen Kaffee schon fast ausgeschlürft hatte – er saß mit meiner Mutter und mir an unserem runden Tisch im Wohnzimmer – forderte er mich auf, das Zimmer zu verlassen, da er mit meiner Mutter noch etwas unter vier Augen zu besprechen habe, bevor er sich verabschiede. In diesem kurzen Vieraugenblick mit meiner Mutter allein – ohne mich, den betroffenen Prüfungskandidaten – verriet er die Prüfungsfächer – und das tat er grundsätzlich bei all seinen Besuchen. Und so kam es, dass seiner Herde statt einer Woche Vorbereitungszeit komfortable vier Wochen zur Verfügung standen. Ein netter Kerl. Ein guter Hirte.

***

Letztlich führte mich „Kolonne M" zu einem wichtigen Entschluss. Er brachte mir Klarheit.

Nachdem er Schröder fertiggemacht hatte, nahm ich mir fest vor, was ich seit geraumer Zeit als Möglichkeit bereits vage angedacht hatte. Ich fasste den Entschluss, aus der Kirche auszutreten und diese Religion, in die man mich hinein getauft und hinein konfirmiert hatte, für immer zu verlassen – sobald ich volljährig sein würde.

Und als die Zeit erfüllet war, begab ich mich zum Amtsgericht Charlottenburg, füllte einige Formulare aus und besiegelte meinen Austritt.

Und danach dauerte es noch einmal ein paar Jahre, bis ich mir sehr ernsthaft die Geschichte und Praxis der christlichen Religion vor Augen führte. Die Augen gingen mir über.

Drei Jahrhunderte lang haben Horden christlicher Männer in Kutten und Soutanen Frauenkörper zerfleischt. Waren es Zehntausende, Hunderttausende? – Die Forschung kennt die genauen Zahlen der Opfer nicht – oder will sie nicht wissen. In den Kellern und Verliesen der „Hunde des Herrn" waren die Frauen und Mädchen den grausamsten Perversionen geiler, kirchlicher Kuttenträger ausgeliefert. Es wurde nur bis an den Rand des Todes gefoltert, denn den noch zuckenden, überlebenden Rest pflegten die Kirchenmänner in einer öffentlichen Schau zu ermorden: am Galgen langsam zu erwürgen, auf dem Scheiterhaufen langsam zu verbrennen, mit größtmöglichem Sadismus und zur Gaudi grölender Männerhorden.

Über drei Jahrhunderte lebte jedes Mädchen, das geboren wurde, jede Frau im christlichen Abendland unter dieser Bedrohung ...

Da hatte ich es also!

„Kolonne Ms" Strafarbeit hatte mich auf die Fährte gesetzt und meine Diagnose war richtig gewesen: die fundamentale Sex- und Frauenfeindlichkeit, die ich gleich am Anfang der „Heiligen Schrift" erkannt hatte, wurde durch die Praxis der christlichen Religion in einer Weise bestätigt, die jedes Vorstellungsvermögen überschreitet.

Genau so – auch das lernte ich – verfuhren die Christen mit den „Abweichlern". Man bekämpfte die Abweichungen vom Dogma, indem man die Abweichler bestialisch ermordete, oft in blutigen Massakern.

Und schließlich ihre Verbrechen auf dem gesamten Globus: Kolonialismus und Missionierung – Völkermord durch die Soldateska und Kulturmord durch die Missionare: die abendländischen Zwillinge ...

Und die gesammelten kulturellen Überreste der ermordeten Völker liegen musealisiert im Vatikanischen Museum ...

Ja, ich verdanke es zu einem Gutteil meinem Religionslehrer „Kolonne M", dass ich all das abstreifte. Das nenne ich Lernzeit: „wahres, wirkungsvolles Lernen."

Non scholae, sed vitae discimus!

6

Einer wird vom Band genommen

Mein Schulfreund

Wie drückt man den hierarchischen Abstand zwischen Lehrern und Schülern in der Anrede der Schüler aus? Ein komisches, schrulliges, aber uraltes Problem der „höheren Schule". Nachname, ohne Anrede, und „Du", das war der Stil des Hauses bis zum Ende der Mittelstufe, danach kam das „Sie".

Merkwürdig war, dass auch wir Schüler untereinander die Sitte übernahmen, uns mit dem Nachnamen anzureden. So war Schröder für mich eben „Schröder". Als wir Freundschaft geschlossen hatten, änderten wir unsere Anrede nur ein wenig. Wenn wir zusammen losstromerten, hieß er manchmal Dietmar, ansonsten blieben wir beim Nachnamen.

Meine Freundschaft mit Schröder begann, als wir feststellten, dass wir den gleichen Heimweg hatten. Unser Schulweg war recht lang und Schröder besaß natürlich eine Monatskarte für die Straßenbahn. Als ich ihm sagte, dass ich immer zu Fuß ginge, die Münsterstraße entlang, durch das Brückstraßenviertel, Ostenhellweg, Kaiserstraße – also mitten durch die Stadt – war er begeistert.

„Ich komme mit. Von jetzt ab gehe ich auch zu Fuß."

Wir waren beide dreizehn und ich spürte: er war auf Abenteuer aus. Ich selber auch. Und zu zweit macht's halt mehr Spaß. Wir fingen an, in Streifzügen die Stadt zu erkunden und nannten das „Tingeln". Alsbald gab es bestimmte „heiße Punkte", die wir immer mal wieder gerne ansteuerten.

***

An dunklen Winterabenden, nach der Spätschicht, tingelten wir gerne durch das Rotlichtviertel, das gleich neben unserem regulären Schulweg lag. Manchmal lauerten wir dann vor dem „verbotenen" Eingang zur Linienstraße, der berühmten Dortmunder Bordellstraße, und beobachteten die Männer, die sich dort hinein schlichen oder heraus kamen. Einmal wurden wir fündig.

„Ausgerechnet der", flüsterte Dietmar. „Sieh dir das an. Ausgerechnet der."

„Der" war ein Lehrer unserer Schule, der da gerade aus dem Puff kam.

Das war ein großer blonder, etwas weichlich wirkender Mann, der uns nur einmal, in einer Vertretungsstunde, unterrichtet hatte. Offenbar war er sehr kurzfristig eingesprungen, denn er wusste nicht so recht, wie er uns beschäftigen sollte. Plötzlich fiel ihm etwas ein: er fing eine Art „Sexualkundeunterricht" an. Das war etwas sehr Ungewöhnliches in jenen prüden Zeiten.

Er fragte ungeschickt, ob wir denn schon eine Freundin hätten, ob wir „Kontakt" zu Mädchen hätten, wie er sich ausdrückte. Ich glaube, die meisten waren schon an dieser Stelle unangenehm berührt. Keiner „outete" sich.

Danach warnte er uns eindringlich:

Wir sollten ja aufpassen, wenn wir mit einem Mädchen in „Kontakt" kämen. Wir sollten das Mädchen auf jeden Fall erst einmal unseren Eltern vorstellen, denn die Eltern könnten am besten beurteilen, ob das Mädchen „sauber" und „gesund" sei. Frauen und Mädchen, das müssten wir wissen, könnten unter Umständen sehr schwere Krankheiten übertragen ...

Ich fand seine Suada schmierig und klebrig, er ekelte mich an. Ich glaube, den meisten meiner Schulkumpel ging es ähnlich.

„Ja, ausgerechnet der", flüsterte ich zurück, „er wusste eben, wovon er sprach."

Wir folgten ihm kichernd in den Hintereingang des Hauptbahnhofs.

***

Wir liebten die lebhafte Atmosphäre des Bahnhofs und hielten uns dort gern eine Weile auf. Da war immer mal wieder was Komisches oder Dramatisches zu sehen. Wir standen herum, beobachteten die Leute, lachten und lästerten.

Der eigentliche „heiße Punkt" des Hauptbahnhofs war allerdings das „AKI", das „Aktualitätenkino". Für 50 Pfennig bekam man fünfzig Minuten lang eine feste Mischung aus Wochenschau und kurzen Filmen serviert, die in einer Art Endlosschleife von morgens bis abends immer wieder abgespult wurden. Bei irgendeinem der Filmchen stiegen wir ein und blieben dann so lange sitzen, wie wir wollten. Meistens sahen wir alles zweimal, einen tollen Disney-Film womöglich dreimal …

Wenn ich kein Geld hatte, hatten wir einen Trick, uns von hinten einzuschleichen. Dietmar verfügte zwar über ein großzügiges Taschengeld, lud mich aber nie ein. Bezahlen fand er langweilig. Er schlug dann selbst den Hintereingang vor:

„Wir gehen hinten rum!"
Dort war eine Tür, die außen keine Klinke hatte. Wenn sie von innen aufgestoßen wurde, weil ein Besucher das Kino verließ, mussten wir aufpassen und hinein huschen. Meistens gelang das. Wir standen dann in einem kleinen, schlecht beleuchteten Gang vor einer zweiten Tür ohne Klinke und mussten in dem Kabuff so lange warten, bis auch diese aufgestoßen wurde. Dann waren wir drin, wenn alles gut ging.

„Tom und Jerry", „Fox' tönende Wochenschau" mit dem letzten Boxkampf von Heinz Neuhaus, Nachrichten, ein Schlagerfilmchen mit Caterina Valente oder Freddy vor der Kamera, danach ein „ernster" Kurzfilm, danach ein kurzer Naturfilm … Zwischendurch Reklame: das HB-Männchen, die gute Hausfrau, die Persil über alles liebt … „AKI": die volle Dröhnung.

***

Mit Dietmar lernte ich die Stadt kennen, mit Dietmar lernte ich sie ein wenig lieben. Althoff mit seinen Rolltreppen, die wir gegen die Fahrtrichtung hoch liefen. Die große Spielwarenabteilung mit den vielen Blechautos zum Aufziehen. Wir schafften es, gleichzeitig vier Stück bis zum Anschlag aufzuziehen und sie in den Gängen zwischen den Verkaufstischen alle auf einmal auszuwildern. Auf der Rolltreppe, die uns abwärts aus dem Gefahrenbereich brachte, genossen wir das Resultat: schimpfende und fluchende Verkäuferinnen und Verkäufer, die versuchten, die wild gewordenen Viecher wieder einzufangen.

***

Ich zeigte Dietmar eine weitere Attraktion der Stadt: den Paternoster im Stadthaus, dem hohen Verwaltungsgebäude an der „Olpe", in dem mein Vater tagsüber eingesperrt war, um das Geld für sich und seine Familie zu verdienen. Schröder hatte den Paternoster noch nie gesehen und fand ihn unwiderstehlich. Ich erfand ein Spiel:

„Ich haue ab und du musst mich wieder einfangen."
Von unten schwebte eine Kabine heran, ich sprang in den Kasten und rief:
„Zähl bis zwanzig, dann los, dann such' mich!"
Wir fuhren rauf und runter, runter und rauf, stiegen irgendwo aus und lauerten ... und irgendwann hatte er mich – oder ich ihn ...
Wir gönnten uns kleine Gruseleffekte: der Paternoster entschwindet dem Publikum bekanntlich zweimal, einmal zum Dachboden und einmal zum Keller hin. Natürlich erforschten wir das verbotene Terrain. Es knarzte, knarrte und quietschte, es wackelte und schaukelte bedenklich, wenn unsere Kabine oben über die Rolle gezogen wurde. Das kam uns gefährlich vor und das erste Mal waren wir aufgeregt – später hatten wir uns daran gewöhnt, es wurde ganz normal für uns.

Der Dachboden war staubig und sommerlich warm, wir durchforschten jede Ecke. Geheimnisvoll sind solche Räume, diese leeren, großen, staubigen Dachböden, in denen die Zeit stillsteht. Sie riechen nach dem vielen Staub, der sich überall in Schichten niedergelegt hat, sie riechen nach trockenem Holz. Sie liegen brach, oft wochen-, monatelang oder gar viele Jahre: unbetreten, unberührt. Sie haben die Zeit gespeichert und atmen sie träge aus, wenn man sie durchstreift.

Auch nach unten hin, in der Tiefe, war das Stadthaus ergiebig. Es hatte nämlich zwei Kelleretagen, die wir – dank Paternoster – ausgiebig untersuchten. Finstere lange Gänge, dämmrig, manchmal pechschwarz, in die wir uns vorarbeiteten. Dann und wann stießen wir Türen auf und stöberten in den Räumen herum: viel Papier, ausrangierte Schreibmaschinen, Kartons und Kisten, olle Büromöbel …

Und auch hier unten das spannende Quietschen und Rumpeln, wenn wir über die Rolle gezogen wurden und schließlich aufwärts zurück in die Zivilisation schwebten.

***

Nach unseren Streifzügen durch die Stadt trennten wir uns schließlich und gingen beide unserer Wege. Er wohnte in einer Straße fünf Minuten von unserem Wohnhaus entfernt, wie ich feststellte, als ich ihn einmal bis vor seine Haustür begleitete.

Ein gediegenes, altes Mietshaus mit einer Stuckfassade und kleinen bepflanzten Vorgärtchen links und rechts der Eingangstür. „Vornehm", so empfand ich damals. Wir selbst wohnten zu siebt in der grün getünchten, hässlichen, engen Wohnung im fünften Stock, in einem schnell hoch gerissenen, hässlichen Nachkriegsbau. Da waren vorwiegend Zugewanderte wie wir untergebracht, vor allem Flüchtlinge aus den „verlorenen" Gebieten.

Ich wunderte mich, dass Schröder nie auf die Idee kam, mich einmal zu sich einzuladen. Ich wusste: er war ein Einzelkind und hatte sicherlich sein eigenes Zimmer. Warum lud er mich eigentlich nicht ein?

Eines Tages – da kannten wir uns schon gut ein Jahr und hatten miteinander so manches Abenteuer durchstanden – geschah es dann doch:

„Willst du mal mitkommen? Willst du mal zu mir rauf kommen?"

Es klang nicht sehr überschwänglich, nicht unbedingt einladend. Da war nichts von der Begeisterung, die ich sonst an ihm kannte, wenn wir etwas unternahmen oder planten. Wir gingen schweigend mehrere Treppen hinauf. Er öffnete die Wohnungstür und wir traten in einen dämmrigen, langen Korridor. Die Wohnung war still und leer. Niemand wartete auf ihn, niemand begrüßte uns. Zur rechten Hand öffnete er eine Tür – endlich fiel Licht in den düsteren Flur und machte ihn ein wenig freundlicher. Wir betraten sein Zimmer. Ich war nicht überrascht.

Ich hatte – jedenfalls nach meinen damaligen Vorstellungen – Reichtum und „Luxus" erwartet. Und so war es denn auch.

Der Raum war ziemlich hoch – es handelte sich um ein „vornehmes" Haus aus den Zwanziger Jahren – und als Erstes fiel mir gleich links neben der Tür ein großer Holzaufbau auf. Das war das erste Hochbett, das ich je gesehen habe. (Eine Generation später gab es kaum noch ein Kinderzimmer ohne Hochbett.) Eine Leiter führte nach oben und ich sah, dass das Bett ordentlich gemacht war. Überhaupt war alles sehr aufgeräumt und sauber in Schröders Zimmer. Die Balken und die Bretter des Hochbetts waren lackiert – abwechselnd in schwarz und gelb, den Farben der „Borussia", die in Dortmund nie nur ein simpler Fußballverein war, sondern immer auch Kult. Ich wusste, dass Schröder kein Fußballfan war, dass er nicht für die Borussia schwärmte wie andere Jungs aus meiner Klasse, und fragte mich, wer auf die blöde Idee gekommen sein mochte, alles in den Borussia-Farben anzustreichen. Das Ganze sah ziemlich ungemütlich aus.

Unter dem Hochbett lag eine große Sperrholzplatte, auf die eine Modelleisenbahnlandschaft aufmontiert war. Reichlich Schienen, Bäumchen, Häuschen, Bahnhof, aufgemalte Straßen, Schranken, Bahnwärterhäuschen. Ein Triebwagen und eine

Lok mit vielen unterschiedlichen Waggons. Ich hätte mich gerne mal an den Trafo gesetzt und sie auf die Reise geschickt. Es kam aber nicht dazu.

Zum Fenster hin standen ein kleiner Schreibtisch aus hellem, lackiertem Holz und davor ein Drehstuhl auf Rollen, ebenfalls aus hellem Holz. Seitlich, an der Wand, war ein Regal aufgebaut – wie alles andere auch aus diesem hellen glänzenden Holz. Auf den Brettern des Regals lagen seine Schulbücher, der Schulatlas, die Schulhefte. Und hier stand sogar ein Radio! Schröder besaß ein eigenes Radio!

Dann war da noch ein schmaler Rollschrank, wie er damals häufig in Büros zu finden war. Man konnte ihn nach oben zuziehen und abschließen. Er war zugeschlossen und der Schlüssel steckte nicht im Schloss.

Auch ich besaß so ein Ding, es stammte noch aus dem Büro meines Opas. Ich verwahrte darin nicht nur meine Schulsachen, sondern auch Dinge, die ich vor meinen Geschwistern geheim halten wollte. Zum Beispiel ein Pornoheft.

Bei meinem ersten Ausflug in die Arbeitswelt, zu den Kinderschindern von Berghofen, schenkte mir ein Arbeiter dieses Heft – mit den passenden saftigen Bemerkungen zu den Bildern des Heftchens, versteht sich. Ich sah es mir immer mal wieder an, heimlich, und verwahrte es ganz unten in meinem Rollschrank, zusammen mit primitiven Reklameheftchen von Beate Uhse, die ebenfalls auf dieser Baustelle verteilt worden waren. Im Fach darüber lagerte ich Gedichte, die ich im Alter von elf oder zwölf geschrieben hatte. Ich wollte nicht, dass meine Schwestern sie fanden und mich dann womöglich damit aufzogen. In den oberen Schubladen verwahrte ich ganz brav meine Schulhefte. Den Schlüssel zu dem Schränkchen versteckte ich und ich vermutete, dass Schröder es auch so machte.

Kinder brauchen einen geheimen Bereich, geschützt vor den neugierigen Blicken der anderen, vor allem der Alten.

Mein älterer Bruder besaß sogar eine richtige „Schatzkiste". In einer kleinen Holztruhe, die er mit einem Vorhängeschloss sicherte, schloss er all seine „magischen Gegenstände" ein: eine phantastische Indianerhaube, die er selbst gebastelt hatte, den Schädel eines Katzenkopfes, den er einer toten Katze abgeschnitten und ausgekocht hatte, einen Dolch mit einer geschwungenen Klinge, verschiedene Muscheln und noch einiges mehr, was ich nie zu Gesicht bekam: das war tabu für jeden anderen.

Ich fragte Schröder, ob der Rollschrank seine „Schatzkiste" sei und was er darin aufbewahre.

„Bilder", antwortete er knapp. Schweigen. Und dann, nach einer Weile:

„Bilder meiner Mutter."

Ich war betroffen, denn es hörte sich so an, als sei seine Mutter tot.

Ich schwieg. Er schwieg auch. Er saß an seinem Schreibtisch, den Kopf in seine Fäuste gestützt und schwieg lange Zeit. Es war bedrückend. So kannte ich ihn gar nicht. Sein Gesicht wirkte leer und traurig. Es versteinerte.

„Was ist mit deiner Mutter?"

„Weg."

Schweigen.

„Sie ist weg. Sie sind geschieden."

Schweigen.

„Ich darf sie nur ganz selten besuchen."

All das kam langsam und schleppend aus ihm heraus.

„Bist du immer allein? Hier? In dieser Wohnung?"

„Nein."

Schweigen.

„Da ist diese Frau. Die kommt fast jeden Tag. Die räumt hier auf und macht sauber. Die kocht auch für mich."

Wieder langes Schweigen.

„Die hat heute einen freien Nachmittag."

Er guckte mit leerem Blick missmutig in den Raum. Er sah mich gar nicht an.

„Deswegen konntest du auch mit rauf kommen. Ich darf sonst niemanden mitbringen. Er hat das verboten. Und sie petzt alles."

Es war bedrückend, mit diesem „anderen" Schröder hier eingesperrt zu sein. Er kam gar nicht auf die Idee, mir irgendetwas vorzuführen, die Eisenbahn zum Beispiel ... oder das Radio. Ich suchte nach einer Gelegenheit, mich zu verabschieden. Aber er sagte noch etwas:

„Er schlägt mich dann."

Wieder Schweigen.

„Er ohrfeigt mich wegen jeder Kleinigkeit."

Die sprühende Fröhlichkeit, die bei ihm durchbrach, wenn wir miteinander tingelten, war völlig verschwunden. Er saß mit düsterem Gesicht an seinem Schreibtisch, den Kopf in seine Hände gestützt und starrte an mir vorbei ins Leere. Ich war unsicher und wusste nicht recht, was ich tun sollte.

„Dietmar", sagte ich schließlich, „ich gehe jetzt."

Wir schauten uns beide lange an. Er zuckte mit den Schultern.

„Ja", sagte er.

***

Im letzten Jahr der Mittelstufe flippte Schröder aus und suchte, so kam es mir vor, ganz bewusst die Konfrontation mit den Lehrern. Er hatte einen Trick gefunden, sie auf die Schippe zu nehmen: er verletzte die unausgesprochenen, heimlichen Regeln des Spiels, an die wir anderen uns hielten. Er sprach aus, was er wirklich über das dachte, was unsere Lehrer so von sich gaben und was er zu lernen hatte. Er kritisierte ätzend, wie sie ihren Unterricht gestalteten und was sie mit uns „durchnahmen".

Der Männerkörperliebhaber

Der Französischlehrer der Mittelstufe war ein kleiner Mann mit einer ungeheuren Bauchtrommel, Anfang sechzig etwa, nur wenige Jahre vor seiner Pensionierung. Er unterrichtete uns auch in „Sport" und ließ uns gut gelaunt das trainieren, was wir wollten: Kugelstoßen, Weitsprung und Hochsprung an den Sandgruben neben dem Schulhof und Sprinten auf der Fünfzigmeteraschenbahn. In der zweiten Hälfte der Doppelstunde arrangierte er stets ein Fußballspiel und ließ uns drauf los „pöhlen". Er ließ es sich nicht nehmen, das Spiel selbst zu pfeifen. Er zog sein Oberhemd aus und rannte in seinem ärmellosen Schießerrippunterhemd so lange hin und her, bis er schweißnass war. Das machte ihm Spaß. Am Ende standen wir schließlich mit ihm am Spielfeldrand, er kritisierte gut gelaunt einige Spielzüge und verklickerte uns zum Schluss locker und mit einem Lachen einige der Einsichten und Ansichten, die sich im Laufe seines Lebens so angesammelt hatten. Ich erinnere mich:

„Sagt mal", fragte er uns einmal ganz ernsthaft, „was findet ihr schöner – den Frauen- oder den Männerkörper? Sind Mädchen schöner als Jungen – oder umgekehrt?"

Wir lachten. Für uns war die Sache klar. Ich hatte meine Schulweg-Schönen Gina und Brigitte vor Augen und fragte mich, wie man eine derart dämliche Frage stellen konnte.

„Gut. Ich weiß, was ihr denkt. Stimmt aber nicht. Zu allen Zeiten wurde immer der Männerkörper als der schönere angesehen. Bei den alten Griechen zum Beispiel war das ganz klar ... und für Michelangelo zählte nur der Männerkörper. Und ich muss sagen: auch für mich ist ein gut gebauter, muskulöser Adonis eindeutig schöner als diese vielen weichen Wölbungen und Rundungen, na, ihr wisst schon ..."

Ich schaute ihn mir amüsiert an. Da stand er vor mir mit seiner enormen Bauchwölbung, verschwitzt, in seinem Schießerrippträgerunterhemdchen, das seine schwabbeligen Titten zur Geltung brachte. Ich sah seine alters-atrophischen Ärmchen mit den braunen Sonnenflecken ... Ich lachte laut, wie die anderen auch.

Er ahnte nicht einmal, warum wir lachten.

***

In seinem Französischunterricht lasen wir in jenem Jahr, in dem Schröder Schluss machte, eine Novelle von Prosper Mérimée: „Mateo Falcone". Ein kleines Heftchen, für den Schulunterricht aufbereitet, mit Vokabelanhang und Erläuterungen.

Ein Vater erschießt sein zehnjähriges Kind, weil es die heiligen Ehrgesetze der archaischen korsischen Männerkultur, in der es aufwächst, verletzt hat. Unser dicklicher, ältlicher Französischlehrer stellte uns zum Abschluss die Aufgabe, die Geschichte in Französisch wiederzugeben und zu kommentieren. Immer dann, wenn ich gezwungen wurde, einen Text genau zu studieren, stellte ich fest, dass er sich veränderte. Hatte ich die Novelle während des Unterrichts in jener romantisierenden Ambivalenz gelesen, die der Autor nahelegt und die uns auch unser dicker Männerkörperliebhaber nahelegte – „entsetzlich hart, aber großartig: die heiligen Gesetze der Gastfreundschaft wiegen schwerer als das Leben eines Kindes!" – so änderte sich das jetzt total.

Ich sah sie präzise: die wilde, archaische Männerkultur in ihrer wilden archaischen Mittelmeerlandschaft. Der Vater: ein dumpfer, blöder, harter mediterraner Macho, ein emotionaler Autist, ein lebender Toter ... Nicht mehr zu steigernde Frauenverachtung, nicht mehr zu steigernde Lebensverachtung, nicht mehr zu steigernde Verachtung der Liebe, Verachtung jeglicher Arbeit. Alle Mühen, alle Arbeit werden der völlig rechtlosen Frau aufgebürdet. Ein seelisch verarmtes, vertrocknetes Männerleben, das aus Schießen, Jagen, Morden, Faulenzen, Saufen und Ficken besteht. Das Einzige, was zählt, ist die „männliche Ehre", das „große heilige Gesetz der Ehre" der allerprimitivsten Männerhorden.

Ein eigenartiger literarischer Topos. Warum las man so etwas eigentlich im Schulunterricht?

Sei es Mérimée, sei es Katzantzakis in seiner Erzählung „Freedom or Death": immer wird der wilde, der harte, der grausame Mann – der Mörder, der Schlächter – romantisiert. Lakonisch und mit unterschwelliger Bewunderung werden seine Taten erzählt, seine dumpfen „männlichen" Verhaltensweisen genüsslich ausgebreitet. Dadurch erhalten solche Typen – sei es „Mateo Falcone", sei es der „Kapetan Michali" – ihren literarischen Glanz und ihren Rang in der Weltliteratur. Viele Männer bewundern solche Männer, auch unser Lehrer gehörte zu den Bewunderern. Jetzt, als ich das auch noch nacherzählen und kommentieren sollte, ekelte mich der Kindsmörder regelrecht an und ich fragte mich, warum ich gezwungen wurde, mich mit etwas derartig Miesem im Schulunterricht zu beschäftigen.

***

Am Tag, da wir unsere Aufsätze vorzutragen hatten, rief unser Dickbauch mit spöttischem Tonfall zuerst Schröder auf, offenbar in der Erwartung, dass dieser wieder einmal seine Hausaufgaben nicht gemacht hatte:

„Na, Schröder, zeig' uns mal, was du verbrochen hast …"
Schröder hatte was verbrochen. Manchmal konnte er sehr engagiert sein.

Ich erinnere mich, dass es ein faszinierender Text war, den er vorlas, dass er sich eine unglaubliche Mühe gegeben hatte, zuhause, an seinem hellen, polierten Schreibtisch, mit seinem französischen Wörterbuch. Er dachte ähnlich wie ich. Im Gegensatz zu mir aber hatte er seinen Kommentar mit Wucht und Wut niedergeschrieben: voller Ekel und Verachtung für diesen Vater, den Kindsmörder, und diese ganze männlich-korsisch-archaische Mörder- und Banditenkultur.

Während er vorlas, merkte ich, dass unser dickbauchiger Französischlehrer erst die Stirn runzelte und dann langsam immer wütender wurde. Schröder kratzte sein Weltbild an.

Grandios wurde Schröders Text im zweiten Teil, als er sich mit der Rolle der Frau in dieser Männerkultur auseinandersetzte. Ich glaube, hier ließ er seinem Hass auf seinen eigenen Vater freien Lauf. Er schloss mit dem Satz, den er mit subversiver Sorgfalt und mit Hilfe seines Wörterbuchs auf Französisch aufs Genaueste ausgetüftelt hatte, nämlich, dass diese *„stinkenden korsischen Ziegenböcke in Frauen nur Löcher sähen, in die sie ihre Penisse rein steckten."*

Schröder hatte sein Ziel erreicht.

Der Bauchtrommelträger explodierte. Ein Schwall von Beleidigungen, ein voller Kübel Hass und Verachtung: ... er sei ein durch und durch verdorbenes, obszönes Schwein!

Und ich machte zum ersten Mal die Beobachtung, die ich später noch einmal bei der Hasstirade von „Kolonne M" machen sollte. Nachdem er den Schwall abbekommen hatte, den er doch selber provoziert hatte, saß Schröder völlig ausdruckslos und schweigend da, starrte ins Leere, sein Gesicht wurde düster und traurig und versteinerte für den Rest der Schulstunde.

Nazi-Pisspottschnitt

Wenn wir miteinander tingelten, unterhielten Schröder und ich uns oft über unsere Lehrer und tauschten unsere Beobachtungen und Bewertungen aus. Wir hechelten sie durch. Über unseren Klassenlehrer, der uns im Fach „Geschichte" unterrichtete, sagte Schröder einmal:

„Der sieht nicht nur aus wie ein Nazi. Der *ist* ein Nazi. Ein Bekannter meines Vaters. Der hat sich überhaupt noch nicht geändert." Ich lachte und stimmte ihm zu:

„Ich nenne ihn – nur so für mich – Nazi-Pisspottschnitt."

Als er kicherte und mich fragend ansah, erklärte ich es ihm.

„Als ich klein war, so fünf, sechs, sieben Jahre alt, schickte mich meine Mutter alle paar Wochen zum Friseur. Das war scheußlich. Der Friseur nahm seine Schermaschine, rasierte seitlich über den Ohren und am Hinterkopf alles kahl. Oben blieb nur noch ein Haardeckel, den er zurechtstutzte und durch den er auch noch einen Scheitel zog. Das war der *Pisspottschnitt*."

Schröder lachte und wartete auf eine Erklärung.

„Meine Schwestern zogen mich nämlich immer damit auf: na, hat er dir wieder seinen Pisspott aufgesetzt und darunter alles kahl rasiert?"

„Später", fuhr ich fort, „sah ich Bilder von Nazi-Größen. Viele von denen hatten so einen Haarschnitt. Sieh dir mal ein Bild von Heinrich Himmler an. Der Friseur machte nur das, was er kannte und was er konnte. Im Geist der Zeit. Das war eben der Nazi-Pisspottschnitt!"

Schröder amüsierte sich sehr und wir beschlossen, unseren Geschichtslehrer fortan „NPS" zu nennen.

***

„NPS" war in der Tat eine Marke für sich.

Er hatte diesen Haardeckel oben, links gescheitelt, er hatte ein teigiges, volles Gesicht, aus dem seine Schmisse hervorquollen, er trug eine Brille aus dunkelbraunem Horn und hatte tatsächlich eine gewisse Ähnlichkeit mit Heinrich Himmler.

Oft war er entsprechend gekleidet: er trug Breeches mit ausladenden Ballons um seine Oberschenkel. Statt hoher Schaftstiefel trug er allerdings grüne Wollgamaschen über derben Halbschuhen und oben herum ein Trachtenjackett, das aussah wie eine Uniformjacke.

Er war *der* Kriegserzähler schlechthin.

„Geschichte" bestand für ihn aus einer endlosen Folge von Kriegen, durch die wir uns hindurch zu kämpfen hatten. Sein Unterricht bestand vor allem darin, dass er kurze, schneidige Vorträge über Kriege, Kriege und noch mal Kriege hielt: laut, schnarrend, mit seltsamen Witzeleien gewürzt, dezidiert in seinem Urteil: ohne „Wenn" und „Aber".

Eines Tages – wir hatten gerade den Dreißigjährigen Krieg hinter uns gelassen und waren glücklich beim westfälischen Frieden gelandet – stürmte er ins Klassenzimmer und berichtete verärgert über einen Schreiberling seiner Zeitung, der behauptet hatte, im Geschichtsunterricht an deutschen Gymnasien würde die Geschichte kurz vor dem Nationalsozialismus aufhören. Das wolle er nicht auf sich sitzen lassen.

„Exkurs", schnarrte er, „Sprung in der Zeit. Ich beginne heute mit dem Nationalsozialismus."

Ich erinnere mich an den ersten Satz des Vortrags, der nun folgte:

„Adolf Hitler wurde 1889 in Braunau am Inn geboren – als unschuldiges Kindlein … was sich allerdings bald ändern sollte. Ha ha ha!"

Danach raste er durch die Zeit. Erster Weltkrieg, Niederlage, Dolchstoß, der Untergang des Deutschen Reiches: all das habe diesen Mann entscheidend geprägt. Parteigründung. Die Vorstellung von der Herrenrasse und den Untermenschen …

„Herrenmenschen waren für sie der nordische Typ, blond, blauäugig … So wie … wie …"

Er stand da vorne vor der Tafel, seine rechte Hand wurde zur Pistole und zielte mit dem Lauf seines robusten Zeigefingers auf die Köpfe der Schülerkohorte vor ihm. Er suchte den idealen blonden, blauäugigen, nordischen Herrenmenschen, das Schönheitsideal der Nazis. Ich sah mit Entsetzen diese Zeigefingerpistole, die manchmal stockte, dann weiter schweifte, denn ich ahnte, was kommen würde. Schließlich hatte „NPS" sein Ziel gefunden und drückte ab:

„… so wie der da!" Sein Zeigefinger zeigte auf mich. Allgemeines Kichern und erste dumme Bemerkungen.

Danach raste er weiter durch die Zeit, die Dreißiger Jahre, oberflächlich, beschönigend, ziemlich unverhohlen pro Hitler, pro Nazi. Er erwähnte die „Reichskristallnacht", diesen zynischen Nazi-Terminus gebrauchte er so selbstverständlich wie jeder im Land Danach und kommentierte:

„Das mit den Juden, das hätte niemals passieren dürfen. Das hat uns sehr geschadet!" Das war alles, was er dazu sagte.

Endlich 1939, der 1. September, Westernplatte, der Krieg, die vielen Kriege, die die Nazis anzettelten. Sein großes Thema. Aber da klingelte es und wir mussten eine Woche lang auf die Kriegserzählungen – diesmal aus der Sicht eines echten Historikers – warten.

In der Pause wurde ich natürlich heftig aufgezogen.

Na klar, das hätte man ja schon immer gesehen: ich sei in „Lebensborn" gezeugt worden. Mein Vater: blonder SS-Zuchtbulle, meine Mutter: blonde Zöpfe, Dirndlkleid ... und dergleichen Scherze, die nicht aufhören wollten, bis ich schließlich sauer wurde: „Und du mit deinen Schlitzaugen. Irgend so ein Hunne hat da mitgemischt. Vielleicht Dschingis Khan persönlich. Asiatischer Untermensch du ..." Er hatte uns dazu gebracht, ein neues Spiel zu spielen: Wer ist der dümmere Rassist? Das ging mehrere Tage so. Ich war froh, als die Frotzeleien schließlich abflauten. Ich wollte nicht ewig als ein von „NPS" Gebranntmarkter herumlaufen, spürte allerdings, dass ich bei ihm selbst, nachdem er mich nun einmal als „nordischen Herrenmenschen" eingetütet hatte, einen Stein im Brett hatte. Ich *wurde* für ihn das, was nur er selbst an mir wahrgenommen hatte: ein Herrenmensch. Das spürte ich.

Er ging mit atemberaubendem Tempo und atemberaubenden Kommentaren die verschiedenen Kriegsfronten durch. Ich erinnere mich an einige seiner Sprüche zur „Südfront": Balkan, Griechenland ...

Eigentlich sei das ja die Aufgabe der Italiener gewesen, aber „die Italiener, diese Schlappschwänze, waren zu doof, ein Gewehr zu halten ... und natürlich konnten sie nicht damit umgehen." – „Wahrhaftig keine Kämpfernaturen, unsere sogenannten Waffenbrüder! Versager! *Wir* mussten ihnen zu Hilfe eilen." – „Später haben sie *uns* zum Dank schnöde verraten." – „Die Italiener, diese Nieten, wurden nicht einmal mit den Griechen fertig." – „Die heutigen Griechen, müsst ihr wissen, haben nichts mit den alten Griechen gemein. Das waren Heldenvölker. Die heutigen Griechen sind ein *Talmivolk*." – „Als die Wehrmacht in Griechenland einmarschierte, war mit dem *Partisanenspuk* binnen kürzester Zeit Schluss."

Wie „die Wehrmacht" das geschafft hatte, erzählte er uns nicht. Nichts von den bestialischen Massakern deutscher Soldaten an der Zivilbevölkerung, nichts von Dostimo und Kalavrita, nichts von den zahlreichen Massakern und Verwüstungen auf Kreta.

Es war klar: nichts dergleichen war von „NPS" zu erwarten – wir schrieben das Jahr 1958 und „NPS" war nun einmal einer der in der Wolle gefärbten Nazis, die das *Land Danach* in Massen durchseuchten. Die ungeheuerlichen Verbrechen der deutschen Wehrmacht an den Griechen sind allerdings auch später nie in die deutschen Geschichtsbücher und ins deutsche Geschichtsbewusstsein eingedrungen.

∗∗∗

Schon nach vier Schulstunden war der Exkurs zu Ende: der Nationalsozialismus war durchgenommen, abgehakt. Bitteschön: geht doch!

Wir widmeten uns wieder dem 17. Jahrhundert, denn es war voller Kriege und das war herrlich für „NPS". Alle relevanten europäischen Mächte standen in wechselnden Koalitionen permanent im Krieg miteinander. Die einfachen Leute wurden ausgerottet, verhungerten oder wurden in die Soldateska gepresst. Die Bevölkerungskurve Europas geht in diesem Jahrhundert rapide nach unten. Aber das erzählte uns „NPS" nicht.

„NPS" war in seinem Element: Koalitionen, Schlachten, Kriegsverläufe, die Namen der großen Akteure – so etwas hatten wir zu lernen. Zu Beginn jeder Geschichtsstunde holte „NPS" einen von uns nach vorne neben seinen Lehrertisch, fragte ihn ab, prüfte seine Kenntnisse vom Schlachtengetümmel, Schlachtorte, Namen der Schlächter usw. und verpasste ihm eine Note, die dann meist auch die Zeugnisnote wurde.

Eines Tages holte er mich nach vorne.

Ich war ziemlich entsetzt, als er etwas über den „Zweiten Nordischen Krieg" wissen wollte, denn ich wusste nichts, wirklich gar nichts, darüber. Ich musste wohl gefehlt haben – Migräneattacke –, als er seine schnarrenden Vorträge über das Kriegsgeschehen im „Zweiten Nordischen Krieg" gehalten hatte. Er fragte und ich hatte zu antworten: es wurde eine ziemlich komische, ja, geradezu alberne und konfuse Viertelstunde.

Wir Jungs waren immer ein solidarischer Haufen.

Meine Kumpel vor mir in den Bankreihen gaben sich die größte Mühe, mir aus der Patsche zu helfen. Sie zischten die Antwort, mein Banknachbar „D", mit dem ich mich durch so manche Klassenarbeit geschummelt hatte, formulierte mir die Antworten mit ausgefeilten, überdeutlichen Lippenbewegungen vor. Ich griff alles auf und trompetete heraus, was ich einigermaßen deuten konnte. Meist war es halb richtig und halb falsch. „NPS" musste lachen und kostete unser gemeinsames Spiel sichtlich aus. Ich wusste, dass ich mir meine „Fünf" abholen würde. Mir war nach dieser Erkenntnis alles scheißegal und ich genoss das Spiel sogar. Mit lauter, dröhnender Stimme übersetzte ich in klare Sätze, was ich den Lippenbewegungen, den Grimassen und dem Zischen meiner Kumpel entnommen hatte. Manchmal lag ich richtig, manchmal war es ein allgemeiner Lacher.

Am Ende einer solchen Prüfung pflegte „NPS" die Note zu verkünden, die in meinem Fall vermutlich die Jahresendnote im Fach „Geschichte" sein würde. Nach dieser katastrophalen Schau erwartete ich die „gerechte Strafe": Fünf. Mit dieser Einschätzung meiner „Leistung" stand ich neben ihm, schaute ihn an und erwartete das Urteil.

„NPS" lehnte sich genüsslich in seinem Stuhl zurück und grinste breit:

„Ich muss hier mal eine Sache ganz klarstellen", begann er laut, schneidig und schnarrend, wie es seine Art war. „Auf dem Gymnasium sollte man nicht nur schnöde und blöde auswendig lernen, sondern man sollte auch lernen, sich in schwierigen Situationen zu bewähren und durchzusetzen. Das ist überhaupt das Wichtigste im Leben!"

Er machte eine kleine bedeutungsvolle Pause.

„Er war in einer aussichtslosen Lage. Das spürte man. Aber er ist nach vorne gegangen, er hat gekämpft. Zäh! Unverdrossen! Er hat nicht aufgegeben – und er hat in aussichtsloser Lage Passables geleistet! Das ist eine großartige Fähigkeit. Das ist anzuerkennen. Dafür gebe ich ihm aus voller Überzeugung eine *Zwei*. – Einwendungen? Einsprüche?"

Keine Einsprüche natürlich. Schließlich war es eine Gemeinschaftsleistung.

***

428

„Einmal Herrenmensch, immer Herrenmensch", lachte Schröder, als wir durch die Stadt tingelten. „Von nun kannst du bei ihm machen, was du willst. Er gibt dir immer seine *Zwei*: von Herrenmensch zu Herrenmensch sozusagen."

Mir war nicht ganz wohl dabei, als Schröder das, was geschehen war, so präzise auf den Punkt brachte. Irgendwie kam ich mir ein wenig besudelt vor, aber damals nahm ich meinen „Vorteil" bei „NPS" billigend in Kauf. Schließlich hätte ich ihn ja auch nicht ändern können. Wir mussten an Lehrern das akzeptieren, was kam, alles, was sie uns da vorne – an der schwarzen Wandtafel – halt so vorsetzten.

***

Der Weihnachtsmonat war während meiner gesamten Schulzeit, als das Schuljahr noch um Ostern herum begann, eine beschauliche und besinnliche Zeit. Schon ab Mitte November wurden kaum noch Klassenarbeiten geschrieben, damit begann man erst wieder im Januar. Eine ruhige und gemächliche Adventszeit brach an. Der Schulchor und das Schulorchester hatten viel Zeit – stressfreie Zeit! – sich auf die große Weihnachtsfeier vorzubereiten, die Lehrer gingen mit ihren Klassen in die Dortmunder Oper oder besuchten das Bochumer Schauspielhaus. Es kam ein wenig Glanz in den Schulalltag. Unsere Lehrer hatten entspannte Weihnachtsferien – ohne riesige Stapel von Schülerarbeiten, die unterm Tannenbaum oder in der Silvesternacht der Korrektur harrten und auf das Gewissen drückten.

Immer dann, wenn die deutsche Wissenschafts- und Schulbürokratie anfängt, sich an „internationalen Standards" zu orientieren – da man ja in Deutschland angeblich so „rückständig" sei –, immer dann, wenn man sich am „angelsächsischen Modell" orientiert und entsprechende Reformen durchführt, geht alles schief – und alles wird schlechter. Mit der Einführung des Schuljahrbeginns im Herbst (internationaler Standard!, angelsächsisches Modell!) war es für immer aus mit der friedlichen Adventszeit. Von nun an schrieben die deutschen

Schüler von November bis zum 23. Dezember ununterbrochen ihre Latein-, Mathe-, Deutsch- und Englischklausuren und was sonst noch alles so anfiel. Zusätzliche Aktivitäten in Chor und Orchester, die Schulweihnachtsfeier selbst, wurden zu reinstem Stress, die Nerven aller Beteiligten lagen blank, und die Lehrer korrigierten zwischen Heiligabend und Neujahr bis an die Grenze des Burnouts. Denn Mitte Januar musste alles fertig sein.

Ob Schulreform oder Studienreform: sobald unsere Politiker und Bürokraten das bessere deutsche Modell in den Mülleimer warfen und den angelsächsischen Mist übernahmen, verschlechterten sie für alle Beteiligten die Lebens- und Arbeitsbedingungen.

***

Da ich noch in den „besseren alten Zeiten" zur Schule ging, kam ich öfter in den Genuss festlicher kleiner Vorweihnachtsaktivitäten, die die Lehrer für uns organisierten. 1958, im letzten Jahr der Mittelstufe und zugleich im letzten Jahr meiner Freundschaft mit Schröder, lud uns „NPS" zu einer Weihnachtsfeier ganz besonderer Art ein: zu einem Besäufnis.

„Kleiner Vorweihnachtsumtrunk! Ihr seid jetzt in dem Alter, auch mal einen zu heben. Vorher ordentlich essen! Gute Grundlage ist wichtig!"

Wir trafen uns im Hinterzimmer seiner Stammkneipe im Kreuzviertel und „NPS" hielt eine kleine, kernige, „humorige" Eröffnungsrede, nachdem der Kellner ein Tablett mit klaren Schnäpsen herein getragen und vor uns aufgetischt hatte. Als „NPS" seine Rede beendet hatte, standen wir auf und prosteten ihm zu. Er gab zackige „Cheers" zurück und sprach dann: „Ex!"

Danach floss das Bier, die Stimmung wurde heiter und die Stimmen wurden lauter. Als „NPS" feststellte, dass wir hinreichend angeschickert waren, schlug er uns ein kleines Wettspiel vor: ein Saufturnier. Er gab das Arrangement vor:

430

Zwei von uns hatten sich in der Mitte des Raumes aufzustellen, der Kellner brachte zwei gut gezapfte Biere auf seinem Tablett, die „NPS" spendierte. Die Kombattanten nahmen sie in die Hand und warteten auf das Kommando. „NPS" saß mit nun schon leicht gerötetem Kopf ein wenig angeheitert am Tisch, neben sich einen Cognacschwenker, und legte los:

„Auf den Boden!"

Sie gehorchten und stellten das Glas vor sich auf den Boden.

„An die Hoden!"

Sie taten, wie ihnen geheißen.

„An den Nabel!"

Das Glas hing jetzt vor dem Bauch.

„An den Schnabel!"

Das Glas hing an der Unterlippe. Pause. Erwartungsvolle Stille. Und dann das zackige Kommando:

„Sauft!"

Sie soffen los und kippten sich das Bier in den Rachen. Ihre Fans, die um sie herum standen, feuerten sie an. Nicht alles Bier landete da, wo es hin sollte, es rann die Wangen, das Kinn herunter, aufs Hemd, in den Kragen. Wir lachten und grölten. Viermal dasselbe Spiel, viermal das Kommando von „NPS". Manche verschluckten sich und wurden disqualifiziert. Danach das Halbfinale und schließlich das Finale der Besten: „NPS" dröhnte mit Lust seine Kommandos. Schließlich stand der Sieger fest. Der Held. Besoffen.

Ich saß am Tisch und betrachtete amüsiert und angenehm angetütert die ganze Szene. Neben mir, an der gegenüberliegenden Kante des Tisches, saß „NPS" und hatte sichtlich Freude an seinem Turnier. Von Zeit zu Zeit hob er seinen Cognacschwenker, prostete mir grinsend zu und ich grüßte mit meinem Bierglas zurück. Als der Sieger feststand, hatte auch „NPS" diverse Bierchen und Cognacchen intus – der Kellner stand nämlich immer in der Tür zum Schankraum und versorgte nicht nur die Turnierkämpfer, sondern auch „NPS" mit Nachschub. Schließlich, nachdem der Sieger feststand, sackte „NPS" für eine kleine Weile in sich zusammen und schloss die Augen. Vielleicht träumte er jetzt ei-

nen Traum aus seiner goldenen Jugendzeit. Von den guten alten Zeiten in der Burschenschaft Teutonenkraft. Von Mannesmut und Trinkfestigkeit: Gaudeamus igitur, iuvenes dum sumus …
Wir zogen schließlich durch die nächtlichen Straßen des Kreuzviertels Richtung Innenstadt, grölten, sangen schweinische Lieder, pinkelten an die Laternen und Bäume und in die Vorgärten und manch einer von denen, die ihr Bier zu schnell getrunken hatten, erbrach sich. Dazu dann der übliche Säuferkommentar: „Hupps, sprach das Bier, da bin ich wieder! Und sieh mal, was ich alles mitgebracht habe …"

Runter vom Band!

Irgendwann zu Beginn des neuen Jahres wurde Schröders Vater „einbestellt". Für unsere Lehrer, für die Schule insgesamt, war Schröder zum Problemfall geworden. Es kam zu einem Herrengespräch unter sechs Augen: Schuldirektor, unser Klassenlehrer „NPS" und Schröder Senior. Man besprach die Modalitäten von Schröders Abgang. Nach all den „Sechsen" und all den Tadeln wäre er nicht versetzt worden und hätte einen Anspruch gehabt, das Schuljahr zu wiederholen: Stress für alle Beteiligten, Stress, den keiner wollte. Das Triumvirat mauschelte daher aus, dass Schröder mit einem passablen Zeugnis und der „mittleren Reife" ins Leben entlassen werden sollte.
„NPS" berichtete vor der Klasse von diesem Gespräch.
„Ich habe nun endlich Schröders Vater längere Zeit erlebt", schnarrte er, „und ich muss sagen, ich bin sehr beeindruckt, ja, ich bin begeistert. Was für ein honoriger Mann. Er hat gedient. Offizier an vorderster Front. Ein Ehrenmann."
Er machte eine kleine dramatische Pause.
„Und dieser Mann ist mit so einem Sohn geschlagen: faul, renitent, dumm, unbelehrbar. Eine Schande. Ein wahrer Ehrenmann und dann dieser Sohn da! So ein richtiges … richtiges …"

Als er wieder seine kleine dramatische Pause einlegte, hätte ich mir am liebsten die Ohren zugehalten und gekreischt: „Nein, nein, sag es nicht!" Aber er sagte es:

„... ja, so ein richtiges Arschloch!"

Das war das dritte Mal in jenem Schuljahr, dass Schröder versteinerte.

Ich musste mir große Mühe geben, ihn zum Tingeln zu bewegen, aber es kam keine rechte Stimmung auf, auch nicht mehr in den Wochen bis zum Ende des Schuljahres.

Der quirlige, boshaft kluge Schelm, der in ihm gesteckt hatte, war nicht mehr da: sie hatten ihn schlussendlich totgeschlagen. Der Schröder, der zurück blieb, war stumm, traurig und apathisch. Er verließ die Schule.

In den letzten drei Jahren der Oberstufe war er nicht mehr unter uns.

***

Immer wieder mal im Sommer des folgenden Jahres, in der Hitze des Jahrhundertsommers 1959, hatte ich Lust nach der Schule zu „tingeln" und durch die Innenstadt zu flanieren. Ich verzichtete dann erst einmal auf die Straßenbahn und ging die vertrauten Wege, die Dietmar und ich „abgetingelt" hatten. Natürlich dachte ich die ganze Zeit an ihn und suchte einige der „heißen Punkte" auf, die wir einst gemeinsam ausgekundschaftet hatten. Ich war allein und ich fühlte deutlich meine Einsamkeit: mir fehlte der fröhliche Scheiß, den wir so oft gemeinsam zusammengerührt hatten. Schröder fehlte mir.

Einmal, als ich gerade sehr intensiv an ihn dachte, stand er plötzlich vor mir. Es kam mir vor wie ein Wunder.

Ich bummelte die Kaiserstraße entlang und beobachtete Arbeiter, die einen Lieferwagen ausluden und Kisten, Kästen und Werkzeuge in einen Hauseingang trugen. Plötzlich entdeckte ich zu meiner großen Überraschung, dass einer der Männer in den blau-grauen Kitteln Schröder war. Ich rannte zu ihm hin, um ihn zu begrüßen – und ich sah wie er rot wurde und sich schämte. Er war dabei, eine Kiste in das Haus zu tragen, er stellte sie ab, um mich zu begrüßen, kam aber nicht dazu. Einer seiner „Kollegen" brüllte:

„He, Schröder! Bring die Brocken rein! Steh da nicht rum!"
Schröder nickte mir kurz zu, zuckte hilflos mit den Schultern, griff sich die Kiste und rannte ins Haus. Ich spürte deutlich, dass ihm die Begegnung mit mir unangenehm war und ging weiter, um ihm nicht weh zu tun. Der Lieferwagen, den er entladen hatte, trug das Logo einer Elektrofirma, stellte ich fest. Sein Vater hatte ihn also in eine Elektrikerlehre gesteckt. Das war meine letzte Begegnung mit Schröder. Ich sah ihn nie wieder.

**

Sommersemester 1963, Berlin-Dahlem, Habelschwerdter Allee.

Ich gehe mit „D", dem einzigen Klassenkameraden, der mit mir zum Studieren nach West-Berlin „ausgewandert" ist, Richtung U-Bahnhof Dahlem-Dorf. Wir sind auf dem Weg zum Übergang Friedrichstraße, denn wir haben heute wieder in der DDR zu tun, in der „Zone", wie man im Westen sagte.

Nach dem Mauerbau: die West-Berliner Ureinwohner dürfen nicht „rüber" in den Osten der Stadt, die Kontakte zu Verwandten und Freunden sind gestört.

Wir „Zugereiste" mit dem guten west-deutschen Pass sind daher begehrte Leute. Wir halten Verbindungen, wir schleppen Pakete rüber und „D" ist zuweilen in Transaktionen verwickelt, die in dem Staat, in den wir an jenem warmen Sommertag eindringen wollen, illegal sind.

Für uns, die das Risiko trugen, sprang dabei immer eine Kleinigkeit in DDR-Mark ab. Die hauten wir am Schluss unserer Transaktion bei Tokajer, Honigwein und einigen Schmankerln auf den Kopp. Wir hatten unsere „Stammkneipen" in der „Hauptstadt", renommierte Gaststätten, selbst für DDR-Verhältnisse einigermaßen teuer. Kurz vor Mitternacht standen wir dann aufgekratzt und angeheitert in der gläsernen Abfertigungshalle vor dem Bahnhof Friedrichstraße, die später als „Tränenpalast" noch einige Berühmtheit erlangte. Unsere

„Transaktionen" starteten also kribbelig und aufregend und endeten festlich. Wir beide mochten das.

Wir wandern also die sonnige, grüne Habelschwerdter Allee entlang. Ein schöner Tag. Ich freue mich auf unser kleines Abenteuer. Plötzlich bleibt „D" stehen, dreht sich zu mir hin und schaut mich lange und nachdenklich an.

„Schröder ist tot", sagt er schließlich.

Und nach einer Weile:

„Er hat sich das Leben genommen."

Wir zogen unser „Ding" durch an jenem Tag, doch es kam keine Stimmung auf. Sehr spät in der Nacht stieg ich in Lichterfelde aus dem Nachtbus. Ich hatte noch eine Viertelstunde zu laufen bis zu meiner „Bude". Ich ging durch die stillen Alleen und weinte die ganze Zeit. Ich habe nur selten geweint in meinem Leben – und meist nur dann, wenn ich ganz allein war.

Wenige Jahre später, als die „große Umwälzung" begann, als in Kreuzberg andere Welten geboren wurden, Gegenmodelle zum „Land Danach", als man anfing, anders zu wohnen, zu leben und zu lieben, in Wohngemeinschaften und Wagenburgen, mit viel Sex durcheinander und Haschisch und Kämpfen gegen die „Bullen" des Establishments, habe ich oft an Schröder denken müssen.

Hättest du doch noch ein wenig durchgehalten, dachte ich dann, das hätte dir gefallen.

7

Der letzte Tango

Zuweilen spürst du, dass in den Text deines Lebens, den du brav Tag für Tag Seite für Seite umblätterst, ein geheimer Text hinein geschrieben ist, der etwas erzählt, das dich betrifft. Er wirkt auf dich, aber du kannst ihn nicht entschlüsseln. Es geschieht etwas mit dir, aber du erkennst nicht: was eigentlich? Der Text verrät sich nicht und du bist auf Mutmaßungen angewiesen.

***

Butcher

„Butcher", unser langjähriger Klassenlehrer, erzählte nie vom Krieg.

Wenn ich nachrechne, hatte ich sieben Jahre Unterricht bei ihm und in all dieser Zeit fiel keine einzige Bemerkung darüber, wie er *jene Zeit* überstanden hatte, in welcher Funktion er beteiligt war, was er erlebt hatte.

Er war etwa im Alter meines Vaters, sein Sohn war so alt wie ich, Schüler in einer der Parallelklassen. Ich kannte ihn. Bei bestimmten Gelegenheiten hatte ich mit ihm zu tun, zum Beispiel im Rahmen der „SMV", der „Schülermitverantwortung", einem gewählten Gremium von Schülern der Oberstufe, in dem ich – eher ein wenig unmotiviert und am Rande – mitwirkte. Es gehörte zum Erziehungsprogramm der Westalliierten in den Fünfzigern, dass die West-Deutschen Demokratie zu lernen hatten, und so wurde den Schulen die „SMV" verordnet und die „SMV" wählte einen Schulsprecher und der sollte auch mal was sagen dürfen … Demokratie eben, das neue Lernziel …

„Butcher" war Lehrer für Englisch und Französisch. Lange Zeit unterrichtete er allerdings nur Englisch und es wurde gemunkelt, er habe eine „Französisch-Phobie", er lehne es aus bestimmten – ganz persönlichen – Gründen ab, Französisch zu unterrichten. Das war schon recht merkwürdig. Was waren seine „persönlichen Gründe"? Das fragte ich mich damals. Er hatte doch Französisch studiert, das Lehramt für Französisch erworben. Warum weigerte er sich? Hatte es etwas mit dem Krieg zu tun? Ich war neugierig.

Da er fließend Französisch sprach, besaß er eine wichtige Qualifikation für den „Westfeldzug" und die Besetzung Frankreichs. War er dabei? Die Eroberung Frankreichs fiel jedenfalls genau in „seine Zeit", Anfang seiner Dreißiger.

**

Am Ende der Mittelstufe verabschiedete sich unser trommelbauchiger, männerkörperliebender Französischlehrer von uns. Er hatte uns drei Jahre lang recht ordentlich in die Sprache eingeführt und kündigte nun an, dass uns ein anderer die letzten drei Jahre bis zum Abitur unterrichten würde.

Ich war überrascht und enttäuscht, als sich herausstellte, dass „Butcher" diese Aufgabe übernommen hatte. Offenbar hatte er seine Französisch-Phobie überwunden oder er war in die Pflicht genommen worden. Die Zeiten hatten sich geändert: die „deutsch-französische Freundschaft" war ausgebrochen, die „Erbfeindschaft" war vorbei und Französischlehrer waren knapp.

„Butcher" war schon seit langem unser Englischlehrer – unser „ewiger" Englischlehrer gewissermaßen.

Er war autoritär, er zwang uns über all die Jahre zum Lernen, zum „Büffeln". Er machte Druck. Er drangsalierte uns mit ständigen Benotungen. Wir lasen mit ihm Shakespeare und Schulfassungen englischer Romane und er verstand es immer, Arbeitsdruck zu erzeugen. Sein Unterricht war straff, aber langweilig. Er „törnte" mich nicht an.

Und vor allem: sein Unterricht war Deutsch. Anweisungen gab er auf Deutsch, Fragen stellte er ebenfalls auf Deutsch, wir antworteten auf Deutsch. Ich empfand das als geistige Trägheit. Ich wusste, dass die Englischlehrer der Parallelklassen eleganter – nämlich auf Englisch – unterrichteten und kam mir benachteiligt vor.

Nach meinem Geschmack sprach er ein etwas knödeliges Englisch, nicht moduliert, nicht klangvoll, er nuschelte es mit leicht westfälischem Akzent. Das störte mich am allermeisten, so stark sogar, dass ich in der Oberstufe anfing, BFBS zu hören, nicht nur die Hitparaden, sondern auch die Nachrichten und Reportagen, um mir den „richtigen" Sound zuzulegen. Ich saß zuhause an meinem Arbeitstisch, las laut englische Texte – so lange, bis mir selbst am Ende meine eigene Aussprache gefiel: ich wurde mein eigener Lehrer. Das tat ich nicht für die Schule, sondern für mich selbst – gewiss. Aber es war schon seltsam: „Butchers" Unterrichtsgrau zwang mich dazu, selbst farbiger zu werden – durch freiwillige Übungen. Eine wahrhaft wirkungsvolle Didaktik.

„Glaubt ja nicht", sagte er einmal, „dass die Engländer – der kleine Mann auf der Straße – Oxford English sprechen. Die bellen, nuscheln und stammeln – genau wie bei uns. Hört euch doch nur mal genau an, was die Leute oft für ein Deutsch reden!"

Ich befürchtete, dass er seinen Französischunterricht ähnlich wie seinen Englischunterricht gestalten würde – und so kam es auch. Sein Französisch klang so ähnlich wie sein Englisch – und auch hierfür hatte er den passenden Spruch:

„Glaubt ja nicht, dass die Pariser elegant daher nasalieren wie Staatsschauspieler. Die bellen und blöken, wie es gerade kommt. In meiner Zeit in Paris habe ich kaum einen Kellner verstanden."

Da war es wieder: er hatte also in Paris gelebt. Ja, wann denn? Im Krieg natürlich, so mutmaßte ich, wann sonst? Gehörte er zu jenen, die in Paris die Nazi-Regierung gebildet hatten, zur Zeit der „occupation"? Gehörte er zur Wehrmacht oder gar zur SS? Hatte er dort seinen Widerwillen gegen alles Französische entwickelt, so fragte ich mich. Und warum? Was war passiert?

***

All diese Fragen hätten mich gar nicht beschäftigt, hätte sich zwischen mir und „Butcher" im Fach „Französisch" nicht ein seltsames, für mich am Anfang ziemlich rätselhaftes Spiel entwickelt. Offenbar war er bei seinen Französischlehrerkollegen nicht hoch angesehen. Wie es schien, hielten sie fachlich nicht allzu viel von ihm und seinem Unterricht. Das offenbarte der Schülerklatsch, zum Beispiel in der „SMV", wo man sich über die „Klassengrenzen" hinweg über die Lehrer austauschte. Das offenbarte mir aber auch unser dickbauchiger Ex-Französischlehrer, der mich einmal aushorchte:

„Wie läuft es denn so in Französisch? Macht dir Französisch *überhaupt noch Spaß?"*

Ich antwortete sehr vorsichtig, aber deutlich ohne Begeisterung. Vorsicht war geboten. Ich befürchtete, dass meine „Aussagen" im Lehrerzimmer womöglich bei „Butcher" landen würden, und ich zum Opfer einer seiner irrationalen Wutanfälle werden könnte.

„Na ja", kommentierte der Bauchtrommelträger meinen kurzen Bericht, „Augen zu und durch. Er wird euch schon irgendwie durchs Abitur bringen."

Er grinste breit und lachte ein wenig spöttisch. Nein, „Butcher" war unter seinen Kollegen nicht hoch angesehen und ich vermutete schon damals, dass sie einen tieferen Grund hatten, ihn abzulehnen. Vielleicht hatte es mit „seiner Zeit" in Paris zu tun.

Dass sein Unterricht nicht besonders gut war und unsere Fähigkeiten in Französisch nicht sehr hoch einzuschätzen waren, merkte ich – und merkte auch „Butcher" selber – als in der „Unterprima", zu Beginn des zwölften Schuljahres also, zwei „Sitzenbleiber" zu uns stießen, die in jeder Hinsicht besser qualifiziert waren als die Besten aus „seinem Stall". Sie konnten einigermaßen frei reden, sprachen ein klangvolles, in meinen Ohren „echt" klingendes Französisch. Ihr bisheriger Lehrer, bedeutend jünger als „Butcher", war sehr engagiert, hatte die Partnerschaft mit einer Schule in Reims aus der Taufe gehoben und den Schüleraustausch organisiert – also die deutsch-französische Freundschaft vorangebracht, während „Butcher" mit seiner „Phobie" schmollend in der Ecke saß.

Also übte ich mich auch im Fach „Französisch" in der Kunst des „Nachäffens":

Ich setzte mich zuhause hin, las laut Texte aus meinem Französischbuch und „kopierte" den Französischklang der beiden „Sitzenbleiber" so lange aus dem Gedächtnis, bis ich fühlte, dass ich ihnen „ebenbürtig" war.

Dahinter steckte kein verbissener Ehrgeiz. Ich hatte Spaß an den beiden Fremdsprachen, die ich in der Schule zu lernen hatte, Englisch wie Französisch, und wollte in beiden Sprachen möglichst „echt" und „authentisch" klingen. Das war etwas, was ich bei „Butcher" nicht lernen konnte, da er beide Sprachen ohne jede Modulation in seinem westfälischen Tonfall dahin nuschelte – wahrhaftig kein Wohlklang.

„Butcher" registrierte alsbald meine „Entwicklung" im Mündlichen, mein „wohlklingendes" Französisch und irgendwann muss ihm eine Idee gekommen sein. Er sah eine Möglichkeit, wie er es seinen stichelnden und überheblichen Kollegen zeigen könnte. Ich begriff nur ganz langsam, über Wochen, dass er etwas im Schilde führte und dass es etwas mit mir zu tun hatte. Ich dekodierte einen Teil des „Geheimtextes" und kam zu folgendem Ergebnis:

Er wollte seinen Kollegen einen „Französisch-Star" präsentieren. Dieser „Star" musste aus seiner „ureigenen Brut" stammen, durfte auf keinen Fall also einer der „Sitzenbleiber" sein – und Zeit und Ort der Präsentation des „Stars" konnte nur die bevorstehende mündliche Abiturprüfung sein, denn seine Fachkollegen würden dort anwesend sein und seine Leistungsschau begutachten. In ihrem Kreis wollte er jetzt seinen Rang einnehmen – nach den langen Jahren der Verweigerung, die sie wahrscheinlich mit Verachtung oder Spott wahrgenommen hatten.

Für seine Schau brauchte er allerdings einen Partner, einen geeigneten Kandidaten, von dem er annehmen konnte, dass der ihn nicht vor all seinen Kollegen zum Narren machte. Wen er dazu auserkoren hatte, ahnte ich anfangs nur, es wurde mir allerdings immer mehr zur Gewissheit, als er damit anfing, den „Geheimtext" – von dem ich wusste, dass es ihn gab, den ich aber nicht verstand – peu à peu in einer Weise zu enthüllen, dass *ich* Teile daraus lesen konnte, während er für alle meine Klassenkameraden kryptisch blieb. Er hatte also mich im Visier, so las ich seinen Text. Ich war der Partner in seinem Spiel, ich würde der „Star" sein, den er präsentieren wollte.

Er verklickerte mir das alles natürlich nicht direkt. Man war sehr korrekt als Knabenführer in jenen Zeiten. Ich hatte es Schritt für Schritt aus seinen dunklen Andeutungen zu entschlüsseln.

Regieanweisungen

Eines Tages stürmte er in die Unterrichtstunde, rief „Klassenarbeit! Diktat!" und legte los. Er diktierte uns einen schwierigen Text mit zahlreichen unbekannten Vokabeln, einen Text, dessen Sinn ich kaum verstand – vermutlich auch aufgrund seiner undeutlichen Aussprache und seiner seltsam westfälischen Modulation. Ich versuchte, vom Klang der unbekannten Wörter auf deren Schreibweise rückzuschließen, aber er diktierte sehr schnell und ich gab mein Heft am Ende mit einem sehr unguten Gefühl ab – wie alle anderen auch.

Man müsse, so erklärte er uns, als er die Arbeiten zurückgab, von der Aussprache französischer Vokabeln auf deren Schreibweise schließen können. Das sei eine wichtige Qualifikation – und er und seine Kollegen hätten beschlossen, diese Fähigkeit einzuüben.

Danach verteilte er die Arbeiten nach Art der Fünfziger Jahre-Pädagogen: die schlechtesten und schlechteren zuerst, dann kamen die mittelmäßigen und schließlich die guten – eine offen zur Schau gebrachte Bewertungspyramide, in der vor aller Augen jedem sein „Rang" zugeteilt wurde. Nachdem die Sechsen, Fünfen, Vieren und Dreien ausgeteilt waren, lag nur noch ein Heft auf dem Tisch.

Er warf es mir zu und ich war völlig verwirrt, als ich die Note las: Zwei!

Da stimmte etwas nicht! Ich hörte, wie sich meine Klassenkameraden laut und belustigt ihre Fehlerzahlen zuriefen – dreißig, zwanzig, achtzehn, fünfzehn, zweiundvierzig … und bei mir hatte er nur *sieben* Fehler gezählt! Ich verstaute mein Heft stumm in meiner Tasche und nahm mir vor, das Ganze zuhause zu überprüfen.

Der Originaltext lag vor mir – das war, wie er uns mitgeteilt hatte, ein Text aus einem späteren Kapitel unseres Lehrbuches – und ich überprüfte sorgfältig Satz für Satz und Wort für Wort. Und siehe da: „Butcher" hatte *dreizehn* Fehler „übersehen".

Das konnte kein Zufall sein.

Ich wurde sehr nachdenklich. Offenbar wollte er mich partout an der Spitze halten. Ich war unsicher, wie ich mich verhalten sollte. Schließlich beschloss ich auf sein Spiel einzugehen. Ich war ehrgeizig. Wenn er ausgerechnet mich im Französischen zum „Einser-Star" machen wollte: bitteschön.

Ich korrigierte also lediglich meine „sieben Fehler" (man hatte im Anhang an eine Klassenarbeit stets eine „Berichtigung" zu verfassen) und ließ ansonsten alles, wie es war. Ich ging auch nicht zu ihm hin, um ihn auf die „übersehenen" Fehler aufmerksam zu machen – wie es vielleicht ein rechtschaffenerer Schüler als ich getan hätte. Ich wusste: ich hätte die „Spielregeln" verletzt und ihm sein Spiel verdorben, mich in der Spitzengruppe zu halten. Ich tat also so, als hätte ich nichts gemerkt.

***

Im letzten halben Jahr vor dem Ende meiner Schulzeit gab er mir weitere Zeilen aus dem „Geheimtext" zu lesen.

Man müsse, erklärte er uns einmal in seiner Eigenschaft als fürsorglicher Klassenlehrer, bei der Auswahl des Wahlpflichtfaches taktisch und klug vorgehen. Wir hatten die Wahl, uns entweder im Fach „Latein" oder in „Französisch" schriftlich prüfen zu lassen. Er erläuterte uns, was wir dabei alles zu bedenken hatten, um unser Notenbild zu optimieren. Und obgleich seine Bemerkung an alle gerichtet war, verstand ich die darin einge-packte spezielle Botschaft an mich:

Ich arrangierte also meine Prüfung so, dass er, was auch passierte, auf jeden Fall Zugriff auf mich hatte und mich in seine Leistungsschau einbestellen konnte. Er sollte seine Schau haben.

***

Schulfranzösisch, bemerkte er ein andermal, müsse auf jeden Fall so weit tragen, dass man kleine Alltagsgespräche führen könne:

„Zum Beispiel: man geht mit einem französischen Bekannten, der kaum Deutsch versteht, durch die Stadt und erklärt ihm dies und das. Das sollte schon drin sein, wenn man sechs lange Jahre Französisch gelernt hat!"

Das war höchst ärgerlich.

Es klang wie eine banale Bemerkung über „das Leben im Allgemeinen", so werden es wohl meine Mitschüler verstanden haben – ich aber hörte die Botschaft, die nur an mich gerichtet war. Ich setzte mich also zuhause hin und schrieb einen Aufsatz:

Ich erzählte meinem „französischen Bekannten" erst einmal ein wenig über die Geschichte der Stadt, über die Kriegszerstörungen, zeigte ihm, was der Krieg noch übrig gelassen hatte: ein paar Kirchen und ein paar schöne alte Häuser aus der Zeit „davor". Ich zeigte ihm die Westfalenhalle und den Florianturm, das neue Wahrzeichen der Stadt. Den neuen, schönen Westfalenpark, den die Bundesgartenschau der Stadt beschert hatte ... Ich erzählte ihm von den Industrien, die das Bild der Stadt prägten, ich erwähnte vor allem die Brauereien ... Ich zeigte ihm das große Schaufenster der Thier-Brauerei in der Silberstraße, in dem echte Arbeiter am Fließband ausgestellt waren, voll in Aktion. Ich erklärte ihm, was da unten ablief ...

Alles auf Französisch, versteht sich.

Es war wirklich ärgerlich.

Nie hatte er mit uns die „freie Rede" geübt. Er sprach mit uns Deutsch im Unterricht. Jetzt verlangte er etwas von mir, wofür er keine Vorleistung erbracht hatte. Ich setzte mich zuhause hin und übte „freie Rede" für die Prüfung: in den Wochen bis zum Abitur lernte ich meine kleine französische Stadtführung auswendig ...

***

Wir lasen Shakespeare, wir lasen Molière mit ihm. Wir lasen die Stücke mit verteilten Rollen, darauf bestand er und er gab uns genaue Anweisungen, wie wir die verschiedenen Passagen im dramatischen Ablauf des Stückes zu lesen hatten. Es stellte sich heraus, dass er theaterbegeistert war: seine Hinweise klangen wie Regieanweisungen. Wir hatten uns genau an sie zu halten, denn er saß mit seinem Notenschreiber in der Hand da, wenn er uns abhörte.

Als er mit uns im letzten Halbjahr ein Stück von Molière las – „L'Avare", „Der Geizige" – offenbarte „Butcher" wieder etwas aus seiner „Pariser Vergangenheit":

Er habe das Stück in Paris ein halbes Dutzend Mal gesehen, vor allem wegen des phantastischen Schauspielers, der die Hauptrolle, den „Geizigen", spielte. Der habe den berühmten „Monolog" in einer Weise auf die Bühne gebracht, dass es ihn immer wieder schier umgehauen habe. Er zwang uns, diesen Monolog auswendig zu lernen, und Woche für Woche holte er gegen Schluss seines Unterrichts zwei von uns nach vorne, die nacheinander den „Monolog" aufzuführen hatten. Er kritisierte, verglich und mäkelte, er gab seine Regieanweisungen. Wir hatten unseren ganzen Körper zum Einsatz zu bringen, Mimik und Gestik. Wir hatten hin und her zu hüpfen, bestimmte Passagen hatten wir zu schreien ... Er war ein strenger Schauspiellehrer.

Ich machte mir Notizen, wenn er meinen Mitschülern seine Anweisungen gab und Verbesserungsvorschläge machte. Ich übte den Monolog zuhause, sogar vor dem großen Spiegel im Schlafzimmer meiner Eltern – allerdings stumm, denn den Lärm, den er uns abverlangte, konnte ich zuhause nicht machen: meine Familie und auch die Nachbarn hätten vermutlich angenommen, ich sei irre geworden und hätte einen Tobsuchtsanfall auf Französisch bekommen. Erst ganz am Ende, nachdem er mir ausreichend Gelegenheit gegeben hatte, die „Aufführungen" all meiner Mitschüler zu betrachten und seinen Regieanweisungen zu lauschen, kam schließlich meine Version des „Monologs" zur Aufführung. Er war zufrieden. Und ich wusste Bescheid.

***

Und gleichzeitig fand ich es auch spannend, dass es offenbar diesen dunklen, verborgenen Text gab:
Er hatte also längere Zeit in Paris gelebt, gehörte mit Sicherheit zur deutschen Besatzungsmacht. Er ging abends ins Theater, genoss die Komödien Molières, genoss danach vermutlich die französische Küche (man sah ihm an, dass er gerne – und viel – aß), er war augenscheinlich ein Liebhaber der französischen Kultur gewesen, flanierte vermutlich durch Montmartre, besuchte das „Olympia", das „Moulin Rouge" ...
Was also war geschehen, dass er eine „Französisch-Phobie" entwickelt hatte und sich lange Zeit beharrlich weigerte, das Fach „Französisch" zu unterrichten?
Es blieb im Dunkeln, wir erfuhren nichts darüber. „Butcher" schwieg. Er gehörte zu denen, die nicht vom Krieg erzählten.

***

In den letzten Monaten vor dem Abitur fiel uns auf, dass er seinen Unterrichtsstil veränderte: er unterrichtete jetzt auf Französisch. Er gab Arbeitsanweisungen auf Französisch, stellte Fragen auf Französisch, wir hatten auf Französisch zu antworten. Während sich meine Mitschüler darüber wunderten, wusste ich genau, was er meinte: in diesem Stil würde er die Prüfung mit mir durchziehen. Alles andere wäre für ihn blamabel gewesen.

***

Er hat mir in der Zeit der „Präliminarien" nicht einen einzigen direkten Hinweis gegeben. Ich hatte seinen Geheimtext zu entschlüsseln. So war ich nicht überrascht, als unser Posaune spielender Pastor aus dem Rotlicht-Sprengel, der gute Hirte und aufrechte Gottesmann, meiner Mutter im Vieraugengespräch verriet, dass ich in Französisch geprüft werden würde.

Darauf hatte ich mich bereits gut vorbereiten können. Ja, mehr noch: ich konnte mir den Ablauf der Prüfung ziemlich genau vorstellen.

Reifeprüfung

Sechs Augen schauen dich an, sechs Ohren hören genau hin. Alles, was du sagst, alles, was du tust, wird bewertet, skaliert, nummeriert. Du selbst wirst eingetütet, kalibriert. Eine bis aufs Äußerste reduzierte Form zwischenmenschlicher Kommunikation: das beliebteste, häufigste und am stärksten mit Angst besetzte Initiationsritual des westlichen Kulturkreises, einfach unverzichtbar: die Prüfung.

***

In der Mitte des Raumes stand ein großer Konferenztisch, an dem ich Platz nahm. „Butcher" saß mir genau gegenüber. Zu seiner Rechten saß der penible Herr K., der „beste" Französischlehrer der Schule, zugleich unser Deutschlehrer der letzten drei Jahre. Im Folgenden notierte Herr K. penibel alles, was ich sagte und wie ich es sagte. Er war in allem, was er tat, penibel. Er war also der Protokollführer, seine Aufzeichnungen und sein Urteil hatten Gewicht. Zu „Butchers" Linken saß der Herr Direktor, der war der Prüfungsvorsitzende und hatte im Zweifel das letzte Wort. Das waren die primären sechs Augen und Ohren, mit denen ich es zu tun hatte.

Das war aber nicht alles.

Hinter der Prüfungskommission, an der Fensterwand, saß noch einmal ein gutes Dutzend Lehrer: der trommelbauchige Männerkörperliebhaber, noch ein weiterer Französischlehrer, fast alle Lehrer des Neusprachlichen Zweiges, mein Lateinlehrer mit dem schiefen Mund, Referendare, die was lernen wollten ... Zuschauer, die was erleben wollten, Augen, die alles sahen, Ohren, die genau hinhörten ...

Ich spürte: hier wurde nicht nur ich geprüft, sondern vor allem „Butcher". Kam ich gut durch, kam er gut durch. Angesichts der vielen Augen, die auf mich starrten, und der vielen Ohren, die mich abhörten, hatte ich allerdings ein sehr mulmiges Gefühl.

Im ersten Schritt bekam ich einen etwa halbseitigen Text vorgelegt, den ich mir kurz still durchlesen sollte. Danach forderte er mich auf, ihn laut zu verlesen. Ich machte etwas, womit er nicht gerechnet hatte. Ich nahm das Papier in die Hand, stand auf und las es stehend vor: in meinem „wohl" und „echt" klingenden Französisch, das ich nicht bei „Butcher", sondern indirekt bei dem peniblen Herrn K., der neben ihm saß, gelernt hatte, denn er war es, der die beiden „Sitzenbleiber" ausgebildet hatte, die ich mir zum Vorbild genommen hatte. Der penible Herr K. nickte auch anerkennend und kritzelte etwas in sein Protokoll. „Butcher" ließ mich dann die Geschichte nacherzählen, stellte noch ein paar Fragen zum Text, zur Grammatik, dann war dieser Part der Prüfung abgehakt. „Zwei", aber nicht „Eins", wie ich schätzte.

Er forderte mich auf, mich wieder hinzusetzen. Jetzt war ich äußerst gespannt, ob er sich an die Vorgaben seines Geheimtextes halten würde. Plötzlich schaltete er auf Deutsch um, so, als wolle er dem Publikum – seinen Kollegen also – etwas erklären:

Man müsse, wenn man sechs Jahre Schulfranzösisch genossen habe, durchaus im Stande sein, kleine Alltagsgespräche ... usw. usw. Ich fing an innerlich zu grinsen. Dann fing er gar an zu witzeln:

„Sehen Sie", sagte er zu mir gewandt, „der Herr K. hier neben mir spricht kaum Deutsch", er lachte, denn der Herr K. unterrichtete uns im Fach „Deutsch". „Erzählen Sie ihm doch mal was – na, sagen wir – über unsere Stadt, über Dortmund ..."

Ich wusste, dass es jetzt auf eine halbwegs gute schauspielerische Leistung ankam. Ich lehnte mich zurück, dachte nach, dann erzählte ich etwas über die Geschichte der Stadt ... Ich legte sorgfältig Pausen ein, bevor was Neues kam, sagte zuweilen sogar „A oui", als sei mir gerade etwas „eingefallen", und als ich schließlich bei den Brauereien ankam und dem peniblen Herrn K. erzählen wollte, dass ich die Arbeit dort aus eigener Erfahrung kannte, stoppte „Butcher" mich:

„Sehr schön. Das reicht!"

Und auch der penible Herr K. nickte anerkennend. Es lief.

Nun kam also, wie ich aus dem „Geheimtext" wusste, die letzte Nummer: der „Monolog".

„Butcher" leitete sie sehr geschickt ein, indem er sich selbst kräftig lobte. Wir hätten doch Molière mit verteilten Rollen gelesen, richtige kleine Theaterinszenierungen seien das gewesen. Er hätte uns alle gezwungen, den Monolog des „Harpagon" auf die „Bühne" zu bringen – nicht nur vorzulesen, sondern schauspielerisch darzubieten. Jeder sei „dran" gewesen, keiner habe sich drücken können. Ich solle das doch „dem geneigten Publikum" – er hatte jetzt sichtlich Oberwasser – einmal vorführen.

Ich stand auf und schob meinen Stuhl unter den Tisch. Ich würde mich nicht wieder hinsetzen, dessen war ich gewiss, denn das war meine letzte Aktion an dieser Schule. Es war reichlich Platz da, den brauchte ich auch: das war meine Bühne. Ich machte den obersten Kragenknopf auf und lockerte die Krawatte, das erhöhte die Spannung. Ich sah das ganze Publikum vor mir nicht mehr, sondern stand wieder vor dem Schlafzimmerspiegel meiner Eltern – allerdings nicht mehr stumm: diesmal brüllte ich los:

«Au voleur! AU VOLEUR! A l'ASSASSIN! ...»

Ich rannte hin, ich rannte her ... zuckte hierhin, dorthin, duckte mich ... machte Pausen ... Ein recht langer Text, vom Meister auf den schauspielerischen Effekt hin geschrieben. Ich bekam es hin.

Das war mein allerletzter Tanz, das wusste ich, der letzte Akt an diesem Ort, danach war die Schule vorbei, für immer passé ... All die Herren, die dort saßen, würden in wenigen Minuten schon nicht mehr meine Lehrer sein. Vergangenheit. Diese Gewissheit nahm mir alle Hemmungen.

Als ich fertig war, klatschte „mein Publikum" Beifall. „Butcher" saß fett und glücklich grinsend auf seinem Stuhl. Sein Prüfer, der penible Herr K. zu seiner Rechten, nickte ihm anerkennend zu. „Eins, Herr Kollege!" Wir beide hatten die Prüfung bestanden.

Als ich wieder auf den Gang hinaustrat, in dem meine Kumpel gewartet und gelauscht hatten, wurde ich mit Geheul empfangen: sie schrien und tanzten den „Monolog", jeder für sich, sie brüllten vor Lachen, sie tobten herum.

Ich lachte ebenfalls, fiel mit ein, fing noch mal von vorne an und tanzte den „Monolog" mit ihnen. ... *„je me meurs, je suis mort, je suis enterré ..."* Ich hing als leichenschlaffer Harpagon auf einem Stuhl und streckte Arme und Beine aus: tot, beerdigt ...

Und so war es ja auch: ich beerdigte den Schüler in mir, denn die Schule war abgehakt.

Muddle through: ich hatte mich durchgewurstelt.

***

Zwei Anmerkungen zu meinem „letzten Tango" am Ende der langen Fahrt auf dem Fließband Gymnasium möchte ich mir nicht verkneifen:

Ich wurde als „reifes" Produkt vom Fließband genommen, hatte nicht gewackelt, war nicht abgestürzt, war nicht gescheitert. Ich hatte ihren „unheimlichen" Lehrplan abgearbeitet – also den offiziellen Lehrplan – Schultag für Schultag, neun Jahre lang, so wie sie es uns abverlangten. Und ich hatte vieles aus dem „heimlichen" Lehrplan begriffen, dem inoffiziellen. Ich denke, viele Lehrer wissen gar nicht, dass der existiert – oder wollen es nicht wahrhaben. Er ist aber allgegenwärtig, im Verborgenen oder auch ganz offen – vor aller Augen.

Eine wichtige Erkenntnis, die mir der „heimliche Lehrplan" vermittelte, ist die:

Der „gute Schüler" ist – genauso wie der „schlechte Schüler" –
ein Konstrukt.

In dem pädagogischen Gewimmel der Schule, das durch präzise Hierarchisierungen und Skalierungen, durch Belohnung und Be-
strafung „in Ordnung" gehalten wird, ist er ein Konstrukt der Schule selbst, ein Konstrukt seiner Lehrer. Sie schreiben auf die Folie, die
er für sie darstellt, zum Beispiel das Wort „Genie" oder „Überflieger"
oder „Klassenprimus" – und dann wird er es – wie von ihnen aufgeschrieben, denn alle Beteiligten handeln nun entsprechend.

Da gibt es den ewigen „Dreier", denn alle schreiben auf die Folie
das, was alle anderen auch schreiben: „drei", grau, Mittelmaß. Der
Schüler wird grau, „drei", Mittelmaß und fühlt sich auch so – oftmals für den Rest seines Lebens ...

Da gibt es den „Loser", den mit der „Losernatur", denn dem haben
sie das Wort „Loser" auf die Folie geschmiert. Alle machen mit, auch
die Klassenkameraden. Der bleibt dann „sitzen", der geht schließlich
von der Schule ab. Aus dem wird nix ...

Und dann gibt es den einen, der sich dagegen wehrt, dass sie ihn
zur Folie machen wollen, um darauf herumzukritzeln. Das ist Schröder – und der wird „ausgemerzt".

In den späten Siebzigern wurde in Pädagogenkreisen die sogenannte „Bremer Studie" viel diskutiert. Wissenschaftler hatten sich
hunderte Diktat- und Aufsatzhefte von Schülern aller Schularten
vorgenommen. Sie überprüften die Korrekturen der Lehrer und kamen zu einem klaren, eindeutigen, statistisch signifikanten Ergebnis: bei den „guten" und „sehr guten" Schülern wurden systematisch
bedeutend mehr Fehler „übersehen" als bei den „mittelmäßigen"
und „schlechten" Schülern. Und das ist sicherlich nur ein Bruch-
teil von dem, was bei „exzellenten" Schülern noch alles einfach so
„übersehen" wird.

„Butcher" war also kein Einzelfall, als er bei seinem Favoriten
dreizehn Fehler „übersah".

Und wenn gar einer daher kommt wie „NPS", der mit seinem dicken Finger auf eine Folie zeigt und „Herrenmensch" darauf kritzelt –
und für den ein „Herrenmensch" einer ist, der selbstverständlich ganz
oben auf der Skala zu stehen hat – dann macht er seine Folienfigur

eben zur großen Leuchte, zum „Licht der Arier", egal was da kommt, und sei es der größte Mist. So ist das.

Zweite Anmerkung: Mutmaßungen zu „Butchers" Französisch-Phobie: Schon als sein Schüler war ich davon überzeugt, dass er als Wehrmachtsoffizier oder SS-Mann teil hatte an der „occupation" von Paris. Er lebte als uniformierter Kulturmensch und Theaterfreund in dieser Stadt, in der es so gut wie keinen Widerstand gegen ihn und seinesgleichen gab. Die Stadt war ruhig, befriedet, Nazi-Fahnen hingen in den Tuilerien, die jungen Sieger saßen unbehelligt in den Straßencafés. Pariser Intellektuelle trafen sich mit deutschen Offizieren im Salon von Ernst Jünger, der im Paris der „occupation" Hof hielt. Vielleicht war „Butcher" dabei.

Als dann im August 1944 nach dem Einmarsch der Alliierten in der Normandie schließlich internationale Truppen Paris zurück eroberten, gerieten zahlreiche deutsche Soldaten, Offiziere, SS-Leute in Gefangenschaft.

Die Pariser gingen nicht gerade zimperlich mit ihnen um: sie trieben sie durch die Stadt, durch die Straßen von Paris. Das wütende Volk am Straßenrand griff an, pöbelte, spuckte, trat und schlug zu ...

Vielleicht hat „Butcher" jenen „berühmten" Marsch durch Paris mitgemacht. Vielleicht war das der Grund für seine „Französisch-Phobie", so mutmaßte ich damals. Ich werde es niemals sicher wissen.

Wie dem auch sei: auf jeden Fall wurde ich eingewoben in seine Geschichte. Ich wurde zu einer späten Figur in einer Erzählung, die vor meiner Geburt begonnen hatte, die ich nicht kannte, deren Wirkung ich aber zu spüren bekam. Denn das empfand ich deutlich: meine „Eins" in Französisch hatte etwas – irgend etwas – mit dem „Krieg" zu tun ... wie so vieles im „Land Danach", in dem ich aufwuchs.

Siegertreppchen

Mein Vater war mein Begleiter beim Einstieg ins Gymnasium –
nun begleitete er auch meinen Ausstieg.

Es war neun Jahre her, dass er mich in seinem Opel P4 zu seinem alten Gymnasium gefahren hatte. Er hatte mich aufgekratzt
und aufgeregt durch sein vertrautes Schulgebäude zum Chemiesaal geführt, wo ich die Aufnahmeprüfung zu bestehen hatte.

Dann verlor er neun Jahre lang weitgehend das Interesse
an dem, was ich tat und was mir widerfuhr: wir redeten selten
über die Schule, nie über die Ferienmaloche, selten über das,
was mich bewegte. Er war nicht „präsent". Er half mir nicht bei
den Hausaufgaben – ich bat ihn auch nicht darum. Er gab mir
keine Ratschläge – ich erwartete auch keine. Ich ging nicht zu
ihm, wenn ich ein Problem hatte, ich löste es selbst.

Es war ausschließlich meine Mutter, die mich betreute, nähr-
te, kleidete, die mir gut zusprach, wenn mir Übles widerfahren
war, die mir Entschuldigungen schrieb, wenn ich krank war
oder einfach mal keinen Bock auf Schule hatte. Sie war es, die
um vier Uhr in der Frühe mit mir aufgestanden war, wenn ich
als Ferienmalocher „auf Schicht" ging, sie hatte mir jeden Morgen die Haferflockensuppe gekocht, die mir Kraft geben sollte für die erste Hälfte meines Arbeitstages. Sie ließ ihren Sohn
nicht im Stich, sie ließ sich „nie" gehen. „Man darf sich nie gehen lassen", war einer ihrer Standardsprüche. Sie sagte wahrhaftig: „nie" – und handelte entsprechend.

Jetzt, am Ende meiner Schulzeit, am allerletzten Tag, zur
Abschlussfeier in der Aula unserer neuen Schule (seit zwei Jahren hatte der Schichtunterricht aufgehört, wir hatten ein eigenes, nagelneues Schulgebäude bezogen) begleitete mich wieder
mein Vater. Zum guten Schluss nahm er wieder teil. Er war der
Mann des ersten und des letzten Tages ...

***

Der Herr Direktor begrüßte die anwesenden Eltern und Schüler und hielt seine launige Ansprache. – Schulchor. – Der Vertrauenslehrer hielt seine Rede. – Schulchor. – Der langjährige Schulsprecher, der jetzt – genau wie ich – sein „Reifezeugnis" in der Tasche hatte, hielt wieder einmal eine seiner eleganten Reden. Das war der „Überflieger" aus einer der Parallelklassen: er war smart, selbstsicher, elegant, gut gekleidet, eloquent, fand immer den richtigen Ton. Er spielte in einer anderen Liga als ich, das spürte ich deutlich und ohne jeden Neid, wenn ich mit ihm zu tun hatte. Seine Eltern waren wohlhabend, gebildet, er war ohne Sorgen und selbstverständlich ohne Ferienmaloche aufgewachsen. Alle Lehrer mochten ihn und schrieben auf seine Folie „Genie".

Nach dem letzten Einsatz des Schulchores kam die „Siegertreppchennummer", ohne die eine derartige Feier in jenen Zeiten nicht vollständig gewesen wäre: die jeweils „Besten" aus den drei Abschlussklassen A, B und C wurden ausgezeichnet. Sie wurden nacheinander nach vorne auf die Bühne gebeten, hatten eine Lobrede über sich ergehen zu lassen und bekamen ein Buch überreicht.

***

Dieses Ritual empfand ich stets als ungerecht und unangebracht. Später in meinem Leben – als Lehrender – musste ich es bedauerlicherweise noch oft miterleben. Alle hatten sich doch Mühe gegeben – jeder auf seine Art, jeder nach seinem Vermögen, jeder unter seinen Bedingungen, mit seinen spezifischen Vorteilen oder Handicaps – alle hatten doch gekämpft – warum also dieser dumme, nicht tot zu kriegende Kult um die vermeintlich „Besten", die „Exzellenten", die „Elite"?

Es ist – so denke ich – ein tief in den Menschen unserer Kultur verankertes Bedürfnis. Es ist das Bedürfnis des biederen, bürgerlichen Spießers, in irgendeiner Form „geadelt" und damit etwas „Edles" zu werden. Da ihm niemand mehr einen Adelstitel gibt, strebt er danach, zum „Geistesadel" oder „Geldadel" oder sonst irgendeinem „Adel" zu gehören, zur „gesellschaftlichen

Elite" eben. Er strebt nach „Exzellenz", wie das heute genannt wird, und zahlreiche Rituale erfüllen sein Bedürfnis.

Dahinter steht ein tief verwurzeltes, allumfassendes, unauslöschbares Minderwertigkeitsgefühl. Es ist niemand mehr da, der den ehrgeizigen Biedermann für alle sichtbar in den Adelsstand erhebt. Die Siegertreppchen, die Elogen zu den runden Geburtstagen und die Bundesverdienstkreuze sind nur ein schwacher Ersatz dafür, dass bei uns keine „Sirs", „Dames" und keine „Lords" und „Ladies" mehr zu vergeben sind …

In der Aufbruchszeit der späten Sechziger und vor allem in den Siebzigern wurde versucht, neben vielem anderen überkommenen Mist auch den Siegertreppchenklimbim auf der Mülldeponie der Geschichte zu entsorgen. Das war ein lächerliches Unterfangen und klappte natürlich nicht.

Denn man müsste ja das Ego abschaffen, das arme, verletzliche Ego, das immer danach lechzt, sich dick und fett zu machen, das danach lechzt, bewundert zu werden und selber die „Großen" und überhaupt „Größe" bewundert. Der Hungergeist des Egos wird nie satt werden. Die Siegertreppchen werden immer wieder und zu allen Zeiten aufgebaut werden.

***

Natürlich erklomm als Erster der „Überflieger" aus der „Oberprima A" das Siegerpodest, unser eloquenter Schulsprecher, der gerade eben noch seine letzte Rede gehalten hatte. Er wurde ausführlich gelobt und nahm sein Buch in Empfang.

Der Sieger aus der „Oberprima B" war ein artiger, braver Streber, sehr fleißig und nicht sehr beliebt. Der typische Klassenprimus. Die Eloge fiel kurz aus.

Ich fragte mich während der Zeremonie „A" und „B", wen sie denn wohl aus der „Oberprima C", also aus meiner Klassengemeinschaft, auswählen würden, denn bei uns gab es keine „Stars". Wir waren freundliches, solidarisches, mittelprächtiges Mittelmaß. Keiner hatte den Ehrgeiz gehabt, *„im Wettkampf der Erste zu sein und vorzustreben den andern …"* Mein eigenes Zeugnis war solch mittelprächtiges Mittelmaß: einiges war traditionell „gut", dank „Butcher" im Französischen gar „sehr gut" geworden, einiges mäßig, einiges mies. Ich hatte all meinen Ehrgeiz im letzten Jahr fahren lassen, war noch einmal achselzuckend und „der Not gehorchend" in die Flaschenkeller hinabgetaucht und hatte die häuslichen Katastrophen auszuhalten gehabt. Ich hatte das ganze Jahr über nur einen Wunsch gehabt: einigermaßen heil davon zu kommen und die Schule und ganz Dortmund endlich hinter mir zu lassen.

So war ich reichlich konsterniert, als mein Name genannt und ich auf die Bühne gerufen wurde. Ich schaute meinen Vater überrascht an, zuckte mit den Schultern, ging nach vorne und erlebte eine kleine Überraschung. Denn in seiner Eloge würdigte der Herr Direktor meine „Gesamtleistung" auf der höheren Schule, die ich unter „unüblichen" Bedingungen erbracht hätte, mit „unüblichen Extraleistungen", was das Kollegium durchaus wahrgenommen und an mir geschätzt habe ...

Ich nahm mein Buch in Empfang – „Götter, Gräber und Gelehrte", der Bestseller der Saison – und dachte: sieh' mal an, sie haben also tatsächlich von meiner „Malocherzeit" Kenntnis genommen und meine „Extraleistung" gewürdigt.

Ich stieg das Bühnentreppchen herab und strebte wieder dem Mittelgang zu. In der ersten Reihe erhob sich einer der Lehrer und kam auf mich zugelaufen. Es war der männerkörperliebende Bauchtrommelträger, der mich in die Anfangsgründe des Französischen eingeführt hatte. Er war der „Französisch-Doyen" an unserer Schule. Er kam auf mich zu, schüttelte mir die Hand und hielt mir *coram publico* noch einmal eine kurze Lobrede, in der er vor allem meine „phantastischen" Leistungen im Fach „Französisch" herausstrich. Er wünschte mir alles Gute für mein weiteres Leben. Ich lachte ihn laut und fröhlich an und bedankte mich. Ich musste lachen, denn ich wusste zweierlei: Erstens, das war keine Lobrede, sondern eine Eigenlobrede. Zweitens: sie war nicht an mich gerichtet, sondern sollte „Butcher" treffen.

Ich war noch ein letztes Mal, für einen kurzen Moment nur, zur Figur in jenem „Geheimtext" geworden, den ich nur unvoll-

kommen entschlüsselt hatte. Ich schaute mich kurz zu „Butcher"
um, der ebenfalls bei den Lehrern vorne saß. Ich grinste ihn an.
Er grinste zurück und winkte mir freundlich zu.

***

Mein Vater war glücklich und ich gönnte ihm seinen kleinen Triumph, einen der „Siegertreppchenstars" zum Sohne zu haben.
In seinem Leben hatte es wenig „Erhebendes" gegeben und er
verstand sich nicht so recht auf die Kunst, sein Leben aus eigener Kraft ein wenig glücklicher zu gestalten. Tatsächlich gab es
nämlich immer wieder Glücksmomente auch in meiner Familie, die sich in allem so schwer tat: fröhliche Ereignisse, Stunden der Freude, sonnige Tage im Garten, kleine Feste und Aus-
gelassenheit. Er aber nahm nur selten teil. Er war einfach zu
selten zuhause, um das Schöne genießen zu können, das dann
und wann die Schwere unseres Alltags unterbrach.

Schon am Tage meiner Abschlussprüfung, nach meinem „letzten Tango" mit „Butcher", hatte er darauf bestanden, sich mit
mir in der Stadt zu treffen. Er wollte mich partout zum Essen
einladen und als wir schließlich im Restaurant saßen und mit
einem frisch gezapften Pils auf meinen Erfolg angestoßen hatten, kam es zu einem Erlebnis, das mich zugleich sehr anrührte
und auch ein wenig traurig machte. Es verriet mir viel über ihn.

Er fasste in die rechte Außentasche seines Jacketts und holte ein flaches Pappschächtelchen heraus, das er vor mich hin-
legte. Ich öffnete es. Da lag auf einem dunkelblauen Samtpols-
ter eine Armbanduhr, flach, goldenes Gehäuse, viele „Steine",
braunes Lederarmband. Nicht eben billig.

Sein Geschenk rührte mich auf eine seltsam zwiespältige Art.
Er liebte die „große Geste", das wusste ich. Oft hatte ich erlebt,
wie er an seinen Stammtischen großspurig eine „Lage" schmiss,
was mich jedes Mal zusammenzucken ließ, wenn ich nachrechnete, wie viel Geld nun in der Haushaltskasse meiner Mutter fehlen
würde. Mit solchen Gesten buhlte er um die Anerkennung seiner
Stammtischbrüder. Er wollte einer der ihren sein, „gleichwertig",

obgleich er es sich eigentlich gar nicht leisten konnte, mit ihnen mitzuhalten: sie waren durchweg besser gestellt als er. Das wussten seine Kumpel manchmal auch und nahmen seine „Lage" oft nur zögerlich und verhalten an. Auch ich nahm sein Geschenk etwas verhalten an, denn ich wusste, dass er die Uhr auf Kredit gekauft hatte, und es wurmte mich, dass er mir sein Geschenk nicht zusammen mit seiner Frau überreichte.

Doch ich spürte, als ich die Uhr in der Hand hielt: er wollte mir seine Anerkennung zeigen und sehnte sich selbst so sehr nach Anerkennung. Anerkennung als Vater, Anerkennung gerade auch durch mich – denn wir waren in den letzten Jahren oft aneinander geraten und uns ein wenig fremd geworden.

Er selbst war nach der Unterprima vom Gymnasium abgegangen und hatte sein Elternhaus verlassen. Auch wenn er nie darüber sprach, so ahnte ich es damals schon: er war vor seinem gewalttätigen, jähzornigen, unberechenbaren Vater geflohen, jenem Mann, der mich sadistisch verprügelt hatte, als ich vier Jahre alt war. Dieser Mann war Handwerksmeister, mein Vater wurde Bankangestellter, „kaufmännischer Angestellter", ich war nun der Erste in seiner Familie mit Abitur, dem Eingangstor in die akademischen Gefilde. Und das, so vermutete ich, erfüllte ihn mit Stolz.

In der Familie meiner Mutter sah das anders aus: ihre weitläufige Verwandtschaft, die in Berlin, Weimar, Jena, Leipzig, in Windhuk und Mexiko beheimatet war, gehörte der „gebildeten Schicht" an – mit den entsprechenden Berufen und Einkommen. Sie war vermutlich stolz, dass ich trotz aller Benachteiligungen mit viel eigener Power die Norm ihrer Familie erreicht und so gewissermaßen den „Schichtwechsel" geschafft hatte.

Ich band mir die Uhr um mein linkes Handgelenk und habe sie dort getragen, bis sie nach Jahren schließlich für immer stehen blieb und ich sie irgendwo in meinem Schreibtisch musealisierte. Ich selber hätte mir damals lieber eine robuste Uhr mit vernickeltem Stahlgehäuse gekauft, die Modearmbanduhr der frühen Sechziger.

Ich stand auf, ging um den Tisch herum, nahm den Kopf meines Vaters in beide Hände und gab ihm einen Kuss auf die Stirn. Er strahlte.

8

Der Pauker

Bei Kriegserzählern wie „tyske soldat" oder „Kolonne M." war leicht zu erkennen, was sie im *Land Davor* zu tun hatten. Sie waren an die Front gehetzt worden, hatten überlebt, hatten gelitten, waren beschädigt, und in ihren zwanghaften Erzählungen verarbeiteten sie ihr Trauma. Bei Menschen wie „NPS" war die Sache eh klar: sie waren überzeugte Nazis von Anfang an und blieben es demonstrativ im *Land Danach*.

Mir war schon früh klar: die eigentlichen Macher und Täter des Horrors, diejenigen, die „Blut an den Händen" hatten, hielten sich wohlweislich bedeckt im *Land Danach*. „Unsichtbar" geworden, gingen sie brav ihrem Beruf nach, machten Karriere und bauten sich ihr Häuschen mit Garten. Sie hatten ihre Ekstase gehabt und waren in die Normalität zurückgeplumpst. Ich wusste, dass sie da waren, gleich neben mir oder vor meiner Nase. Sie hatten ihre „zivilen" Fassaden aufgebaut, durch die allerdings das *Land Davor* hindurch schimmerte.

In der Etappe

Mein Gefühl und meine Haltung gegenüber jenem Lehrer, der mich sieben Jahre meines Lebens „beschulte" und den wir „Butcher" nannten – „Schlächter" in der gröbsten Übersetzung – blieben bis zum Schluss ambivalent und uneindeutig.

Bis heute habe ich das Bild nicht vergessen, wie er in rasender Wut und voller Hass auf einen zwölfjährigen Mitschüler einprügelt, der sich mit seinem gebrochenen, eingegipsten Unterarm gegen seine Faust- und Handkantenschläge zu schützen versucht. Solche Exzesse völlig unempathischer, sadistischer Grausamkeiten sah ich schon früh als genuine Nazi-Phänomene an, als ein übles Erbe der unmittelbaren Vergangenheit. Ohne dass ich viel über ihn wusste, ordnete ich ihn nach diesem Gewaltexzess der Fraktion der „Macher- und Täter-Nazis" zu. Die Verachtung für ihn war nach jenem Vorfall jedenfalls nicht mehr zu löschen.

Er saß viele Jahre vor meiner Nase und erzählte nichts von „damals", nichts von „seinem" Krieg, nichts von seinem Leben im Nazi-Reich. Er schwieg. Erst in meinem letzten Schuljahr wurde mir klar, dass er den Krieg in der „Etappe" verbracht hatte. Er hatte es sich hinter der Front bequem gemacht – und das passte auch gut zu seinem Naturell. Als Besatzer in Paris war er mit Sicherheit an Verbrechen beteiligt gewesen, daran hatte ich schon als Schüler keinen Zweifel. Allerdings: was die Deutschen im besetzten Frankreich alles so getrieben hatten, darüber wusste ich als Schüler nichts und darüber wurde natürlich im Geschichtsunterricht auch nichts, rein gar nichts, erzählt.

Diese Wissenslücke lässt sich nun aber recht einfach schließen. Heute, da ich in Muße in meinen Erinnerungen herumstöbere, fällt es mir leicht, „Butchers" Tun und Treiben während seiner Pariser Zeit ziemlich präzise nachzuzeichnen. In diesem Prozess wurde mir auch klar, warum ihn seine Lehrerkollegen schnitten und mit kritischer Reserve betrachteten. Sie wussten mit Sicherheit damals schon mehr über seine Vergangenheit als ich.

Die Wissenslücke

Die deutsche Besetzung Frankreichs dauerte mehr als vier Jahre, vom 22. Juni 1940 (Waffenstillstand von Compiègne) bis zum 24. August 1944 (Befreiung von Paris). „Butcher" erlebte diese Zeit in der ersten Hälfte seiner Dreißiger, mithin in einer sehr aktiven, intensi-

ven und vitalen Lebensphase, in der auch sein Sohn, mein gleichaltriger Mitschüler, gezeugt und geboren wurde. Er hatte Romanistik und Französisch studiert, sprach fließend Französisch, war an der französischen Kultur interessiert und war daher bestens qualifiziert für seinen Job in Paris.

Wie er seinen Job machte und welche Farbe seine Uniform hatte – das Grau der Wehrmacht oder das Schwarz der SS – das weiß ich natürlich nicht. Betätigungsfelder für ihn und seinesgleichen waren die Militärverwaltung, die Sicherheitspolizei, der SD, die Gestapo ...

Die Aktivitäten der deutschen Besatzungsmacht lassen sich grob wie folgt klassifizieren:

Erstens: Plünderung

Rohstoffe, Industriegüter und landwirtschaftliche Produkte wurden einkassiert und ins „Reich" abgeführt. Es kam zu einer verheerenden Nahrungsmittelknappheit unter der französischen Bevölkerung, zu Rationierungen, Lebensmittelmarken, Hungerkatastrophen ... Die Staatskasse wurde geplündert: 400 Millionen Franc waren täglich an die deutsche Besatzungsmacht abzuführen, mit verheerenden Folgen für die öffentlichen Dienste ...

Zweitens: Rekrutierung von Zwangsarbeitern

Sowohl in der von den Deutschen besetzten Nordzone, wie auch in der „freien" Südzone (Vichy-Regime) wurden Menschen zwangsrekrutiert, die in der deutschen Rüstungsproduktion zu schuften hatten – nicht nur im „Reich" als Fremdarbeiter, sondern auch in den Industriebetrieben der besetzten Zone, die in die deutsche Rüstungsproduktion eingegliedert worden waren ...

Drittens: Deportation von Widerständlern

Nach dem „Nacht-und-Nebel-Erlass" von 1941 wurden Widerständler und Verdächtige aufgespürt und zu Tausenden ins Reich verschleppt – wo sie „verschwanden" ...

Viertens: Deportation von Juden in die Vernichtungslager

Schon im ersten Jahr der Besatzung wurde eine Volkszählung in Paris durchgeführt mit dem Ziel, die Zahl der Juden in der Stadt festzustellen (150 000). Die ersten Opfer der Deportationen in das Vernichtungslager Auschwitz-Birkenau waren „ausländische" Juden, Juden, die vor der deutschen Mordmaschine aus Osteuropa nach Frankreich geflohen waren, um sich in Sicherheit zu bringen. Von einem schlimmen Ereignis wird „Butcher" wie jeder, der in Paris lebte, gewusst haben – wenn er nicht gar beteiligt war:

*Am 16. und 17. Juli 1942 nahm die **französische** Polizei bei einer groß angelegten Razzia 13 000 „ausländische" Juden fest, die unter barbarischen Bedingungen in einem Radsportstadion zusammengepfercht wurden, bevor sie in die polnischen Vernichtungslager verschleppt wurden („Rafle du Vélodrome d'Hiver") – unter ihnen 4000 Kinder. Die „collaboration" der französischen Polizei, der Pariser Verwaltung, der Regionalverwaltungen und des Vichy-Regimes mit der Nazi-Besatzung, der vorauseilende Gehorsam der französischen Behörden beim Aufstöbern und Ausmerzen von Juden, ihre Mitwirkung bei der „Arisierung" jüdischen Besitzes waren ein Tabu-Thema in Frankreich – und natürlich auch im Adenauerstaat, nachdem die Fahne der deutsch-französischen Freundschaft hochgezogen worden war …*

„Butcher" – das wurde mir klar – hat von allen Aktionen der Besetzer gewusst, mehr noch: da er vermutlich zu den 1200 deutschen „Fachkräften" gehörte, die all das planten, organisierten und schließlich exekutierten, hat er mitgeplant, mitorganisiert und mitexekutiert, an welcher Stelle auch immer. Das war sein Job in jener Zeit. Und wenn ich bedenke, wie wenig er seine Wut und seinen Hass unter Kontrolle hatte, wenn sein Herrenmenschen-Ego gekränkt war, dann kann ich mir vorstellen, dass er womöglich gar eine ziemlich üble Rolle während der „occupation" gespielt hat …

Verachtung

„Verachtung" habe ich immer als ein reines, klares, kaltes Gefühl empfunden, das sich nach außen hin gar nicht zeigt wie die „heißen" Gefühle Wut oder Hass, Abscheu oder Ekel. Verachtung habe ich stets Menschen gegenüber empfunden, die ihre Machtposition nutzen, um in widerwärtigen Gewaltakten gegen Schwächere, Hilflose vorzugehen, gegen Menschen, die sich entweder nicht wehren können oder die sich nicht wehren dürfen. Es ist die Verachtung für den entkernten faschistischen Mann, der unfähig ist, Empathie für andere Lebewesen zu empfinden, der zuschlägt und tötet.

„Verachtung" ist in jeder Situation und in jeder Begegnung mit der verachteten Person gegenwärtig – als tiefer, unterirdischer Strom der Abwehr und Abneigung, der seine Wirkung entfaltet. Die Verachtung, die ich im Laufe meines Lebens auch noch einigen anderen Menschen gegenüber empfunden habe, machte mich allerdings nicht blind. Ich sah zwar das klaffende Loch bei diesen Menschen, ihre Kaputtheit, ihre Krankheit, das Üble in ihren Worten und Taten – wie etwa die über alle Grenzen hinaus schießende Wut und Raserei dieses „Butcher" – doch ich konnte immer auch noch die anderen – sagen wir: „angenehmeren" – Seiten erkennen: ein echtes Bemühen etwa, den persönlichen Witz, das Können, die Durchsetzungsfähigkeit, das Engagement ... und was sonst noch alles eine Person ausmacht. Meine Verachtung reduzierte sie nicht auf das *eine* schlimme Bild. Genauso erging es mir mit „Butcher".

Mit Schüleraugen

Nur wenige meiner Mitschüler interessierten sich überhaupt für das Nazi-Vorleben unserer Lehrer und der anderen Erwachsenen um sie herum – und kaum einer, das spürte ich, dachte so intensiv darüber nach wie ich. So war ich vermutlich der Einzige, der „Butchers" Vorleben schon als Schüler zu rekonstruieren versuchte. Er hatte mich selber auf die Spur gesetzt in dem seltsamen Spiel, das er mit mir spielte, und meine Mutmaßungen über sein Vorleben waren nicht dazu angetan, in mir Sympathie für diesen Lehrer entstehen zu lassen und die Verachtung auszulöschen. Aber letztlich musste ich ihn als meinen Lehrer akzeptieren und ihn so annehmen, wie er sich nun mal gerierte.

***

Na schön: sein Unterricht war nicht gerade brillant, nein, eher langweilig und graustichig – zu wenig Spaß, zu viel Druck.

Doch der „letzte Tango", die Abschlussprüfung, in der er mich vorführte, machte viele Frustrationen wieder wett. Er gab mir Gelegenheit, als allerletzten Akt meiner Schulzeit auf einer Kleinkunstbühne eine kleine Schau hinzulegen und Theater zu spielen, so, wie er es uns beigebracht hatte. Er zwang mich, alle Scheu und Schüchternheit abzuwerfen, zu rasen und zu toben und voll aus mir heraus zu gehen. Das empfand ich später als ein großes Geschenk.

Meine mündliche „Reifeprüfung" hätte ja auch ganz anders aussehen können. Mit etwas Pech hätte ich mit einem hässlichen mathematischen Problem an einer hässlichen Wandtafel gestanden, hätte hässliche Transformationen durchgeführt vor einer Horde graustichiger Mathematiklehrer, die mir zuguckt und den Kopf geschüttelt hätten ob meiner erbärmlichen Darbietung ihrer erbärmlichen Kunst. Wie eine Fliege am Leim des Fliegenfängers wäre ich zappelnd verendet.

Mit seinem Wunsch, mich zu seinem „Star" zu machen, hat „Butcher" mir dieses traurige Schicksal erspart.

***

Und nicht nur das: er bereitete mich vor, er schenkte mir etwas für mein damals noch fernes Berufsleben. Später stand ich auf hunderten solch kleiner Bühnen – wie einstmals in der Prüfung –

vor meinem Publikum und die Schau gelang mir immer dann am besten, wenn ich „alles" hineinwarf: meinen Körper in seinen Bewegungen, meine Gestik, meine Mimik, meinen Witz und all mein Wissen, meine Sprache ... einfach alles, was ich so aufzubieten hatte, und alles möglichst enthemmt. Wenn mir das gelang, dann war ich zufrieden ... und mein Publikum auch.

So tanzte ich zuweilen meinen ganz persönlichen „Monolog" um nicht zum Langweiler zu werden. „Mach es intensiv, dann gönnst du dir selbst was Gutes und schleichst nicht mit einem Unbehagen davon. Mach deine Schau!" Diesen Erkenntniskick verdanke ich „Butcher", dem Pauker.

***

Er wollte von mir eine richtige „Schau" – und ich bot sie ihm:

Molières berühmter „Monologue", der wahrscheinlich zum Pflichtprogramm einer jeden französischen Schauspielschule gehört und an dem sich immer wieder die Großen des französischen Theaters und Films versuchen, enthält eine schauspielerische Kniffligkeit, für die ich in meinen Vorbereitungen vor dem großen Spiegel im Elternschlafzimmer keine befriedigende Lösung fand. Der tobende und geifernde Protagonist sagt irgendwann erschöpft: „... ich kann nicht mehr ... ich sterbe ... ich bin tot ... ich bin begraben ..." Wie stellt man eine solche Bühnenklamotte in einer deutschen Abi-Prüfung dar? In meinen Vorbereitungen nahm ich mir vor, bei dieser Sequenz immer mehr in mich zusammen zu sacken, die Augen zu schließen und dann eine Weile still zu verharren: tot, begraben. Das kam mir zwar lahm und langweilig vor, aber ich fand keine bessere Lösung.

Erst in der Prüfung selbst fand ich sie.

Hinter mir war eine weiße Wand. Ich tanzte und tobte mich in der ersten Passage des Monologs an diese Wand heran, lehnte mich erschöpft an und schwieg erst einmal eine ganze Weile. Es herrschte eine angespannte, fast unangenehme Stille im Prüfungsraum. Heute denke ich amüsiert: manch einer meiner

Zuschauer wird in dieser Grabesstille angenommen haben, ich hätte den Faden verloren – totaler Blackout: der arme Kerl hat sich übernommen …

Aber die Schau ging natürlich weiter.

Ich hauchte erschöpft: „je n'en puis plus" – und sackte wie ein schlaffer Sack an der Wand herunter – „je me meurs" – ich sackte noch mehr in die Tiefe, so dass sich mein Jackett hinter meinen Ohren hoch schob und meine Krawatte verrutschte – „je suis mort" – ich sackte noch weiter ab und sah jetzt wohl aus wie ein betrunkener Straßenpenner, der nicht mehr laufen kann – „je suis enterré" – tiefer ging's nimmer, fast lag ich am Boden, erledigt …

Die Schau war gelungen.

Es war halt mein allerletzter Akt an dieser Schule und in den Situationen, in denen ich genau wusste: jetzt ist Schluss oder jetzt mache ich Schluss, konnte ich voll aufdrehen und all die Schüchternheit und Schamhaftigkeit verlieren, die mich normalerweise plagten. Diese befreiende Enthemmung vor einem Publikum erlebte ich damals zum ersten Mal.

***

Wenn ich es recht bedenke, so sind einige der interessantesten und aufschlussreichsten Erinnerungen an meinen Schichtunterricht in der Ruinenstadt Dortmund Szenen, in denen der Pauker eine Rolle spielte.

Einmal wäre ich fast zum Opfer eines seiner gefürchteten Wutanfälle geworden. In jener bedrohlichen Szene gelang es mir allerdings, seine Wut erst abzudämmen, dann regelrecht zu erwürgen und seine Raserei gar nicht erst hochkommen zu lassen.

Irgendwann in der Mittelstufe, in der Zeit des „Tingelns" mit Kumpel Schröder, fehlte „Butcher" längere Zeit. Er war krank und wir hatten Vertretungsunterricht beim „Star" unter den Englischlehrern, einem fröhlichen, munteren Menschen, um einiges jünger als „Butcher". Der sprach mit uns nur Englisch, der verwickelte uns in Diskussionen auf Englisch, der sprach selbst ein wohl moduliertes, in meinen Ohren „echt" klingendes, „schönes" Englisch. Ich war begeistert.

Als „Butcher" genesen war und seinen Platz wieder einnahm, machte ich auf dem Heimweg meinem Freund Schröder gegenüber meinem Herzen Luft, indem ich „Butchers" Unterrichtsgrau gnadenlos mit dem verglich, was gerade hinter uns lag.

Ich hatte nicht aufgepasst.

Vor uns ging ein Pulk Jungen aus der Parallelklasse und einer von ihnen drehte sich plötzlich ruckartig zu mir um. Ich sah ein empörtes Gesicht, das sich zu einem gehässigen Grinsen verzog: „Butchers" Sohn.

Mir wurde sehr unwohl, denn ich sah an seiner Reaktion, er würde mich „verpetzen" und meinen boshaften Kommentar brühwarm seinem Vater auftischen. Ich erwartete mit großem Unbehagen die nächste Englischstunde, denn „Butcher" war bekannt für seine hemmungslosen Tobsuchtsanfälle.

Als es schließlich so weit war, kam er ohne Umschweife zur Sache. Es war ihm nicht gegeben, seine Wut zu kaschieren und einigermaßen die Form zu wahren. Ich sah den Hass in seinem Gesicht, die Wut in seinem feisten Körper, als er in den Klassenraum stürmte, und wusste, dass er die Bombe in seinem Bauch zur Explosion bringen wollte.

Er pflanzte seinen fetten Körper auf den Stuhl hinter seinem Lehrertisch. Das tat er meistens, denn er gestaltete seinen Unterricht am liebsten im Sitzen. Er belferte meinen Namen und rief mich nach vorne, neben sich, neben sein Cockpit.

„Komm her und bring dein Englischbuch mit!"

Ich ahnte, was er vorhatte. Er würde mich einen unbekannten Text lesen lassen und jeden Patzer oder Stolperer zum Anlass nehmen, mich voller Wut zur Sau zu machen, um mich am Schluss mit der denkbar schlechtesten Note zu bestrafen.

„Lektion sechzehn. Vorlesen!"

In der Tat: eine Lektion, die wir noch nicht „durchgenommen" hatten, ein für mich unbekannter Text also, wie er vermutlich dachte. Jetzt bequemte er sich sogar zu einer Erklärung seines seltsamen Unterrichtsbeginns: wenn man sechs Jahre Englischunterricht genossen habe, sollte man jederzeit imstande sein, einen unbekannten Text fehlerfrei und ohne Makel vorzulesen. Er würde das jetzt überprüfen und gegebenenfalls mit uns üben. Innerlich lachte ich auf. Ich grinste spöttisch meinen Kumpel Schröder an, der als Einziger wusste, was hier eigentlich gespielt wurde, und begann den Text vorzulesen ...

**

Seit geraumer Zeit hatte ich mir selbst „Nachhilfeunterricht" in Englisch verordnet. Ich hatte damit begonnen, mir selbst „Privatunterricht" zu erteilen, weil mir „Butchers" monotones, westfälisch klingendes Knödelenglisch zuwider war. Das war die Zeit, in der ich BFBS hörte, um meinen „Sound" zu verbessern. An den Wochenenden hörte ich immer mal wieder die „BBC World News", dazu politische Kommentare und dergleichen, gesprochen von Frauen- und Männerstimmen. Unmittelbar nach einer solchen „Lektion" setzte ich mich an meinen Arbeitsplatz mit der schönen Aussicht auf unseren Garten und auf die Schlackenhalde der Dortmund-Hörder-Hüttenunion. Dort übte ich nun den anderen Klang eines „schöneren" Englisch und, da ich kein anderes Lesematerial zur Hand hatte, las ich schließlich sämtliche Texte meines Englischlehrbuchs: laut, wohl moduliert, BBC-Voice ...

**

Nun stand ich also da vorne neben „Butcher" und las Lektion sechzehn: laut, wohl moduliert, BBC-Voice. Der Text enthielt Passagen mit Dialogen, wörtlicher Rede also, und ich erlaubte mir den Scherz, jenen albernen und exaltierten Sprachduktus nachzuäffen, den manche der BBC-Sprecherinnen und -Sprecher so „drauf" hatten und den ich mir aus Jux angeeignet hatte: „Queen's-English" vom Feinsten also ...

Den ganzen Text las ich fehlerfrei, makellos, perfekt und vor allem: wohl moduliert. Ich gab ihm keinen Vorwand einzugreifen und seine Wutbombe zur Explosion zu bringen. Als ich fertig war, schaute ich nach rechts zu ihm hin und musste an mich halten, um meinen Spott nicht zu zeigen.

Es war klar: ich hatte seine Wut vollständig erstickt. Sie hing ihm allerdings noch so deutlich im Gesicht und im Hals, dass es mir vorkam, als hätte ich ihm einen giftigen Seeigel in den Rachen geschoben. Er wirkte maßlos verblüfft und hilflos, erstickt im heißen Brei seiner Wut. Ich wartete amüsiert auf seinen Kommentar, auf das „Urteil" gewissermaßen. Er kritzelte stumm irgendetwas in sein „Notenbuch", das immer aufgeschlagen vor ihm lag, und sagte dann jenen Satz, der mir damals – in jener angespannten Situation – völlig unangemessen vorkam. Mit diesem Satz offenbarte er mir seine Hilflosigkeit, nachdem seine Wutbombe zum „Bauchkrepierer" geworden war. Er sagte:

„Na ja, es geht doch, wenn man sich Mühe gibt!"

Ich grinste breit, als ich an meinen Platz zurückging. Ja, was sollte das denn?

Nun gut: der Satz ist im Deutschen nichts anderes als eine lahme, dumme Redensart, wenn einem sonst nichts mehr einfällt. Später dann – beim „Tingeln" – witzelten Schröder und ich über seinen Kommentar:

„Vielleicht ist der Satz ja so zu verstehen: ,Na ja, es geht doch auch trotz eines miserablen Lehrers, wenn man die Sache selber in die Hand nimmt' ..."

Aber wir waren uns einig: diese Deutung wäre zu „sophisticated" und zu selbstkritisch gewesen. Beides passte absolut nicht zu „Butcher".

**

Wenn er seinen Willen durchsetzen wollte, ging er meist sehr direkt und plump vor. Seine Manipulationstechnik war nicht subtil-hintergründig, nicht raffiniert, sondern basierte auf Druck, Befehl und direkter Anmache. Das war zweifellos der Unterrichtsstil aus dem *Land Davor*. Er hatte immer Erfolg und setzte seinen Willen grundsätzlich durch. Auf diese Weise gelang ihm etwas überaus Erstaunliches: er brachte sogar meinen Vater dazu, sich wenigstens ein einziges Mal für das Schulleben seines Sohnes zu interessieren. Genauer: der „Pauker" verdonnerte meinen Vater dazu, an einem „Elternsprechtag" teilzunehmen, und er benutzte mich als Medium seiner Botschaft.

Es war zu Beginn des letzten Schuljahres, das mit dem Abitur enden würde. Auf dem Elternsprechtag sollten unsere Eltern die Gelegenheit nutzen, sich bei den Lehrern über den „Stand" ihrer Söhne, deren Stärken und Schwächen, zu informieren.

„Das ist ein sehr wichtiger Sprechtag – so kurz vor dem Abitur", referierte „Butcher", „Ihre Eltern wollen ja schließlich wissen, wie es um Sie steht. Sie können dann noch da eingreifen, wo es nötig ist ..." und so weiter, und so weiter ... Es folgten die üblichen Sprüche, die er vor einem Elternsprechtag zu machen pflegte.

Plötzlich änderte sich sein Ton, er wurde zänkisch und aggressiv.

„Es ärgert mich, dass ich bestimmte Eltern noch nie hier in der Schule erlebt habe. Ich unterrichte nun schon so viele Jahre in dieser Klasse und bestimmte Eltern habe ich noch nie gesehen! Haben die denn gar kein Interesse an ihren Kindern? Haben die kein Interesse daran, was wir Lehrer hier so treiben? Sind die völlig desinteressiert am Wohl und Wehe ihres Sohnes?"

Während seines verärgerten Ausfalls schaute er ausschließlich mich an. Er hackte so lange auf diesem Topos herum, bis schließlich alle meine Mitschüler merkten, wen er auf der Schippe hatte. Sie grinsten mich amüsiert an und fingen an zu kichern. Die ganze Szene wurde mir peinlich – und genau das war wohl auch seine Absicht.

„Eine solche Haltung, ein solches Desinteresse ist mir unbegreiflich", beendete er schließlich seine Schimpfkanonade.

Nun gut. Mit den Elternsprechtagen hatte ich es bisher so gehalten: meist erzählte ich gar nicht erst, dass und wann sie stattfanden. Meine Mutter würde ihre „Menschenscheu" vorschützen und nicht hingehen, das wusste ich. Sie kam von ihrem „Barackentrauma" nicht mehr los und verkroch sich am liebsten immer noch vor der Welt. Meinen Vater informierte ich ebenfalls nicht, weil ich seit langem in mir spürte, dass er in einer anderen Welt lebte, abseits seiner Familie – und dass ihn das schulische Leben seiner Kinder eher wenig interessierte. Außerdem: ich hatte nie ernsthafte Probleme auf der „Höheren Schule" und hielt es daher für völlig überflüssig, dass meine Eltern den Elternsprechtag wahrnahmen.

Diesmal allerdings nahm ich mir meinen Vater vor.

Ich rieb ihm Wort für Wort unter die Nase, was „Butcher" von sich gegeben hatte. Zu meiner Überraschung stellte ich fest, dass mein Vater regelrecht betroffen war. Er wurde sehr ernst, er wirkte zerknirscht. Ja, es sah so aus, als nehme er zum ersten Mal sein eigenes Desinteresse bewusst wahr. Er hatte sichtlich ein schlechtes Gewissen. Ich denke, „Butchers" verärgertes Gemecker machte ihm klar, wie weit er sich von seiner Familie entfernt hatte und wie wenig ihn das Leben seiner Kinder berührte: es lief ja alles irgendwie und er musste sich nicht kümmern, er musste nicht eingreifen, nicht aktiv werden. Am Ende unseres Gespräches versprach er mir, diesmal am Elternsprechtag in der Schule zu sein und sich über das „Wohl und Wehe" seines Sohnes zu informieren.

„Du brauchst nur *Butcher* zu besuchen: der kann dir alles über mich sagen. Donnerstag, ab drei Uhr nachmittags. Du kannst dir zwei Stunden frei nehmen. Elternsprechtag ist nämlich eine *sehr, sehr* wichtige Sache", witzelte ich, „da geht man als Vater selbstverständlich hin. Versteht jeder Chef, auch deiner, versteht sich!"

Er schmunzelte amüsiert.

„Noch eins", sagte ich, „kein Bierchen vorher. Ich möchte nicht, dass du *Butcher* mit einer Bierfahne gegenüber sitzt."

Er grinste mich an: „Abgemacht!"

∗∗∗

Erst am Freitagnachmittag hatte ich Gelegenheit von meinem Vater zu erfahren, wie denn sein Gespräch mit „Butcher" gelaufen war. Wir saßen im „Haus am Markt", eine seiner Lieblingskneipen in unserem Stadtteil Brackel. Es war sehr still um uns herum, ein sonniger Spätnachmittag. Wir waren die einzigen Gäste. Das Spülwasser gluckerte am Tresen, der Wirt putzte die Gläser, während er unsere Biere zapfte. Diese erste stille Kneipenstunde mit meinem Vater mochte ich sehr. Er war dann ganz entspannt, er erholte sich sichtlich von seiner Arbeit, und wir hatten interessante und angenehme Gespräche. Bei solchen Gelegenheiten sah ich einen anderen Menschen in ihm. Es machte Spaß, mit ihm über die politischen Geschehnisse und Großereignisse zu diskutieren, die der „Kalte Krieg" am laufenden Band produzierte und ich hörte ihm gern zu, wenn der Schelm aus ihm heraussprang, der witzige Döntjeserzähler von der Weser, den ich sehr mochte.

Diesmal hatte er sein Thema und fing ohne Umschweife an zu schwärmen:

Was ich doch da für einen großartigen, ja, phantastischen Lehrer hätte. Klug, menschlich, voller Verständnis für seine Jungs, voller Einfühlung. Der hätte mich über den grünen Klee gelobt, ja, der hätte gar nicht aufhören können, meine Leistungen und überhaupt meine ganze „Art" zu loben. Er sei voller Bewunderung auf dem Punkt herumgeritten, dass ich die großen Ferien in den Fabriken verbringe und dennoch zur „Spitzengruppe" seiner Truppe gehöre ...

Ich war überrascht.

Ich hatte nie mit einem meiner Lehrer und nur selten mit einem meiner Mitschüler über meine Ferienmaloche geredet. Dass „Butcher" so ausführlich auf diesem Punkt herumgeritten war, zeigte mir, dass im Biotop „Schule" nichts verborgen blieb und dass ich wegen meiner Ferienmaloche bei einigen Lehrern offenbar einen „Sonderstatus" hatte. Die Ferienmaloche war mein „Alleinstellungsmerkmal", denn keiner meines Jahrgangs ging Jahr für Jahr in den langen Sommerferien arbeiten.

In ihrem Gespräch hätten sie sich dann weiterhin darüber Gedanken gemacht, was einmal aus mir werden könnte, berichtete mein Vater. Sie hätten viel geblödelt und gelacht bei diesem Thema und „Butcher" hätte sich ernsthaft vorgestellt, dass ich einstmals beispielsweise „Bürgermeister einer kleinen Stadt" sein könnte. Das würde zu mir passen …

Bürgermeister einer Kleinstadt, o je! Ich lachte laut auf und war zugleich fassungslos. Mit einer derartigen Eloge hatte ich überhaupt nicht gerechnet. Es freute mich allerdings für meinen Vater, dass „Butcher" sich so verhalten hatte: er hatte ihn glücklich und stolz gemacht. Ich vermutete nach dem Bericht meines Vaters, dass „Butcher" aus „pädagogischen" Gründen übertrieben hatte, um ihm zu demonstrieren, wie schön es doch sein kann, sich Informationen über das schulische Wohlergehen seines Kindes einzuholen. Er hatte sich über sein Desinteresse geärgert und wollte ihm – und damit ja letztlich auch mir – eine Freude machen, indem er ihm seine positive Rückmeldung regelrecht ins Gehirn stampfte. So dachte ich damals. Das war vielleicht ein klein wenig naiv.

Immerhin, ihm war gelungen, was mir selbst nie so recht gelungen war: in meinem Vater ein tieferes Interesse für mein Leben, mein ganz normales Alltagsleben, zu erzeugen. Der „Pauker" brachte ihn dazu, überhaupt einmal wahrzunehmen und ernsthaft darüber nachzudenken, was ich da eigentlich tat, wenn ich als Schüler in die Fabriken oder auf die Baustellen ging und malochte. Mein Vater hat mich nie gefragt, warum ich das eigentlich tat. Ich habe ihm nie erzählt, wie schwer die Arbeit zuweilen war und wie müde ich manchmal in den Schulbetrieb zurückkehrte am Ende der langen Sommerferien. Für ihn lief ja alles glatt und problemlos ab und er brauchte sich nicht zu kümmern.

Inzwischen hatte der Wirt uns unsere Pilsner vor die Nase gesetzt. Ich ergriff mein Glas und prostete meinem Vater zu: „Tja, Alter. Das hättste dir ja schon öfter mal *gönne gönne*."

Er lachte ein wenig bedripst, ich lachte ebenfalls, nahm einen kräftigen Schluck und sagte:

„Gut, dass du hingegangen bist, denn mir hätte *Butcher* das alles niemals erzählt."

***

472

Später dann, als ich das seltsame Spiel halbwegs durchschaut hatte, das „Butcher" in meinem letzten Schuljahr mit mir spielte, um seine Rehabilitation als Französischlehrer zu bewerkstelligen, sah ich seine Lobrede in einem anderen Licht und ich sah ihre manipulative Absicht. Er hat mich auf meine Rolle in seinem Spiel eingestimmt, indem er mir per Elternsprechtag verklickerte, dass er große Stücke auf mich hielt und große Erwartungen in mich setzte. Und natürlich wollte ich ihn nicht enttäuschen, denn ich ging auf seine Geschichte ein und tanzte brav meinen „letzten Tango" in seiner Schau. Ich verschaffte ihm die Gelegenheit, über seine Kollegen zu triumphieren, die hinter seinem Rücken über ihn herzogen und ihn lächerlich machten.

„Butcher" hatte seine Tricks, das lernte ich, je länger ich ihn kannte. Und er setzte seinen Willen immer durch – so oder so …

***

Was mich am meisten an diesem Lehrer ärgerte, war seine breitärschige Bequemlichkeit. Die Art seiner Unterrichtsgestaltung empfand ich als behäbig, dickfellig und faul. Seine Didaktik war langweilig, aber auf eine raffinierte Art druckvoll. Immer lag da sein „Notenbuch" vor ihm, in dem er herumkritzelte, wenn jemand etwas Gutes oder Schlechtes von sich gegeben hatte. Offensichtlich kam es ihm vor allem auf diese unangenehme Paukergeste an. Bewertung und Benotung in Permanenz sollte sie wohl demonstrieren – und ich war mir nicht einmal sicher: schrieb er tatsächlich Ziffern auf oder malte er womöglich nur Strichmännchen in sein geheimnisvolles schwarzes Büchlein …

Er hatte nicht nur ein Faible für Theaterstücke von Shakespeare und Molière, er hatte auch ein Faible für englische und französische Lyrik. Wir hatten uns ein Poetry- und ein Poésie-Buch zuzulegen und er las und bimste mit uns Gedichte. In jedem Schulhalbjahr der letzten Jahre vor dem Abitur hatten wir irgendein Gedicht auswendig zu lernen und seine Methode, uns abzuhören, folgte immer dem gleichen Muster:

Jeder käme dran, jeder müsse vortragen, verkündete er gleich zu Beginn, keiner werde sich drücken können. Die letzten zehn Minuten seines Englisch- und Französischunterrichts machte er es sich dann in seinem Lehrersessel bequem, holte ein oder zwei Opfer zum Vortrag nach vorne, neben seinen Lehrertisch, hörte zu, hörte ab, kritisierte, nörgelte, griff ein, schimpfte zuweilen und kritzelte schließlich irgendetwas in sein schwarzes Notizbuch. Über Wochen oder gar Monate: immer das gleiche Spiel am Ende seiner Unterrichtsstunden.

Gehörte man zu den ersten, die vortragen mussten, hatte man ja noch Glück: man hatte es hinter sich und konnte alles wieder vergessen. Ansonsten musste man sich Woche für Woche fit halten, immer wieder „nachlernen" und alles auffrischen, um eine miese Note zu vermeiden. Als wir den „Monolog" des „Harpagon" vorzutragen hatten, war ich der Letzte, den er nach vorne holte. Das hieß: vor jeder Französischstunde musste ich mich also mit dem langen Text beschäftigen, ihn mir immer wieder selbst vortragen und gedanklich auf die Bühne bringen, wobei ich natürlich all seine bisherigen Kommentare, Hinweise und Anmerkungen in meine Darstellung einarbeitete. Das zog sich über Wochen hin – fast ein ganzes Schulhalbjahr. Für mich war das unglaublich nervend, doch für seine „Schau" in der Abschlussprüfung war ich natürlich perfekt vorbereitet. „Butcher" ging kein Risiko ein.

Ein Effekt seiner Brachialdidaktik war allerdings, dass er mir und den meisten meiner Kumpane die Freude an englischer und französischer Lyrik ziemlich vermasselte. Und es stellte sich noch ein zweiter Effekt ein: durch die ewigen Wiederholungen des ewig Gleichen sah ich plötzlich tiefer und das Stück hehre Poesie, das wir uns in unsere Köpfe zu hämmern und uns gegenseitig Woche für Woche in ermüdenden Vorträgen vorzuführen hatten, veränderte sich: es verlor seine Würde. Irgendwann sah ich plötzlich das Banale oder das Lächerliche, das Kitschige oder das Manierierte oder was sonst noch alles, was der Dichter ungewollt und unbeabsichtigt in sein Werk hinein gestrickt hatte.

Andererseits: mit seiner Brachialmethode, mir und meinen Kumpanen „la grande Poésie" und „the great Poetry" ins Gehirn zu stampfen, machte er mir wenigstens einmal ein wirkliches Geschenk. Ausgerechnet bei ihm lernte ich das schönste Gedicht über die Liebe, das ich je kennengelernt habe, ein Kleinod, das ich aus der Schule mit ins Leben hinaus genommen habe …

Allerdings: nachdem ich es mir damals – als ich siebzehn war – Woche für Woche einbläuen musste und nachdem ich es mir zwei Dutzend Mal habe anhören müssen, war es völlig ausgeleiert und hohl geworden. Es verschwand aus meinem Leben, nachdem „Butcher" mich endlich zum Vortrag nach vorne zitiert und am Ende meiner Darbietung knurrend bemäkelt hatte, dass ich zuviel „Pathos" in meinen Vortrag hineingelegt hätte.

Ich vergaß es. Es war davon gefahren in mein „Totes Meer" des Vergessens und verschwand für lange Zeit aus meinem Bewusstsein. Zwei volle Jahrzehnte vergingen, bis es urplötzlich wieder hoch kam aus der Tiefe – in all seiner Pracht. In einer bizarren Situation voller Zärtlichkeit und Ekstase, weit weg in einer fremden Welt voller Traumbilder …

Wer schreibt, der bleibt

In meiner Rückschau auf „Butchers" Unterricht bin ich in meinem Urteil über seine Brachialdidaktik ein wenig differenzierter geworden.

Wir schrieben häufig Diktate bei ihm und bei der Rückgabe der korrigierten Klassenarbeiten bekam er zuweilen einen seiner Wutanfälle. Einmal passierte es, dass er hemmungslos die „schlechten" Schüler anpöbelte. Er nannte sie allesamt beim Namen und prangerte sie als Blödmänner und Faulpelze an. Wenn sie weiterhin ein derart fehlerhaftes Englisch zusammenschmierten, würden sie sich ihre „Fünf" oder „Sechs" einhandeln und „sitzen bleiben". Punkt.

„Rechtschreibung lernt man nur durch Abschreiben!", belferte er. „Legen Sie eine besondere Kladde an und schreiben Sie sorgfältig und pingelig englische Texte ab. Ich will sehen, ob Sie was tun. Legen Sie mir Ihre Kladden vor. Ich will kontrollieren, ob Sie Ernst machen."

Er hatte sie mit seinem Wutausbruch völlig eingeschüchtert. Plötzlich grinste er breit und fügte den Satz hinzu, der dann zu einem geflügelten Wort wurde:

„Wer schreibt, der bleibt!"

In den folgenden Wochen und Monaten standen sie nach Schluss seiner Unterrichtsstunde mit ihren Kladden Schlange an seinem Lehrertisch. Er blätterte in ihrem Geschreibsel herum und machte sich Notizen in seinem schwarzen „Notenbuch". Wir anderen – Glücklicheren – sahen es amüsiert und lästerten.

Am Ende blieben sie uns alle erhalten, keiner blieb sitzen.

Ohne seine Brachialdidaktik hätten sie womöglich ein Jahr wiederholen müssen. Und ich bin mir sicher: ihre Rechtschreibung in Englisch wird sich enorm verbessert haben – immerhin eine Qualifikation für's Leben.

Klassenreise

Noch heute bin ich davon überzeugt, dass ich in der Phase meines Hineinwachsens in die Erwachsenenwelt, also während meiner „Malocherzeit" zwischen fünfzehn und fünfundzwanzig, nicht ein einziges Mal zum „Reisen" gekommen sei, „Reisen" also eines meiner „sozialen Defizite" und damit einer meiner „unerfüllten" Jugendträume geblieben ist. Das ist erläuterungsbedürftig.

Das „Ich" von damals hatte eine klar umrissene Vorstellung vom „Reisen". Die Kult- und Szenereise nach Paris, die sich manche meiner Peers bereits leisten konnten, war das Vorbild.

Man taucht ein in das „ganz Andere", so träumte ich, in einen fremden Kosmos, und genießt das Abenteuer des Neuen und immer wieder Neuen. Tingeln pur. „Wenn du mit dem Zug rein fährst, dann siehst du schon einen großen Teil von Paris. Es haut dich um. Du siehst Sacré Coeur hoch über der Stadt, den Montmartre ..." usw. usw. ... Wenn meine Kumpel von ihrem großen Abenteuer erzählten, kam ich irgendwann in meinen Phantastereien am „Gare du Nord" an, den ich gar nicht kannte, und tingelte durch die schöne Stadt Paris, die es nur in meiner Vorstellung gab ...

In solchen Tagträumen bildete sich allerdings meine Vorstellung vom „Reisen" schlechthin: Hineintingeln in das ewige Abenteuer des nächsten Augenblicks. Eindringen, schauen, einsaugen, agieren, vorbeiziehen lassen, weitertingeln ...

Im Grunde war das etwas sehr Vertrautes.

Das verspielte „Tingeln" mit Schröder durch die fremde graue Ruinenstadt der Fünfziger Jahre: war das nicht eine Vorform des „Reisens" – so wie ich es damals phantasierte? Und meine jährlichen Ausflüge in die Flaschenkeller und auf die Baugerüste: waren das nicht Reisen einer besonderen Art? Ich sah doch viel dort draußen in der Welt der Arbeit, lernte viel und immer wieder Neues. Ich wurde eingespannt in unbekannte Arbeitsprozesse, ließ mich auf andersartige Menschen ein, entdeckte neue Verhaltensmuster, unbekannte Territorien, die sozialen Welten der Malocher. Waren das nicht wirkliche Entdeckungsreisen?

Nein! So sah ich das damals nicht. Ganz und gar nicht.

„Tingeln" durch meinen banalen Alltag als Schüler und Malocher hier drinnen, eingesperrt in dieser kaputten Stadt – und „Reisen" in die als herrlich frei und exotisch geträumte Welt dort draußen: das waren für mich zwei völlig verschiedene Dinge. Da gab es keinerlei Gemeinsamkeiten.

***

Im Frühjahr 1959, gleich zu Beginn des neuen Schuljahres, verkündete „Butcher", dass es an deutschen Gymnasien Tradition sei, im ersten Jahr der Oberstufe eine „Bildungsreise" zu unternehmen. Er plane eine Klassenfahrt in den „süddeutschen Raum", irgendwann nach den Sommerferien. Sinn einer solchen Fahrt sei es, einerseits den geistigen Horizont zu erweitern, andererseits den Gemeinschaftssinn stärken. Das sei sehr wichtig auf unserem gemeinsamen „Marsch zum Abitur" …

Er nannte auch gleich den Preis: 250 Mark für Busfahrt, Übernachtung und Verpflegung, sowie 50 Mark Taschengeld – damit käme man gut hin. „Butcher" lachte:

„300 Mark also. Sagen Sie Ihren Eltern: sie sollen schon mal anfangen zu sparen!"

Ich lachte in mich hinein. Ich würde an dieser Fahrt nicht teilnehmen, das war ganz sicher. 300 Mark – utopisch! Das war ungefähr die Hälfte des monatlichen Haushaltsgeldes meiner Mutter und das war für uns sieben Köpfe immer zu wenig. Ich verzichtete also gleich nach „Butchers" Ankündigung auf seine „Bildungsreise". Zwar wusste ich, dass meine Mutter alle Hebel in Bewegung setzen würde, um mir die Teilnahme zu ermöglichen, doch ich würde mich niemals darauf einlassen, dass sich meine Eltern das Geld womöglich liehen und sich um meinetwillen verschuldeten. Nie würde ich eine solche Bevorzugung gegenüber meinen Geschwistern in Anspruch nehmen.

Abgesehen von der „Geldfrage": eine Reise im „Klassenverband", in einer Jungshorde, dominiert von einer Clique, der ich nicht angehörte – eine Reise, die von A bis Z von „Butcher" durchorganisiert war: das war nicht gerade das, was ich mir unter „Reisen" vorstellte. Nichts zum Träumen, kein wirkliches Tingeln durch die Welt – so dachte ich.

Das Einzige, was mich an dem Projekt allerdings reizte, war, endlich einmal heraus zu kommen aus der Stein- und Asphaltwüste, in der ich nun schon sechs Jahre lang eingesperrt war, heraus aus den Ruinen, den hässlichen kubischen Neubauten und dem Lärm des Wiederaufbaus. Endlich wieder einmal Landschaft sehen, frische Luft schnappen – das war etwas, wonach ich mich sehnte.

Doch wegen unserer „finanziellen Misere" verzichtete ich gleich nach der Ankündigung ohne jegliches Bedauern. Verzichten hatte ich gelernt und es tat mir nicht weh.

Es kam aber anders.

***

Die große Hitze des Supersommers 1959 und die Hitzeüberstunden in der alten Ritterbrauerei an der Rheinischen Straße brachten mir das Geld ein, das ich benötigte. Was ich nach Hause schleppte, war für unsere Verhältnisse „gewaltig", denn ich bekam nicht mehr den „Kindertarif" wie noch ein Jahr zuvor bei den Kinderschindern von Berghofen, sondern den vollen Lohn eines erwachsenen „Hilfsarbeiters". Ich zog fünf Wochen lang meine Achtundsechzigstundenwoche durch mit den entsprechenden Überstundenzuschlägen. Hinzu kam: für mich galt Brutto gleich Netto – keine Sozialabgaben, keine Steuern. Am Ende meiner fünf Wochen in der Brauerei hatte ich das Doppelte des Gehaltes meines Vaters eingefahren. Ich war zufrieden und teilte die Beute mit meiner Mutter ...

***

Erinnerungen schleppen Erinnerungen hinter sich her und ich lache amüsiert in mich hinein, wenn ich an die fast mittelalterliche Primitivität des Lohnauszahlungsverfahrens denke, das damals noch allgemein üblich war.

Freitagmittag, zwei Uhr, Schichtende.

Meine erste reguläre Arbeitswoche in der Fabrik liegt hinter mir. Ich haste in den Schalander, muss dringend etwas essen und trinken, denn es liegen noch vier Überstunden vor mir. Ich ahne nicht, was mich dort erwartet, denn ich weiß noch nicht, dass der Freitag ein besonderer Tag für die Malocher ist, ein Festtag gewissermaßen: „Lohntütenball".

Der Schalander ist umgebaut. In zwei Ecken stehen da plötzlich Theken, vor den Theken stehen die Malocher Schlange und hinter den Theken sitzen je zwei Büroleute mit Jackett und Schlips, die irgendetwas in knisternden, durchsichtigen Tüten verteilen. Es ist eine aufgekratzte Stimmung im Raum, es wird gelacht, geschimpft, gealbert und geflachst. Ich kapiere schnell, was da los ist, und reihe mich in die für mich „zuständige" Schlange ein. Schließlich bin ich an der Reihe. Der Büromensch greift in seinen Kasten und übergibt mir die eigens für mich vorbereitete knisternde, milchig-weiße durchsichtige Tüte. In dem seltsam länglichen Ding nehme ich einen weißen Papierstreifen wahr, außerdem Geldscheine und klimpernde Münzen. Ich werde aufgefordert, die Tüte im Beisein des Kollegen gleich hier nebenan sofort zu überprüfen und etwaige Beanstandungen geltend zu machen. Meine Mittagspause ist fast um, als ich schließlich vor meinem Spind sitze, meine „Bütterkes" in mich hinein schlinge, mit einem Malzbier alles runter spüle und meine „Beute" in Augenschein nehme, meinen ersten „Lohnstreifen", meinen ersten Wochenlohn, Scheine und Münzen, korrekt bis auf den letzten Groschen und Pfennig eingetütet. Ich bin zufrieden: ein guter Batzen Geld. Mein Spindnachbar, der sich gerade für den Feierabend schick macht, schaut mir über die Schulter und fängt an laut durch den Schalander zu bölken:

„Da kommt dieser Schmachtlappen daher. Von nix ne Ahnung und hat 60 Mark mehr inne Tüte als ich. Wie erklär ich dat meinen Kindern? Is doch Scheiße das Ganze."

Ich würge meine Pausenmahlzeit herunter, schließe meine Geldtüte in meinem Spind ein und verabschiede mich von ihm:

„Tschüsken. Mach' noch Überstunden. Angenehmen Feierabend."

Als ich den Schalander verlasse, entdecke ich neben der Tür, die für die anderen in die Freiheit des Feierabends führt, einen weiteren Tisch, an dem allerdings nicht zwei Büroleute sitzen, sondern zwei Malocher in grauer Arbeitskleidung. Sie kassieren Gewerkschaftsbeiträge ein und stoppen jedes Mitglied, das sich vorbeidrücken will ohne zu zahlen. Ich muss grinsen als ich vorbeigehe, denn die beiden werden übel angemacht und sogar beschimpft: „Ich weiß gar nicht, warum ich hier immer noch mein Geld abdrücke. Ihr tut doch gar nix für uns. Scheißgewerkschaften. Sollte längst ausgetreten sein!" Die beiden Kassierer kassieren freundlich lächelnd beides: die geballte Ladung Kritik an der „zu trägen" NGG und den fälligen Gewerkschaftsobolus. Sie kennen ihre Pappenheimer, denn sie müssen jeden Freitag diese Sprüche über sich ergehen lassen, wie ich in den nächsten Wochen feststellen sollte.

Das war der letzte Lohntütensommer, den ich in meiner elfjährigen Malocherzeit noch miterleben durfte. Danach kam das Girokonto mit zunächst vierzehntägigen, dann monatlichen Überweisungen. Ein ungemein wichtiger sozialer Umbruch, so denke ich heute, denn die Gewinner werden mit Sicherheit die Ehefrauen und Kinder der Malocher gewesen sein. Papa konnte nun nicht mehr mit der vollen Tüte erst einmal um die Häuser ziehen, in die vielen Kneipen der Stadt oder gar in die Rotlicht-Etablissements der nahen Linienstraße. Der legendäre „Lohntütenball" am Freitagabend war für immer passé.

Am Abend übergab ich das knisternde Ding meiner Mutter, nicht ohne mir ein kleines „Taschengeld" heraus zu picken. Sie aber entnahm meiner Beutetüte noch einen Fünfziger und einen Zehner und gab mir die Scheine.

„Leg' das weg. Für die Klassenfahrt!"

So hielten wir es fünf Wochen lang. Am Ende meiner Sommerferien hatte ich das Reisegeld beisammen und zahlte es auf „Butchers" Konto ein.

***

Ich ergatterte einen Fensterplatz in dem Bus, den „Butcher" gechartert hatte. Der Supersommer 1959 brach alle Rekorde und bescherte uns – auch im September noch – ein herrlich warmes, sonniges Reisewetter, als wir uns von Dortmund aus nach Südosten durch die mitteldeutschen Lande bewegten.

Endlich wieder Landschaft, endlich wieder Natur und – wie einst in meinen allerersten Autofahrten durch Niedersachsen – das herrlich lange Abenteuer des nächsten Augenblicks.

Die Landschaft zog an mir vorbei und zeigte sich mir, wie ich sie kannte und in mir hatte – Kuhweiden, Pferdekoppeln, abgeerntete Felder, Strohmieten, Dörfer und Städte mit ihren Kirchtürmen, Bäume aller Sorten, Gärten, Flüsse, Wälder, Schlösser und Burgen ... Ich war zurück in der Kindheit.

Allerdings: ich war nicht allein und konnte nicht einfach still vor mich hin träumen. Es war halt eine Fahrt in einer Jungshorde mit den üblichen Witzen und Flachsereien, den Angebereien und vor allem den schrecklichen Landsergesängen, die im *Land Danach* in deutschen Männer- und Pfadfinderchören noch sehr en vogue waren. Die „Leadsänger" der Führungsclique hatten sie offenbar gut gelernt. Sie schmetterten den „Westerwald" und landeten schließlich beim obligatorischen „Polenmädchen". Ich hörte dieses Lied auf jener Reise zum ersten Mal in voller Länge und fand es auf Anhieb widerlich. Ein Landserlied, ein Marschkolonnenlied. Ich sah förmlich die Knobelbecher, die Polen niedergetrampelt hatten. Und die letzte Strophe dieses mit dümmlicher Häme aus voller Kehle geschmetterten Soldatenhits deutete ich ohne Umschweife als Vergewaltigung einer jungen polnischen Frau, die dann anschließend von den deutschen Jungs in einem „Karpfenteich" ertränkt wird [5] ...

***

Es stellte sich heraus, dass „Butcher" uns eine richtige Themenreise organisiert hatte – eine kleine Zeitreise in das Land des Barock und des Rokoko.

Von Würzburg und seiner „Residenz" habe ich nur schemenhafte Erinnerungen aus jener Zeit, 1959. Eine graue Trümmerstadt im Wiederaufbau – das etwa nahm ich wahr. Der Schutt des Krieges war weggeräumt, es blieben die Ruinen. Ich sah vie-

---

5 In einem Karpfenteiche/da fand man ihre Leiche/Die war sooo schööön/ Sie trug 'nen Backstein in der Hand/auf dem geschrieben stand/ich hab einmal geküsst/und schwer gebüßt ...

le Baugerüste, graue Häuserstümpfe und einige nichts sagende Nachkriegsbauten, als „Butcher" uns durch die Stadt führte. Nun, all das kannte ich ja schon ausgiebig aus der kaputten Kohlenpottstadt, die traurigerweise meine neue Heimat geworden war. „Butcher" erzählte uns natürlich auch hier nicht, wie es zu der Katastrophe gekommen war. Keiner meiner Lehrer auf dem Dortmunder Gymnasium hat uns je erklärt, warum und wie es zu der Zertrümmerung Dortmunds und all der anderen deutschen Städte gekommen ist. Der „Krieg" und die „Bombennächte": das wurde uns Jüngeren als etwas „Schicksalhaftes", als eine Art „Naturkatastrophe" nahe gebracht, die über Deutschland gekommen war. Die historischen Hintergründe und Zusammenhänge blieben in den Erzählungen der „Älteren" im Nebel ihrer Verdrängungen oder des gnädigen Vergessens.

Als ich später allein durch die Stadt tingelte, entdeckte ich viele Zeugnisse, die mir verkündeten, dass hier eine schöne alte Stadt untergegangen war. Es war sehr traurig, was ich sah. Ich hatte ja selbst in den Jahren meiner frühen Kindheit solch eine „romantische", mittelalterliche deutsche Stadt durchstromert – Hameln, die Stadt meiner Geburt – und noch heute lassen „romantische", mittelalterliche Städte mein Herz höher schlagen. Damals, beim Tingeln in Würzburg, sah ich nur „Grau" und fühlte in mir das Grauen, das sich hier einst abgespielt haben musste.

Auch die „Residenz" der Würzburger „Fürstbischöfe" hatte den Bombenhagel nicht unbeschadet überstanden. Ruinen und Bruch, Baugerüste und Abdeckplanen an einem riesigen, geradezu monströsen Gebäude, aber – unbeschadet der allgegenwärtigen Katastrophenspuren, die er nicht kommentierte – startete „Butcher" seine „Bildungsreise in den Barock" just hier, in der Würzburger Residenz. Er führte uns in das berühmte Treppenhaus, das den Bombenhagel heil überstanden hatte, und ich stand neben ihm, um seinem Vortrag über Balthasar Neumann und Giovanni Battista Tiepolo zu lauschen. Er hatte sich gut vorbereitet und ich hörte ihm gern zu, während ich nach oben schaute. Das größte zusammenhängende Deckenfresko der Welt hing über mir: die allegorische Darstellung der „vier" Erdteile (Australien hatte man noch nicht auf dem Schirm). Ein überbordendes, kakelbuntes Getümmel von Menschen und Szenen – seltsame Phantasmagorien seltsamer Menschen einer seltsamen Epoche, die mir damals noch völlig fremd war und die ich nicht verstand.

Nach dem Barock war das Rokoko dran: wir blieben auf den Spuren von Balthasar Neumann. „Butchers" Themenreise führte uns in die „Basilika Vierzehnheiligen" in Oberfranken und während ich interessiert seinem Vortrag lauschte, dachte ich über die gleißende Pracht um mich herum nach. Was für ein unangenehm greller, süßlicher Geschmack! Ich ließ mich von dem hehren Kulturgut und „Butchers" Vortrag nicht beeindrucken. Ich sah nur überbordenden Stuck, eine Unmasse Blattgold und Kitsch, der kakelbunt in meinen Augen klebte, als ich brav dem Vortrag unseres Cicerone lauschte. Hier hatten sie also ihren Ursprung, die „Glanzengelbilder" meiner Kindheit, die die Mädchen so gerne sammelten und tauschten. Was mochten das für Menschen gewesen sein, die so etwas wie „Vierzehnheiligen" zum höheren Ruhme ihres Gottes in die Landschaft gestellt hatten? Und was war das eigentlich für ein Gott, der sich in dieser Weise verherrlichen ließ?

Meine Eindrücke von damals waren nur vom Gefühl bestimmt, allein aus der Situation heraus geboren, denn mein geschichtliches Wissen über das, was ich da vor mir hatte, war noch äußerst bescheiden. Als mir das Wissen dann zuwuchs, blieb mein Urteil über das Zeitalter des Barock und des Rokoko negativ:

Absolutismus, Merkantilismus, entfesselter Kolonialismus – die Hybris des Egos, Machtbesessenheit, die bürokratisch-militärische Regulierung und Gängelung des Alltagslebens der kleinen Leute, Hexenverbrennungen, die Ausplünderung, Unterjochung und Vernichtung fremder Völker und Kulturen, gewaltsame Missionierung …

Warum hätte ich meine negative Sicht auf jene Epoche jemals ändern sollen?

***

Was „Butcher" uns nicht über die Trümmerstadt erzählte:

In nur siebzehn Minuten zerstörte ein britisches Bomberkommando die historische Innenstadt und die Residenz. Das geschah am 16. März 1945 in den Abendstunden. Neunzig Prozent der alten Bausubstanz waren danach zerstört, etwa fünftausend Menschen wurden in einer Viertelstunde umgebracht. Um die zweihundertdreißig Bomber der Royal Air Force warfen nach einem ausgeklügelten Plan etwa dreihundertundfünfzehntausend (315 000) Brandbomben ab. Alles, was lebte in der Altstadt – Menschen, Tiere, Pflanzen, Mikroorganismen – wurde bei 1500–2000 Grad Celsius erstickt, verbrannt, eingeschmolzen. Das geschah fünfundzwanzig Tage bevor der Krieg für die verbliebenen Würzburger für immer vorbei war: am 5. April 1945 eroberten amerikanische Truppen die Stadt ...

Würzburg war ein „filler target", eine Stadt, die man kurzfristig auf die Todesliste setzte, um die Bomberkommandos der RAF, die zum Schluss nur noch die Zivilbevölkerung in den deutschen Innenstädten zu massakrieren hatten, in den letzten Tagen des Krieges noch irgendwie zu beschäftigen. Man suchte sich alte deutsche Fachwerkstädte aus mit ihrem vielen Holz, das bei den „incendiary attacks" besonders gut brannte und einen Feuersturm entfachte – mit der größtmöglichen Ausbeute an Toten ...

*Nun ja: „Butcher" war ein Lehrer der „Nachkriegszeit". Hätte er uns dieses **eine** Verbrechen erklärt, hätte er ja das **ganze** Verbrechen erzählen und auf seine eigene Rolle im „Land Davor" eingehen müssen. Das konnten meine Lehrer im „Land Danach" aber nicht – und das haben sie auch nie getan.*

Was er uns zu bieten hatte, waren ein paar Bildungskrümel zu Balthasar Neumann und Giovanni Battista Tiepolo, zum Barock und zum Rokoko und das war's denn auch schon: „höhere" Bildung für die „höhere" Schule.

***

Worüber „Butcher" ebenfalls nichts zu sagen wusste, war das „schwarze" Barock, für das Würzburg geradezu berüchtigt ist:

In der Zeit der Gegenreformation und der „Rekatholisierung" betätigten sich die Würzburger „Fürstbischöfe" als die übelsten Frauenfolterer und Frauenschlächter des Reiches. In nur wenigen Jahrzehnten (zwischen 1590 und 1630) wurden weit über tausend Menschen, vorwiegend Frauen, aber auch Männer und sogar Kinder auf hunderten von Scheiterhaufen in und um Würzburg auf bestialische Weise ermordet. Die Würzburger „Fürstbischöfe" ließen zu Beginn des 17. Jahrhunderts eigens Verbrennungsöfen konstruieren und zum Einsatz bringen, um die Massenvernichtung der Andersdenkenden, die sich nicht „rekatholisieren" ließen, bewältigen zu können – also lange bevor die Öfen in Auschwitz und Majdanek qualmten ...

„Butcher" hatte vermutlich dieses dunkle Kapitel der Stadtgeschichte gar nicht auf dem Schirm. Es gab noch keine Frauenforschung und Frauenthemen zu seiner Zeit. Auf diesem Feld waren er und seine ganze Generation völlig unbedarft.

*Ein späterer Lehrer aus dem „Land **nach** dem Danach" – aufgeklärt durch die feministischen Diskurse der Siebziger und Achtziger Jahre, in denen die Leichen in den Kellern der europäischen Geschichtsschreibung ans Licht gebracht wurden, vor allem die Frauenleichen der folternden und mordenden Klerikalen – hätte dieses schwarze Würzburgthema gewiss nicht ausgelassen.*

***

Als uns der Bus von Würzburg nach Heidelberg schipperte, fiel mir auf, dass „Butcher" unglücklich und mit einem gequälten Zug im Gesicht auf seinem Platz da vorne neben dem Fahrer hin und her rutschte. Oft stand er auf, drehte sich zu uns um, hielt sich an den Griffen der vorderen Sitze fest und hielt uns Vorträge über die nächste Etappe unserer Klassenfahrt: die feine, alte Stadt Heidelberg mit ihrer uralten Universität. Ich hatte den Eindruck, dass ihm das Stehen während der Fahrt irgendwie Erleichterung zu verschaffen schien. Schließlich verkündete er uns, dass er in Heidelberg einen wichtigen Termin wahrzunehmen habe und dass wir uns die Stadt selbst „erobern" sollten – jeder nach seinem Geschmack.

„Vergesst nicht, euch ein paar der alten Universitätsgebäude anzuschauen. Vielleicht wird ja *Alt-Heidelberg, die Feine* in zwei Jahren euer Studienort sein!"

Er grunzte kurz und räusperte sich. Er wirkte verkniffen – so, als peinigte ihn ein Schmerz.

„Und vergesst nicht die Studentenkneipen! Allerdings: um zehn Uhr macht die Jugendherberge dicht. Ich möchte keinerlei Schwierigkeiten haben!"

Nachdem wir uns in der Jugendherberge eingerichtet hatten, setzte ich mich für eine Weile von den anderen Jungs ab und „tingelte" mit Lust durch die Stadt.

Endlich wieder eine „romantische" Stadt, so eine wunderschöne, alte Stadt an ihrem Fluss: ein Urbild im Tresor meiner Erinnerungen. Kindheitsgefühle wurden nach oben gespült. Alte Mauern, alte Häuser, Fachwerk und Stuck, die berühmte Schlossruine mit dem Panoramablick über die Stadt im Neckartal ... Als ich die Straßen und Gassen durchstromerte, spürte ich, wie intensiv die Bilder meiner ersten Kindheitsjahre noch immer in mir rumorten.

Ich drang in ein altes Unigebäude ein, das mitten in der Stadt lag – Semesterferien, kaum Studenten. Ich setzte mich in das ansteigende Holzgestühl eines leeren Hörsaals, starrte auf den leeren Holzkatheder da vorne und dachte mit spöttischer Ergriffenheit: in so einem Saal würde ich in gut zwei Jahren meine ersten Vorlesungen hören ...

Gegen Abend landete ich mit einigen Kumpanen in einer der von „Butcher" empfohlenen Studentenkneipen. Sie war proppenvoll, verbalkt, verqualmt. Urdeutscher Tresen, urdeutsche Eichentische und Eichenstühle, urdeutsche Gemütlichkeit. Zum ersten Mal in meinem Leben sah ich Burschenschafter und hörte ihre merkwürdigen Gesänge.

Heidelberg würde nicht *meine* Universitätsstadt werden, da war ich mir ganz sicher. Zu eng, zu klein – romantisch, aber langweilig. Ich würde auf jeden Fall in einer Großstadt studieren: Hamburg oder Berlin – damals hatte ich mich noch nicht entschieden.

***

Die letzte Station unserer Klassenfahrt hatte „Butcher" klug und mit Bedacht ausgewählt: das schöne, alte Bacharach am Rhein.

Eine Klassenfahrt endet bekanntlich immer mit einem Abschiedsfest und das heißt – bezogen auf eine Jungshorde wie die unsere – mit einem kernigen Besäufnis. Nichts war dafür besser geeignet als der alte, romantische Weinort am Rhein, in dem die einheimischen Winzer ihre „Straußenwirtschaften" aufgemacht hatten und ihren Gästen den neuen Wein in all seinen Variationen kredenzten – vom harmlosen Most angefangen bis zum Sauser, der dich unter den Tisch haut.

Nachdem wir uns in der ehrwürdigen alten Burg eingerichtet hatten, die hoch droben in den Rheinbergen als Jugendherberge ausgebaut war, liefen wir hinunter in das gemütliche, mittelalterliche Städtchen, tingelten kreuz und quer und landeten unweigerlich in einer kleinen Straße mit Winzerhäusern, hinter denen die Weinberge steil nach oben anstiegen. Vor diesen Häusern standen einfache Tische und Stühle und man hatte einen herrlichen Blick auf das Rheinufer, den großartigen Fluss und die Rheinberge gegenüber.

Man war nicht pingelig in jenen Zeiten, da es noch kein Gesetz gab, das die Abgabe von alkoholhaltigen Getränken an Jugendliche untersagte. Die Winzer füllten uns großzügig ab – mit allem, was sie aufzufahren hatten. Dazu spendierten sie uns ihre Brötchen und Stullen mit Leberwurst und Käse. Am Nachmittag „übten" wir erst einmal nur unter den getrockneten Sträußen – als Vorgeschmack gewissermaßen. Aber es war klar: nach dem Abendessen auf Burg Stahleck würden wir den steilen Weg ins Rheintal wieder heruntersteigen und in die gastlichen Weinschwemmen einfallen, um uns so richtig volllaufen zu lassen. Was wir natürlich nicht bedachten, war der Aufstieg danach, post festum.

***

„Butcher" genoss den Abend. Sein Missmut und seine leidvolle Verkniffenheit schwanden mit steigendem Alkoholpegel, denn er probierte genüsslich aus, was die Winzerfamilie aufzufahren hatte. Er plauderte und schwadronierte angeregt, sang einen englischen Westernsong, und als der Aufstieg begann, war er zwar äußerst kregel, aber sehr unsicher auf den Beinen. Genauer: er war so betrunken, dass zwei der Stärksten aus unserer Schwimmerriege ihn links und rechts unterhakten, um ihn den Berg hoch zu ziehen, denn alleine kam er nicht mehr voran.

Ich ließ mich zurück fallen in der Schlange, die den Berg hoch kroch. Auch ich hatte zu kämpfen. Der Wein schoss mir in den Kopf und kreiste in meinem System und ich dachte: falls ich im aufrechten Gang die Steigung gar nicht mehr bewältigen konnte, würde ich mich einfach fallen lassen und auf allen Vieren nach oben kriechen. Ich war so betrunken, dass mir alles egal war. Ich blieb oft stehen um zu verschnaufen und schaute hinunter auf die Lichter des gemütlichen kleinen Städtchens, die sich vor meinen Augen verdoppelten und verrückt spielten.

Dann geschah es. Weit vor mir – besser: weit über mir – gab es plötzlich einen Aufruhr. Ich hörte Schreie und Kommandos in dem Pulk um „Butcher" und kämpfte mich neugierig nach vorne. Was ich im Näherkommen sah, amüsierte mich so, dass ich erst einmal auflachte. Jetzt waren es nicht mehr zwei Jungs, die „Butcher" den Berg hoch wuchteten, sondern vier. Zwei zogen ihn an seinen Armen, zwei schoben links und rechts an seinen Schultern. „Butcher" selbst ging „senkrecht", allerdings senkrecht zum 45°-Winkel der Wegsteigung – so sah das aus. Immer wieder knickten seine Beine weg und seine vier Helfer mussten ihn wieder aufstellen und ausrichten. Ein mühseliges Geschäft.

Einer müsste noch hinten an seinem Rücken zupacken und schieben, dachte ich, und kämpfte mich nach vorne, um ihm zu helfen. Als ich die Hände ausstreckte, um ihn schieben zu können, sah ich das Malheur auf seinem massigen Rücken und zuckte zurück. Wegen der Wärme trug „Butcher" kein Jackett und auf seinem weißen Hemd war eine große Rosette erschienen: schwarz, rot und gelb.

Ich sah es und wusste auf Anhieb Bescheid: der große gelbe Fleck, das war der Eiter, die roten Schlieren, das war das Blut, und die schwarzen Schlieren am Rand der Rosette, das war die schwarze „Zugsalbe", die Ichthyolsalbe. All das konnte ich sofort deuten: ein großer Furunkel war geplatzt und hatte sich ausgeleert ... Ich wusste Bescheid.

Jetzt erscheint in meiner Erinnerung an jenen nächtlichen Aufstieg eine zweite Erinnerung, die mir kam, als ich „Butchers" Rosette vor mir hatte. Damals schoss sie explosionsartig in mein Gehirn, ohne Vorbereitung – ein greller „Blitz", der für Sekundenbruchteile ein weites Terrain meiner Kindheit ausleuchtete, eine bizarre Landschaft aus Geschichten, in denen ich einst steckte ...

***

Oh, lustvolle Kunst des Erinnerns:
Was mich fasziniert an dieser „Erinnerung in der Erinnerung", ist, dass die erinnerte Erinnerung selbst wiederum weitere, noch fernere Erinnerungen enthielt. Eine Puppe in der Puppe in der Puppe gewissermaßen ...
Ein heißer Hochsommertag 1948. Ich bin fünf Jahre alt. Wir toben im Pulk zurück von der Badeanstalt am Ufer der Weser in die Innenstadt, nach Hause. Wir überqueren die Fußgängerbrücke über das Hafenbecken, einen kleinen künstlich angelegten Nebenarm des Flusses, in dem Schiffe ankern. Zwei lange Holztreppen führen zur Brücke hinauf, zwei lange Holztreppen führen am anderen Ufer wieder hinunter. Beim Abstieg hockt sich mein Bruder auf das Brett neben der Treppe, auf dem die Passanten üblicherweise ihre Fahrräder

rauf und runter schieben. Er schlittert auf den Sohlen seiner Sandalen geschickt nach unten. Er ist vier Jahre älter als ich und natürlich
will ich es ihm nachtun und lande schon nach wenigen Metern auf
dem Hintern. Ich bin nur mit einer dünnen Hose aus Baumwollstoff
bekleidet und ein mächtiger Splitter – ja, wirklich „mächtig", so empfand ich es damals – rammt sich in meine rechte Arschbacke. Ein höl-
lischer Schmerz. Ich renne in Panik nach Hause, meine Mutter untersucht mich und kann nicht mehr finden als ein rotes Pünktchen.

„Da ist nichts. Keine Verletzung. Der Schmerz wird bald nachlassen!"

„Der Splitter ist drin. Ich weiß es genau. Er ist nicht mehr zu sehen, weil er sich reingerammt hat. Ich merke es doch. Es tut sehr weh!"

Sie zweifelt, nimmt mich aber bei der Hand und geht mit mir zu
Dr. St., der ein Stockwerk unter uns wohnt. Sie ist mit ihm seit ihrer
Arbeit im Stadtkrankenhaus befreundet. Der tätschelt auf meinem
Hintern herum und findet auch nur das Pünktchen.

„Da ist nichts weiter. Der Schmerz wird bald nachlassen."

Ich glaube den beiden nicht. Ich bin überzeugt, dass der Splitter
tief in meinem Fleisch steckt und dass das sehr gefährlich ist. Ich jam-
mere und widerspreche, finde aber kein Gehör. Ich kann mich gegen
die beiden medizinisch gebildeten Erwachsenen nicht durchsetzen.

Zwei Jahre später, nach der „Umsetzung" meiner Familie aus der
Zivilisation der Hamelner Innenstadt in die Baracke am Rand der
Zivilisation, an einem Hochsommertag des Jahres 1950, platzt die
erste Eiterblase. Auf meiner rechten Hinterbacke, genau an der Stelle, wo sich der Holzsplitter in mein Fleisch gebohrt hatte, hatte sich
über eine lange Zeit eine dicke, schmerzhafte Eiterbeule gebildet, ein
„Furunkel", wie meine Mutter das Ding nannte.

Ich liege auf dem Bauch im Bett, seit Tagen schon mit Schmerzen,
die mich unbeweglich machen. Die warme Sommerluft wabert durch
die geöffneten Fenster ins Kinderzimmer, draußen zwitschern die Vögel, ich höre das Schreien und Lachen meiner „Bande" und möchte so
gerne dabei sein, mitschreien und mitlachen. Plötzlich spüre ich unter dem Mullverband, den meine Mutter professionell über die dicke
Schicht Ichthyolsalbe geklebt hat, eine kleine Explosion. Die schmerzhafte Spannung lässt nach, eine schmierige Flüssigkeit suppt durch

meine Beine auf das Laken: schwarz, rot und gelb – schwarze Zugsalbe, Blut und Eiter. Ich habe es endlich hinter mir, die Schmerzen lassen nach, der Splitter wird heraus geeitert. Alles verheilt, vernarbt, ich werde wieder fit für den Alltag, für Spiel und Schule ...

Sechs Jahre später, nach der zweiten „Umsetzung" meiner Familie – diesmal aus der Baracke in die „Zivilisation" der Ruinenstadt Dortmund – leide ich unter einer „Furunkulose". Die erste dicke Eiterbeule bildet sich in der rechten Kniekehle. Nur unter großen Schmerzen kann ich noch laufen. Mein Vater trägt mich die Treppen hinunter, setzt mich in ein Taxi und trägt mich die Treppen hinauf in die Praxis des Dr. W., der das Geschwür aufschneidet und die Vereiterung entfernt.

Dort, auf dem OP-Tisch, erlebe ich den ersten Narkoserausch meines Lebens. Meine Arme sind angebunden, so dass ich mich nicht bewegen kann, eine seltsame Maske wird über mein Gesicht gestülpt, eine giftig riechende Chemikalie wird auf diese Maske geträufelt, deren Dämpfe ich tief einzuatmen habe. Als ich aufwache, ist alles erledigt. Mein Knie ist in einen dicken Verband eingepackt, mein Vater trägt mich zum Taxi und dann die Treppen hinauf in unsere Wohnung. Ich fehle noch drei Wochen lang in der Schule, erst dann kann ich wieder normal laufen.

Monate später bildet sich eine zweite dicke Eiterbeule an der rechten Schläfe. Dasselbe Spiel: OP-Tisch, Maske, Chemikalie, Narkoserausch. Der Furunkel wird aufgeschnitten, der Eiter entfernt, die Schmerzen lassen nach, alles verheilt.

Der letzte Furunkel entwickelt sich am rechten Nackenstrang und wieder komme ich um die OP nicht herum – Maske, Chemie, Narkose. Danach hatte ich es hinter mir – für immer.

Bis heute weiß ich nicht, was das für eine Droge war, die ich dreimal unter ärztlicher Aufsicht einzuschnüffeln hatte. Ihre Wirkung jedenfalls war eindrucksvoll. Jedes Mal hatte ich einen grellbunten, ungemein intensiven Traum, einen rauschhaften Film aus meiner Kindheit, in dem ich lebhaft agierte und eine wichtige Rolle spielte. Die Droge gaukelte mir eine solche Echtheit des Erlebens vor, dass ich jedes Mal geschockt war, als man mich weckte und ich erkannte, dass ich in einem hässlichen Krankenzimmer lag, in dieser hässlichen

Stadt und dass die wunderbaren Traumbilder, in denen ich eben noch aktiv war, nur noch Erinnerungen an „damals" waren.

Alle drei Filme zeigten unvollendete Geschichten aus meiner Kindheit, Geschichten, in denen ich nicht zum Ziel kam. Der erste Film zeigte eine spannende Gerichtsverhandlung unter uns Geschwistern, in der ich als Angeklagter am Plädieren gehindert wurde und meine Darstellung der Ereignisse nicht zur Geltung bringen konnte. Die zweite und die dritte waren überraschend intensive erotische Erlebnisse, die ich als Kind hatte – lange vor der „Geschlechtsreife", so dass sie naturgemäß keine Erfüllung finden konnten. Alle drei Geschichten waren aufregend und bunt, aber gekappt, sie erzählten sich nicht zu Ende. Im Erwachen aus der Narkose erlebte ich noch einmal die Frustration, die ich als Kind erlitten hatte.

Kurze Zeit nach dem Erwachen musste ich mich jedes Mal erbrechen.

✳✳✳

Ich sah den ganzen Furunkelfilm damals beim Aufstieg in Bacharach am Rhein in wenigen Sekunden und wusste Bescheid: „Butcher" hatte seinen dicken Abszess von Anbeginn unserer Klassenfahrt an mit sich herum geschleppt. Irgendetwas hatte in seinem Körper rumort und war jetzt herausgeeitert. Seine „wichtigen Termine" in Würzburg und Heidelberg waren Arzttermine gewesen. Er muss immer Schmerzen gehabt haben – während der ganzen Reise –, hielt aber eisern durch, bis schließlich die immense Ladung Straußenwein und die Anstrengung des nächtlichen Aufstiegs das dicke Ding zum Platzen brachten. Und obgleich die Rosette auf seinem Rücken wahrhaftig kein schöner Anblick war, hatte er meine Anerkennung. Irgendwie tat er mir sogar leid.

Allerdings: der erbärmliche Anblick, den er während unseres nächtlichen Aufstiegs bot – eine fette, hilflose Person, volltrunken, schwarz-rot-gelb verschmiert, gezogen und geschoben von vier seiner kräftigsten Schüler – nahm ihm jede Würde. Als Lehrer hatte „Butcher" für mich ein zweites Mal sein Gesicht

verloren. Ich fragte mich damals, wie er in diesem erbärmlichen
Zustand wohl die Nacht überstehen würde.

Sein Auftreten am nächsten Morgen überraschte mich dann
allerdings sehr.

Wir Jungs saßen noch einmal alle zusammen bei einem
reichlich verspäteten Frühstück, unserer letzten gemeinsamen
Mahlzeit vor der Heimreise. Durch die Fenster des Speisesaals
hatte man eine herrliche Aussicht auf das Rheintal, die kleine
alte Stadt und die Berglandschaft jenseits des Stromes. Ich war
noch müde von dem vielen Wein, den ich in mich hinein gekippt
hatte, der Alkohol kreiste in meinem Körper: Kater und boh-
render Kopfschmerz. Den anderen ging es ähnlich wie mir und
es kam kein Gespräch auf. Niemand kam auf den nächtlichen
Aufstieg zu sprechen. Es schien mir, als hielten wir uns alle an
ein ungeschriebenes Gesetz, als wirke ein Tabu, das keiner von
uns brechen mochte.

Plötzlich war er wieder mitten unter uns, flott gekleidet,
frisch geduscht und rasiert, in einer Wolke aus „Old Spice", munter und vital, so, als habe es den nächtlichen Spuk gar nicht gegeben. Er dozierte angeregt über die herrliche Landschaft, die
wir da vor uns hatten, über die wunderbaren Weine, die er genossen hatte – und überhaupt: es sei doch alles in allem eine
sehr schöne Reise gewesen. Er jedenfalls sei sehr zufrieden. Er
steckte uns an mit seiner guten Laune und als wir schließlich
alle im Bus saßen, der uns linksrheinisch gen Norden kutschier-
te, waren wir wieder fit für Scherze und Gesänge.

Ich saß wie immer auf meinem Stammplatz am Fenster, genoss den Blick auf das Rheintal und erlebte das Abenteuer des
nächsten Augenblicks. Als die Landsergesänge einsetzten, sang
ich zuweilen sogar mit, das vertrieb mir den Kater und machte
mich wach. Wenn es zu dämlich wurde, vertiefte ich mich wieder schweigend in mein Landschaftsstudium, schaltete ab und
träumte vor mich hin. Für kurze Momente spürte ich die ganze Schönheit des Reisens.

Das merkwürdige Lied, das dann kam, platzte voll in meine Träumereien. Es war so unpassend und in jeder Hinsicht so

doof, dass ich laut auflachen musste. Ein Lied – so vermutete ich – aus den ersten Jahren im *Land Danach,* als es noch intakte Feindbilder gab. Es war in seiner Aussage völlig veraltet. Ich hörte es damals zum ersten Mal und danach nie wieder und so wurde es mein „Klassenfahrtslied":

Warum ist es am Rhein nicht schön?
Am Rhein niiicht schööön?
Weil der Ami, der Drecksack,
Das Rheinland verdreckt hat.
Darum ist es am Rhein nicht schön,
Am Rhein niiicht schööön!

Wir schrieben das Jahr 1959. „Der Ami" war längst zum Gott geworden, Elvis der berühmteste GI am Rhein und der amerikanische Präsident der Kaiser von West-Deutschland.

Und im Übrigen: am Rhein *war es schön.* Ich hatte den Beweis vor Augen.

Sie grölten das Lied mit vollem Elan und ich wünschte mir, „Butcher" würde eingreifen und dem Blödgesang ein Ende bereiten. Tatsächlich drehte er sich dann auch einmal um und schaute belustigt auf seine Herde. Als er meinen Blick erwischte, breitete sich ein spöttisches Grinsen auf seinem Gesicht aus. Grinste er über das dumme Lied, über seine Sängerknaben oder über mein genervtes, abweisendes Gesicht? Ich habe sein Grinsen nicht deuten können.

Unser Bus brachte uns schließlich quer durch den Kohlenpott heim in unsere graue Kohlenpottstadt. Meine allererste Reise war zu Ende.

9

Das Varanasi-Sonett

Mit dem „letzen Tango" war die Schule abgehakt. Vorbei. Ich hatte mich durchgewurstelt. Ich verspürte kein Bedauern und habe in den Zeiten, die kamen, nie eine sentimentale Erinnerung an meine Gymnasialzeit in der Stadt der Ruinen gehabt. Neues stand an. Ich zog mein „Studium *oben*" durch, finanziert durch mein „Studium *unten*", ergatterte einen anspruchsvollen Job und stopfte einige der „Löcher", die ich in meiner Schülerzeit als „soziale Defizite" angesehen hatte, holte also nach, was ich – wie ich damals glaubte – „versäumt" hatte. Natürlich begann ich zu reisen, genau so, wie ich es mir einst vorgestellt hatte: Tingeln durch unbekanntes Terrain. Und auf einer dieser Reisen passierte es dann.

Zwanzig Jahre nach meinem allerletzten Akt auf dem Gymnasium sprang ein lange vergessener „Butcher" noch einmal hoch aus seiner Versenkung. Plötzlich war es wieder da: jenes Gedicht, das er mir damals – wie seiner ganzen Herde – mit Zwang und stupidem Druck eingebimst hatte. Zwei Jahrzehnte hatte es in meinem Toten Meer des Vergessens gedümpelt – unbeachtet, unerinnert. Es war schlicht weg.

Es kam zurück in einer Welt, die anders war als alles, was ich kannte und was mir bis dahin vertraut war. In einer Stadt, heiß, verwunschen, märchenhaft, zärtlich und brutal zugleich, voller Leben, voller Sterben – von Menschen in weißen und bunten Gewändern durchflutet.

In Wirbeln und Schüben quollen sie aus allen Gassen, so kam es mir vor, sie zwängten sich in jeden Winkel, schoben hin und her und kreuz und quer, zu Fuß, auf Rädern und Rikschas, in den winzigen Tata-Mobilen, auf Ochsenkarren. Elefanten, Kamele, Kühe und Wasserbüffel mischten mit und füllten das Bild.

Und als wollte sich mein Gehirn in diesem flirrenden Gewebe an etwas festhalten, was Bestand hat, öffnete sich plötzlich der verborgene Speicher. Die auswendig gelernten Worte waren wieder da und als ich sie laut in das Gewimmel hinein deklamierte, hatte ich das Gefühl, ein wenig mehr zu wissen über diesen Fiebertraum, in den ich – mir dir zusammen – hinein geraten war.

Von der Hand in den Mund

Es dämmerte bereits, als wir aus dem Bahnhofsgebäude auf den großen Platz hinaus traten. Ein Brett aus schweren Monsunwolken hing tief über der Stadt, die Hitze staute sich in den Gassen und Straßen, nahm uns den Atem und ließ unsere Körper aufbrodeln. Die feuchtheiße Luft lag schwer und klebrig auf meiner Haut und heizte mich von innen auf.

Am Rande des großen Platzes machten wir schließlich eine Phalanx aus etwa zwanzig Fahrradrikschas aus. Die Rikschamänner hockten auf ihren Fahrzeugen, gestikulierten und priesen sich an. In der Mitte des Platzes standen ungefähr ein Dutzend Motorrikschas, primitive dreirädrige Automobile, deren Fahrer ebenfalls gestikulierend und rufend auf sich aufmerksam machten. All diese „Taxifahrer" auf ihren Fahrrad- oder in ihren Motorrikschas waren auf der Jagd nach den Kunden, die der endlos lange Zug aus Kalkutta ausgespien hatte, auf der Jagd nach den Rupees, die die Reisenden in ihren Taschen hatten und die das Überleben des nächsten Tages sichern konnten.

Wir mussten uns jetzt entscheiden: Motor- oder Menschenkraft? Ein Problem, mit dem wir zwei Jahre zuvor – auf unserer ersten Reise durch den Subkontinent – immer mal wieder zu kämpfen hatten. Diesmal waren wir uns ohne Worte einig und liefen mit unserem Gepäck schnurstracks auf die Fahrradrikschas zu. Eines der Vehikel löste sich aus der Reihe und steuerte auf uns zu. Wir stiegen auf, schmiegten uns auf der schmalen Sitzbank aneinander und der sehnige junge Fahrer verstaute unsere Rucksäcke geschickt auf dem kleinen Brett zu unseren Füßen, zwischen unseren Beinen.

Er schaute uns fragend an: wohin?

Wir kannten unser Ziel: „Venkateshvar-Lodge near Golden Temple!"

Sein dunkles Gesicht wirkte ausgelassen und fröhlich. Er war guter Laune und lachte, denn er hatte Kundschaft ergattert – und nicht nur das: seine Beute war ziemlich ergiebig, denn wir waren Touristen aus Europa, die mehr einbrachten als die Einheimischen. Kunden aus dem „Westen" hatten zumeist ein schlechtes Gewissen, wenn sie sich von einem schwer arbeitenden, schweißnassen menschlichen Pferd bequem und einigermaßen luftig durch die tropische Hitze und das tropische Chaos kutschieren ließen. Die feilschten in der Regel nicht um den Preis.

***

Zwei Jahre zuvor, auf unserer ersten Reise durch Indien, hatte ich ernsthafte Probleme, mich in der großen Hitze von einem menschlichen Zugtier spazieren fahren zu lassen. Falls es doch einmal geschah, konnte es passieren, dass ich bei langen Steigungen absprang, weil mir die Quälerei vor meinen Augen zur Qual wurde. Einmal handelte ich mir damit üble Beschimpfungen und die größtmögliche Empörung des Fahrers ein. Das war peinlich. Er zwang mich wieder aufzusteigen und ich tat es, um ihn in seiner Würde nicht zu kränken.

Wir stiegen also selbstverständlich in die „humanere" Motorrikscha, als wir das erste Mal in der heiligen Stadt eintrafen, ließen uns von dem Fahrer zu dem kleinen Hotel des allgegenwärtigen imaginären „Uncles" fahren, wo er uns unterbrachte und sein kleines Zubrot, die Schlepperprovision, kassierte. Es war schön gelegen, in einem gepflegten Viertel – allerdings abseits der Sehenswürdigkeiten, die Varanasi im Übermaß zu bieten hat.

Wenn wir morgens auf die Straße hinaus traten, um die Stadt mit all ihren Abenteuern zu erkunden, kurvte regelmäßig eine hübsch angemalte, bunte Fahrradriksha auf uns zu. Der junge Fahrer machte eine suggestive Handbewegung und schon saßen wir droben. Mit ihm vergaßen wir unsere Vorbehalte. Er kurvte uns zu den Ghats, zu den Verbrennungsstätten, in den „Suq", das alte Basarviertel, zum Vishwanat-Tempel, dem goldenen Tempel mit dem berühmten Glockenspiel ...

Er erzählte, er plauderte in seinem vokalreich kollernden Englisch drauf los. Er war jung, fröhlich und optimistisch. Er lachte viel. Er wurde unser Fremdenführer. Jeder Blick von der Sitzbank seiner Riksha wurde zu einem Abenteuerfilm. Hautnah erlebten wir den Alltag unseres Guides, sein Leben und Überleben in einer Stadt, die ihm so vertraut und uns so rätselhaft war.

Eines Morgens baten wir ihn, uns auf den Campus der Banaras Hindu University zu bringen. Das war – wie wir wussten – eine lange Strecke und natürlich handelten wir nicht, als er uns einen recht hohen Preis nannte, den ein Einheimischer vermutlich nicht akzeptiert hätte. Danach allerdings passierte etwas Ungewöhnliches. Noch bevor wir aufstiegen, kam er auf mich zu und sagte mit leiser, aber sehr eindringlicher Stimme:

„Give me fifteen in advance!"

Ich stutzte. Vorauszahlung war eigentlich nicht üblich. Misstraute er uns plötzlich, nachdem wir uns doch schon so gut kannten? Er wiederholte:

„Please, gimmie fifteen in advance!"

Ich gab ihm einen Zehn- und einen Fünf-Rupee-Schein und wir fuhren los – wie immer in eine wirre und verwirrende Welt, in der uns nichts anderes übrig blieb, als voll unserem Wagenlenker zu vertrauen. Als wir das gewohnte Bild der Stadt hinter uns ließen und in ein Wohngebiet kurvten, das mir wie ein typischer Slum der Dritten Welt vorkam, wurde ich stutzig und hellwach, denn Berichte und Filme über „Slums" und „Favelas" der Dritten Welt gehörten zu den Standards in meinen Lehrveranstaltungen. Hier nun erlebte ich zum ersten Mal einen „Slum" höchstselbst.

Wir fuhren eine unbefestigte, lehmige Straße entlang, die mir wie eine Landstraße vorkam. Sie führte irgendwohin nach

„draußen", aus der Stadt heraus, hinein in ein unübersichtliches Viertel. Rechts sah ich ein riesiges Areal, vollgestellt mit kleinen weiß getünchten Bretterbaracken. Ich nahm hier und da eine Wasserstelle wahr, um die herum sich Frauen mit Eimern, Töpfen und Geschirr scharten. Hier wusch man sich, hier wurde das Geschirr abgewaschen, hier wurde Wäsche gewaschen. Ein wichtiger sozialer Ort.

Ich schaute mich um. Ich sah keine der üblichen Stromleitungen, die die Stadt durchzogen und als „Slumkundiger" fragte ich mich, wie wohl das Abwasser- und Fäkalienproblem gelöst war – das hygienische Kernproblem aller „Slums" und „Favelas" dieser Welt ...

Von unserer lehmigen „Landstraße" aus führten schmale ausgetretene Pfade in die weiß getünchte Bretterstadt. An einem dieser Pfade stoppte unser Fahrer nun, sprang ab und rannte auf die nächst gelegene weiß getünchte Holzbaracke zu. Ich sah, wie eine junge Frau durch den Perlenvorhang der Türöffnung trat. Sie war in einen bunten glänzenden Baumwollsari gekleidet. Zwei kleine Kinder liefen hinter ihr her. Diese Frau kam zielstrebig auf uns zu.

Jetzt wusste ich, was kommen würde. Ich wusste, warum er einen Vorschuss verlangt hatte.

Und in der Tat: nach einer kurzen Begrüßung überreichte er ihr die beiden Rupee-Scheine, die er von mir „in advance" bekommen hatte. Sie nahm die Scheine zwischen ihre Hände, die sich wie zum Gebet aneinander legten, und tippte damit kurz an ihre Stirn, an die Stelle zwischen ihren Augen: Namasté, was soviel heißt wie „Verehrung Dir!"

Ich begriff und wusste, was sich hier abspielte. Denn in diesem Augenblick schoss eine Erinnerung in mir hoch, eine jener „Blitzschlagerinnerungen", wie ich sie auf Reisen immer mal wieder erlebt habe. Das grellweiße Licht der Mittagssonne über der weißen Barackenstadt verschwand vor meinen Augen – für einen ganz kurzen Moment nur. Die Atmosphäre verdunkelte sich. Alles um mich herum verschwand hinter einem düsteren Bild aus meiner Kindheit.

Eine „Blitzschlagerinnerung" zeigt in nur wenigen Sekunden eine „Totale", einen kompakten Film, der alles enthält, was einstmals geschah, gefühlt und gedacht wurde, bevor sie mit einem Schlag wieder hinter der gerade erlebten Gegenwart erlöscht. Nacherzählt dehnt sich ein solcher „Spot-Film" allerdings in eine Geschichte, die nicht in wenigen Sätzen skizziert werden kann.

***

Als ich sie leise und eindringlich miteinander reden höre, werde ich neugierig. Ich stehe auf von meinem Lager, gehe zu der Türöffnung, die in unsere Barackenküche führt, betrachte die beiden und lausche. Sie nehmen mich nicht wahr. Sie haben vergessen, dass ich mich nebenan auf meinem Schmerzenslager hin und her wälze, denn ich habe einen meiner Migräneanfälle und schwänze daher die Schule.

Mein Vater steht in der Nische mit der Pumpe, unserer Wasserstelle, vor dem Fenster. Ein fahles schmutzig-weißes Februarlicht fällt in den dämmrigen Raum und ich sehe von meinem Vater nur eine schwarze Silhouette. Meine Mutter steht vor dem Herd, ihm diagonal gegenüber. Zwischen ihnen steht der Küchentisch – der Tisch, an dem sich im Winter unser Leben abspielt: die Arbeit unserer Mutter, wenn sie unser Essen zubereitet, Essen und Trinken, Abwaschen, Schularbeiten, Malen und Basteln – alles. Denn nur die Küche ist im Winter beheizt, alle anderen Räume sind frostig kalt. Heute nun ist selbst der Küchenherd kalt. Wir haben kein Holz mehr.

Da steht sie, beleuchtet von dem fahlen Winterlicht. Die Haut ihres Gesichts ist bleich. Sie schimmert silbern. Ihre Augen liegen tief in ihren Höhlen, ihre Wangen sind hohl, ihre Wangenknochen wölben sich nach vorne. Ich sehe, dass sie unaufhörlich weint, während sie redet – ganz leise, ganz still, ohne Schluchzen. Ihr Gesicht ist nass von den Tränen, die nicht aufhören zu fließen. Deswegen schimmert es silbern.

Ich lausche ihren Worten. Ihre Stimme klingt erschöpft und unfassbar traurig:

„... Wir haben schon seit Tagen kaum noch was zu essen – Heute habe ich gar nichts mehr – Nichts – Ich weiß nicht, wie ich die Kin-

der noch satt kriegen soll – Ich weiß nicht, wo ich noch anschreiben
kann – Wir haben kein Holz mehr – Die Kohlen sind bald alle – Ich
weiß nicht mehr weiter – Wir sind am Ende – Seit Wochen esse ich sel-
ber kaum noch – Was machst du mit uns? – Was sind wir dir wert? –
Wie lange willst du noch so weitermachen? ..."
Während sie spricht, weint sie. Ununterbrochen. Ihr Gesicht und
ihr Hals sind nass. Die Tränen geben ihrem Gesicht diesen seltsam
metallenen Schimmer, den ich noch nie an ihr gesehen habe.
Dann ist wieder der schwarze Schattenriss meines Vaters im
Bild. Ich sehe ihn: in sich zusammengesackt, schuldbewusst, wie gebrochen. Und doch: zum ersten Mal habe ich das Gefühl, dass er sie
wahrnimmt, dass er ihre Worte überhaupt hört, dass ihr Klagen ihn
ergreift und er die Situation endlich wahrnimmt, in der seine Familie steckt: seine Frau und seine vielen Kinder, die er schon so lange
aus seinem Leben in diese Baracke weggebunkert hat ...
Da steht er vor mir in diesem kranken Februarlicht. Unschlüssig.
Ratlos. Hilflos. Schließlich geht er langsam zur Tür, die nach draußen führt, um seine tägliche Arbeit zu beginnen – diese lächerliche
Arbeit, die schon so lange kaum noch etwas einbringt ...
Es folgt ein langes Schweigen. Ihr stummes Weinen hört nicht
auf. Endlich sagt auch er etwas:
„Warte auf mich. Ich bin in zwei Stunden zurück!"
Draußen auf dem Hof bepackt er sein Auto mit einem Teil der reparierten Sägen und Werkzeuge, die er fast täglich zu den Kunden
ausfährt. Nach zwei Stunden höre ich ihn zurückkommen und nehme
wieder meine Lauscherposition ein. Er stellt zwei Bündel Anmachholz auf den Küchentisch und legt einen Zehner und einen Fünfer daneben: die ersten Einnahmen des Tages. Er gibt ihr alles, was er auftreiben konnte und behält diesmal nichts für sich zurück. Er nimmt
meine Mutter kurz in den Arm und versucht sie zu trösten.
„Ich fahre noch mal los. Ich bin mit der Tour noch nicht fertig ..."
An jenem Februarmorgen verspürte ich zum ersten Mal in meinem Leben eine Angst in mir, die mir unbekannt war. Sie krampfte
tief in meiner Brust und tief in meinem Bauch, sie überlagerte meine
Migräne und erfasste meinen ganzen Körper. Ich spürte die Katastrophe, die über uns allen schwebte, das Entsetzliche, das über uns

hereinbrechen konnte. Es war eine tiefe existentielle Angst, wie ich sie noch nie empfunden hatte. Ich sah, wie brüchig unser ganzes Leben war, wie brüchig mein eigenes Leben war …

Was, wenn hier nun alles zusammenkracht? Was, wenn meine Mutter stirbt? Was, wenn sie plötzlich nicht mehr da ist, um uns zu beschützen und durchzubringen? Was, wenn morgen der große Hammer auf uns alle niedersaust?

Meine Mutter war am Ende ihrer Kraft. Die Sorge um sie packte mich und ließ mich wochenlang nicht mehr los. Was wir Kinder schon manchmal munkelten, war wahr: sie hat in jener Zeit auf Nahrung verzichtet, um die vier Mäuler zu stopfen, für die sie verantwortlich war. Sie magerte ab, ihre Wangen fielen ein, ihre Augen zogen sich zurück in ihre Höhlen. Ihr liebes Gesicht verwandelte sich in einen Schädel.

Seit jenem Ereignis sah ich sie für immer neu, anders als bisher, denn ich habe nie mehr vergessen können, dass sie einstmals gehungert hat, damit ich satt würde.

In den folgenden Wochen saß mein Vater an seinem schwarzen Schreibtisch und schrieb Bewerbungen und Lebensläufe. Und: wenige Monate später verließen wir die Baracke und den Slum von Hameln für immer …

✳✳✳

Das schlimme Bild verschwand und es wurde wieder hell und grell um mich herum. Da saß ich noch immer oben auf der Rikscha, in der tropischen Mittagssonne, vor einer Holzbaracke in einem Slum von Varanasi.

Unser Rikschafahrer grüßte seine junge Frau auf die gleiche Art wie sie ihn begrüßt hatte: mit der vertrauten Geste der Verehrung für das Göttliche im anderen. Namasté. Danach herzte er kurz seine Kinder und verabschiedete sich.

Er musste ja noch einmal los: seine Tour war noch lange nicht zu Ende.

Die ersten Einnahmen des Tages, die Rupees für das Überleben seiner Lieben, hatte er abgeliefert. Sie lebten „von der Hand in den Mund", wie meine Mutter unser Leben in der Baracke oft charakterisiert hatte, das hieß: prekär, am Rande der Zivilisation, in ständiger Sorge um das Morgen, und selbst wenn alles einigermaßen läuft, immer in Unsicherheit. Ein Leben im Slum eben, am Rande, immer auch am Rand der Katastrophe.

Nachdem er seine Familie versorgt hatte, wurde es eine lange Tour, bunt und voll, fröhlich und abenteuerlich. Er erzählte und plapperte in seinem aufgeregt perlenden Englisch, als er uns durch seine Stadt zog. Er kannte sich aus und zeigte uns Orte, die wir ohne ihn nie entdeckt hätten. Sein persönlicher Tarifvertrag sah allerdings auch eine Pause vor. Er verordnete uns die Besichtigung einer Bildergalerie, während er sich ins Gras setzte und aß. Schließlich landeten wir da, wo wir hin wollten, auf dem Campus der Hindu-Universität, ein malerischer, bunter Campus, mit herrlichen Parks und grünen Straßen und vor allem: mit architektonisch faszinierenden Fakultätsgebäuden. Wir waren beeindruckt. Einen schöneren Uni-Campus, so dachte ich, werde ich in meinem Leben wohl nicht mehr zu Gesicht bekommen. Wir liefen stundenlang herum und hatten unseren Spaß.

Am Ende nahmen wir uns einen Campus-Tempel vor und erlebten – Kinder aus Nach-Nazi-Land, die wir nun einmal waren – etwas ziemlich Irritierendes. Der Tempel hatte einen Swastika-Fries rund um das ganze Gebäude, also einen Fries aus Hakenkreuzen. Zum ersten Mal in meinem Leben sah ich Hakenkreuze in solcher Opulenz: verboten, verpönt, verachtet in dem Land, aus dem wir herkamen. Wir kannten sie nur als Symbole des Grauens.

Diese hier sahen allerdings ein wenig anders aus als die Nazi-Kreuze: anders abgewinkelt und nicht auf der Spitze stehend, eingepasst in einen Schmuckfries. Eigentlich ganz schön anzusehen, sofern man Distanz herstellen konnte. Das allerdings konnte ich nicht. Das zwiespältige Gefühl, das in mir hochgekommen war, blieb. Das Wissen um das Nazi-Symbol war in meiner Generation fest verankert, das Tabu wackelte nicht. Ich wusste vor der Swastika-Wand des Tempels, dass ich an einem kulturellen Graben stand und dass ich zwei Sichtweisen nicht miteinander in Einklang bringen würde.

„Swastika" (Sanskrit) = Glücksverheißer, Glücksbringer. In allen indischen Religionen und im Alltagsleben der Inder ist sie ein Symbol des Glücks, verheißt sie ein glückliches Leben. So positiv beladen dieses Zeichen auch ist, mein Vorbehalt blieb. Bei aller inneren Offenheit habe ich mir diese uralte Bedeutung des „Hakenkreuzes" nicht mehr zu eigen machen können. Zwölf Jahre hatten gereicht, um aus einem Jahrtausende alten Glückssymbol der Menschheit ein Symbol für unüberbietbares Unglück zu machen.

Nachdenklich gingen wir auf den Eingang des Tempels zu.

An der Freitreppe zur Tempelhalle erlebte ich eine zweite Irritation. Ein junger Mann stand davor, offenkundig ein Student. Er fiel mir auf wegen der Aura von Klarheit und Reinheit, die von ihm abstrahlte. Er war ganz in Weiß gekleidet, klassisch indisch. Sein Dhoti und seine Kurta waren makellos rein – frisch gewaschen und frisch gebügelt.

Was mich an ihm anzog, war sein Gesicht.

Es war von jener durchgeistigten Klarheit und Milde, die ich in Indien oft bei tiefreligiösen Menschen gesehen habe. Er beobachtete uns und kam nun direkt auf mich zu. Mit seiner rechten Hand ergriff er schüchtern, aber bestimmt meine linke und führte mich die Treppe hinauf in die Tempelhalle. Er führte mich an der Hand, etwa so, wie man ein Kind an die Hand nimmt, dem man etwas Bedeutsames zeigen möchte – und obgleich ich um einiges älter war als er, fühlte ich mich tatsächlich wie ein Kind, als er mich neben sich herzog. Die ungewohnte körperliche Berührung machte mich verlegen. Unsere Hände lagen warm ineinander, während er mit seiner freien Hand nach oben zeigte, auf etwas, das für ihn ganz offensichtlich von großer Bedeutung war.

Da war wieder ein Fries. Hoch droben, unter der Decke der großen Halle, war ein Schriftband aufgemalt, tiefblau, in der alten indischen Abugida-Schrift. Es zog sich an allen vier Wänden um die ganze Halle herum. Darunter lief ein zweites Schriftband in Englisch, die Übersetzung dessen, was die malerische alte Schrift darüber verkündete. Mein Führer, der meine Hand

nicht mehr los ließ, las mir den gesamten englischen Text vor –
mit solcher Inbrunst und Ergriffenheit, dass ich anfangs sehr
angerührt, am Ende allerdings ein wenig amüsiert war. Oh du
heilige Einfalt, dachte ich – nicht nur wegen seiner heiligen Ehr-
furcht vor dem „erhabenen" Text, sondern wegen des „erhabenen" Textes selbst. Denn die Sprüche kannte ich: berühmte Sen-
tenzen aus den ersten Gesängen der Bhagavad Gita, Sprüche,
die mich irritiert haben, seit ich sie das erste Mal gelesen hatte. Der Bhagavad Gita-Fries unter der Decke war die dritte Irritation an jenem Nachmittag der Irritationen.

***

Die Aufbruchsgeneration der Sechziger und Siebziger Jahre
hatte irgendwann die „Indienreise" im Programm. Viele von
denen, die genau gewusst hatten, wogegen sie waren und wogegen sie kämpften, wollten nun auch wissen, wofür sie eigentlich standen und welche Kraft in ihnen wirkte, wenn sie nach
einer anderen Wirklichkeit trachteten, nach einer Alternative
zum *Land Danach*. Sie gingen auf die Suche und viele suchten in
Indien. Manche fanden ihren Guru in seinem Ashram in Poo-
na oder Bangalore, andere suchten ihren Buddha in einsamen
Wanderungen durch Ladakh ... Indien bot viele Wege für Suchende und Irrende.

Die religiösen und philosophischen Systeme und Ideen, die
auf dem Subkontinent seit Jahrtausenden wie ein Dschungel
wucherten, wurden zum Feld, das man per „Indienreise" erforschen wollte. Und in der Tat: auch wir erlebten auf unseren
Reisen eine dschungelhafte Zivilisation, in der Spirituelles und
Philosophisches nicht zu abgelegten, alten Ideen verkalkt war,
sondern im Alltag der Menschen weiterwucherte und immer
wieder neue Blüten trieb.

Wir beide waren allerdings nicht auf der Suche nach der
Blauen Blume der Aufbruchsgeneration, wie immer man sie
auch nannte: „Selbstfindung" etwa oder „Erkenntnis" oder gar
„Erleuchtung". Wir hatten überhaupt keine vorgefertigten Vor-

stellungen von dem, was wir suchten. Banal gesagt: wir suchten „Indien in Aktion". So „tingelten" wir quer durch das riesige Land, durch den Alltag der Menschen – um zu schauen, um uns zu wundern und um einigermaßen zu verstehen.

Am Anfang war das Staunen, unser großes Staunen. Staunen über eine Welt, die nur einige Flugstunden entfernt „gleich nebenan" auf unserem Planeten existierte und die so anders war als alles, was wir kannten. Eine Welt, in die man in der Tat persönlich eintauchen musste, wenn man sie auch nur annähernd begreifen wollte. Die bloße Imagination – noch so gut genährt aus Büchern, Filmen und Reiseerzählungen – hätte mir diese Welt nicht erschaffen können.

***

Der Tempelrundgang war zu Ende.

Ich löste meine Hand aus der Hand des jungen Mannes, der mir, einem Fremdling aus dem säkularen Westen, etwas Wichtiges und Großes aus seiner Kultur nahebringen wollte. Ich äußerte mich nicht zu den Sätzen, die er mir vorlas. Mir war klar: meinen kritischen Blick auf die „Gita" hätte ein gläubiger Hindu wohl kaum akzeptiert. Er hätte mich schlicht als „unwissend" eintaxiert.

***

Am Beginn einer ungeheuerlichen Mordorgie redet Krishna, Avatar des Gottes Vishnu, dem Helden Arjuna seine „kleinlichen", „menschlichen" Bedenken und Gefühle aus, als da sind: Mitgefühl, Mitleid, Einfühlung in den anderen Menschen, Verständnis, Liebe – also all das, was in unserer irdischen Existenz das Leben erhält und die Schönheit des Lebens ausmacht. Krishna, der „Wagenlenker", fordert den Held stattdessen auf zu kämpfen, zu töten und seine kleinkarierten Skrupel hinter sich zu lassen. Denn der „Wissende" erkenne, dass allein die unsterbliche, ewige Seele lebendig sei, die sich unaufhörlich in vergänglichen, sterblichen Körpern verpuppe. „Sie wird nicht ge-

tötet, wenn der Körper erschlagen wird." „Wer in Wissen gründet, weiß, dass das Lebewesen weder tötet noch getötet wird ..."
Der Avatar predigt die Geringschätzung des Lebens, das unmittelbar hier und jetzt in uns und überall auf Erden pulsiert – zugunsten eines religiösen Konstrukts, des Dogmas von der Ewigkeit der Seele und der Belanglosigkeit der vergänglichen Körper: „Weder tötest du, noch wirst du getötet ..." Also töte!
Die große Schlacht im „Mahabharata" endet in einem Blutbad. Die Schreie der Zerfetzten, das Blut der Erschlagenen und das Leid der Hinterbliebenen hat der „Wissende" mit Gleichmut zu tragen, so der Beginn der großen Lehre. Und was der Gott dann noch so von sich gibt an klugen Gedanken und erhabenen Sprüchen über die rechte Lebensweise der Sterblichen hienieden, in unserer vergänglichen Existenz, das alles war für mich entwertet durch diesen Beginn. Das war Religion. Brahmanenideologie. Das Übliche: Priester- und Herrentrug. Nein, ich hatte nicht das Zeug zum „Krishna-Devotee".

***

Ich verabschiedete mich von meinem frommen Vorleser. Wir verließen den Tempel und traten hinaus ins Freie. Wir suchten nach einer Rückfahrgelegenheit und schauten uns um.

Und siehe: plötzlich fuhr er wieder vor mit seinem schmucken Dreirad und wir stiegen auf. Unser Wagenlenker hatte stundenlang im Hintergrund gewartet und uns beobachtet, um uns am Ende wieder einzufangen und zurückzufahren. Ein gelungener Coup, denn er brachte ihm die zweite große Einnahme des Tages. Ich verstand seine Ausdauer, denn ich kalkulierte, dass die eingefahrenen Rupees nun ausreichen würden, das Überleben seiner Lieben und sein eigenes Überleben auch übermorgen noch zu sichern ...

Sonnet CXVI

Wenn du nach Jahren ein zweites Mal in eine Stadt einfährst, die beim ersten Mal ein Wunder für dich war – ein Ort, an dem Menschen seit Jahrtausenden siedelten, mit einer uralten Kultur, die überall ausdünstet –, wenn du die architektonische Wucht und Vielfalt wieder vor dir hast, dann legt sich über das Staunen des ersten Mals ein anderes Gefühl: eine warme, innige Vertrautheit mit dem Fremden. Du weißt: hier warst du schon einmal. So unverständlich und wirr, so ergreifend und erschütternd uns Varanasi beim ersten Mal vorgekommen war, beim zweiten Mal spürten wir: doch, wir gehörten schon dazu. Wir hatten die Illusion heimzukommen.

So wurde unsere Rikschafahrt zur „Venkateshvar Lodge" ein freudiges, fast zärtliches Wiedersehen: oft durchlaufene Straßen mit ihren vom Monsunregen ausgewaschenen Fassaden, altvertraute Basargassen, die wir durchstöbert hatten, altbekannte Basargestalten, die plötzlich wieder um uns waren. Wir lachten, stießen uns an: sieh mal, sieh mal da ... Es kam uns vor, als hätten wir erst gestern die alten Straßen und Gassen durchstromert.

Der Zuckerbäcker! Da hockt er noch immer. Im Lotussitz. In seinem bunten Verkaufsfenster. Oben auf seiner Verkaufstheke hockt er still und gleichmütig, hinter seinen Pyramiden aus Cashew-Baisers und Kardamom-Zuckerln: unser verehrter Sweets-Buddha. Wir lachten uns an, weil uns schwante, dass wir ihn wieder aufsuchen würden ...

Der Alte! Da steht er vor seinem Shop und redet auf die Touristen ein – wie jeden Tag, wie immer schon. Ein Standbild seiner selbst, eine Institution des Basars. „Old Uncle" nannte er sich und wollte uns stets etwas andrehen, wenn wir mit ihm ulkten und scherzten. Ein Schelm im Hindu-Outfit mit Schiffchen auf dem Kopf und einem Becher Bhang-Lhassi in der Hand. „Old Uncle": der mit den Haschisch-Augen, der lustigste Bazaari von allen ...

***

Unser Rikschamann schipperte uns mit immer mehr Mühe durch das Menschenmeer und: plötzlich steckten wir fest. Wir standen. Nichts ging mehr.

Auf einem recht großen Platz kurz vor der Einfahrt in eine Gasse, durch die wir hindurch mussten, um an unser Ziel zu gelangen, kamen wir zum Stehen. Unser Wagenlenker gab auf. Er hörte auf zu strampeln, er lavierte uns nicht weiter Meter für Meter durch die Fluten. Er saß jetzt entspannt auf seinem Sattel, lehnte sich mit verschränkten Armen zurück und wartete geduldig. Das Menschenmeer toste dicht unter uns und um uns herum. Es hatte uns eingeschlossen. Stillstand im Chaos. Wir hatten Muße uns umzuschauen.

Aus der Gasse quollen Ströme von Menschen, Ströme von Menschen drückten hinein. Ein völlig nutzloses Geschiebe und Gewürge, wie es mir schien. Alle waren aktiv, in quirlender Unruhe, wohin wir auch schauten. Sie behinderten sich gegenseitig, doch ein jeder musste durchkommen, jeder hatte sein Ziel im Kopf, seine Verpflichtungen, seine Verantwortung dem Leben gegenüber.

Wir beide saßen eng aneinander geschmiegt auf dem schmalen Rikschabänkchen und genossen den großen Überblick. Wir steckten mitten drin in einem brodelnden Samsara, in Wellen und Strudeln aus Köpfen und Gewändern.

Der Überlebenskampf der Kleinen: da spielte er sich ab. Der „ewige Krampf", den meine Mutter immer beklagt hatte, der tägliche Kampf um die Pfennige und Rupees für den nächsten Tag. „Von der Hand in den Mund", wie sie zu sagen pflegte, immer in der Sorge um das Morgen. Das alte Stück.

Unser junger Rikschafahrer nutzte die Pause um sich abzutrocknen. Sein muskulöser dunkler Oberkörper war nackt bis auf einen wulstigen weiten Kringel aus rotem Baumwollstoff, der auf seinen Schultern lag. Den öffnete er nun zu einem ausladenden Tuch und rieb und rubbelte sich sein Gesicht, seinen Nacken und seine Schultern ab.

Es kam mir vor, als würde ich ihn schon lange kennen. Er war ein „Zwillingsbruder" des Wagenlenkers, der uns erst „gestern" – also vor zwei Jahren – seine Stadt gezeigt hatte. Irgendwo weit hinten in den weißen Baracken an der Peripherie der Stadt wohnte auch seine Schöne mit ihren Kindern. Eine junge Frau in einem bunten Baumwollsari, die auf das Geld wartete, das er für sie alle zusammen kriegen musste. Ich spürte die Liebe, die ihn trieb, und die alten Bilder und Traumvisionen aus meiner Kindheit vermischten sich mit der Gegenwart. Welten flossen zusammen.

Wir beide saßen unbeweglich da und schauten auf Indien hinunter. Ich fühlte dich, ich spürte deinen heißen Körper an meiner Seite und hielt dich mit meinem linken Arm fest umschlossen. Wir lebten schon etliche Jahre zusammen und ich spürte just hier, an diesem Ort, wie sich unser beider Lebensrad weiterdrehte in eine neue gemeinsame Zeit hinein. Ich wusste jetzt, dass wir zusammen bleiben und miteinander durch den großen Strom schwimmen würden.

Die unfassbare Fülle an Bildern und Erinnerungen muss wohl – so dachte ich später spöttisch – mein armes Gehirn ein wenig überlastet und überdreht haben. Vielleicht suchte ich ja nach einem sicheren Geländer, nach einem festen Halt in dieser schwankenden Welt. Auf jeden Fall: es rumpelte und rumorte in meinem Kopf – und da waren sie plötzlich wieder, Shakespeares unnachgiebig apodiktische Worte über die Liebe. Sein berühmtes „Sonnet CXVI", das „Butcher" mir einst ins Gehirn eingestampft hatte, tauchte wieder auf aus meinem „Toten Meer".

Shakespeares Sonett war das Schönste, was ich in der Schule gelernt habe und das Schönste, was ich dir dort in unserem gemeinsamen heißen Traum zu bieten hatte. „Butchers" Brachialdidaktik erwies sich – auch nach zwanzig Jahren noch – als äußerst erfolgreich: ich hatte alle „Quatrains" und das „Couplet" noch voll auf dem Schirm. Da war kein Stottern und Stammeln, kein verlegenes „Trallala, na ja, und so weiter" nach den ersten drei Zeilen – wie bei vielen anderen Gedichten, die ich in der Schule zu lernen hatte.

Den ersten Vierzeiler des Meisters widmete ich natürlich ganz dir, dir zugewandt, denn was er sagt, betraf uns beide:

Let me not to the marriage of true minds
Admit impediments. Love is not love
Which alters when it alteration finds,
Or bends with the remover to remove:

Vor dem zweiten Vierzeiler wendete ich mich von dir ab, schwenkte mit dem Körper zur Seite und wedelte ausladend mit dem rechten Arm über die Massen zu meiner Rechten. Mit grinsendem Pathos bimste ich den Tausenden unter mir die ganze, volle und unumstößliche Wahrheit über die Liebe in die Köpfe – wohl wissend, dass mich niemand beachten, niemand verstehen und niemand überhaupt hören würde:

O, no! It is an ever-fixed mark,
That looks on tempests and is never shaken;
It is the star to every wandering bark,
Whose worth's unknown, although his height be taken.

Während meines Vortrags machte ich eine Entdeckung. In der Ferne hörte ich einen stakkatohaften Sprechgesang, der schnell immer näher kam und lauter wurde. Plötzlich waren sie da und rannten an uns vorbei, ihre nackten Füße klatschten laut auf den Boden und gaben den Rhythmus vor: vier Leichenträger, zwei vorne, zwei hinten an einer Bahre aus zwei langen Bambusstangen. Der Leichnam lag in der Mitte auf einer Pritsche, die an den Bambusstangen befestigt war, in Baumwolltücher gewickelt und festgebunden. Während sonst alles stand und sich gegenseitig behinderte, kam die rhythmisch schaukelnde Totenbahre zwanglos und geschmeidig durch. Der Ozean aus Menschen teilte sich vor ihr und schloss sich wieder, sobald sie vorbei war. Vertraut mit dem Sterben und dem Tod in dieser Stadt traten die Menschen zur Seite, standen für einen kurzen Moment Spalier, einige grüßten still und dann gingen alle wieder ihren Geschäften nach. Von meinem Ausguck herunter stellte ich fest: in Varanasi hat der Tod Vorrang und der Leichnam Vorfahrt auf seinem Weg zur Erlösung, zu den Verbrennungsstätten, zum Ganges. Ich wendete mich wieder dir zu, denn der letzte Vierzeiler betraf uns beide ganz persönlich:

Love's not Time's fool, though rosy lips and cheeks
Within his bending sickle's compass come;
Love alters not with his brief hours and weeks,
But bears it out even to the edge of doom.

Nun blieb nur noch das Couplet.

Ich mochte es schon als Schüler ganz besonders, denn es enthielt den unwiderleglichen, nicht weiter zu hinterfragenden Beweis des Ganzen. Ich hämmerte Shakespeares ironische apodiktische Volte aus voller Brust und so laut ich konnte in die tausend Köpfe unter mir und stellte fest: niemand nahm von mir Notiz.

If this be error and upon me proved,
I never writ, nor no man ever loved.

Unser Rikschafahrer hatte sich während meines gesamten Vortrags intensiv abgerubbelt und abgetrocknet. Er stand jetzt auf den Pedalen seines Gefährts und rieb sich ein zweites Mal sein dunkles Gesicht und seinen schwarzen Haarschopf ab. Danach drehte er sich langsam zu uns um, er strahlte und seine Augen leuchteten voller Bewunderung.

„Velli fine Ingelish", sagte er anerkennend.

„Butcher", der Pauker, hätte an seinem Kommentar und an seinem Englisch sicherlich seinen Spaß gehabt. Unser Rikschafahrer war der Einzige in dem wogenden Menschenmeer, der mir zugehört hatte. Zum ersten Mal in seinem Leben – so vermutete ich – hörte er Worte von Shakespeare. Er massierte noch einmal genüsslich seinen Rücken und seine Lenden mit seinem großen roten Tuch und wiederholte lachend:

„Velli, velli fine Ingelish!"

Der Autor

Eike Borchers wurde 1943 in Hameln geboren. Aufgewachsen in der Nachkriegszeit, geprägt durch schwierige Verhältnissen in seiner Kindheit, schloss er das Gymnasium ab. Seinen Schulabschluss und später seine zwei Universitätsabschlüsse erarbeitete er sich durch harte Arbeit während der Schul- und Semesterferien, als „Ferienschüler" und Werkstudent. Der Autor war Wissenschaftlicher Mitarbeiter an der TU Berlin und später Dozent in der Erwachsenenbildung. Er unterrichtete zunächst im Abendstudium an einer Hochschule und danach an einer staatlichen Abendschule für berufstätige Erwachsene, die er mitbegründet hatte und die auf seinen Vorschlag nach der Widerstandskämpferin gegen das Nazi-Regime Kläre Bloch benannt wurde. Eike Borchers lebt in Berlin, ist verheiratet und hat ein Kind. In seiner Freizeit liebt er Waldläufe, Waldspaziergänge mit seinem Hund und Schwimmen in den Havelgewässern.

Der Verlag

> *Wer aufhört*
> *besser zu werden,*
> *hat aufgehört*
> *gut zu sein!*

Basierend auf diesem Motto ist es dem novum Verlag
ein Anliegen neue Manuskripte aufzuspüren, zu ver-
öffentlichen und deren Autoren langfristig zu fördern.
Mittlerweile gilt der 1997 gegründete und mehrfach
prämierte Verlag als Spezialist für Neuautoren in
Deutschland, Österreich und der Schweiz.

**Für jedes neue Manuskript wird innerhalb we-
niger Wochen eine kostenfreie, unverbindliche
Lektorats-Prüfung erstellt.**

Weitere Informationen zum Verlag und
seinen Büchern finden Sie im Internet unter:

www.novumverlag.com

Bewerten
Sie dieses Buch
auf unserer
Homepage!

www.novumverlag.com

novum VERLAG FÜR NEUAUTOREN

Eike Borchers

Tingeln durch das Land Danach
Band 2

ISBN 978-3-99107-744-2
516 Seiten

Eike Borchers Forschungsreise in das Land Danach, Nachkriegs-
Deutschland, geht weiter. Erlebnisse in der Arbeitswelt, auf
dem „Bau" und in Fabriken. Und dann: die Entdeckung der
Leidensgeschichten seiner Eltern, die ihm viel über das Leben
im Land Davor verraten.